XĪNHUÁ   ZÌDIǍN

新华字典

〔1998 年修订本〕

——汉语拼音字母音序排列——

（附部首检字表）

商 务 印 书 馆

1998 年·北京

此扉页用含有商务印书馆馆徽图案 □ 的水印防伪纸印制，有这种扉页的《新华字典》1998 年修订本是正版图书。请注意识别。

总 目 录

修 订 说 明

1. 本字典是一部小型语文工具书，主要供中小学教师和学生使用，中等文化程度以上的读者也可参考。

2. 本次修订是在 1992 年重排本的基础上进行的。保持字典原有规模和特点，同时，全面认真地贯彻执行国家颁布的语言文字法令、法规以及有关规范的国家标准，注意吸收了语言文字研究及相关学科的最新成果，对字形、字音、释义、例证、体例以及附录内容作了较为全面的修改和调整。

3. 本次修订根据《简化字总表》、《现代汉语通用字表》、《第一批异体字整理表》增删、调整了字头，明确区分了字头后的繁体字、异体字；根据《普通话异读词审音表》改动了少数字音；根据《现代汉语通用字笔顺规范》调整了部首的排列顺序、检字表和字头的字的排列顺序。

4. 本次修订还根据最新资料修改了附录,增加了《我国各省、直辖市、自治区及省会(或首府)名称表》。

5. 修订后的字典计收单字(包括繁体字、异体字)10000 余个,带注解的复音词 3500 余个,附录 9 种,综合插图 9 幅。

6.《新华字典》原由新华辞书社编写。1956 年,新华辞书社并入当时的中国科学院语言研究所词典编辑室。中国社会科学院语言研究所负责本次修订。

1998 年 5 月

凡　例

一、本字典的字头用大字排印。繁体字、异体字附在字头后面，外加圆括弧。不带＊号的为繁体字，带一个＊号的为《第一批异体字整理表》中的异体字，带两个＊号的是《第一批异体字整理表》以外的异体字。有些异体字的左上方附有义项数码，表示只适用于某义项；有些繁体字、异体字的左上方带个小三角（△），表示另外也做字头。

二、一个字头因意义不同而有几个音的，就列为几个字头，各在注音前面分别用㊀㊁㊂等表明次第，注解之末附列有其余的音及其所见页码。

三、字头下所收的带注解的复音词或词组，外加［　］号。

四、本字典的字音依据普通话的语音系统，用汉语拼音字母标音。字头标音除用汉语拼音字母外，并附有注音字母。字头按同声同调排在一起，如262页的"侃"

字的汉语拼音是 kǎn，和它排在一起的同音字有"坎"、"砍"、"莰"、"槛"、"颣"，在这六个字中，只要会读其中一个字（如砍柴的"砍"），就能读出其他五个字的音了。

　　五、有些字头连注两个音，第二个音后面附注"﹙又﹚"字，表示"又音"。有时某义项内注"又某音"，表示"又音"用于某义。

　　六、有些字头注有"旧读"，表示旧来读法不同。有时某义项内注"旧读"，表示某义旧读不同。

　　七、行文中有些生僻字、多音字或复音词中读轻声的字补注读音。

　　八、字头的意义不止一项的，分条注解，用 ❶❷❸ 等表示义项。一个义项下如再分条，用 1、2、3 等表示。[　]中的复音词或词组，如分条注解，也用 1、2、3 等表示。

　　九、注解中 ⟨引⟩、⟨喻⟩、⟨转⟩ 的用法如下：

　　⟨引⟩　表示由原义引申出来的意义。如 212 页"急 jí"字条 ❶ 义下，"⟨引⟩气恼，发怒"是由"焦躁"引申出来的。

　　⟨喻⟩　表示由比喻形成的意义。如 245 页"晶 jīng"字条[结晶]下注"⟨喻⟩成果"。

　　⟨转⟩　表示由原义、故事、成语等转化而成的意义。如 225 页"简 jiǎn"字条 ❶ 义下注"⟨转⟩书信"，499 页"推 tuī"

字条❶义下[推敲]条注"㊟斟酌文章字句"。

十、注解中的(—子)、(—儿)、(—头)表示本字可以加上这类词尾，构成大致同义的词，不另加注解。

十一、注解中的(叠)表示本字可以重叠起来构成大致同义的词，不另加注解。如151页"哥"字条下"(叠)"表示"哥"可以重叠，即"哥哥"。

十二、注解中的㊟表示本字可以跟一个意义相同或相近的字并列起来构成大致同义的词，不另加注解。

十三、注解中的〈方〉表示本字是方言地区用的字或者本义项所注的是方言地区的用法。〈古〉表示本字是古代用的字或者本义项所注的是古代的用法。

十四、从兄弟民族语言中来的词，加注民族简称。如176页"哈 hǎ"字条[哈达]是从藏语来的，注"(藏)"。

十五、有些词的后面注"(外)"字，表示是近代的外来语。历史上相沿已久的外来语，一般不注来源。

十六、在注解后举例中，用"～"号代替本字。一个"～"号只代替一个字。

十七、"—"和"-"(短横)的用法如下：

1. 在"—子、—儿、—头"中，在"㊟"字后，"—"代替本字。

2. 在拼音字母标音中，"—"代替省略的音节，"-"

(短横)表示联接转行的音节。

十八、"·"(圆点)表示一个例词或一个例句完了，用在字的右下方；或用于注音字母的标音，表示后面的音节读轻声。

新旧字形对照表

(字形后圆圈内的数字表示字形的笔数)

旧字形	新字形	新字举例	旧字形	新字形	新字举例
卜②	卜②	仆外卦	丯④	丰④	蚌沣艳
丂②	了②	函甬	丯④	丯④	邦绑
八②	⺍②	平勝	屯④	屯④	纯顿
八②	⺍②	兑遂益	开④	开④	研铚
儿②	⼋②	空詹稷	戶④	户④	启霍
刀②	⼑②	兔色赖	反④	反④	板贩
冂②	冂②	禹离偶	丑④	丑④	纽狃
匚②	匚②	匹匾	爫④	爫④	爱舀
工③	�101②	敢侯	殳④	殳④	没殁
口③	厶②	兖滚	牙④	牙④	邪玡穿
彐③	彐③	浸彗雪	瓦⑤	瓦④	瓶瓷
刃③	刃③	彻韧	比④	比④	昆毕
小③	⺌③	尚稍	丙⑤	丙②	禹亭郭
⺿④	卝④	花英	巨⑤	巨④	拒渠
⺿④	卝④	垂贲	卬⑤	卬④	印抑
卅④	卅④	卉莽	示⑤	礻④	礼社
冎④	冎④	骨涡	氐⑤	氐⑤	低抵
牛④	牛④	舜伟	冬⑤	冬⑤	佟鬵
辶④	辶③	这连	发⑤	发⑤	拔跋
及④	及③	吸级	术⑤	术⑤	怵術
攵④	攵④	修務	令⑤	令⑤	苓领怜
夂③	夂④	致緻	斥⑤	斥⑤	拆诉
天④	天④	吞忝添	丰⑤	水⑤	橉遅

旧字形	新字形	新字举例	旧字形	新字形	新字举例
冉⑤	冉⑤	苒再冓	免⑧	免⑦	挽冤
业⑥	业⑤	普虚碰	卑⑨	卑⑧	碑牌
皀⑦	皀⑤	即溉	靑⑧	青⑧	清静
羽⑥	羽⑥	翔翎	非⑧	非⑧	腓霏
羽⑥	羽⑥	羿翟耀	者⑨	者⑧	渚都
灰⑥	灰⑥	盔炭恢	直⑧	直⑧	置殖
产⑥	产⑥	彦铲	黾⑨	黾⑧	绳渑
耒⑥	耒⑥	耕耙	彔⑧	录⑧	剥绿
糸⑥	糸⑥	纺绵	倉⑨	仓⑧	俯饿
次⑦	次⑧	盗羡	俞⑨	俞⑨	输愈
肖⑦	肖⑦	敝蔽	昷⑩	昷⑨	温蕴
吕⑦	吕⑥	营宫	鬼⑩	鬼⑨	魁魏
芈⑦	芈⑥	羌羞养	蚤⑩	蚤⑨	骚搔
杀⑦	杀⑥	殺搬	眞⑩	真⑩	滇填
良⑦	良⑦	郎朗	备⑩	备⑩	摇飘
并⑧	并⑥	屏瓶	敖⑪	敖⑩	傲遨
爭⑧	争⑥	净铮	夌⑪	麦⑪	貊麸
吴⑦	吴⑦	蜈娱	黄⑫	黄⑪	潢横
呈⑦	呈⑦	逞程	象⑫	象⑪	像橡
角⑦	角⑦	解确	奥⑬	奥⑫	澳懊
奂⑨	奂⑦	换焕	鼠⑬	鼠⑬	鼬鼯

汉语拼音音节索引

1. 每一音节后举一字做例,可按例字读音去查同音的字。
2. 数字指本字典正文页码。

部首检字表

〔说明〕 1. 本字典采用的部首跟一般字典用的部首基本相同，略有改并。2.《检字表》共有189部。部首次序按部首笔画数目多少排列。检字时，先按要查的字的部首在《部首目录》内查出页码，然后查《检字表》。《检字表》内，同一部的字按除去部首笔画以外的画数排列。3. 对于难检的字，解决的办法是：(1)有些字分收在几个部首内。如"思"字、"对"字等。(2)分不清部首的字，按起笔(即书写时的第一笔)的笔形，收入横(一)直(丨)撇(丿)点(丶)折(乙，包括→乛丆乚等笔形)五个单笔部首内。(3)《检字表》后另有《难检字笔画索引》备查。

（一）　部首目录

（部首右边的号码指检字表的页码）

（二）　检字表

（字右边的号码指字典正文的页码）

一部

一 573

一画
丁 102 / 632
七 389

二画
三 429
干 145 / 147
于 595
上 437 / 438
才 41
下 528
丈 623
兀 519
与 595 / 597 / 599
万 348 / 506

三画
丰 132
井 246
开 260
夫 135 / 136
天 487
元 602
无 518
韦 509
专 651
丐 144
廿 361
五 518
币 609
丏 341
卅 428
不 39
不 113
右 332
友 593
丑 64
牙 558
屯 500 / 654
互 193

四画
末 348
未 512
击 209
正 632 / 633
甘 146
世 451
本 21
且 250 / 405
可 266 / 267
册 44
丙 34
左 665
丘 411
丕 377
右 594
布 39
册 44
平 384
东 104
丝 462

五画
考 264
老 285
共 158
亚 559
亘 155
吏 294
再 610
在 610
百 11
有 593 / 594
而 119
死 463
互 155
夹 143 / 219 / 220
来 280
夷 575
丞 51
尧 569
至 638

六画
所 472
严 562
巫 517
求 412
甫 139
更 155 / 156
束 458
两 300
丽 290 / 295

七画
奉 134
武 519
表 31
丧 488
长 51 / 623
亞 559
其 391
東 104
画 196
事 452
两 300
枣 613
面 342
來 280
並 34
亟 212 / 395

八画
奏 661
毒 108
韭 249
甚 443 / 444
巷 180 / 535
柬 224
歪 504
甭 22
面 342
昼 645

九画

开	260	协	540	辜	161	励	294	歷	293	匼	265
元	390	半	340	**十一画**		厓	559	曆	293	匱	360
兀	602	克	267	**以上**		屋	639	赝	565	匪	129
无	518	阜	614	幹	147	厠	44	壓	558	匲	276
云	606	字	19	嗇	431	厘	290		560	區	367
专	651	**六画**		準	654	**七至八画**		黶	564		412
互	193	卖	655	榦	147	厚	190	魘	561	匯	28
丕	377	直	636	斡	517	厝	78	黶	372	匱	203
亚	559	卑	19	兢	245	原	603		564	匲	297
亘	155	阜	141	椴	162	**九至十画**		黶	258	赜	615
互	155	卒	75		221	厢	533	黶	565	匲	297
些	539		662	辠	150	厣	564	黶	573		
亞	559	丧	430	寋	642	既	250	魘	564	**刂部**	
爱	4		430	寋	642	厥	6	黶	565	**二至三画**	
键	83	协	540	翰	179	厨	65	黶	564	刈	578
十部		卖	328	韩	178	厦	433			刊	262
十部		**七至十画**		盫	66		529	**匚部**		**四画**	
十	448	真	355	**厂部**		麻	293	**二至四画**		刑	545
一至五画		真	629	厂	4	雁	565	区	367	列	304
千	396	隼	471		52	厫	257		412	划	194
午	519	衺	430	**二至六画**		**十二画**		匹	379		196
升	445		430	厅	491	**以上**		巨	253		197
支	634	索	472	仄	615	厨	65	叵	386	则	614
卉	203	乾	145	历	293	厮	463	匜	609	刚	148
古	162		398	厄	117	厲	294	匦	575	创	68
卖	451	嗇	431	厉	294	厰	52	匡	274		69
考	264	博	37	压	558	厭	564	匠	229	刖	605
毕	25	敬	390		560	靥	573	**五画以上**		刾	514
华	194	韩	178	厌	564	魇	564	匪	527	刘	310
	195	丧	430	库	441	餍	565	医	574	**五画**	
	196		430			厴	565	瓯	172	划	50

倒	89	倍	20	偽	511	傳	67	僧	432	儷	295
	89	倦	255	偏	380		651	催	165	儌	563
俳	369	倓	477	假	221	個	598	僜	92	儳	325
俶	66	倌	168		222	僂	314	**十三画**		償	611
	486	倥	270	倳	516		319	僵	229	儺	480
倬	654	健	227	偉	510	催	76	價	221		481
條	489	倨	254	**十画**		傷	437		240	儉	356
倏	456	倔	257	傣	81	傻	433	儂	365		
脩	548		258	傲	7	傯	660	僕	552	**八(ソ)**	
	548	**九画**		備	20	像	536	傲	232	**部**	
候	456	偀	541	傅	142	傺	61	儉	224	八	8
倘	52	做	132	傈	296	備	589	儈	273	**一至二画**	
	480	做	666	傜	538	傈	319	優	433	丫	558
俱	254	鵂	548	傝	481	**十二画**			84	兮	521
倮	324	偃	564	傥	481	傐	524	億	578	分	130
倡	52	偤	23	偮	23	僮	474	儀	575		132
個	153	偕	540	偌	570	徽	246	僅	429	公	157
	153	償	51	偞	523	僡	204	僻	380	六	311
候	190	偶	367	傖	43	僞	529	**十四画**			317
倻	325	偈	217		56	傈	468	**以上**		**三至六画**	
倭	516		238	傐	236	僚	302	儔	63	兰	281
倪	359	偎	508	傔	645	僭	228	儒	425	半	14
俾	24	偲	41	做	539	僕	388	儕	48	只	635
倫	321		463	傍	15	僑	403	債	33		637
保	42	傀	276	傢	219	僬	232	儘	241	并	34
倜	486	偷	495	傸	33	債	51	優	591		34
倄	20	偬	660	储	66	僞	511	償	51	关	167
倞	247	偺	611	傮	258	偏	289	儡	289	共	158
	301	停	492	**十一画**		僦	250	儵	456	兴	544
俯	140	偻	314	僅	241	僮	494	儱	313		546
倣	126		319		242		653	儺	366	兑	112

邸 94	郜 150	鄢 561	凹 6	刼 236	务 520
邹 661	郗 522	鄆 584	凼 88	兔 499	幼 594
郯 25	郤 526	鄠 194	画 196	券 417	动 104
邵 440	郛 137	鄙 24	函 178	553	劣 304
邰 475	郡 259	鄩 589	幽 591	剚 366	**五至六画**
六画	**八画**	鄜 136	凼 52	刿 69	劫 236
邦 171	都 106	鄗 622	凿 613	刔 69	劳 285
耶 571	107	**十二画以上**	幽 33	急 212	励 294
572	郴 55	鄲 84	**刀(ク)部**	剙 69	助 649
郁 599	郾 389	鄌 386		象 535	男 355
郑 220	郵 592	鄭 634	刀 88	剪 225	劬 414
郅 639	郫 378	鄴 436	刃 422	梦 131	努 365
郏 646	郭 174	鄷 305	切 404	赖 281	劭 440
郈 190	部 40	鄧 92	405	詹 620	劲 242
郐 273	郸 84	鄛 573	分 130	龛 74	246
郤 183	郯 477	鄫 273	132	复 548	助 274
郗 405	**九画**	聚 661	召 440	劈 377	劼 379
郇 197	鄂 564	廓 274	625	379	势 452
556	鄄 256	鄡 535	刍 64	镲 565	效 539
郊 231	鄂 117	酇 78	危 508	剑 227	劾 184
郑 634	鄞 466	酆 309	负 141	夔 544	**七至九画**
郎 283	郿 334	酄 134	争 632	**力部**	勃 37
284	鄉 533	酈 295	色 431	力 293	勅 61
郓 608	**十至十一画**	饗 535	434	**二至四画**	劲 242
七画	鄚 333	**山部**	龟 171	办 13	246
郝 181	鄏 661		259	劝 417	勋 555
䢢 518	鄹 517	凶 547	411	功 156	勉 341
郵 295	鄀 661	击 209	夐 198	夯 22	勇 590
郏 220	鄢 182	凸 497	兔 341	179	勑 153
郢 587	鄢 479	出 64	初 64	励 328	胁 540
郧 607				加 218	

坍 293	坤 277	561	埃 2	执 636	填 488
址 637	垌 248	坦 216	垩 166	埤 436	塌 153
坚 223	圳 7	垧 437	**八画**	埭 83	塬 603
坝 10	坵 411	垢 160	堵 109	埽 431	堺 449
圻 391	坿 141	垕 190	埮 290	堕 116	塒 473
坂 13	坼 54	垛 115	埭 558	**九画**	垯 261
坐 666	坻 60	115	560	尧 569	堲 —
全 22	94	115	垩 117	堪 262	谢 541
坎 262	垃 278	垴 356	基 210	塸 101	塢 520
坍 476	幸 546	垓 144	埴 636	塔 474	塍 58
均 258	坨 502	垟 567	垫 572	堍 199	墒 418
坞 520	坭 359	垞 46	域 600	堰 565	塘 479
坟 131	坡 385	垠 5	坚 223	埋 583	塑 468
坑 269	坳	垦 583	埼 392	城 225	垄 586
坊 126	**六画**	星 268	埯 5	堷 235	塗 498
126	型 545	垒 288	堑 400	堤 93	塞 429
块 273	垚 569	**七画**	堂 480	场 51	429
坠 653	垫 99	埔 40	场 580	52	432
坅 7	垭 558	388	堌 164	塄 289	塮 284
五画	560	埂 155	塌 174	埵 111	塑 284
坩 146	垩 117	埕 57	捶 115	堡 17	塚 643
坓 586	垣 603	埘 449	堆 111	39	**十一画**
坷 265	垮 272	埋 328	坤 378	389	埶 99
267	垯 81	329	埠 40	块 273	塯 —
坯 377	城 57	埚 174	埰 42	堠 190	墙 401
坲 40	垤 101	埙 555	垎 361	埼 504	墟 550
垅 313	垱 87	袁 603	堋 375	报 17	壁 458
垄 313	垌 105	埒 304	块 499	堅 217	墁 330
坪 384	494	埆 418	埻 654	堉 552	塲 51
坫 98	垲 261	垸 604	塑 277	**十画**	52
垆 316	垡 121	埌 285	塅 157	塨 157	墊 456
坦 478	埏 435		600	墓 352	塅 589

招	624	挺	492	捎	439	描	343	披	571	揩	261
披	377	括	165	捍	179	揑	2		573	揹	19
拨	35		278	捏	362	掭	354	捽	665	揑	237
择	615	拆	233	捝	654	掎	215	掊	387	揽	283
	619	拴	460	捆	278	掩	563	接	235	揙	546
拚	371	捼	428	捐	255	捷	237	掷	641	提	93
	383	拾	449	损	471	捯	88	捲	255		485
抬	475	挑	488	挹	579	排	369	掋	376	扬	566
挴	351		489	捌	8		369	掸	85	揮	575
拗	7	指	638	捡	224	捎	268		436	揾	515
	7	挌	152	挫	78	掉	100	掖	436	揭	236
	364	挣	632	捋	319	搏	317	控	270	揂	429
六画			634		322	掴	166	掞	304	揣	67
拭	451	挤	214	授	427		174	捐	398		67
挂	166	拼	383	换	198	㧓	55	探	479		67
持	60	挖	617	挽	506	搁	148	扫	431	揪	407
拮	237	挖	503	捣	89	捶	69		431	插	46
挎	264	按	5	抄	429	推	499	据	251	揪	249
拱	158	挥	201		433	捭	11		254	揑	362
挜	560	拮	530		471	掀	529	掘	257	搜	466
挝	516	拯	366	捃	259	掺	441	掺	48	揄	69
	650	挵	633	捅	495	掄	321	掇	114	揄	597
拷	272	挐	609	挨	2	揄	322	掼	169	揗	563
挞	474		611		2	採	41	**九画**		援	603
挟	540	**七画**		**八画**		授	455	揳	539	搀	48
挠	356	捞	285	捧	376	捻	360	揍	662	搯	187
挡	87	捄	250	捺	488	掏	481	揉	46	揞	5
	88	捕	39	掛	166	掐	396	搭	79	搁	151
拽	573	捂	519	挭	560	掬	251	揸	617		152
	650	振	631	挪	572	掠	321	揾	560	搓	77
	650	挟	540	措	78	掂	97	揀	224	搂	314

	315	掐	400	摆	325	撮	78	擋	87	攞	656
攪	233		401	摑	166		665		88	**十五至**	
揎	552	捺	407		174	撣	85	操	43	**十七画**	
搭	266	摘	150	摧	76		436	擇	615	攄	420
握	516	搏	479	搒	585	撫	139		619	據	456
㧍	35	搒	15	橻	516	攦	404	攂	199	攋	466
揆	276		376		650	播	233	揮	650		467
搔	430	揞	66	摅	637	搘	91	搶	224	攉	11
揉	424	搕	117	摘	619	搞	540	擔	83	攉	206
揱	604	㩜	223	搤	459	播	36		85	攔	97
十画		搠	462	撒	382	擒	407	擅	436	攢	76
搏	160	揹	195		383	撝	201	擁	589		611
搕	266	捹	33	撤	179	撸	315	擻	466	攏	313
攝	442	榨	619	摺	626	撚	360		467	攉	48
摸	347	搁	435	掺	48	撳	113	擩	429	攘	420
揩	243	推	418	**十二画**		撞	653	擗	379	攔	282
搏	37		418	擊	361	撤	54	**十四画**		**十八画**	
搢	243	撮	621	撬	356	搏	664	擡	475	**以上**	
摅	456	搦	366	擷	540	撈	285	擣	89	攝	442
撌	201	捅	495	撻	474	揮	75	搖	426	攜	540
揭	474	摊	477	撻	463	搨	530	搖	546	攦	465
摁	119	搡	430	撒	428	撰	651	擬	359	攥	75
摆	11	**十一画**			428	撥	35	擴	278	攤	477
携	540	搏	499	揭	260	**十三画**		擠	214	攢	87
搞	89	摳	270	揮	85	掰	147	擲	641	攞	258
搗	519	摽	32	撕	256	撼	179	攃	620	攦	663
擹	67	搚	54	撩	301	擂	272	擴	33	攬	233
搬	13	摭	617		302	播	288	擦	41	攢	283
撤	428	摟	314	撲	387		289	撑	363	攥	356
摇	570	摺	315	撑	57	據	254		363	**卄部**	
搯	481	摺	303	撑	57	搏	317		364		

一至三画	苶 137	劳 285	苓 307	荐 227	荀 556
艺 578	芳 293	扎 270	茆 585	荙 79	茗 345
艾 3	苊 117	芭 8	茍 159	巷 180	荠 216
578	茈 379	苏 467	茚 332	535	396
尤 230	苣 253	苡 577	茑 361	荚 220	茭 231
节 235	415	**五画**	苑 604	黄 485	茨 72
236	芽 558	茉 348	苞 16	575	荒 199
芍 354	芷 637	苷 146	范 124	尧 420	荄 144
芋 599	芮 426	苦 271	苧 363	荜 25	芜 62
芏 109	苋 532	苯 22	苴 648	荖 286	茌 228
共 158	苞 333	苛 265	茓 554	茈 71	茫 331
芊 396	芡 51	茎 383	茎 586	658	荡 88
勺 439	花 194	若 427	苾 25	草 44	荣 423
芃 375	芹 406	茂 333	茀 410	茧 224	荤 205
芨 210	芥 144	茏 312	莨 344	茼 494	荥 546
芄 505	239	茇 9	苇 136	莒 252	586
芒 331	苁 73	苹 384	苗 655	茵 582	荧 586
芝 634	芩 406	苦 435	茄 218	茴 202	荨 398
芎 547	芬 131	435	404	茱 646	556
芑 393	苍 43	苜 351	苔 439	莛 491	茛 155
芎 533	苠 391	苴 250	489	苦 166	荩 242
四画	芴 520	苗 342	茎 243	养 403	荪 471
芙 136	芡 399	英 585	苤 475	茯 137	荑 403
芫 562	芰 434	苒 419	475	茬 421	茵 585
602	苟 159	苜 577	茅 332	茬 190	茹 425
芜 518	苄 29	苘 409	**六画**	荇 546	荔 293
苇 510	芳 126	苲 618	荆 244	茎 416	荡 293
芸 607	苎 648	茌 60	茸 423	荟 203	荚 329
芾 129	芦 316	苻 138	茜 399	茶 46	荭 188
137	芯 543	苁 161	521	苔 79	药 645
芰 216	544	茶 362	茬 46	80	药 570

蓊 515	蔫 360	萬 3	556	薜 27	萬 235
删 273	蔵 581	蔚 513	蔬 456	薩 428	藤 484
蓟 217	蒂 96	601	蒕 608	薅 180	蕏 457
蓬 376	蔷 401	蒋 229	**十三画**	**十四画**	薼 31
蓑 472	尊 70	蓼 303	蕻 188	藉 214	藩 123
蒿 180	萩 469	鄉 533	189	239	蕻 410
蓆 525	蒑 409	**十二画**	薔 401	臺 476	藥 570
蒺 213	慕 352	蕘 420	薑 229	藍 282	**十六画**
蒚 291	暮 352	蓬 79	贴 487	藏 43	撵 503
蒟 253	摹 347	蕙 204	薙 542	612	蘋 398
蒡 15	蔓 314	蕈 557	蕾 289	薷 425	蘼 500
蓄 551	蔓 329	蕨 257	蘋 383	薥 29	麈 293
蒹 223	330	蕤 426	蕗 318	薰 556	虅 208
蒴 462	507	蕓 607	薯 457	舊 249	蘸 383
蒲 388	蔛 344	蓝 426	薨 188	藐 343	384
蒞 294	氂 338	蕻 664	薙 486	薛 532	遽 414
蒗 285	蒽 73	蔵 213	487	橐 150	蘆 316
蔑 443	莋 525	蕒 329	薜 554	薺 216	虆 113
蓉 423	蓯 73	薈 338	薇 509	396	蘄 391
蒙 337	蔹 298	蕉 518	菱 530	藻 381	蘖 362
337	萄 38	蕖 291	薔 203	382	蘅 187
338	兜 106	蕎 403	薛 542	蘑 363	蘇 467
蓂 346	蔡 42	蕉 232	薦 227	蓋 242	蘐 552
蓥 587	蔗 628	蕃 122	薪 543	**十五画**	蘼 348
蒴 428	蔴 326	123	薋 581	藕 368	蘢 312
蓀 471	蔟 75	蕕 592	蘿 515	燕 428	藻 613
蔭 585	蔺 306	蕲 391	薮 467	藝 578	蘗 426
蒸 633	蔽 26	蕩 88	薄 16	薑 48	**十七画**
蕷 600	蒉 414	蒀 513	37	藪 467	**以上**
十一画	蔻 271	蕊 426	38	蔺 224	蠹 182
薯 204	蒨 552	蕁 398	蕭 537	藜 291	虆 124

蘖	362		230		136
薇	298	尊	664	天	487
襄	419	尋	556	夭	568
蘭	281	對	112	太	476
蘺	291	導	89	央	566
蘸	622	爵	258	失	447
蘿	323			头	496
蘽	363	**廾部**		夯	22
虅	339	开	260		179

寸部

寸	77	卉	203	夸	272
二至七画		弁	29	夹	143
对	112	异	579		219
寺	464	弄	314		220
寻	556		365	夺	114
导	89	弃	395	尖	222
寿	454	昇	29	奃	274
封	133	异	597	夷	575
耐	354	弈	563	买	328
将	228	羿	579	夭	93
	230	羿	580		119
尌	267	葬	612	奁	297
	268	弊	26	夾	143
辱	426	彝	576		219
射	441	彝	576		220
八画以上				奂	198

大部

専	651	大	81	**五画**	
尉	513		81	奉	134
	601	**一至四画**		奈	354
將	228	夫	135	奔	21
					22
				奇	210

	392	夺	114	**小(⺌)部**	
卖	328	奖	229	小	538
奄	563	樊	123	**一至三画**	
奋	132	奰	453	少	439
奿	373	奮	132		439
六画				尔	120
契	395	**九部**		尕	144
	541	尢	591	尘	55
奏	661	尤	591	尖	222
奎	276	尨	312	光	170
耷	79	尦	303	尜	455
麦	617	尲	507	劣	304
	619	尴	144	当	86
奖	229	就	250		87
奕	579	尶	146	**四至七画**	
美	335	尵	146	肖	536
牵	397	尷	146		538
癸	172			尚	438
七至八画		**弋部**		杂	143
套	482	弋	578	省	446
奘	523	式	575		546
奨	612	弍	120	尝	51
	652	鸢	429	党	87
匏	373	弎	451	**八画以上**	
奢	440	弑	483	雀	402
爽	460		499		404
九画以上		武	82		418
觳	390	鸢	601	堂	480
奥	7	贰	120	常	52
奠	99	弑	452		
奩	297				

辉 202	637	吏 294	杏 546		599		2
棠 480	叭 8	吣 352	呸 352	吟 583			182
耸 59	史 450	358	358	含 178	咽 609		609
掌 623	叱 61	同 493	吾 518	吩 131	哑 374		374
赏 532	叽 208	495	吱 635	呛 400	咙 312		312
赏 532	兄 547	吕 319	656	402	咔 260		260
当 86	句 159	吊 100	呔 39	吻 515	咀 252		252
87	253	吃 59	否 135	吹 69			663
尝 51	司 462	吒 617	379	呜 517	咿 527		527
裳 52	叼 99	619	吠 129	音 306	呻 442		442
438	叩 271	向 535	哒 81	吭 180	咒 645		645
耀 571	叫 233	后 189	呕 367	269	呪 645		645
黛 87	叻 287	合 153	呖 293	呌 233	咼 173		173
口部	加 218	183	呃 117	启 394	知 636		636
口 270	叨 88	各 153	呀 558	呫 407	咋 609		609
二画	481	153	560	呇 407			615
叶 540	另 309	名 345	吨 112	呷 574			617
573	召 440	吸 522	呲 24	君 259	和 183		183
古 162	625	吆 568	吵 53	呎 60			185
叮 102	叹 478	吗 326	54	呬 584			191
可 266	台 475	327	呐 353	吼 189			206
267	475	328	呙 173	吧 8			207
右 594	**三画**	吮 549	呗 12	10	咐 143		143
号 180	吁 549	**四画**	21	邑 579	呱 161		161
181	599	呈 57	员 602	吮 461			165
叵 386	吐 498	吷 135	607	**五画**			166
占 620	498	吴 518	608	味 512	呼 190		190
621	吉 212	吞 500		町 79	命 346		346
卟 39	吓 185	呒 325		哎 2	呤 309		309
只 635	528	呓 579		咕 161	周 644		644
	吋 77	呆 81		呵 1	咎 249		249

咚	104	咛	272	咷	482	哧	59	哼	186	啮	362
鸣	346	咴	201	哚	115	唽	617		187	嘵	193
咆	373	哒	79	哚	115	哲	627	唐	479	嘡	529
咛	363	唎	303	咯	151	哱	538	嗳	407	喟	174
咏	590		304		260	唠	285	唧	210	唱	52
呢	357		304		312		286	啊	1	啰	323
	359	咦	575	哆	114	哺	39		2		323
咄	114	哓	537	咬	570	哽	155	唉	2		325
哑	212	哔	25	哀	2	唔	352		3	喝	504
	395	哇	101	咨	656		358	唆	471	唾	503
呋	356	哂	526	咳	176		518			唯	510
咖	143	呲	656		266	唰	300	**八画**		售	455
	260	咣	170	咩	344	唇	70	喷	615	啤	378
唒	325	虽	469	咪	538	哔	344	啪	368	啥	433
	326	品	383	咪	339	哨	440	啦	279	唵	583
呦	591	咽	560	咤	619	唢	473		280	唸	361
咝	462		565	哝	365	哩	290	啈	186	唰	624
六画			573	哼	556		292	哑	558		644
哐	274	哆	605	哪	353		296		559	啕	482
哪	14	咮	645		354	哭	271	啫	239	哈	86
哇	503	咻	548		357	咽	504	喏	366	嗯	191
	504	哗	194		357	哦	116		421	啐	76
咕	210		195	哏	155		367	喵	367	嗳	433
哉	609	咱	611	哞	350		367	营	586	商	437
哄	187	呻	574	哟	588	啍	614	啉	305	唪	588
	188	响	534		588	唣	614	啢	300	唪	50
	189	哌	370	**七画**		啼	522	唵	5		476
哑	558	哈	273	唛	328	唑	666	啄	655	兽	455
	559	哈	175	唗	106	唤	198	唪	651	唉	86
哂	444		176	哥	151	哪	94	啡	128	啵	38
咸	531		176	唝	158	唁	565	唷	268	啶	103

唧	283		185	喀	260	啤	181	嘌	382	嘶	463
唉	295	喂	512	喔	516	鳴	517	嘔	367	噶	144
啟	394	喟	277	唲	261	喊	485	喊	390	嘲	53
啓	394	單	48	啄	205	嗲	96	嘎	143		625
啸	539		84	**十画**		嗳	2		143		
唰	459		435	嗓	407		3		144	嚓	256
啜	67	邑	562	嗷	6		3	嗜	328	嘹	302
	71	啻	221	嗉	468	喳	400	噎	448	嗜	611
九画		喘	68	嘟	108		402		550	嘆	387
喫	59	喞	531	嗜	453	嗡	515	哗	190	噏	67
喆	627	咡	12	嗑	268	嗙	372	嗹	479	嚣	395
喷	375	唸	609	嗳	362	嗌	4	嘍	314	嗶	50
	375	啾	249	嗶	194		581		315		476
喜	526	喬	403	嘀	182	嗛	399	嗰	174	嘿	186
喋	101	嗖	466	嗔	55	唰	472	嘸	22		349
	618	喤	200	嗦	473	嗨	176	嘤	586	嘸	325
嗒	79	喉	189	嗝	153		186	嘚	90	嘺	234
	474	喻	600	嗄	1	嗜	177	曼	234	嗅	181
喪	430	嗒	611		433	嗤	59	噎	628	噢	367
	430	喷	119	號	180	嗵	493	嘛	328	嗡	524
唪	355	嘵	301		181	嗓	430	嘀	94	嘀	407
喳	46	暗	583	嘜	25	嗓	375	嗾	466	嚕	315
	617	啼	485	嗣	464	**十一画**		嚓	341	嘡	68
喇	279	畣	61	嗯	352	嘉	219	嘚	86	噌	45
喊	178	善	436		352	嘆	478	**十二画**		嘮	285
喱	290	嗟	236		352	嘞	289	嘵	537		286
喹	276	嘍	314		358	槑	334	嗜	524	嗝	556
啃	235		315		358	嘏	162	嘭	375	嘱	648
嗜	360	嗌	657		358		221	嘽	79	噗	557
喁	589	啙	272		358	嘈	44	嘾	571	噔	92
喝	182	喧	552	嗅	549	噉	467	嗯	117	嚓	462

噘	208	嚏	487	嚷	467	叱	202	圖	497	岢	267
十三画		嚅	425	囊	355	囤	116	圈	198	岸	5
嚄	206	嘈	51		355	囟	73		604	岩	562
	367	嚎	181		50	囮	322	圞	593	崇	104
嚼	180	嘲	179	囉	323	囫	191	**山部**		肖	275
矄	118	噤	41		323	**五至七画**		岨	250
嚛	243		46		325	国	174	山	434	岬	220
嗔	112	嚀	363	纞	375	固	164	**三至四画**		岫	549
喊	605	嚅	535	囑	362	囷	418	屿	598	冈	148
嘴	663	**十五至**		囔	648	图	307	屹	579	岝	665
嗾	258	**十七画**		囔	355	图	497	岌	212	岳	605
	555	嚚	584	**口部**		面	594	岁	470	岱	82
嘡	86	嚣	538			圃	388	屺	393	岭	309
嚣	395	嚯	334	〇	307	圄	598	岂	393	峋	159
嚷	365	嚯	565	**二至三画**		圂	206	岍	397	岽	332
噪	614	噮	293	囚	412	圆	602	岐	391	峥	494
噬	453	嚱	208	囜	464	圅	178	岖	413	峃	554
噲	273	嚴	562	团	499	**八画以上**		岈	293	岷	344
嗳	2	嚨	312	因	582	圉	408	岏	559	岩	489
	3	嚳	272	回	202	圈	598	岗	148	峰	580
	3	嚼	232	凶	543	圙	431	岘	532	**六至七画**	
嗽	187		235	团	224	國	174	呑	7	峙	452
噫	575		258		355	圖	322	岅	13		641
营	586	嚷	419	囵	355	圈	255	岑	45	崁	110
噻	429		420	**四画**			255	岔	47		651
嚣	539	**十八画**		国	174	圐	271	岚	282	炭	478
噼	377	**以上**		园	602	圙	509	岛	89	峡	527
十四画		嚵	362	囵	509	圈	602	岜	8	峣	569
嚇	185	嚺	579	困	278	畜	431	**五画**		峒	105
	528	嚄	651	囸	501	圙	499	岵	193		494
										峤	234

	403	峡	281	嶷	406	十三画以上		帆	122	帐	624
峋	556	崭	621	鬼	510	嵁	356	帏	509	带	83
峥	632	崑	277	嵞	597	嶂	580	帐	624	常	52
峦	320	崮	165	嵌	78	嶼	598	帘	522	帼	174
峻	231	崗	148	嵝	315	嶅	554	帋	638	帷	510
幽	591		148	嵫	657	嵑	33	**五画**		帙	505
峷	314	崔	76	嵋	334	嶺	309	帖	490	幅	139
垲	263	崦	583	**十画**		巇	576		490	帽	333
崂	285	崟	583	嵽	6	嶽	605		491	幂	402
岂	393	崗	321	嵗	470	嶣	423	帜	640	幄	517
峯	440	崷	538	嵊	447	巅	97	帙	640	幯	385
峡	527	崩	22	嵘	362	巉	293	帕	368	幛	509
崃	281	崞	174	嵩	465	巉	524	帛	36	**十画以上**	
峭	404	嵂	662	嵧	213	巍	508	帘	297	幕	352
峨	116	举	662	**十一至十二画**		巋	49	帚	645	幌	201
峩	116	崇	62			巋	275	帔	374	幔	330
峪	599	崆	269	嶙	101	巕	356	帑	480		174
岛	89	崇	317	嵍	413	嚴	562	**六至九画**		幛	624
峰	133	崛	251	嵝	315	巒	320	帮	14	幣	24
峯	133	崛	257	嵂	624	**巾部**		带	83	幞	139
崀	285	**九画**		嶒	525			帧	629	縣	341
峻	259	嵌	399	嶢	569	巾	240	帅	459	幡	122
八画		嵋	101	嶠	234	**一至四画**		帝	96	幢	68
崚	289	嵫	46		403	币	609	帡	385		653
	308	崴	470	嶲	524	币	24	帱	63	帜	640
崧	465	嵗	504	嶓	36	布	39		89	幪	337
崬	104	嵈	508	嵝	7	帅	459	师	447	帮	14
崖	559	崺	596	嶙	305	市	451	帨	461	幬	63
崎	392	嵬	610	嵧	45	师	447	席	525		89
崦	561	岿	562	嵝	285	吊	100	帏	418	歸	170

彳部
彳 61
三至五画
行 180
　 545
彻 54
役 579
彷 126
　 372
征 632
徂 75
往 508
佛 136
彼 24
径 246
六至七画
衍 263
待 81
　 83
徊 196
徇 557
徉 567
衍 563
律 320
很 186
後 189
徒 498
徕 281
徑 246
徐 550

八画
鸻 186
術 458
徛 217
徕 281
徘 369
徙 525
徜 52
得 90
　 91
衔 531
從 73
衒 553
九至十画
街 236
徯 314
衙 495
御 601
復 141
徨 200
循 557
徧 29
衙 559
微 509
徭 570
徯 523
徬 372
十二画
以上
衢 191

德 91
徽 632
衚 638
衝 61
　 62
徹 54
衛 511
衡 654
徽 233
　 235
衡 186
衡 511
徽 202
禦 601
徽 335
衝 414
彡部
形 545
杉 432
　 434
彤 494
钐 434
　 435
衫 434
参 42
　 45
　 443
须 549
彦 565
彧 600

彬 33
彪 30
彩 41
彫 99
参 42
　 45
　 443
彭 376
婺 550
彰 622
影 587
鬱 599
犭部
二至四画
犰 412
犯 124
犴 5
　 177
犷 170
犸 327
狂 274
犹 591
狈 19
狄 93
狙 364
犹 607
五至六画
狐 377
狙 250
狎 527

狐 191
狲 531
狗 160
狍 373
狞 363
狖 594
狒 129
狨 423
狭 527
狮 447
独 580
独 108
狯 273
狗 557
狰 632
狡 232
狩 455
狱 600
狠 186
狲 471
七画
获 208
狭 527
狌 25
狸 290
犴 179
狷 256
猁 295
徐 596
猃 531
猗 583

狼 284
猫 356
狻 469
八画
猜 41
猪 646
猎 304
猫 331
猗 575
猊 537
猖 51
猡 323
猊 359
猞 440
猓 244
猝 75
猕 339
猛 338
九画
猥 560
猢 192
猹 46
猩 544
猥 511
猵 512
猾 195
猴 189
猷 598
猨 603
猶 591

字	号	字	号	字	号	字	号	字	号	字	号
污	517	迣	193	渤	287	泺	324	洁	237	派	370
江	228	沏	389	**五画**			385		385	浍	273
汕	435	沚	637	沫	348	沟	251	洱	120	洽	396
汔	395	沙	432	浅	222	沿	562	洪	188	洮	482
汐	521		433		399	泅	333	洹	197	洵	556
汍	505	汩	162	法	122	泡	372	洒	428	淘	547
汛	125	汩	340	泔	146		373	浉	511	浐	230
汲	212	冲	61	泄	541	注	649	浀	120	洛	345
汛	557	汭	427	沾	161	泣	395	涞	474	洛	324
汜	464	汽	395	沐	458	沭	553	洌	304	净	247
池	59	沃	516	河	184	泮	371	浃	219	浏	310
汝	425	沂	575	泷	312	泞	364	浇	231	济	214
汤	437	沧	322		460	沱	502	沘	72		216
	479	汩	547	沾	620	泻	541	浈	629	浚	538
汊	47	汾	131	泸	316	泌	25	狮	447	浐	50
四画		泛	125	沮	252		340	洗	170	洋	567
沣	132	沧	43		254	泳	590	洩	541	洴	385
汪	507	沨	133	泪	289	泥	359	浊	655	洣	340
汧	397	沟	159	油	592		359	洞	105	洲	644
沅	602	没	334	决	566	泯	345	洇	582	浑	205
沆	519		349	况	275	沸	130	洄	202	浒	193
沄	607	汴	29	泂	248	洙	188	测	45		551
沐	351	汶	515	泗	412	泜	625	洙	646	浓	365
沛	374	沉	180	泗	464	波	35	洗	525	津	240
沔	341	沩	509	洗	579	泼	386		531	浔	556
汰	476	沪	193	泡	115	泽	615	活	206	浭	242
汹	367	沉	55	泊	36	泾	243	浓	137	洳	426
	368	沈	55		385	治	640		142	**七画**	
沥	293		444	泝	468	涎	531	涎	531	涛	481
沌	113	沁	407	冷	307	**六画**		洎	216	浙	628
沘	24	决	256	泚	635	洭	274	洔	574	涝	286
						洼	503	洰	551		

愠	608	慳	397	**十四画**	
惺	544	慓	381	**以上**	
愦	277	慢	330	懒	561
愕	118	勤	495	懦	366
惴	653	傭	589	憎	338
愣	290	慷	263	懷	196
愀	404	愠	442	懽	197
愎	26	惨	42	懺	50
惶	200	**十二画**		懼	442
愧	277	懂	104	懾	254
愉	597	憓	204	憻	62
惇	410	憬	246		
惜	583	惮	86	**宀部**	
慨	261	憮	519	**二至四画**	
惛	345	憔	403	宁	363
恼	356	懊	7		364
十画		憧	62	宄	172
愫	468	**十三画**		宂	424
慑	442	懅	338	它	473
慕	352	懥	337	宇	598
慎	445	憹	66	守	454
慄	296	懒	283	宅	619
恺	261	憾	179	安	4
恻	261	懵	356	字	659
慆	614	懌	580	完	505
愴	69	懈	542	宋	466
懊	645	懞	306	宏	188
慊	400	懔	306	牢	285
	406	懚	578	灾	609
十一画				**五至六画**	
慪	368			宝	17

宗	660	案	5	赛	429
定	103	**八画**		搴	398
宕	88	寇	271	寶	33
宠	62	寅	584	寬	273
宜	576	寄	217	寡	166
审	444	寂	217	察	47
宙	645	宿	468	蜜	341
官	167		548	寧	363
宛	506	宷	42		364
实	449	寃	602	瘇	521
宓	340	密	340	寢	407
宣	552	**九至**		寥	302
宦	199	**十一画**		實	449
宥	594	寒	178	**十二画**	
宬	57	赛	74	**以上**	
室	453	富	142	寮	302
宫	157	寔	449	寫	541
宪	532		450	審	444
客	267	寓	601	寯	4
七画		甯	363	憲	532
害	177		364	寰	398
宽	273	寐	336	寰	198
宧	576	塞	429	寴	225
宸	55		429	寱	225
家	219		432	寶	17
	240	骞	398	寵	62
宵	536	寠	349	寶	17
宴	565	實	641	**辶(辶)**	
宾	33	寝	407	**部**	
容	423	寨	620	**二至四画**	
宰	610				

妃	128	姐	238	妊	422	娱	2	嫚	582	嫱	52
好	181	姐	80	姚	569	**八画**		媿	277	嫚	330
	182	妯	644	娓	172	娬	519	婴	550	嫘	288
她	473	姓	546	娈	321	婧	247	媮	495	夐	234
妈	326	委	508	姣	231	婊	31	媛	603	婷	622
四画			511	姿	656	婷	546		604	嫡	94
妍	562	妁	551	姜	229	娅	560	婷	492	嫪	287
妩	519	姗	434	姘	383	婑	251	㛃	171	**十二画**	
妓	216	姜	405	娄	314	娶	415	媚	336	**以上**	
姁	599	妮	358	姥	47	婼	427	婿	552	娆	420
妣	24	始	450	娜	353	婪	282	嫠	521		420
妙	343	姆	351		366	婳	196	**十画**		嬉	524
妊	422	**六画**		姦	222	婕	237	媾	160	嬋	48
妖	569	契	237	**七画**		娟	51	嫫	347	嫵	519
妥	502	娃	503	姬	210	婓	314	嫄	603	嬌	231
妗	242	姞	212	娠	443	婴	585	媳	525	媽	171
姊	658	姥	286	㛤	356	娟	503	嬉	379	嬙	196
妨	126		351	娌	292	婢	26	媛	3	嫻	530
妫	171	娅	560	娱	597	婬	583	嫉	213	嬛	401
妒	109	姮	186	娉	384	婚	205	嫌	531	嬡	198
妞	364	要	569	娗	71	婵	48	嫁	222	孃	361
妆	652		570	娟	255	婆	386	嫱	59	嬡	3
姒	464	威	508	娩	503	婶	444	**十一画**		嬗	437
妤	596	耍	459	娥	116	婉	506	嫠	291	嬴	587
五画		姨	575	娩	342	娜	284	嫣	561	嬖	27
妹	349	娆	420	娴	530	婦	141	嫱	401	嬾	354
妹	335		420	娣	96	窝	365	嫩	358	嬲	361
姑	161	姪	637	娑	471	**九画**		嫗	599	嬤	347
妬	109	姻	582	娘	361	媒	335	嫖	382	嬪	383
妻	389	姝	456	娓	511	媪	7			嬸	444
	395	娇	231	婀	116	嫂	431			嬾	283

媚	460	驾	221	骖	42	骟	565	**四画**		绌	63
嬷	361	驿	580	骝	206	骟	467	纬	510	绌	63
孌	321	驰	475	骛	44	骤	645	纭	607	织	635
		六至十画		骘	485	骠	218	纮	188	绚	248
马(馬)		骁	537	骚	660	骧	319	纯	70	绖	448
部		骂	327	骟	122	骦	197	纰	377	终	642
		驸	582	骗	381	骦	460	纱	433	绉	645
马	327	骄	231	骘	641	骧	534	纲	148	弦	530
馬	327	骅	195	骙	276	骦	290	纳	353	绊	14
二至四画		骆	324	骚	430			纴	422	纾	648
冯	134	骇	36	骜	521	**纟(糹)**		纵	661	绋	136
驭	599	骇	177	骜	7	**部**		纶	167	绌	66
驮	115	骈	381	骣	195	**二至三画**			322	绍	440
	501	骊	290	腾	483	纠	248	纷	131	绎	580
驯	557	骎	331	骝	310	纤	595	纸	638	经	243
闯	68	骋	58	骗	661	红	156	纹	514	给	82
驰	60	骏	166	骞	398		188		515	**六画**	
驱	413	验	565	骗	436	纣	645	纺	127	绑	14
驳	36	骍	545	**十一画**		纤	399	纼	648	绒	423
驴	319	骎	406	**以上**		纩	529	纽	364	结	235
驶	256	骅	3	骣	413	纥	151	绅	631		237
五画		骏	259	骠	30		184	纾	455	绔	272
驵	612	骐	392		382	细	557	**五画**		绖	81
驶	450	骑	392	骤	324	纨	505	线	532	绕	420
駡	327	骈	128	骢	73	约	569	绀	148	经	101
驸	464	骒	268	骖	42		604	绁	541	铖	541
驸	141	骟	166	骠	537	**级**	212	绂	138	纸	422
驹	251	骓	653	骛	244	纩	274	练	298	绗	180
驼	661	骠	565	骄	231	纪	214	组	662	绘	204
驻	649	骢	660	骒	50		215	绅	442	绐	154
驼	502	骟	467	骒	580	纫	422	细	526		214
驾	365										

绚	554	绩	552	缊	657	十画		纵	661		656
绛	230	绮	394	九画		缙	243	缛	399	绘	204
络	286	绫	532	绊	268	缗	243	缤	564	绣	549
	324	绯	128	缃	534	缜	631	缩	468	缥	550
绝	257	绰	53	练	298	缚	143		472	缬	584
绞	233		71	缄	224	缛	426	缪	343	缵	274
统	495	绾	438	缅	342	缮	375		346	缤	33
丝	462	绲	173	缆	283	缴	639		350	继	217
七画		绳	446	缇	485	缲	481		431	缠	552
绠	155	纲	148	纱	343	绦	481	十二画		缨	49
绷	300	网	507	缉	211	缝	134	绕	420	缵	663
經	243	绢	166		390		134	缬	540	变	29
绡	536	维	510	缊	608	缱	645	缴	429	蠢	90
觋	224	绵	341	缋	205	缲	76	缠	470	纤	529
细	278	纶	167	缌	463	缟	150	缭	302	缫	41
绢	256		322	缎	111	缠	49	纤	635	䴙	321
绹	166	綵	41	缏	29	缡	291	缮	436	缆	283
绣	549	绶	455	縺	17	缢	581	缯	616	幺部	
绨	59	绷	22	线	533	缣	223		616	幺	568
纷	526		22	线	532	缤	33	缳	402	乡	533
绶	470	绸	63		533	十一画		十三画以上		幻	198
绦	481	绚	482	猴	159	缥	381	缰	229	幼	594
继	217	绤	311	缒	653		382	绳	446	兹	657
绨	485	卷	417	缓	198	缕	320	缲	399	幽	591
	486	综	616	缔	96	缦	330	缲	402	兹	72
八画			660	缕	320	缧	288		431		657
绩	217	绽	622	缕	660	缬	22	缳	580	纱	343
绪	551	绾	506	编	28		22	缳	198	几	208
绫	308	绿	317	缩	344	维	470	缴	233		214
缑	661		320	缂	510	缨	586				
绹	300	缀	653	缘	603	总	660				

樂 287	玡 559	珥 120	琵 378	瑞 427	璒 586
605	玭 383	珙 158	琴 406	瑰 171	璆 412
幾 211	现 532	莹 586	琶 368	瑀 598	璞 388
巛部	玫 334	顼 550	琪 392	瑜 597	璟 246
災 609	玠 239	邪 559	瑛 585	瑗 604	璽 118
甾 609	玓 73	珰 87	琳 305	瑄 552	璠 123
邕 589	珽 507	珠 646	琦 392	瑕 528	璘 306
巢 53	玢 33	珽 492	琢 655	韋 510	璣 209
雛 589	131	珩 186	韋 665	瑶 357	**十三画**
王部	玲 400	珧 569	琲 20	**十至**	**以上**
王 507	玥 605	珮 374	琥 193	**十二画**	璨 43
508	玦 256	玺 525	琨 277	璈 6	璩 414
一至四画	**五画**	珣 556	琱 99	瑾 587	璐 87
玉 599	珏 257	珞 325	琼 410	瑱 631	璐 318
主 647	珐 122	珵 56	琔 13	瑄 400	璪 613
玎 102	珂 265	班 12	琰 564	瑶 570	璘 197
全 416	珑 312	珲 202	琺 122	瑷 4	璵 595
玑 209	玷 98	205	琮 74	璃 296	瑗 4
玕 145	珅 442	**七画**	琯 168	瑭 480	璿 553
弄 314	玳 82	琫 242	琬 506	瑢 424	瓊 410
365	珥 386	球 412	琊 284	瑾 241	璧 27
玙 595	皇 199	琏 298	琛 55	璜 200	瓗 525
玖 249	珍 629	琐 473	琚 251	璀 76	璨 296
玘 393	玲 307	理 292	**九画**	璎 586	璫 587
玚 566	珍 629	琇 549	瑟 432	璀 242	瓚 611
玛 327	珊 434	望 508	瑃 82	就 201	璺 515
玩 505	珉 344	琉 311	聖 446	璁 73	瓖 171
玮 510	珈 218	琅 284	瑚 192	璁 73	瓏 312
环 197	玻 35	珺 259	瑊 224	碎 622	瓘 169
	六画	**八画**	瑒 566	璇 553	瓖 534
	珪 171	琫 23	瑁 333		

韦(韋)		末	348	束	458	枘	427	栈	622	柏	11
部		未	512	杉	432	枫	148	柑	146		36
韦	509	术	458		434	枧	224	某	350		38
韦	509		647	杓	30	枣	613	荣	423	柝	503
韧	422	札	617		439	杵	65	枯	271	栀	635
韧	422	**二画**		条	489	枚	334	椚	641	柃	307
韨	52	朽	548	极	212	枨	58	柯	265	柢	95
韨	138	朴	382	床	68	析	522	柄	34	栎	296
韨	138		385	杜	331	板	13	柘	628		605
铧	510		386	杞	393	枞	73	柷	313	枸	159
韎	52		388	李	292		660	枢	250		160
韩	178	朱	646	杨	566	采	41	柈	384		253
韩	178	杀	432	权	46		42	栋	105	栅	434
韪	510	机	209		47	松	465	栌	316		619
韪	510	朵	115	**四画**		枪	400	相	533	柳	311
韫	608	朵	115	枉	507	枫	133		535	枹	138
韫	608	杂	609	林	305	枕	529	查	46	柱	649
韝	159	权	416	枝	635	枭	537		617	柿	451
韝	159	**三画**		杯	19	构	160	查	617	亲	406
韡	510	杆	145	枢	455	杭	180	柙	527		410
韠	12	杇	517	枥	294	枋	126	枵	537	栏	282
韠	12	杜	109	柜	172	枓	106	柚	592		14
韬	481	杠	149		252	杰	252		594	柒	389
韬	481	材	41	枒	558	枕	631	栅	619	染	419
韊	504	村	77	枇	378	枢	64	楣	355	柠	363
木部		杖	623	枢	193		364	枳	638	枪	116
木	351	杌	519	杪	343	杷	368	枏	465	枢	502
一画		杙	578	杳	570	杼	649	栒	166	柤	115
本	21	杏	546	果	175	**五画**		柬	224	枷	218
				枭	104	标	30	柞	618	架	221
				枏	355	奈	354		665	柽	56

树	458	梃	492	根	154	渠	414	椠	400	椀	506
枲	525		492	栩	551	杪	471	棧	622	椰	284
柔	424	栝	166	桑	430	梁	299	棑	369	棻	394
六画		桥	403	**七画**		棂	308	棻	129	楗	227
框	275	枨	137	梼	482	棂	407	椒	231	椂	96
梨	395	柏	249	械	541	桶	495	棹	626	椐	251
梛	14	栚	122	梽	639	梭	472	棠	480	椭	502
桂	173	條	489	彬	33	紮	609	椁	265	椏	212
桔	237	桦	196	梵	125		616	棍	173	**九画**	
	252	桁	252	梓	387	**八画**		棘	213	楔	539
栲	264	栓	460	梗	155	棒	15	棗	613	椿	70
栳	286	桧	172	梧	518	根	58	椤	323	楳	334
栽	609		204	梾	281	楷	66	椆	148	椹	444
栱	158	桃	482	梢	439	棱	289	椥	636		630
梛	55	桅	510	桿	146		308	椔	69	楠	355
桓	197	枸	556	桯	491	椏	558	棰	291	禁	240
栖	390	桀	237	梧	165	棋	392	椎	69		243
	521	格	152	梨	291	棻	392		653	楂	47
栗	296	栾	321	梅	334	椰	571	集	213		617
柏	11	桨	229	梾	33	植	636	棉	341		478
桄	420	桩	652		34	森	432	椑	19	楚	66
桎	639	校	234	梟	635	棼	131	楸	529	楝	299
柴	48		539	梖	224	棶	105	弑	452	楷	235
桌	654	核	184	桴	138	械	600	棚	375		261
桢	629		192	楠	257	楼	108	椋	299	榄	283
桃	170	样	568	梓	658	椅	575	椁	175	業	572
	170	拼	21	梳	456		578	棬	416	楊	566
档	88		34	梲	654	椂	281	棕	660	楣	213
桐	494	梓	255	梯	484	椓	655	椗	103	椴	513
桤	390	桉	4			楼	390	棺	168	楬	236
株	646	案	5							楅	383

楞	289	橐	502	榕	424	樟	622	檄	604	檳	33
桷	163	榖	164	槷	284	樣	568	機	209		34
槳	252	楮	266	楮	647	樑	299	**十三画**		檪	47
楸	411	樺	196	權	418	橄	147	隸	296	檸	363
椴	111	模	347	楣	541	橢	502	椑	56	權	626
槐	196		350	桶	493	樂	229	蔂	150	椾	92
槌	69	斡	147	**十一画**		檬	337	檔	218
楯	114	榰	221	槽	204	橈	420	檣	401	**十五画**
	461	椟	654	椿	652	樾	606	福	288	**以上**
榆	597	槛	227	槿	241	樹	458	樽	317	檍	108
椶	554		262	横	187	橄	409	檔	88	檗	647
梭	660	楊	474		187	檠	409	檆	213	樸	296
槤	56	槑	334	槝	401	蔽	74	櫛	641		605
樵	576	橙	390	槽	44	橐	502	檄	525	櫥	65
棄	395	桦	471	楄	455	橱	65	檢	224	櫂	503
桐	319	槸	664	標	30	橛	258	檜	172	蘖	362
槎	47	樹	542	械	395	樸	388		204	櫺	294
楼	314	棒	149	樗	64	蝨	110	櫔	563	櫨	316
楦	222	槊	371	植	617	橋	402	檘	238	檸	253
桦	253	槍	400	橙	480	橋	403	標	306	欑	123
楦	554	榴	310	樓	314	樺	149	檀	478	欟	56
概	145	槟	76	櫻	586	樯	664	樏	306	櫳	135
楣	334	槁	150	樂	287	樵	403	樣	578	櫏	532
槛	587	槀	150	樅	73	檢	407	巢	38	欒	362
椽	68	椰	175		660	橹	317	**十四画**	櫂	416
十画	榜	15	樊	123	橿	494	檯	475	櫔	308
椑	237	槊	462	橡	536	榑	664	橋	482	櫼	224
榛	630	榮	423	藥	647	樂	443	櫃	172	椴	460
构	160	槟	33	槲	192	橙	58	檻	227	欄	282
椎	129		34	棟	263	橘	252		262	櫸	323
槙	149	榨	619					蘩	409	欂	76

咸	531	戲	191	瓶	59	齿	60	旷	275	显	531
威	508		526	甋	148	整	633	旸	567	映	588
栽	609	戮	319	瓿	40	歴	293	**四画**		星	544
载	610	幾	211	甄	630	归	170	旺	508	昳	101
	610	戰	621	甍	645	鳖	383	昊	182		579
盏	621	臧	174	瓷	72	**支部**		县	477	昨	665
或	600	戴	83	瓶	296	战	97	者	627	昫	552
戚	390	戲	191	瓶	651	敍	551	昔	522	昂	333
戛	220		526	甌	367	敨	497	杳	570	昚	611
盛	57	戳	71	甏	23	敊	539	昃	615	昱	600
	447	**比部**		甑	616	叛	114	昆	277	昶	52
八至九画		比	23	甓	515	敽	109	昌	445	昵	359
戟	215	毕	25	甏	380	戮	402	昇	445	昭	624
戢	660	昆	277	甕	586	歐	413	昕	543	昇	29
裁	41	毗	378	甑	564	敥	539	明	345	**六画**	
戛	220	毘	378	**止部**		**日部**		昏	205	时	448
戟	215	皆	235	止	637	日	423	吻	191	晋	243
惑	207	毖	25	正	632	**一至三画**		易	580	晅	553
戡	213	毙	25		633	旦	85	昀	607	晒	434
幾	208	琵	378	此	72	旧	249	昂	6	晟	446
	214	**瓦部**		步	40	早	613	昱	127	晓	538
截	262	瓦	503	武	519	旯	279	昃	172	晋	243
盏	621		504	歧	391	旮	143		248	晃	201
戮	92	瓩	397	肯	268	旭	551	昝	448		201
戳	145	瓯	367	齿	60	旨	638	**五画**		晔	573
十画以上		瓮	515	些	539	旬	556	春	70	晌	437
戳	225	瓴	307	歪	504	旰	147	昧	336	晁	53
截	238	瓷	72	耻	61	旱	179	是	452	晏	565
餓	400	瓶	385	龇	659	时	448	晄	313	晖	202
	402			岁	470					晕	606
臧	612										608

七画		喝	571	暖	4	勗	551	货	207	赀	656
匙	60	暖	366	趄	510	曼	330	质	640	赁	656
	454	暗	6	黿	53	冕	342	贩	125	赁	306
晡	38	暉	156	曒	390	替	487	贪	476	赃	551
晤	520	暄	552	曛	556	最	664	贫	383	赂	318
晨	55	睍	528	曠	275	量	300	贬	28	赃	611
晰	627	暌	276	曜	571		301	购	160	资	656
晢	627	**十至**		曝	18	曾	45	贮	649	赅	144
晦	204	**十二画**			389		616	贯	169	赆	242
晞	522	暱	359	疊	101	會	203	**五画**		赈	412
晗	178	曄	573	曭	313	朅	405	贰	120	赇	631
晚	506	暮	352	曦	524	**贝(貝)**		贱	226	赍	281
晝	645	甞	51	曩	356	**部**		贲	21	賓	33
八画		暢	52	曮	434	贝	19		26	實	449
晴	409	暖	4	**日(曰)**		貝	19	贳	451	**八画**	
暑	457	暠	182	**部**		**二至四画**		贴	490	赋	142
晰	523	暝	346	曰	604	贞	629	贵	172	赌	409
晢	523	题	485	曲	413	则	614	贶	275	赟	611
暂	611	暴	18		414	负	141	買	328	赈	624
腴	248		389	曳	573	贡	158	贷	82	賣	328
晶	245	曝	535	更	155	财	41	贸	333	赌	109
智	641	曉	538		156		602	贮	649	賢	530
晷	172	曆	293	杏	80	员	607	费	130	赎	457
晾	301	曡	477		474		608	贺	185	资	281
景	246	塈	626	曶	191	贠	526	贻	576	赀	211
晬	664	暾	500	冒	333	责	615	**六至七画**		赃	226
普	388	曈	495		349	贤	530	贼	615	赏	438
九画		**十三画**		曷	184	败	12	贽	641	赐	73
趍	510	**以上**		書	455	账	624	贾	163	赑	26
趋	532	曚	337	曹	44				221	質	640
暘	567	曙	457					贿	204		

腼 644	**水(氺)部**	浆 291	觌 342	地 473	**九画以上**
赓 155		228	488	牣 422	犨 133
赔 374	水 461	230	觊 597	牦 332	犏 380
赈 85	氺 34	**见(見)部**	觌 406	牧 332	犟 330
寞 74	永 590		410	物 520	犒 264
九画以上	氹 88	见 225	觐 160	**五至六画**	犊 239
赖 281	求 412	532	觑 217	荦 324	犗 324
赗 134	氽 501	覝 225	觇 243	牯 162	犛 528
赘 654	氽 75	532	觑 415	牵 397	犚 332
購 160	凼 88	**二至七画**	觑 415	牲 445	靠 264
赙 143	汞 158	观 167	觑 323	牮 226	犟 230
賣 211	隶 296	169	觉 415	牴 94	犊 108
赚 651	尿 361	觃 565	覺 234	牳 351	犨 63
663	469	规 171	257	特 483	犧 521
赛 429	沓 80	觅 340	鹜 171	牺 521	**手部**
赘 641	474	觅 340	覽 282	牷 416	手 454
赜 615	泰 476	视 452	觐 323	牸 659	**四至八画**
赝 565	荥 546	觇 48	94	**七至八画**	拜 12
赞 611	586	览 282	觐 167	牾 519	挈 353
賫 606	泵 23	规 323	169	犊 331	挚 405
赠 616	泉 416	觉 234	**牛(牜牛)部**	犁 291	挛 641
赡 437	浆 228	257		犄 74	拿 353
赢 587	230	觋 464	牛 364	牵 397	挛 321
臟 611	淼 343	觊 217	**二至四画**	犊 108	拳 416
颖 148	颖 587	舰 226	牝 384	犄 210	挐 429
赍 211	黎 291	觌 525	牟 350	犋 254	433
赠 242	滕 484	**八画以上**	352	犇 21	471
赎 457	荥 546	觍 109	牡 351	犁 291	掌 623
賯 565	586	觎 94	告 150	犍 224	掣 54
臟 611	漦 60	觑 488	牤 330	398	弄 368
赣 148				犀 524	

掰	11	麨	429	氨	4		234		458	斨	400
十画以上		麭	456	氪	267	救	250		462	顾	391
辇	347	氅	332	氫	408	敕	61	敌	94	断	111
辈	398	麈	202	氰	409	敨	598	整	633	斯	463
挚	641	氂	429	氬	560	敏	345	辙	627	新	543
摩	326	氇	52	氭	86	敘	551	敛	298	斲	655
	347	氉	319	氯	320	敔	298	釐	290	斷	111
擎	409	氊	389	氲	606	敝	26	斅	597	**爪(爫)**	
挈	113	氍	424	**女部**		敠	394	变	29	**部**	
擘	209	氌	620	**二至五画**		啟	394	徽	335	爪	625
擧	253	氎	620	攵	264	敢	147	**片部**			650
攀	11	氃	414	收	454	**八画以上**		片	380	孚	137
	38	氄	102		156	散	429		381	妥	502
擎	283	**气部**		攸	591		430	版	13	采	41
攀	370	气	394	改	144	敬	248	牒	108		42
攣	321	気	382	孜	656	敞	52	牍	222	觅	340
毛部		氕	88	败	12	敦	112	牌	369	受	454
毛	332	氖	354	牧	352		112	牒	101	爬	368
尾	511	氘	529	攽	12	胬	394	牖	618	乳	426
	577	氚	67	放	127	敫	566	牗	68	爱	603
毡	620	氛	131	政	633	敩	233	牘	594	舀	570
毯	423	氜	104	故	164	数	457	牍	108	爰	3
毪	333	氟	136	畋	487		458	**斤部**		奚	523
毵	350	氢	408	**六至七画**		鳌	291	斤	240	彩	41
毯	412	氩	560	敄	6	鳖	60	斥	61	舄	512
毫	180	氤	521	致	521	敌	94	斩	621	舜	461
酕	424	氮	582	敂	94	莝	332	所	472	爱	3
毳	77	氦	177	效	539	氅	332	斧	139	亂	321
毬	478	氧	568	救	441	敳	136	欣	543	爱	4
毽	227	氟	394	教	231	敫	457				

孵	136	肘	645	肩	223	胖	370	胲	177	脱	501
虢	174	肖	536	肥	128		372	胼	381	脺	484
爵	258		538	服	138	脉	329	朕	631	脘	506
爨	4	肶	151		141		349	胨	340	脲	362
		肓	199	胁	540	胥	550	朔	462	朘	255

父部		肠	51	**五画**		胫	247	胲	6	**八画**	
父	139	**四画**		胨	451	胎	475	朗	284	腊	245
	140	胖	372	胅	413	**六画**		脓	365	脹	624
爷	572	胼	246	胡	191	胯	272	脇	540	期	211
斧	139	肤	135	胚	374	胰	575	脊	540		390
爸	10	朊	426	胧	313	胱	170	能	358	菁	211
釜	139	胯	651	胘	9	胴	105	**七画**		腊	280
爹	100	肺	129	胨	105	胭	560	脚	233		522
爺	572	肢	635	胼	260	胸	366		257	朝	53

月(月)部		肽	476	背	19	脈	329	脖	37		625
		肱	157		19		349	脯	140	腖	105
月	605	脘	591	胪	316	脍	273		388	肾	444
一至三画		胞	654	胆	84	脎	428	胆	107	腌	1
肛	581	肯	268	胛	220	脁	490	脣	70		561
有	593	肾	444	脾	444	脆	76	豚	501	腓	129
	594	肿	643	胄	645	脂	636	𧈟	91	腘	174
刖	605	朐	353	胃	512	胸	547		483	腆	488
肌	209	胀	624	胜	446	胄	547	脛	247	腡	323
肋	287	胪	523		446	脟	371	朘	323	腴	596
	289	肴	569	胙	665	胳	151	胮	335	脾	378
肝	145	朋	375	胍	165	脏	611	脸	298	殽	538
肟	516	肷	399	胗	629		612	脞	78	腋	573
肛	148	股	162	胝	635	脊	215	脬	373	脐	140
肚	109	肮	6	胸	414	脐	391	腊	515	脺	77
	109	肪	126	胞	16	胶	231	脖	186	胜	446
		育	600	胤	585	脑	357	望	508	腙	660

腔	103	**十画**		臘	484	膗	560	歇	539	飔	381
腔	400	縢	468	縢	484	臚	316	歃	433	飗	302
腕	507	膜	347	臍	484	臏	609	歆	543		312
脊	394	胼	37	膕	307	朧	313	歌	151	飙	31
腱	227	膈	153	膕	229	臟	612	歉	400	飔	31
脮	251	膁	399	**十三画**		臝	324	歉	478	飔	31
九画		膏	149	朦	164	膻	414	歐	367	**殳部**	
膩	360		150	朦	337	**欠部**		歔	550	殳	455
䐈	74	膀	15	膿	365	欠	399	歙	442	殴	367
腩	355		371	臊	431	**二至七画**			524	殁	349
腰	569		372		431	次	72	欶	595	段	110
腦	342	脊	319	臉	298	欢	197	歔	71	殷	561
腸	51	脥	33	膾	273	欪	595	歡	197		583
膃	504	**十一画**		膽	84	欧	367	**风(風)**		般	13
腥	545	臖	77	膻	435	软	426	**部**		殺	432
腮	429	膝	524	臍	586	欣	543	风	132	殻	266
腭	118	膞	651	膁	298	炊	69	風	132		404
膧	643	膘	30	臆	581	欲	182	飐	621	殺	107
腹	142	膚	135	臃	589	欸	262	飑	30	殷	538
腺	533	腟	480	臕	447	欹	522	飒	428	發	121
膇	654	膃	174	膼	484	欲	599	飓	475	穀	164
腄	498	膛	67	臀	501	欷	274	飔	165	穀	160
腧	458	膝	484	臂	21	欻	3	飓	254	毀	203
脚	233	膛	639		27		118	飔	566	殿	99
	257	膠	231	**十四画**			119	飔	463	穀	164
鹏	376	**十二画**		**以上**		**八画以上**		飔	119	毇	162
膡	58	膨	376	膼	357	款	274	飔	570	毃	271
腰	588	膰	123	臍	484	欺	390	飔	310	殿	367
腾	483	臍	67	臓	30	欹	66	飘	381	穀	580
腦	357	膳	436	臏	33		550	飘	381	殼	193
				臘	280						

禧	526	愍	476	悠	591	懸	483	憲	532	肇	626
禪	49	忿	73	您	363	慼	418	勸	407	盡	242
	436	怨	604	息	73	愿	604	戀	333	

衤（示） 部

禧	526
禪	49
	436
禮	291
禱	89
襧	339
襷	419

心部

心 542

一至四画

必	24
志	639
忘	483
忒	483
	499
志	478
忐	407
忘	508
忌	215
忍	421
态	476
忠	642
怂	465
念	361
忿	132
忽	191

五画

憋	25
思	463
怎	616

六画

恝	220
恚	204
恐	269
恥	61
恶	117
	117
	518
	520
恿	366
虑	320
恩	119
恁	358
息	523
恋	298
恣	659
恙	568
恳	268
恕	458

七至八画

悫	418
悬	553
患	199

悠	591
您	363
息	73
悉	523
惠	590
恶	117
	117
	518
态	476
	520
甚	217
惹	421
嘉	91
惠	204
惑	207
悲	19
惢	610
惩	58
急	20
九至十画
恭	70
愿	405
想	535
感	147
愚	596
愁	64
愆	397
愈	600
爱	3
意	581
慈	72
愍	345

悬	483
慼	418
愿	604
暨	463
愳	583
愵	467
漶	590
態	476
	520
十一画
慧	204
慜	418
蕊	426
慼	42
感	390
憂	591
愁	585
虑	320
慗	395
慫	465
慾	599
慶	410
憋	32
慰	513
十二至十三画
慭	585
憩	395
懂	20
慈	112
憑	385

憲	532
勸	407
戀	333
懿	268
應	585
	588
濆	336
十四画以上
懟	112
懥	336
懲	58
懸	553
懣	582
聽	491
戀	298
戁	149
	653

聿（聿聿）部

聿	599
書	455
肅	467
隶	296
畫	645
畫	196
肆	465
肄	581
肅	467
肇	626

毋（母）部

毋	518
母	351
每	335
毒	3
毒	238
毒	108
毓	601
蠹	90

示部

示	451
佘	440
奈	324
祟	469
祟	470
票	382
祭	217
禁	240
	243
禀	34
縈	22
禦	601

石部

| 石 | 85 |
| | 448 |

二至四画	砸 609	512	碑 93	碥 418	磴 113
矴 103	砺 294	硃 646	碇 103	碳 173	磷 306
矶 209	砉 313	硎 403	碗 506	磅 15	磴 92
矸 146	砰 375	硇 356	碌 311	372	礘 209
岩 562	砧 630	硇 204	318	確 418	礞 338
矻 271	砷 442	硚 179	碜 56	碾 361	礤 65
矾 123	砟 618	硌 153	**九画**	磉 430	礓 229
砂 521	硇 356	325	碳 395	**十一画**	礡 288
矿 275	砼 493	硬 588	碧 27	磬 410	礵 41
砀 88	砥 95	硖 527	磗 646	磡 263	礴 294
码 327	砾 296	硍 269	碴 630	磺 200	礙 4
耷 194	硇 356	硪 317	碟 101	磚 651	礦 275
549	砲 373	硝 536	碴 47	礓 44	礳 41
研 562	硅 649	碎 56	碱 225	硜 269	礜 123
砖 651	砬 279	硪 517	碜 619	礌 317	礫 296
砗 54	砣 502	硷 224	碭 88	磨 347	礮 373
砑 560	础 65	确 418	碣 238	350	礴 38
砘 113	砮 365	硫 311	碾 512	磙 662	礓 350
砒 377	破 387	**八画**	碳 479	磜 554	礲 313
砌 395	砗 269	碛 395	碲 96	磠 414	460
砂 433	**六至七画**	碁 392	磋 77	磣 311	**龙(龍)部**
泵 23	硎 545	碕 392	磁 72	磣 56	
砚 565	硅 171	碍 4	碹 554	**十二画**	龙 312
矸 655	硃 331	碘 97	碥 29	**以上**	龍 312
砭 28	硒 521	碓 112	**十画**	磽 402	垄 313
砜 133	硕 462	碑 19	磕 266	礴 623	垄 313
砍 262	硖 527	硼 376	磊 289	磾 93	龚 563
五画	硗 402	硐 99	磲 510	礁 403	龙 563
砝 122	砦 620	碎 470	512	礁 232	耷 313
砹 3	硐 105	碚 20	磐 371	礄 371	龙 313
砢 265	硇 510	碰 376	磲 627		

西（覀）部					
西	521	顽	505	烦	220
要	569	顺	165	颈	246
	570	顿	108	频	383
粟	296		113	颏	500
贾	163	顾	391	颔	179
	221	颂	12	颖	587
票	382	颁	465		
覃	407	顸	180	**八至九画**	
	478	烦	123	颙	390
粟	468	预	600	颗	266
覆	142	**五至七画**		颖	76
覉	10	硕	462	颥	262
覊	184	颀	316	题	485
覊	211	领	309	颙	590

页（頁）部					
		颇	385	颙	429
页	573	颃	156	颚	118
頁	573		246	颛	651
二至三画		颉	237	颜	563
顶	102		540	额	117
项	409	颏	220	**十至十二画**	
顸	177	颐	492	颟	362
项	535	颌	152	颠	329
顺	461		184	颠	97
须	549	频	140	愿	604
四画		颔	511	类	289
顼	550	颖	587	颡	430
		领	117	颢	329
		颊	266	颣	543
		颈	118	颥	182
		颐	576	嚣	538
		头	496	颥	403

颢	289	虏	317	闽	345
颥	165	戏	191	蚁	578
十三画以上			526	蚍	440
颤	50	觑	415	蚤	613
	622	膚	135	蚂	326
颥	425	慮	320		327
颢	531	號	174		327
颦	383	盧	315	蚤	535
颥	316	戯	191	**四画**	
颧	417		526	蚌	15
颥	362	虒	275		23
颥	599	觑	415	蚨	136

虍部		觑	415	蚕	42
		觑	564	蚘	203
虎	193			蚜	559
虏	317	**虫部**		蚍	378
虐	366			蚋	427
虓	463	虫	62	蚬	531
虓	537	**一至三画**		蚝	180
虔	398	虬	412	蚧	239
虑	320	虮	214	蚡	131
虚	550	虱	412	蚣	157
彪	30	虱	448	蚊	514
虓	65	虹	188	蚪	106
	66		230	蚓	584
处	65	虾	176	蚩	59
	66		527	**五画**	
虞	597	虺	203	蚶	178
號	180	蛋	48	萤	586
	181	虽	469	蛄	161
		圪	154	蛎	294
		虹	337		

褽	248	盖	144	籼	529	鬻	305	糯	367	习	524
褰	398		153	籵	443	粹	77	糲	499	翊	307
襃	541	羚	307	屎	450	粽	661	蘖	363	翌	580
裹	534	瓶	93	姜	314	糁	430	糴	94	翘	403
褱	16	羟	401	籽	658		443	糵	601		404
襞	27	羡	568	粃	24	糊	191	糵	363	翔	204
襲	525	羝	423	籹	340		192	糶	490	翛	538
		羑	533	粉	131		193			翕	524
羊(⺶		善	436	料	303	糇	189	**艮(⻖)**		翔	534
羊)部		翔	534	粑	8	糁	661	**部**		翠	202
羊	567	**七画以上**		粝	294	糌	611	艮	155	翥	650
一至六画		羾	401	粘	360	糍	72		155	翡	129
羌	400	義	578		620		620	良	299	翟	94
差	46	群	418	粗	74	糈	551	即	212		619
	47	羣	418	粕	386	糅	424	艰	223	翠	77
	48	羧	472	粒	294	糨	20	垦	268	**九画以上**	
	71	羴	618	粜	490	糙	44	既	217	翩	505
美	335	養	567	粪	132	糗	412	恳	268	翦	225
羑	593	羯	238	粞	522	糖	480	暨	217	翮	380
养	567	羰	479	粟	468	糕	149	艱	223	翰	179
姜	229	羱	603	粤	606	**十一画**				翻	185
羖	163	義	524	粦	306	**以上**		**羽部**			7
羔	149	羵	435	桩	652	糟	613			鹬	185
恙	568	羸	288	粱	657	糞	132	羽	598	翳	580
羞	548	羹	155	粥	644	糠	263	**三至八画**		翼	580
羜	612	**米部**		**七至十画**		糡	230	羿	580	翘	403
羝	163			粳	245	糁	430	翅	61		404
着	624	米	340	粲	43		443	翅	61	翱	7
	625	**二至六画**		粱	300	糧	299	翀	62	翻	123
	628	籴	94	粮	299	糨	289	翁	515	翩	204
	655	类	289	精	245	糷	294	扇	435		
									436		

醵 339	晨 55	鹻 224	踋 605	跳 490	踩 42	
醋 551	屑 70	鹽 563	**五画**	跺 115	踮 98	
醢 177	屒 445	鹼 224	践 226	跺 115	踣 38	
醨 291	農 364		跙 637	跪 173	踯 637	
醹 480	薐 364	**里部**	跋 9	路 318	蹉 417	
十一画		里 292	趾 98	跻 211	踪 660	
以上	**豕部**	厘 290	跌 101	跤 231	踺 227	
醫 574	豕 450	重 62	跗 135	跡 216	踞 254	
醬 230	豚 499	643	跞 503	跟 154	**九至十画**	
醪 285	豗 202	野 572	跞 296	**七至八画**	蹀 68	
醭 38	家 219	量 300	324	踌 63	蹁 101	
醮 234	240	301	跑 373	踉 299	蹅 47	
醯 524	象 535	童 494	373	301	蹄 504	
醱 386	豢 199	釐 290	跎 502	踦 251	蹉 96	
醲 254	豨 522		跏 219	踽 215	蹁 67	
醴 293	豪 181	**足(𧾷)**	跛 38	踊 590	踵 643	
醹 63	豬 646	**部**	跆 475	踏 214	蹒 253	
醺 556	豵 661	足 662	**六画**	踦 578	蹂 597	
醻 565	獭 131	**二至四画**	跬 276	践 226	597	
醽 309	豭 219	趴 368	跫 411	踧 75	蹙 115	
釀 361	豫 600	趸 113	跩 42	踔 70	蹄 485	
釄 340	豳 33	趵 18	跨 272	踹 479	蹁 381	
釅 434	燹 532	趿 473	跶 81	踝 196	蹁 590	
448		趼 225	跷 402	踢 484	蹂 424	
釃 566	**卤(鹵)**	趺 135	跸 25	踏 473	蹋 362	
釁 544	**部**	趾 391	跐 71	474	蹒 371	
	卤 316	395	72	踟 60	蹄 25	
辰部	鹵 316	距 253	跹 650	踱 516	蹋 474	
辰 55	鹹 531	趾 637	跣 531	颠 640	蹈 89	
辱 426	鹺 78	跃 606	跱 529			
唇 70	鹾 78	跄 402				

（三）　难检字笔画索引

（字右边的号码指字典正文的页码）

头 496	乩 210	**七画**	**八画**	廷 507	临 305	孬 356
必 24	师 447	戒 239	奉 134	乳 426	禺 596	高 541
司 462	曳 573	所 472	武 519	周 644	幽 591	畢 25
民 344	曲 413	严 562	表 51	枭 537	拜 12	乘 58
弗 136	414	巫 517	623	氓 331	重 46	447
疋 379	网 507	求 412	者 627	337	重 62	島 89
出 64	肉 424	甫 139	亞 559	**九画**	643	師 447
氹 88	年 360	更 155	其 391	禹 598	咫 638	屍 463
丝 462	朱 646	156	直 636	俎 663	飛 128	鬯 52
六画	丢 104	柬 458	丧 430	84	癸 172	巢 537
戎 423	乔 403	两 300	430	馗 412	**十画**	壐 525
考 264	乒 384	丽 290	肃 467	胤 585	艳 565	献 351
老 285	乓 371	295	隶 296	沙 343	衰 603	高 149
亚 559	向 535	来 280	承 58	养 567	夜 430	离 290
亘 155	囟 543	半 340	叀 452	籼 69	430	㓥 69
吏 294	后 189	串 68	两 300	叛 371	彧 600	弱 428
再 610	用 317	邑 579	枣 613	首 454	哥 151	哿 153
戍 549	兆 626	我 516	卖 328	举 253	禼 152	能 358
在 610	舛 68	兔 499	面 342	叚 221	296	脂 178
百 11	产 49	囵 73	來 280	昼 645		**十一画**
而 119	关 167	卮 635	非 128	秦 661		焉 561
戌 458	州 644	希 522	些 539	哉 609		執 636
死 463	兴 544	坐 666	果 175	甚 443		董 241
互 155	546	龟 171	巷 180	444		黄 200
成 57	农 364	畅 52	東 535			乾 145
夹 143	乱 107	尚 173	224			398
219	尽 241	垂 69	威 531			啬 431
220	242	乖 166	威 508			專 651
夷 575	丞 57	秉 34	歪 504			威 390
尧 569	艸 44	臾 596	面 342			皰 373
至 638	买 328	卑 19	韭 249			爽 460
		阜 141	卥 541			

A ㄚ

A ㄚ

阿 ⊖ ā ㄚ 〈方〉词头。1. 加在排行、小名或姓的前面：～大．～根．～王．2. 加在某些亲属称谓的前面：～妹．～姨．～公．
[阿昌族] 我国少数民族，参看附表。
⊜ ē 见 116 页。

呵 ⊖ ā ㄚ 同"啊⊖"。
⊜ á 见本页。
⊜ ǎ 见本页。
⊕ à 见 2 页。
⊝ a 见 2 页。
⊛ hē 见 182 页。

啊 ⊖ ā ㄚ 叹词，表示赞叹或惊异：～，这花多好哇！～，下雪了！
⊜ á 见本页。
⊜ ǎ 见本页。
⊕ à 见 2 页。
⊝ a 见 2 页。

锕 ā ㄚ 一种放射性元素，符号 Ac.

腌 ⊖ ā ㄚ [腌臜] (－za) 不干净。
⊖ yān 见 561 页。

呵 ⊖ á ㄚ 同"啊⊜"。
⊜ ā 见本页。
⊜ ǎ 见本页。
⊕ à 见本页。
⊝ a 见 2 页。
⊛ hē 见 182 页。

啊 ⊖ á ㄚ 叹词，表示疑问或反问：～，你说什么？～，你再说！
⊜ ā 见本页。
⊜ ǎ 见本页。
⊕ à 见 2 页。
⊝ a 见 2 页。

嘎 ⊖ á ㄚ 同"啊⊜"。
⊖ shà 见 433 页。

呵 ⊖ ǎ ㄚ 同"啊⊜"。
⊜ ā 见本页。
⊜ á 见本页。
⊕ à 见 2 页。
⊝ a 见 2 页。
⊛ hē 见 182 页。

啊 ⊜ ǎ ㄚ 叹词，表示疑惑：～，这是怎么回事？
⊜ ā 见本页。
⊜ á 见本页。
⊕ à 见 2 页。
⊝ a 见 2 页。

呵 ⊕ à ㄚ 同"啊⊕"。
⊜ ā 见本页。
⊜ á 见本页。

㊂ ǎ 见1页。

㊄ a 见本页。

㊅ hē 见182页。

啊 ㊃ à ㄚˋ 叹词。1. 表示应诺或醒悟（音较短）：～，好吧．～，原来是你呀！2. 表示惊异或赞叹（音较长）：～，伟大的祖国！

㊀ ā 见1页。

㊁ á 见1页。

㊂ ǎ 见1页。

㊄ a 见本页。

呵 ㊄ a ・ㄚ 同"啊㊄"。

㊀ ā 见1页。

㊁ á 见1页。

㊂ ǎ 见1页。

㊃ à 见1页。

㊅ hē 见182页。

啊 ㊄ a ・ㄚ 助词。1. 用在句末，表示赞叹、催促、嘱咐等语气（常因前面字音不同而发生变音，有时因所连字音不同的字来表示）：快些来～（呀）！您好～（哇）！同志们加油干～（哪）！2. 用在列举的事项之后：纸～、笔～、摆满了一桌子．

㊀ ā 见1页。

㊁ á 见1页。

㊂ ǎ 见1页。

㊃ à 见1页。

AI ㄞ

哎 āi ㄞ 叹词，表示不满或提醒：～，你怎么能这么说呢！～，你们看，谁来了！［哎呀］叹词，表示惊讶。［哎哟］（—yō）叹词，表示惊讶、痛苦。

哀 āi ㄞ ❶ 悲痛（逾悲—）：喜怒～乐．❷ 悼念：默

锿 āi ㄞ 一种人造的放射性元素，符号 Es．

埃 āi ㄞ 灰尘（逾尘—）。

挨 ㊀ āi ㄞ ❶ 依次，顺次：～家问．～着号头叫．❷ 靠近：你～着我坐吧．

㊁ ái 见本页。

唉 ㊀ āi ㄞ ❶ 答应的声音。❷ 叹息的声音。

㊁ ài 见3页。

娭 āi ㄞ ［娭毑］（—jiě）〈方〉1. 称祖母。2. 尊称年老的妇人。

嗳（噯）㊀ āi ㄞ 同"哎"。

㊁ ǎi 见3页。

㊂ ài 见3页。

挨（****捱**）㊀ ái ㄞ ❶ 遭受，亲身受到：～饿．～打．～骂．❷ 困难

地度过(岁月)：～日子. ❸拖延：别～磨了，快走吧.

㈡ 见2页.

骏 皑(皚) ái ㄞ 白(叠)：～～白雪.

癌 ái ㄞ (旧读 yán)生物体细胞由于某些致癌因素的作用，变成恶性增生细胞，形成的恶性肿瘤：胃～. 肝～.

毐 ǎi ㄞ 见于人名.

欸 ㈤ ǎi ㄞ [欸乃](—nǎi)拟声词，摇橹声：～～一声山水绿.
㈠ ē 见118页.
㈡ é 见118页.
㈢ ě 见118页.
㈣ è 见119页.

嗳(嗳) ㈠ ǎi ㄞ 叹词，表示否定或不同意：～，别那么说. ～，不是这样放.
㈡ ài 见本页.
㈢ āi 见2页.

矮 ǎi ㄞ 人的身材短：他比他哥哥～. ⑤1.高度小的：几棵小～树. 2.等级、地位低：我比他～一级.

蔼 ǎi ㄞ 和气，和善：对人很和～. ～然可亲.

霭 ǎi ㄞ 云气：云～. 暮～.

艾 ㈠ ài ㄞ ❶多年生草本植物，开黄色小花，叶制成艾绒，可供灸病用. ❷止，绝：方兴未～. ❸ 漂亮，美，少～(年轻漂亮的人). ❹ 姓.
㈡ yì 见578页.

砹 ài ㄞ 一种放射性元素，符号At.

唉 ㈠ ài ㄞ 叹词，表示伤感或惋惜：～，病了两个月，把工作都耽搁了.
㈡ āi 见2页.

爱(愛) ài ㄞ ❶喜爱，对人或事物有深挚的感情：拥军～民. ～祖国. ～人民. 友～. ❷喜好：～游泳. ～干净. ～劳动. ❸爱惜，爱护：～集体荣誉. ❹ 容易：铁～生锈.

嗳(嗳) ㈠ ài ㄞ 叹词，表示懊恼、悔恨：～，早知道是这样，我就不来了.
㈡ ǎi 见本页.
㈢ āi 见2页.

嫒(嬡) ài ㄞ [令嫒][令爱]对对方女儿的尊称.

瑷(璦) ài ㄞ [瑷珲](—huī)地名，在黑龙江省。今作"爱辉"。

叆(靉) ài ㄞ [叆叇](—dài)云彩很厚的样子。

暖(曖) ài ㄞ 日光昏暗（叠）。[暧昧]1.态度不明朗。2.行为不光明。

餲 ⊖ ài ㄞ 食物经久而变味。
⊜ hé 见184页。

隘 ài ㄞ ❶险要的地方：要~. ❷狭小（逾狭—）：气量狭~.

嗌 ⊖ ài ㄞ 噎，食物塞住嗓子。
⊜ yì 见581页。

碍(礙) ài ㄞ 妨害，阻挡：~口（不便说）.~事不~事？~手~脚.

AN ㄢ

厂 ⊖ ān ㄢ 同"庵"（多用于人名）。
⊜ chǎng 见52页。

广 ⊖ ān ㄢ 同"庵"（多用于人名）。
⊜ guǎng 见170页。

安 ān ㄢ ❶平静，稳定：~定.~心（心情安定）。~居乐业.❷使平静，使安定（多指心情）：~神.~民告示.❸安全，平安，跟"危"相反：~康.治~.转危为~.❹安置，装设（逾—装）：~排.~营扎寨.~电灯.❺存着，怀着（多指不好的念头）：~心不良.❻疑问词，哪里：而今~在？~能如此？❼电流强度单位名安培的简称，符号A。

桉 ān ㄢ 桉树，常绿乔木，树干高而直，木质坚韧，供建筑用，树皮和叶都可入药，叶又可提桉油，树皮又可提鞣料。也叫"有加利树"。

氨 ān ㄢ 一种无机化合物，分子式NH_3，是无色而有剧臭的气体。在高压下能变成液体，除去压力后吸收周围的热又变成气体，人造冰就是利用氨的这种性质制成的。氨又可制硝酸、肥料和炸药。

鮟 ān ㄢ [鮟鱇](—kāng)鱼名。生在深海里，体侧半部平扁，圆盘形，尾部细小，头大，口宽，全身无鳞，能发出像老人咳嗽的声音。俗叫"老头儿鱼"。

鞍(*鞌) ān ㄢ （—子）放在骡马等背

上承载重物或供人骑坐的器具.

庵(＊菴) ān ㄢ ❶圆形草屋. ❷小庙(多指尼姑居住的):～堂.

鹌 ān ㄢ [鹌鹑](－chun)鸟名. 头小尾短, 羽毛赤褐色, 杂有暗黄色条纹, 雄的好斗. 肉、卵可以吃.

谙 ān ㄢ 熟practise:不～水性. [谙练]熟习, 有经验.

盦 ān ㄢ ❶古代一种器皿. ❷同"庵"(多用于人名).

垵 ǎn ㄢ 同"埯".

铵 ǎn ㄢ 铵根, 化学中一种阳性复根, 以 NH_4^+ 表示, 在化合物中的地位相当于金属离子, 如化肥硫铵和碳酸铵的分子中, 都含有它.

俺 ǎn ㄢ 〈方〉我, 我们:～村. ～们. ～那里出棉花.

埯 ǎn ㄢ ❶点播种子挖的小坑. ❷挖小坑点种:～瓜. ～豆. ❸(一儿)量词, 用于点种的植物:一～儿花生.

唵 ǎn ㄢ ❶把食物放在手里吞食:～了几口炒米. ❷佛教咒语的发声词.

揞 ǎn ㄢ 用手指把药粉等按在伤口上.

犴 ㊀ àn ㄢ 见25页"狴"字条"狴犴(bì—)". ㊁ hān 见177页.

岸 àn ㄢ ❶江、河、湖、海等水边的陆地:河～. ❷高大:伟～.

按 àn ㄢ ❶用手压或撳(èn):～脉. ～电铃. [按摩]一种医术, 推、按、揉或抚摩病人身体的一定部位, 帮助血液循环. 也叫"推拿". ❷止住, 压住:～兵不动. 下此事先不表. ❸依照:～理说你应该去. ～人数算. ～部就班(依照程序办事). 图索骥(本喻拘泥, 转为根据线索去寻求). ❹经过考核研究后下论断, 也作"案":～语. 编者～.

案 àn ㄢ ❶长形的桌子. ❷机关或团体中记事的案卷:备～. 有～可查. ❸提出计划、办法等的文件:提～. 议～. ❹事件:五卅惨～. 特指涉及法律问题的事件:～情. 犯～. 破～. ❺古时候端饭用的木盘:举～齐眉(形容夫妇互相敬重). ❻同"按❹".

胺 àn ㄢ 有机化学中,氨(NH₃)的氢原子被烃(tīng)基代替所成的化合物,通式是 R·NH₂。

暗(❶❸*闇) àn ㄢ ❶不亮,没有光,跟"明"相反:～中摸索.这间屋子太～.[暗淡]昏暗,不光明:颜色～～.前途～～.❷不公开的,隐藏不露的,跟"明"相反:～号.～杀.心中～喜.❸愚昧,糊涂:明于知彼,～于知己.

黯 àn ㄢ 昏黑.[黯然]昏暗的样子.喻心神沮丧:～～泪下.

ANG 尢

肮(骯) āng 尢 [肮脏](—zāng)不干净.

昂 áng 尢 ❶仰,高抬:～首挺胸.❷高,贵:～贵.价～.❸情绪高(叠):斗志～扬.慷慨激～.气～～.

盎 àng 尢 ❶古代的一种盆,腹大口小.❷盛(shèng):春意～然.

AO 幺

凹 āo 幺 洼下,跟"凸"相反:～透镜.～凸不平.

熬(**燠、**煤) ⊜ āo 幺 煮:～菜.
　⊖ áo 见本页.

敖 áo 幺 ❶同"遨".❷姓.

嶅 áo 幺 [嶅阳]地名,在山东省新泰.

遨 áo 幺 遨游,游逛.

嗷 áo 幺 拟声词,嘈杂声,喊叫声(叠):～～待哺.

廒(**厫) áo 幺 收藏粮食的仓房:仓～.

璈 áo 幺 古代的一种乐器.

獒 áo 幺 一种凶猛的狗,比平常的狗大,善斗,能帮助人打猎.

熬 ⊖ áo 幺 ❶久煮:～粥.～药.❷忍受,耐苦支撑:～夜.～红了眼睛.
　⊜ āo 见本页.

聱 áo 幺 话不顺耳.[聱牙]文句念着不顺口.

螯 áo 幺 螃蟹等甲壳动物变形的第一对脚,形状像钳子,能开合,用来取食、自卫.

謷 áo ㄠ 诋毁:訾(zǐ)~.
[謷謷] 1. 不考虑别人的话. 2. 悲叹声.

鳌(*鼇) áo ㄠ 传说中海里的大鳖.

翱(*翶) áo ㄠ [翱翔] (—xiáng) 展开翅膀回旋地飞:雄鹰在天空~~.

麈 áo ㄠ 麈战,激烈地战斗:赤壁~兵.

拗(*抝) ⊖ ǎo ㄠ 〈方〉弯曲使断,折:竹竿~断了.
⊜ ào 见本页.
⊜ niù 见 364 页.

祅(襖) ǎo ㄠ 有衬里的上衣:夹~.棉~.皮~.

媪 ǎo ㄠ 年老的妇人.

夿(**嶴) ào ㄠ 浙江、福建等沿海一带把山间平地叫"夿":黄~.

垇 ào ㄠ 地名用字:黄~.

坳(*抝) ào ㄠ 山间平地:山~.

拗(*抝) ⊜ ào ㄠ 不顺,不顺从.[拗口令] 用声、韵、调相近的字编成的话,说快了容易错,也叫"绕口令".
⊖ ǎo 见本页.
⊜ niù 见 364 页.

昇 ào ㄠ ❶同"傲". ❷矫健:排~(文章有力). ❸上古人名.

傲 ào ㄠ ❶自高自大(働骄—):~慢无礼. ❷藐视,不屈:红梅~霜雪.

骜 ào ㄠ ❶快马. ❷马不驯良. ⑩傲慢,不驯顺:桀~不驯.

鏊 ào ㄠ 一种铁制的烙饼的炊具,平面圆形,中间稍凸.

奥 ào ㄠ 含义深,不容易懂:深~.~妙.

墺 ào ㄠ yù ㄩˋ 可居住的地方.

澳 ào ㄠ ❶海边弯曲可以停船的地方. ❷指澳门:港~(香港和澳门)同胞. ❸(外)指澳洲(现称大洋洲),世界七大洲之一.

懊 ào ㄠ 烦恼,悔恨:~悔. [懊丧] (—sàng) 因失意而郁闷不乐.

B ㄅ

BA ㄅㄚ

八 bā ㄅㄚ 数目字.

扒 ㊀ bā ㄅㄚ ❶抓住,把着:～着栏杆.～着树枝. ❷刨开,挖:城墙～了个豁口. [扒拉](—la)拨动:～～算盘.～～开众人. ❸剥,脱:～皮.～下衣裳.

㊁ pá 见368页.

叭 bā ㄅㄚ 拟声词:～的一声,弦断了.

朳 bā ㄅㄚ 无齿的耙子.

巴 bā ㄅㄚ ❶黏结着的东西:锅～. ❷〈方〉粘住,依附在别的东西上:饭～锅了.爬山虎～在墙上. ❸〈方〉贴近:前不～村,后不～店. [巴结](—jie)奉承,谄媚. ❹巴望,盼,期望:～不得马上返回战斗岗位. ❺古代国名,在今重庆市一带. ❻(ba)词尾. 1.在名词后:尾～. 2.在动词后:眨～眼.试～试～. 3.在形容词后:干～.皱～. ❼压强单位名,符号b.

芭 bā ㄅㄚ [芭蕉](—jiāo)多年生草本植物,叶宽大,叶和茎的纤维可编绳索.果实也叫芭蕉,跟香蕉相似,可以吃.

吧 ㊀ bā ㄅㄚ 拟声词,同"叭":～嗒(dā).～唧(jī).～的一声.

㊁ ba 见10页.

岜 bā ㄅㄚ 〈壮〉石山. [岜关岭]地名,在广西壮族自治区扶绥.

疤 bā ㄅㄚ ❶疤瘌(la),伤口或疮平复以后留下的痕迹:疮～.好了伤～忘了疼(喻不重视经验教训). ❷器物上像疤的痕迹.

笆 bā ㄅㄚ 用竹子、柳条编成的一种东西,用途和席箔差不多:～门.～篓.

粑 bā ㄅㄚ 〈方〉饼类食物(叠):玉米～～.

鲃 bā ㄅㄚ 鱼名.体侧扁或略呈圆筒形,生活在淡水中,分布在我国华南和西南地区.

捌 bā ㄅㄚ "八"字的大写.

拔 bá ㄅㄚ ❶抽,拉出,连根拽(zhuài)出:～草.～牙.一毛不～(喻吝啬).不能自～. ❷夺取军事上的据点连～数城．～去敌人的据点．
[拔河]一种集体游戏，人数
相等的两队，对拽一条大绳，
把对方拽过界线(代替河)，
就算胜利．❷吸出：～毒．
火罐．❸挑选，提升：选～人
才．[提拔]挑选人员使担任
更重要的职务．❹超出：出类
～萃(人才出众)．[海拔]地
面超出海平面的高度．

菝 bá ㄅㄚ́ 草根．

胈 bá ㄅㄚ́ 大腿上的毛．

菝 bá ㄅㄚ́ [菝葜](-qiā)
落叶藤本植物，叶子多
为卵圆形，茎有刺，花黄绿
色，浆果红色．根茎可入药．

跋 bá ㄅㄚ́ ❶翻过山岭：长
途～涉(喻行路辛苦)．
❷写在文章、书籍等后面的
短文，多是评介内容的．
[跋扈](-hù)骄傲而专横．

魃 bá ㄅㄚ́ [旱魃]传说中
造成旱灾的鬼怪．

鲅 bá ㄅㄚ́ 见 502 页"鲃"
字条"鲃鲅(tuó-)"．

把 ⊖ bǎ ㄅㄚ̌ ❶拿，抓住：
两手～住门．❷控制，掌
握：～舵．～犁．[把持]专权，
一手独揽，不让他人参预：～

～财权．[把握]1. 掌握，控
制，有效地处理：～～时机．
2. 事情成功的可靠性：这次
试验，他很有～～．❸把守，
看守：～门．～风(守候，防有
人来)．❹手推车、自行车等
的柄：车～．❺(一儿)可以用
手拿的小捆：草～儿．❻介
词，和"将"相当：～一生献给
党．～更多的工业品供应给
农民．❼量词．1. 用于有柄
的：一～刀．一～扇子．2. 用
于可以一手抓的：一～粮食．
一～汗．3. 用于某些抽象
的事物：努一力．❽放在量词或
"百、千、万"等数词的后面，
表示约略估计：丈～高的树．
个～月以前．有百～人．❾旧
时指拜把子(结为异姓兄弟)
的关系：～兄．
[把势][把式](-shi) 1. 武
术．2. 专精一种技术的人：车
～～(赶车的)．
[把头]1. 旧时香会(迷信组
织)的头目．2. 旧社会里把持
某一种行(háng)业，从中剥
削工人的人．
[把戏]1. 魔术、杂耍一类的技
艺．2. ⑩手段，诡计：你又想
玩什么～～？
⊜ bà 见 10 页．

钯 〇bǎ ㄅㄚˇ 一种金属元素,符号 Pd,银白色,富延展性,能吸收多量的氢,可用来提取纯粹的氢气。又可制催化剂。它的合金可制电器仪表等。

〇pá 见 368 页。

靶 bǎ ㄅㄚˇ (一子)练习射击用的目标:打~.

坝(壩) bà ㄅㄚˋ ❶截住河流的建筑物:拦河~. ❷河工险要处巩固堤防的建筑物。❸(一子)平地。常用于西南各省地名。

把(**欛) bà ㄅㄚˋ (一儿)物体上便于手拿的部分,柄:刀~儿.茶壶~儿.[话把儿]被人作为谈笑资料的言论或行为。

〇bǎ 见 9 页。

爸 bà ㄅㄚˋ 称呼父亲(叠)。

耙 〇bà ㄅㄚˋ ❶把土块弄碎的农具。❷用耙弄碎土块:地已经~过了。

〇pá 见 368 页。

齿巴 bà ㄅㄚˋ 〈方〉牙齿外露:~牙.

罢(罷) 〇bà ㄅㄚˋ ❶停,歇(逾一休):~工.~手.欲~不能. ❷免去(官职)(逾一免):~官.~职. ❸完了,毕:吃~饭.

〈古〉又同"疲"(pí)。

〇ba 见 11 页。

糯(糯) bà ㄅㄚˋ 同"耙〇"。

鲅 bà ㄅㄚˋ 鲅鱼,鱼名。背部黑蓝色,腹部两侧银灰色,生活在海洋中。

鲌 〇bà ㄅㄚˋ 同"鲅"。

〇bó 见 36 页。

霸(*覇) bà ㄅㄚˋ ❶依靠权势横行无忌,迫害人民的人:他过去是码头上的一~.㊣以武力侵略、压迫别国,扩大自己势力的国家。[霸道]1.蛮横:横行~~. 2.(一dao)猛烈的,利害的:这药够~~的. ❷强占:~住不让. ❸我国古代诸侯联盟的首领:春秋五~.

灞 bà ㄅㄚˋ 灞河,水名,在陕西省。

吧 〇ba ·ㄅㄚ 助词,用在句末,也作"罢"。1. 表示可以,允许:好~,就这么办~. 2. 表示推测,估量:今天不会下雨~. 3. 表示命令,请求:快出去~! 还是你去~!

4. 用于停顿处:说～,不好意思;不说～,问题又不能解决.

㊀ bā 见 8 页.

罢(罷) ㊁ ba ·ㄅㄚ 同"吧(ba)".

㊂ bà 见 10 页.

BAI ㄅㄞ

刮 bāi ㄅㄞ [刮划](—huai)〈方〉1. 处置,安排:这件事让他～～吧. 2. 修理,整治:这孩子把闹钟～～坏了.

掰 bāi ㄅㄞ 用手把东西分开或折断:～老玉米.把这个蛤蜊～开.

擘 ㊀ bāi ㄅㄞ 同"掰".

㊁ bò 见 38 页.

白 bái ㄅㄞ ❶雪或乳汁那样的颜色:～面. 他头发～了. [白事]有关丧事的:办～事. 2. 反动的:～军.～匪. ❷清楚(㊀明—):真相大～. 蒙受不～之冤. ❸亮:东方发～. ❹空空的,没有加上其他东西的:～卷(juàn).～水.地(没有庄稼的地). ㊋ 1. 没有成就的,没有效果的:这话算～说. 烈士们的鲜血没有～流. 2. 不付代价的:～给.～饶.～吃. ❺陈述,说明:自

～.表～.道～(戏曲中不用唱的语句).[白话]口头说的话,跟"文言"相对. ❻指字形或字音有错:写～了. 念～了.[白字]别字.

[白族]我国少数民族,参看附表.

百 bǎi ㄅㄞ 数目,十个十. ㊋众多,所有的:～花齐放,～家争鸣.～战～胜.[百分率](——lǜ)百分之几,符号为"%",如百分之七十五写作 75％.[百姓]人民.

佰 bǎi ㄅㄞ "百"字的大写.

伯 ㊀ bǎi ㄅㄞ [大伯子](——zi)丈夫的哥哥.

㊁ bó 见 36 页.

柏(*栢) ㊀ bǎi ㄅㄞ ❶常绿乔木,有侧柏、圆柏、罗汉柏等多种. 木质坚硬,纹理致密,可供建筑及制造器物之用. ❷ 姓.

㊁ bó 见 36 页.

㊂ bò 见 38 页.

捭 bǎi ㄅㄞ 分开:～阖(hé)(开合).

摆(擺、❺襬) bǎi ㄅㄞ ❶陈列,安放:把东西～整齐. ㊋故意显示:～阔.～架子.[摆布]

任意支配:受人～～. ❷陈述,列举:～事实,讲道理. ❸来回地摇动:～手.摇头～尾.大摇大～. [摆渡] 1.用船运载过河. 2.过河用的船. [摆脱] 挣脱,甩开:～～贫困. ❹摇动的东西:钟～. ❺衣裙的下边:下～.(图见 574页"衣")

呗 ㊀ bài ㄅㄞ [梵呗] (fàn—)佛教徒念经的声音。
㊁ bei 见 21 页。

败 bài ㄅㄞ ❶输,失利,跟"胜"相反:～涂地.敌军～了. ❷打败,使失败:人民军队大～侵略军. ❸做事没有达到目的,不成功:功～垂成. ❹败坏,毁坏:～血症.身～名裂. ❺解除,消散:～火.～毒. ❻衰落:花开～了.～兴(xìng)(情绪低落).

拜 bài ㄅㄞ ❶过去表示敬意的礼节. ㊟恭敬地:托.～访.～望.～请. [礼拜]宗教徒对神敬礼或祷告. ㊟周、星期的别称:礼拜 ❷行礼祝贺:～年.～寿. ❸用一定的礼节授予某种名义或结成某种关系:～将(jiàng).～把子.

稗 bài ㄅㄞ (—子)一年生草本植物,长在稻田里或低湿的地方,形状像稻,但叶片毛涩,颜色较浅,叶脉清楚,是稻田的害草.果实可以做饲料、酿酒. ㊟微小的,琐碎的:～史(记载轶闻琐事的书).

鞴(韛) bài ㄅㄞ 〈方〉风箱:风～.～拐子(风箱的拉手).

唓 bai ·ㄅㄞ 助词,相当于"呗"(bei).

BAN ㄅㄢ

扳 bān ㄅㄢ ❶把一端固定的东西往下或往里拉,使改变方向:～枪栓.～着指头算. ❷把输了的赢回来:～回一局.

颁 bān ㄅㄢ 分给,发给.

颁 bān ㄅㄢ 发下:～布命令.～发奖章.

班 bān ㄅㄢ ❶一群人按次序排成的行(háng)列:排～. ❷工作或学习的组织:学习～.机修～. ❸工作按时间分成的段落,也指工作或学习的场所:上～.下～.值～. ❹定时开行的:～车.～机. ❺军队编制中的基层单位,在排以下. ❻量词. 1.用于人群:这～年轻人真有力气. **2.**用于定时开行的交通运输工具:我搭下一~飞机走. **❼**调回或调动(军队):~师. ~兵.

斑 bān ㄅㄢ 一种颜色中夹杂的别种颜色的点子或条纹(遥—驳):~马. ~竹. ~白(花白). 脸上有雀~. [斑斓](—lán)灿烂多彩:色彩~~.

癍 bān ㄅㄢ 皮肤上生斑点的病.

般 bān ㄅㄢ **❶**样,种类:如此这~. 百~照顾. 兄弟~的友谊. [一般]1.同样:我们两个人~~高. 2.普通的,普遍的:~~的读物. ~~人的意见. **❷**同"搬".

搬 bān ㄅㄢ 移动,迁移:~家. 把这块石头~开.

瘢 bān ㄅㄢ 疤癩(bāla):~痕.

阪 bǎn ㄅㄢ **❶**同"坂". **❷**[大阪]地名,在日本.

坂(*岅) bǎn ㄅㄢ 山坡,斜坡:~上走丸(喻迅速).

板(❹闆) bǎn ㄅㄢ **❶**(—子,—儿)成片的较硬的物体:~材. 铁~. 玻璃~. 黑~. **❷**演奏民族音乐或戏曲时打节拍的乐器:檀~. **❸**歌唱的节奏:一~三眼. 离腔走~. [板眼]民族音乐或戏曲中的节拍. **❸**做事的条理. [快板儿]曲艺的一种,词句合辙押韵,说时用竹板打拍子. **❸**不灵活,少变化:表情太~. ~起面孔. **❹**[老板]1.私营工商业的业主. 2.过去对著名戏曲演员的尊称.

版 bǎn ㄅㄢ **❶**上面有文字或图形,用木板或金属等制成供印刷的东西:木~书. 活字~. **❸**底版,相片的底片:修~. **❷**印刷物排印的次数:第一~. 再~. [出版]书刊杂志等编印发行. **❸**报纸的一面叫一版:头~头条新闻. **❹**打土墙用的夹板:~筑. **❺**户籍. [版图]户籍和地图. **❻**国家的疆域.

钣 bǎn ㄅㄢ 金属板材:铅~. 钢~.

舨 bǎn ㄅㄢ 见 434 页"舢"字条"舢舨"(shān—).

办(辦) bàn ㄅㄢ **❶**处理:~公. ~事好,就这么~. **❸**处分,惩治:首恶者必~,立功者受奖. **❷**创设:兴~成人教育. 校~工厂. **❸**置备:~货.

半 bàn ㄅㄢ ❶二分之一:十个的一～是五个.～米布.一吨～.分给他一～. ❷在中间:～夜.～路上.～途而废. ❸不完全的:～透明.～脱产.

伴 bàn ㄅㄢ ❶(一儿)同在一起而能互助的人(遥一侣):找个～儿学习. ❷陪着,伴随:～游.～奏.

拌 bàn ㄅㄢ 搅和:搅～.~种子.~草喂牛.

绊 bàn ㄅㄢ 行走时被别的东西挡住或缠住:~马索.走路不留神被石头~倒了.[羁绊](jī一)束缚:不受~~.

柈 bàn ㄅㄢ (一子)大块的木柴.

鞢 bàn ㄅㄢ 驾车时套在牲口后部的皮带.

扮 bàn ㄅㄢ 化装成(某种人物)(遥装一):～老头儿.～演(化装成某种人物出场表演).[打扮]1.化装,装饰.2.装束穿戴.

瓣 bàn ㄅㄢ ❶(一儿)花瓣,组成花冠的各片:梅花五~. ❷(一儿)植物的种子、果实或球茎可以分开的片状物:豆~儿.蒜~儿.橘子~儿.

BANG ㄅㄤ

邦(**邦) bāng ㄅㄤ 国:友～.盟～.[邦交]国与国之间的正式外交关系:建立~~.

帮(幫) bāng ㄅㄤ ❶辅助(遥一助):~你做.[帮忙]帮助别人做事:请大家来~~.[帮凶]帮助坏人行凶作恶的人.[帮手]帮助工作的人. ❷集团,帮会:匪~.青红~. ❸(一子一儿)旁边的部分:船~.鞋~儿.白菜~子. ❹量词,群,伙:大~人马.

唪 bāng ㄅㄤ 拟声词,敲打木头等的声音:~~的敲门声.

梆 bāng ㄅㄤ ❶打更用的梆子.[梆子]1.打更用的响器,用竹或木制成.2.戏曲里打拍子用的两根短小的木棍,是梆子腔的主要乐器.[梆子腔]戏曲的一种,敲梆子加强节奏.有陕西梆子、河南梆子、河北梆子等.简称"梆子". ❷拟声词,同"唪".

浜 bāng ㄅㄤ 〈方〉小河沟.

绑 bǎng ㄅㄤ 捆,缚:把两根棍子~在一起.

榜 bǎng ㄅㄤ 张贴出来的文告或名单:张～招贤.光荣～.[榜样]样子,行动的模范:雷锋是我们学习的～.

膀 ⊖ bǎng ㄅㄤ ❶(一子)胳膊的上部靠肩的部分:他的两～真有劲. ❷(一儿)鸟类等的翅膀.
⊜ pāng 见 371 页.
⊜ páng 见 372 页.

蚌(**蜯) ⊖ bàng ㄅㄤ 生活在淡水里的一种软体动物,贝壳长圆形,黑褐色,壳内有珍珠层,有的可以产出珍珠.
⊜ bèng 见 23 页.

棒 bàng ㄅㄤ ❶棒子:棍～.[棒子](一zi)1.棍子.2.〈方〉玉蜀黍的俗称:～～面. ❷体力强,能力高,成绩好等:这小伙子真～.画得～.

傍 bàng ㄅㄤ ❶靠:依山～水. ❷临近(多指时间):～亮.～晚.

谤 bàng ㄅㄤ 恶意地攻击别人(僅诽一、毁一).

搒 ⊖ bàng ㄅㄤ 摇橹使船前进,划船.
⊜ péng 见 376 页.

蒡 bàng ㄅㄤ [牛蒡]多年生草本植物,叶子是心脏形,很大,夏季开紫红色小花,密集成头状.果实瘦小,果、根、叶可入药.

磅 ⊖ bàng ㄅㄤ (外)❶英美制重量单位.1 磅等于453.6 克,0.9072市斤. ❷磅秤:过～.
⊜ páng 见 372 页.

镑 bàng ㄅㄤ (外)英国、爱尔兰、埃及等国家的货币单位.

稐 bàng ㄅㄤ [稐头]〈方〉玉米.也作"棒头".

BAO ㄅㄠ

包 bāo ㄅㄠ ❶用纸、布等把东西裹起来:把书～起来.(一儿)包好了的东西:邮～.行李～.[包裹]1.缠裹:把伤口～～起来.2.指邮寄的包. ❸装东西的袋:书～.皮～. ❹量词,用于成包的东西:一～花生米.(一子、一儿)一种带馅蒸熟的食物:糖～儿.肉～子. ❻肿起的疙瘩:腿上起个大～. ❼容纳在内,总括在一起(僅一含、一括):无所不～.这几条都～括在第一项里.[包涵](一

han) 客套话,请人宽容,原谅.❽总揽,负全责:~销.~换.[包办]总负全责.❽专断独行,不让别人参与.❾保证:~你喜欢.~你玩得痛快.❿约定的,专用的:~饭.~场.

苞 bāo ㄅㄠ ❶花苞,苞片,植物学上称花或花序下面像叶的小片:含~未放.❷茂盛:竹~松茂.

孢 bāo ㄅㄠ 孢子,植物和某些低等动物在无性繁殖或有性生殖中所产生的生殖细胞.

胞 bāo ㄅㄠ ❶胞衣,包裹胎儿的膜和胎盘.[细胞]生物体的基本结构和功能单位.❷同一父母所生的:~兄.~叔(父亲的同父母的弟弟).[同胞]1.同父母的兄弟姊妹.2.同祖国的人.

炮 ㊀ bāo ㄅㄠ ❶把物品放在器物上烘烤或焙:把湿衣服捆在热炕上~干.❷烹调方法,在旺火上急炒:~羊肉.
㊁ páo 见373页.
㊂ pào 见373页.

龅 bāo ㄅㄠ 龅牙,突出唇外的牙齿.

剥 ㊀ bāo ㄅㄠ 去掉外面的皮、壳或其他东西(常用于口语):~花生.~皮.
㊁ bō 见36页.

煲 bāo ㄅㄠ 〈方〉❶壁较陡直的锅:沙~.瓦~.电饭~.❷用煲煮或熬:~粥.~饭.

褒(*襃) bāo ㄅㄠ 赞扬,夸奖,跟"贬"相反(叠—奖):~扬.~义词.

雹 báo ㄅㄠ (一子)空中水蒸气遇冷结成的冰粒或冰块,常在夏季随暴雨下降.

薄 ㊀ báo ㄅㄠ ❶厚度小的:~片.~饼.~纸.这块布太~.❷(感情)冷淡.❸(味道)淡:酒味很~.❹不肥沃:土地~.
㊁ bó 见37页.
㊂ bò 见38页.

饱 bǎo ㄅㄠ ❶吃饱了,跟"饿"相反.㊀足,充分:~学.~经风霜.[饱和]在一定的温度和压力下,溶液内所含被溶解物质的量已达到最大限度,不能再溶解.㊀物发展到最高限度.[饱满]充实,充足:精神~~.谷粒长得很~~.❷满足:大~

眼福.

宝(寶、*寶) bǎo ㄅㄠˇ ❶珍贵的:~刀.~石.敬辞:~地.~眷.❷珍贵的东西:珠~.国~.粮食是~中之~.[宝贝]1.珍贵的东西.2.(一儿)对小孩儿亲昵的称呼.[元宝]一种金、银锭,两头翘起,中间凹下.

保 bǎo ㄅㄠˇ ❶看守住,护着不让受损害或丧失(働一卫、一护):~家卫国.~健.[保守]维持,使持久:~艰苦奋斗的作风.[保守]1.保持,使不失去:~~机密.2.守旧,不改进:打破~思想.[保育]对幼儿的抚养教育.[保障]1.维护:婚姻法~~了男女双方和下一代儿女的利益.2.作为卫护的力量:强大的中国人民解放军是祖国安全的~~.❷负责,保证:~荐.我敢~他一定做得好.[保险]1.参与保险的个人或企业按期向保险公司交纳保险费,发生灾害或遭受损失时,由保险公司按预定保险数额赔偿.2.靠得住:这样做~~不会错.[保证]担保(做到):~~完

成任务.❸旧时户口的一种编制,若干户为一甲,若干甲为一保.
[保安族]我国少数民族,参看附表.

葆 bǎo ㄅㄠˇ ❶草木繁盛.❷保持:永~青春.

堡 ㊀ bǎo ㄅㄠˇ ❶堡垒:桥头~.[堡垒]军事上防守用的建筑物:打下敌人最坚固的~~.⑯难于攻破的事物:攻克科学~~.顽固~.❷小城.
㊁ bǔ 见39页.
㊂ pù 见389页.

褓(*緥) bǎo ㄅㄠˇ 见402页"襁"字条"襁褓"(qiǎng—).

鸨 bǎo ㄅㄠˇ ❶大鸨,一种鸟,比雁略大,背上有黄褐色和黑色斑纹,不善于飞,而善于走.❷指鸨母:老~(开设妓院的女人).

报(報) bào ㄅㄠˋ ❶传达,告知:~捷.~信.[报告]对上级或群众的陈述:~~领导.~~大家一个好消息.❷传达消息和言论的文件或信号:电~.情~.警~.❸报纸,也指刊物:日~.晚~.画~.黑板~.❹

回答:~恩.~仇.[报酬] 1.由于使用别人的劳动或物件而付给的钱或实物. 2. 答谢.[报复]用敌对的行动回击对方.

刨(*鉋、*鑤) ⊖ bào ㄅㄠˋ ❶(一子)推刮木料等使平滑的工具.[刨床]推刮金属制品使平滑的机器. ❷用刨子或刨床推刮:~得不光.~平.
⊜ páo 见 373 页.

抱(❸**菢**) bào ㄅㄠˋ ❶用手臂围住(逾拥一):~着孩子.~头鼠窜.㊥围绕:山环水~.[抱负]愿望,志向:做有志气有~~的青年.[合抱]两臂围拢(多指树木、柱子等的粗细). ❷心里存着:~不平.~歉.~着必胜的决心. ❸孵(fū)~窝.~小鸡.

鲍 bào ㄅㄠˋ 鲍鱼. 1. 盐腌的干鱼. 2. "鳆(fù)鱼"的俗名.

趵 bào ㄅㄠˋ 跳:~突泉(在山东省济南).

豹 bào ㄅㄠˋ 像虎而比虎小的一种野兽,毛黄褐或赤褐色,多有黑色斑点,善跳跃,能上树,常捕食鹿、羊、猿

猴等.毛皮可制衣、褥.

暴 ⊖ bào ㄅㄠˋ ❶强大而突然来的,又猛又急的:~风雨.~病.[暴动]为推翻原有的国家政权,破坏当时的政治制度和社会秩序而采取的集体武装行动. ❷过分急躁的,容易冲动的:这人脾气真~. ❸凶恶残酷的(逾一虐,凶一):~行(xíng).~徒.~虐的行为. ❹糟蹋,损害:自~自弃. ❺姓.
[暴露](一lù)显露:~~目标.
⊜ pù 见 389 页.

瀑 ⊖ bào ㄅㄠˋ ❶暴雨. ❷瀑河,水名,在河北省.
⊜ pù 见 389 页.

曝 ⊖ bào ㄅㄠˋ [曝光]使感光纸或摄影胶片感光.㊥隐蔽的事情暴露出来,被众人知道.
⊜ pù 见 389 页.

爆 bào ㄅㄠˋ ❶猛然破裂(逾一炸):豆荚熟得都~了. ❷突然发生:~冷门. ❸烹调方法,用滚水稍微一煮或用滚油稍微一炸:~肚(dǔ)儿.~炒.[爆发]突然发生:火山~~.[爆竹]用纸卷火药,燃点引线爆裂发声的东西.也叫"爆仗"、"炮仗".

BEI ㄅㄟ

陂 ㊀ bēi ㄅㄟ ❶池塘：～塘.～池. ❷池塘的岸. ❸山坡
㊁ pí 见 378 页.
㊂ pō 见 385 页.

杯(*盃) bēi ㄅㄟ (一子) 盛酒、水、茶等的器皿：酒～.玻璃～.～水车薪(用一杯水救一车着火的柴.喻无济于事)

卑 bēi ㄅㄟ 低下：地势～湿.自～感.㊀低劣，下流(䢁一鄙)：～劣.～鄙无耻.

庳 bēi ㄅㄟ bì ㄅㄧˋ (又) ❶低下：堕高堙～(削平高丘，填塞洼地). ❷矮.

椑 bēi ㄅㄟ [椑柿]柿子的一种，果实小，色青黑，可制柿漆.

碑 bēi ㄅㄟ 刻上文字纪念事业、功勋或作为标记的石头：人民英雄纪念～.里程～.有口皆～(喻人人都说好).

鹎 bēi ㄅㄟ 鸟名.羽毛大部分为黑褐色，腿短而细，吃昆虫、果实等.

背(*揹) ㊀ bēi ㄅㄟ 人用背(bèi)驮(tuó)东西：把小孩儿～起来.

～包袱.～枪.
㊁ bèi 见本页.

悲 bēi ㄅㄟ ❶伤心，哀痛(䢁一哀)：～喜交集. ❷怜悯：慈～.

北 běi ㄅㄟˇ ❶方向，早晨面对太阳左手的一边，跟"南"相对：～门.由南往～. ❷打了败仗往回跑：三战三～.追奔逐～(追击败走的敌人).

贝(貝) bèi ㄅㄟˋ ❶古代称水中有介壳的动物，现在称软体动物中蛤蜊、珠母、刀蚌、文蛤等为贝类. ❷古代用贝壳做的货币.

狈 bèi ㄅㄟˋ 传说中的一种兽：狼～.

钡 bèi ㄅㄟˋ 一种金属元素，符号 Ba，颜色银白，燃烧时发黄绿色火焰.

孛 bèi ㄅㄟˋ 古书上指彗星.

悖 bèi ㄅㄟˋ 混乱，违反：并行不～.

邶 bèi ㄅㄟˋ 周代诸侯国名，在今河南省汤阴东南.

背 ㊀ bèi ㄅㄟˋ ❶背脊，脊梁，自肩至后腰的部分.(图见 486 页"体")[背地]不当人面：不要当面不说，～～

乱说.[背景]1.舞台上的布景.2.图画上或摄影时衬托主体事物的景物.⑭对人物、事件起作用的环境或关系:政治~~.历史~~.[背心]没有袖子和领子的短上衣.❷物体的反面或后面:~面.手.刀~.❸用背部对着,跟"向"相反:~水作战.~光.~灯.⑰1.向相反的方向:~道而驰.~地性(植物向上生长的性质).2.避:~着他说话.3.离开:离乡~井.❹凭记忆读出:~诵.书.❺违背,违反:~约.~信弃义.[背叛]投向敌对方面去,反对原来所在的方面.❻不顺:~时.❼偏僻,冷淡:这条胡同太~.~月(生意清淡的季节).❽听觉不灵:耳朵有点儿~.

㈢bēi 见19页.

褙 bèi ㄅㄟ 把布或纸一层一层地粘在一起:裱~.

备(備,*俻) bèi ㄅㄟ ❶具备,完备:德才兼~.求全责~.爱护备~至.❷预备,防备:~耕.~荒.~课.准~.有~无患.[备案]向主管机关做书面报告,以备查考.❸设备:装~.军~.

惫(憊) bèi ㄅㄟ 极度疲乏:疲~.

糒 bèi ㄅㄟ 干饭.

鞴 bèi ㄅㄟ 把鞍鞴(pèi)等套在马身上:~马.

倍 bèi ㄅㄟ ❶跟原数相同的数,某数的几倍就是用几乘某数:二的五~是十.精神百~(精神旺盛).❷加一倍:事半功~.

焙 bèi ㄅㄟ 把东西放在器皿里,用微火在下面烘烤:把花椒~干研成细末.

蓓 bèi ㄅㄟ [蓓蕾](-lěi)花骨朵儿,还没开的花.

碚 bèi ㄅㄟ [北碚]地名,在重庆市.

被 bèi ㄅㄟ ❶(-子)睡觉时覆盖身体的东西:棉~.夹~.❷盖,遮盖:~覆.❸介词,引进主动的人物并使动词含有受动的意义:他~大家评选为生产能手.❹放在动词前,表示受动:~压迫.~批评.

〈古〉又同"披"(pī).

鞁 bèi ㄅㄟ ❶古时套车用的器具.❷同"鞴".

琲 bèi ㄅㄟ 珠子串儿.

辈 bèi ㄅㄟ ❶代,辈分:长
～.晚～.革命前～.[辈
子](-zi)人活着的时间:活
了半～～了.❷类(指人):无
～.⑨表示多数(指人):
彼～.我～.

鐾 bèi ㄅㄟ 把刀在布、皮、
石头等物上反复摩擦几
下,使锋利:～刀.～刀布.

呗 ㊀bei ·ㄅㄟ 助词.1.表
示"罢了"、"不过如此"
的意思:这就行了～.2.表示
勉强同意的语气,跟"吧"相
近:你愿意去就去～.
㊁bài 见12页.

臂 ㊀bei ·ㄅㄟ 见151页
"胳"字条"胳臂"(gē-).
㊁bì 见27页.

BEN ㄅㄣ

奔(*犇) ㊀bēn ㄅㄣ 急
走,跑:～
跑.狂～.～驰.东～西跑.
[奔波]劳苦奔走.
㊁bèn 见22页.

锛 bēn ㄅㄣ ❶(一子)砍平
木料的一种工具,用时
向下向内用力.❷用锛子一
类东西砍:～木头.用镐～
地.

贲 ㊀bēn ㄅㄣ [虎贲]古时
指勇士.[贲门]胃与食

管相连的部分.
㊁bì 见26页.

枋 ㊀bēn ㄅㄣ [枋茶]地
名,在江苏省如东.
㊁bìng 见34页.

本 běn ㄅㄣ ❶草木的根,
跟"末"相反:无～之木.
木～水源.⑨事物的根源:翻
身不忘～.[本末]头尾,始
终,事情整个的过程:～～倒
置.纪事～～(史书的一种体
裁).[根本]1.事物的根源或
主要的部分.⑬彻底:～～解
决.2.本质上:～～不同.[基
本]1.主要的部分:～～建
设.2.大体上:大坝～～上
已经建成.❷草的茎或树的
干:草～植物.木～植物.❸
中心的,主要的:校～部.❹
本来,原来:～意.这本书～
来是我的,后来送给他了.❺
自己这方面的:～国.～厂.
[本位]1.自己的责任范围:
做好～～工作.2.计算货币
用做标准的单位:～～货币.
❻现今的:～年.～月.❼(一
儿)本钱,用来做生意、生利
息的资财:老～儿.够～儿.
❽根据:有所～～.～着上级的
指示去做.❾(一儿,一子)册
子:日记～.笔记～.❿(一
儿)版本或底本:刻～.稿

剧～儿．⑪量词：一～书．

苯 běn ㄅㄣˇ 一种有机化合物，分子式 C_6H_6，无色液体，有特殊的气味，工业上可用来制染料，是多种化学工业的原料和溶剂．

畚 běn ㄅㄣˇ 畚箕，用竹、木、铁片等做的撮土器具．

夯 ⊝ bèn ㄅㄣˋ 同"笨"（见于《西游记》、《红楼梦》等书）．
⊜ hāng 见 179 页．

坌 bèn ㄅㄣˋ ❶灰尘．❷聚集．

奔(*逩) ⊝ bèn ㄅㄣˋ ❶直往，投向：投～．直～工厂．党指向哪里，就～向哪里．❷为某种目的而尽力去做：～材料．～命．
⊜ bēn 见 21 页．

俕 bèn ㄅㄣˋ ［俕城］地名，在河北省滦南．

笨 bèn ㄅㄣˋ ❶不聪明(逞愚一)．❷不灵巧：嘴～．手～脚．❸粗重，费力气的：箱子太～．～活．

BENG ㄅㄥ

伻 bēng ㄅㄥ 〈古〉使，使者．

祊(**彭) bēng ㄅㄥ ❶古代宗庙门内的祭祀，也指门内祭祀之处．❷祊河，水名，在山东省．

崩 bēng ㄅㄥ ❶倒塌：山～地裂．［崩溃］垮台，彻底失败：敌军～～了．❷破裂：把气球吹～了．❸被弹(tán)射出来的东西突然打中：放爆竹～了手．❹崩症，一种妇女病．也叫"血崩"．❺封建时代称帝王死．

嘣 bēng ㄅㄥ 拟声词，东西跳动或爆裂声：气球～的一声破了．

绷(*繃) ⊝ bēng ㄅㄥ ❶张紧，拉紧：衣服紧～在身上．～紧绳子．［绷带］包扎伤口的纱布条．［绷子］(—zi)刺绣用的架子，把绸布等料张紧在上面，免得皱缩．❷粗粗地缝上或用针别上：～被头．
⊜ běng 见本页．

甭 béng ㄅㄥˊ 〈方〉不用：你～说．～惦记他．

绷(*繃) ⊝ běng ㄅㄥˇ ❶板着：～着个脸．❷强忍住：他～不住笑了．
⊜ bēng 见本页．

琫 běng ㄅㄥˇ 古代刀鞘近口处的装饰。

泵 bèng ㄅㄥˋ〈外〉把液体或气体抽出或压入用的一种机械装置:气~.油~.

迸 bèng ㄅㄥˋ 爆开,溅射:火星儿乱~.

蚌 ㊀ bèng ㄅㄥˋ [蚌埠](-bù)地名,在安徽省。
㊀ bàng 见 15 页。

瓾 bèng ㄅㄥˋ〈方〉瓮、坛子一类的器皿。

镚 bèng ㄅㄥˋ (一子、一儿)原指清末发行的无孔的小铜币,今泛指小的硬币:金~子.钢~儿.

蹦 bèng ㄅㄥˋ 两脚并着跳:欢~乱跳.~了半米高.[蹦跶](-da)蹦跳.⑪挣扎:秋后的蚂蚱~~不了几天了.

BI ㄅㄧ

逼(*偪) bī ㄅㄧ ❶强迫,威胁(魎-迫):~债.~上梁山.寒气~人.❷切近,接近:~近.~真.❸狭窄.

鲾 bī ㄅㄧ 鲾鱼,鱼名。体小而侧扁,青褐色,鳞细,口小。生活在近海中。

荸 bí ㄅㄧˊ [荸荠](-qi)多年生草本植物,生在池沼或栽培在水田里。地下茎也叫荸荠,球状,皮赤褐色,肉白色,可以吃。

鼻 bí ㄅㄧˊ ❶(一子)嗅觉器官,也是呼吸的孔道。(图见 496 页"头")❷(一儿)器物上面突出带有的部分或带孔的零件:门~儿.针~儿.扣~儿.
[鼻祖]始祖,创始人。

匕 bǐ ㄅㄧˇ 古代一种类似汤勺的餐具。[匕首]短剑。

比 bǐ ㄅㄧˇ ❶比较,较量(魎-较):~干劲.~大小.~优劣.[比赛]用一定的方式比较谁胜谁负。❷表示比赛双方得分的对比:三~二.❸两个数相比较,前项和后项的关系是被除数和除数的关系:3∶5,3是前项,5是后项,比值是 3/5.[比例]1.表示两个比相等的式子,如 6∶3＝10∶5.2.数量之间的关系。[比重]1.某物体的重量跟在 4℃时同体积的纯水重量的比值。2.某一事物在整体中所占的分量:青年工人在基本建设队伍中的~~迅速上升.我国工业在整个国民经济中的～～逐年增长.❹比方,摹拟,做譬喻(連一喻)：～拟不伦.用手～了一个圆形.[比画](—huà)用手做样子：他一边说一边～～.[比照]大致依照：你～～着这个做一个.❺介词,用来比较程度或性状的差别：他～我强.今天的雨～昨天还大.❻(旧读bì)靠近,挨着：～邻.～肩.[比肩]一个挨一个：～～皆是.[比及]等到：～～敌人发觉,我们已经冲过火线了.[比来]近来.[朋比]互相依附,互相勾结：～～为奸.

吡 bǐ ㄅㄧˇ [吡啶](—dìng)有机化合物,无色液体,有臭味,用做溶剂、化学试剂.

沘 bǐ ㄅㄧˇ 沘江,水名,在云南省.

妣 bǐ ㄅㄧˇ 原指母亲,后称已经死去的母亲：先～.如丧考～(像死了父母一样).

秕(*粃) bǐ ㄅㄧˇ 子实不饱满.[秕子](—zi)不饱满的子实.

彼 bǐ ㄅㄧˇ ❶那,那个,跟"此"相反：～岸.～处.顾此失～.❷他,对方：知己知～.[彼此]那个和这个.特指对方和自己两方面：～～有深切的了解.～～互助.

笔(筆) bǐ ㄅㄧˇ ❶写字、画图的工具：毛～.画～.钢～.❷笔画,组成汉字的点横直撇等："天"字有四～.❸写：亲～.代～.～之于书.[笔名]著作人发表作品时用的别名.❹(写字、画画、作文的)笔法：败～.伏～.工～画.❺像笔一样(直)：～直.～挺.❻量词：收到一～捐款.写一～好字.

俾 bǐ ㄅㄧˇ 使：～便考查.

鄙 bǐ ㄅㄧˇ ❶品质低劣(連卑一).谦词：～人.～意.～见.❷轻蔑：可～视.❸边远的地方：边～.

币(幣) bì ㄅㄧˋ 钱币,交换各种商品的媒介：银～.纸～.硬～.人民～.

必 bì ㄅㄧˋ ❶必定,一定：～能成功.骄兵～败.[必需]不可少的：～～品.[必然]必定如此：种族歧视制度～～要灭亡.❷必须,一定要：事～躬亲.不～着急.[必须]一定要：个人利益～～服从整体利益.

郫 bì ㄅㄧˋ 古地名,在今河南省郑州以东。

蓙 bì ㄅㄧˋ 芳香。

闵 bì ㄅㄧˋ ❶闭门,关闭。❷谨慎。

泌 ㊀ bì ㄅㄧˋ [泌阳]地名,在河南省。
㊁ mì 见340页。

毖 bì ㄅㄧˋ 谨慎:惩前～后.

铋 bì ㄅㄧˋ 一种金属元素,符号 Bi. 银白色或粉红色. 合金熔点很低,可做保险丝和汽锅上的安全塞等。

秘(*祕) ㊀ bì ㄅㄧˋ ❶姓。❷[秘鲁]国名,在南美洲。
㊁ mì 见340页。

毕(畢) bì ㄅㄧˋ ❶完,完结:话犹未～.[毕竟]究竟,到底:他的话～不错.[毕业]学生学习期满,达到一定的要求。❷完全:真相～露.❸星宿名,二十八宿之一。

荜(蓽) bì ㄅㄧˋ ❶[荜拨](-bō)多年生藤本植物,叶卵状心形,雌雄异株。浆果卵形。果穗可入药. ❷同"筚"。

哔(嗶) bì ㄅㄧˋ [哔叽](-jī)(外)一种斜纹的纺织品。

筚(篳) bì ㄅㄧˋ 用荆条、竹子等编成的篱笆或其他遮拦物:蓬门～户(喻穷苦人家)。

跸(蹕) bì ㄅㄧˋ ❶帝王出行时清道,禁止行人来往:警～.❷帝王出行的车驾,驻～(帝王出行时沿途停留暂住)。

庇 bì ㄅㄧˋ 遮蔽,掩护(连-护):包～.

陛 bì ㄅㄧˋ 宫殿的台阶。[陛下]对国王或皇帝的敬称。

毙(斃) bì ㄅㄧˋ 死:～命.击～.

狴 bì ㄅㄧˋ [狴犴](-àn)传说中的一种走兽。古代牢狱门上常画着它的形状,因此又用为牢狱的代称。

梐 bì ㄅㄧˋ [梐枑](-hù)古代官署前拦住行人的东西,用木条交叉制成。也叫"行马"。

闭(閉) bì ㄅㄧˋ ❶关,合:～上嘴.～门造车(喻脱离实际).㊂结束,停止:～会.

塞,不通:～气.[闭塞](-sè)堵住不通.⑨交通不便,消息不灵通:这个地方很～～.

诐 bì ㄅㄧˋ 偏颇,邪僻.

畀 bì ㄅㄧˋ 给与.

痹(*痺) bì ㄅㄧˋ 中医指由风、寒、湿等引起的肢体疼痛或麻木的病.

箅 bì ㄅㄧˋ (-子)有空隙而能起间隔作用的片状器物,如竹箅子、铁箅子、纱箅子、炉箅子.

贲 ⊖ bì ㄅㄧˋ 装饰得很好:～临(客人盛装光临).
⊜ bēn 见21页.

庳 bì ㄅㄧˋ (又)见19页 bēi.

婢 bì ㄅㄧˋ 旧社会被迫供有钱人家役使的女孩子:～女.奴～.

睥 bì ㄅㄧˋ (又)见379页 pì.

裨 ⊖ bì ㄅㄧˋ 益处:无～于事.对工作大有～益.
⊜ pí 见379页.

髀 bì ㄅㄧˋ 大腿,也指大腿骨.

敝 bì ㄅㄧˋ 破旧:～衣.谦辞:～姓.～处.

蔽 bì ㄅㄧˋ ❶遮,挡(逾遮-、掩-):旌旗～日.❷概括:一言以～之.

弊 bì ㄅㄧˋ ❶欺蒙人的行为:作～.营私舞～.❷弊病,害处,跟"利"相反:兴利除～.流～.

䴙 bì ㄅㄧˋ 二百.

弼 bì ㄅㄧˋ 辅助.

赑 bì ㄅㄧˋ [赑屃](-xì) 1.用力的样子. 2.传说中的一种动物,像龟.旧时大石碑的石座多雕刻成赑屃形状.

愎 bì ㄅㄧˋ 乖戾,固执:刚～自用(固执己见).

蓖 bì ㄅㄧˋ [蓖麻](-má)一年生或多年生草本植物.种子可榨油,医药上用做轻泻剂,工业上用做润滑油等.

篦 bì ㄅㄧˋ ❶(-子)齿很密的梳头用具.❷用篦子梳:～头.

滗(潷) bì ㄅㄧˋ 挡住渣滓或泡着的东西,把液体倒出:壶里的茶～干了.把汤～出去.

辟 ⊖bì ㄅㄧˋ ❶君主.[复辟]失位的君主恢复君位.⑪被打垮的统治者恢复原有的统治地位或被推翻的制度复活.❷旧指君主召见并授予官职.

〈古〉又同"避".

⊜pì 见380页.

薜 bì ㄅㄧˋ [薜荔](一lì)常绿灌木,爬蔓,花小,叶卵形,果实球形,可做凉粉,叶及乳汁可入药.

壁 bì ㄅㄧˋ ❶墙(働墙一):四～.～报.铜墙铁～.[壁虎]爬行动物,身体扁平,尾巴圆锥形,四肢短,趾上有吸盘,捕食蚊、蝇等.❷陡峭的山石:绝～.峭～.❸壁垒,军营的围墙:坚～清野.作～上观(坐观双方胜败,不帮助任何一方).❹星宿名,二十八宿之一.

避 bì ㄅㄧˋ ❶躲,设法躲开(働躲一):～暑.～雨.不～艰险.❷防止:～孕.～雷针.

嬖 bì ㄅㄧˋ ❶宠幸:～爱.❷被宠幸:～臣.～人.

臂 ⊖bì ㄅㄧˋ 胳膊,从肩到腕的部分.[臂助]1.帮助.2.助手.

⊜bei 见151页"胳"字条"胳臂(gē一)".

璧 bì ㄅㄧˋ 古代玉器,平圆形中间有孔.[璧还](一huán)働敬辞,用于归还原物或辞谢赠品:谨将原物～～.

襞 bì ㄅㄧˋ 古代指给衣裙打褶(zhě)子,也指衣裙上的褶子.

躄(**躃) bì ㄅㄧˋ ❶腿瘸(qué),不能行走.❷仆倒.

碧 bì ㄅㄧˋ ❶青绿色的玉石.❷青绿色:～草.～波.金～辉煌.

觱(**篳) bì ㄅㄧˋ [觱篥](一lì)古代的一种管乐器.

滮 bì ㄅㄧˋ [漾滮](yàng一)地名,在云南省.

BIAN ㄅㄧㄢ

边(邊) biān ㄅㄧㄢ ❶(一儿)物体周围的部分:纸～儿.桌子～儿.⑪旁边,近旁,侧面:身～.马路～.❷国家或地区之间的交界处:～防.～境.～疆.❸几何学上指夹成角的射线或围成多边形的线段.❹方面:双

～会谈.两～都说定了.❺(一)边……(一)边……,用在动词前,表示动作同时进行:～干～学.～走～说.❻(bian)表示位置、方向,用在"上"、"下"、"前"、"后"、"左"、"右"等字后:东～.外～.左～.

笾(籩) biān ㄅㄧㄢ 古代祭祀或宴会时盛(chéng)果品等的竹器.

砭 biān ㄅㄧㄢ 古代用石针扎皮肉治病.[针砭]喻指出过错,劝人改正.

萹 biān ㄅㄧㄢ [萹蓄](—xù)又叫"萹竹".多年生草本植物,叶狭长,略似竹叶,夏季开小花.全草可入药.

编 biān ㄅㄧㄢ ❶用细条或带子形的东西交叉组织起来:～草帽.～筐子.❷按一定的次序或条理来组织或排列:～号.～队.～组.[编辑]1.把资料或现成的作品加以适当的整理、加工做成书报等.2.编辑书报的人.[编制]军队或机关中按照工作需要规定的人员或职务的配置.❸成本的书,书里因内容不同自成起讫的各部分:正～.下～.简～(缩写本).❹创作:～歌.～剧本.❺捏

造,把没有的事情说成有:～了一套瞎话.

煸 biān ㄅㄧㄢ 把蔬菜、肉等放在热油里炒.

蝙 biān ㄅㄧㄢ [蝙蝠](—fú)哺乳动物,头和身体的样子像老鼠.前后肢都有薄膜和身体连着,夜间在空中飞,捕食蚊、蛾等.

鳊 biān ㄅㄧㄢ 鳊鱼,鱼名.身体侧扁,头尖,尾巴小,鳞细,生活在淡水中,肉可以吃.

鞭 biān ㄅㄧㄢ ❶(—子)驱使牲畜的用具.❷用鞭子抽打.[鞭策]喻督促前进.❸一种旧式武器,用铁做成,没有锋刃,有节.❹编连成串的爆竹:～炮.

贬 biǎn ㄅㄧㄢ ❶给予不好的评价,跟"褒"相反:一字之～.[褒贬]1.评论好坏.2.(—bian)指出缺点.❷减低,降低:～价.～值.～职.

窆 biǎn ㄅㄧㄢ 埋葬.

扁 ㊀ biǎn ㄅㄧㄢ 物体平面而薄:鸭子嘴～.
㊁ piān 见380页.

匾 biǎn ㄅㄧㄢ 匾额,题字的横牌,挂在门、墙的上

部:金字红～.光荣～.

碥 biǎn ㄅㄧㄢˇ 在水旁斜着伸出来的山石。

褊 biǎn ㄅㄧㄢˇ 狭小,狭隘(ài)。

藊 biǎn ㄅㄧㄢˇ [藊豆]就是扁豆,一年生草本植物,爬蔓,开白色或紫色的花,种子和嫩荚可以吃。

卞 biǎn ㄅㄧㄢˇ 急躁(连一急)。

抃 biǎn ㄅㄧㄢˇ 鼓掌。

苄 biàn ㄅㄧㄢˋ [苄基]结构为

的有机化合物的基。

汴 biàn ㄅㄧㄢˋ 河南省开封的别称。

忭 biàn ㄅㄧㄢˋ 高兴,喜欢。

弁 biàn ㄅㄧㄢˋ ❶古代男子戴的一种帽子。[弁言]书籍或长篇文章的序文,引言。❷旧时称低级武官:马～.

昪 biàn ㄅㄧㄢˋ ❶日光明亮。❷欢乐。

变(變) biàn ㄅㄧㄢˋ 性质、状态或情形和以前不同,更改(连一更、一化):沙漠～良田.天气～了.他的思想～了.⃝引事变,突然发生的非常事件。政～.[变卦]⃝已定的事忽然改变。[变通]改动原定的办法,以适应新情况的需要。

便 ㊀ biàn ㄅㄧㄢˋ ❶方便,顺利,没有困难或阻碍(连一利):行人称～.～于携带.❷简单的,非正式的:家常～饭.～衣.～条.[便宜]根据实际需要而灵活、适当地:～～行事.(另 piányi,见"便"pián)[随便]不勉强,不拘束。❸便利的时候:～中请来信.得～就送去.❹屎尿或排泄屎尿:粪～.小～.❺就:没有一个人民的军队,～没有人民的一切.

㊁ pián 见 380 页。

緶 biàn ㄅㄧㄢˋ [草帽緶]用麦秆等编成的扁平的带子。用来编草帽、提篮、扇子等。也作"草帽辫"。

遍(*徧) biàn ㄅㄧㄢˋ ❶全面,到处:我们的朋友～天下.满山～野.❷量词,次,回:念一～.问了两～.

辨 biàn ㄅㄧㄢˋ 分别,分析(连一别、分一):明～是非.不~真伪.~认笔迹.

辩 biàn ㄅㄧㄢˋ 说明是非或真假,争论(闽—论):~驳.~护.[辩证法]事物矛盾的运动、发展、变化的一般规律,也指阐明这种规律的科学。唯物辩证法是与形而上学对立的无产阶级的世界观和方法论。唯物辩证法认为,事物都是一分为二的。事物永远处于运动和发展之中,彼此之间互相联系着。运动和发展的根本原因在于事物内部的矛盾性。对立统一规律是宇宙的根本规律,是唯物辩证法的实质和核心。

辫(辮) biàn ㄅㄧㄢˋ ❶(一子)把头发分股编成的带状物。❷(一子、一儿)像辫子的东西:草帽~儿.蒜~子.

BIAO ㄅㄧㄠ

杓 ⊖ biāo ㄅㄧㄠ 古代指北斗柄部的三颗星。
⊜ sháo 见 439 页。

标(標) biāo ㄅㄧㄠ ❶树木的末梢。⑨表面的,非根本的:治~不如治本.❷记号:商~.~点符号.[标榜]吹捧,夸耀:互相~

~.~~民主.[标的](一dì)目标.[标语]用文字写出的有鼓动宣传作用的口号.[标准]衡量事物的准则:实践是检验真理的唯一~~.[锦标]授给竞赛优胜者的锦旗、奖杯等.[指标]计划中规定的必须达到的目标:数量~~.质量~~.❸用文字或其他事物表明:~明.~价.~新立异.[标本]保持原样供学习研究参考的动物、植物、矿物.❹发承包工程或买卖大宗货物时公布的标准和条件:投~.招~.
[标致](一zhi)容貌美丽,多用于女子.

飑 biāo ㄅㄧㄠ 气象学上指风向突然改变,风速急剧增大的天气现象.

彪 biāo ㄅㄧㄠ 小虎.⑩躯干魁梧:~形大汉.

骠 ⊖ biāo ㄅㄧㄠ [黄骠马]一种黄毛夹杂着白点子的马.
⊜ piào 见 382 页.

膘(*臕) biāo ㄅㄧㄠ 肥肉(多指牲畜):~满肉肥.上~(长肉).

镖 biāo ㄅㄧㄠ 旧时以投掷方式杀伤敌人的武器,形状像长矛的头.

瘭 biāo ㄅㄧㄠ [瘭疽](一jū)手指头肚儿或脚指头肚儿发炎化脓的病，症状是局部红肿，剧烈疼痛，发烧。

飙(**飚、**飈) biāo ㄅㄧㄠ 暴风：狂～.

藨 biāo ㄅㄧㄠ 藨草，多年生草本植物，茎可织席、编草鞋，又可用来造纸及人造纤维等。

瀌 biāo ㄅㄧㄠ [瀌瀌]形容雨雪大。

镳 biāo ㄅㄧㄠ ❶马嚼子两头露在嘴外的部分：分道扬～(喻趋向不同). ❷同"镖"。

表(⑤錶) biāo ㄅㄧㄠ ❶外部，跟"里"相反. 1.在外的：～面.～皮. 2.外面，外貌：外～.里如一.虚有其～. ❷表示，显示：略～心意. [表白]说明自己的心意对人进行解释，分清责任. [表决]会议上用举手、投票等方式取得多数意见而做出决定：这个议案已经～～通过了. [表现]1.显露：医疗队的行动充分～了救死扶伤的人道主义精神. 2.所显露出来的行为，作风：他在工作中的～～还不错. [表

扬]对集体或个人，用语言、文字公开表示赞美、夸奖：～～好人好事. ❸中医指用药物把感受的风寒发散出来. ❹分类分项记录事物的东西：历史年～.时间～.统计～. ❺计时间的器具，通常比钟小，可以带在身边：手～.怀～. ❻计量某种量的器具：温度～.电～.水～. ❼树立的标志. [表率](一shuài)榜样：他是新中国青年的～～. [华表]古代宫殿、陵墓等大建筑物前面装饰用的巨大石柱，柱身多雕刻龙凤等图案，顶端有云板和蹲兽，是我国民族形式的艺术建筑物的一种. ❽称呼父亲或祖父的姊妹、母亲或祖母的兄弟姊妹生的子女，用来表示亲属关系：～兄弟.～叔.～姑. ❾封建时代称臣子给君主的奏章。

婊 biāo ㄅㄧㄠ [婊子](一zi)对妓女的称呼. 多用作骂人的话。

裱 biāo ㄅㄧㄠ 用纸、布或丝织物把书、画等衬托装饰起来：双～纸.揭～字画. [裱糊]用纸或其他材料糊屋子的墙壁或顶棚：把这

间屋子~~一下.

俵 biào ㄅㄧㄠ〈方〉俵分,把东西分给人.

摽 biào ㄅㄧㄠ ❶紧紧地捆在器物上:把口袋~在车架子上. ❷用手、胳膊钩住:他俩~着膀子走. ❸由于利害相关而互相亲近、依附或纠结:他们老~在一块儿.

鳔 biào ㄅㄧㄠ ❶鱼体内可以涨缩的气囊,通称"鱼泡",鱼上浮时气囊涨,鱼下沉时气囊缩.有的鱼类的鳔有辅助听觉或呼吸等作用. ❷鳔胶,用鳔或猪皮等熬成的胶,很黏. ❸用鳔胶粘上:把桌子腿儿~一~.

BIE ㄅㄧㄝ

瘪(癟) ⊖ biē ㄅㄧㄝ [瘪三]〈方〉旧时上海人对城市中无正当职业而以乞讨或偷窃为生的游民的称呼.
⊜ biě 见本页.

憋 biē ㄅㄧㄝ ❶气不通:门窗全关着,真~气. [憋闷](—men)心里不痛快:这事真叫人~~. ❷勉强忍住:把嘴一闭,~足了气.心里~

了许多话要说.

鳖(*鼈) biē ㄅㄧㄝ 也叫"甲鱼"、"团鱼",俗叫"王八".爬行动物,形状像龟,背甲无纹,边缘柔软.肉供食用,甲可入药.

别 ⊖ bié ㄅㄧㄝ ❶分离(鱼分—、离—):告~.临~赠言. ❷分辨,区分(鱼辨—):分门~类.分~清楚. ⑤差别,差异:天渊之~. [区别]1.划分:正确~~和处理敌我矛盾和人民内部矛盾. 2.差异:~~不大. ❸类别,分类:性~.职~. ❹另外的:~人.~名.~开生面. [别致]跟寻常不同的,新奇的:式样~~. [别字]写错了的或念错了的字.也叫"白字". [特别]与众不同:这人真~~.~~好. ❺副词,不要(表示禁止或劝阻):~动手!~开玩笑! ❻绷住或卡(qiǎ)住:用大头针把两张表格~在一起.~针.腰里~着旱烟袋. ❼姓.
⊜ biè 见33页.

蹩 bié ㄅㄧㄝ 扭了脚腕子. [蹩脚]〈方〉质量不好,本领不强:~~货.

瘪(癟) ⊖ biě ㄅㄧㄝ 不饱满,凹下:~花

生.干～.车带～了.

㊁ biè 见 32 页.

别（彆）㊀ biè ㄅㄧㄝ [别扭]（—niu）1. 不顺,不相投:心里～～.闹～～. 2. 难对付:这人脾气很～～.

㊁ bié 见 32 页.

BIN ㄅㄧㄣ

邠 bīn ㄅㄧㄣ 邠县,在陕西省.今作"彬县".

玢 ㊀ bīn ㄅㄧㄣ 玉的纹理.

㊁ fēn 见 131 页.

宾（賓）bīn ㄅㄧㄣ 客人（達—客）:来～.外～.～馆.喧～夺主（喻次要事物侵占主要事物的地位）.

傧（儐）bīn ㄅㄧㄣ [傧相]（—xiàng）旧指为主人接引宾客的人,今指婚礼时陪伴新郎新娘的人.

滨（濱）bīn ㄅㄧㄣ ❶水边:湖～.海～. ❷靠近:～海.

缤（繽）bīn ㄅㄧㄣ [缤纷]（—fēn）繁盛而交杂的样子:五彩～～.

槟（檳、**梹）㊀ bīn ㄅㄧㄣ 槟子,苹果树的一种,果实比苹果小,熟的时候紫红色,味酸甜.

㊁ bīng 见 34 页.

镔（鑌）bīn ㄅㄧㄣ [镔铁]精炼的铁.

彬 bīn ㄅㄧㄣ [彬彬]形容文雅:文质～～.

斌 bīn ㄅㄧㄣ [斌斌]同"彬彬".

濒（瀕）bīn ㄅㄧㄣ ❶接近,将,临:～危.～死. ❷紧靠（水边）:～海.

豳 bīn ㄅㄧㄣ 古地名,在今陕西省旬邑一带.

摈（擯）bìn ㄅㄧㄣ 排除,遗弃:～斥异己.

殡（殯）bìn ㄅㄧㄣ 停放灵柩或把灵柩送到墓地去:出～.～仪馆（代人办理丧事的场所）.

膑（臏）bìn ㄅㄧㄣ 同"髌".

髌（髕）bìn ㄅㄧㄣ ❶膝盖骨（图见 163 页"骨"）. ❷古代削去膝盖骨的酷刑.

鬓（鬢）bìn ㄅㄧㄣ 脸旁边靠近耳朵长（zhǎng）头发的部位,也指长在这个部位的头发:两～斑白.

BING ㄅ丨ㄥ

冰(*氷) bīng ㄅ丨ㄥ ❶水因冷凝结成的固体。❷使人感到寒冷：河里的水有点~手。❸用冰贴近东西使变凉：把汽水~上。

并 ⊖ bīng ㄅ丨ㄥ 山西省太原的别称。
⊜ bìng 见本页。

栟 ⊖ bīng ㄅ丨ㄥ [栟榈](—lǘ)古书上指棕榈。
⊜ bēn 见21页。

兵 bīng ㄅ丨ㄥ ❶武器：短~相接。❷战士，军队：官~一致。步~。~民是胜利之本。❸与军事或战争有关的：~法。纸上谈~。

槟(檳、**梹) ㄅ丨ㄥ
[槟榔](—lang)常绿乔木，生长在热带、亚热带。果实也叫"槟榔"，可以吃，也可入药。
⊖ bīn 见33页。

丙 bīng ㄅ丨ㄥ ❶天干的第三位，用作顺序的第三：~等。❷指火：付~(烧掉)。

邴 bīng ㄅ丨ㄥ 姓。

柄 bìng ㄅ丨ㄥ ❶器物的把(bà)儿：刀~。[把柄]可

被人作为要挟或攻击的事情。[笑柄]被人当做取笑的资料：一时传为~~。❷植物的花、叶或果实跟枝或茎连着的部分：花~。叶~。果~。❸执掌：~国。~政。❹权，国~。

炳 bìng ㄅ丨ㄥ 光明，显著。

秉 bìng ㄅ丨ㄥ ❶拿着，持：~烛。~笔。⑤掌握，主持：~公处理。❷古代容量单位，合十六斛(hú)。

饼 bìng ㄅ丨ㄥ ❶扁圆形的面制食品：肉~。大~。❷像饼的东西：铁~。豆~。

屏 ⊖ bìng ㄅ丨ㄥ ❶除去，排除(⊕—除)：~弃不用。~退左右。❷抑止(呼吸)：~气。~息。
⊜ píng 见385页。

禀(*稟) bìng ㄅ丨ㄥ ❶承受，生成的(⊕—受)：~性。❷旧时下对上报告：~明一切。

鞞 bìng ㄅ丨ㄥ 刀鞘。

并(❶*併、❷—❹*並、❷—❹*竝) ⊖ bìng ㄅ丨ㄥ ❶合在一起(⊕合一)：

~案办理. ❷一齐,平排着:~驾齐驱.~肩作战.~排坐着. ❸连词,表示进一层:讨论~通过了这项议案.[并且]连词,表示进一层,常跟"不但"相应:他不但赞成,~~愿意帮忙. ❹副词,放在否定词前面,表示不像预料的那样:~不太冷.~非不知道.

㊀bīng 见 34 页.

摒 bìng ㄅㄧㄥˋ 排除(働一除).

病 bìng ㄅㄧㄥˋ ❶生物体发生不健康的现象(働疾一):害了一场~.他~了.[毛病](一bing) 1. 疾病. 2. 缺点. 3. 指器物损坏或发生故障;勤检修,机器损少出一~.❷弊端,错误:语~.通~.❸损害,祸害;祸国~民.

BO ㄅㄛ

拨(撥) bō ㄅㄛ ❶用手指或棍棒等推动或挑动:~灯.把钟~一下.[拨冗](一rǒng) 推开杂事,抽出时间:务希~冗~出席.❷分给:~款.~点儿粮食.❸(一儿)量词,用于成批的,分组的:一~儿人.分~儿进入会场.

波 bō ㄅㄛ ❶江、河、湖、海等因振荡而一起一伏的水面(働一浪、一涛、一澜).[波动]働事物起变化,不稳定:~波及.[波及]働牵涉到,影响到.❷物理学上指振动在物质中的传播,是能量传递的一种形式:光~.声~.电~.

玻 bō ㄅㄛ [玻璃](一li) 1. 一种质地硬而脆的透明物体,是用细砂、石灰石、碳酸钠等混合起来,加高热熔解,冷却后制成的. 2. 透明像玻璃的质地:~~牙刷.~~雨衣.

菠 bō ㄅㄛ [菠菜]一年生或二年生草本植物,根带红色,果实分无刺和有刺两种,茎叶可以吃.

钵(*缽) bō ㄅㄛ ❶盛饭、菜、茶水等的陶制器具:饭~.[乳钵]研药使成细末的器具. ❷梵语"钵多罗"的省称,和尚用的饭碗:~盂.[衣钵]原指佛教中师父传授给徒弟的袈裟和钵盂,后泛指传下来的思想、学术、技能等.

饽 bō ㄅㄛ [饽饽](一bo) 〈方〉1. 馒头或其他块状的面食. 2. 甜食,点心.

剥 ⊖ bō ㄅㄛ 义同"剥⊜"，用于复合词。[剥夺]1. 用强制的方法夺去. 2. 依照法律取消：～～政治权利. [剥削] (—xuē) 凭借生产资料的私人所有权、政治上的特权无偿地占有别人的劳动或产品。

⊜ bāo 见 16 页。

播 bō ㄅㄛ ❶撒种：条～. 点～. 加宽一幅 (把垄放宽). ❷传扬，传布：～音. [广播] 利用电波播送新闻、文章、文艺节目等。

嶓 bō ㄅㄛ [嶓冢] (—zhǒng) 古山名。在甘肃省成县东北。

伯 ⊖ bó ㄅㄛ ❶兄弟排行 (háng) 常用"伯"、"仲"、"叔"、"季"做次序，伯是老大。[伯仲]不相上下，好坏差不多。❷伯父，父亲的哥哥，大爷 (ye)。又对年龄大辈分高的人的尊称：老～。❸我国古代五等爵位的第三等。

⊜ bǎi 见 11 页。

帛 bó ㄅㄛ 丝织品的总称。

泊 ⊖ bó ㄅㄛ ❶停船靠岸 (逸停—)：～船。❷恬静：恬静。[淡泊]不贪图功名利禄。也作"澹泊"。❸见 325 页"落"字条"落泊" (luò—)。

⊜ pō 见 385 页。

柏 ⊖ bó ㄅㄛ [柏林]德国城市名。

⊜ bǎi 见 11 页。

⊜ bò 见 38 页。

铂 bó ㄅㄛ 白金，一种金属元素，符号 Pt，富延展性，导电传热性都很好，熔点很高。可制坩埚、蒸发皿。化学上用作催化剂。

舶 bó ㄅㄛ 大船：船～. ～来品 (旧称外国输入的货物)。

鲌 ⊖ bó ㄅㄛ 鱼名。身体侧扁，嘴向上翘，生活在淡水中。

⊜ bà 见 10 页。

箔 bó ㄅㄛ ❶用苇子、秫秸等做成的帘子。❷养蚕的器具，多用竹制成，像筛子或席子。也叫"蚕帘"。❸金属薄片：金～. 铜～. ❹敷上金属薄片或粉末的纸：锡～.

魄 ⊖ bó ㄅㄛ 见"落魄" (luòpò) 的"魄"的又音。

⊜ pò 见 386 页。

⊜ tuò 见 503 页。

驳 (❶❸*駮) bó ㄅㄛ ❶说出自己的理由来，否定别人的意见:真理是～不倒的.反～.批～.❷大批货物用船分载转运:起～.把大船上的米卸到堆栈里.[驳船]转运用的小船.也叫"拨船".❸马的毛色不纯.泛指颜色不纯,夹杂着别的颜色(逾斑一).

勃 bó ㄅㄛˊ 旺盛(叠):～起.蓬～.生气～～.英姿～～.[勃然]1.兴旺旺盛的样子:～～而兴.2.变脸色的样子:～～大怒.

淳 bó ㄅㄛˊ〈古〉兴起,涌出.

脖 bó ㄅㄛˊ ❶(一子)颈,头和躯干相连的部分.❷像脖子的:脚～子.

鹁 bó ㄅㄛˊ [鹁鸪](一gū)鸟名.羽毛黑褐色,天要下雨或天刚晴的时候,常在树上咕咕地叫.有的地方叫"水鹁鸪".

渤 bó ㄅㄛˊ 渤海,由辽东半岛和山东半岛围抱着的海.

钹 bó ㄅㄛˊ 铜质圆形的乐器,中心鼓起,两片相击作声.

亳 bó ㄅㄛˊ [亳州],地名,在安徽省.

袯(襏) bó ㄅㄛˊ [袯襫](一shì)1.古蓑衣.2.粗糙结实的衣服.

博 bó ㄅㄛˊ ❶多,广(逾广一):地大物～.～学.～览.[博士]1.学位名.2.古代掌管学术的官名.[博物]动物、植物、矿物、生理等学科的总称.❷知道得多:～古通今.❸用自己的行动换取;得同情.❹古代的一种棋戏,后泛指赌博.

搏 bó ㄅㄛˊ ❶对打:～斗.～击.肉～(打交手仗).❷跳动:脉～.

馎 bó ㄅㄛˊ [馎饦](一tuō)古代的一种面食.

膊 bó ㄅㄛˊ 胳膊(bo).[赤膊]光膀子,赤裸上身:～～上阵.

镈 bó ㄅㄛˊ ❶大钟,古代乐器,形圆.❷古代锄一类的农具.

薄 ㊀bó ㄅㄛˊ ❶同"薄㊁"用于合成词或成语,如厚薄、单薄、浅薄、薄田、薄弱、尖嘴薄舌、厚古薄今等.❷轻微,少:～技.酬.❸不庄重:轻～.❹看不起,轻视,慢待:鄙～.厚此彼.不可妄自菲～.❺迫近:

～暮(天快黑).日～西山. ❻姓.

　　㊁ báo 见 16 页.

　　㊂ bò 见本页.

礴 bó ㄅㄛˊ 见 372 页"磅"字条"磅礴"(páng—).

僰 bó ㄅㄛˊ 我国古代西南地区的少数民族.

踣 bó ㄅㄛˊ 跌倒:屡～屡起.

跛 bǒ ㄅㄛˇ 瘸(qué),腿或脚有毛病,走路身体不平衡:一颠一～,～脚.

簸 bǒ ㄅㄛˇ ❶用簸(bò)箕颠动米粮,扬去糠秕和灰尘. ❷颠动得像米粮在簸箕里簸起来一样:船在海浪中颠～起伏.

　　㊁ bò 见本页.

柏 ㊂ bò ㄅㄛˋ [黄柏]即黄檗.

　　㊀ bǎi 见 11 页.

　　㊁ bó 见 36 页.

薄 ㊂ bò ㄅㄛˋ [薄荷](—he)多年生草本植物,叶和茎有清凉香味,可入药.

　　㊀ báo 见 16 页.

　　㊁ bó 见 37 页.

檗 bò ㄅㄛˋ 黄檗,落叶乔木,羽状复叶,开黄绿色小花,木材坚硬,茎可制黄色染料.树皮入药.

擘 ㊀ bò ㄅㄛˋ 大拇指.[巨擘]比喻杰出的人物.

　　㊁ bāi 见 11 页.

簸 ㊀ bò ㄅㄛˋ [簸箕](—ji)扬糠除秽的用具.

　　㊁ bǒ 见本页.

卜(蔔) ㊀ bo ·ㄅㄛ 见 323 页"萝"字条"萝卜".

　　㊀ bǔ 见本页.

啵 bo ·ㄅㄛ ❶助词,同"吧". ❷[嗗啵](dē—)见 90 页"嗗".

BU ㄅㄨ

逋 bū ㄅㄨ ❶逃亡(逋—逃). ❷拖欠:～租.

晡 bū ㄅㄨ 〈古〉申时,指下午三点到五点.

醭 bú ㄅㄨˊ (旧读 pú)(—儿)醋、酱油等表面上长(zhǎng)的白色的霉.

卜 ㊀ bǔ ㄅㄨˇ ❶占卜,古时用来决定生活行动的一种迷信的举动. ㊵料定,先知道:预～.吉凶未～.[卜辞]商代刻在龟板兽骨上记录占卜事情的文字. ❷姓.

　　㊁ bo 见本页.

卟 bǔ ㄅㄨˇ [卟吩]有机化合物,结构式为

是叶绿素、血红蛋白等的重要组成部分。

补(補) bǔ ㄅㄨˇ ❶把残破的东西加上材料修理完整:～衣服.～锅.❷把缺少的充实起来或添上(逆—充、贴—):～空(kòng)子.～习.候～委员.滋～.[补白]书报上填补空白的短文.❸益处:不无小～.

捕 bǔ ㄅㄨˇ 捉,逮:～获.～风捉影(喻言行没有事实根据).

哺 bǔ ㄅㄨˇ ❶喂不会取食的幼儿:～养.～育.～乳.❷嘴里嚼着的食物.

堡 ⊜ bǔ ㄅㄨˇ 堡子,有围墙的村镇.又多用于地名,如:吴堡(在陕西省)、柴沟堡(在河北省).
⊖ bǎo 见 17 页.
⊜ pù 见 389 页.

不 bù ㄅㄨˋ 副词.1.表示否定的意义:他～来.～好.～错.～简单.2.表示否定对方的话:他刚来农村吧?～,他到农村很久了.3.表示否定效果,跟"得"相反:拿～动.说～明白.跑～很远.4.跟"就"搭用,表示选择:他在休息的时候,～是看书,就是看报.5.〈方〉用在肯定句末,构成问句:他来～? 你知道～? [不过]1.副词,仅仅,不超过:一共～～五六个人.2.连词,但是,可是:困难虽然很多,～～我们能克服它.

吥 bù ㄅㄨˋ 见 158 页"啩"字条"啩吥(gòng—)".

钚 bù ㄅㄨˋ 一种放射性元素,符号 Pu,化学性质跟铀相似,是原子能工业的重要原料.

布(❷—❹ *佈) bù ㄅㄨˋ ❶用棉纱、麻纱等织成的、可以做衣服或其他物件的材料.[布匹]布的总称.❷宣布,宣告,对众陈述:发～.开诚～公.[布告]张贴出来通知群众的文件.❸散布,分布:阴云密～.星罗棋～.❹布置,安排:～防.～局.❺古代的一种钱

币.

[布朗族]我国少数民族,参看
附表.

[布依族]我国少数民族,参看
附表.

坿 bù ㄅㄨ [茶坿]地名,在
福建省建阳.

怖 bù ㄅㄨ 惧怕(叠)(逐恐一):
情景可~.白色恐~(反
动统治者迫害人民造成的情
势).

步 bù ㄅㄨ ❶脚步,行走时
两脚之间的距离:跑~.
稳~前进.[步伐]队伍行进
时的脚步:~~整齐. ❷阶
段:初~.[步骤]事情进行的
程序. ❸行,走:~其后尘(追
随在人家后面).[步兵]陆军
里步行作战的兵种. ❹用脚
步量地面:~一~看这块地
有多长. ❺旧制长度单位,一
步等于五尺. ❻地步,境地,
表示程度:没想到他竟会落
到这一~. ❼古同"埠".

埔 ⊖ bù ㄅㄨ [大埔]地名,
在广东省.
⊜ pǔ 见388页.

部 bù ㄅㄨ ❶部分,全体中
的一份:内~.南~.局
~.[部位]位置. ❷机关企业

按业务范围分设的单位:农
业~.编辑~.门市~.[部
队]军队.[部首]按汉字形体
偏旁所分的门类,如"山"部、
"火"部等. ❸统属:~领.所
~三十人.[部署]布置安排.
❹量词.1.用于书籍:一~小
说.两~字典.2.用于车辆或
机器:一~收割机.三~汽
车.

瓿 bù ㄅㄨ 小瓮.

篰 bù ㄅㄨ 〈方〉竹篓.

埠 bù ㄅㄨ 埠头,停船的码
头.多指有码头的城镇:
本~.外~.[商埠]旧时与外
国通商的城镇.

簿 bù ㄅㄨ (一子)本子:账
~.发文~.[簿记]根据
会(kuài)计学原理记账的技
术.

C ㄘ

CA ㄘㄚ

拆 ⊖ cā ㄘㄚ 〈方〉排泄(大
小便):~烂污(喻不负
责任,以致把事情弄糟).
⊜ chāi 见48页.

擦 cā ㄘㄚ ❶抹(mā),揩拭：～桌子.～脸.❷摩,搓：摩拳～掌.❸贴近：～黑儿(傍晚).～着屋檐飞过.

嚓 ⊖ cā ㄘㄚ 拟声词：摩托车～的一声停住了.
⊜ chā 见 46 页.

礤 cā ㄘㄚ (礓礤儿)(jiāng-cār)台阶.

礤 cǎ ㄘㄚ 粗石.[礤床儿]把瓜、萝卜等擦成丝的器具.

CAI ㄘㄞ

偲 ⊖ cāi ㄘㄞ 有才能.
⊜ sī 见 463 页.

猜 cāi ㄘㄞ ❶推测,推想：～谜.你～他来不来？❷疑心(递—疑)：～忌.～嫌.

才(❸纔) cái ㄘㄞ ❶能力(递—能)：口～.这人很有～.干.❷从才能方面指称某类人：干(gàn)～.奇～.庸～.❸副词.1.方,始(递刚—,表示—)：昨天～来.现在～懂得这个道理.2.仅仅：～用了两元.来了～十天.

材 cái ㄘㄞ ❶木料：美木良～.⑤材料,原料或资料：器～.教～.❷资质,能力：因～施教.❸棺木：一口～.

财 cái ㄘㄞ 金钱或物资(递一产、资、钱—)：理～.～务.[财富]具有价值的东西；物质～～.精神～～.[财政]国家的收支及其他有关经济的事务.

裁 cái ㄘㄞ ❶用剪子剪布或用刀子割纸：～衣服.对～(把整张纸平均裁为两张).[裁缝](－feng)以做衣服为职业的人.❷削减,去掉一部分：～军.～员.❸决定,判断：～夺.～判.❹安排取舍；独出心～.《唐诗别～》.

采(❶❷*採) ⊖ cǎi ㄘㄞ ❶摘取：采莲.～茶.❷选取：～用.～矿.[采访]搜集寻访,多指记者为搜集材料进行调查访问.[采纳]接受(意见)：～～群众的意见.❸神采,神色,精神：兴高～烈.❹同"彩".
⊜ cài 见 42 页.

彩(❷*綵) cǎi ㄘㄞ ❶各种颜色：～色影片.～排(化装排演).[挂彩]⑤在战斗中受伤.❷彩色的绸子：悬灯结～.❸指赌博或某种竞赛中赢的东西：得～.～金.❹称赞、夸奖的欢呼声：喝(hè)～.

睬（＊倸）cǎi ㄘㄞˇ 理会，答理：不理不～.～也不～.

踩（＊跴）cǎi ㄘㄞˇ 用脚登在上面，踏：～了一脚泥.

采（＊＊埰、寀）㊀cài ㄘㄞˋ 采地，采邑，古代卿大夫的封地.
㊀cǎi 见41页.

菜 cài ㄘㄞˋ ❶蔬菜，供作副食品的植物。❷主食以外的食品，如经过烹调的鱼、肉、蛋等.

蔡 cài ㄘㄞˋ ❶周代诸侯国名，在今河南省上蔡、新蔡一带。❷〈古〉大龟：蓍(shī)～(迷信占卜用的东西).

CAN ㄘㄢ

参（參）㊀cān ㄘㄢ ❶参加，加入：～加工作.～军.～战.［参半］占半数；疑信～半.［参天］高入云霄：古木～～.［参观］实地观察(事业、设施、名胜等).［参考］用有关的材料帮助了解、研究某事物。❷旧指进见：～谒.～拜。❸封建时代指弹劾(tánhé)：～他一本.

㊁shēn 见443页。
㊂cēn 见45页。

骖（驂）cān ㄘㄢ 古代驾在车前两侧的马.

餐（＊＊湌、＊＊飡）cān ㄘㄢ ❶吃：饱一～顿.聚～。❷饭食：一日三～.午～.西～.

残（殘）cán ㄘㄢˊ ❶毁坏，毁害(逪一害)：摧～。❷凶恶(逪一暴、一忍)。❸不完全的，有毛病的(逪一缺)：～疾.～品.～破不全.㊃余下的(逪一余)：～局.～茶剩饭.

蚕（蠶）cán ㄘㄢˊ 家蚕，又叫"桑蚕"。昆虫，吃桑叶长大，蜕(tuì)皮时不食不动，俗叫"眠"。蚕普通经过四眠就吐丝做茧，蚕在茧里变成蛹，蛹变成蚕蛾。蚕吐的丝可织绸缎。另有"柞(zuò)蚕"，也叫"野蚕"，吃柞树的叶子。柞蚕的丝可织茧绸.

惭（＊慙）cán ㄘㄢˊ 羞愧(逪一愧)：自～.大言不～.

惨（慘）cǎn ㄘㄢˇ ❶凶恶，狠毒：～无人道.❷使人悲伤难受(连凄—、悲—):她的遭遇太～了.[惨淡]1.暗淡无色.2.指辛苦:～～经营(现多用于贬义).❸程度严重:敌人～败.

穄(穄) căn ㄘㄢ 穄子,一种谷类植物,子实可以吃,也可以做饲料.

篸(篸) căn ㄘㄢ 〈方〉一种簸箕.

灿(燦) càn ㄘㄢ [灿烂]鲜明,耀眼:阳光～～.光辉～～.

屏 ⊖ càn ㄘㄢ 同"屏⊖",只用于"屏头".[屏头](-tou)〈方〉软弱无能的人.
⊜ chán 见49页.

粲 càn ㄘㄢ 鲜明的样子.[粲然]笑的样子:～～一笑.

璨 càn ㄘㄢ ❶美玉.❷同"粲".

CANG ㄘㄤ

仓(倉) cāng ㄘㄤ 收藏谷物的建筑物:米～.谷～.[仓库]储藏东西的房子.
[仓促][仓猝](-cù)匆忙.

伧(傖) ⊖ cāng ㄘㄤ 古代讥人粗俗,鄙贱:～俗.
⊜ chen 见56页.

苍(蒼) cāng ㄘㄤ ❶青色:～天.❷草色,深绿色:～松.❸灰白色:面色～白.两鬓～～.[苍老]1.容貌、声音老.2.书画笔力雄健.

沧(滄) cāng ㄘㄤ ❶暗绿色(指水):～海.[沧海桑田]大海变成农田,农田变成大海.⑩世事变化很大.❷寒,冷:～～凉凉.

鸧(鶬) cāng ㄘㄤ [鸧鹒](-gēng)黄鹂.也作"仓庚".

舱(艙) cāng ㄘㄤ 船或飞机的内部,用于载人或物:货～.客～.底～.

藏 ⊖ cáng ㄘㄤ ❶隐避:埋～.他～在树后头.❷收存:～书处.储～室.把这些东西收～起来.
⊜ zàng 见612页.

CAO ㄘㄠ

操 cāo ㄘㄠ ❶拿,抓在手里:～刀.～戈.⑪掌握,控制:～舟.～必胜之券.[操纵]随着自己的意向来把支配.❷拿出力量来做:～

劳.～持家务.[操作]按照一定的程序和技术要求进行活动,也泛指劳动:田间～～.❸从事,做某种工作:重～旧业.❹用某种语言或方音说话:～俄语.～闽语.❺操练,指体力上的锻炼,军事演习等:体～.徒手～.下～.❻行为,品行:节～.~行.

糙 cāo ㄘㄠ ❶糙米,脱谷未去皮的米.❷不细致,粗(④粗一):这活做得太～.

曹 cáo ㄘㄠ ❶等,辈:尔～.吾～.❷古代分科办事的官署:部～.功～.

嘈 cáo ㄘㄠ 杂乱(多指声音):人声～杂.

漕 cáo ㄘㄠ 利用水道转运食粮:～运.～河(运粮的河道).

槽 cáo ㄘㄠ ❶一种长方形或正方形的较大的器具:石～.水～.特指喂牲畜食料的器具:猪食～.马～.❷(一儿)东西上凹下像槽的部分:挖个～儿.河～.

磠 cáo ㄘㄠ 地名用字.[斫磠](zhuó一)地名,在湖南省.

蠨 cáo ㄘㄠ 见391页"蛴"字条"蛴蠨"(qí一).

艚 cáo ㄘㄠ (一子)载货的木船.

草 (❶*艸、❺**騲)
cǎo ㄘㄠ ❶普通对高等植物中除了树木、庄稼、蔬菜以外茎干柔软的植物的统称.[草本植物]茎比较柔软的植物,如小麦、豌豆等.❷草率,不细致(叠):~~了(liǎo)事.~率从事.[草书]汉字形体的一种,汉代初期就已经流行,笔画牵连曲折.❸草稿,文稿:起～.⑰还没有确定的(文件等):～约.～案.～图.❹打稿:～拟.~檄.[草创]开始创办或创立.❺雌性的(指某些家禽、家畜):～鸡.~驴.

CE ㄘㄜ

册 (*冊) cè ㄘㄜ ❶古时称编串好的许多竹简,现在指装订好的纸本子:第三～.纪念～.❷量词,用于书籍.

厕 (*廁) cè ㄘㄜ ❶厕所:公～.❷参与(yù),混杂在里面:～身其间.

侧 ㊀ cè ㄘㄜ ❶旁:楼～.～面.❷斜着:～耳细

听.～身而入.[侧目]斜着眼睛看,表示畏惧而又愤恨:世人为之～～.[侧重](-zhòng)偏重.

㈡ zhāi 见 619 页.

㈢ zè 见 615 页.

测 cè ㄘㄜˋ ❶测量,利用仪器来度量:～角器.～绘.～一下高度.[测验]用一定的标准检定.❷推测,料想:预～.变幻莫～.

恻 cè ㄘㄜˋ 悲痛.[恻隐]指对遭难(nàn)的人表示同情.

策(*筞、筴) cè ㄘㄜˋ ❶计谋,主意(逾计一):决～.献～.下～.束手无～.[策略]设法鼓动或促成.[策略]根据形势发展而制定的行动方针和方法.❷古代的一种马鞭子,头上有尖刺.❸鞭打:～马.鞭～.❹古代称编连好的竹简:简～.❺古代考试的一种文体:对～.～论.

CEN ㄘㄣ

参(參) ㈢ cēn ㄘㄣ [参差](-cī)长短不齐:～～不齐.

㈠ cān 见 42 页.

㈡ shēn 见 443 页.

岑 cén ㄘㄣˊ 小而高的山.

涔 cén ㄘㄣˊ 连续下雨,积水成涝.[涔涔]1.雨多的样子.2.流泪的样子.

CENG ㄘㄥ

噌 cēng ㄘㄥ 拟声词:～的一声,火柴划着了.

层(層) céng ㄘㄥˊ ❶重复,重叠:～出不穷.峦叠翠.[层次]事物的次序:～～分明.❷量词,重(chóng):二～楼.三～院子.絮两～棉花.还有一～意思.

曾 ㈠ céng ㄘㄥˊ 曾经,表示从前经历过:未～.何～.他～去北京两次.～几何时(表示时间过去没多久).

㈠ zēng 见 616 页.

嶒 céng ㄘㄥˊ [崚嶒](léng-)形容山高.

蹭 cèng ㄘㄥˋ 摩擦:～了一身泥.～破了点皮.⑲拖延:快点,别～了.走路老磨～(ceng).[蹭蹬](-dèng)遭遇挫折.

CHA ㄔㄚ

叉(❷**扠**) ㈠ chā ㄔㄚ ❶(-子)一头有两个以上长齿便于扎

取东西的器具:鱼～.三齿～.粪～子.❷用叉子扎取:～鱼.❸交错:～着手站着.

㈡ chá 见本页.

㈢ chǎ 见 47 页.

杈 ㈠ chā 彳丫 一种用来挑(tiǎo)柴草等的农具.

㈡ chà 见 71 页.

差 ㈠ chā 彳丫 ❶不同,不同之点(⑭—别、—异、—偏—).❷大致还可以:～强人意.❸错误:～错,阴错阳～.❹差数,两数相减的余数.

㈡ chà 见 47 页.

㈢ chāi 见 48 页.

㈣ cī 见 71 页.

插 chā 彳丫 扎进去,把细长或薄的东西扎进,放入:～秧.把花～在瓶子里.⑭加入,参与:～班.～嘴.

锸(****臿**) chā 彳丫 铁锹(qiāo),掘土的工具.

喳 ㈠ chā [喳喳](一cha)拟声词:打～～(低声说话).

㈡ zhā 见 617 页.

馇 chā 彳丫 拌煮猪、狗的食料:～猪食.

嚓 ㈡ chā 彳丫 [喀嚓](kā—)拟声词,折断的声音.

㈠ cā 见 41 页.

叉 ㈡ chá 彳丫 挡住,堵塞住,互相卡住:车把路口～住了.

㈠ chā 见 45 页.

㈢ chǎ 见 47 页.

垞 chá 彳丫 小土山.多用于地名.

茬 chá 彳丫 ❶(一儿)庄稼收割后余留在地上的短根和茎:麦～儿.豆～儿.❷(一儿)在同一块土地上庄稼种植或收割的次数:换～.头～.二～.❸短而硬的头发、胡子.

茶 chá 彳丫 ❶茶树,常绿灌木,开白花.嫩叶采下经过加工,就是茶叶.❷用茶叶沏成的饮料.⑭某些饮料的名称:果～.杏仁～.

搽 chá 彳丫 涂抹:～药.～粉.

查 ㈠ chá 彳丫 ❶检查:～账.❷翻检着看:～地图.～字典.

㈡ zhā 见 617 页.

嵖 chá 彳丫 [嵖岈山](一yá—)山名,在河南省遂平.

猹 chá 彳丫 獾类野兽,喜欢吃瓜(见于鲁迅小说《故乡》).

楂 ㊀ chá ㄔㄚ´ 同"茬"。
㊁ zhā 见617页。

碴 chá ㄔㄚ´ ❶（一儿）小碎
块．冰～儿．玻璃～儿．
❷（一儿）东西上的破口：碗
上还有个破～儿．❸皮肉被
碎片碰破：手让碎玻璃～破
了．

槎 chá ㄔㄚ´ ❶木筏：乘～．
浮～．❷同"茬"。

察（*詧） chá ㄔㄚ´ 仔细
看，调查研究：
考～．视～．

檫 chá ㄔㄚ´ 落叶乔木，木
材坚韧，供建筑、造船等
用。

叉 ㊀ chǎ ㄔㄚˇ 分开，张开：
～腿．
㊁ chā 见45页。
㊂ chá 见46页。

衩 ㊀ chǎ ㄔㄚˇ [裤衩]短
裤：三角～．
㊁ chà 见本页。

蹅 chǎ ㄔㄚˇ 踩，在泥水里
走：～雨．鞋都～湿了．

镲 chǎ ㄔㄚˇ 钹（bó），一种
打击乐器。

汊 chà ㄔㄚˋ 河流的分支。

杈 ㊀ chà ㄔㄚˋ （一子、一
儿）植物的分枝：树～

儿．打棉花～．
㊁ chā 见46页。

衩 ㊀ chà ㄔㄚˋ 衣服旁边开
口的地方。
㊁ chǎ 见本页。

岔 chà ㄔㄚˋ ❶分歧的，由主
干分出的：～道．三
路～．❷转移主题：拿话～
开．打～．❸互相让开（多指时
间）：把这两个会的时间
开．❹（一子、一儿）乱子，事
故：别出～子．

侘 chà ㄔㄚˋ [侘傺]（一chì）
形容失意。

诧 chà ㄔㄚˋ 惊讶，觉着奇
怪。

姹 chà ㄔㄚˋ 美丽：～紫嫣红
（形容百花艳丽）。

刹 ㊀ chà ㄔㄚˋ 梵语，原义
是土或田，转为佛寺：宝
～．古～．
[刹那]梵语，极短的时间。
㊁ shā 见432页。

差 ㊀ chà ㄔㄚˋ ❶错误：说
～了．❷不相当，不相
合：～得远．～不多．❸缺欠：
～一道手续．还～一个人．❹
不好，不够标准：成绩～．
㊁ chā 见46页。
㊂ chāi 见48页。
㊃ cī 见71页。

CHAI 彳历

拆 ㈠ chāi 彳历 把合在一起的弄开，卸下来：～信．～卸机器．

㈡ cā 见 40 页．

钗 chāi 彳历 妇女发髻上的一种首饰．荆～布裙(旧喻妇女装束朴素)．

差 ㈢ chāi 彳历 ❶派遣去作事(通一遣)．❷旧时称被派遣的人，差役．❸差事，被派遣去做的事：兼～．出～．

㈠ chà 见 47 页．
㈡ chā 见 46 页．
㈣ cī 见 71 页．

侪(儕) chái 彳历 同辈，同类的人们：吾～(我们)．

柴 chái 彳历 烧火用的草木．[火柴]用细木条蘸上磷、硫等制成的能摩擦生火的东西．

豺 chái 彳历 一种像狼的野兽，耳朵比狼的短而圆，性贪暴，常成群侵袭家畜．[豺狼]喻贪心残忍的恶人．

茝 chǎi 彳历 古书上说的一种香草，即白芷(zhǐ)．

𥼚 chǎi 彳历 (一儿)碾碎了的豆子、玉米等：豆～

儿．

虿(蠆) chài 彳历 古书上说的蝎子一类的毒虫．

瘥 ㈠ chài 彳历 病愈：久病初～．

㈡ cuó 见 78 页．

CHAN 彳弓

觇(覘) chān 彳弓 看，窥视．[觇标]一种测量标志．标架用几米到几十米的木料或金属制成，架在被观测点上作为观测目标．

掺(摻) chān 彳弓 同"搀❷"．

搀(攙) chān 彳弓 ❶用手轻轻架住对方的手或胳膊(通一扶)：你～着那位老人吧．❷混合(通一杂)：里面～糖了．

襜 chān 彳弓 古称衣裳前襟为襜．

单(單) ㈢ chán 彳弓 [单于](一yú)古代匈奴的君主．

㈠ dān 见 84 页．
㈡ shàn 见 435 页．

婵(嬋) chán 彳弓 [婵娟](一juān) 1. (姿态)美好．2.旧时指美人．

禅(禪) ㊀ chán ㄔㄢˊ ❶ 梵语"禅那"的省称,佛教指静思:坐～.❷关于佛教的:～杖.～师.
㊁ shàn 见436页.

蝉(蟬) chán ㄔㄢˊ 昆虫名,又叫"知了".雄的腹面有发声器,叫的声音很大.
[蝉联]㊀接续不断.

铤 chán ㄔㄢˊ 一种铁把(bà)儿的短矛.

谗(讒) chán ㄔㄢˊ 在别人面前说陷害某人的坏话:～言.

馋(饞) chán ㄔㄢˊ ❶贪吃,专爱吃好的:嘴～.～涎欲滴.❷贪,羡慕:眼～.

巉 chán ㄔㄢˊ 山势险峻:～岩.

镵 chán ㄔㄢˊ ❶古代铁制的一种刨土工具.❷刺:以刃～腹.

孱 ㊀ chán ㄔㄢˊ 懦弱,弱小(㊧一弱).
㊁ càn 见43页.

潺 chán ㄔㄢˊ [潺潺]拟声词,溪水、泉水等流动的声音:～～流水.[潺湲](一yuán)水慢慢流动的样子:溪水～～.

缠(纏) chán ㄔㄢˊ ❶绕,围绕(㊧一绕):头上～着一块布.[缠绵]纠缠住不能解脱(多指感情或疾病).❷搅扰:不要胡～.

廛 chán ㄔㄢˊ 古代指一户人家所住的房屋.[市廛]集市.

澶 chán ㄔㄢˊ 澶河,水名,在河南省.

躔 chán ㄔㄢˊ ❶兽的足迹.❷日月星辰的运行.

澶 chán ㄔㄢˊ [澶渊]古地名,在今河南省濮阳西南.

蟾 chán ㄔㄢˊ 指蟾蜍:～宫(指月亮).[蟾蜍](一chú)俗叫"癞蛤蟆"或"疥蛤蟆".两栖动物,皮上有许多疙瘩,内有毒腺.吃昆虫等,对农业有益.[蟾酥](一sū)蟾蜍表皮腺体和耳后腺的分泌物,可入药.

产(産) chǎn ㄔㄢˇ ❶人或动物生子:～子.母鸡～卵.[产生]生.㊉由团体中推出:每个小组～一个代表.❷有关生孩子的:～科.妇～医院.❸制造、种植或自然生长:沿海盛～

鱼虾.我国～稻、麦的地方很多.增～大量工业品和粮食.❹制造、种植或自然生长的东西:土特～.出口鱼虾等水～.❺财产:房～.地～.遗～.[产业]1.家产.2.生产事业,特指工业生产:～～革命.～～工人.

浐(滻) chǎn ㄔㄢˇ 浐河,水名,在陕西省.

铲(鏟、*剷) chǎn ㄔㄢˇ ❶(一子、一儿)削平东西或把东西取上来的器具:铁～.饭～儿.❷用锹(qiāo)或铲子削平或取上来:把地～平.～土.～菜.[铲除]去掉.

划(剗) ⊖ chǎn ㄔㄢˇ 同"铲❷".
⊜ chàn 见本页.

谄 chǎn ㄔㄢˇ 巴结,奉承:～媚.不骄不～.

啴(嘽) ⊖ chǎn ㄔㄢˇ 宽舒,和缓:～缓.
⊜ tān 见476页.

阐(闡) chǎn ㄔㄢˇ 说明,表明:～述.～明.[阐发]深入说明事理.

蒇 chǎn ㄔㄢˇ 完成,解决:～事(把事情办完).

骣 chǎn ㄔㄢˇ 骑马不加鞍辔:～骑.

辴(䫻) chǎn ㄔㄢˇ 笑的样子:～然而笑.

忏(懺) chàn 梵语"忏摩"的省乊.佛教指请人宽恕.又指佛教、道教讽诵的一种经文.[忏悔]悔过.

划(剗) ⊖ chàn ㄔㄢˋ 〈方〉[一划]全部,一律:～～新.～～都是平川.
⊜ chǎn 见本页.

颤 ⊖ chàn ㄔㄢˋ 物体振动:这条扁担(dan)担上五六十斤就～了.～动.
⊜ zhàn 见622页.

羼 chàn ㄔㄢˋ 搀杂:～入.

韂 chàn ㄔㄢˋ 马鞍子下面垫的东西:鞍～.

CHANG ㄔㄤ

伥(倀) chāng ㄔㄤ 古时迷信传说被老虎咬死的人变成鬼又助虎伤人:为(wèi)虎作～(喻帮恶人作恶).

昌 chāng ㄔㄤ 兴盛:祖国繁荣～盛.科学～明.

菖 chāng 彳ㄤ [菖蒲]多年生草本植物,生在水边,地下有根茎,花穗像棍棒。根茎可作香料,也入药。

猖 chāng 彳ㄤ 凶猛,狂妄。[猖狂]狂妄而放肆,打退了敌人的～～进攻。[猖獗](-jué)放肆地横行,闹得很凶;～～一时。

阊 chāng 彳ㄤ [阊阖](-hé)1.传说中的天门。2.宫门。[阊门]苏州城门名。

娼 chāng 彳ㄤ 妓女(働-妓)。

鲳 chāng 彳ㄤ 鲳鱼,鱼名。身体短,没有腹鳍,背部青白色,鳞小。肉细腻鲜美。也叫"镜鱼"、"平鱼"。

长(長) ⊖ cháng 彳ㄤ
❶长度,两端的距离:这块布三米～。那张桌子～一米,宽七十厘米。❷长度,跟"短"相反。1.指空间:这条路很～。～篇大论。2.指时间:天～夜短。～远利益。[长短]1.长度。2.意外的变故:万一有什么～～。❸长处,专精的技能,优点,特～。各有所～。❹对某事做得特别好:他～于写作。
⊜ zhǎng 见 623 页。

苌(萇) cháng 彳ㄤ 姓。

场(場、*塲) 彳ㄤ ❶平坦的空地,多半用来打庄稼:打～。～院里堆满了粮食。❷量词,常用于一件事情的经过:经过一～激烈搏斗。下了一～大雨。
⊜ chǎng 见 52 页。

肠(腸) cháng 彳ㄤ (一子)内脏之一,呈长管形,是消化和吸收的主要器官,分大肠、小肠两部分:断～(喻非常悲痛)。牵挂肚(喻挂念)。(图见 612 页"脏")

尝(嘗、⊖*嚐) cháng 彳ㄤ ❶辨别滋味:～～咸淡。喻经历,备～艰苦。[尝试]试:～～一下。❷曾经:未～。

偿(償) cháng 彳ㄤ ❶归还,补还(働赔-):～还。赔～损失。得不～失。❷满足:如愿以～。

鲿(鱨) cháng 彳ㄤ 毛鲿鱼,鱼名。侧扁,体长 1 米多,头较大,眼小,产在海中。也叫"大鱼"。

倘 ㊀cháng 彳 [倘佯](一yáng)同"徜徉"。
㊁tǎng 见480页。

徜 cháng 彳 [徜徉](一yáng)自由自在地来回走：~~湖畔。

常 cháng 彳 ❶长久：~绿树.冬夏~青. ❷经常，时时(叠)：~~见面.和工人一起劳动. ❸平常，普通的，一般的：~识.~态.~事.反~.习以为~.

嫦 cháng 彳 [嫦娥]神话中月宫里的仙女。

裳 ㊀cháng 彳 遮蔽下体的衣裙。
㊁shang 见438页。

厂(廠、**厰) ㊀chǎng 彳 ❶工厂：机械~.造纸~.纱~. ❷有空地可以存货或进行加工的场所：木~.煤~. ❸跟棚子类似的房屋。
㊁ān 见4页。

场(場、*塲) ㊁chǎng 彳 ❶(一子、一儿)处所，许多人聚集的地方：会~.市~.广~.[场合]某时某地或某种情况。 ❷戏剧的一节：三幕五~. ❸量词，用于文体活动：

一~电影.一~球赛.
㊀cháng 见51页。

昶 chǎng 彳 ❶白天时间长。 ❷舒畅，畅通。

惝 chǎng 彳 (又)见481页tǎng。

敞 chǎng 彳 ❶没有遮蔽，宽绰：~亮.这房子很宽~. ❷打开：~开大门.

氅 chǎng 彳 大氅，大衣。

怅(悵) chàng 彳 失意，不痛快(叠)：~~离去.~然.

韔(韔) chàng 彳 古代盛(chéng)弓的袋子。

畅(暢) chàng 彳 ❶没有阻碍地：~达.~行.~销. ❷痛快，尽情地：~谈.~饮.

倡 chàng 彳 发动，首先提出：~议.~导.

唱 chàng 彳 ❶歌唱，依照音律发声：~歌.~戏.~曲.⑩高呼：~名. ❷(一儿)歌曲：唱个~儿.

鬯 chàng 彳 ❶古代祭祀用的一种酒。 ❷同"畅"：一夕~谈.

CHAO 彳幺

抄 chāo 彳幺 ❶誊写,照原文写:～文件.～书. ❷把别人的文章或作品照着写下来当自己的:～袭. ❸搜查并没(mò)收:～家. ❹走近便的路:～小道走. ❺同"绰㊀":～起镰刀就去割麦子.

吵 ㊀ chāo 彳幺 [吵吵](—chao)吵嚷.
㊁ chǎo 见54页.

钞 chāo 彳幺 ❶同"抄❶". ❷钞票,纸币:外～.

怊 chāo 彳幺 悲伤失意.

弨 chāo 彳幺 ❶弓解弦后弓背反过来. ❷弓.

超 chāo 彳幺 ❶越过,高出:～龄.～额.～声波. ❷在某种范围以外,不受限制:～现实.～自然.

绰 ㊀ chāo 彳幺 ❶同"绰㊀". ❷匆忙地抓起:～起一根棍子.
㊁ chuò 见71页.

焯 ㊀ chāo 彳幺 把蔬菜放在开水里略微一煮就拿出来:～菠菜.
㊁ zhuō 见654页.

剿(*勦) ㊀ chāo 彳幺 因袭套用别人的语言文句作为自己的:～说.
㊁ jiǎo 见233页.

晁(**鼂) cháo 彳幺 姓.

巢 cháo 彳幺 鸟搭的窝,也指蜂蚁等动物的窝.

朝 ㊀ cháo 彳幺 ❶向着,对着:～前看.坐南～北.～着宏伟的目标奋勇前进. ❷封建时代臣见君:㊀宗教徒参拜:～圣团. ❸朝廷,皇帝接见官吏、发号施令的地方.[在朝]㊀当政. ❹朝代,称一姓帝王世代连续统治的时代:唐～.改～换代. ❺姓. [朝鲜族]1.我国少数民族,参看附表. 2.朝鲜和韩国的主要民族.
㊁ zhāo 见625页.

嘲(**謿) ㊀ cháo 彳幺 (旧读 zhāo) 讥笑,取笑(㊀一笑、一讽):冷～热讽.
㊁ zhāo 见625页.

潮 cháo 彳幺 ❶海水因为受了日月的引力而定时涨落的现象:～水.～汐. ❷像潮水那样汹涌起伏的:思～.风～.革命高～. ❸湿(程度比较浅):～气.受～了.阴

天返~. ❹成色差,技术低:~金.手艺~.

吵 ⊖ chǎo ㄔㄠ ❶声音杂乱搅扰人:~得慌.把他~醒了. ❷打嘴架,口角:~架.争~.他俩一起来了.

⊜ chāo 见 53 页.

炒 chǎo ㄔㄠ 把东西放在锅里搅拌着弄熟:~鸡蛋.~菜.糖~栗子.

耖 chào ㄔㄠ ❶在耕、耙(bà)地以后用的一种把土弄得更细的农具. ❷用耖弄细土块,使地平整.

CHE ㄔㄜ

车(車) ⊖ chē ㄔㄜ ❶陆地上有轮子的交通工具:火~.汽~.马~.轿~. ❷用轮轴来转动的器具:纺~.水~.滑~. ❸⃝指机器:开~.试~.[车间]工厂里在生产过程中能独立完成一个工作阶段的单位:翻砂~~.加工~~.装配~~. ❸用旋(xuàn)床旋东西:~圆.~光. ❹用水车打水:~水. ❺姓.

⊜ jū 见 250 页.

砗 chē ㄔㄜ [砗磲](-qú)一种软体动物,比蛤蜊大,生活在热带海中.壳略呈三角形,很厚,可做装饰品.

尺 ⊖ chě ㄔㄜ 旧时乐谱记音符号的一个,相当于简谱的"2".

⊜ chǐ 见 60 页.

扯(＊撦) chě ㄔㄜ ❶拉:~住他不放. ❷不拘形式不拘内容地谈:闲~.不要把问题~远了. ❸撕,撕破:~几尺布.他把信~了.

彻(徹) chè ㄔㄜ 通,透:冷风~骨.~头~尾(自始至终,完完全全).~夜(通宵).[彻底]根本的不是表面的:~~解决问题.

坼 chè ㄔㄜ 裂开:天寒地

掣 chè ㄔㄜ ❶拽(zhuài)拉:~后腿.风驰电~(喻迅速).[掣肘]拉住别人的胳膊,⃝阻碍旁人做事. ❷抽:~签.

撤 chè ㄔㄜ ❶除去,免除:~职.~销. ❷向后移,收回:~兵.~回.

澈 chè ㄔㄜ ❶水清:清~.~鉴. ❷同"彻".

CHEN 彳

抻(＊＊捵) chēn 彳 扯拉：～面(抻面条或抻的面条). 把衣服～～. 把袖子～出来.

郴 chēn 彳 郴州，地名，在湖南省.

琛 chēn 彳 珍宝.

嗔(△＊謓) chēn 彳 生气(叠一怒)：～怪.～责. 转～为喜. [嗔着](一zhe)对人不满，嫌：～他多事.

瞋 chēn 彳 ❶ 睁大眼睛瞪人：～目而视. ❷ 同"嗔".

臣 chén 彳 ❶ 奴隶社会的奴隶. ❷ 帮助皇帝进行统治的官僚：封建时代官吏对君主的自称.

辰 chén 彳 ❶ 地支的第五位. ❷ 辰时，指上午七点到九点. ❸ 指时日：生～. 诞～. [辰光]〈方〉时候，时间. ❹ 日、月、星的总称.

宸 chén 彳 ❶ 屋宇，深邃(suì)的房屋. ❷ 旧指帝王住的地方. ❸ 王位、帝王的代称.

晨 chén 彳 清早，太阳出来的时候：清～. ～昏(早晚).

尘(塵) chén 彳 ❶ 尘土，飞扬的灰土. ❷ 尘世(佛家道家指人间，和他们所幻想的理想世界相对).

沈 ㊁ chén 彳 同"沉". ㊀ shěn 见 444 页.

忱 chén 彳 ❶ 真实的心情：热～. 谢～. ❷ 诚恳：～挚.

沉 chén 彳 ❶ 没(mò)入水中，跟"浮"相反：船～了. ❷ 落下，陷入：地基下～. [沉淀]1. 液体中不溶解的物质往下沉. 2. 沉在液体底层的物质. ❷ 重，分量大：～重. 铁比木头～. [沉着](一zhuó)镇静，不慌张：～～应(yìng)战. ❸ 深入，程度深：～思. ～醉. 天阴得很～.

陈(陳) chén 彳 ❶ 排列，摆设(叠一列、一设)：古物～列馆. ❷ 述说(叠一述)：详～. ❸ 旧的，时间久的(叠一腐)：～酒. 新～代谢. ❹ 周时诸侯国名，在今河南省淮阳一带. ❺ 朝代名，南朝之一，陈霸先所建立(公元 557—589 年).

〈古〉又同"阵"(zhèn).

谌 chén 彳 ❶相信。❷的确，诚然。

碜(磣、**䃞**) chěn 彳 ❶东西里夹杂着砂子。[牙碜](—chen)食物中夹杂着砂子，嚼起来牙不舒服：面条有些~~. ❷丑，难看。[寒碜][寒伧](—chen)1.丑，难看。2.使人没面子：说起来怪~~人的。

衬(襯) chèn 彳 ❶在里面再托上一层：~绒. ~上一张纸. ❷搭配上别的东西：红花~着绿叶.

疢 chèn 彳 热病。也泛指病。

龀 chèn 彳 小孩儿换牙（乳齿脱落长出恒齿）。

称(稱) ㊀ chèn 彳 适合：~心. ~职. 相~. [对称]两边相等或相当。
㊁ chēng 见本页。
㊂ chèng 见58页。

趁 chèn 彳 ❶利用机会、条件：~热打铁. ~着天下雨打场(cháng). ㊀顺便搭乘：~车. ❷〈方〉富有：~钱.

榇(櫬) chèn 彳 棺材。

谶 chèn 彳 迷信的人指将来要应验的预言、预兆。

伧(傖) ㊀ chen ·彳 [寒伧]同"寒碜"。见本页"碜"(chěn)。
㊁ cāng 见43页。

CHENG 彳

柽(檉) chēng 彳 柽柳，又叫"三春柳"或"红柳"。落叶小乔木，老枝红色，花淡红色，性耐碱抗旱，适于盐碱地区造林防沙。枝叶可入药。

蛏(蟶) chēng 彳 (—子)一种软体动物，贝壳长方形，淡褐色，生活在沿海泥中，肉味鲜美。

琤 chēng 彳 拟声词，玉石碰击声、琴声或流水声（叠）。

称(稱) ㊀ chēng 彳 ❶量轻重：把这包米一~. ❷叫，叫做：自~. ~得起英雄. ❸名称：简~. ❹说：~病. 连声~好. ❺赞扬：~许. 拍手~快. 赞~不~. ❻举事：~兵.
㊁ chèn 见本页。
㊂ chèng 见58页。

铛(鐺) ㊀ chēng 彳 烙饼或做菜用的平

底浅锅。

⊖ dāng 见 87 页.

赪 chēng 彳ㄥ 红色.

撑（*撑） chēng 彳ㄥ ❶抵住,支持:～竿跳高(田径运动项目之一).～腰.❷用篙使船前进:～船.❸充满到容不下的程度:少吃些,别～着.麻袋装得太满,都～圆了.❹使张开:～伞.把口袋～开.

瞠 chēng 彳ㄥ 直看,瞠着眼:～目结舌.～乎其后(喻赶不上).

成 chéng 彳ㄥ ❶做好了,办好了(逾完一):～事.大功告～.完～任务.❷事物生长发展到一定的形态或状况:～虫.～人.五谷～熟.❸成为,变为:他～了飞机驾驶员了.雪化～水.❹成果,成绩:坐享其～.到头来一事无～.❺可以,能行:这么办可不～,就那么办吧.❻称赞人能力强:你们小组真～,这个月又超额了.❼够,达到一定的数量:～千上万.～车的慰问品.[成年累月]（——léi—）形容经历的时间长.❽已定的,定形的:～规.～见.❾(一儿)十分之一:八～.提

出一～做公益金.

诚 chéng 彳ㄥ ❶真心(逾一实):～心～意.～恳.❷实在,的确:～然.～有此事.

城 chéng 彳ㄥ ❶城墙:万里长～.❷城市,都市:～乡互助.

宬 chéng 彳ㄥ 皇帝的藏书室:皇史～(明清两代保藏皇室史料的处所,在北京).

盛 ⊖ chéng 彳ㄥ ❶把东西放进去:～饭.❷容纳:这礼堂能～几千人.

⊖ shèng 见 447 页.

铖 chéng 彳ㄥ 用于人名.

丞 chéng 彳ㄥ ❶帮助,辅佐:～辅.[丞相]（—xiàng）古代帮助皇帝处理政务的最高一级官吏.❷封建时代帮助主要官员做事的官吏:县～.府～.

呈 chéng 彳ㄥ ❶显出,露出:皮肤～红色.～现一片新气象.❷恭敬地送上去:送～.谨～.❸称下级报告上级的书面文字:～文.辞～.

埕 chéng 彳ㄥ ❶蛏埕,福建、广东沿海一带饲养

蛏类的田。❷〈方〉酒瓮。

程 chéng ㄔㄥˊ ❶里程,道路的段落(龟路一):起~.登~.送他一~.[过程]事物变化、发展的经过。❷进度,限度:日~.~序.❸法式(龟一式):操作规~.❹计量,计算:计日~功.

裎 chéng ㄔㄥˊ 脱衣露体。

酲 chéng ㄔㄥˊ 喝醉了神志不清:忧心如~.

枨(根) chéng ㄔㄥˊ ❶古时门两边竖的木柱,泛指支柱。❷触动:~触.

承 chéng ㄔㄥˊ ❶在下面接受,托着:~尘(天花板).❷承担,担当:~应(yìng).这工程由建筑公司~包.责任由我~当.⑤蒙,受到,接受(别人的好意):~情.~教(jiào).大家热心招待.[承认]1.表示肯定,同意,认可:~~错误.他~~有这么回事.2.国际上指肯定新国家、新政权的法律地位。❸继续,接连:~上启下.继~.~接.

乘 ㊀ chéng ㄔㄥˊ ❶骑,坐:~马.~车.~飞机.❷趁,就着:~便.~机.~势.

~兴(xìng).❸算术中指一个数使另一个数变成若干倍:五~二等于十.❹姓。

㊁ shèng 见 447 页。

惩(懲) chéng ㄔㄥˊ 处罚,警戒:严~.~前毖(bì)后.

塍 chéng ㄔㄥˊ 田间的土埂子。

澄(*澂) ㊀ chéng ㄔㄥˊ 水清.[澄清]清澈,清亮:溪水~~.⑤搞清楚,搞明白:把问题~~一下.

㊁ dèng 见 92 页。

橙 chéng ㄔㄥˊ ❶常绿乔木,果实叫橙子,品种很多,可以吃,果皮可入药。❷红和黄合成的颜色。

逞 chéng ㄔㄥˊ ❶炫耀,卖弄:~能.~强.❷施展,实现:决不让敌人的阴谋得~.

骋 chéng ㄔㄥˊ 骑马奔驰,奔跑(龟驰一):汽车在公路上驰~.⑤放任,尽量展开:~目.~望.

秤 chèng ㄔㄥˊ 衡量轻重的器具。

称(稱) ㊂ chèng ㄔㄥˊ 同"秤"。

㈠ chēng 见 56 页。
㈡ chèn 见 56 页。

牚 chèng 彳ㄥˋ ❶斜柱。❷（～儿）桌椅等腿中间的横木。

CHI 彳

吃(*喫) chī 彳 ❶咀嚼 (jǔjué)食物后咽下(包括喝、吸)：～饭. ～奶. ～药. ❷靠某种事物生活：～老本. 靠山～山，靠水～水. ❸吸：～墨纸. ❹感受：～惊. ～紧. [吃力]费力气. ❺承受，支持：这个任务很～重. ～不住太大的分量. ❻消灭：～掉敌人一个团. ❼被(宋元小说戏曲里常用)：～那厮骗了.

[吃水]船身入水的深度。根据吃水的深浅可以计算全船载货的重量。

[口吃]("吃"旧读jī)结巴.

哧 chī 彳 拟声词：～～地笑.

蚩 chī 彳 无知，痴愚.

嗤 chī 彳 讥笑：～之以鼻.

媸 chī 彳 面貌丑.

鸱 chī 彳 鸱(yào)鹰。[鸱鸮] (—xiāo) 1. 猫头鹰一类的鸟。2. 古代指"鹪鹩" (jiāoliáo)。[鸱鸺] (—xiū) 一种凶猛的鸟，俗叫"猫头鹰"或"夜猫子"。眼大而圆，头上有像耳的毛角。昼伏夜出，捕食小鸟、兔、鼠等，是益鸟。

绨 chī 彳 细葛布.

瓻 chī 彳 古代的一种酒器.

眵 chī 彳 眼眵，眼睛分泌出来的液体凝结成的淡黄色东西。也叫"眵目糊"或"眼屎".

笞 chī 彳 用鞭、杖或竹板打.

痴(*癡) chī 彳 傻：～人说梦(喻完全胡说).

螭 chī 彳 古代传说中一种没有角的龙。古代建筑或工艺品上常用它的形状作装饰.

魑 chī 彳 [魑魅] (—mèi) 传说中山林里能害人的怪物.

池 chí 彳 ❶(～子)水塘，多指人工挖的(叠—沼)：游泳～. 养鱼～. ❷像水池的：便～. 花～. ❸护城河：城～. 金城汤～(喻极为坚固的不易攻破).

弛 chí ㄔ (旧读 shǐ)放松,松懈,解除:一张一~.废~.~禁.

驰 chí ㄔ ❶快跑(多指车马)(迪—骋):背道而~.风~电掣.❷向往:神~.情~.❷传播:~名.

迟(遲) chí ㄔ ❶慢,缓:说时~,那时快.行动~缓.~~不去.㉑不灵敏:心~眼钝.[迟疑]犹豫不决.❷晚:不~到,不早退.

坻 〇 chí ㄔ 水中的小块高地.
〇 dǐ 见94页.

茌 chí ㄔ [茌平]地名,在山东省.

持 chí ㄔ ❶拿着,握住:~笔.~枪.❷遵守不变:坚~真理.[持久]保持长久:~~战.绿肥肥效能~~,还能松地抗旱.[持续]延续不间断:[相持]各不相让:~不下.❸治理,主管:勤俭~家.这件事由你主~好了.

匙 〇 chí ㄔ 舀(yǎo)汤用的小勺子.也叫"调羹"(tiáogēng).
〇 shi 见454页.

漦 chí ㄔ lí ㄌㄧˊ (又) 涎沫.

墀 chí ㄔ 台阶上面的空地.又指台阶.

踟 chí ㄔ [踟蹰](—chú)心里犹豫,要走不走的样子:~~不前.

篪(**竾、**箎) chí ㄔ 古代一种用竹管制成的乐器.

尺 〇 chǐ ㄔ ❶市制长度单位,10寸是1尺,10尺是1丈:1米等于3市~.[尺牍]书信(因古代的书简长约1尺).[尺寸](—cun)衣物的大小长短:开个~~好照着做.~~要量得准确.❷尺子,一种量长短的器具.❸画图的器具:放大~.❹像尺的东西:计算~.
〇 chě 见54页.

呎 chǐ ㄔ 也读作 yīngchǐ 英美制长度单位,1呎是12吋,约合0.914市尺.现写作"英尺".

齿(齒) chǐ ㄔ ❶牙齿,人和动物嘴里咀嚼食物的器官.[挂齿]谈及,提及(只用在否定的句子里):不足~~.何足~~.❷(—儿)排列像牙齿形状的东西:锯~.梳子~儿.~轮.❸年龄:马~徒增(自谦年长无能).[不齿](转)不认为是同类的人,表示鄙弃.

侈 chǐ 彳 ❶浪费,用财物过度(连奢一):生活奢~.❷夸大:~谈.

耻(＊恥) chǐ 彳 羞愧,耻辱(连羞一):~雪.浪费可~.

豉 chǐ 彳 豆豉,一种用豆子制成的食品.

褫 chǐ 彳 剥夺:~职.~夺.

彳 chǐ 彳[彳亍](一chù)慢慢走路的样子.

叱 chǐ 彳 呼呵(hē),大声斥骂.[叱咤](一zhà)发怒吆喝:~风云.

斥 chǐ 彳 ❶责备(连一责):遭到~责.痛~这种荒谬的论调.❷使退去,使离开:排~.~退.❸多,广.[充斥]多得到处都是(含贬义).[斥候]旧时军队称侦察(敌情).也指进行侦察的士兵.[斥资]支付费用,出资:~~百万.

赤 chǐ 彳 ❶比朱红稍暗的颜色.泛指红色:~小豆.[赤铁矿].[赤心]忠心.[赤子]初生婴儿.[赤字]财政上亏空的数字.❷空无所有:~手空拳.~贫.❸裸露:~脚.

饬 chǐ 彳 ❶整顿,使整齐(连整一):整~纪律.❷旧时指上级命令下级:~知.~令.

炽(熾) chǐ 彳 旺盛:~热.

翅(＊翄) chǐ 彳 ❶翅膀,鸟和昆虫等用来飞行的器官.❷鱼翅,指沙鱼的鳍,是珍贵的食品.〈古〉又同"啻(chì)".

敕(＊勅、＊勑) chǐ 彳 帝王的诏书,命令.

鶒 chǐ 彳 见 523 页"鸂"字条"鸂鶒(xī一)".

啻 chǐ 彳 但,只.[不啻]1.不只,不止:~~如此.2.不异于,如同:~~兄弟.

傺 chǐ 彳[佗傺](chà一)形容失意.

瘈 ㊀ chǐ 彳 同"瘛". ㊁ zhì 见 642 页.

瘛 chǐ 彳[瘛疭](一zòng)手脚痉挛、口眼歪斜的症状.也叫"抽风".

CHONG 彳ㄨㄥ

冲(❸❹衝、❶❷＊＊沖)
㊀ chōng 彳ㄨㄥ ❶用开水等

浇,水流撞击:～荼.用水～服.这道堤不怕水～.[冲淡]加多液体,降低浓度.⑪使某种效果、气氛等减弱.❷向上钻:～入云霄.❸通行的大道:要～.这是～要地方.❹快速向前闯:～锋.～入敌阵.横～直撞.[冲动]没经过仔细思考而突然产生的情绪或行动.[冲突]1.互相撞击或争斗.2.意见不同,互相抵触.❺互相抵消:～账.

⊜ chòng 见本页.

忡(**㣽)chōng ㄔㄨㄥ 忧虑不安(叠):忧心～～.

翀 chōng ㄔㄨㄥ 鸟向上直飞.

充 chōng ㄔㄨㄥ ❶满,足(龜一足):～其量.理由～分.内容～实.❷填满,装满:～电.～耳不闻.～满愉快的心情.❸当,担任:～当.～任.❹假装:～行家.～能干.

茺 chōng ㄔㄨㄥ [茺蔚](一wèi)就是益母草,一年或二年生草本植物,茎方柱形,叶掌状分裂,花红色或白色.茎、叶、子实都入药.

舂 chōng ㄔㄨㄥ 把谷类等的皮捣掉:～米.～药.

憧 chōng ㄔㄨㄥ 心意不定.[憧憧]往来不定,摇曳不定:人影～～.
[憧憬](一jǐng)向往.

艟 chōng ㄔㄨㄥ 见338页"艨"字条"艨艟"(méng一).

虫(蟲)chóng ㄔㄨㄥ 虫子,昆虫.[大虫]老虎.

种 ⊖ chóng ㄔㄨㄥ 姓.
⊜ zhǒng 见643页.
⊜ zhòng 见643页.

重 ⊖ chóng ㄔㄨㄥ ❶重复,再:书买～了.旧地～游.～整旗鼓.～来一次.[重阳][重九]夏历九月九日.是我国传统节日.❷层:双～领导.～～围住.
⊜ zhòng 见643页.

崇 chóng ㄔㄨㄥ ❶高:～山峻岭.～高的品质.❷尊重:推～.～拜.尊～.

宠(寵)chǒng ㄔㄨㄥ 偏爱,过分的爱.

冲(衝) ⊖ chòng ㄔㄨㄥ ❶对着,向:～南的大门.别～着我说.❷猛烈:这小伙子有股～劲儿.水流得真～.大蒜气味～.❸凭,根据:他这股子钻劲儿，一定能完成这项技术革新任务。
㊀ chōng 见 61 页。

铳 chòng ㄔㄨㄥˋ ❶旧时指枪一类的火器。❷（一子）用金属做成的一种打眼器具。❸用铳子打眼或除去。

CHOU ㄔㄡ

抽 chōu ㄔㄡ ❶从事物中提出一部分：～签．～调干部．～空儿．[抽象]1.从各种事物中抽取共同的本质特点成为概念．2.笼统，不具体：问题这样提太～～了，最好举一个实例．❷长出：谷子～穗．❸吸：～水．～气机．～烟．❹减缩，收缩：这布一洗～了一厘米．[抽风]手足痉挛，口眼歪斜的症状．❺用细长的、软的东西打：他不再用鞭子～牲口了．

䌷 ㊀ chōu ㄔㄡ 引出，缀辑．[䌷绎][抽绎]（一yì）引出头绪。
㊁ chóu 见本页。

瘳 chōu ㄔㄡ ❶病愈。❷损害。

犨 chōu ㄔㄡ ❶牛喘息声。❷突出。

仇 （*讐） ㊀ chóu ㄔㄡ 深切的怨恨：

～人．报～．恩将～报．～视侵略者．
㊁ qiú 见 412 页。

绸 ㊀ chóu ㄔㄡ 同"绸"。
㊁ chōu 见本页。

俦（儔） chóu ㄔㄡ 同伴，伴侣。

帱（幬） ㊀ chóu ㄔㄡ ❶帐子。❷车帷。
㊁ dào 见 89 页。

畴（疇） chóu ㄔㄡ ❶田地。❷类，同类。[畴昔]过去，以前。

筹（籌） chóu ㄔㄡ ❶计数的用具，多用竹子制成。❷谋划：～款．～备．统～．一～莫展。

踌（躊） chóu ㄔㄡ [踌躇]（一chú）1.犹豫，拿不定主意：他～～了半天才答应了．2.自得的样子：～～满志。

惆 chóu ㄔㄡ [惆怅]（一chàng）失意，伤感。

绸 chóu ㄔㄡ （一子）一种薄而软的丝织品。

稠 chóu ㄔㄡ ❶密（魯一密）：人烟～密．棉花棵很～．❷浓：这粥太～了．

酬（*酧、*醻） chóu ㄔㄡ ❶向客

人敬酒。[酬酢](-zuò)主客互相敬酒。泛指交际往来。[应酬](yìngchou)1.交际往来。2.表面应付：~劳。❷用财物报答：~劳。❸报酬：同工同~.

愁 chóu ㄔㄡˊ 忧虑(連忧一)：发~.不~吃,不~穿.

雠(*讐) chóu ㄔㄡˊ ❶校(jiào)对文字(連校一)。❷同"仇㊀"。

丑(❹❺醜) chǒu ㄔㄡˇ ❶地支的第二位。❷丑时,指夜里一点到三点。❸(一儿)戏剧里的滑稽角色。❹相貌难看：长得~.❺可厌恶的,可耻的,不光彩的：~态.~名.出~.

杻 ㊀ chǒu ㄔㄡˇ 古代刑具,手铐之类。
㊁ niǔ 见364页。

瞅(*䁘) chǒu ㄔㄡˇ〈方〉看：我没~见他。

臭 ㊀ chòu ㄔㄡˋ ❶气味难闻的,跟"香"相反：~气熏人.喻惹人厌恶的：遗~万年.放下~架子,甘当小学生.❷狠狠地：~骂.
㊁ xiù 见549页。

CHU ㄔㄨ

出(❿齣) chū ㄔㄨ ❶跟"入"、"进"相反。1.从里面到外面：~门.从屋里~来.~汗.2.支付,往外拿：~一把力.~主意.量入为~.❷来到：~席.~勤.❸离开：~轨.❹产,生长：~品.这里~米.❺出现,发生：~事.~问题了.❻显着量多：这米很~饭.❼显露：~名.~头.❽超过：~众.~人头地.[出色](-sè)特别好,超出一般的：~~地完成了任务.❾放在动词后,表示趋向或效果：提~问题.作~贡献.❿传(chuán)奇中的一回,戏曲的一个独立剧目。

初 chū ㄔㄨ 开始,表示时间、等级、次序等都在前的：~一.~伏.~稿.~学.~等教育.红日~升.㊂原来的,原来的情况：~衷.和好如~.

樗 chū ㄔㄨ 樗树,即臭椿树。

刍(芻) chú ㄔㄨˊ ❶喂牲畜的草。❷割草。

鸰(鶵) chú ㄔㄨˊ ❶同"雏"。❷见602页"鹓"字条"鹓鸰"(yuān-

一).

雏(雛) chú 彳ㄨˊ 幼小的鸟,生下不久的:～鸡.～莺乳燕.[雏形]⑩事物初具的规模:略具～～.

除 chú 彳ㄨˊ ❶去掉:～害.斩草～根. ❷不计算在内:～此以外.～了这个人,我都认识.[除非]1.连词,表示唯一的条件,只有:若要人不知,～～己莫为. 2.表示不计算在内,除了:那条山路,～～他,没人认识.[除夕]一年最后一天的夜晚,也指一年最后的一天. ❸算术中用一个数去分另一个数:用二～四得二. ❹台阶:庭～.

滁 chú 彳ㄨˊ 滁州,地名,在安徽省.

蜍 chú 彳ㄨˊ 见49页"蟾"字条"蟾蜍"(chán—).

厨(*廚、*厨) chú 彳ㄨˊ 厨房,做饭做菜的地方.

橱(*櫥) chú 彳ㄨˊ (—子、—儿)一种放置东西的家具,前面有门:衣～.碗～儿.

蹰(*躕) chú 彳ㄨˊ 见60页"踟"字条"踟蹰"(chí—).

锄(*鉏、*耡) chú 彳ㄨˊ ❶弄松土地及除草的器具:三齿耘～. ❷耪(pǎng),弄松土地、除草:～田.～草. ❸铲除:～奸.

蹰 chú 彳ㄨˊ 见63页"踌"字条"踌蹰"(chóu—).

处(處、**虗、**処)

㊀ chǔ 彳ㄨˇ ❶居住:穴居野～.[处女]没有发生过性行为的女子. ❷存在,置身:设身～地.～在有利位置. ❸跟别人一起生活,交往:他们相～得很好. ❹决定,决断.[处分](—fèn)对犯错误或有罪过的人给予相当的惩戒.[处理]办理,解决:这事情难～～.

㊁ chù 见66页.

杵 chǔ 彳ㄨˇ ❶舂米或捶衣的木棒. ❷用长形的东西戳或捅:用手指头～他一下.

础(礎) chǔ 彳ㄨˇ 础石,垫在房屋柱子底下的石头.[基础]1.柱脚石. 2.事物的根本或起点:～～教育.

楮 chǔ ㄔㄨˇ 就是榖树。参看"榖"(gǔ)。❋纸。

储 chǔ ㄔㄨˇ (旧读 chú) ❶储蓄,积著:~存.~藏.~备. ❷已经确定为继承皇位等最高统治权的人:立~.王~.

褚 ㊀ chǔ ㄔㄨˇ 姓.
㊁ zhǔ 见648页.

楚 chǔ ㄔㄨˇ ❶牡荆,落叶灌木,开青色或紫色的穗状小花,鲜叶可入药。❷周代诸侯国名,它的疆土本在今湖北省,后来扩展到湖南省北部,河南省南部及江西、安徽、江苏、浙江等省。❸痛苦(遙苦一、凄一)。
[楚楚]1. 鲜明,整洁:衣冠~~. 2. 娇柔,秀美:~~动人.

丁 chǔ ㄔㄨˇ 见61页"彳"字条"彳亍(chì—)".

处(處、**處、**处)㊀chǔ ㄔㄨˇ ❶地方:住~.各~.㊑部分,点:长(cháng)~.好~.益~. ❷机关,或机关、团体里的部门:办事~.总务~.
㊁ chù 见65页.

怵 chù ㄔㄨˇ 恐惧:~惕(恐惧警惕).

绌 chù ㄔㄨˇ 不足,不够:经费支~.相形见~.

黜 chù ㄔㄨˇ 降职或罢免:~退.~职.

俶 ㊀ chù ㄔㄨˇ 〈古〉开始.
㊁ tì 见486页.

畜 ㊀ chù ㄔㄨˇ 禽兽,有时专指家养的兽类:家~.牲~.幼~.~力.
㊁ xù 见551页.

搐 chù ㄔㄨˇ 牵动.[抽搐]肌肉不自主地、剧烈地收缩.

滀 chù ㄔㄨˇ 水聚积.

触(觸) chù ㄔㄨˇ ❶抵,顶:羝羊~藩. ❷碰,遇着:~礁.~电.~景生情.一~即发.[触觉](一jué)皮肤、毛发等与物体接触时所产生的感觉.

憷 chù ㄔㄨˇ 害怕,畏缩:他遇到任何难事,也不发憷.

矗 chù ㄔㄨˇ 直立,高耸:~立.高~.

CHUA ㄔㄨㄚ

欻 ㊀ chuā ㄔㄨㄚ 拟声词.
㊁ xū 见550页.

CHUAI ㄔㄨㄞ

揣 ㊀ chuāi ㄔㄨㄞ 藏在衣服里：～手．～在怀里．
㊁ chuǎi 见本页．
㊂ chuài 见本页．

搋 chuāi ㄔㄨㄞ 用拳头揉，使搀入的东西和匀：～面．～米饭饼子．

膗 chuái ㄔㄨㄞ 〈方〉肥胖而肌肉松：看他那～样．

揣 ㊀ chuǎi ㄔㄨㄞ 估量，忖度：我～测他不来．不～浅陋．[揣摩]1.研究，仔细琢磨：仔细～～写作的方法．2.估量，推测：我～～你也能做．
㊁ chuāi 见本页．
㊂ chuài 见本页．

囵 chuài ㄔㄨㄞ 见 634 页"阃"字条"阃囵"(zhèng—)．

啜 ㊀ chuài ㄔㄨㄞ 姓．
㊁ chuò 见 71 页．

揣 ㊀ chuài ㄔㄨㄞ [挣揣] (zhèng—)挣扎．
㊁ chuāi 见本页．
㊂ chuǎi 见本页．

踹 chuài ㄔㄨㄞ 践踏，用脚底踢：一脚把门～开．

嘬 ㊀ chuài ㄔㄨㄞ 咬，吃．
㊁ zuō 见 664 页．

膪 chuài ㄔㄨㄞ [囊膪] (nāng—)猪的胸腹部肥而松软的肉．

CHUAN ㄔㄨㄢ

川 chuān ㄔㄨㄢ ❶河流：高山大～．～流不息．❷平地，平原：平～．米粮～．❸指四川：～马．～贝．
[川资]旅费．

氚 chuān ㄔㄨㄢ 氢的同位素之一，符号 T，质量数 3，有放射性，应用于热核反应．

穿 chuān ㄔㄨㄢ ❶破，通透：屋漏瓦～．用锥子～一个洞．❷放在动词后，表示通透或揭开：说～．看～．❸通过孔洞：～针．把这些铁环用绳子～起来．㊉通过：从这个胡同一过去．横～马路．❹把衣服鞋袜等套在身上：～衣服．

传(傳) ㊀ chuán ㄔㄨㄢ ❶递，转授(⑬—递)：～令．言～身教(jiào)．[传统]世代相传，具有特点的风俗道德、思想作风等：发扬艰苦奋斗的优良～～．❷推广，散布：～单．宣～．胜利的消息～遍了全国．[传染]因接触或由其他媒介而感染疾病。❸叫来：～人．～呼电话。❹传导：～电．～热。❺表达：～神．眉目～情。
㊁zhuàn 见 651 页。

船（＊舩、＊＊舡）chuán ㄔㄨㄢˊ
水上的主要交通工具，种类很多：帆～．轮～．

遄　chuán ㄔㄨㄢˊ ❶往来频繁。❷快，迅速：～往。

篅　chuán ㄔㄨㄢˊ 一种盛粮食等的器物，类似囤（dùn）

椽　chuán ㄔㄨㄢˊ （一子）放在檩上架着屋顶的木条。（图见 127 页）

舛　chuǎn ㄔㄨㄢˇ ❶舛错，错误，错乱。❷违背。

喘　chuǎn ㄔㄨㄢˇ ❶急促地呼吸：～息．累得直～．苟延残～．[喘气]呼吸。❷气喘的简称。

踳　chuǎn ㄔㄨㄢˇ 同“舛”。[踳驳]舛谬杂乱。

串　chuàn ㄔㄨㄢˋ ❶许多个连贯成一行（háng）的：～珠．❷互相结纽、勾通：～通．～骗．[串供]（一gòng）互相串通，捏造口供。❸由这里到那里走动：～亲戚．～门儿．❹指演戏剧、杂耍等：客～.

反～.

钏　chuàn ㄔㄨㄢˋ （一子）用珠子或玉石等穿起来做成的镯子。

CHUANG ㄔㄨㄤ

创（創）㊀chuāng ㄔㄨㄤ 伤（叠一伤）：刀～．予以重（zhòng）～.
㊁chuàng 见 69 页。

疮（瘡）chuāng ㄔㄨㄤ 皮肤上肿烂溃疡的病。

窗（＊窓、＊窻、＊牕）chuāng ㄔㄨㄤ （一子、一儿）窗户，房屋通气透光的装置：～明几（jī）净．（图见 127 页）

床（＊牀）chuáng ㄔㄨㄤˊ ❶床铺。❷像床的东西：车～．河～（河身）．琴～.

噇　chuáng ㄔㄨㄤˊ 〈方〉毫无节制地大吃大喝。

幢　㊀chuáng ㄔㄨㄤˊ ❶古代原指支撑帐幕、伞盖、旌旗的木杆，后借指帐幕、伞盖、旌旗。❷刻着佛号或经咒的石柱子。
㊁zhuàng 见 653 页。

闯（闖）chuǎng ㄔㄨㄤˇ ❶猛冲：往里～．刀山火海也敢

~.[闯祸]惹祸,招乱子。❷
历练,经历:~练.[闯荡]旧
时指离家在外谋生:~~江
湖.

创(創、*剙、刱)

㊀ chuàng ㄔㄨㄤˋ 开始,开始
做:~办.~造.首~.[创举]
从未有过的举动或事业.[创
刊号]报刊开始刊行的一期.

㊁ chuāng 见 68 页.

怆(愴) chuàng ㄔㄨㄤˋ 悲
伤:凄~.~然泪
下.

CHUI ㄔㄨㄟ

吹 chuī ㄔㄨㄟ ❶合拢嘴唇
用力出气:~灯.~笛.
❷夸口:瞎~.[吹牛]说大
话,自夸.[吹嘘]自夸或替人
夸张.❸奉承:~捧.❹类似
吹的动作:~风机.氢氧~
管.不怕风~日晒.❺(事情)
失败,(感情)破裂:事情~
了.他们俩~了.

炊 chuī ㄔㄨㄟ 烧火做饭:~
烟.~事员.~帚(zhou)
(刷洗锅碗等的用具).

垂 chuí ㄔㄨㄟ ❶东西一头
挂下来:~杨柳.~钓.

~涎(喻羡慕).敬辞:~询.
~念.[垂直]几何学上指两
根直线,两个平面或一根直
线和一个平面相交成直角.
❷传下去,传留后世:永~不
朽.名~千古.❸接近,快要:
~危.功败~成(快要成功的
时候遭到失败).

陲 chuí ㄔㄨㄟ 边疆,国境,
靠边界的地方:边~.

捶(*搥) chuí ㄔㄨㄟ 敲
打:~衣裳.~
腿.

棰(❸❹*箠) chuí ㄔㄨㄟ
❶短棍子。
❷用棍子打.❸鞭子.❹鞭
打.

锤(❷❸*鎚) chuí ㄔㄨㄟ
❶秤锤,配
合秤杆称分(fèn)量的金属
块.❷(一子、一儿)敲打东西
的器具:铁~.木~.❸用锤
敲打:千~百炼.

椎 ㊀ chuí ㄔㄨㄟ ❶敲打东
西的器具:铁~.❷敲
打:~鼓.❸愚钝:~鲁.

㊁ zhuī 见 653 页.

槌 chuí ㄔㄨㄟ (一子、
一儿)敲打用具:棒~

(chui). 鼓～儿.

CHUN ㄔㄨㄣ

春 chūn ㄔㄨㄣ ❶春季,四季的第一季.[春秋]1.春季和秋季,泛指岁月:不知过了多少～～. 2. 年龄,年岁:～～已高. 3.我国古代编年体的史书. 4.泛指历史. 5.我国历史上的一个时代(公元前770—公元前476年).因鲁国编年体史书《春秋》而得名.[青春]青年时代. ❷指男女情欲:～情.～心. ❸生气,生机:大地回～.妙手回～.

椿 chūn ㄔㄨㄣ 植物名. 1.香椿,落叶乔木,叶初生时,有香气,可作菜吃. 2.臭椿,又叫"樗"(chū).落叶乔木,夏天开花,白色.叶子有臭味,木材不坚固.

蝽 chūn ㄔㄨㄣ 蝽象,昆虫,圆形或椭圆形,头部有单眼.种类很多,有的能放出恶臭,多数是害虫.

鰆 chūn ㄔㄨㄣ 鰆鱼,鱼名.形状像鲅鱼而稍大,尾部两侧有棱状突起.生活在海中.

纯 chún ㄔㄨㄣ ❶专一不杂(⊛—粹):～洁.～钢.～蓝. ❷熟练:～熟(shú).工夫不～.

莼 (＊蒓) chún ㄔㄨㄣ 莼菜,多年生水草,叶子椭圆形,浮生在水面,开暗红色的小花.茎和叶表面都有黏液,可以做汤吃.

唇 (＊脣) chún ㄔㄨㄣ 嘴唇,嘴的边缘红色部分.[唇齿]⑯关系密切:～～相依.

淳 chún ㄔㄨㄣ 朴实,淳厚:～朴.

鹑 chún ㄔㄨㄣ 鹌(ān)鹑.[鹑衣]⑯破烂的旧衣服.

醇 chún ㄔㄨㄣ ❶酒味浓厚,纯:～酒.大～小疵(优点多,缺点少). ❷同"淳". ❸有机化合物的一大类,主要的通式是 $C_nH_{2n+1}OH$,医药上常用的酒精,就是醇类中的乙醇.

蠢 (❶＊惷) chǔn ㄔㄨㄣ ❶愚笨,笨拙(⊛愚—):～才. ❷虫子爬动.[蠢动]⑯坏人的扰乱活动.

CHUO ㄔㄨㄛ

逴 chuō ㄔㄨㄛ 远.

踔 chuō ㄔㄨㄛ ❶跳:～腾. ❷超越.

戳 chuō ㄔㄨㄛ ❶用尖端触击：用手指头～了一下. ❷因猛触硬物而受伤：打球～伤了手. ❸竖立：把秫秸～起来. ❹(一子、一儿)图章：盖～子.

娖 chuò ㄔㄨㄛ 谨慎(叠).

齪 chuò ㄔㄨㄛ 见 517 页"龌"字条"龌龊"(wò—).

啜 chuò ㄔㄨㄛ ❶饮，吃：～茗(喝茶).～粥. ❷哭泣的时候抽噎的样子：～泣.
　　㊁ chuài 见 67 页.

惙 chuò ㄔㄨㄛ ❶忧愁(叠). ❷疲乏.

辍 chuò ㄔㄨㄛ 中止，停止：～学.岂能中～.

绰 ㊀ chuò ㄔㄨㄛ 宽裕：～有余.这间屋子很宽～(chuo).
[绰号]外号.
　　㊁ chāo 见 53 页.

歠 chuò ㄔㄨㄛ ❶吸，喝. ❷指可以喝的汤、粥等.

Cl ㄘ

刺 ㊀ cī ㄘ 拟声词：～棱(一lēng)(动作迅速的声音).～溜(一liū)(脚底下滑动的声音).～～地冒出火星儿.
　　㊁ cì 见 73 页.

差 ㊃ cī ㄘ 见 45 页"参"字条"参差"(cēn—).
　　㊀ chà 见 47 页.
　　㊁ chā 见 46 页.
　　㊂ chāi 见 48 页.

疵 cī ㄘ 毛病：吹毛求～(故意挑剔).

跐 cī ㄘ 脚下滑动：登～了(脚没有踏稳).
　　㊁ cǐ 见 72 页.

词 cí ㄘ ❶在句子里能自由运用的最小的语言单位，如"人"、"马"、"水"、"商品"、"竞争"等. ❷语言，特指有组织的语言、文字：歌～.演讲～.义正～严. ❸一种长短句押韵的文体.

祠 cí ㄘ 封建制度下供奉祖宗、鬼神或有功德的人的庙宇或房屋：～堂.先贤～.

茈 ㊀ cí ㄘ 凫(fú)茈，古书上指荸荠.
　　㊁ zǐ 见 658 页.

雌 cí ㄘ (旧读 cī)母的，阴性的，跟"雄"相对：～花.～鸡.～蕊. [雌黄]矿物名. 橙黄色，可做颜料，古时用来涂改文字：妄下～～(乱改文字，乱下议论). 信口～～(随意讥评). [雌雄]喻胜负：一决～～.

茨 cí ち ❶用茅或苇盖房子。❷蒺藜.

瓷 cí ち 用高岭土(景德镇高岭产的黏土，现泛指做瓷器的土)烧成的一种质料，所做器物比陶器细致而坚硬.

兹(**玆) ㊀ cí ち 见411页"龟"字条"龟兹"(qiū—).
㊁ zī 见657页.

甆 cí ち 同"瓷".

慈 cí ち ❶慈爱，和善：敬老～幼. 心～面善. ❷指母亲：家～.

磁 cí ち ❶磁性物质，能吸引铁、镍等的性质。[磁石]一种带有磁性的矿物，又叫"吸铁石"、"天然磁铁"。化学成分是四氧化三铁。❷同"瓷".

鹚(*鷀) cí ち 见316页"鸬"字条"鸬鹚"(lú—).

糍(*餈) cí ち 一种用江米(糯米)做成的食品：～粑(bā). ～团.

辞(辭、*辝) cí ち ❶告别：～行. ❷不接受，请求离去：～职. 喻躲避，推托：虽死不～. 不～辛苦. ❸解雇：他被老板～了. ❹同"词❶❷"：～藻. ❺古典文学的一种体裁：～赋.

此 cǐ ち ❶这，这个，跟"彼"相反：彼～. ～人. ～时. 特～布告. ❷这儿，这里：由～往西. 到～为止.

泚 cǐ ち ❶清，鲜明. ❷用笔蘸墨：～笔作书.

趾 ㊀ cǐ ち 踩，踏：脚～两只船.
㊁ cī 见71页.

次 cì ち ❶第二：～日. ～子. ❷质量或品质较差：～货. ～品. 这东西太～. ❸等第，顺序(速—序)：名～. 车～. 依～前进. ❹量词，回：来北京. ❺出外远行所停留的处所：舟～. 旅～.

佽 cì ち 帮助：～助.

伺 ㊀ cì ち 同"伺㊀"，用于"伺候"。[伺候](—hou)1.旧指侍奉或受役使. 2.照料：～～病人.
㊁ sì 见464页.

刺 ㊀ cì ㄘ ❶用有尖的东西穿进去杀伤:～绣.～杀.[刺激]1.光、声、热等引起生物体活动或变化的作用.㊀一切使事物起变化的作用.2.精神上受到挫折、打击:这件事对他～～很大. ❷暗杀:～客.被～. ❸打听,侦探:～探. ❹用尖刻的话指摘,嘲笑,讽～. ❺尖锐像针的东西:鱼～.～猬.～槐. ❻名片:名～.
[刺刺]说话没完了:～～不休.

㊁ cī 见 71 页.

赐 cì ㄘ ❶给,指上级给下级或长辈给晚辈(叠赏一):恩～.敬辞:～教(jiào).希～回音. ❷赏给的东西,给与的好处:皆受其～.受～良多.

CONG ㄘㄨㄥ

匆(*怱、*悤) cōng ㄘㄨㄥ 急促(叠):～忙.来去～～.

葱(*蔥) cōng ㄘㄨㄥ ❶多年生草本植物,叶圆筒状,中空,开白色小花.茎叶有辣味,是常吃的蔬菜. ❷青色:～翠.

苁(蓯) cōng ㄘㄨㄥ [苁蓉](－róng)植物名.1.草苁蓉,一种寄生植物,叶、茎黄褐色,花淡紫色.2.肉苁蓉,一种寄生植物,茎和叶黄褐色,花紫褐色,茎可入药.

玱(瑽) cōng ㄘㄨㄥ [玱瑢](－róng)拟声词,佩玉相碰的声音.

枞(樅) ㊀ cōng ㄘㄨㄥ 又叫"冷杉",常绿乔木,果实椭圆形,暗紫色.木材供制器具,又可做建筑材料.

㊁ zōng 见 660 页.

囱 cōng ㄘㄨㄥ 烟囱,炉灶、锅炉出烟的通路.

骢(驄) cōng ㄘㄨㄥ 青白色的马.

璁 cōng ㄘㄨㄥ 像玉的石头.

熜 cōng ㄘㄨㄥ ❶微火. ❷热气.

聪(聰) cōng ㄘㄨㄥ ❶听觉灵敏:耳～目明. ❷聪明,智力强:～颖.～慧.

从(從) cóng ㄘㄨㄥ ❶跟随:愿～其后. ❷依顺:服～.胁～.言听计～. ❸参与:～政.～军. ❹介

词,自,由:～南到北.～古到今.[从来]向来,一向:他～～不为个人打算.[从而]连词,由此:坚持改革开放,～～改变了贫穷和落后的面貌.❺采取某种态度或方式:～速解决.一切～简.宽处理.❻跟随的人:仆～.随～.❼指堂房亲属:～兄弟.～伯叔.❽次要的:主～.分别首～.(❻❼❽三义旧读zòng)[从容]不慌不忙:举止～～.～～不迫.❾充裕:手头～～.时间～～.〈古〉又同纵横的"纵".

丛(叢、**樷) cóng ㄘㄨㄥˊ

❶聚集,许多事物凑在一起:草木～生.百事～集.❷聚在一起的人或物:人～.草～.

淙 cóng ㄘㄨㄥˊ 拟声词,流水声(叠).

悰 cóng ㄘㄨㄥˊ ❶快乐.❷心情.

琮 cóng ㄘㄨㄥˊ 古时的一种玉器,筒状,外边八角,中间圆形.

賨 cóng ㄘㄨㄥˊ 秦汉时期今湖南、重庆、四川一带少数民族所缴的一种赋税.后也指这部分少数民族.

潨 cóng ㄘㄨㄥˊ ❶小水汇入大水.❷水声.

COU ㄘㄡ

凑(*湊) còu ㄘㄡˋ ❶聚合:～在一起.～钱.[凑合](—he)1.同"凑❶".2.将就:～～着用吧.❷接近:～上去.往前～.[凑巧]碰巧.

辏 còu ㄘㄡˋ 车轮的辐聚集到中心.

腠 còu ㄘㄡˋ 肌肤上的纹理.

CU ㄘㄨ

粗(*觕、麤、**麁) cū ㄘㄨ ❶跟"细"相反.1.颗粒大的:～沙子.～面.2.长条东西直径大的:～线.这棵树长(zhǎng)得很～.～枝大叶(喻疏忽).3.毛糙,不精致的:板面很～.～瓷.～布.去～取精.4.声音低而大:嗓音很～.5.疏忽,不周密:～心.～～一想.❷鲁莽(叠—鲁):～暴.～人.这话太～.

徂 cú ㄘㄨ ❶往。❷过去。❸开始。❹同"殂"。

殂 cú ㄘㄨ 死亡。

卒 ⊖ cù ㄘㄨ 同"猝"。
⊜ zú 见662页。

猝 cù ㄘㄨ 忽然：～生变化.～不及防。

促 cù ㄘㄨ ❶靠近：～膝谈心.❷时间极短，急迫：急～.短～.❸催，推动：督～.～进.

酢 ⊖ cù ㄘㄨ 同"醋"。[酢浆草]多年生草本植物，匍匐茎，掌状复叶，开黄色小花，结蒴果，圆柱形。全草可入药。
⊜ zuò 见666页。

醋 cù ㄘㄨ 一种调味用的液体，味酸，用酒或酒糟发酵制成，也可用米或麦、高粱等直接酿制。

蔟 cù ㄘㄨ 蚕蔟，用麦秆等做成，蚕在上面做茧。

簇 cù ㄘㄨ ❶丛聚，聚成一团：～拥.花团锦～.❷量词，用于聚成团的东西：一～鲜花。

踧 cù ㄘㄨ ❶形容惊惧不安。[踧踖](一jí)恭敬而不安的样子。❷同"蹙"。

蹙 cù ㄘㄨ ❶急促：气～.❷困窘：穷～.❸缩小，收敛：～眉.攣～(皱眉头)。

蹴(＊蹵) cù ㄘㄨ ❶踢：～鞠(jū)(踢球)。❷踏：一～而就(一下子就成功)。

CUAN ㄘㄨㄢ

汆 cuān ㄘㄨㄢ ❶把食物放到开水里稍微一煮：～汤.～丸子.❷(一子、一儿)烧水用的薄铁筒，能很快把水煮开。❸用汆子把水烧开：～了一汆子水。

撺(攛) cuān ㄘㄨㄢ 〈方〉❶抛掷。❷匆忙地做，乱抓：事先没准备，临时现～.❸(一儿)发怒，发脾气：他～儿了.
[撺掇](一duo)怂恿，劝诱别人做某种事情：你就是～～他，他也不去.你自己不干，为什么～～我呢？

镩(鑹) cuān ㄘㄨㄢ 冰镩，一种铁制的凿冰器具。

蹿(躥) cuān ㄘㄨㄢ 向上跳：猫～到房上

去了.

攒(**欑) ㊀cuán ㄘㄨㄢˊ 聚,凑集,拼凑:～凑.～钱.～电视机.

㊁ zǎn 见 611 页.

窜(竄) cuàn ㄘㄨㄢˋ ❶逃走,乱跑:东跑西～.打得敌人抱头鼠～.❷放逐,驱逐.❸修改文字:～改.～点.

篡 cuàn ㄘㄨㄢˋ ❶封建时代指臣子夺取君位.❷用阴谋手段夺取地位或权力.

爨 cuàn ㄘㄨㄢˋ ❶烧火做饭:分～(旧时指分家).同居各～.❷灶.

CUI ㄘㄨㄟ

衰 ㊀cuī ㄘㄨㄟ〈古〉❶等衰,等差,等次,等级.❷同"缞".

㊁ shuāi 见 459 页.

缞 cuī ㄘㄨㄟ 古时用粗麻布制成的丧服.也作"衰".

榱 cuī ㄘㄨㄟ 古代指椽子.

崔 cuī ㄘㄨㄟ 姓.

[崔嵬](一wéi)山高大不平.

催 cuī ㄘㄨㄟ ❶催促,使赶快行动:～办.～他早点

动身.❷使事物的产生、发展变化加快:～生.～化剂.

摧 cuī ㄘㄨㄟ 破坏,折断:～毁.～残.无坚不～.～枯拉朽(喻腐朽势力很容易打垮).

璀 cuī ㄘㄨㄟ [璀璨](一càn)形容玉石的光泽鲜明夺目.

脆 cuì ㄘㄨㄟˋ ❶容易折断,容易碎,跟"韧"相反:～枣.这纸太～.[脆弱]懦弱,不坚强.❷声音响亮、清爽:嗓音挺～.❸〈方〉干脆,说话做事爽利痛快:办事很～.

萃 cuì ㄘㄨㄟˋ 草丛生.⑪聚在一起的人或物:出类拔～(超出同类).

啐 cuì ㄘㄨㄟˋ 用力从嘴里吐出来:～一口痰.

淬(**焠) cuì ㄘㄨㄟˋ 淬火,金属和玻璃的一种热处理工艺,把合金制品或玻璃加热到一定温度,随即在水、油或空气中急速冷却,一般用以提高合金的硬度和强度.通称"蘸火".[淬砺]⑪刻苦锻炼,努力提高.

悴(*顇) cuì ㄘㄨㄟˋ 见403 页"憔"字

条"憔悴"(qiáo一)。

瘁 cuì ㄘㄨㄟˋ 过度劳累：鞠躬尽~.心力交~.

粹 cuì ㄘㄨㄟˋ ❶不杂：纯~.❷精华(圈精一)：国~(旧指我国文化的精华,有时含有盲目崇拜旧文化的保守意味)。

翠 cuì ㄘㄨㄟˋ ❶翠鸟,鸟名,又叫"鱼狗"。羽毛青绿色,尾短,捕食小鱼。❷绿色的硬玉,翡翠：珠~.❸绿色：~绿.~竹.

膵 (**腺) cuì ㄘㄨㄟˋ 膵脏(zàng),胰腺的旧称。

毳 cuì ㄘㄨㄟˋ 鸟兽的细毛。[毳毛]就是寒毛,人体表面生的细毛。

CUN ㄘㄨㄣ

村 (*邨) cūn ㄘㄨㄣ ❶(一子、一儿)乡村,村庄。❷粗俗：~话.

皴 cūn ㄘㄨㄣ ❶皮肤因受冻或受风吹而干裂：手都~了.❷皮肤上积存的泥垢和脱落的表皮：一脖子~.❸中国画的一种画法,涂出山石的纹理和阴阳向背。

存 cún ㄘㄨㄣˊ ❶在,活着：~在.~亡.❷保留,留下：~留.去伪~真.除支净~.[存心]居心,怀着某种想法：~~不良.❸储蓄：~款.整~整取.❹寄放：~车.停寮：小孩儿~食了.下水道修好,街上就不~水了.

蹲 ㊁ cún ㄘㄨㄣˊ 脚、腿猛然落地受伤：他跳下来~了腿了.
㊀ dūn 见113页。

忖 cǔn ㄘㄨㄣˇ 揣度(chuǎi duó),思量：~度(duó)自~.

寸 cùn ㄘㄨㄣˋ 市制长度单位,一尺的十分之一。❺短小：~阴.~步.手无~铁.鼠目~光.

吋 cùn ㄘㄨㄣˋ 也读作 yīngcùn。英美制长度单位,一呎的十二分之一。现写作"英寸"。

CUO ㄘㄨㄛ

搓 cuō ㄘㄨㄛ 两个手掌相对或把手掌放在别的东西上反复揉擦：~手.~绳子.

磋 cuō ㄘㄨㄛ 把骨、角磨制成器物。[磋商]商量。

蹉 cuō ㄘㄨㄛ ❶跌，倒。❷失误，差错。
[蹉跎](—tuó)把时光白耽误过去：岁月～～.

撮 ⊖ cuō ㄘㄨㄛ ❶聚起，现多指把聚拢的东西用簸箕等物铲起：～成一堆.把土～起来.[撮合]给双方拉关系.[撮口呼]ū韵母和拿ū开头的韵母叫做"撮口呼"。❷取，摘取：～要(摘取要点).❸容量单位，一升的千分之一.❹(—儿)量词：一～米.一～儿土.
⊜ zuǒ 见 665 页。

嵯 cuó ㄘㄨㄛ [嵯峨](—é)山势高峻。

瘥 ⊖ cuó ㄘㄨㄛ 病。
⊜ chài 见 48 页。

醝(醝) cuó ㄘㄨㄛ ❶盐。❷咸：～鱼.

矬 cuó ㄘㄨㄛ 〈方〉矮：他长得太～.

痤 cuó ㄘㄨㄛ 痤疮，一种皮肤病，多生在青年人的面部，通常是有黑头的小红疙瘩.俗称"粉刺"。

鄌 cuó ㄘㄨㄛ [鄌阳][鄌城]地名，都在河南省永城西.

脞 cuǒ ㄘㄨㄛ 小而繁。[丛脞]细碎，烦琐.

挫 cuò ㄘㄨㄛ ❶挫折，事情进行不顺利，失败：经过了许多～折.事遭～阻.❷按下，使音调降低：语音抑扬顿～.

莝 cuò ㄘㄨㄛ 莝草，铡碎的草.

锉(*剉) cuò ㄘㄨㄛ ❶用钢制成的磨铜、铁、竹、木等的工具。❷用锉磨东西：把锯～一～.❸折伤.

厝 cuò ㄘㄨㄛ ❶放置：～火积薪(把火放在柴堆里，喻隐患)。❷停柩(jiù)，把棺材停放待葬，或浅埋以待葬.

措 cuò ㄘㄨㄛ ❶安放，安排：～辞.～手不及(来不及应付).❷筹划办理：～借.筹～款项.～施(对事情采取的办法).

错 cuò ㄘㄨㄛ ❶不正确，不对，与实际不符(逪—误)：你弄～了.没～儿.[错觉](—jué)跟事实不符的知觉，视、听、触各种感觉都有错觉.❷差，坏(用于否定式)：今年的收成～不了.他的身体真不～.❸交叉着：～杂.～落.～综复杂.犬牙交～.❹岔开：～车.～过机会.

❺磨玉的石:他山之石,可以为～.

D ㄉ

DA ㄉㄚ

叮 dā ㄉㄚ (发音短促)吆喝牲口前进的声音.

耷 dā ㄉㄚ 大耳朵.[耷拉](—la)向下垂:狗～～着尾巴跑了.饱满的谷穗～～着头.

哒(噠) dā ㄉㄚ 同"嗒㊀".

搭 dā ㄉㄚ ❶支起,架起:～棚.～架子.～桥.[搭救]帮助人脱离危险或灾难.❷共同抬:把案子～起.❸相交接.1.连接,接触:两根电线～上了.2.凑在一起:伙.3.搭配,配合:两种材料～着用.4.放在支撑物上:把衣服～在竹竿上.身上～着一条毛毯.❹乘坐车船、飞机等:～载(zài).～车.～船.班机.

嗒 ㊀ dā ㄉㄚ 拟声词,马蹄声,机关枪声等(叠).
㊁ tà 见474页.

镗 dā ㄉㄚ 铁镗,翻土的农具.

褡 dā ㄉㄚ [褡裢](—lian)一种口袋,中间开口,两头装东西.

答(**荅) ㊀ dā ㄉㄚ 同"答㊁",用于口语"答应"、"答理"等词.[答理](—li)打招呼,理睬.[答应](—ying)1.应声回答.2.允许:我们坚决不～.
㊁ dá 见80页.

打 ㊀ dá ㄉㄚ (外)量词,12个为1打.
㊁ dǎ 见80页.

达(達) dá ㄉㄚ ❶通,到达:抵～.四通八～.火车从北京直～上海.通达,对事理认识得透彻:～事理.通权～变(不拘常规,采取变通办法).[达观]对不如意的事情看得开.❸达到,实现:目的已～.～成协议.❹告知,表达:转～.传～命令.词不～意.❺旧时称人得到有权有势的地位(④显)～官.
[达斡尔族](—wò——)我国少数民族,参看附表.

莁(蓬) dá ㄉㄚ 莙(jūn)莁菜,就是"恭(tián)菜".参见259页"莙".

鞑(韃) dá ㄉㄚˊ [鞑靼] (—dá)我国古代对北方少数民族的统称。

沓 ㊀ dá ㄉㄚˊ (—子、—儿)量词,用于叠起来的纸张或其他薄的东西:一~子信纸。

㊁ tà 见 474 页。

怛 dá ㄉㄚˊ 忧伤,悲苦。

妲 dá ㄉㄚˊ 用于人名。妲己,商纣王的妃子。

炟 dá ㄉㄚˊ 用于人名。刘炟,东汉章帝。

笪 dá ㄉㄚˊ ❶用粗竹篾编的像席的东西,用来晾晒粮食等。❷拉船的竹索。❸姓。

靼 dá ㄉㄚˊ 见本页"鞑"字条"鞑靼"(dá—)。

答(＊＊**荅)** ㊀ dá ㄉㄚˊ ❶回答,回复(龜—复):问~。~话。❷还报:报~。~谢。~礼。

㊁ dā 见 79 页。

瘩 ㊀ dá ㄉㄚˊ [瘩背]中医称生在背部的痈。也叫"搭手"。

㊁ da 见 81 页。

打 ㊀ dǎ ㄉㄚˇ ❶击:~铁。~门。~鼓。~靶。~

夯。~垮。㊂放射:~枪。~闪。[打击]使受到挫折:~~侵略者。❷表示各种动作,代替许多有具体意义的动词。1.除去:~虫。~沫(把液体上面的沫去掉)。~食(服药帮助消化)。2.毁坏,损伤,破碎:衣服被虫~了。碗~了。3.取,收,捕:~鱼。~粮食。~柴。~水。4.购买:~车票。~酒。5.举:~伞。~灯笼。~旗子。6.揭开,破开:~帐子。~西瓜。~鸡蛋。7.建造:~井。~墙。8.制做,编织:~镰刀。~桌椅。~毛衣。9.捆扎:~铺盖卷。~裹腿。10.涂抹:~蜡。~桐油。11.玩耍,做某种文体活动:~秋千。~球。12.通,发:~一个电报去。~电话。13.计算:精~细算。设备费~二百元。14.立,定:~下基础。~主意。~草稿。15.从事或担任某些工作:~杂儿。~前站。16.表示身体上的某些动作:~手势。~冷战。~哈欠。~前失(马前腿跌倒)。~滚儿。❸与某些动词结合为一个动词:~扮。~扫。~搅。~扰。❹从,自:~去年起。~哪里来?

㊁ dá 见 79 页。

大 〇 dà ㄉㄚˋ ❶跟"小"相反.1.占的空间较多,面积较广,容量较多:～山.～树.这间房比那间～.2.数量较多:～众.～量.3.程度深,范围广:～冷天.～干社会主义.～快人心.4.声音较响:～声说话.5.年长,排行第一:～哥.老～.6.敬辞:～作.尊姓～名.[大夫]古代官职名称.(另 dàifu,见"大"dài)[大王]1.古代尊称国王.2.指最长于某种事情的人:爆破～～.3.指垄断某种行业的人:钢铁～～.(另 dàiwang,见"大"dài)❷时间更远:～前年.～后天.❸不很详细,不很准确:～略.～概.～约.❹〈方〉称父亲或伯父.

〈古〉又同"太"、"泰"(tài),如"大子"、"大山"等.

〇 dài 见本页.

堾(墶) da ·ㄉㄚ 见 150 页"圪"字条"圪垯"(gē—).

缞(縫) da ·ㄉㄚ 见 151 页"纥"字条"纥缞"(gē—).

跶(躂) da ·ㄉㄚ 见 23 页"蹦"字条"蹦跶"(bèng—).

瘩 〇 da ·ㄉㄚ 见 151 页"疙"字条"疙瘩"(gē—).

〇 dá 见 80 页.

DAI ㄉㄞ

呆(*獃) dāi ㄉㄞ ❶傻,愚蠢.❷死板,发愣:两眼发～.他～～地站在那里.～板.❸同"待〇".

呔 dāi ㄉㄞ 叹词,突然大喝一声,使人注意.

待 〇 dāi ㄉㄞ 停留,逗留,迟延,也作"呆":你～一会儿再走.

〇 dài 见 83 页.

歹 dǎi ㄉㄞˇ 坏,恶:～人.～意.为非作～.[好歹]1.好和坏:不知～～.2.无论如何:～～你得(děi)去一趟.

逮 〇 dǎi ㄉㄞˇ 捉,捕,用于口语:～老鼠.～蝗虫.

〇 dài 见 83 页.

傣 dǎi ㄉㄞˇ [傣族]我国少数民族,参看附表.

大 〇 dài ㄉㄞˋ [大城]地名,在河北省.[大夫](—fu)医生.(另 dàfū,见"大"dà)[大黄]又叫"川军".多年生草本植物,夏季多数开黄白色小花,根及根状茎粗壮,黄色，可入药。[大王]（—wang）旧戏曲、小说中对国王、山寨头领或大帮强盗首领的称呼。（另 dàwáng，见"大"dà）

㈠ dà 见81页。

轪 dài ㄉㄞˋ 包在车毂端的铜皮、铁皮。

代 dài ㄉㄞˋ ❶替（连一替、替一）：～理．～办．～耕．[代表]1.受委托或被选举出来替别人或大家办事：我～他去．他～～一个单位．2.被选派的人：工会～～．全权～～．[代价]获得某种东西所付出的价钱．❹为达到某种目的所花费的精力和物质．[代词]代替名词、动词、形容词、数词或量词的词，如"我，你，他，谁，什么，这样，那么些"等。❷历史上划分的时期，世（连世一、时一）：古～．近～．现～．清～．[年代]1.泛指时间：～～久远．2.十年的时期（前面须有确定的世纪）：20世纪50～～（1950—1959）．❸世系的辈分：第二～．下一～．

岱 dài ㄉㄞˋ 五岳中东岳泰山的别称，又叫"岱宗"、"岱岳"，在山东省。

玳（*瑇） dài ㄉㄞˋ [玳瑁]（—mào）（旧读—mèi）一种爬行动物，跟龟相似。甲壳黄褐色，有黑斑，很光滑，可做装饰品，也可入药。

贷 dài ㄉㄞˋ ❶借贷，借入或借出（簿记学上专指借出）：～款．❷贷款：农～．❸推卸给旁人：责无旁～．❹宽恕，饶恕：严惩不～．

袋 dài ㄉㄞˋ （一子、一儿）衣兜或用布、皮等做成的盛（chéng）东西的器物：布～．衣～．面口～．[烟袋]抽旱烟或水烟的用具：水～～．～～锅儿．

黛 dài ㄉㄞˋ 青黑色的颜料，古代女子用来画眉：～眉．粉～．

甙 dài ㄉㄞˋ 有机化合物的一类，多存在于植物体中。中药车前、甘草、陈皮等都是含甙的药物。也叫"苷"（gān）

迨 dài ㄉㄞˋ ❶等到，达到。❷趁。

绐 dài ㄉㄞˋ 欺哄。

殆 dài ㄉㄞˋ ❶几乎，差不多：敌人伤亡～尽．❷危险:危~.知彼知己,百战不~.

怠 dài ㄉㄞ 懈惰,松懈(蓮一惰、懈一懒、懈一).

带(帶) dài ㄉㄞ ❶(一子、一儿)用皮、布或纱线等物做成的长条:皮~.腰~.鞋~儿.⑨轮胎:外~.里~.❷地带,区域:温~.寒~.沿海一~.❸携带:腰里~着盒子枪.~着行李.❹顺,顺便做,连着一起做:你给他~个口信去.把门~上.连送信一买菜.❺显出,有:面~笑容.~花纹的.❻领,率领(蓮一领):~路.~兵.起~头作用.❼白带,女子阴道流出的白色黏液,如量过多是阴道或子宫发炎的一种症状,白带有血的叫"赤带".[带下]中医指女子赤、白带症.

待 ⊖ dài ㄉㄞ ❶等,等候(蓮等一):~业.~机出击.尚~研究.❷对待,招待:~人接物.大家~我太好了.~客.[待遇]在社会上享的权利、地位等:政治~.经济~.特指工资、食宿等:调整~.❸需要:自不~言.❹将,要(古典戏曲小说和现代某些方言的用法).

⊖ dài ㄉㄞ 见81页。

埭 dài ㄉㄞ 土坝。

逮 ⊖ dài ㄉㄞ ❶到,及;力有未~.~乎清季(到了清代末年).❷逮捕,捉拿.

⊖ dǎi 见81页。

靆 (靆) dài ㄉㄞ 见4页"叆"字条"叆靆"(ài—).

戴 dài ㄉㄞ ❶加在头、面、颈、手等处:~帽子.~眼镜.~红领巾.~笼头.披星~月(喻夜里赶路或在外劳动).❷尊奉,推崇:推~.拥~.爱~.

襶 dài ㄉㄞ 见354页"襶"字条"襶襶"(nài—).

DAN ㄉㄢ

丹 dān ㄉㄢ ❶红色:~心.~砂(朱砂).❷一种依成方配制的中药,通常是颗粒状或粉末状的:丸散(sǎn)膏.灵~妙药.

担(擔) ⊖ dān ㄉㄢ ❶用肩膀挑:~水.~着两筐青菜.[担心]忧虑,顾虑:我~他身体受不了.❷担任,担负,承当:~风险.~责任.

㊂dàn 见85页。

㊃dǎn 见本页。

单(單) ㊀dān ㄉㄢ ❶种类少,不复杂:简~.~纯.~式簿记.㊀只,仅:做事~靠热情不够.不提别的,~说这件事.[单位]1.计算物体轻重、长短及数量的标准.2.指机关、团体或属于一个机关、团体的各个部门:那里有五个直属~~.❷独,一:~身.~人.~枪匹马.~数(跟"复数"相对).❸奇(jī)数的:~日.~号.~数(一、三、五、七等,跟"双数"相对).[单薄](—bó)1.薄,少:穿得很~~.2.弱:他身子骨太~~.人力~~.❹(—子、—儿)记载事物用的纸片:~据.传~.账~.清~.药~.❺衣服被褥等只有一层的:~衣.~裤.❻覆盖用的布:被~.床~.褥~.

㊁shàn 见435页。

㊂chán 见48页。

郸(鄲) dān ㄉㄢ [郸城]地名,在河南省。

殚(殫) dān ㄉㄢ 尽,竭尽:~力.~心.~思极虑.

箪(箪) dān ㄉㄢ 古代盛饭(chéng)饭的圆竹器:~食(sì)壶浆(古代百姓用箪盛饭、用壶盛汤来慰劳所爱戴的军队).

眈 dān ㄉㄢ 看,视。[眈眈]注视的样子:虎视~~(凶狠贪婪地看着).

耽(❶*躭) dān ㄉㄢ ❶迟延.[耽搁](—ge)迟延,停止没进行:这件事~~了很久.[耽误](—wu)因耽搁或错过时机而误事:不能~~生产.❷沉溺,入迷:~乐(lè).~于幻想.

酖 ㊀dān ㄉㄢ 同"耽"。

㊁zhèn 见631页"鸩"。

聃(册)** dān ㄉㄢ 古代哲学家老子的名字。

儋 dān ㄉㄢ 儋州,地名,在海南省。

担 ㊂dǎn ㄉㄢ 拂,拂拭。后作"掸"。

㊀dān 见83页。

㊁dàn 见85页。

胆(膽) dǎn ㄉㄢ ❶胆囊,俗叫"苦胆",是一个梨状的袋子,在肝脏右叶的下部,内储黄绿色的液,叫胆汁,味苦苦,有帮助消化、杀菌、防腐等作用.(图见612页"脏")❷(—子、一儿)胆量:～怯.～子小.～大心细. ❸某些器物的内层:球～.暖瓶～.

疸 dǎn ㄉㄢˇ ❶ 黄疸,病人的皮肤、黏膜和眼球的巩膜等都呈黄色,是由胆红素大量出现在血液中所引起的,是多种病(肝脏病、胆囊病、血液病等)的症状. ❷ 植物病名. 1. 黄疸病,又叫"黄锈病",大麦、小麦和其他禾本科植物都能感染. 先起黄色条斑,逐渐膨大,成熟后破裂,散出黄色粉末. 2. 黑疸病,又叫"黑穗病",小麦、燕麦等都能感染,受病的子实里面都是黑色的粉末.

掸(撣、**襢**) dǎn ㄉㄢˇ 拂,打去尘土:～桌子.～衣服.
㊁ shàn 见 436 页.

賧 dǎn ㄉㄢˇ (傣)奉献:～佛.

亶 dǎn ㄉㄢˇ 实在,诚然.

石 ㊀ dàn ㄉㄢˋ 我国容量单位,1 石是 10 斗.(此义在古书中读 shí,如"二千石")
㊁ shí 见 448 页.

旦 dàn ㄉㄢˋ ❶ 早晨:～暮.枕戈待～. ㊷天,日:元～.一～发现问题,立刻想法解决.[旦夕]1. 早晨和晚上. 2. 在很短的时间内:危在～～. ❷传统戏曲里扮演妇女的角色.

但 dàn ㄉㄢˋ ❶ 只,仅,只要:～愿能成功. 我们不～保证完成任务,还要提高质量.[但凡]只要:～～我有工夫,我就去看他. ❷连词,但是、不过:我们热爱和平,～也不怕战争.

担(擔) ㊀ dàn ㄉㄢˋ ❶ 扁担,挑东西的用具,多用竹、木做成. ❷(一子)一挑儿东西:货郎～.⑩担负的责任:重～.不怕～子重. ❸重量单位,1 担为 100 斤. ❹量词:一～水.
㊀ dān 见 83 页.
㊁ dǎn 见 84 页.

蜑 dàn ㄉㄢˋ [蜑民]过去广东、广西、福建内河和沿海一带的水上居民. 多以船为家,从事渔业、运输业.

诞 dàn ㄉㄢˋ ❶ 诞生,人出生:～辰(生日). ❷生日:华～. ❸荒唐的,不合情理的:荒～不经. 怪～.

苫 dàn ㄉㄢ 见 179 页"菡"字条"菡萏"(hàn—)。

啖(*啗、*噉) dàn ㄉㄢ ❶吃或给人吃。❷拿利益引诱人:~以私利.

淡 dàn ㄉㄢ ❶含的盐分少,跟"咸"相反:菜太~.~水湖.❷含某种成分少,稀薄,跟"浓"相反:~绿.~酒.云~风轻.❸不热心:态度冷~.他~~地说了一句话.❹营业不旺盛:~月.~季.

氮 dàn ㄉㄢ 一种化学元素,在通常条件下为气体,符号 N,无色,无臭,无味,化学性质不活泼。可制氮肥。

惮(憚) dàn ㄉㄢ 怕,畏惧:不~烦.肆无忌~.

弹(彈) ㊀ dàn ㄉㄢ ❶可以用弹(tán)力发射出去的小丸:~丸.❷装有爆炸物可以击毁人、物的东西:炮~.炸~.手榴~.
㊁ tán 见 477 页。

瘅(癉) dàn ㄉㄢ ❶因劳累造成的病。❷憎恨:彰善~恶.

蛋 dàn ㄉㄢ ❶鸟、龟、蛇等生的带有硬壳的卵,受

过精的可以孵出小动物:鸡~.鸭~.蛇~.❷(一子、一儿)形状像蛋的东西:山药~.驴粪~儿.

澹 ㊀ dàn ㄉㄢ ❶水波起伏的样子。❷安静:恬~.
㊁ tán 见 478 页。

DANG ㄉㄤ

当(當、❼噹) ㊀ dāng ㄉㄤ ❶充,担任:开会~主席.人民~了主人.⑪承担:担~.[当选]选举时被选上:~为人民代表.❷掌管,主持:~家.~权.~局.❸正在那时候或那地方:~学习的时候,不要做别的事.~街.~院.~中.~面(面对面).~初.[当年][当日]从前:想~~我离家的时候,这里还没有火车.(另 dàng一,见"当"dàng)[当前]目前,眼下,现阶段:~~任务.[当下]马上,立刻:~~就去.❹相当,相称(chèn),相配:旗鼓相~.门~户对.❺应当,应该:~办就办.不~问的不问.❻顶端,头:瓜~(瓜蒂).瓦~(屋檐顶端的盖瓦头,俗叫"猫头").❼拟声词,撞击金属器

物的声音:小锣敲得～～响.
[当啷](一lāng)拟声词,摇铃或其他金属器物撞击的声音:～～～～,上课铃响了.
[当心]留心,小心.
　　㊁ dàng 见本页.

珰(璫) dāng ㄉㄤ ❶妇女戴在耳垂上的装饰品.❷汉代武职宦官帽子上的装饰品.后来借指宦官.❸见102页"玎"字条"玎珰"(dīng—).

铛(鐺) ㊀ dāng ㄉㄤ 同"当❼".
　　㊁ chēng 见56页.

裆(襠) dāng ㄉㄤ 裤裆,两裤腿相连的地方:横～.直～.开～裤.(图见574页"衣")㊂两腿相连的地方.

筜(簹) dāng ㄉㄤ 见607页"筼"字条"筼筜"(yún—).

挡(擋,*攩) ㊀ dǎng ㄉㄤ ❶阻拦,遮蔽(働阻一、拦一):水来土～.把风～住.拿芭蕉扇～着太阳.❷(一子、一儿)用来遮蔽的东西:炉～.窗户儿.
　　㊁ dàng 见88页.

党(黨) dǎng ㄉㄤ ❶政党.在我国特指中国共产党.❷由私人利害关系结成的集团:死～.结～营私.[党羽]附从的人(指帮同作恶的).❸偏袒:～同伐异.❹旧时指亲族:父～.母～.妻～.

谠(讜) dǎng ㄉㄤ 正直的(言论):～言.～论.

当(當) ㊀ dàng ㄉㄤ ❶恰当,合宜:处理得～.用词不～.妥～的办法.适～的休息.❷抵得上,等于:一个人～俩人用.❸当做,作为:安步～车.不要把他～外人.㊂认为:你～我不知道吗?❹表示在同一时间:他～天就走了.[当年]本年,在同一年:～种,～～收.～～受益.(另 dāng,见"当"dāng)[当日]本日,在同一天:～～的火车票.(另dāng一,见"当"dāng)❺用实物作抵押向当铺借钱.❻押在当铺里的实物.
[上当]吃亏,受骗.
　　㊀ dāng 见86页.

垱(壋) dàng ㄉㄤ〈方〉为便于灌溉而筑

的小土堤。

挡(擋) ⊖ dàng ㄉㄤˋ [摒挡](bìng—)收拾，料理。

⊜ dǎng 见87页。

档(檔) dàng ㄉㄤˋ ❶存放案卷用的带格子的橱架：归~. ❷档案，分类保存的文件、材料等：存~. ❸等级：~次.高~商品. ❹(一子、一儿)量词，件，桩：一~子事.

凼(~~氹)** dàng ㄉㄤˋ 塘，水坑：水~. ~肥.

砀(碭) dàng ㄉㄤˋ [砀山]地名，在安徽省.

荡(蕩、❶—❸＊盪) dàng ㄉㄤˋ ❶清除，弄光：倾家~产. ❷洗涤：涤~. ❸摇动(鍾摇一)：~舟. ~秋千. [荡漾](—yàng)水波一起一伏地动. ❹不受约束或行为不检点(鍾浪一、放一). ❺浅水湖：芦花~.黄天~.

宕 dàng ㄉㄤˋ 延迟，拖延：延~.

菪 dàng ㄉㄤˋ 见285页"莨"字条"莨菪"(làng—).

DAO ㄉㄠ

刀 dāo ㄉㄠ ❶(一子、一儿)用来切、割、斩、削、刺的工具：镰~.菜~.刺~.旋~.铅笔~儿. ❷量词，纸张单位，通常为100张. ❸古代的一种钱币.

叨 ⊖ dāo ㄉㄠ [叨叨](—dao)话多. [叨唠](—lao)翻来覆去地说.

⊜ tāo 见481页.

忉 dāo ㄉㄠ [忉忉]忧愁，焦虑.

鱽 dāo ㄉㄠ 鱽鱼，也作"刀鱼". 1.我国北方也称带鱼为刀鱼，体长而侧扁，银白色，无鳞，牙齿发达，肉可吃. 2.就是"凤尾鱼"，头小，尾尖，身体灰色，头尖细小，肉可吃，多用来制罐头.

氘 dāo ㄉㄠ 氢的同位素之一，符号D，质量数2，用于热核反应.

捯 dáo ㄉㄠˊ 两手不住倒换着拉回线、绳子等；把风筝~下来. ❷追溯，追究原因：这件事到今天还没~出头儿来呢.

[捯饬](—chi)〈方〉打扮，修饰.

导(導) dǎo ㄉㄠ ❶指引，带领：领～．～师．～航．[导言]绪论．[导演]指导排演戏剧或指导拍摄电影，也指担任这种工作的人．❷传导，引导：～热．～电．～体．～淮入海．❸指引，教诲：开～．

岛(島) dǎo ㄉㄠ 海洋或湖泊里四面被水围着的陆地叫岛．三面被水围着的陆地叫半岛．

捣(搗、*擣) dǎo ㄉㄠ ❶砸，舂，捶打：～蒜．～米．～衣．⑤冲，攻打：直～敌巢．❷搅扰：～乱．～鬼．

倒 ㊀ dǎo ㄉㄠ ❶竖立的东西躺下来：墙～了．摔了一～．⑤指工商业因亏累而关门：～闭．[倒霉][倒楣]事情不顺利，受挫折．❷转移，更换：～手．～车．～换．❸倒买倒卖，进行投机活动：～汇．～邮票．❹指食欲变得不好：老吃白菜，真～胃口．
㊁ dào 见本页。

祷(禱) dǎo ㄉㄠ 教徒或迷信的人向天神求助：祈～．敬辞(书信用语)：为～．盼～．

蹈 dǎo ㄉㄠ 跳动，踩，践踏：手舞足～．～白刃而不顾(喻不顾危险)．赴汤～火．⑤实行，遵循：循规～矩．

到 dào ㄉㄠ ❶达到，到达：～北京．～十二点．不～两万人．坚持～底．[到处]处处，不论哪里：～处不论哪里．❷往：～祖国最需要的地方去．❸周到，全顾得着：有不～的地方请原谅．❹表示动作的效果：办得～．做不～．达～先进水平．

倒 ㊀ dào ㄉㄠ ❶上下或前后颠倒：这面镜子挂～了．把那几本书～过来．～数第一．[倒粪]把堆着的粪来回翻动弄碎．❷把容器反转或倾斜使里面的东西出来：～茶．～水．❸向后，往回退：～退．～车(车向后退)．❹副词，反而，却，相反：这～好了．跑了一天，～不觉得累．
㊁ dǎo 见本页。

帱(幬) ㊀ dào ㄉㄠ 覆盖．
㊁ chóu 见63页。

焘(燾) dào ㄉㄠ tāo ㄊㄠ (又)覆盖．

盗 dào ㄉㄠ ❶偷(�璉一窃)：～卖．～取．掩耳～铃．⑤用不正当的方法谋得：欺世～名．[盗汗]因病在睡眠时出汗：患肺病的人常常夜间～～．❷偷窃或抢劫财物的人(�璉一贼)．

悼 dào ㄉㄠ 悲伤，哀念(�璉哀一)：追～(追念死者)．

道 dào ㄉㄠ ❶(一儿)路(�璉一路)：火车～．水～．❷方向，途径：志同～合．❸道理，正当的事理：无～．治世不一～．[道具]佛家修道用的物品．⑱演剧等用的一切设备和用具．❹(一儿)方法，办法，技术：门～．医～．照他的～儿办．❺道家，我国古代的一个思想流派，以老聃和庄周为代表．❻道教，我国主要宗教之一，创立于东汉：～观(guàn)(道教的庙)．❼指某些迷信组织：一贯～．会门．❽说：说长～短．一语破．常言～．⑨用话表示情意：～贺．～谢．～歉．～喜．❾历史上的行政区划名．1.唐太宗时分全国为十道．2.清代和民国初年每省分成几个道．❿(一子，一儿)线条：红～儿．铅笔～儿．⓫量词．1.用于长条状的：一～河．画一～红线．2.用于路上的关口，出入口等：两～门．过一～关．3.则，条：三～题．一～命令．4.次：洗了三～．

稻 dào ㄉㄠ (一子)一种谷类植物，有水稻、旱稻之分，通常指水稻．子实椭圆形，有硬壳，经碾制就是大米．

纛 dào ㄉㄠ 古代军队里的大旗．

DE ㄉㄜ

嘚 dē ㄉㄜ 拟声词，马蹄踏地声．[嘚啵](—bo)〈方〉唠叨：别瞎～～了，赶紧干活儿吧．

得 ㊀ dé ㄉㄜ ❶得到(⽤获一)：大～人心．～奖．～胜．⑤遇到：～空(kòng)．～便．❷适合：～当(dàng)．～法．～手(顺利)．～劲．❸得意，满意：扬扬自～．❹完成：衣服做～了．饭～了．❺用于某种语气．1.表示禁止：～了，别说了．2.表示同意，就这么办：～，就这么办．3.表示无可奈何：～，今天又迟到了．[得亏]幸亏：不～随地吐痰．正式代表均～参加表决.

　　㈡ děi 见本页。

　　㈢ de 见本页。

锝 dé ㄉㄜˊ 一种放射性元素,符号 Tc,是第一种人工制成的元素.

德(*惪) dé ㄉㄜˊ ❶好的品行:～才兼备.❷道德,人们共同生活及其行为的准则、规范:公～.❸信念:同心同～.❹恩惠:感恩戴～.❺指德国.

[德昂族]原名"崩龙族",我国少数民族,参看附表。

地 ㈡ de ·ㄉㄜ 助词,用在词或词组后表明副词性:胜利～完成任务.

　　㈠ dì 见95页。

的 ㈢ de ·ㄉㄜ 助词.❶用在词或词组后. 1. 表明形容词性:美丽～风光. 宏伟～建筑. 光荣而艰巨～任务. 2. 同"地㈡". 3. 表示所指的人或物:卖菜～. 吃～. 穿～. 4. 表示所属的关系的词,有时也写作"底":我～书. 社会～性质.❷用在句末,表示肯定的语气,常跟"是"相应:他是刚从北京来～.

　　㈠ dì 见96页。

　　㈢ dí 见94页。

底 ㈡ de ·ㄉㄜ 助词,同"的㈢❸".

　　㈠ dǐ 见95页。

得 ㈢ de ·ㄉㄜ 助词.❶在动词后表可能. 1. 再接别的词:冲～出去. 拿～起来. 2. 不再接别的词:要～.要不～. 说不～.❷用在动词或形容词后连接表结果或程度的补语:跑～快. 急～满脸通红. 香～很.

　　㈠ dé 见90页。

　　㈡ děi 见本页。

脱 de ·ㄉㄜ te ·ㄊㄜ(又)见287页"肋"字条"肋脱"(lē一).

DEI ㄉㄟ

得 ㈡ děi ㄉㄟˇ ❶必须,需要:你～用功. 这活儿～三个人才能完成.❷表示揣测的必然:时间不早了,要不快走,就～迟到.❸〈方〉满意,高兴,舒适:挺～.

　　㈠ dé 见90页。

　　㈢ de 见本页。

DEN ㄉㄣ

扽(**撜) dèn ㄉㄣˋ 用力拉:把绳子～一～. ～线.

DENG ㄉㄥ

灯（燈） dēng ㄉㄥ 照明或利用光线达到某种目的的器具：电～.路～.探照～.

登 dēng ㄉㄥ ❶上,升：～山.～高.～峰造极(喻达到顶峰).❷踩,践踏,也作"蹬"：～在凳子上.⑤脚向下用力：～三轮车.～水车.❸刊载,记载：～报.把这几项～在簿子上.[登记]为了特定的目的,向主管机关按表填写事项：～记～买票.❹(谷物)成熟：五谷丰～.
[登时]即时,立刻.

噔 dēng ㄉㄥ 拟声词,重东西落地或撞击物体的响声.

簦 dēng ㄉㄥ 古代有柄的笠,类似现在的雨伞.

蹬 ㊀ dēng ㄉㄥ 同"登❷".
㊁ dèng 见 93 页.

等 děng ㄉㄥ ❶数量一般大,地位或程度一般高：相～.一加二～于三.男女权利平～.[等闲]平常.⑪轻易地,不在乎地：莫作～～看!❷级位,程度的分别(⑯一级)：立了一～功.特～英雄.何～快乐!❸类,群.1.表示多数：我～.你～.彼～.2.列举后煞尾：北京、天津、武汉、上海、广州～五大城市.3.表示列举未完(叠)：张同志、王同志～五人.煤、铁～～都很丰富.❹待,候(⑯一待,一候)：～一下再说.～不得.❺同"戥".

戥 děng ㄉㄥ ❶(一子)一种小型的秤,用来称金、银、药品等分量小的东西.❷用戥子称：把这包药～一～.

邓（鄧） dèng ㄉㄥ 邓州,地名,在河南省.

僜 dèng ㄉㄥ 僜人,住在我国西藏自治区察隅一带.

凳（*櫈） dèng ㄉㄥ （一子、一儿）有腿没有靠背的坐具：板～.小～儿.

嶝 dèng ㄉㄥ 山上可攀登的小路.

澄 ㊀ dèng ㄉㄥ 让液体里的杂质沉下去：水～清了再喝.
㊁ chéng 见 58 页.

磴 dèng ㄉㄥ ❶石头台阶.❷量词,用于台阶或楼梯的层级.

瞪 dèng ㄉㄥ 睁大眼睛：把眼一～.你～着我作什

么？～眼.

镫 dèng ㄉㄥˋ 挂在马鞍子两旁的东西，是为骑马的人放脚用的.

〈古〉又同"灯"(dēng).

蹬 ㊀ dèng ㄉㄥˋ 见45页"蹭"字条"蹭蹬"(cèng一).

㊁ dēng 见92页.

DI ㄉㄧ

氐 ㊀ dī ㄉㄧ ❶我国古代西部的少数民族名。❷星宿名，二十八宿之一.

㊁ dǐ 见94页.

低 dī ㄉㄧ ❶跟"高"相反。1. 矮：这房子太～.弟弟比哥哥～一头. 2. 地势注下：～地. 3. 声音细小：～声讲话. 4. 程度差：眼高手～.政治水平～. 5. 等级在下的：～年级学生. ❷俯，头向下垂：～头.

羝 dī ㄉㄧ 公羊.

堤(*隄) dī ㄉㄧ 用土、石等材料修筑的挡水的高岸：河～.修～. [堤防]

提 ㊀ dī ㄉㄧ [提防](一fang)小心防备. [提溜](一liu)手提(tí)

㊁ tí 见485页.

鞮 dī ㄉㄧ 古代的一种皮鞋.

碲(磾) dī ㄉㄧ 用于人名.

滴 dī ㄉㄧ ❶落下的少量液体：汗～.水～.[点滴]零星，少。❷液体一点一点地落下，使液体一点一点地落下：汗水直往下～.～眼药. [滴沥](一lì)拟声词，雨水下滴的声音.
[滴溜](一liū)1. 滚圆的样子：～～圆. 2. 形容很快地旋转：～～转.

镝 ㊀ dī ㄉㄧ 一种金属元素，符号Dy，用于原子能工业等.

㊁ dí 见94页.

奀 dí ㄉㄧˊ 〈方〉小.

㊁ ēn 见119页.

狄 dí ㄉㄧˊ 我国古代对北方少数民族的统称.

荻 dí ㄉㄧˊ 多年生草本植物，生长在水边，叶子长形，跟芦苇相似，秋天开紫花.

迪 dí ㄉㄧˊ 开导(爨启一).

笛 dí ㄉㄧˊ (一子、一儿)乐器名，通常是竹制的，有八孔，横着吹。㊂响声尖锐的发音器：汽～．警～．

的 ㊀dí ㄉㄧˊ 真实，实在：～当（dàng）．～确如此．

㊁dì 见 96 页．

㊂de 见 91 页．

籴（糴） dí ㄉㄧˊ 买粮食：～米．

敌（敵） dí ㄉㄧˊ ❶敌人：划清～我界限．❷相当：势均力～．❸抵挡：军民团结如一人，试看天下谁能～．

涤（滌） dí ㄉㄧˊ 洗（㪤洗—）：～除旧习．

觌（覿） dí ㄉㄧˊ 相见：～面．

髢 dí ㄉㄧˊ （旧读 dì）假头发（叠）．

嘀（＊＊啾） dí ㄉㄧˊ ［嘀咕］（—gu）1.小声说私话：他们俩～～什么呢？2.心不安，犹疑不定：拿定主意别犯～～．

嫡 dí ㄉㄧˊ ❶封建宗法制度中称正妻：～子．㊂正妻所生的：～子．㊁嗣．❷亲的，血统最近的：～亲哥哥．～堂兄弟．㊂系统最近的：～系．

镝 ㊀dí ㄉㄧˊ 箭头：锋～．鸣～（响箭）．

㊁dī 见 93 页．

蹢 ㊀dí ㄉㄧˊ 〈古〉蹄子。

㊁zhí 见 637 页．

翟 ㊀dí ㄉㄧˊ ❶长尾山雉．❷古代哲学家墨子名翟．

㊁zhái 见 619 页．

氐 ㊀dǐ ㄉㄧˇ 根本．

㊁dī 见 93 页．

邸 dǐ ㄉㄧˇ 高级官员的住所，现多用于外交场合：官～．

诋 dǐ ㄉㄧˇ 毁谤（㪤一毁）：丑～（辱骂）．

坻 ㊀dǐ ㄉㄧˇ 山坡．

［宝坻］地名，在天津市．

㊁chí 见 60 页．

抵（❷＊牴、❷＊觝） dǐ ㄉㄧˇ ❶挡，拒，用力支撑着（㪤—挡）：～挡一阵．～住门别让风刮开．［抵制］抵抗，阻止，不让侵入．❷牛、羊等有角的兽用角顶、触．［抵触］发生冲突：他的话前后～～．❸顶，相当，代替：～债．～押．［抵偿］用价值相等的事物作为赔偿或补偿．❹到达：～京．❺抵消：收支相～．

［大抵］大略，大概：～～是这

样,详细情况我说不清.

底 ⊖ dǐ ㄉㄧˇ ❶（—子、—儿）最下面的部分:锅~.鞋~儿.海~.⑰末了:月~.年~.❷（—子、—儿）根基,基础,留作根据的:~稿.~账.刨(páo)根问~.那文件要留个~儿.[底细]内情,详情,事件的根底.❸（—儿）图案的底子:白~儿红花碗.❹达到:终~于成.❺何,什么:~事.~处.

⊜ de 见 91 页.

低 dī ㄉㄧ 树木的根(遲根—):根深~固.

砥 dǐ ㄉㄧˇ（旧又读 zhǐ）细的磨刀石.[砥砺]磨炼:~~意志.

骶 dǐ ㄉㄧˇ 腰部下面尾骨上面的部分.（图见 163 页"骨"）

地 ⊖ dì ㄉㄧˋ ❶地球,太阳系九大行星之一,人类居住的星球:天~.~心.~层.⑰1.指土地、地面:~大物博.草~.两亩~.2.指某一地区,地点:此~.华东各~.目的~.3.指路程,用在里数或站数后:三十里~.两站~.[地方]1.各省、市、县,对全国和中央说:~~各级人

民代表大会.~~服从中央.2.（—fang）区域:飞机在什么~~飞?那一~~出高粱.3.（—fang）点,部分:他这话有的~~很对.[地道]1.地下挖成的隧道:~~战.2.（—dao）有名产地出产的,也说"道地":~~药材.⑨真正的,纯粹:一口~~北京话.[地下]1.地面下,土里:~~铁道.⑩秘密的,不公开的:~~工作.2.（—xia）地面上:掉在~~了.[地位]人在社会关系中所处的位置.❷表示思想活动的领域:见~心~.❸底子(遲质—):蓝~白花布.

⊜ de 见 91 页.

弟 dì ㄉㄧˋ ❶同父母的比自己年纪小的男子(叠).[弟兄](—xiong) 1.包括所有的兄和弟(口语里跟"兄弟(di)"有分别,"兄弟(di)"专指弟弟):我们~~三个.2.同辈共事的朋友间亲热的称呼.❷称同辈比自己年纪小的男性:小~.师~.[弟子]旧时学生对老师自称或别人指称.

〈古〉又同"悌"(tì).

〈古〉又同"第❶❷❹".

递(遞) dì ㄉㄧˋ ❶传送，传达(叠传一):投~.你把书～给我．眼色(以目示意).❷顺着次序:～补.～加.～进.

娣 dì ㄉㄧˋ ❶古代称丈夫的弟妇:～姒(sì)(妯娌).❷古时姐姐称妹妹为娣。

睇 dì ㄉㄧˋ 斜着眼看。

第 dì ㄉㄧˋ ❶次序(叠等一、次一)．囝科举时代考中(zhòng)叫及第，没考中叫落第。❷表次序的词头:～一、二．❸封建社会官僚贵族的大宅子(叠宅一、一宅):府～.❹但:此物世上多有，～人不识耳.

的 ㊀ dì ㄉㄧˋ 箭靶的中心:中(zhòng)～.有～放矢.[目的]要达到的目标、境地:我们的～～一定能够达到。
㊁ dí 见94页。
㊂ de 见91页。

茢 dì ㄉㄧˋ 〈古〉莲子。

帝 dì ㄉㄧˋ ❶古代指天神:上～.❷君主，皇帝:称～.三皇五～.❸帝国主义的简称。

谛 dì ㄉㄧˋ ❶仔细:～听．～视.❷意义，道理(原为佛教用语):妙～.真～.

蒂(*蔕) dì ㄉㄧˋ 花或瓜果跟枝茎相连的部分:瓜熟～落.[蒂芥][芥蒂]细小的梗塞，比喻嫌隙或不满:毫无～～.

缔 dì ㄉㄧˋ 结合(叠一结):～交.～约.[缔造]创立，组织:毛泽东同志和他的战友们～～和培育了伟大、光荣、正确的中国共产党。

禘 dì ㄉㄧˋ 古代一种祭祀。

碲 dì ㄉㄧˋ 一种非金属元素，符号Te，对热和电传导不良。用于炼铁工业。碲的化合物有毒，可作杀虫剂。

棣 dì ㄉㄧˋ ❶植物名．1.唐棣，也作"棠棣"，书书上说的一种植物。2.棣棠，落叶灌木，花黄色，果实黑色。❷同"弟"，旧多用于书信:贤～.

踶 dì ㄉㄧˋ 踢，踏。

DIA ㄉㄧㄚ

嗲 diǎ ㄉㄧㄚˇ 〈方〉形容撒娇的声音或态度:～声～气.

气. ~得很.

DIAN ㄉㄧㄢ

敁 diān ㄉㄧㄢ [敁敠](—duo)同"掂掇",见本页"掂"(diān).

掂 diān ㄉㄧㄢ 用手托着东西估量轻重:~一~.~着不轻.[掂掇](—duo)1.斟酌. 2.估量.

滇 diān ㄉㄧㄢ ❶滇池,湖名,在云南省. 也叫"昆明湖". ❷云南省的别称.

颠 diān ㄉㄧㄢ ❶头顶:华~(头顶上黑发白发相杂). ⑨最高最上的部分:山~. 塔~. ❷始:~末. ❸倒,跌(墨一覆):~扑不破(指理论正确不能推翻).[颠倒](—dǎo)1.上下或前后的次序倒置:书放~~了.这两个字~~过来意思就不同了. 2.错乱:神魂~. [颠沛]1.倒下去. 2.穷困,受挫折:他以前过着~~流离的生活. ❹颠簸,上下震动:山路不平,车~得厉害. ❺同"癫".

攧 diān ㄉㄧㄢ 跌.

巅 diān ㄉㄧㄢ 山顶. 也作"颠".

癫 diān ㄉㄧㄢ 精神错乱、失常(墨一狂、疯一).

典 diǎn ㄉㄧㄢ ❶可以作为标准、典范的书籍:~籍. 词~.字~.引经据~. ⑨标准,法则:~范. ~章. 据为~要. [典礼]郑重举行的仪式:开学~~. 开幕~~. [典型]1.有概括性或代表性的人或事物. 2.文艺作品中,用典型化的方法创造出来的能够反映一定社会本质、表现人的阶级性而具有鲜明个性的艺术形象. ❷典故,诗文里引用的古书中的故事或词句:用~. ❸旧指主持,主管:~试.~狱. ❹活买活卖,到期可以赎:~当(dàng).~押.

碘 diǎn ㄉㄧㄢ 一种非金属元素,符号 I,黑紫色鳞片状,有金属光泽,供制医药染料等用. 人体中缺少碘能引起甲状腺肿.

点(點) diǎn ㄉㄧㄢ ❶(—子、—儿)细小的痕迹或物体:墨~儿. 雨~儿. 斑~. ⑨少量:一~小事. 吃~儿东西. ❷几何学中指只有位置而没有长、宽、厚的图形. ❸一定的处所或限度:

起～. 终～. 据～. 焦～. 沸～. ❹项,部分:优～. 重～. 要～. 补充三～. ❺(一儿)汉字的一种笔形(丶):三～水. ❻加上点子:～句. 评～. 画龙～睛. [点缀](一zhuì)在事物上略加装饰:～～风景. ❼一落一起地动作:～头. 蜻蜓～水. ❽使一点一滴地落下:～眼药.～种牛痘.～播种子. ❾引火,燃火:～灯.～火. ❿查数(shǔ):～收.～数(shù).～验. ⓫指示,指定(⇄指一):～破.～菜. ⓬旧时夜间计时用更点,一夜分五更,一更分五点:三更三～. ⓭钟点,规定的时间:保证火车不误～. ⓮点心:糕～. 早～.

踮(**跕) diǎn ㄉㄧㄢ 也作"点"。❶跂足人走路用脚尖点地:～脚. ❷提起脚跟,用脚尖着地:～着脚向前看.

电(電) diàn ㄉㄧㄢ ❶物质中存在的一种能,人利用它来使电灯发光,机械转动等. [电脑]指电子计算机. [电子]物理学上称构成原子的一种带阴电的微粒子. ❷阴雨天气空中云层放电时发出的光. 俗叫"闪"(shǎn). ❸电流打击,触电:电门有毛病,～了我一下. ❹指电报:急～. 通～. ❺打电报:～汇.～告.

佃 ㊀ diàn ㄉㄧㄢ 一般指旧社会无地或少地的农民,被迫向地主、富农租地耕种:～户.～农.

㊁ tián 见487页.

甸 diàn ㄉㄧㄢ 古时称郊外的地方. [甸子]〈方〉放牧的草地.

钿 ㊀ diàn ㄉㄧㄢ ❶把金属、宝石等镶嵌(qiàn)在器物上作装饰:宝～. 螺～(一种手工艺,把贝壳镶嵌在器物上). ❷古代一种嵌金花的首饰.

㊁ tián 见488页.

阽 diàn ㄉㄧㄢ yán ㄧㄢ(又)临近(危险).

坫 diàn ㄉㄧㄢ ❶古时室内放东西的土台子. ❷屏障.

玷 diàn ㄉㄧㄢ 白玉上面的污点. [玷污]使有污点.

店 diàn ㄉㄧㄢ ❶商店,铺子:书～. 零售～.～员. [饭店]1.较大的卖饭食的铺子. 2.都市中的大旅馆. ❷旧式的旅馆:住～. 大车～.

惦 diàn ㄉㄧㄢ 惦记,记挂,不放心:请勿~念.心里老~着工作.

垫(墊) diàn ㄉㄧㄢ ❶衬托,放在底下或铺在上面:~桌子.~上个褥子.路面~上点儿土. ❷(一子,一儿)衬托的东西:草~子.鞋~儿.椅~子. ❸替人暂付款项:~款.~钱.

淀(❷澱) diàn ㄉㄧㄢ ❶浅的湖泊:白洋~. ❷渣滓,液体里沉下的东西.[淀粉]一种不溶于水,很微小的颗粒,米、麦、甘薯、马铃薯等含量很多.

靛 diàn ㄉㄧㄢ ❶靛青,蓝靛,用蓼蓝叶水调和石灰沉淀所得的蓝色染料. ❷蓝色和紫色混合而成的一种颜色.

奠 diàn ㄉㄧㄢ ❶陈设祭品向死者致敬(逾祭一):~酒.~仪. ❷奠定,稳稳地安置:~基.~都(dū).

殿 diàn ㄉㄧㄢ ❶高大的房屋,特称封建帝王受朝听政的地方,或供奉神佛的地方. ❷在最后:~后.[殿军]1.行军时走在最后的部队.2.体育、游艺竞赛中的最末一名,也指入选的最末一名.

癜 diàn ㄉㄧㄢ 皮肤病名,常见的是白癜风,俗叫"白癜风",皮肤生斑点后变白色.

簟 diàn ㄉㄧㄢ 竹席.

DIAO ㄉㄧㄠ

刁 diāo ㄉㄧㄠ 狡猾,无赖:~棍(恶人).这个人真~.[刁难](一nàn)故意难为人.

叼 diāo ㄉㄧㄠ 用嘴衔住:猫~着老鼠.

汈 diāo ㄉㄧㄠ [汈汊]湖名,在湖北省.

凋 diāo ㄉㄧㄠ 衰落(逾一谢、一零):松柏后~.

碉 diāo ㄉㄧㄠ 碉堡,防守用的建筑物.

雕(❶*鵰,❷❸❹*彫、❷❸*琱) diāo ㄉㄧㄠ ❶老雕,又叫"鹫"(jiù).一种很凶猛的鸟,羽毛褐色,上嘴钩曲,能捕食山羊、野兔等. ❷刻竹、木、玉、石、金属等:木~泥塑.浮~.~版. ❸用彩画装饰:~弓.~墙. ❹同"凋".

鲷 diāo ㄉㄧㄠ [真鲷]鱼名，通称"加吉鱼"。身体红色，有蓝色斑点，是黄海、渤海重要的海产鱼之一，肉味鲜美。

貂 diāo ㄉㄧㄠ 哺乳动物，嘴尖，尾巴长，毛皮黄黑色或带紫色，是很珍贵的衣料，为我国东北特产之一。

吊(*弔) diào ㄉㄧㄠ ❶祭奠死者或对遭到丧事的人家、团体给予慰问：～丧(sāng).～唁.❷悬挂：房梁上～着四盏光彩夺目的大红灯.❸把毛皮缀在衣面上：～皮袄.❹提取，收回：～卷.～销执照.❺旧时货币单位，一般是一千个制钱叫一吊。

铞 diào ㄉㄧㄠ 见 303 页"钉"字条"钉铞儿"(liào-diàor)。

钓 diào ㄉㄧㄠ 用饵诱鱼上钩：～鱼.⑩施用手段取得：沽名～誉.

莜(蓧) diào ㄉㄧㄠ 古代除草用的农具。

窎 diào ㄉㄧㄠ 深远(鍾—远)。

调 ㊀ diào ㄉㄧㄠ ❶调动，安排：～职.～兵遣将. ❷(一子)曲调，音乐上高、低、长、短配合和谐的一组音(鍾腔一)：这个～子很好听.❸多指调式类别和调式主音高度：C 大—.❹语言中字音的声调：～号.～类.[声调]1.字音的高低升降。古汉语的声调是平、上、去、入四声。普通话的声调是阴平、阳平、上声、去声。2.读书、说话、朗诵的腔调。

㊁ tiáo 见 489 页。

掉 diào ㄉㄧㄠ ❶落：～眼泪.～在水里.❷落在后面：～队.❸(方)遗漏，遗失：文章～了几个字.钱包～了.❹减损，消失：～膘儿.～色.❺回转：～头.～过来.❻摇摆：尾大不～(喻指挥不灵).❼对换：～一个个儿.❽在动词后表示动作的完成：丢～.卖～.改～坏习惯.

铫 ㊀ diào ㄉㄧㄠ (一子、一儿)煮开水熬东西用的器具：药～儿.沙～.

㊁ yáo 见 569 页。

DIE ㄉㄧㄝ

爹 diē ㄉㄧㄝ ❶父亲(叠). ❷对老人或长(zhǎng)者的尊称：老～.

跌 diē ㄉㄧㄝ 摔倒:～了一跤.～倒. ⑤下降,低落:～价. [跌足]顿足,踏脚.

迭 dié ㄉㄧㄝ ❶交换,轮流:更～.～为宾主. ❷屡,连着:～次会商. 近年来,地下文物～有发现. ❸及,赶上:忙不～.

昳 ⊖ dié ㄉㄧㄝ 〈古〉日过午偏西.
⊜ yì 见 579 页.

瓞 dié ㄉㄧㄝ 小瓜.

垤 dié ㄉㄧㄝ 小土堆(⑯丘一):蚁～.

咥 ⊖ dié ㄉㄧㄝ 咬.
⊜ xì 见 526 页.

绖 dié ㄉㄧㄝ 古代丧服用的麻带儿:首～.腰～.

耋 dié ㄉㄧㄝ 年老,七八十岁的年纪.

谍 dié ㄉㄧㄝ 秘密探察军事、政治及经济等方面的消息:～报. [谍谍](jiàn一)为敌方或外国刺探国家秘密情报的特务分子.

堞 dié ㄉㄧㄝ 城上如齿状的矮墙.

喋 ⊖ dié ㄉㄧㄝ [喋血]流血满地. [喋喋]啰唆,语言烦琐:～～不休.
⊜ zhá 见 618 页.

牒 dié ㄉㄧㄝ 文书,证件:通～(两国交换意见用的文书).

碟 dié ㄉㄧㄝ (一子、一儿)盛(chéng)食物等的器具,扁而浅,比盘子小.

蝶(*蜨) dié ㄉㄧㄝ 蝴蝶,昆虫名.静止时四翅竖立在背部,喜在花间、草地飞行,吸食花蜜.幼虫多对作物有害.有粉蝶、蛱蝶、凤蝶等多种.

蹀 dié ㄉㄧㄝ 蹈,顿足. [蹀躞](一xiè)迈着小步走路的样子.

鰈 dié ㄉㄧㄝ 鱼名.比目鱼的一类,体形侧扁,两眼都在身体的右侧,有眼的一侧褐色,无眼的一侧黄色或白色,常见的有星鰈、高眼鰈等.肉可以吃.

嵽(嵽) dié ㄉㄧㄝ [嵽嵲](一niè)形容山高.

叠(*疉、*疊) dié ㄉㄧㄝ ❶重复地堆,累积(⑯重一):～床架屋(喻重复累赘).～假山.～罗汉. ❷重复:层见～出. ❸折叠:～衣服.铺床

~被.

氎 dié ㄉ丨ㄝ 细棉布.

DING ㄉ丨ㄥ

丁 ⊖ dīng ㄉ丨ㄥ ❶天干的第四位,常用作顺序的第四。❷成年男子:壮~.⑳1.旧指人口:人~.~口.2.指从事某种劳动的人:园~.❸当,遭逢:~兹盛世.~忧(旧指遭父母丧)。❹(一儿)小方块:肉~儿.咸菜儿.[丁点儿]表示极少或极小:一~~~毛病都没有.❺[丁当](一dāng)拟声词,金属等撞击的声音。❻[丁宁]反复地嘱咐:~~再三.

⊜ zhēng 见 632 页.

仃 dīng ㄉ丨ㄥ 见 307 页"伶"字条"伶仃"(líng 一)。

叮 dīng ㄉ丨ㄥ ❶叮嘱,再三嘱咐。[叮咛]同"丁宁"。❷蚊子等用针形口器吸食:被蚊子~了一口。❸追问:~问. ❹[叮当]同"丁当"。

玎 dīng ㄉ丨ㄥ ❶[玎玲](一líng)拟声词,玉石等撞击的声音。❷[玎珰]同"丁当"。

盯 dīng ㄉ丨ㄥ 注视,集中视力看,也作"钉":大家眼睛直~着他.

町 ⊖ dīng ㄉ丨ㄥ 见 506 页"畹"字条"畹町"(wǎn 一)。

⊜ tǐng 见 492 页.

钉 ⊖ dīng ㄉ丨ㄥ ❶(一子、一儿)竹、木、金属制成的可以打入他物的细条形的东西:螺丝~儿. 碰~子(喻受打击或被拒绝). ❷紧跟着不放松:~住对方的前锋. ❸督促,催问:这事得~着他点儿.

⊜ dìng 见 103 页.

疔 dīng ㄉ丨ㄥ 疔毒,疔疮一种毒疮.

耵 dīng ㄉ丨ㄥ [耵聍](一níng)耳垢,耳屎,皮脂腺分泌的蜡状物质.

酊 ⊖ dīng ㄉ丨ㄥ (外)医药上用酒精和药配合成的液剂:碘~.

⊜ dǐng 见 103 页.

靪 dīng ㄉ丨ㄥ 补鞋底.

顶 dǐng ㄉ丨ㄥ ❶(一儿)人体或物体的最高最上的部分:头~. 山~. 房~. ❷用头支承:用头~东西. ~天立地(喻英雄气概). ⑳1.

东西支撑：用门杠把门～上. 2.冒：～着雨走了. ❸用头或角撞击：～球. 公牛～人. ❹自下而上用力拱起：用千斤顶把汽车～起来. 麦芽～出土来了. ❺顶撞，对面迎着：～风. ❻顶嘴(多指年对):他气冲冲地～了班长两句. ❼代替(迭一替)：～名. 冒名～替. ❽相当，等于：一个人～两个人工作. ⑨担当，抵得过：他一个人去不～事. ❾〈方〉直到：昨天～十二点才到家. ❿最，极：～好. ～多. ～会想办法. ⓫量词：两～帽子.

酊 （二）dǐng ㄉㄥˇ 见 346 页"酩"字条"酩酊"(mǐng一).

（一）dīng 见 102 页.

鼎 dǐng ㄉㄥˇ ❶古代烹煮用的器物，一般是三足两耳. [鼎立]三方并立：三国～～. ❷大(叠)：～力. ～大名. ❸〈方〉锅：～间(厨房). ❹正当，正在：～盛.

订 dìng ㄉㄥˋ ❶改正，修改：～正初稿. 考～. 校(jiào)～. ❷立(契约)，约定：～约. ～婚. ❸用线、铁丝等把书页等连在一起：装～.

一个笔记本儿.

钉 dìng ㄉㄥˋ 见 107 页"锭"字条"锭钉"(dòu一).

钉 （二）dìng ㄉㄥˋ ❶把钉子或楔(xiē)子打入他物：拿个钉子～一～. 墙上～着木橛. ❷连接在一起：～扣子.

（一）dīng 见 102 页.

定 dìng ㄉㄥˋ ❶不可变更的，规定的，不动的：～理. ～论. ～量. ～期. ❶必然地：～能成功. [定义]对事物本质或范围的扼要说明. ❷使确定，使不移动：～案. 胜负. 否～. 决～. ～章程. 制度. ❸安定，平靖(多指局势)：大局已～. ❹镇静，安稳(多指情绪)：心神不～. ～～神再说. ❺预先约妥：～货. ～单(约购货物的单子). 做.

啶 dìng ㄉㄥˋ 见 341 页"嘧"字条"嘧啶"(mì一).

腚 dìng ㄉㄥˋ 〈方〉屁股：光～.

碇 （*椗、*矴） dìng ㄉㄥˋ 系船的石礅：下～(停船). 起

～(开船).

锭 dìng ㄉㄧㄥˋ ❶(一子)纺车或纺纱机上绕纱的机件：纱～. ❷(一子、一儿)金属或药物等制成的块状物：钢～. 金～儿. 紫金～.

DIU ㄉㄧㄡ

丢 diū ㄉㄧㄡ ❶失去，遗落：～了一枝钢笔. ～脸(失面子). ～三落(là)四. ❷放下，抛开：这件事可以～开不管.

铥 diū ㄉㄧㄡ 一种金属元素，符号 Tm.

DONG ㄉㄨㄥ

东(東) dōng ㄉㄨㄥ ❶方向，太阳出来的那一边，跟"西"相对：～方红，太阳升. 华～. [东西](一xi)物件，有时也指人或动物。❷主人：房～. ❸东道(请人吃饭，出钱的叫"东道"，也简称"东")：作～.
[东乡族]我国少数民族，参看附表.

崬(東) dōng ㄉㄨㄥ [崬罗]地名，在广西壮族自治区扶绥. 今作"东罗".

鸫(鶇) dōng ㄉㄨㄥ 鸟名. 种类很多，羽毛多淡褐色或黑色，叫得很好听，食昆虫，是益鸟.

冬(❷鼕) dōng ㄉㄨㄥ ❶四季中的第四季，气候最冷：过～. 隆～. ❷拟声词，敲鼓、敲门的声音(叠).
[冬烘]思想迂腐，知识浅陋.

咚 dōng ㄉㄨㄥ 同"冬❷".

氡 dōng ㄉㄨㄥ 一种放射性元素，符号 Rn，无色无臭，不易跟其他元素化合，在真空玻璃管中能发萤光.

董 dǒng ㄉㄨㄥˇ 监督管理.
[董事]某些企业、学校等推举出来代表自己监督和主持业务的人，也省称"董"：～～会.

懂 dǒng ㄉㄨㄥˇ 了解，明白：一看就～. ～得一点医学.

动(動) dòng ㄉㄨㄥˋ ❶从原来位置上离开，改变原来的位置或姿态，跟"静"相反：站住别～! 风吹草～. ⑨1. 能动的：～物. 2. 可以变动的：～产. [动弹](一tan)身体动. ❷行动，动作，行为:一举一~.[动静](-jing)动作或情况:没有~~.侦查敌人的~~.[动词]表示动作、行为、变化的词,如走、来、去、打、吃、爱、拥护、变化等. ❸使动,使有动作:~手.~脑筋.[动员]1.战争要发生时,把国家的武装力量由和平状态转入战时状态,把所有的经济部门转入供应战争需要的工作.2.号召大家或说服别人做某种工作. ❹感动,情感起反应:~心.~人. ❺开始做:~工.~身(起行). ❻往往:观众~以万计.[动不动]表示很容易发生,常跟"就"连用:~~就引古书.~~~就争吵. ❼放在动词后,表示效果:拿得~.搬不~.

冻(凍) dòng ㄉㄨㄥˋ ❶液体或含水分的东西遇冷凝结:河里~冰了.天寒地~. ❷(一儿)凝结了的汤汁:肉~儿.鱼~儿.果子~儿. ❸感到寒冷或受到寒冷:外面很冷,真~得慌.小心别~着.

栋(棟) dòng ㄉㄨㄥˋ ❶古代指房屋的脊檩.[栋梁]⑩担负国家重任

的人. ❷量词:一~房子.

胨(腖) dòng ㄉㄨㄥˋ 蛋白胨,有机化合物,医学上用作细菌的培养基,又可以治疗消化道的病.

侗 ㊀ dòng ㄉㄨㄥˋ [侗族]我国少数民族,参看附表.
㊁ tóng 见 493 页.
㊂ tǒng 见 495 页.

垌 ㊀ dòng ㄉㄨㄥˋ ❶田地:田~. ❷广东、广西地名用字,如良垌、中垌等.
㊁ tóng 见 494 页.

峒 ㊀ dòng ㄉㄨㄥˋ 山洞,石洞.
㊁ tóng 见 494 页.

洞 dòng ㄉㄨㄥˋ ❶洞穴,窟窿:山~.老鼠~.衣服破了一个~. ❷透彻,清楚:~察一切.~若观火. ❸说数字时用来代替零.

恫 dòng ㄉㄨㄥˋ 恐惧,恐吓.[恫吓](一hè)吓(xià)唬.

胴 dòng ㄉㄨㄥˋ ❶躯干,整个身体除去头部、四肢和内脏余下的部分. ❷大肠.

硐 dòng ㄉㄨㄥˋ 山洞、窑洞或矿坑.

DOU 分又

都 ㊀ dōu 分又 副词。❶全，完全：事情不论大小，～要做好。❷表示语气的加重：～十二点了还不睡，连小孩子～搬动得动.

㊁ 见 107 页。

嘟 dōu 分又 斥责声，多见于旧小说或戏曲中。

兜 dōu 分又 ❶（一子、一儿）作用和口袋相同的东西：裤～｜～布. ❷做成兜形把东西拢住：用手巾～着。船帆～风. ㊂兜揽，招揽：～售. ❸承担：没关系，有问题我～着. ❹环绕，围绕：～抄。～圈子.

蔸 dōu 分又〈方〉❶指某些植物的根和靠近根的茎：禾～. 树～脑（树墩儿）。[坐蔸]稻子的幼苗发黄，长不快. ❷量词，相当于"丛"或"棵"：一～草. 两～白菜.

篼 dōu 分又 ❶（一子）走山路坐的竹轿. ❷竹、藤、柳条等做成的盛东西的器物.

斗 ㊀ dǒu 分又 ❶我国容量单位，1 斗是 10 升. ❷量(liáng)粮食的器具，容量是1

斗，多为方形。㊂ ❶.形容小东西的大：～胆. 2. 形容大东西的小：～室. ～城。❸像斗的东西：漏～. 熨～.[斗拱][科栱](一gǒng)拱是建筑上弧形承重结构，斗是垫拱的方木块，合称斗拱。❹呈圆形的指纹. ❺星宿名，二十八宿之一。

㊁ 见 107 页。

抖 dǒu 分又 ❶使振动：～床单. ～空竹. ～一～身上的雪. [抖搂](一lou) 1. 同"抖❶"：～～衣服上的土. 2. 任意挥霍：别把钱～～光了. ㊂揭露：～～老底儿. [抖擞](一sǒu)振作，振奋：～～精神. 精神～～. ❷哆嗦，战栗：冷得发～. ❸讽刺人突然得势或生活水平突然提高：他最近～起来了.

枓 dǒu 分又 [枓栱]同"斗拱"，见本页"斗㊀❸".

蚪 dǒu 分又 tǒu 去又 (又)姓。

蚪 dǒu 分又 见 265 页"蝌"字条"蝌蚪"(kē—).

陡(＊＊阧) dǒu 分又 ❶斜度很大，于垂直：这个山坡太～. ❷突然：气候～变.

斗（鬥、＊鬪、＊鬭）

（一）dòu ㄉㄡ ❶ 对打（●战一）：搏～.［斗争］1. 矛盾的双方互相冲突，一方力求战胜另一方：思想～～. 2. 用说理、揭露、控诉等方式打击：开～～会. 3. 奋斗：为实现四个现代化而～～.［奋斗］为了达到一定的目的而努力干. ❷ 比赛胜负：～智.～力. ❸〔方〕拼合，凑近：那条桌子腿还没有～榫（sǔn）. 用碎布～成一个口袋.

（一）dǒu 见 106 页.

豆（❶＊荳）dòu ㄉㄡ ❶ 豆科，双子叶植物的一科，草本木本都有，如绿豆、黄豆、落花生、槐树、紫檀等都属这一科. 通常统称豆类植物，有大豆、豌豆、蚕豆等. 又指这些植物的种子. ❷（一儿）形状像豆粒的东西：山药～儿. 花生～儿. ❸ 古代盛（chéng）肉或其他食品的器皿.

［豆蔻］（一kòu）多年生草本植物，开淡黄色花，果实扁球形，种子有香味. 果实和种子可入药.

逗dòu ㄉㄡ ❶ 停留（●一留）. ❷ 引，惹弄：～笑.

～趣. ❸ 同"读"（dòu）.

饾dòu ㄉㄡ ［饾饤］（一dìng）供陈设的食品. ●文辞堆砌.

脰dòu ㄉㄡ 脖子，颈.

痘dòu ㄉㄡ 病名. 1. 水痘，一种传染病，小儿容易感染. 2. 痘疮，天花（见 194 页"花"）.［牛痘］牛身上的痘疮，制成牛痘苗，接种在人身上，可以预防天花. 也省称"痘".

读（讀）（二）dòu ㄉㄡ 旧指文章里一句话中间念起来要稍稍停顿的地方：句～.

（一）dú 见 108 页.

窦（竇）dòu ㄉㄡ 孔，洞：鼻～. 狗～.［疑窦］可疑的地方：顿生～～.

DU ㄉㄨ

丮（＊＊殸）dū ㄉㄨ 用指头、棍棒等轻击轻点：～一个点儿.［点丮］画家随意点染.

都（一）dū ㄉㄨ ❶ 首都，全国最高领导机关所在的地方：建～. ❷ 大城市（●一市）：通～大邑. ❸ 姓.

㊂ **dōu** 见 106 页。

阇
㊁ **dū** ㄉㄨ 城门上的台。

嘟 **dū** ㄉㄨ 拟声词:喇叭~~响。[嘟囔](—nang) 连续地自言自语,常带有抱怨的意思:别瞎~~啦! [嘟噜](—lu) 1.向下垂着:~着脸,显得很不高兴。2.量词,用于连成一簇的东西:一~~钥匙。一~~葡萄。3.(—儿)舌或小舌连续颤动发出的声音:打~~儿。

尻(**＊＊屄**) **dū** ㄉㄨ (—子、—儿)〈方〉❶屁股。❷蜂或蝎子等尾部的毒刺。

督 **dū** ㄉㄨ 监督,监管,察看:~师。~战。~促。

毒 **dú** ㄉㄨ ❶对生物体有危害的性质,或有这种性质的东西:~气。中(zhòng)~。消~。砒霜有~。㊉对思想品质有害的事物:肃清流~。❷毒品:吸~。贩~。❸用有毒的东西使人或物受到伤害:用药~老鼠。~杀害虫。❹毒辣,凶狠,厉害:心~。~计。下~手。太阳真~。

独(**獨**) **dú** ㄉㄨ ❶单一,(叠单一):~唱。~幕剧。~生子女。无~有偶。❷没有依靠或帮助(叠孤—)。[独立]自立自主,不受人支配。❸没有子孙的老人:鳏寡孤~。❹只,惟有:大家都到了,~有他没来。[独龙族]我国少数民族,参看附表。

顿 ㊀ **dú** ㄉㄨ 见 349 页"冒"字条"冒顿"(mò—)。

㊁ **dùn** 见 113 页。

读(**讀**) ㊀ **dú** ㄉㄨ 依照文字念:宣~。朗~。~报。㊉1.阅读,看书,阅览:~书。~者。2.求学:~大学。

㊁ **dòu** 见 107 页。

渎(**瀆**、**＊＊凟**) **dú** ㄉㄨ ❶水沟,小渠(叠沟—)。❷亵渎,轻慢,对人不恭敬。[渎职]不尽职,在执行任务时犯错误。

椟(**櫝**) **dú** ㄉㄨ ❶柜子。❷匣子。

犊(**犢**) **dú** ㄉㄨ (—子、—儿)牛犊,小牛:初生之~不怕虎。

牍(**牘**) **dú** ㄉㄨ 古代在上面写字的木

简.⑤1.文牍,公文:文~.案
~.2.尺牍,书信.

蘵(讟) dú ㄉㄨˊ 诽谤,怨
言.

黩(黷) dú ㄉㄨˊ ❶污辱.
❷随随便便,不
郑重.[黩武]好(hào)战:反
对穷兵~~,扩军备战.

髑 dú ㄉㄨˊ [髑髅](-lóu)
死人头骨.

肚 (一) dǔ ㄉㄨˇ (一子、一儿)
动物的胃作食品时叫
肚:猪~子.羊~儿.
(二) dù 见本页.

笃 dǔ ㄉㄨˇ ❶忠实,全心全
意:~学.~信.❷病沉
重:病~.

堵 dǔ ㄉㄨˇ ❶阻塞(sè),挡:
水沟~住了.~老鼠洞.
别~着门站着!喻心中不畅
快:心里一得慌.❷墙:观者如
~.[安堵]安定,不受骚扰.❸
量词,用于墙:一~高墙.

赌 dǔ ㄉㄨˇ 赌博,用财物作
注争输赢:~钱.⑤争输
赢:打~.[赌气]因不服气
任性做事:他~~走了.

睹 (*覩) dǔ ㄉㄨˇ 看见:
耳闻目~.熟
视无~.

芏 dù ㄉㄨˋ 见 228 页"茳"字
条"茳芏"(jiāng一).

杜 (❷**殬) dù ㄉㄨˋ ❶
杜树,落叶
乔木,果实圆而小,味涩可
食,俗叫"杜梨".木材可做扁
担或刻图章等.❷阻塞(sè),
堵塞:以~流弊.[杜绝]堵
死,彻底防止:~~漏洞.~
~事故发生.
[杜鹃](-juān)1.鸟名.一般
多指大杜鹃(又叫"布谷"、
"杜宇"或"子规").上体黑灰
色,胸腹常有横斑点,吃害
虫,是益鸟.2.植物名,又叫
"映山红".常绿或落叶灌木,
春天开花,红色,供观赏.
[杜撰](-zhuàn)凭自己的意
思捏造.

肚 (一) dù ㄉㄨˋ ❶(一子)腹
部,胸下腿上的部分.❷
(一儿)器物中空的部分:大
~儿坛子.❷(一子、一儿)圆
而凸起像肚子的:腿~子.手
指头~儿.
(二) dǔ 见本页.

妒 (*妬) dù ㄉㄨˋ 因为别
人好而忌恨:
嫉~.

度 (一) dù ㄉㄨˋ ❶计算长短
的器具或单位:~量

(liàng)衡.❷依照计算的标准划分的单位:温～.湿～.经～.用了20～电.❸事物所达到的程度:知名～.高～的爱国热情.❹法则,应遵行的标准(逾制－法).❺度量,能容受的量:气～.适～.过～.❻过,由此到彼:～日.❼所打算或考虑的:置之～外.❽量词,次:一～.再～.前～.

㊂ duó 见115页.

渡 dù ㄉㄨˋ ❶横过水面:～河.～江.⑨过,由此到彼(逾过－):～过难关.过～时期.❷渡口,渡头,过河的地方.

镀 dù ㄉㄨˋ 用电解或其他化学方法使一种金属附着在别的金属或物体的表面上:～金.电～.

蠹(**蠧,**蠧) dù ㄉㄨˋ ❶蛀蚀器物的虫子:木～.书～.～鱼.❷蛀蚀,侵害:流水不腐,户枢不～.

DUAN ㄉㄨㄢ

端(*耑) duān ㄉㄨㄢ ❶端正,不歪斜:五官～正.～坐.⑨正派:品行

不～.❷东西的一头:两～.末～.笔～.⑨1.事情的开头:开～.2.项目,点:不只一～.举其大～.[端底][端的](-dì)1.事情的经过,底细:不知～～.2.的确,果然:～～是好!3.究竟,到底:～～是谁?[端详]1.从头到尾的详细情形:听～～.说～～.2.仔细地看:她静静地～～着孩子的脸.[端午][端阳]夏历五月初五日.民间在这一天包粽子,赛龙舟,纪念两千多年前的楚国诗人屈原.❸用手很平正地拿着:～碗.～茶.

"耑"又 zhuān 见651页"专".

短 duǎn ㄉㄨㄢˇ ❶长度小,跟"长"相反.1.空间:～距离.～裤.～视(目光短浅).2.时间:～期.天长夜～.～工(指短期雇用的工人,农民).❷缺少,欠(逾－少):别人都来了,就～他一个人了.❸短处,缺点:不应该护～.取长补～.

段 duàn ㄉㄨㄢˋ ❶量词,用于事物,时间的一节:一～话.一～时间.一～木头.[段落]文章,事情等根据内容划分成的部分:工作告一～～.这篇文章可以分

两个～～.[段位]根据围棋棋手的技能划分的等级,共分九段,棋艺越高,段位越高.❷工矿企业中的行政单位:工～.机务～.

塅 duàn ㄉㄨㄢˋ〈方〉指面积较大的平坦地区,常用作地名:田心～(在湖南省株洲以北).

缎 duàn ㄉㄨㄢˋ(一子)质地厚密,一面光滑的丝织品,是我国的特产之一.

椴 duàn ㄉㄨㄢˋ 椴树,落叶乔木,像白杨,华北和东北出产.木材细致,可以制家具等.

煅 duàn ㄉㄨㄢˋ ❶同"锻".❷放在火里烧,减少药石的烈性(中药的一种制法):～石膏.

锻 duàn ㄉㄨㄢˋ 把金属加热,然后锤打:～件.～工.～造.[锻铁]用生铁精炼而成的含碳量在0.15%以下的铁.也叫"熟铁".[锻炼]1.通过军体活动,增强体质:～身体,保卫祖国.2.通过生产劳动、社会斗争和工作实践,使思想觉悟、工作能力提高:在工作中～～成长.

断(斷) duàn ㄉㄨㄢˋ ❶长形的东西截成两段或几段:棍子～了.风筝线～了.把绳子剪～了.❷断绝,不继续:～奶.～了关系.㊷戒除:～酒.～烟.[断送]丧失、毁弃、败坏原来所有而无可挽回:～～前程.❸判断,决定,判定:诊～.～案.当机立～.下～语.❹一定,绝对:～无此理.～然做不得.

簖(籪) duàn ㄉㄨㄢˋ 插在水里捕鱼、蟹用的竹栅栏.

DUI ㄉㄨㄟ

堆 duī ㄉㄨㄟ ❶(一子、一儿)累积在一起的东西:土～.草～.柴火～.❷累积,聚集在一块(叠一积):粮食～满仓.[堆肥]聚集杂草、泥土等,腐烂发酵而成的肥料.[堆砌]㊷写文章用大量华丽而无用的词语.[堆栈]临时存放货物的地方.

队(隊) duì ㄉㄨㄟˋ 有组织的群众团体或排成的行(háng)列:乐～.工程～.排～.[队伍](一wu)1.军队.2.有组织的群众行列:游行～～过来了.

对（對） duì ㄉㄨㄟˋ ❶答话，回答：无词可~.~答如流. ❷向着：面~太阳. [对象]1. 思考或行动（如研究、批评、攻击、帮助等等）所及的事物或人. 2. 特指恋爱的对方. ❸对面的：~门. ❹互相：~调.~流. [对比]不同的事物放在一块比较. [对照]不同的事物放在一块，互相比较参照. ❺介词，跟、和，可以～他说明白. ～人很客气. ❻介词，对于，说明事物的关系：我～这件事情还有意见. 他～祖国的历史很有研究. ❼对待，看待，对付：他～我很客气. 刀～刀，枪～枪. [对得起][对得住]不亏负. ❽照着样检查：～笔迹. 校(jiào)～. ❾相合，适合：～劲.～症下药. [对头]1. 相合. 2. (－tou)互相对立，有仇恨的人，合不来的人. ❿正确：这话很～. ⑪应答语，表示同意：～，你说得不错！ ⑫双，成双的：～联. 配～. ⑬1. (－子－儿)联语：喜～. 2. 平分，一半：～开.～成. ⑫搀和（多指液体）：～水.

怼（懟） duì ㄉㄨㄟˋ 怨恨.

兑 duì ㄉㄨㄟˋ ❶交换（逜换）：～款. 汇～.～现. ❷八卦之一，符号为☱，代表沼泽.

敦 ㊀ duì ㄉㄨㄟˋ 古时盛黍稷的器具.
㊁ dūn 见本页.

憝 duì ㄉㄨㄟˋ ❶怨恨. ❷坏，恶：元凶大～.

镦 ㊀ duì ㄉㄨㄟˋ 古代矛戟柄末的金属箍.
㊁ dūn 见113页.

碓 duì ㄉㄨㄟˋ 捣米的器具，用木、石制成.

DUN　ㄉㄨㄣ

吨（噸） dūn ㄉㄨㄣ （外）❶重量单位，公制 1 吨等于 1 000 千克（公斤）. 英制 1 吨（长吨）等于 2 240 磅，合 1 016.05 千克（公斤），美制 1 吨（短吨）等于 2 000 磅，合 907.18 千克（公斤）. ❷指登记吨，计算船只容积的单位，1 吨等于2.83立方米（合 100 立方英尺）.

惇 dūn ㄉㄨㄣ 敦厚.

敦 ㊀ dūn ㄉㄨㄣ ❶敦厚，厚道：～睦邦交. ❷诚心诚意：～聘.～请. ❸姓.

墩 dūn ㄉㄨㄣ ❶土堆. ❷（－子、－儿）厚而粗的木头、石头等，座儿：门～儿.桥～. ❸量词，用于丛生的或几棵合在一起的植物：栽稻秧两万～.每～五株.

⊖ duì 见 112 页.

撴 dūn ㄉㄨㄣ 〈方〉揪住.

礅 dūn ㄉㄨㄣ 厚而粗的石头：石～.

镦 dūn ㄉㄨㄣ 冲压金属板，使其变形. 不加热叫冷镦，加热叫热镦.

⊖ duì 见 112 页.

蹾（＊＊撴） dūn ㄉㄨㄣ 猛地往下放，着（zháo）地很重：篓子里是鸡蛋，别～.

蹲 ⊖ dūn ㄉㄨㄣ 两腿尽量弯曲，像坐的样子，但臀部不着地：大家都～下. 鼂闲居，呆着：再不能再～在家里了.［蹲班］留级：～～生.［蹲点］深入到基层单位，参加调查研究等.

⊜ cún 见 77 页.

坉 dǔn ㄉㄨㄣ［坉子］（－zi）〈方〉1. 墩子. 2. 特指做成砖状的瓷土块，是制造瓷器的原料.

盹 dǔn ㄉㄨㄣ（－儿）很短时间的睡眠：打～儿（打瞌睡）.

趸（躉） dǔn ㄉㄨㄣ ❶整，整个儿：～批. ～卖. ❷整批地买进：～货. ～菜. 现～现卖.

囤 ⊖ dùn ㄉㄨㄣ 用竹篾、荆条等编成的或用席箔等围成的盛粮食等的器物：大～满，小～流.

⊜ tún 见 501 页.

沌 dùn ㄉㄨㄣ 见 206 页"混"字条"混沌"（hùn－）.

炖（＊＊燉） dùn ㄉㄨㄣ ❶煨煮食品使熟烂：清～鸡. ～肉. ❷〈方〉把汤药、酒等盛在碗里，再把碗放在水里加热.

砘 dùn ㄉㄨㄣ ❶（－子）耩（jiǎng）完地之后用来轧（yà）地的石磙子. ❷用砘子轧地.

钝 dùn ㄉㄨㄣ ❶不锋利，不快：这把刀真～. 镰刀钝了，一磨一磨吧. ❷笨，不灵活：脑筋迟～. 拙嘴～舌.

顿 dùn ㄉㄨㄣ ❶很短时间的停止（鐌停－）：抑扬～挫. 念到这个地方应该～一下. ❷忽然，立刻，一下子

~悟.~时紧张起来.❸叩,碰:~首.⑯跺~足.❹处理,放置:整~.安⑤书法上指运笔用力向下而暂不移动.⑥疲乏:劳~.困~.❼量词,次:一天三~饭.说了一~.打了他一~.❽姓.

㊁dú 见108页.

盾 dùn ㄉㄨㄣˋ ❶古代打仗时防护身体,挡住敌人刀、箭等的牌.[后盾]指后方护卫、支援的力量.❷盾形的东西:金~.银~.❸印度尼西亚等国的货币名.

遁(*遯) dùn ㄉㄨㄣˋ 逃走,逃避:~去.夜~.[遁词][遁辞]理屈词穷时所说的应付话.

楯 ㊀dùn ㄉㄨㄣˋ 同"盾".
㊁shǔn 见461页.

DUO ㄉㄨㄛ

多 duō ㄉㄨㄛ ❶跟"少"相反.1.数量大的:人很~.~生产.2.有余,比一定的数目大(筐—余):十一个.一年~.只预备五份,没有~的.3.过分,不必要的:~嘴.~心.[多亏]幸亏:~~你来帮忙.~~他加一把力量,推动了这工作.[多少]1.未定

的数量:你要~~拿~~.2.问不知道的数量:这本书~钱?这班有~~学生?3.许多:没有~~.4.或多或少:~~有些困难.❷表示相差的程度大:好得~.厚得~.❸副词.1.多么,表示惊异、赞叹:~好!~大!~香!2.表疑问:有~大?[多会儿](—huir)[多咱](—zan)什么时候,几时.

哆 duō ㄉㄨㄛ [哆嗦](—suo)发抖,战栗:冷得打~~.

咄 duō ㄉㄨㄛ 表示呵叱或惊异.[咄咄]表示惊怪:~~怪事.[咄嗟](—jiē)吆喝:~~立办(马上就办到).

剟 duō ㄉㄨㄛ ❶刺,击.❷削,删除.

掇 duō ㄉㄨㄛ ❶拾取(筐—拾).❷〈方〉用双手拿(椅子、凳子等),用手端.

敠 duō ㄉㄨㄛ 见97页"战"字条"战敠"(diānduo).

裰 duō ㄉㄨㄛ ❶缝补破衣:补~.❷直裰,古代士子、官绅穿的长袍便服,也指僧道穿的袍子.

夺(奪) duó ㄉㄨㄛˊ ❶抢,强取(筐抢

一):把敌人的枪～过来.[夺目]耀眼:光彩～.❷争取得到:～丰收.❸冲出:泪水～眶而出.❹做决定:定～.裁～.❺漏掉(文字):讹～.❻失去,使失去:勿～农时.

度 ㊀ duó ㄉㄨㄛˊ 忖度,揣度,计算,推测:～德量力.

㊁ dù 见109页.

踱 duó ㄉㄨㄛˊ 慢慢地走:～来～去.

铎(鐸) duó ㄉㄨㄛˊ 大铃,古代宣布政教法令时或有战事时用的.

朵(*朶) duǒ ㄉㄨㄛˇ ❶花朵,植物的花或苞.❷量词,用于花或成团的东西:三～花.两～云彩.

垛(*垜) duǒ ㄉㄨㄛˇ (一子)用泥土、砖石等建筑成的掩蔽物:门～子.城墙～口.

㊁ duò 见本页.

哚(**哚) duǒ ㄉㄨㄛˇ 见584页"吲"字条"吲哚"(yǐn—).

躲(**躱) duǒ ㄉㄨㄛˇ 隐藏,避开(鱼藏、～避):～雨.他～在哪

里? 明枪易～,暗箭难防.

埵 duǒ ㄉㄨㄛˇ 坚硬的土.

瘩 duǒ ㄉㄨㄛˇ 马疲劳.

亸(軃、**嚲) duǒ ㄉㄨㄛˇ 下垂.

驮 ㊀ duò ㄉㄨㄛˋ (一子)骡马等负载的成捆的货物:把～子卸下来,让牲口休息一会儿.

㊁ tuó 见501页.

刴(**剁) duò ㄉㄨㄛˋ 用刀向下砍:～碎.～饺子馅.

垛(*垛、**稞) ㊀ duò ㄉㄨㄛˋ ❶整齐地堆成的堆:麦～.砖～.❷整齐地堆积:柴火～得比房还高.

㊁ duǒ 见本页.

跥(*跺) duò ㄉㄨㄛˋ 顿足,提起脚来用力踏:～脚.

饳 duò ㄉㄨㄛˋ 见163页"饆"字条"饆饳"(gǔ—).

柮 duò ㄉㄨㄛˋ 见163页"榾"字条"榾柮"(gǔ—).

沲 duò ㄉㄨㄛˋ [淡沲]荡漾.

柁 ㊀ duò ㄉㄨㄛˋ 同"舵"。
㊁ tuó 见502页。

舵 duò ㄉㄨㄛˋ 控制行船方向的设备，多装在船尾；掌～．～手．㉅飞机等交通工具上控制方向的装置。

堕(墮) duò ㄉㄨㄛˋ 掉下来，坠落：～地．
[堕落]⑯思想行为向坏的方向变化：～～分子．腐化～～.

惰 duò ㄉㄨㄛˋ 懒，懈怠，跟"勤"相反(鱼懒一、怠一)。

E ㄜ

E ㄜ

阿 ㊀ ē ㄜ ❶迎合，偏袒：～附．～其所好．～谀逢迎．❷凹曲处：山～.
[阿胶]中药名，用驴皮加水熬成的胶，有滋补养血的作用，原产山东省东阿．
㊁ à 见1页．

屙 ē ㄜ 排泄大小便：～屎.

婀 ē ㄜ [婀娜](—nuó)姿态柔美的样子。

讹(❶*譌) é ㄜ ❶错误：以～传～．❷

敲诈，假借某种理由向人强迫索取财物或其他权利：～人．～诈．

囮 é ㄜ (—子)捕鸟时用来引诱同类鸟的鸟。也叫"圝(yóu)子"。

俄 é ㄜ ❶俄顷，短时间：～而日出，光照海上．❷国名，指俄罗斯．
[俄罗斯族]1. 我国少数民族，参看附表。2. 俄罗斯联邦的主要民族。

莪 é ㄜ [莪蒿](—hāo)多年生草本植物，生在水边，开黄绿色小花，叶嫩时可吃．

哦 ㊀ é ㄜ 吟哦，低声唱。
㊀ ó 见367页．
㊁ ò 见367页．

峨(*峩) é ㄜ 高：巍～冠．
[峨嵋]山名，在四川省。也作"峨眉"．

娥 é ㄜ ❶美好(指女性姿态)．❷指美女：宫～．
[娥眉]指美女的眉毛，也指美女。也作"蛾眉"．

锇 é ㄜ 一种金属元素，符号 Os，青白色，很坚硬。工业上用来制电灯泡的灯丝,自来水笔的笔尖。

鹅(*鵞) é ㄜˊ 一种家禽,比鸭子大,颈长,脚有蹼,头部有黄色或黑褐色的肉质突起,雄的突起较大。

蛾 é ㄜˊ (一子、一儿)像蝴蝶的昆虫,静止时,翅左右平放:灯~。蚕~。飞~投火。

〈古〉又同"蚁"(yǐ)。

额(*額) é ㄜˊ ❶俗叫"脑门子",眉上发下的部分。(图见496页"头")❷规定的数量:定~。名~。超~完成任务。[额外]超出规定以外的:~~的要求。❸牌匾:横~。匾~。

恶(惡、噁) 〓 ě ㄜˇ [恶心](-xin)要呕吐。㊵厌恶(wù)。
〓 è 见本页。
㊂ wù 见520页。
㊃ wū 见518页。

厄(*阨) è ㄜˋ ❶困苦,灾难:~运。❷阻塞,受困:~于海上。❸险要的地方:险~。

扼(*搹) è ㄜˋ 用力掐着,抓住:力能~虎。[扼守]把守要地,防止敌人侵入。[扼要]抓住要点。

文章简明~~。

苊 è ㄜˋ 有机化合物,分子式 $C_{12}H_{10}$,无色针状结晶,溶于热酒精,可作媒染剂。

呃 è ㄜˋ 呃逆,因横膈膜痉挛引起的打嗝儿。

轭 è ㄜˋ 驾车时搁在牛颈上的曲木。

垩(堊) è ㄜˋ ❶粉刷墙壁用的白土。❷用白土涂饰。

恶(惡) 〓 è ㄜˋ ❶恶劣,不好:~感。~习。❷凶狠(勉凶—):~狗。~战。~霸。❸犯罪的事,极坏的行为,跟"善"相反:罪~。无~不作。
〓 wù 见520页。
㊂ ě 见本页。
㊃ wū 见518页。

饿 è ㄜˋ 肚子空,想吃东西:肚子~了。

鄂 è ㄜˋ 湖北省的别称。

[鄂伦春族]我国少数民族,参看附表。

[鄂温克族]我国少数民族,参看附表。

谔 è ㄜˋ 正直的话。[谔谔]直言争辩的样子。

萼　è 花萼，在花瓣下部的一圈绿色小片.

愕　è 惊讶:～然.惊～.

腭（*齶）è 口腔的上腔，分为两部，前面叫硬腭，后面叫软腭.

鹗　è 鸟名，又叫"鱼鹰"。性凶猛，背暗褐色，腹白色，常在水面上飞翔，捕食鱼类.

锷　è 刀剑的刃.

颚　è ❶某些节肢动物摄取食物的器官。❷同"腭".

鳄（*鱷）è 俗叫"鳄鱼"。一种凶恶的爬行动物，皮和鳞很坚硬，生活在热带河流池沼中，捕食小动物.

遏　è 阻止:怒不可～. [遏制]制止，控制:～～敌人的进攻.～～不住满腔的激情.

颏　è 鼻梁.

噩　è 可怕而惊人的:～梦.～耗(指亲近或敬爱的人死亡的消息).

E ㄝ

诶　㊀ ê ㄟ (又)同"欸㊀".
　㊁ é 见本页.
　㊂ ě 见本页.
　㊃ è 见119页.

欸　㊀ ê ㄟ 表示招呼:～,你快来!
　㊁ é 见本页.
　㊂ ě 见本页.
　㊃ è 见119页.
　㊄ ǎi 见3页.

诶　㊀ é ㄟ (又)同"欸㊁".
　㊁ ê 见本页.
　㊂ ě 见本页.
　㊃ è 见119页.

欸　㊀ é ㄟ 表示诧异:～,怎么回事!
　㊁ ê 见本页.
　㊂ ě 见本页.
　㊃ è 见119页.
　㊄ ǎi 见3页.

诶　㊀ ě ㄟ (又)同"欸㊂".
　㊁ ê 见本页.
　㊂ é 见本页.
　㊃ è 见119页.

欸　㊀ ě ㄟ (又)同"欸
表示不以为然:～,

话可不对呀!

（一）ê 见 118 页。
（二）ê 见 118 页。
（四）ê 见本页。
（五）ǎi 见 3 页。

诶 （四）ê ㄝ éi ㄟ（又）同"欸（四）"。

（一）ē 见 118 页。
（二）é 见 118 页。
（三）ě 见 118 页。

欸 （四）ê ㄝ éi ㄟ（又）叹词，表示应声或同意：～，我这就来!～，就这么办!

（一）ē 见 118 页。
（二）é 见 118 页。
（三）ě 见 118 页。
（五）ǎi 见 3 页。

EI ㄟ

诶 éi ㄟ 叹词，表示诧异或忽然想起：～，他怎么病了!～，我三点钟还有一场电影呢!

EN ㄣ

奀 （一）ēn ㄣ〈方〉瘦小（多用于人名）。

（二）dí 见 93 页。

恩 ēn ㄣ 好处，深厚的情谊（遙—惠、—德）：共产党的～情说不完。[恩爱]形容夫妻亲爱。

蒽 ēn ㄣ 一种有机化合物，分子式 $C_{14}H_{10}$，无色晶体，发青色荧光，是染料工业的原料。

摁 èn ㄣ 用手按压：～电铃.

ENG ㄥ

鞥 ēng ㄥ 马缰。

ER ㄦ

儿(兒) ér ㄦ ❶小孩（遙—童）：六一～童节.小～科.别把这件事当做～戏.❷年轻的人（多指青年男子）：健～.❸儿子，男孩子.⑨雄性的：～马.❹父母对儿女的统称，儿女对母的自称.❺词尾，同前一字连成一个卷舌音.1.表示小：小孩～.乒乓球～.小狗～.2.使动词形容词等名词化：没救～.拐弯～.挡着亮～.叫好～.

而 ér ㄦ 连词，❶连接同类的词或句子：1.顺接：通过实践～发现真理，又通过实践～证实真理和发展真理.2.转接：有其名～无其实.[而已]助词，罢了：不过如此～～.[而且]连词.1.表示平列:这些机器我们都能开,～～还能修理.文章写得长～～空,群众见了就摇头.2.表示进一层,常跟"不但"相应:鲁迅不但是伟大的文学家,～～是伟大的思想家和革命家.❷把表示时间或情状的词连接到动词上:匆匆～来.侃侃～谈.挺身～出.❸(从)…到…:自上～下.由小～大.

沺 ér ㄦ ❶流泪的样子.❷见297页"涟"字条"涟沺".

鸸 ér ㄦ [鸸鹋](－miáo)鸵鸟的一种,嘴短而扁,有三个趾.善走,不能飞,生活在大洋洲森林中.

尔(爾) ěr ㄦ ❶你,你的:～辈.～父.出～反～(喻无信用).[尔汝]你我相称,关系亲密:相为～～.～～交.❷如此(叠):果～.偶～.不过～.❸那,其(指时间)～时.～日.～后.❹同"耳❸".❺词尾,相当于"然":卓～.率～(轻率).

迩(邇) ěr ㄦ 近:退～闻名.～来(近来).

耳 ěr ㄦ ❶耳朵,听觉器官:～聋.～熟(听着熟悉).～生(听着生疏).～语(嘴贴近别人耳朵小声说话).❷像耳朵的.1.指形状:木～.银～.2.指位置在两旁的:～房.～门.❸〈古〉表示"罢了"的意思,而已:前言戏之~.此无他,唯手熟~.

饵 ěr ㄦ ❶糕饼:香～.果～.❷钓鱼用的鱼食:鱼～.❸引诱:以此～敌.

洱 ěr ㄦ [洱海]湖名,在云南省.

珥 ěr ㄦ 用珠子或玉石做的耳环.

铒 ěr ㄦ 一种金属元素,符号 Er.

二 èr ㄦ ❶数目字:十～个.两元～角.("二"与"两"用法不同,参看"两"字注.)❷第二,次的:～等货.～把刀(指技术不高).[二手]1.旧的,用过的:～～车.～～货.2.间接的:～～资料.❸两样:心无～用.

贰(武)** èr ㄦ "二"字的大写.

佴 ⊖ èr ㄦ 置,停留.
⊜ nài 见354页.

F ㄈ

FA ㄈㄚ

发（發）〔一〕fā ㄈㄚ ❶交付，送出，跟"收"相反：～选民证．～货．信已经～了．[发落]处理，处分：从轻～～．[打发]（一fa）1.派遣：～～专人去办．2.使离去：好不容易才把他～～走了．3.消磨(时日)：病人们靠聊天儿～～时光．❷表达，说出：～言．～问．～誓．[发表]用文字或语言表达意见．❸放射：～炮．～光．⑤枪弹、炮弹一枚称一发：五十～子弹．❹散开，分散：～汗．挥～．蒸～．[发挥]把意思尽量地说出，把力量尽量地用出：借题～～．～～题意．～～群众的智慧和力量．❺开展，扩大，膨胀：～扬．～展．～海带．面～了．[发达]兴旺，旺盛：工业～．交通～．[发展]事物内部的矛盾运动，通常指事物由小到大，由弱到强，由低级到高级，由简单到复杂的变化：形势迅速～～．～～生产．[发育]生物逐渐长成壮大：身体～～正常．❻因得

到大量资财而兴旺：暴～户．这几年他做买卖～了．❼打开，揭露：～掘潜力．揭～阴谋．[发明]创造出以前没有的事物：印刷术是我国首先～～的．[发现]1.找出原先就存在而大家不知道的事物或道理：～～新油田．2.发觉：～～问题就及时解决．❽显现，显出：脸上～黄．❾产生，发生：～芽．～病．❿觉得：～麻．烧．⓫开始动作，起程：～端．朝～夕至．～动机器．队伍出～．

〔二〕fà 见 122 页．

乏 fá ㄈㄚˊ ❶缺少（遰缺—）：～味．不～其人．❷疲倦（遰疲—）：人困马～．跑了一天，身上有点～．

伐 fá ㄈㄚˊ ❶砍：～树．采～木材．❷征讨，攻打（遰讨—）：北～．

垡 fá ㄈㄚˊ ❶耕地，把土翻起来：秋～地(秋耕)．也指翻起来的土块：晒～．❷量词，相当于次、番．❸地名用字，如榆垡(在北京市)、落垡(在河北省)．

阀 fá ㄈㄚˊ ❶封建时代指有权势的家庭、家族：门～．～阅之家．❷凭借权势造

成特殊地位的个人或集团：军～. 财～. ❸(外)又叫"活门"、"阀门"或"凡尔"。管道、唧筒或其他机器中调节流体的流量、压力和流动方向的装置。

筏(*栰) fá ㄈㄚˊ (～子)用竹、木等平摆着编扎成的水上交通工具。

罚(*罸) fá ㄈㄚˊ 处分犯错误的人(逾惩一、责一)：他受～.

法 fǎ ㄈㄚˇ ❶法律，由立法机关制定、颁布的强制各种行为的规则的总称：婚姻～. 犯～. 合～. [法院]行使审判权的国家机关。❷(～子、～儿)方法，处理事物的手段：写～. 办～. 用～. ❸仿效：效～. 师～. ❹标准，模范，可仿效的：～书. ～绘帖. [法宝]逾特别有效的工具、方法或经验：统一战线，武装斗争，党的建设，是中国革命的三大～～. ❺佛教徒称他们的教义，民间传说的所谓"超人力"的本领：～术. 佛～. ❻指法国。

砝 fǎ ㄈㄚˇ [砝码](—mǎ)天平和磅秤上做重量标准的东西，用金属制成。

发(髮) ㊀ fà ㄈㄚˋ 头发：理～. 脱～. 令人～指(喻使人非常气愤)。
㊁ fā 见 121 页。

珐(*琺) fà ㄈㄚˋ [珐琅](—láng)用硼砂、玻璃粉、石英等加铅、锡的氧化物烧制成像釉子的物质。涂在铜质或银质器物的表面作为装饰，又可防锈。一般的证章、奖章等多为珐琅制品。珐琅制品景泰蓝是我国特产的手工艺品之一。

FAN ㄈㄢ

帆(*颿) fān ㄈㄢ 利用风力使船前进的布篷：一～风顺。

番 ㊀ fān ㄈㄢ ❶称外国的或外族的：～茄. 薯～椒. ❷代换：轮～. 更～. ❸量词. 1. 遍，次：三～五次. 费了一～心思. 解说一～. 2. 倍：产量翻了一～.
㊁ pān 见 370 页。

蕃 ㊀ fān ㄈㄢ 同"番(fān)❶"。
㊁ fán 见 123 页。

幡(**旛) fān ㄈㄢ 用竹竿等挑起来直着挂的长条形旗子。

藩 fān ㄈㄢ 藩篱,篱笆. ⑱作保卫的,封建时代用来称属国、属地:～国.～属.

翻(＊飜) fān ㄈㄢ ❶歪倒(dǎo),或上下、内外移位:车～了.～修马路.把桌上的书都～乱了.[翻身]1.翻转身体. 2.比喻从被压迫的情况下解放出来:劳动人民～～当家做主人.[翻砂]把熔化的金属倒(dào)入用潮湿砂子制成的模型里,铸造器具或机件. ❷改变:～改.～案. ❸数量成倍增加:生产～一番. ❹翻译,把一种语文译成另一种语文:把外国名著～成中文. ❺(一儿)翻脸:闹～了.

凡(＊凢) fán ㄈㄢ ❶平常的,不出奇的:～人.在平～的工作中做出惊人的成绩. ❷宗教、神话或迷信的人称人世间:神仙下～. ❸凡是,所有的:～事要跟群众商量. ❹大概,要略:大～.[凡例]书前面说明内容和体例的文字. ❺旧时乐谱记音符号的一个,相当于简谱的"4".

矾(礬) fán ㄈㄢ 含水复盐的一类,是某些金属硫酸盐的含水结晶体。最常见的是明矾(也叫"白矾"),明矾带涩味,呈酸性反应,可供制革、造纸及制颜料、染料等用。

钒 fán ㄈㄢ 金属元素,符号V,银白色。熔合在钢中,能增加钢的抗张强度、弹性和硬度,工业上用途很大。

烦 fán ㄈㄢ ❶苦闷,急躁:～恼.心～意乱.心里有点～. ❷厌烦,不耐～.这些话都听～了. ❸又多又乱:要言不～.话多真絮～.[烦琐]琐碎,不扼要. ❹敬辞,表示请托:～你做点事.

墦 fán ㄈㄢ 坟墓。

蕃 ⊖ fán ㄈㄢ 茂盛:草木～盛. ⑱繁多:～衍(逐渐增多或增广).
⊜ fān 见 122 页。

璠 fán ㄈㄢ 美玉。

膰 fán ㄈㄢ 古代祭祀时用的熟肉。

燔 fán ㄈㄢ ❶焚烧. ❷烤。

蹯 fán ㄈㄢ 兽足:熊～(熊掌).

樊 fán ㄈㄢ 篱笆.[樊篱]⑱对事物的限制。

繁(*緐) ⊖ fán ㄈㄢ ❶ 复杂，跟"简"相反(逾—杂)：删~就简。❷ 许多，不少：实~有徒(这种人实在很多).~殖(生长许多).[繁华]市面热闹，工商业兴盛.[繁荣]兴旺发展或使兴旺发展：市场~~.~~经济.

⊜ pó 见 386 页.

蘩 fán ㄈㄢ 白蒿.二年生草本植物，嫩时可食.

反 fǎn ㄈㄢ ❶ 翻转，颠倒：~败为胜.~守为攻.易如~掌.⊛翻转的，颠倒的，跟正的相对：这纸看不出～面正面.~穿皮袄.放~了.图章上刻的字是～的.[反复]1.翻来覆去：~~无常.2.重复：~~练习.[反间](—jiàn)利用敌人的间谍，使敌人内部自相矛盾.[反正]1.指平定混乱局面，恢复原来秩序：拨乱~~.2.敌方的军队或人员投到己方.3.副词，无论如何，不管怎么样：~~我要去，你不去也行了.[反刍](—chú)倒嚼(dǎojiào)牛、羊、骆驼等动物把粗粗吃下去的食物再到嘴里细嚼.❷和原来的不同，和预想的不同：~常.画虎不成~类犬.我一劝，他一而

更生气了.[反倒](—dào)正相反，常指和预期相反：希望他走，他~~坐下了.❸反对，反抗：~浪费.~腐败.~封建.~法西斯.[反对]不赞成，抵制：坚决~~贪污、盗窃.[反动]1.指思想上或行动上维护旧制度，反对新制度，反对革命的：~~势力.~~行为.2.相反的作用：从历史来看，党八股是对于"五四"运动的一个~~.❹类推：举一反三.❺回，还：~攻.~求诸己.[反省](—xǐng)对自己的思想行为加以检查.

返 fǎn ㄈㄢ 回，归：往~.一去不复~.[返工]工作没有做好再重做

犯 fàn ㄈㄢ ❶ 抵触，违反：~法.~规.❷犯罪的人：战~.要~.贪污~.❸侵犯，进攻：人不~我，我不~人，人若~我，我必~人.❹发生，发作：~病.~脾气.~错误.[犯不着][犯不上](——zháo)不值得：你~~和他生气

范(範) fàn ㄈㄢ ❶ 模(mú)子：钱~.[范畴]1.概括性最高的基本概念，如化合、分解是化学的范畴；矛盾、质和量等是哲学

的范畴。2.类型，范围。[范围]一定的界限：责任的～．活动～～．❷模范，榜样示～．师～．～例。

饭 fàn ㄈㄢ ❶煮熟的谷类食品。多指大米饭。❷每日定时吃的食物：午～．开～．

贩 fàn ㄈㄢ ❶指买货出卖：～货．～了一群羊来。❷（－子）买货物出卖的行商或小商人：菜～子．摊～．

畈 fàn ㄈㄢ〈方〉田地，多用于村镇名。

泛（❶－❸ *汎、❸❹ *氾）
fàn ㄈㄢ ❶漂浮：～舟．⟮引⟯透出：脸上～红。❷浮浅，不深入（叠）：～～之交（友谊不深）．这文章做得浮～不切实。❸广泛，一般地：～览．～问．～论．～称。❹泛滥，水向四处漫流：黄～区（黄河泛滥过的地区）。

梵 fàn ㄈㄢ 梵语"梵摩"的省称，意思是清静，常指关于佛教的：～宫．～刹。[梵语]印度古代的一种语言。

FANG ㄈㄤ

方 fāng ㄈㄤ ❶四个角全是直角的四边形或六个面全是方形的六面体：正～长．见～（长宽或长宽高相等）．平～米．立～米．⟮引⟯乘方，求一个数目自乘若干次的积数：平～（自乘两次，即本数×本数）．立～（自乘三次，即数×本数×本数）。[方寸]⟮喻⟯心：～～已乱。[方圆]周围：这个城～～有四五十里。❷正直：品行～正．❸一边或一面：对～．前～．四～．四面八～．⟮引⟯一个区域的，一个地带的：～言．～志。[方向]1.东、西、南、北的区分：航行的～～．2.目标：做事情要认清～～．❹方法，法子：教导有～．千～百计．⟮引⟯（－子、－儿）药方，配药的单子：秘～．开～子．[方式]说话、做事所采取的方法和形式。❺副词，才：书到用时～恨少。❻副词，正，正当：来日～长。❼量词。1.旧制：a.指平方丈（用于地皮、草皮）．b.指一丈见方一尺高的体积，即十分之一立方丈（用于土、沙、石、碎砖）．c.指一尺见方一丈长的体积，即百分之一立方丈（用于木材）。2.公制：a.指平方米（用于墙、地板）．b.指立方米（用于土、沙、石、木材）．3.用于方形的东西：一～图章．三～砚台。

邡 fāng ㄈㄤ [什邡]地名,在四川省.

坊 ⊖ fāng ㄈㄤ ❶里巷,多用于街巷的名称.⑨街市,市中店铺:~间.❷牌坊,旧时封建统治阶级为旌表"功德"、宣扬封建礼教而建造的建筑物:忠孝牌~.
⊜ fáng 见本页.

芳 fāng ㄈㄤ 芳香,花草的香味.⑩美好的德行或声名:流~百世.

枋 fāng ㄈㄤ 方柱形木材.[枋子]棺材.

钫 fāng ㄈㄤ ❶一种放射性元素,符号 Fr.❷古代一种酒壶,方口大腹.

防 fáng ㄈㄤ ❶防备,戒备:~御.~守.预~.军民联~.冷不~.谨~假冒.[国防]为了保卫国家的领土、主权而部署的一切防务:~军.~要地.❷堤,挡水的建筑物.

坊 ⊜ fáng ㄈㄤ 作(zuō)坊,某些小手工业的工作场所:染~.油~.粉~.磨~.
⊖ fāng 见本页.

妨 fáng ㄈㄤ 妨害,阻碍:这样做彼此无~.开会太多反而~害生产.[不妨]没有什么不可以:~~试试.[何妨]用反问语气表示

"不妨":你~~去看看.

肪 fáng ㄈㄤ 厚的脂膏,特指动物腰部肥厚的油(逾脂~).

房 fáng ㄈㄤ ❶(一子)住人或放东西的建筑物(逾一屋):楼~.瓦~.(图见127页)库~.❷形状、作用像房子的:蜂~.莲~.心~.❸称家族的一支:长~.长(zhǎng)~.❹星宿名,二十八宿之一.

鲂 fáng ㄈㄤ 鲂鱼,跟鳊(biān)鱼相似,银灰色,腹部隆起.

仿 (❶❷*倣、❸*髣)
fǎng ㄈㄤ ❶效法,照样做(逾一效):~造.~制.❷依照范本写的字:写了一张~.❸[仿佛][彷彿](一fú)1.好像:这个字我~~在哪里见过.2.类似:弟兄俩长得相~.

访 fǎng ㄈㄤ ❶向人询问调查:~查.~贫问苦.采~新闻.❷探问,看望:~友.~古(古迹).[访问]有目的地看望,探问:~~劳动模范.出国~~.

彷 ⊜ fǎng ㄈㄤ [彷彿]本页"仿"字条"仿佛"(一fú).
⊖ páng 见372页.

屋脊

脊檩
椽子

山墙　梁　柱　檩子　墙　窗台　窗户　檐　门　门坎　门楣　门框　台阶

窗格子

房屋的构造

纺 fǎng ㄈㄤ ❶把丝、棉、麻、毛或人造纤维等做成纱:～纱.～棉花.❷纺绸,一种绸子:杭(杭州)～.富春～.

防 fǎng ㄈㄤ ❶明亮.❷起始.

舫 fǎng ㄈㄤ 船.画～(装饰华美专供游览用的船).游～.

放 fàng ㄈㄤ ❶解除约束,得到自由:释～.～行.[放]1.赶牲畜、家禽到野外去觅食:～牛.～羊.～鸭子. 2.散:～工.～学.[放晴]阴雨后转晴.❷任意,随便:～任.～纵.～肆.❸发出:～枪.～光.～电.❹借钱给人,收取利息:～款.❹点燃:～火.～鞭炮.❺扩展:～大.～宽.把领子～出半寸.⑦[花开:芦花～,稻谷香.心花怒～.❻搁,置存～.～在箱子里.[放心]安心,解除忧虑和牵挂:～～吧,一切都准备好了!❼流放,旧时把人驱逐到边远的地方去.

FEI ㄈㄟ

飞（飛） fēi ㄈㄟ ❶鸟类或虫类等用翅膀在空中往来活动：～行.～鸟.～虫.⑨物体在空中飘荡或行动：～沙走石.飞机向东～.❷快,像飞似的：～奔.～跑.❸极,特别地:这把刀～快.❹指无根据的,无缘无故的:～语.～灾.

妃 fēi ㄈㄟ ❶古代皇帝的妾,地位次于皇后.❷太子、王、侯的妻:王～.

非 fēi ㄈㄟ ❶跟"是"相反.1.不,不是:莫～.～卖品.～但要生产得多,而且要提高质量.2.不合理的,不对的:明辨是～.为～作歹.痛改前～.[非常]1.异乎寻常的:～时期.2.十分,极:～～光荣.～～高兴.❷跟"不"搭用,表示必须,一定(有时后面没有"不"字):～组织起来不能发挥力量.他～去不可.不让他去,他～去.❸以为不对,不以为然:～笑(讥笑).～议.[非难](—nàn)责备.❹〈外〉指非洲,世界七大洲之一.

菲 ㊀ fēi ㄈㄟ 花草茂盛:芳～.

㊁ fěi 见129页.

啡 fēi ㄈㄟ 见327页"吗"字条"吗啡"(mǎ—)、260页"咖"字条"咖啡"(kā—).

騑 fēi ㄈㄟ 古时一车驾四马,中间两马叫服马,两旁的马叫騑马,也叫骖马.

绯 fēi ㄈㄟ 红色:两颊～红.

扉 fēi ㄈㄟ 门:柴～.～页(书刊封面之内印着书名、著者等项的一页).～画(书籍正文前的插图).

蜚 ㊀ fēi ㄈㄟ 〈古〉同"飞".

㊁ fěi 见129页.

霏 fēi ㄈㄟ 飘扬:烟～云敛.[霏霏](雨、雪、烟云等)很盛的样子:雨雪～～.

鲱 fēi ㄈㄟ 鲱鱼,鱼名.身体侧扁而长,背部青黑色,腹部银白色,生活在海洋中,肉可吃.

肥 féi ㄈㄟ ❶含脂肪多的,跟"瘦"相反:～猪.～肉.牛～马壮.[肥差](—chāi)可以从中多得好处的差事.❷肥沃,土质含养分多的:地很～.土地～沃.❸肥料,能增加田地养分的东西,如粪、豆饼、化学配合料等:

上～。施～。追～。基～。化
～。❹使田地增加养分：用草
灰～田。❺宽大(指衣服鞋袜
等)：袖子太～了。

淝 féi ㄈㄟˊ 水名，南淝河、
北淝河、东淝河、西淝河
等，都在安徽。东淝河古称淝
水：～水之战。

蜰 féi ㄈㄟˊ 臭虫。

腓 féi ㄈㄟˊ 腓肠肌，胫骨后
的肉，俗叫"腿肚子"。
[腓骨]小腿外侧的骨头，比
胫骨细小。(图见163页
"骨")

匪 féi ㄈㄟˇ ❶强盗，抢劫财
物的坏人：惯～。土～。
❷不，不是：获益～浅。～夷
所思(不是常人所能想到
的)。

诽 féi ㄈㄟˇ 说别人的坏话
(叠一谤)：腹～心谤。

菲 ㊀ féi ㄈㄟˇ ❶微，薄(叠
一薄)：～礼。～材。❷古
书上说的一种像蔓菁的菜。
㊁ fēi 见128页。

悱 féi ㄈㄟˇ 想说可是不能够
恰当地说出来。

棐 féi ㄈㄟˇ 辅助
〈古〉又同"榧"、"篚"。

斐 féi ㄈㄟˇ 有文采。[斐然]
1.有文采的样子：～～
成章。2.显著：成绩～～。

榧 féi ㄈㄟˇ 常绿乔木，种子
叫榧子，种仁可以吃，也
可以榨油，又可入药。木材供建
筑用。

蜚 ㊀ féi ㄈㄟˇ [蜚蠊](一
lián)蟑螂(zhāngláng)
的别称。
㊁ fēi 见128页。

翡 féi ㄈㄟˇ [翡翠](一cuì)
1.翡翠鸟，嘴长而直，有
蓝色和绿色的羽毛，捕食鱼
和昆虫，羽毛可做装饰品。2.
绿色的硬玉，半透明，有光
泽，很珍贵。

篚 féi ㄈㄟˇ 古代盛(chéng)
东西的竹器。

芾 ㊀ fèi ㄈㄟˋ [蔽芾]形容
树干及树叶小。
㊁ fú 见137页。

肺 fèi ㄈㄟˋ 肺脏，人和某些
高等动物体内的呼吸器
官。(图见612页"脏")[肺
腑]喻内心：～～之言。

吠 fèi ㄈㄟˋ 狗叫：狂～。蜀犬
～日(喻少见多怪)。

狒 fèi ㄈㄟˋ [狒狒]猿一类的
动物，面形似狗，面部

肉色,光滑无毛,体毛褐色,食果实及鸟卵等。多产在非洲。

沸 fèi ㄈㄟ 开,滚,液体受热到一定温度时,内部汽化形成气泡,冲出液体表面的现象:在标准大气压下,水的~点是 100 摄氏度.热血~腾.

怫 fèi ㄈㄟ (又) 见 136 页(fú)。

费 fèi ㄈㄟ ❶花费,消耗:~力.~心.~神.~事.~工夫.反浪~.这孩子穿鞋太~.❷费用,为某种需要用的款项:学~.办公~.

镄 fèi ㄈㄟ 一种人造的放射性元素,符号 Fm。

废(廢) fèi ㄈㄟ ❶停止,放弃:半途而~.~寝忘食.~除不平等条约.⑪失去效用的,没有用的:~纸.~物利用.修旧利~.❷荒芜,衰败:~园.~墟.❸残疾:~疾.

剕 fèi ㄈㄟ 古代把脚砍掉的酷刑。

痱(*疿) fèi ㄈㄟ (一子)由于暑天出汗过多,引起汗腺发炎,皮肤表面生出来的小红疹,很刺痒。

FEN ㄈㄣ

分 ㊀ fēn ㄈㄣ ❶分开,区划开,跟"合"相反:~离.~类.~工合作.~别处理.⑨1. 由整体中取一部分:他~到了一千斤粮食.2. 由机构分出的部分:~会.~队.~局.~社.[分化]由一种事物演变成几种不同的事物:"他"字~~成"他"、"她"、"它".[分解]1. 一种化合物分成两种以上的元素或化合物.2. 调解,排解:~~纠纷难以~~.3. 细说:且听下回~~.[分析]把事物、现象、概念等划分成简单的部分,找出它的本质、属性或相互联系:~~问题.化学~~.❷分配:~粮食.~工作.❸辨别:(⊛一辨)不~青红皂白.~清是非.❹表示分数:二~之一.百~之八.[分数]数学中表示除法的式子,画一道横线,把被除数写在上面叫分子,把除数写在线下面叫分母.[分子]1. 物体分成的最细小而不失原物性质的颗粒:水的一个~~,含有两个氢原子和一个氧原子.2. 参看[分数].(另 fènzǐ,见"分"fèn)❺计量单位名.

1.市制长度,10分是1寸.2.市制地积,10分是1亩.3.重量,10分是1钱.4.币制,10分是1角.5.时间,60分是1小时.6.圆周或角,60分是1度.7.(一儿)表示成绩:赛篮球赢了三～.8.利率,月利一分按百分之一计算,年利一分按十分之一计算.[分寸](—cun)㊀说话或办事的适当标准或限度:说话要有～～.

㊁ fèn 见132页。

芬 fēn ㄈㄣ 芬芳,花草的香气。

吩 fēn ㄈㄣ [吩咐](—fu)口头指派或命令,也作"分付":母亲～～他早去早回.

纷 fēn ㄈㄣ 众多,杂乱(迭—乱、—杂)(叠):众说～纭.大雪～飞.议论～～.

玢 ㊀ fēn ㄈㄣ 见429页"赛"字条"赛璐玢"。

㊁ bīn 见33页。

氛(△雰) fēn ㄈㄣ 气。㊿气象,情势:战～.会场充满团结的气～.

棻 fēn ㄈㄣ 有香味的木头。

酚 fēn ㄈㄣ 苯酚,也叫"石炭酸",是医药上常用的防腐杀菌剂。

雰 fēn ㄈㄣ ❶雾气。❷同"氛"。
[雰雰]形容霜雪很盛的样子。

曾 fēn ㄈㄣ 〈方〉不曾,没。

坟(墳) fén ㄈㄣ 埋葬死人之后筑起的土堆(迭—墓)。

汾 fén ㄈㄣ 汾河,水名,在山西省。

棼 fén ㄈㄣ 纷乱:治丝益～(整理丝不找头绪,越理越乱.比喻做事没有条理,越搞越乱).

鼢(**蚡) fén ㄈㄣ 鼢鼠,哺乳动物,身体灰色,尾短,眼小.在地下打洞,损害农作物的根,甚至危害河堤.也叫"盲鼠"、"地羊"。

焚 fén ㄈㄣ 烧:～毁.忧心如～.玩火自～.

渍 fén ㄈㄣ 水边。

豮 fén ㄈㄣ 〈方〉雄性的牲畜:～猪.

粉 fěn ㄈㄣ ❶细末儿:药～.藕～.漂白～.特化妆用的粉末:香～.涂脂抹～.❷粉刷,用涂料抹刷墙壁:这墙才～的.[粉饰]㊿

装饰表面：～太平。❸使破碎，成为粉末：～碎。～身碎骨。❹浅红色：这朵花是～的。❺白色的或带粉末的：～蝶。～墙。❻用豆粉或别的粉做成的食品：～条。凉～。米～。

分 ㊀ fèn ㄈㄣ ❶名位、职责、权利的限度：～所当然。身～。本～。❷成分：水～。糖～。养～。同"份"。[分子](-zǐ)属于一定阶级、阶层、集团或具有某种特征的人：积极～～。(另 fēnzǐ 见"分"fēn)

㊀ fēn 见 130 页。

份 fèn ㄈㄣ ❶整体分成几部分，每一部分叫一份：分成三～。每人一～。股～。❷量词，用于成组成件的：一～报。一～儿礼。❸用在"省、县、年、月"后面，表示划分的单位：省～。年～。

〈古〉又同"彬"(bīn)。

忿 fèn ㄈㄣ 生气，恨(逾一怒，一恨)(叠)：～～不平。也作"愤"。[不忿]不服气，不平。[气不忿儿]看到不平的事，心中不服气。

奋(奮) fèn ㄈㄣ 振作，鼓劲：～翅。～斗。兴～。～不顾身。～发图强。

偾 fèn ㄈㄣ 败坏，破坏：～事。～军之将。

愤 fèn ㄈㄣ 因为不满意而感情激动，发怒(叠)：气～。～～不平。[发愤]自己觉得不满足，努力地做：～～图强。也作"发奋"。

鲼 fèn ㄈㄣ 鱼名。身体扁平，呈菱形，尾部像鞭子，生活在热带及亚热带海洋中。

粪(糞) fèn ㄈㄣ ❶屎，粪便，可做肥料。❷施肥，往田地里加肥料：～地。～田。❸扫除(逾一除)。

瀵 fèn ㄈㄣ 水从地面下喷出漫溢。

FENG ㄈㄥ

丰(❷❸豐) fēng ㄈㄥ ❶容貌、姿态美好。[丰采][丰姿]见本页"风"字条"风采"、"风姿"。❷盛，多(逾一盛)：～年。～衣足食。❸大：～功伟绩。

沣(灃) fēng ㄈㄥ 沣水，水名，在陕西省。

风(風) fēng ㄈㄥ ❶跟地面大致平行的流动着的空气：北～。旋(xuàn)～。刮一阵～。⑨像风那样快那样普遍地：～行.[风头](一tou)1.指形势的发展方向或有关个人利益的情势，不要～～办事. 2.出头露面，当众表现自己：出～～.[风化]1.风俗教化：有伤～～. 2.地质学上称岩石因长期受风雨侵蚀而分解崩溃. 3.化学上称结晶体在空气中因失去结晶水而分解. ❷消息：闻～而至. ❸没有确实根据的：～传.～闻. ❹表现在外的景象或态度：～景.～光. 作～度.[风采]风度神采.也作"丰采".[风姿]风度姿态.也作"丰姿". ❺风气，习俗：世～. 勤俭成～. 移～易俗. 土人情. ❻病名：抽～. 羊痫(xián)～. ❼古代称民歌：国～.～采.

〈古〉又同"讽"(fěng).

沨 fēng ㄈㄥ 水声.

枫 fēng ㄈㄥ 又叫枫香，落叶乔木，春秋开花.叶子掌状三裂，秋季变红色.

砜 fēng ㄈㄥ 硫酰(xiān)基与烃(tīng)基或芳香基结合成的有机化合物，如二甲砜、二苯砜.

疯 fēng ㄈㄥ 一种精神病，患者精神错乱，失常(龟

一癫，一狂).龟1.指农作物生长旺盛不结果实：长～权.棉花长～了. 2.言行狂妄：～言～语.打退敌人的～狂进攻.

封 fēng ㄈㄥ ❶密闭：～瓶口.～河(河面冻住).[封锁]采取军事，政治，经济等措施使跟外界断绝联系：～～港口.～～消息.军事～～线. ❷(一儿)封起来的或用来封东西的纸袋、纸包：信～.赏～. ❸古代帝王把土地或爵位给予亲属、臣属：～侯.[封建社会]地主阶级依靠土地所有权和反动政权残酷剥削、统治农民的社会制度.

葑 (一)fēng ㄈㄥ 即蔓(mán)菁.也叫芜菁.
(二)fèng 见 134 页.

犎 fēng ㄈㄥ 一种野牛.

峰(*峯) fēng ㄈㄥ 高而尖的山头：山～.顶～.～峦.

烽 fēng ㄈㄥ 烽火，古时边防报警的烟火，有敌人来侵犯的时候，守卫的人就点火相告.

锋 fēng ㄈㄥ 刃，刀剑等器械的锐利或尖端部分(龟一刃)：交～(双方作战或比

赛).刀~.⑨1.器物的尖锐部分:笔~.2.在前面带头的人:先~.前~.

蜂(*蠭) fēng ㄈㄥ 昆虫名.会飞,多有毒刺,能蜇(zhē)人.有蜜蜂、熊蜂、胡蜂、细腰蜂等多种,多成群住在一起.特指蜜蜂:~糖.~蜡.~蜜.⑩众多:~起.~拥.

酆 fēng ㄈㄥ [酆都]地名,在重庆市.今作"丰都".

冯 féng ㄈㄥ 姓.〈古〉又同"凭"(píng).

逢 féng ㄈㄥ ❶遇到:~人便说.每~星期三开会.❷迎合.[逢迎]迎合旁人的意思,巴结人.

缝 ㊀ féng ㄈㄥ 用针线连缀:把衣服的破口~上.[缝纫]裁制服装:学习~~.㊁ fèng 见本页.

讽 fěng ㄈㄥ (旧读fèng)❶不看着书本念,背书(⊕一诵).❷用含蓄的话劝告或讥刺(⊕讥一):~刺.冷嘲热~.

唪 fěng ㄈㄥ 唪经,佛教徒、道教徒高声念经.

凤(鳳) fèng ㄈㄥ 凤凰(huáng),传说中的鸟王.又说雄的叫"凤",雌的叫"凰"(古作"皇"),通常单称作"凤":~毛麟角(喻罕见而珍贵的东西).

奉 fèng ㄈㄥ ❶恭敬地用手捧着.⑨尊重,遵守:~行.~公守法.敬辞:~陪.~劝.~送.~还.[奉承]恭维,谄媚.❷献给(多指对上级或长辈):双手~上.❸接受(多指上级或长辈的):~命.昨~手书.❹信奉,信仰:素~佛教.❺供养,伺候(⊕一养):供一.侍一.

俸 fèng ㄈㄥ 旧时称官员等所得的薪金:~禄.薪~.

甮 fèng ㄈㄥ 〈方〉不用.

菶 ㊀ fèng ㄈㄥ 古书上指扰的根.㊁ fēng 见133页.

赗 fèng ㄈㄥ 古时指用财物帮助人办丧事:赗(fù)~.

缝 ㊀ fèng ㄈㄥ ❶(一子、一儿)缝隙,裂开或自然露出的窄长口子:裂~.墙~.❷(一儿)接合处的痕迹:道~儿不直.㊁ féng 见本页.

FO ㄈㄛ

佛 ㊀ fó ㄈㄛ 梵语"佛陀"的省称的人的称呼。特指佛教的创始人释迦牟尼。[佛教]释迦牟尼创立的宗教。

㊁ fú 见 136 页。

FOU ㄈㄡ

缶 fǒu ㄈㄡˇ 瓦器,大肚子小口。

否 ㊀ fǒu ㄈㄡˇ ❶不。1.用在表示疑问的词句里:是~? 可~? 能~? 2.用在答话里,表示不同意对方的意思:~,此非吾意。[否定]1.反面的。2.不承认,作出相反的判断。[否决]对问题作不承认、不同意的决定。[否认]不承认。❷不如此,不然:必须确定计划,~则无法施工。

㊁ pǐ 见 379 页。

FU ㄈㄨ

夫 ㊀ fū ㄈㄨ ❶旧时成年男子的通称:农~. 渔~. ㊋旧时称服劳役的人,也作"伕"(逆—役)。❷丈夫(fu),跟"妻"、"妇"相对:~妻. 妇. 姐~. 姑~.

[夫人]对别人妻子的敬称。

[夫子]1.旧时尊称老师或学者。2.旧时妻称丈夫。

㊁ fú 见 136 页。

伕 fū ㄈㄨ 同"夫㊀❶㊋"。

呋 fū ㄈㄨ [呋喃](—nán) 有机化合物,分子式 C_4H_4O,无色液体。供制药用,也是重要的化工原料。

[呋喃西林]有机化合物,分子式 $C_6H_6O_4N_4$,浅黄色粉末,对多种细菌有抑制和杀灭作用。外用药,可作皮肤、黏膜的消毒剂。

肤(膚) fū ㄈㄨ 皮肤,人体表面的皮:色. 肌~. 切~之痛. ㊋表面的,浅薄的:内容~浅.

铁 fū ㄈㄨ 铡刀。

麸(*麪) fū ㄈㄨ (—子) 麸皮,小麦磨面过罗后剩下的皮儿。

趺 fū ㄈㄨ 同"跗",脚背。

跗 fū ㄈㄨ 脚背:~骨. 面. 也作"趺"。(图见163页"骨")

稃 fū ㄈㄨ 小麦等植物的花外面包着的硬壳:内~. 外~.

孵 fū ㄈㄨ 鸟类伏在卵上，使卵内的胚胎发育成雏鸟。也指用人工的方法使卵孵化。

鄜 fū ㄈㄨ 鄜县，地名，在陕西省。今作"富县"。

敷 fū ㄈㄨ ❶涂上，搽上：～粉．外～药。❷布置，铺开：～设路轨。❸足够：～用．入不～出。

[敷衍](-yǎn)做事不认真或待人不真诚，只是表面应酬：～～了(liǎo)事．这人不诚恳，对人总是～～．

夫 ㊀fū ㄈㄨ ❶文言发语词：～天地者．❷文言助词：逝者如斯～．

　　㊁fú 见135页。

扶 fú ㄈㄨ ❶搀，用手支持人或物使不倒：～老携幼．～犁．❷用手按着或把持着：～墙．～栏杆．[扶手]扶着可以当倚靠的东西，如楼梯旁的栏杆等。❸帮助，援助：～贫．救死～伤．～危济困．

芙 fú ㄈㄨ [芙蓉](-róng)
1. 落叶灌木，花有红、白等色，很美丽，为别于荷花，也叫"木芙蓉"。2. 荷花的别名。

蚨 fú ㄈㄨ 青蚨，古代用做铜钱的别名。

弗 fú ㄈㄨ 不：～去．～许．

佛(＊彿、＊髴) ㄈㄨ
　　㊁fú
126页"仿"字条"仿佛"(fǎng—)。

　　㊀fó 见135页。

拂 fú ㄈㄨ ❶掸(dǎn)去，轻轻擦过：～尘．春风～面．[拂晓]天将明的时候。[拂袖]甩袖子，表示生气。❷违背，不顺：～意(不如意)。〈古〉又同"弼"(bì)。

莆 fú ㄈㄨ 道路上草太多，不便通行。

怫 fú ㄈㄨ fèi ㄈㄟ(又)忧郁或愤怒的样子：～郁．然作色。

绋 fú ㄈㄨ ❶大绳。❷旧时出殡时拉棺材用的大绳：执～(送殡)。

氟 fú ㄈㄨ 一种化学元素，在通常条件下为气体，符号F，淡黄色，味臭，性毒。液态氟可作火箭燃料的氧化剂。含氟塑料和含氟橡胶有特别优良的性能。

艴 fú ㄈㄨ 艴然，生气的样子。

伏 fú ㄈㄨ ❶趴，脸向下，体前屈：～在地上．～案读书．❷低下去：此起彼～．时起时～．❸隐藏：～兵．～击．潜～期．❹屈服，承认错误或受到惩罚：～罪．～法．❺伏日，夏至后第三个庚日叫初伏，第四个庚日叫中伏，立秋后第一个庚日叫末伏，统称三伏．初伏到中伏相隔十天，中伏到末伏相隔十天或二十天．通常也指夏至后第三个庚日起到立秋后第二个庚日前一天的一段时间．❻电压单位名伏特的简称，符号 V．

茯 fú ㄈㄨ [茯苓](－líng) 寄生在松树根上的菌类植物，外形呈球状，皮黑色，有皱纹，内部白色或粉红色，包含松根的叫茯神，都可入药．

洑 ⊖ fú ㄈㄨ ❶水流回旋的样子．❷旋涡．
⊜ fù 见 142 页．

栿 fú ㄈㄨ 古书上指房梁．

袱(＊＊襆) fú ㄈㄨ 包裹、覆盖用的布单．[包袱](－fu) 1. 包裹衣物的布单．2. 用布单包成的包裹：白布～．⑩思想上的负担或使行动受到牵制的障碍：放下～～，轻装前进．3. 指相声、快书等曲艺中的笑料：抖～～．

凫(鳧) fú ㄈㄨ ❶水鸟，俗叫"野鸭"，形状像鸭子，雄的头部绿色，背部黑褐色，雌的黑褐色．常群游湖泊中，能飞．❷〈方〉同"洑⊖"：～水．

芾 ⊖ fú ㄈㄨ ❶草木茂盛．❷同"黻"．宋代书画家米芾，也作米黻．
⊜ fèi 见 129 页．

茉 fú ㄈㄨ [茉苢](－yǐ) 古书上指车前，多年生草本植物，花淡绿色，叶和种子可入药．

罘 fú ㄈㄨ [罘罳][罘罳](－sī) 一种屋檐下防鸟雀的网．也指古代一种屏风．[芝罘](之罘) 山名，靠渤海，在山东省烟台．

孚 fú ㄈㄨ ❶信用．❷使人信服：深～众望．

俘 fú ㄈㄨ ❶打仗时捉住的敌人(⑱－虏)：战～．遣～．❷打仗时捉住敌人(⑱－虏)：被～．～获．

郛 fú ㄈㄨ 古代城圈外围的大城．

莩 ㈠ fú ㄈㄨ　芦苇秆子里面的薄膜。

㈡ piǎo 见 382 页。

浮 fú ㄈㄨ　❶漂，跟"沉"相对（龟漂一）：～萍．～桥．～在水面上．❷表面上：～面．～皮．～土．[浮雕]雕塑的一种，在平面上雕出凸起的形象．❸暂时的：～记．～支．❹不沉静，不沉着（zhuó）：心粗气～．心～气躁．❺空虚，不切实：～名．～华．❻泛，❻超过，多余：人～于事．～额．

[浮屠][浮图]1.佛教徒称释迦牟尼。2.古时称和尚。3.塔：七级～～．

桴 (❷**枹) fú ㄈㄨ　❶小筏子。❷鼓槌。

罦 fú ㄈㄨ　古书上指捕鸟的网。[罦罳]同"罘罳"，见 137 页"罘"(fú)。

蜉 fú ㄈㄨ　[蜉蝣](－yóu)昆虫，幼虫生在水中，成虫褐绿色，有翅两对，在水面飞行。成虫生存期极短，交尾产卵后即死。

苻 fú ㄈㄨ　❶同"莩㈠"。❷姓。

符 fú ㄈㄨ　❶朝廷传达命令或征调(diào)兵时用的凭证，用金、玉、铜、竹、木制成，刻上文字，分成两半，一半存朝廷，一半给外任官员或出征主帅：兵～．虎～．❷代表事物的标记，记号：音～．星～．[符号]1.同"符❷"．2.佩带在身上表明职别、身份等的标志．❸相合（龟一合）：言行相～．完全合人民的利益．❹道士、巫婆等画的驱使鬼神的东西（迷信）：护身～．

服 ㈠ fú ㄈㄨ　❶衣服，衣裳（龟－装）：制～．～装整齐．旧时特指丧服。❷穿（衣裳）．❸承当，担任：～刑．兵役．❹信服，顺从（龟一从）：说～．心悦诚～．心里不～．～软（认输，认错）．～从党的领导．❺习惯，适应：水土不～．❻吃（药）：～药．

㈡ fù 见 141 页。

菔 fú ㄈㄨ　[莱菔](lái－)萝卜。

箙 fú ㄈㄨ　古代盛(chéng)箭的器具。

绂 fú ㄈㄨ　古代系(jì)印章或佩玉用的丝带。

韨 (韍) fú ㄈㄨ　❶古代朝见或祭祀时遮蔽在衣前的一种服饰，用熟

祓 fú ㄈㄨ 古代迷信的习俗，用斋戒沐浴等方法除灾求福。③清除。

黻 fú ㄈㄨ ❶古代礼服上绣的半青半黑的花纹。❷同"韨"。❸同"绂"。

匐 fú ㄈㄨ 见 388 页"匍"字条"匍匐"(pú—)。

幅 fú ㄈㄨ ❶幅面，布匹、呢绒等的宽度：这块布的～面宽．这种布是双～的．[幅员]宽窄叫幅，周围叫员．⑧疆域：我国～～广大．[幅度]物体振动或摇摆所展开的宽度．喻事物变动的大小：产品质量大～～提高．[振幅]振动的物体，从往复运动的中点到运动所能达到的最大距离。❷边缘。❸量词：一～画。

辐 fú ㄈㄨ 连结车辋和车毂的直条。（图见 322 页"轮"）[辐射]光、热等向四周放射的现象。[辐辏][辐凑](—còu)车辐聚于车毂。喻人、物聚集。

福 fú ㄈㄨ 幸福，跟"祸"相反：为人类造～．[福利]幸福和利益：职工的～～．～～事业。

蝠 fú ㄈㄨ 见 28 页"蝙"字条"蝙蝠"(biān—)。

涪 fú·ㄈㄨ 涪江，发源于四川省，入嘉陵江。

幞(**襆**) fú ㄈㄨ 同"袱"。[幞头]古代男子用的一种头巾。

父 ⊖ fǔ ㄈㄨ ❶老年人：田～．渔～．❷同"甫❶"。
⊖ fù 见 140 页。

斧 fǔ ㄈㄨ ❶（—子、—头）砍东西用的工具。❷一种旧式武器。

釜(**鬴**) fǔ ㄈㄨ ❶古代的一种锅：～底抽薪（喻从根本上解决）．破～沉舟（喻下决心去干，不留后路）。❷古代量器名。

滏 fǔ ㄈㄨ [滏阳河]水名，在河北省。

抚(撫) fǔ ㄈㄨ ❶慰问：～恤(xù)．～慰。❷扶持，保护：～养成人．～育孤儿。❸轻轻地按着：～摩。❹同"拊"。

甫 fǔ ㄈㄨ ❶古代在男子名字下加的美称。也作"父"。[台甫]旧时询问别人名号的用语。❷刚，才：～入门．年～十岁。

辅 fǔ ㄈㄨ ❶帮助，佐助（逄—助）：～导．相—而行．[辅音]发音的时候，从肺里出来的气，经过口腔或鼻腔受到障碍所成的音，也叫"子音"．拼音字母b、d、g等都是辅音．❷人的颊骨：～车相依（车：牙床．喻二者关系密切，互相依存）．

脯 ⊖ fǔ ㄈㄨ ❶肉干：鹿～．❷果脯，蜜饯果干：桃～．杏～．
⊜ pú 见388页．

蜅 fǔ ㄈㄨ [蟹蜅鲞]（míng—xiǎng）墨鱼干．

簠 fǔ ㄈㄨ 古代祭祀时盛稻、粱的器具．长方形，有盖和耳．

黼 fǔ ㄈㄨ 古代礼服上绣的半黑半白的花纹．

拊 fǔ ㄈㄨ 拍，也作"抚"：～掌大笑．

府 fǔ ㄈㄨ ❶储藏文书或财物的地方（逄—库）：～库充实．天～（喻物产富饶的地方）．❷贵族或高级官员办公或居住的地方：王～．总统～．相（xiàng）～．[府上]（—shang）对对方的籍贯、家庭或住宅的敬称．❸旧时行政区域名，等级在县和省之间．

俯（*頫、*俛） fǔ ㄈㄨ 向下，低头，跟"仰"相反：～视山下．～仰之间（很短的时间）．

腑 fǔ ㄈㄨ 脏腑，中医对人体胸、腹内部器官的总称．心、肝、脾、肺、肾叫"脏"，胃、胆、大肠、小肠、膀胱等叫"腑"．

腐 fǔ ㄈㄨ 烂，变质（逄—败、—烂、—朽）：流水不～．鱼～肉败．这块木头已经～朽不堪了．⑤思想陈旧或行为堕落：观点陈～．生活～化．[腐蚀]通过化学作用使物体逐渐消损或毁坏：～剂．⑩使人腐化堕落．[豆腐]（—fu）用豆子制成的一种食品，也省称"腐"：～～皮．～乳．

父 ⊖ fù ㄈㄨ ❶父亲，爸爸．❷对男性长辈的称呼：叔～．姨～．师～．～老．
⊜ fǔ 见139页．

讣 fù ㄈㄨ 报丧，也指报丧的通知：～闻．～告．

赴 fù ㄈㄨ 往，去：～北京．～宴．～汤蹈火（喻不避险难）．

付 fù ㄈㄨ ❶交，给：～款．～印．～表决．～诸实

施.～出了辛勤的劳动.❷量词.1.同"副❹";一～手套.一～笑脸.2.同"服㊀".

附(*坿) fù ㄈㄨ ❶另外加上,随带着:～录.～设.～注.信里面～着一张相片.[附和](-hè)盲目地同意别人的主张;不要随声～.[附会]把不相关连的事拉到一起,把没有某种意义的事物说成有某种意义,也作"傅会":牵强～～.[附议]对别人的提议或动议表示同意.[附庸]古代指附属在诸侯大国下面的小国.㊀从属的地位或依赖的关系.❷靠近:～近.～耳交谈.

驸 fù ㄈㄨ 几匹马共同拉车,在旁边的马叫"驸".[驸马]驸马都尉,汉代官名.后来帝王的女婿常做这个官,因此驸马专指公主的丈夫.

鮒 fù ㄈㄨ 古书上指鲫鱼:涸(hé)辙之～(喻处在困难中急待援助的人).

负 fù ㄈㄨ ❶背:～米.如释重～.㊀担任:～责.[负担]1.担当.2.责任,所担当的事务:减轻～～.❷感到痛苦的不容易解决的思想问题.❷仗恃,倚靠:～险固守.～隅(yú)顽抗.[负气]赌气.[自负]自以为了不起.❸遭受:～伤.～屈.❹具有:～有名望.素～盛名.❺欠(钱):～债.❻违背,背弃:～盟.忘恩～义.不～人民的希望.❼败,跟"胜"相反,不分胜～.❽小于零的:～数.❾指相对的两方面中反的一面,跟"正"相对:～极.～电.

妇(婦) fù ㄈㄨ ❶已经结婚的女子.㊀女性的通称:～科.～女翻身.❷妻,跟"夫"相对:夫～.❸儿媳:长～.媳～.

阜 fù ㄈㄨ ❶土山.❷盛,多:物～民丰.

服 ㊁ fù ㄈㄨ 量词,用于中药,也作"付":吃～药就好了.
㊀ fú 见138页.

复(❶-❺復、❺❻複) fù ㄈㄨ ❶回去,返:反～.循环往～.❷回答,回报:～仇.～命.函～.❸还原,使如旧:光～.身体～～原.～员军人.❹又,再:死灰～燃.一去不～返.❺重复,重叠:～习.～诊.旧病～发.山重水～.❻

不是单一的，许多的：～姓.
～杂.～分数.～式簿记.

腹 fù ㄈㄨ 肚子，在胸部的下面：～部.～背(前后)受敌.[腹地]内地，中部地区.

蝮 fù ㄈㄨ 蝮蛇，蛇名. 体色灰褐，头部略呈三角形，有毒牙.

鳆 fù ㄈㄨ 鳆鱼，动物学上叫"石决明"，俗叫"鲍鱼"，软体动物的一种，生活在海中，有椭圆形贝壳. 肉可以吃，壳可以入药.

覆 fù ㄈㄨ ❶遮盖，蒙：天～地载. 大地被一层白雪～盖着. ❷翻，倒(dào)过来：～舟. 天翻地～. [覆没](—mò)船翻沉. ⑰军队被消灭. [覆辙]在那里翻过车的车辙. ⑰失败的道路、方法. [颠覆]车翻倒. ⑰指阴谋推翻合法政权，也指政权垮台. ❸同"复❶❷".

馥 fù ㄈㄨ 香气. [馥郁]香气浓厚.

洑 ㊀ fù ㄈㄨ 在水里游：～水.

㊁ fú 见137页.

副 fù ㄈㄨ ❶居第二位的，辅助的(区别于"正"或

"主")：～主席. ～排长. ❷附带的或次要的：～食. ～业. ～作用. ～产品. [副本]1. 书籍原稿以外的誊录本. 2. 重要文件正式的、标准的一份以外的若干份. [副词]修饰动词或形容词的词，如都、也、很、太、再三等. ❸相称(chèn)，符合：名不～实. 名实相～. ❹量词. 1. 用于成组成套的东西：一～对联. 一～担架. 全～武装. 2. 用于面部表情、态度等：一～笑容. 一～庄严而和蔼的面孔.

富 fù ㄈㄨ ❶富有，跟"贫"、"穷"相反，人、～豪. 新中国走向繁荣～强. [富丽]华丽：～堂皇. ❷资源、财产：～源. 财～. ❸充裕，多，足(叠—裕、—足、—饶、丰—)：我国人民～于创造精神. 西红柿的维生素C很丰～.

赋 fù ㄈㄨ ❶旧指田地税：田～. [赋税]旧时田赋和各种捐税的总称. ❷我国古典文学中的一种文体，盛行于汉魏六朝. ❸念诗或作诗：登高～诗. ❹交给，给与：完成党～予的任务.

傅 fù ㄈㄨ ❶辅助，教导. ❷师傅，教导人的人. ❸附

着,使附着:～粉.

缚 fù ㄈㄨ 捆绑:束～.

赙 fù ㄈㄨ 拿钱财帮人办理丧事:～金.～仪.

咐 fu ·ㄈㄨ 见 131 页"吩"字条"吩咐"(fēn－)、648 页"嘱"字条"嘱咐"(zhǔ－)。

G ㄍ

GA ㄍㄚ

夹(夾) ⊜ gā ㄍㄚ [夹肢窝](－zhiwō)腋窝.
⊖ jiā 见 219 页.
⊜ jiá 见 220 页.

旮 gā ㄍㄚ [旮旯](－lá)(－子、－儿)角落:墙～～.门～～.⑪偏僻的地方:山～～.背～～儿.

伽 ⊜ gā ㄍㄚ [伽马射线]又叫"丙种射线"镭和其他一些放射性元素的原子放出的射线,在工业和医学上用途很广。通常写作"γ 射线"。
⊖ qié 见 404 页.
⊜ jiā 见 218 页.

咖 ⊖ gā ㄍㄚ [咖喱](－lí)(外)用胡椒、姜黄等做的调味品.
⊜ kā 见 260 页.

嘎 ⊖ gā ㄍㄚ 拟声词。[嘎吧][嘎叭](－bā)拟声词。[嘎吱](－zhī)拟声词。
[嘎巴](－ba)1.黏东西凝结在器物上。2.(－儿)凝结在器物上的东西:衣裳上有好多～～.
[嘎渣](－zha)1.疮伤结的痂。2.(－儿)食物烤黄的焦皮:饭～～.饼子～～儿.
⊜ gá 见本页.
⊜ gǎ 见 144 页.

轧 ⊜ gá ㄍㄚˊ 〈方〉❶挤,拥挤.❷结交(朋友).❸查对(账目).
⊖ yà 见 559 页.
⊜ zhá 见 617 页.

钆 gá ㄍㄚˊ 一种金属元素,符号 Gd,它的氧化物和硫化物都带淡红色.

尜 gá ㄍㄚˊ [尜尜](－ga)1.一种儿童玩具,两头尖中间大。也叫"尜儿"。2.像尜尜的:～～枣.～～汤(用玉米面等做的食品).

嘎 ⊜ gá ㄍㄚˊ [嘎嘎](－ga)同"尜尜".

⊖ gā 见 143 页。

⊜ gǎ 见本页。

噶 gá ⟨ㄍㄚˊ⟩ 译音用字。

尜 gǎ ⟨ㄍㄚˊ⟩〈方〉❶乖僻。❷调皮。

尕 gǎ ⟨ㄍㄚˊ⟩〈方〉小：～娃.～李.

嘎 ⊜ gǎ ⟨ㄍㄚˊ⟩ 同"尜"(gǎ)。

⊖ gā 见 143 页。

⊖ gá 见 143 页。

尬 gà ⟨ㄍㄚˋ⟩ 见 146 页"尴"字条"尴尬"(gān—)。

GAI　ㄍㄞ

该 gāi ⟨ㄍㄞ⟩ ❶应当，理应如此(疊—)：～做的一定要做。❷表示根据情理或经验推测必然的或可能的结果：不学习，思想就～落后了。❸指前面说过的人或事物，多用于公文：～地.～员.～书.❹欠，欠账：～他几块钱.❺同"赅"。

陔 gāi ⟨ㄍㄞ⟩ ❶近台阶的地方。❷级，层，台阶。❸田埂。

垓 gāi ⟨ㄍㄞ⟩ ❶[垓下]古地名，在今安徽省灵璧东南，是汉刘邦围困项羽的地方。❷〈古〉数目，是京的十倍。

荄 gāi ⟨ㄍㄞ⟩ 草根。

赅 gāi ⟨ㄍㄞ⟩ 完备：言简意～.

改 gǎi ⟨ㄍㄞˇ⟩ ❶变更，更换(疊—革、—变、更—)：～天换地。❷修改：～文章.～衣服。❸改正：知过必～。

丐 gài ⟨ㄍㄞˋ⟩ ❶乞求。❷乞丐，讨饭的人。❸给予。

钙 gài ⟨ㄍㄞˋ⟩ 一种金属元素，符号 Ca，银白色晶体。动物的骨骼、蛤壳、蛋壳都含有碳酸钙和磷酸钙。它的化合物在工业上、建筑工程上和医药上用途很大。

芥 ⊖ gài ⟨ㄍㄞˋ⟩ 芥菜，也作"盖菜"，是芥(jiè)菜的变种。叶子大，表面多皱纹，是普通蔬菜。[芥蓝]一种不结球的甘蓝，叶柄长，叶片短而宽，花白色或黄色。嫩叶和菜薹是普通蔬菜。

⊖ jiè 见 239 页。

盖(蓋) ⊖ gài ⟨ㄍㄞˋ⟩ ❶器物上部有遮蔽作用的东西：锅～.瓶～.❷伞：华～(古代车上像伞的篷子)。❸由上向下覆(疊—)：～上锅.～被.❹1.压倒：～世无双.2.用印打上：～章.～印.❹建造：～楼.～房子.❺动物的甲壳螃蟹～.❻文言虚词.1.发语词：～有年矣.2.表不能确信,大概如此：～近之矣.3.连词,表原因：有所不知,～未学也.

〈古〉又同"盍"(hé).

㊀ gě 见153页.

溉 gài ㄍㄞˋ 浇灌(叠灌一).

概 gài ㄍㄞˋ ❶大略,总括：～论.大～.不能一一而论.[概念]人们在反复的实践和认识过程中,将事物共同的本质特点抽出来,加以概括,从感性认识飞跃到理性认识,就成为概念.❷情况,景象：胜～.❸气度：气～.❹平斗,斛用的小木板.

戤 gài ㄍㄞˋ 旧指冒牌图利.

GAN ㄍㄢ

干 (❼—⓭△乾) ㄍㄢ gān ❶关连,涉及：不相～.这事与你何～?❷冒犯,触犯：～犯.有～禁例.[干涉]过问或制止,常指不应管硬管：互不～内政.❸追求,旧指追求职位俸禄：～禄.❹盾：动～戈(喻战乱).[干城]⑱捍卫者.

❺天干,历法中用的"甲、乙、丙、丁、戊、己、庚、辛、壬、癸"十个字,也作编排次序用.[干支]天干和地支,历法上把这两组字结合起来,表示日子或年份.❻水边：江～.河～.❼没有水分或水分少的,跟"湿"相反(叠一燥)：～柴.～粮.[干脆]⑱爽快,简捷：说话～～,做事也～～.❽(一儿)干的食品或其他东西：饼～.豆腐～儿.❾枯竭,净尽,空虚：大河没水小河～.～杯.外强中～.⓭空,徒然：～着急.～等.～看着.⓫拜认的亲属关系：～娘.⓬说恨,气愤的话使对方难堪：今天,我又～了他一顿.⓭慢待,不理睬：没想到,他把咱们～起来了.

[干将](一jiāng)古宝剑名.

㊁ gàn 见147页.

"乾"又qián 见398页.

玕 gān ㄍㄢ [琅玕](láng一)像珠子的美石.

杆 gān ㄍㄢ (一子、一儿)较长的木棍：旗～.电线～子.栏～儿.

㊁ gǎn 见146页.

肝 gān ㄍㄢ 肝脏,人和高等动物主要内脏之一.是分泌胆汁的器官,可储藏体内淀粉，调composition蛋白质、脂肪和碳水化合物的新陈代谢及解毒等。（图见612页"脏"）[肝胆]喻1.诚心，诚意：～～相照（喻真诚相见）. 2.勇气，血性。

矸 gān ㄍㄢ 矸子，夹杂在煤里的石块。

竿 gān ㄍㄢ （一子、一儿）竹竿，竹子的主干，竹棍。

酐 gān ㄍㄢ 酸酐，是含氧的无机或有机酸缩水而成的氧化物，如二氧化硫，醋酸酐。

甘 gān ㄍㄢ ❶甜，味道好，跟"苦"相反：～苦。～泉.苦尽～来.喻美好：～雨. ❷甘心，自愿，乐意：～心情愿.不～失败。

坩 gān ㄍㄢ 盛（chéng）东西的陶器。[坩埚]（－guō）用来熔化金属或其他物质的器皿，多用陶土或白金制成，能耐高热。

苷 gān ㄍㄢ 有机化合物的一类，即甙（dài）。

泔 gān ㄍㄢ 泔水，洗过米的水。⟨方⟩洗碗洗菜用过的脏水。

柑 gān ㄍㄢ 常绿灌木或小乔木，初夏开花，白色。果实圆形，比橘子大，赤黄色，味甜。种类很多。

疳 gān ㄍㄢ 病名。1.疳积，中医称小儿的肠胃病。2.马牙疳，又叫"走马疳"。牙床和颊部急性溃疡，流脓和血，小儿容易患这种病。3.下疳，性病的一种。

尴（尷、**尲） gān ㄍㄢ [尴尬]（－gà）1.处境窘困，不易处理。2.神态不自然。

杆（*桿） ㊁ gǎn ㄍㄢ ❶（一子、一儿）较小的圆木条或像木条的东西（指作为器物的把儿的）：笔～儿.枪～儿.烟袋～儿. ❷量词，用于有杆的器物：一～枪.一～笔.
㊀ gān 见145页。

秆（*稈） gǎn ㄍㄢ （一子、一儿）稻麦等植物的茎：高粱～儿.高～作物.

赶（趕） gǎn ㄍㄢ ❶追，尽早或及时到达：～集.～火车.学先进～先进.⟨方⟩从速，快做：～写文章.～任务.～活. ❷驱使，驱逐：～羊.～马车.把侵略者～出国门. ❸介词，等到（某个时候）：～明儿再说.～年下再回家. ❹遇到（某种情形):正～上他没在家.

㨄 gǎn ㄍㄢˇ 用棍棒碾轧(yà):～面条.～毡(制毡).

敢 gǎn ㄍㄢˇ ❶有勇气,有胆量:～于斗争.～负责任.谦辞:～问.～请.❷莫非:～是哥哥回来了?[敢情](-qing)[敢自](-zi)〈方〉1.原来:～～是你!2.自然,当然:那～～好了.～～你不冷了,穿上了新棉袄.

澉 gǎn ㄍㄢˇ [澉浦]地名,在浙江省海盐.

橄 gǎn ㄍㄢˇ [橄榄](-lǎn)1.橄榄树,常绿乔木,花白色.果实绿色,长圆形,也叫青果,可以吃.种子可榨油,树脂供药用.2.油橄榄,又叫"齐墩果",常绿小乔木,花白色,果实黑色.欧美用它的枝叶作为和平的象征.

感 gǎn ㄍㄢˇ ❶感觉,觉到:～render.～到很温暖.[感冒]一种传染病,病原体是一种滤过性病毒,症状是鼻塞、喉痛、发烧、头痛、咳嗽、打喷嚏等.[感觉]1.客观事物的个别性质作用于人的感官(眼、耳、鼻、舌、皮肤)所引起的直接反应.2.觉得:我～～

事情还顺手.[感性]指感觉和印象,是认识的初级阶段:～～认识.❷使在意识、情绪上起反应,解放军的英勇～动得他落了泪.用事实～化他.❸情感,感情,因受刺激而引起的心理上的变化:百～交集.自豪.❹感谢,对人家的好意表示谢意:深～厚谊.请客来为～.

鱤 gǎn ㄍㄢˇ 鱼名.体长,青黄色,吻尖.性凶猛,捕食其他鱼类.生活在淡水中.也叫"黄钻"(zuàn).

干(幹、❶*榦) ㊀ gàn ㄍㄢˋ ❶事物的主体,重要的部分:树～.躯～.～线.[干部]1.指机关团体的领导或管理人员.2.指一般公职人员.❷做,搞:这件事我可以～.你在～什么?⑱有才能的,善于办事的:～才.～员.[干练]办事能力强,很有经验.[干事](-shi)负责某些事务的人:宣传～～.❸〈方〉坏,糟:事情要～.～了.

㊁ gān 见145页.

旰 gàn ㄍㄢˋ 晚上:～食.

骭 gàn ㄍㄢˋ ❶小腿骨.❷肋骨.

绀 gàn ㄍㄢ 微带红的黑色。

淦 gàn ㄍㄢ 淦水,水名,在江西省。

赣(*贛、*灨) gàn ㄍㄢ ❶赣江,水名,在江西省。❷江西省的别称。

GANG ㄍㄤ

冈(岡) gāng ㄍㄤ 山脊;山～.景阳～.井～山.

刚(剛) gāng ㄍㄤ ❶坚强,跟"柔"相反(逳－强):性情～正.❷副词,正好,恰巧(叠):～～合适.～好一杯.❸副词,才,刚才:～来就走.～说了一句话.

扨(掆) gāng ㄍㄤ 同"扛"(gāng).

岗(崗) ⊖ gāng ㄍㄤ 同"冈".
⊜ gǎng 见本页。

纲(綱) gāng ㄍㄤ ❶提网的总绳.⑨事物的关键部分:大～.～目.～领.❷从唐朝起,转运大量货物时,把货物分批运行,每批的车辆、船只计数编号,叫做一纲:盐～.茶～.花石～.

枫(橫) gāng ㄍㄤ 青枫,又叫"桴栎"(húlì).落叶乔木,叶椭圆形,木质坚实,供建筑用。

钢(鋼) ⊖ gāng ㄍㄤ 经过精炼,不含磷、硫等杂质的铁,含碳量低于2%,比熟铁更坚硬更富于弹性,是工业上极重要的原料.[钢铁]⑩坚强,坚定不移:～的意志.[钢精][钢种](－zhǒng)指制造日用器皿的铝.
⊜ gàng 见149页。

扛 ⊖ gāng ㄍㄤ ❶两手举东西:～鼎.❷〈方〉抬东西.
⊜ káng 见263页。

肛 gāng ㄍㄤ 肛门,直肠末端的口儿。

缸(**瓨) gāng ㄍㄤ 盛东西的陶器,圆筒状,底小口大。

罡 gāng ㄍㄤ [天罡星]即北斗星。

堽 gāng ㄍㄤ [堽城屯]地名,在山东省宁阳。

岗(崗) ⊜ gǎng ㄍㄤ ❶(－子,－儿)高起的土坡:黄土～儿.❷(－子,－儿)平面上凸起的一长道:肉～子.❸守卫的位置:

站～.门～.布～.[岗位]守卫、值勤的地方。也指职位:工作～.

⊝gāng 见 148 页。

港 gǎng 《ㄤˇ ❶江河的支流。❷可以停泊大船的江海口岸:军～.商～.塘沽新～.❸指香港:～澳(香港和澳门)同胞.～人治～.

杠(*槓) gàng 《ㄤˋ(一子)较粗的棍子:铁～.木～.双～(一种运动器具).[杠杆](－gǎn)一种简单助力器械,如剪刀、辘轳、秤,都是利用杠杆的原理制作的。

钢(鋼) ⊖gàng 《ㄤˋ 把刀在布、皮、石或缸沿上用力磨擦几下使它锋利:这把刀钝了,要～一～.
⊝gāng 见 148 页。

筻 gàng 《ㄤˋ [筻口]地名,在湖南省岳阳。

戆 ⊝gàng 《ㄤˋ〈方〉鲁莽:～头～脑.
⊝zhuàng 见 653 页。

GAO 《ㄠ

皋(*皐) gāo 《ㄠ 水边的高地:汉～.江～.

槔 gāo 《ㄠ 见 237 页"桔"字条"桔槔"(jié－)。

高 gāo 《ㄠ ❶跟"低"相反。1.由下到上距离远的:～山.～楼大厦.2.等级在上的:～年级学生.～等学校.3.在一般标准或平均程度之上:质量～.～速度.～价.4.声音响亮:～歌.～声.[高低]1.高低的程度。2.优劣:深浅轻重(指说话或做事):不知～～.4.到底,终究:～～做好了.5.无论如何:再三请求,他～～不答应.❷敬辞:～见(高明的见解).～寿(问老人的年纪).
[高山族]我国少数民族,参看附表。

膏 ⊖gāo 《ㄠ ❶肥或肥肉:～粱(肥肉和细粮).[膏腴](－yú)土地肥沃.❷脂,油。❸很稠的、糊状的东西:梨～.牙～.～药.
⊝gào 见 150 页。

篙 gāo 《ㄠ 用竹竿或杉木等做成的撑船的器具。

羔 gāo 《ㄠ(一子、一儿)羊羔,小羊:～儿皮.泛指幼小的动物:狼～.

糕(*餻) gāo 《ㄠ 用米粉或面粉等搀

和其他材料做成的食品:鸡蛋~.年~.

睾 gāo 《幺 睾丸,雄性动物生殖器官的一部分,在阴囊内,能产生精子。也叫"精巢"或"外肾"。

杲 gǎo 《幺 明亮:~~出日.

搞 gǎo 《幺 做,弄,干,办:~工作.~通思想.~清问题.

缟 gǎo 《幺 一种白色的丝织品:~衣.[缟素]旧时丧服。

槁(*稾) gǎo 《幺 枯干(逾枯-):~木.

镐 ⊖ gǎo 《幺 刨土的工具。
⊜ hào 见182页.

稿(*稾) gǎo 《幺 ❶谷类植物的茎秆:~荐(稻草编的垫子).❷(-子、-儿)文字、图画的草底:文~儿.打~儿.⑯事先考虑的计划:做事没有准~子不成.

藁 gǎo 《幺 藁城,地名,在河北省.

告 gào 《幺 ❶把事情说给别人,通知(逾一诉):报

~.你~诉我.[告白]对公众的通告.[忠告]规劝.❷提起诉讼(逾控一)~发.原~.被~.❸请求、恳求(逾一饶):~假.~辞.自~奋勇.❹宣布或表示某种情况的出现:大功~成.~急.

郜 gào 《幺 姓.

诰 gào 《幺 古代帝王对臣子的命令:~命.~封.

锆 gào 《幺 一种金属元素,符号 Zr,灰色结晶或灰色粉末。应用于原子能工业或在高温高压下用作耐蚀化工材料.

膏 ⊖ gào 《幺 ❶把油加在车轴或机械上:~油.~车.❷把毛笔蘸上墨汁在砚台边上拃:~笔.~墨.
⊜ gāo 见149页.

GE 《さ

戈 gē 《さ 古代的一种兵器,横刃长柄.[戈壁](蒙)沙漠地区.

仡 ⊖ gē 《さ [仡佬族](-lǎo-)我国少数民族,参看附表.
⊜ yì 见579页.

圪 gē 《さ [圪垯](-da)1.同"疙瘩2",多用于土

块等：土～～. 冰～～. 2.小土丘，多用于地名。

纥 gē 《さ [纥縫](—da) 同"疙瘩2"，多用于纱线、织物等：线～～. 解开头巾上的～～.

㊁ hé 见184页。

疙 gē 《さ [疙瘩](—da) 1. 皮肤上突起或肌肉上结成的病块：头上起了个～～. 2. 小球形或块状的东西。3. 不易解决的问题：思想～～. 这件事有点儿～～. 4. 不通畅，不爽利的话：文字上有些～～. 5. 〈方〉量词：一～石头. 一～～糕.

咯 ㊂ gē 《さ [咯噔](—dēng)拟声词(叠)：～～～的皮鞋声. [咯吱](—zhī)拟声词(叠)：～～地直响. [咯嗒](—da)同"疙瘩2"：面～～. 荞麦～～.

㊀ kǎ 见260页。

㊁ lo 见312页。

胳(*肐) gē 《さ [胳膊](—bo)[胳臂](—bei)上肢，肩膀以下手腕以上的部分。(图见486页"体")

袼 gē 《さ [袼褙](—bei) 用纸或布裱糊成的厚片，多用来做纸盒、布鞋等。

搁 ㊀ gē 《さ 放，置：把书～下. 盐～在水里就化了. ㊋耽搁：～了一个月. [搁浅]船停滞在浅处，不能进退. ㊌事情停顿。

㊁ gé 见152页。

哥 gē 《さ ❶兄，同父母或亲属among中同辈而年龄比自己大的男子(叠)：大～. 表～. ❷称呼年龄跟自己差不多的男子：张大～.

歌 gē 《さ ❶(—儿)能唱的文词：诗～. 山～. 唱～. ❷唱(叠—唱—咏)：高～. 咏～. [歌颂]颂扬：～～伟大的祖国。

鸽 gē 《さ (—子)鸟名。有野鸽、家鸽等多种，常成群飞翔。有的家鸽能够传递书信。常用做和平的象征。

割 gē 《さ 切断，截下：～麦. ～草. ～尾巴. ㊋取去：～舍. ～爱. [割据]一国之内拥有武力的人占据部分地区，形成分裂对抗的局面。[割线]数学上称跟圆或曲线在两点或多点相交的直线。[交割]一方交付，一方接收，双方结清手续。[收割]把成熟的庄稼割下收起。

革 ㊀ gé 《さ ❶去了毛，经过加工的兽皮(叠皮—)。

制~.❷改变(叠改一):~新.洗心~面.⑦革除,撤消(职务).[革命]1.被压迫阶级用暴力夺取政权,摧毁旧的腐朽的社会制度,建立新的进步的社会制度.2.事物的根本变革:思想～～.技术～～.

㊁ jí 见 212 页.

阁(阁) gé ㄍㄜˊ ❶小门,旁门.❷见本页"阁".

"阁"又 hé 见 183 页"合".

蛤 ㊀ gé ㄍㄜˊ 蛤蜊(li),软体动物,生活在近海泥沙中.体外有双壳,颜色美丽.肉可吃.

[蛤蚧](一jiè)爬行动物,像壁虎,头大,尾部灰色,有红色斑点.中医用做强壮剂.

㊁ há 见 176 页.

颌 ㊀ gé ㄍㄜˊ 口.

㊁ hé 见 184 页.

阁(*閤) gé ㄍㄜˊ ❶类似楼房的建筑物:亭台楼~.[阁子]小木头房子.[内阁]明清两代大臣在宫中处理政务的机关.民国初年的国务院和现在某些国家的最高行政机关也叫内阁.省称"阁":组~.入~.[阁下]对人的敬称,多用于外交场合.❷闺房:出~.

格(④`*`**挌)** gé ㄍㄜˊ ❶(一儿)划分成的空栏和框子:方~儿布.~子纸.打~子架子上有四个~.❷规格,标准:~言.合~.⑦人的品质(叠品一):人~.[格外]副词,特别地:~~小心.~~帮忙.❸阻碍,隔阂(叠):~~不入.❹击,打:~斗(dòu).~杀.❺推究:推~.

搁 ㊀ gé ㄍㄜˊ 禁(jīn)受,承受:~不住这么沉.~不住揉搓.

㊀ gē 见 151 页.

骼 gé ㄍㄜˊ 骨头:骨~.

鬲 ㊀ gé ㄍㄜˊ [鬲津河]古水名,旧称四女寺减河,即今漳卫新河,是河北、山东两省的界河.

㊁ lì 见 296 页.

隔 gé ㄍㄜˊ ❶遮断,隔开:~着一条河.~靴搔痒(喻不中肯).[隔膜]1.情意不相通,彼此有意见.2.不熟晓,行外:我对于这种技术实在~~.3.同"膈膜".[隔阂](一hé)义同"隔膜1".[隔离]使互相不能接触,断绝来往.

❷距,离:相～很远.

塥 gé ㄍㄜˊ 〈方〉水边的沙地.多用于地名,如青草塥、芦塥,均在安徽省桐城.

嗝 gé ㄍㄜˊ (一儿)胃里的气体从嘴里出来而发出的声音,或横膈膜痉挛,气体冲过关闭的声带而发出的声音:打～.

滆 gé ㄍㄜˊ 滆湖,湖名,在江苏省.

膈 gé ㄍㄜˊ 膈膜,横膈膜,人或哺乳动物胸腔和腹腔之间的膜状肌肉.

镉 gé ㄍㄜˊ 一种金属元素,符号Cd,银白色,在空气中表面生成一层保护膜.用于制合金、釉料、颜料,并用作原子反应堆中的中子吸收棒.

葛 gé ㄍㄜˊ 多年生草本植物,花紫红色.茎可编篮做绳,纤维可织葛布.根可提制淀粉,又供药用.
㊁ gè 见本页.

个(個) ㊁ gě ㄍㄜˇ [自个儿]自己.
㊁ gè 见本页.

合 ㊀ gě ㄍㄜˇ ❶我国容量单位,一升的十分之一.

❷旧时量粮食的器具.
㊁ hé 见183页.

各 ㊀ gě ㄍㄜˇ 〈方〉特别,与众不同:那人挺～.[自各儿]自己.
㊁ gè 见本页.

哿 gě ㄍㄜˇ 表示赞许,可,嘉.

舸 gě ㄍㄜˇ 大船.

盖(蓋) ㊀ gě ㄍㄜˇ 姓.
㊁ gài 见144页.

葛 ㊀ gě ㄍㄜˇ 姓.
㊁ gé 见本页.

个(個、*箇) ㊀ gè ㄍㄜˋ ❶量词:洗～澡.一～人.一～不留神.打他～落花流水.❷单独的:～人.～体.❸(一子、一儿)身材或物体的大小:高～子.小～儿.馒头～儿不小.
㊁ gě 见本页.

各 ㊀ gè ㄍㄜˋ 每个,彼此不同的:～种职业.～处都有.～不相同.
㊁ gě 见本页.

硌 ㊀ gè ㄍㄜˋ 凸起的硬东西跟身体接触使身体感到难受或受到损伤:～脚.～牙.

铬 gè 《ㄜˋ 一种金属元素，符号Cr，颜色灰白，质硬而脆。主要用于制不锈钢和高强度耐腐蚀合金钢。铬又可用于电镀，坚固美观，胜于镀镍。

蛒 gè 《ㄜˋ [蛒蚤](—zao)见613页"蚤"(zǎo)。

GEI 《ㄟ

给 ㊀ gěi 《ㄟˇ ❶交付，送与：~他一本书.是谁~你的? ㊁把动作或态度加到对方：~他一顿批评. ❷介词。1.替，为：医生~他看病. ~大家帮忙. 2.被，表示遭受：~火烧掉了. ~拉走了. ❸助词。1.跟前面"让"、"叫"、"把"相应，可有可无：窗户叫风(~)吹开了. 羊让狼(~)吃了. 狼把小羊(~)叼走了. 2.〈方〉把，将：请你随手~门关上.

㊁ jǐ 见214页。

GEN 《ㄣ

根 gēn 《ㄣ ❶植物茎干下部长在土里的部分。它有吸收土壤里的水分和溶解在水中的无机盐的作用，还能把植物固定在地上。有的植物的根还有储藏养料的作用(邇—柢):树~.草~.(如向日葵、甜菜的根).须~(如小麦、稻的根).块~(如甘薯等可以吃的部分). ㊁(~儿)1.比喻后辈儿孙:他是刘家一条~. 2.物体的基部和其他东西连着的部分(邇—基):耳~.舌~.墙~儿. 3.事物的本源:祸~.斩断穷~. ~治. 4.彻底:~绝. ~治. [根据]凭依，依据:~~什么? 有什么~~? ❷量词，用于长条的东西:一~木料. 两~麻绳. ❸代数方程式内未知数的值. [方根]数学上，任何次自乘幂(mì)的底数，也省称"根". ❹化学上指带电的基:氢~.硫酸~.

跟 gēn 《ㄣ ❶(~儿)踵，脚的后部:脚后~. ㊁鞋袜的后部:袜后~儿. ❷随在后面，紧接着:一个~一个别掉队. 开完会~着就参观. ㊁赶，及:后续部队也~上来了. ❸连词，和，同:我~他在一起工作. ❹介词，对，向:已经~他说过了.

[跟头](—tou)身体摔倒或向下翻转的动作:摔~~. 栽~~. 翻~~.

哏 gén 《ㄣ 〈方〉❶滑稽，可笑，有趣：这话真～.❷滑稽的话或表情：捧～.逗～.

艮 ㊀ gěn 《ㄣ 〈方〉食物韧而不脆：～萝卜不好吃.
㊁ gèn 见本页。

亘(*亙) gèn 《ㄣ 空间或时间上延续不断：绵～数十里.古～今.

艮 ㊀ gèn 《ㄣ 八卦之一，符号为三，代表山。
㊁ gěn 见本页。

茛 gèn 《ㄣ [毛茛]多年生草本植物，喜生在水边湿地，夏天开五瓣黄花，果实集合成球状。全草有毒，可作外用药。

GENG 《ㄥ

更 ㊀ gēng 《ㄥ ❶改变，改换(逵－改，－换，变－)：～动.万象～新.～番(轮流调换).～正错误.❷经历：少(shào)不～事.❸旧时一夜分五更：三～半夜.打～(打梆敲锣报时巡夜)

㊁ gèng 见156页。

庚 gēng 《ㄥ ❶天干的第七位，用作顺序的第七。❷年龄：同～.

赓 gēng 《ㄥ 继续(逵－续)。〈古〉又同"续"(xù)。

鹒 gēng 《ㄥ 见43页"鸧"字条"鸧鹒"(cāng－)

耕 gēng 《ㄥ 用犁把土翻松：深～细作.

羹 gēng 《ㄥ 煮或蒸成的汁状、糊状、冻状的食品：鸡蛋～.肉～.豆腐～.[调羹](tiáo－)喝汤用的小勺子。也叫"羹匙"(chí)

埂 gěng 《ㄥ ❶(－子、－儿)田间稍稍高起的小路：田～儿.地～子.❷地势高起的地方。

哽 gěng 《ㄥ 声气阻塞：～咽(yè)

绠 gěng 《ㄥ 汲水用的绳子：～短汲深(喻才力不能胜任)

梗 gěng 《ㄥ ❶(－子、－儿)植物的枝或茎：花～.荷～.高粱～.[梗概]大略的情节。❷直，挺立：～着脖子.❸阻塞，妨碍(逵－塞)：从中作～.

鲠(*骾) gěng 《ㄥ ❶鱼骨。❷骨头卡在嗓子里。[骨鲠]正直。

耿 gěng 《ㄥˇ ❶光明。❷正直。[耿介]〈介.[耿直][梗直][鲠直]直爽,正直.
[耿耿]1.形容忠诚:忠心～～.2.心里老想着不能忘怀:～～于怀.

颈 ⊖ gěng 《ㄥˇ 义同"颈⊖",用于"脖颈子".
⊖ jǐng 见246页.

更 ⊖ gèng 《ㄥˋ 副词.❶再,重(chóng):～上一层楼.❷越发,愈加:～好.明显了.
⊖ gēng 见155页.

暅 gèng 《ㄥˋ 晒。多用于人名.

GONG 《ㄨㄥ

工 gōng 《ㄨㄥ ❶工人:矿～.技～.～农联盟.❷工业:化～.～商界.❸工作,工程:做～.～具.手～.兴～.[工程]关于制造、建筑、开矿等,有一定计划进行的工作:土木～.水利～.❹一个工人一个劳动日的工作:这件工程需要二十个～才能完成.❺精细:～笔画.❻善于,长于:～书善画.❼旧时乐谱的记音符号,相当于简谱的"3".[工尺](一

chě)我国旧有的音乐记谱符号,计有合、四、一、上、尺(chě)、工、凡、六、五、乙,相当于简谱的5、6、7、1、2、3、4、5、6、7."工尺"是这些符号的总称.
[工夫][功夫](—fu)1.时间(多用"工夫"):有～～来一趟.2.长期努力实践的成果,本领(多用"功夫"):～～深.

功 gōng 《ㄨㄥ ❶功劳,贡献较大的成绩:记大一次.立～.[功臣]封建时代指为皇帝效劳有功的官吏,现在指对某项事业有特殊功劳的人.❷功夫:用～.下苦～.❸成就,成效:成～.徒劳无～.❹物理学上指度量能量转换的量。在外力作用下使物体顺力的方向移动,机械功的大小就等于这个力和物体移动距离的乘积.

红 ⊖ gōng 《ㄨㄥ [女红]旧指女子所做的缝纫、刺绣等工作。也作"女工".
⊖ hóng 见188页.

攻 gōng 《ㄨㄥ ❶攻击,打击,进击,跟"守"相反:～守同盟.～势.～城.⑨指摘别人的错误:～人之短.❷致力研究:～读.专～化学.

弓 gōng ㄍㄨㄥ ❶射箭或发弹(dàn)丸的器具:弹~.~箭.❷(一子)像弓的用具:胡琴~子.❸旧时丈量地亩的器具,也是计量单位.1弓约等于5市尺.240平方弓为1亩.❹弯曲:~腰.

躬(*躳) gōng ㄍㄨㄥ ❶身体.❹ ̣自身,亲自:~行.~耕.❷弯曲身体:~身.

公 gōng ㄍㄨㄥ ❶属于国家或集体的,跟"私"相反:~物.~务.大~无私.❷公平,公道:~允.~正.秉~办事.❸让大家知道:~开.~告.~布.❹共同的,大家承认的,大多数适用的:~海.爱国~约.几何~理.[公司]合股(或单股)经营的一种工商业组织,经营产品的生产、商品的流转或某些建设事业:百货~.运输~.煤气~.❺公制的:~里.~尺.~斤.❻属于国家的或集体的事:~文.办~.因~出差.❼雄性的:~鸡.~羊.❽对祖辈和老年男子的称呼(叠):外~.老~~.❾丈夫的父亲(叠):~婆.❿我国古代五等爵位(公、侯、伯、子、男)的第一等.

蚣 gōng ㄍㄨㄥ 见518页"蜈"字条"蜈蚣"(wú-gong).

供 ⊖ gōng ㄍㄨㄥ 供给(jǐ),准备着东西给需要的人应用:~养.提~.~销.~求相应.~参考.[供给制]对工作人员不给工资,只供给生活必需品的一种制度.
⊜ gòng 见158页.

龚(龔) gōng ㄍㄨㄥ 姓.

肱 gōng ㄍㄨㄥ 胳膊由肘到肩的部分,泛指胳膊,曲~.[股肱]❹旧指得力的助手.

宫 gōng ㄍㄨㄥ ❶房屋,封建时代专指帝王的住所:故~.❷神话中神仙居住的房屋或庙宇的名称:少年~.文化~.❸宫刑,古代阉割生殖器的残酷肉刑.❺古代五音"宫、商、角、徵(zhǐ)、羽"之一.

恭 gōng ㄍㄨㄥ 肃敬,谦逊有礼貌(❹一敬):~贺.[出恭]排泄大小便.

塨 gōng ㄍㄨㄥ 用于人名.

觥 gōng ㄍㄨㄥ 古代用兽角做的一种饮酒器皿。

巩(鞏) gǒng ㄍㄨㄥ 坚固, 结实, 使牢固: 基础~固. ~固学习成果. ~固人民民主专政.

汞(**錄) gǒng ㄍㄨㄥ 通称"水银". 一种金属元素, 符号 Hg, 银白色的液体, 能溶解金、银、锡、钾、钠等. 可用来制温度表、气压计、水银灯等. [汞溴(xiù)红]俗叫"二百二"或"红药水", 是敷伤口的杀菌剂.

拱 gǒng ㄍㄨㄥ ❶拱手, 两手向上相合表示敬意. ❷两手合围: ~抱. ~木. ❸环绕: ~卫. ❹肩膀向上耸: 肩膀~. ❹建筑物上呈弧形的结构, 大多中间高两侧低: ~门. ~桥. 连~坝. ❺顶动, 向上或向前推: ~芽. 虫子~土. 猪用嘴~土.

珙 gǒng ㄍㄨㄥ ❶大璧. ❷珙县, 地名, 在四川省.

栱 gǒng ㄍㄨㄥ [枓栱](dǒu—)同"斗拱", 见 106 页"斗㊀❸".

共 gòng ㄍㄨㄥ ❶同, 一齐(鍪—同): 和平~处五项原则. 干部和战士同甘~苦. ❷总, 合计(鍪—总): 一~二十人. ~计. ❸共产党的简称: 中~.

〈古〉又同"恭"(gōng).

〈古〉又同"供"(gòng).

供 ㊁ gòng ㄍㄨㄥ ❶向神佛或死者奉献祭品: ~佛. ❷指奉献的祭品: 上~. ❸被审问时在法庭上述说事实: 招~. 口~. ~状. ~认.

㊀ gōng 见 157 页.

贡 gòng ㄍㄨㄥ ❶古代指臣国或臣民向君主献东西. [贡献]1. 拿出力量或财物来给国家和人民: ~~自己的一切. 2. 对人民、人类社会所做的有益的事: 马克思、恩格斯创立的学说, 是对人类的伟大~~. ❷贡品. ❸封建时代指选拔人才, 推荐给朝廷: ~生. ~举.

唝 gòng ㄍㄨㄥ [唝吥](—bù)地名, 在柬埔寨.

GOU ㄍㄡ

勾 ㊀ gōu ㄍㄡ ❶用笔画出符号, 表示删除或截取: ~了这笔账. 一笔~销. 把精彩的文句~出来. ❷描画, 用线条画出形象的边缘: ~图样.❼用灰涂抹建筑物上砖、瓦或石块之间的缝:～墙缝.用灰一抹房顶.❸招引,引(連一引):～结.～通.～搭,这一问～起他的话来了.❹我国古代称不等腰直角三角形中构成直角的较短的边.

[勾留]停留:在那里～～几天.

㊁ gòu 见 160 页.

沟(溝) gōu 《又 ❶流水道:阴～.阳～.

[沟通]使两方通达:～～文化.❷像沟的东西:车～.

钩(*鉤) gōu 《又 ❶(一子、一儿)悬挂或探取东西用的器具,形状弯曲,头端尖锐:秤～儿.钓鱼～儿.挂～儿.火～子.❷(一子、一儿)形状像钩子的:蝎子的～子.❸(一儿)汉字的一种笔形(┐乚乚等).❹用钩状物探取:把床底下那本书～出来.⑤研究,探寻:深致远.⑤同"勾㊀❷".⑥一种缝纫法,多指缝在衣边:～贴边.

句 ㊀ gōu 《又 古同"勾".

[高句骊]古国名.

[句践]春秋时越王名.

㊁ jù 见 253 页.

佝 gōu 《又 [佝偻](一lóu)佝偻病,俗称"小儿软骨病".由于食物中缺少钙、磷和丁种维生素,并缺乏日光照射而引起的骨骼发育不良.症状有方头、鸡胸、两腿弯曲等.

枸 ㊀ gōu 《又 [枸橘](一jú)就是枳(zhǐ).参看638页"枳".

㊁ gǒu 见 160 页.

㊂ jǔ 见 253 页.

缑 gōu 《又 刀剑等柄上所缠的绳.

韝(韝) gōu 《又 古代的套袖.

篝 gōu 《又 熏笼.[篝火]原指用笼子罩着的火,现指在野外或空旷的地方燃烧的火堆.

鞲(鞲) gōu 《又 [鞲鞴](一bèi)活塞,唧筒里或蒸汽机、内燃机的汽缸里往复运动的机件.

苟 gǒu 《又 姓.

苟 gǒu 《又 ❶姑且,暂且:～安.～延残喘.❷马虎,随便:一丝不～.❸假如:～非其人.❹姓.

岣 gǒu 《又 [岣嵝](一lǒu)山名,即衡山,在湖南省。

狗 gǒu ㄍㄡ 一种家畜，听觉、嗅觉都很灵敏，善于看守门户。[狗腿子]喻走狗，为有权势的人奔走做坏事的人。

枸 ㊀ gǒu ㄍㄡ [枸杞](一qǐ)落叶灌木，夏天开淡紫色花。果实红色，叫枸杞子，可入药。
㊁ gōu 见 159 页。
㊂ jǔ 见 253 页。

笱 gǒu ㄍㄡ 竹制的捕鱼器具。

勾 ㊀ gòu ㄍㄡ ❶勾当(dang)，事情(多指坏事)。❷同"够"。❸姓。
㊁ gōu 见 158 页。

构(構、❶—❸*搆) gòu ㄍㄡ ❶构造，组合：～屋。～图。～词。[构造]各组成部分及其相互关系：人体～～。飞机的～～。句子的～～。❷结成(用于抽象事物)：～怨。虚～。[构思]做文章或进行艺术创作时运用心思。❸作品：佳～。杰～。❹构树，即榖(gǔ)树。

购(購) gòu ㄍㄡ 买(连一买)：～置。采～

原料.

诟 gòu ㄍㄡ ❶耻辱。❷辱骂。

垢 gòu ㄍㄡ ❶污秽，脏东西：油～。牙～。藏污纳～。❷耻辱。也作"诟"。

够(*夠) gòu ㄍㄡ ❶足，满足一定的限度：～数。～用。～多。⑨腻，厌烦：这个话我真听～了。❷达到，及：～得着。～格。

遘 gòu ㄍㄡ 相遇。

媾 gòu ㄍㄡ ❶结合，交合：婚～(亲上做亲)。交～(雌雄配合)。❷交好：～和(讲和)。

觏 gòu ㄍㄡ 遇见：罕～(很少见)。

彀 gòu ㄍㄡ ❶同"够"。❷使劲张弓。[彀中](一zhōng)箭能射及的范围。⑩牢笼，圈套。[入彀]喻进牢笼，入圈套。

GU ㄍㄨ

估 ㊀ gū ㄍㄨ 揣测，大致地推算：～计。～量。不要低～了群众的力量。～一～价钱。
㊁ gù 见 164 页。

咕 gū 《ㄨ 拟声词:布谷鸟～～地叫.[咕咚](-dōng)拟声词,重东西落下声.[咕嘟]1.(-dū)拟声词,水的响声.2.(-du)煮,煮得滚滚的:东西～～烂了吃,容易消化.3.(-du)鼓起:他气得把嘴～～起来.[咕唧](-ji)小声说话.[咕噜][-lū]拟声词,形容水流动或东西滚动的声音.[咕哝](-nong)小声说话.

沽 gū 《ㄨ ❶买:～酒.~名钓誉(有意做使人赞扬的事,捞取个人声誉).❷卖:待价而～(喻等候有了较高的待遇再贡献自己的才智).

姑 gū 《ㄨ ❶父亲的姊妹(叠).❷丈夫的姊妹:嫂.大一子.❸妻称夫的母亲:翁~(公婆).❹姑且,暂且:~妄言之.~置勿论.[姑息]暂求苟安.⑲无原则地宽容:对错误的行为绝不~~.

轱 gū 《ㄨ [轱辘](-lu)1.车轮.2.滚动,转(zhuàn):别让球~~了.

鸪 gū 《ㄨ 见 628 页"鹧"字条"鹧鸪"(zhè-),37 页"鹁"字条"鹁鸪"(bó-).

菇 gū 《ㄨ 蕈:香~.冬~.

蛄 gū 《ㄨ 见 314 页"蝼"字条"蝼蛄"(lóu-),205 页"蟪"字条"蟪蛄"(huì-).

辜 gū 《ㄨ ❶罪:无~.死有余~.❷亏负,违背:负了他的一番好意.

酤 gū 《ㄨ ❶买酒.❷卖酒.

呱 ㊀ gū 《ㄨ [呱呱]古书上指小儿哭声.
㊁ guā 见 165 页.
㊂ guǎ 见 166 页.

孤 gū 《ㄨ ❶幼年丧父或父母双亡.❷单独(⑮-独):~雁.~掌难鸣(喻力量单薄,难以有所作为).~立.❸古代君主的自称:~家.寡人.❹同"辜❷":~恩负义.

轱 gū 《ㄨ 大骨.

菰(❶**苽) gū 《ㄨ ❶多年生草本植物,生在浅水里,开淡紫红色小花.嫩茎经黑穗病菌寄生后膨大,叫茭白,果实叫菰米,都可以吃.❷同"菇".

觚 gū 《ㄨ ❶古代一种盛酒的器具.❷古代写字用的木板:操~(执笔写作).❸棱角.

骨 ㊀ gū 《ㄨ [骨朵](-duo)(-儿)没有开放的

花朵.[骨碌](-lu)滚动.[骨节](-jie)泛指长条形东西的一段.

㊁ gǔ 见 163 页。

菇 gū 《ㄨ [菇葵](-tū)1.果实的一种,如芍药、八角的果实.2.骨朵儿.

箍 gū 《ㄨ ❶用竹篾或金属条束紧器物:~木盆.❷(-儿)紧束器物的圈:铁~.

古 gǔ 《ㄨ ❶时代久远的,过去的,跟"今"相反(逄-老):~书.~迹.~为今用.[古板]守旧固执,呆板.[古怪]奇怪,罕见,不合常情.❷古体诗:五~.七~.[古董][骨董]古代留传下来的器物.⑩顽固守旧的人或过时的东西.

诂 gǔ 《ㄨ 用通行的话解释古代语言文字或方言字义:训~.解~.字~.

牯 gǔ 《ㄨ 母牛。也指阉割后的公牛。

罟 gǔ 《ㄨ 〈古〉捕鱼的网。

钴 gǔ 《ㄨ 一种金属元素,符号 Co,灰白色,微带红色。有延展性,熔点高,可以磁化,是制造超硬耐热合金和磁性合金的重要原料。钴的放射性同位素钴[60]在机械、化工、冶金等方面都有广泛的应用,在医疗上可以代替镭治疗癌症。

蝦 gǔ 《ㄨ jiǎ ㄐㄧㄚ (又)福。

盬 gǔ 《ㄨ (一子)烹饪用具,周围陡直的深锅:瓷~子.沙~子.

谷(❷-❹穀) ㊀ gǔ 《ㄨ ❶山谷,两山中间的水道。又指两山之间:万丈深~.❷庄稼和粮食的总称:五~.❸(-子)一种禾本科植物,子实碾去皮以后就成小米,供食用,茎可喂牲口.❹〈方〉稻,也指稻的子实:糯~.粳(jīng)~.轧(yà)~机.

㊁ yù 见 599 页。

汩 gǔ 《ㄨ 水流的声音或样子(叠)。

股 gǔ 《ㄨ ❶大腿,自胯至膝盖的部分。(图见 486 页"体")❷事物的一部分。1.股份,指集合资金的一份:~东.~票.2.机关团体中的一个部门:总务~.卫生~.3.合成绳线等的部分:合~线.三~绳.❸指不等腰直角三角形中构成直角的长边。❹量词。1.用于成条的东西：一～道（路）．一～线．一～泉水．2.用于气味、力气：一～香味．一～劲．3.用于成批的人（多指匪徒或敌军）：一～残匪．

骨 ⊖ gǔ ㄍㄨˇ ❶骨头，脊椎动物身体里面支持身体的坚硬组织：脊椎～．[骨骼]

颅

颈椎
锁骨
肩胛骨
肋骨　胸骨
肱骨
胸椎
腰椎
骶骨　桡
尾　尺
骶　椎骨
骨盆　骶骨
耻骨
坐
　　腕骨
　　指骨
　　掌骨
　　股骨
　　膑骨
　　胫骨
　　腓骨
　　跗骨
　　跖骨
　　趾骨

人体骨骼

全身骨头的总称。[骨节]两骨

（或更多）相连结的关节。[骨干]（一gàn）⓱中坚有力的：～～分子．～～作用．[骨肉]⓱最亲近的有血统关系的人，指父母、子女、兄弟、姊妹．❷像骨的东西：钢～水泥．❸品格、气概：～气．媚～．

⊜ gū 见 161 页。

馉 gǔ ㄍㄨˇ [馉饳]（一duò）（一儿）一种面制食品。

榾 gǔ ㄍㄨˇ [榾柮]（一duò）截成一段一段的短木头。

鹘 ⊖ gǔ ㄍㄨˇ [鹘鸼]（一zhōu）古书上说的一种鸟，羽毛青黑色，尾巴短。

⊜ hú 见 192 页。

贾 ⊖ gǔ ㄍㄨˇ ❶商人（圈商）．古时特指坐商。❷卖：余勇可～（喻还有多余的力量可以使出）．

⊜ jiǎ 见 221 页。

羖（**羒）gǔ ㄍㄨˇ 公羊。

蛊（蠱）gǔ ㄍㄨˇ 把许多毒虫放在器皿里，使互相吞食，最后剩下不死的毒虫叫蛊，旧时传说可用来毒害人。[蛊惑]使人心意迷惑。

鹄 ㊀ gǔ ㄍㄨˇ 射箭的靶子。[鹄的](—dì)箭靶子的中心，练习射击的目标。

㊁ hú 见192页。

鼓 gǔ ㄍㄨˇ ❶乐器名。多为圆柱形，中空，两头蒙皮，有军鼓、腰鼓、拨浪鼓等多种。[大鼓][大鼓书][鼓儿词]曲艺的一种，一人打着鼓说唱故事，另一人弹弦子伴奏。❷敲鼓：一～作气。⑩1.击，拍，弹：～掌.～琴.2.发动，使振作起来：～足干劲.～励.～劲.～舞.[鼓吹]1.打击乐和管乐合奏。2.传播，宣扬(现多用于贬义)。❸凸出，高起(叠)：口袋装得～～的.

臌 gǔ ㄍㄨˇ 膨胀，肚子胀起的病，通常有水臌、气臌两种。也作"鼓"。

瞽 gǔ ㄍㄨˇ 瞎：～者.

毂(轂) gǔ ㄍㄨˇ 车轮中心，有窟窿可以插轴的部分。(图见322页"轮")

榖 gǔ ㄍㄨˇ 榖树，落叶乔木，开淡绿色花。果实红色。树皮纤维可造纸。也叫"构"

或"楮"(chǔ)。

瀔 gǔ ㄍㄨˇ [瀔水]地名，在湖南省湘乡。也作"谷水"

估 ㊀ gù ㄍㄨˋ [估衣](—yi)旧指贩卖的旧衣服。贩卖旧衣的行业叫估衣业。

㊁ gū 见160页。

故 gù ㄍㄨˋ ❶意外的事情：变～.事～.[故障]机器等发生的毛病。❷缘故，原因：不知何～.无缘无～.❸故意，有心，存心：明知～犯.～弄玄虚.❹老，旧，过去的：～书.～人(老朋友).～宫.❺本来，原来的：～乡(老家).❻死(指人)：～去.病～.[物故]指人死。❼连词，所以：他有坚强的意志，～能克服困难.

固 gù ㄍㄨˋ ❶结实，牢靠(逾坚—)：稳～.❷坚定，不变动：～请.～守阵地.❸本，原来：～有.[固然]连词，表示先承认原来的意思，后面还要否定那个意思或者转到另一方面去：这项工作～～有困难，但是一定能完成.❹坚硬：～体.

堌 gù ㄍㄨˋ 堤。多用于地名，如河南省有牛王堌，山东省有青堌集。

堌 gù 《ㄨ 四周陡削,上端较平的山。多用于地名,如山东省有孟良堌、抱犊堌。

锢 gù 《ㄨ ❶把金属熔化开浇灌堵塞空隙。❷禁锢,禁闭起来不许跟人接触。

痼 gù 《ㄨ 痼疾,积久不易治的病。⑨长期养成的不易克服的:~习.~癖.

鲴 gù 《ㄨ 鱼名,又叫"黄鲴"。体长约1尺,侧扁,口小无须,银白带黄色。以藻类等为食。生活在江河湖泊中。

顾(顧) gù 《ㄨ ❶回头看,泛指看:回~.环~.~视左右.❷照管,注意:~全大局,奋不~身.⑧商店称来买货的:惠~.~客.主~.[照顾]1.照管,特别关心:~~群众的生活.2.旧时商店称顾客来买货。❸文言连词,但,但是。

梏 gù 《ㄨ 古代束缚罪人两手的木制刑具。

雇(*僱) gù 《ㄨ ❶出钱让人给自己做事:~工.~保姆.❷租赁交通运输工具:~车.~牲口.

GUA 《ㄨㄚ

瓜 guā 《ㄨㄚ 蔓生植物,叶掌状,花大半是黄色,果实可吃,种类很多,有西瓜、南瓜、冬瓜、黄瓜等。[瓜分]像切瓜一样地分割。[瓜葛](一gé)⑥亲友关系或相牵连的关系。

呱 ㊀ guā 《ㄨㄚ [呱哒](一dā)拟声词。[呱哒板儿]1.唱莲花落(lào)等打拍子的器具。2.木拖鞋。[呱呱]拟声词,鸭子、青蛙等的响亮叫声。⑧形容好:~~叫.顶~~.

㊁ gū 见161页。

㊂ guǎ 见166页。

胍 guā 《ㄨㄚ 有机化合物,分子式 CH_5N_3,无色结晶体,易潮解。是制药工业上的重要原料。

刮(❷颳) guā 《ㄨㄚ ❶用刀子去掉物体表面的东西:~脸.⑥搜刮民财:贪官污吏只会~地皮.❷风吹动:~倒了一棵树。

括 ㊀ guā 《ㄨㄚ [挺括]〈方〉(衣服、纸张等)较硬而平整。[一塌括子]〈方〉一股脑儿,全部。

㊁kuò 见 278 页。

栝(㊁**苦) guā 《ㄨㄚ ❶就是桧(guì)树。❷[栝楼][苦蒌](-lóu)多年生草本植物,爬蔓(wàn),开白花,果实卵圆形。块根和果实都可入药。

鸹(鴰) guā 《ㄨㄚ [老鸹]乌鸦的俗称。

骒(騧) guā 《ㄨㄚ 黑嘴的黄马。

绹(緺) guā 《ㄨㄚ ❶古代青紫色的绶带。❷比喻妇女盘结的发髻。

呱 ㊂guǎ 《ㄨㄚ [拉呱儿](lāguǎr)〈方〉聊天。
㊀guā 见 165 页。
㊁gū 见 161 页。

剐(劃) guǎ 《ㄨㄚ ❶被尖锐的东西划破:把手～破了.裤子上～了个口子。❷封建时代一种残酷的死刑,把人的身体割成许多块。

寡 guǎ 《ㄨㄚ ❶少,缺少:～言.优柔～断.多～不等。❷古代君主的自称:称孤道～。❸妇女死了丈夫:～妇。

卦 guà 《ㄨㄚ 八卦,中国古代用来占卜的象征各种自然现象的八种符号,相传是伏羲氏所创。[变卦]⑩定的事情忽然改变(含贬义)。

诖 guà 《ㄨㄚ 失误。[诖误]1.被牵连而受谴责或处分:为人～～。2.旧时也指撤职,失官。

挂(*掛、❷*罣) guà 《ㄨㄚ ❶悬(働悬-):红灯高～.～图.❷惦记(働-念):～念.～虑.记～.❸登记:～号.～失.❹量词,多用于成串的东西:一～鞭.一～珠子。

褂 guà 《ㄨㄚ (一子、一儿)上身的衣服:大～子(长衫).小～儿。

GUAI 《ㄨㄞ

乖 guāi 《ㄨㄞ ❶不顺,不谐(働-僻)。❷指小孩听话,懂事:宝宝很～,大人省事多了。❸机灵,伶俐(働-巧):这孩子嘴～。

掴(摑) guāi 《ㄨㄞ 《ㄨㄛˊ (又)打光。

拐(❹*枴) guǎi 《ㄨㄞ ❶转折过去就是大街.～弯抹角。

角.❷骗走人或财物:～骗.～卖.❸腿脚有毛病,失去平衡,走路不稳:走道一瘸(qué)一～.❹走路时帮助支持身体的棍子:～杖.～棍.架～.

夬 ⊖ guài ㄍㄨㄞ 坚决,果断.

⊜ jué 见256页.

怪(*恠) guài ㄍㄨㄞ ❶奇异,不平常(働奇一):～事.～模～样.惊奇:大惊小～.❷怪物,神话传说中的妖魔之类(働妖一).⑪性情乖僻或形状异样的人.❸很,非常:～好的天气.这孩子～讨人喜欢的.❹怨,责备:责～.～罪.这不能～他.

GUAN ㄍㄨㄢ

关(關、**関) guān ㄍㄨㄢ
❶闭,合拢:～门.～上箱子.⑤拘禁.❷古代在险要地方或国界设立的守卫处所:～口.山海～.⑤征收出口、入口货税的机构:海～.❸重要的转折点,不易度过的一段时间:渡过难～.紧要～头.❹起转折关联作用的部分:～节(两骨连结的地方).～键.

❺牵连,联属(働一连):毫不相～.无～紧要.[关系]1.事物之间的关涉牵连:这个电门和那盏灯没有～.2.人事的联系:同志～～.亲戚～.3.影响:这件事～～太大.[关于]介词,表示事物之间的关联:～～这个问题.～～养蜂的书.❻旧指发给或支领(薪饷).

观(觀) ⊖ guān ㄍㄨㄢ
❶看(働一看):坐井～天.～摩.走马～花.[观光]参观别国或别处的文物、建设等.[观察]仔细审查:细心～～一切客观现象.❷看到的景象(働一瞻):奇～.壮～.❸对事物的认识,看法:乐～.人生～.宇宙～.[观点]从某一角度或立场出发对事物的看法.[观念]1.思想,理性认识.2.客观事物在意识中构成的形象.

⊜ guàn 见169页.

纶(綸) ⊖ guān ㄍㄨㄢ 青丝带.[纶巾]古代配有青丝带的头巾.传说三国时诸葛亮平常戴这种头巾.

⊜ lún 见322页.

官 guān ㄍㄨㄢ ❶政府机关或军队中经过任命的、

一定级别以上的公职人员。我国现多用于军队和外交场合。❷旧时称属于国家的：～办．～款．[官话]1.旧时指通行于广大区域的普通话，特指北京话。2.官腔。❸器官，生物体上有特定机能的部分：五～．感～．

倌 guān 《ㄨㄢ ❶农村中专管饲养某些家畜的人：牛～儿．❷旧时称服役的人：堂～儿(茶、酒、饭馆的服务人员)．

棺 guān 《ㄨㄢ 棺材，装殓死人的器物。

冠 (一) guān 《ㄨㄢ ❶帽子：衣～整齐．❷(一子)鸟类头上的肉瘤或高出的羽毛：鸡～子．
(二) guàn 见 169 页。

矜 (一) guān 《ㄨㄢ 〔古〕❶同"鳏"。❷同"瘝"。
(二) jīn 见 240 页。
(三) qín 见 406 页。

瘝 guān 《ㄨㄢ 病，痛苦。

鳏 guān 《ㄨㄢ 鳏夫，无妻或丧妻的男人：～寡孤独．

莞 (一) guǎn 《ㄨㄢ 〔东莞〕地名，在广东省。

(二) wǎn 见 506 页。

馆 (*舘) guǎn 《ㄨㄢ ❶招待宾客或旅客食宿的房舍：宾～．旅～．❷一个国家在另一个国家办理外交的人员常驻的处所：大使～．领事～．❸某些服务性商店的名称：照相～．理发～．饭～儿．❹一些文化工作场所：文化～．体育～．图书～．博物～．❺旧时指教学的地方：家～．蒙～．

琯 guǎn 《ㄨㄢ 玉管，古代管乐器。

管 (*筦) guǎn 《ㄨㄢ ❶吹奏的乐器：丝竹～弦～乐器．❷(一子、一儿)圆筒形的东西：一道竹～儿．无缝钢～．❸见(喻浅陋的见识)．❸负责，经理：红～家．～账．～伙食．⑨1.干预，过问：工作要大家～．这事我们不能不～．2.负责供给：～吃～住．生活用品都～．❹管教，治理：孩子～得山山低头．[管制]1.监督，管理：～～灯火．2.刑事处分的一种，对某些有罪行的人，由政府和群众监督教育，使能改过自新。[不管]⑨连词，跟"无论"义相近：～～多大困

难,我们都能克服. ❺保证:
～用. 不好～换. ～保有效.
❻介词,把(与动词"叫"连
用):有的地区～玉米叫苞
谷.

鳤 guǎn 《ㄨㄢ 鱼名. 体长
简形,银白色,鳞小,无
须. 生活在淡水中.

观(觀) ㊀ guàn 《ㄨㄢ
道教的庙宇.

㊀ guān 见 167 页.

贯 guàn 《ㄨㄢ ❶连贯,穿
通:语气～注. 一直～串
下去. 融会～通.[贯彻]使全
部实现:～～执行.～～党的
政策和决议.[一贯]向来如
此,始终一致:艰苦朴素是他
的～～作风.❷旧时把方孔
钱穿在绳子上,每一千个叫
一贯. ❸原籍,出生地:籍～.

掼 guàn 《ㄨㄢ〈方〉掷,扔:
往地下一～.

惯 guàn 《ㄨㄢ ❶习以为常
的,积久成性的:～技.
～例. 穿～了短装.[惯性]物
体没有受外力作用时保持原
有的运动状态或静止状态,
这种性质叫惯性. ❷纵容,放
任:～坏了脾气. 娇生～养.

冠 ㊀ guàn 《ㄨㄢ ❶把帽子
戴在头上. ❷超出众人,

居第一位:勇～三军.[冠军]
❸❹比赛的第一名. ❸在前面
加上某种名号:～以诗人的
桂冠(guān).

㊀ guān 见 168 页.

涫 guàn 《ㄨㄢ 沸:～汤.

裸 guàn 《ㄨㄢ 古代祭祀时
把酒浇在地上的礼节.

盥 guàn 《ㄨㄢ 洗(手、脸):
～洗室.

灌 guàn 《ㄨㄢ 浇,灌注:引
水～田. ～一瓶水.
[灌木]主茎不发达,丛生而矮
小的树木,如茶树、酸枣树
等.

瓘 guàn 《ㄨㄢ 古玉器名.

鹳 guàn 《ㄨㄢ 鸟名. 羽毛
灰色、白色或黑色,嘴长
而直,形状像鹤. 生活在江、
湖、池、沼的近旁,捕食鱼、虾
等.

罐(罐、**罐)** guàn
《ㄨㄢ
(一子、一儿)盛东西或汲水
用的瓦器. 泛指各种圆筒形
的盛物器:铁～儿.[罐头]
(一tou)指罐头食品,加工后
装在密封罐子里的食品.

GUANG ㄍㄨㄤ

光 guāng ㄍㄨㄤ ❶光线,照耀在物体上能使视觉看见物体的那种物质,如灯光、阳光等.[光明]亮.⑩襟怀坦白,没有私心:心地～～. ❷光彩,荣誉:为国增～.～荣之家.敬词:～临.～顾 ❸景物:春～.风～.观～.[光景]1.同"光❸".2.生活的情况:～～一年好似一年. ❹光滑,平滑:磨～.～溜(liu). ❺完了,一点不剩:把敌人消灭了. ❻露着:～头.～膀子. ❼副词,单,只:大家都走了,～剩下他一个人了.

咣 guāng ㄍㄨㄤ 拟声词,撞击或振动的声音:～的一声,门被关上了.

洸 guāng ㄍㄨㄤ 见178页"洤"字条"洤洸"(hán—).

桄 ㊀ guāng ㄍㄨㄤ [桄榔](—láng)常绿乔木,大型羽状叶,生于茎顶.花序的汁可制糖,茎髓可制淀粉,叶柄的纤维可制绳.
㊁ guàng 见本页.

胱 guāng ㄍㄨㄤ 见372页"膀"字条"膀胱"(páng—).

广(廣) ㊀ guǎng ㄍㄨㄤ ❶宽度:长五十米,～三十米.[广袤](—mào)东西叫广,南北叫袤,指土地的面积. ❷宽,大:～场.我国地～人多.[广泛]范围大,普遍:～～宣传.意义～. ❸多:大庭～众. ❹扩大,扩充:～播.推～先进经验.
㊁ ān 见4页.

犷(獷) guǎng ㄍㄨㄤ 粗野:粗～.～悍.

桄 ㊀ guàng ㄍㄨㄤ ❶绕线的器具. ❷量词,用于线:一～线.
㊁ guāng 见本页.

逛 guàng ㄍㄨㄤ 闲游,游览:～公园.

GUI ㄍㄨㄟ

归(歸) guī ㄍㄨㄟ ❶返回,回到本处:～家.～国.⑨还给:物～原主.～本还原. ❷趋向:殊途同～.众望所～. ❸归并,合并:把书～在一起.这两个机构～成一个.～里包堆(总共).[归纳]由许多的事例概括出一般的原理. ❹由,属于:这事～我办. ❺珠算中称一位数的除法:九～.

圭(❶**＊＊珪**) guī ㄍㄨㄟ ❶古代帝王、诸侯在举行典礼时拿的一种玉器,上圆(或剑头形)下方。❷古代测日影的器具。[圭臬](－niè)标准,法度。❸古代容量单位名,一升的十万分之一。

邽 guī ㄍㄨㄟ [下邽]地名,在陕西省渭南。

闺 guī ㄍㄨㄟ ❶上圆下方的小门。❷旧时指女子居住的内室:深～.[闺女]1. 未出嫁的女子。2.女儿。

硅 guī ㄍㄨㄟ 一种非金属元素,符号 Si,有褐色粉末、灰色晶体等形态。硅是一种极重要的半导体材料,能制成高效率的晶体管。硅酸盐在制造玻璃、水泥等工业上很重要。旧称"矽"(xī)。

鲑 guī ㄍㄨㄟ 鱼名。身体大,略呈纺锤形,鳞细而圆,肉味美。

龟(龜) ㊀ guī ㄍㄨㄟ 乌龟,爬行动物,腹背都有硬甲,头尾和脚能缩入甲中,能耐饥渴,寿命很长。它的甲叫龟板,中医入药。古人用龟甲占卜(迷信):～卜.蓍(shī)～.[龟鉴][龟镜]用龟卜,用镜照,比喻可资借鉴的事例或道理。

㊁ jūn 见 259 页。

㊂ qiū 见 411 页。

妫(嬀、＊＊媯) guī ㄍㄨㄟ 妫河,水名,在北京市延庆。

规 guī ㄍㄨㄟ ❶圆规,画圆形的仪器:两脚～.❷法则,章程(逾一则):成～.常～.[规模]1. 格局(多指计划、设备):略具～～.这座工厂～～宏大. 2. 范围:大～～的经济建设.[规格]产品质量的标准,如大小、轻重、精密度、性能等:合～～.[规矩](－ju)1. 标准,法则:守～～.老～～. 2.合标准,合法则:～～老实.❸相劝:～劝.～勉.❹谋划:～定.～避(设法避开).[规划]较长期的大致计划:农业发展～～.

鬹 guī ㄍㄨㄟ 古代陶制炊具,嘴像鸟喙,有把柄和三个空心的短足。

皈 guī ㄍㄨㄟ [皈依]原指佛教的入教仪式,后泛指信仰佛教或参加其他宗教组织。也作"归依"。

瑰(＊瓌) guī ㄍㄨㄟ ❶一种像玉的石

头。❷奇特，珍奇：～丽.～异.～宝.

氿 guǐ 《ㄨㄟˇ 氿泉，从侧面喷出的泉。

宄 guǐ 《ㄨㄟˇ 坏人：奸～.

轨 guǐ 《ㄨㄟˇ ❶车辙。❷轨道，一定的路线：火车～道. 特指铺设轨道的钢条：钢～.铁～.铺～.⑩应遵循的规则：步入正～.～外行动.

匦 guǐ 《ㄨㄟˇ 箱子，匣子：票～.

庋 guǐ 《ㄨㄟˇ ❶放东西的架子。❷搁置：～藏.

诡 guǐ 《ㄨㄟˇ ❶欺诈，奸滑：～辩(无理强辩)．～计多端.❷怪异，出乎寻常：～秘.

姽 guǐ 《ㄨㄟˇ ［姽婳］(一huà)形容女子娴静美好。

鬼 guǐ 《ㄨㄟˇ ❶迷信的人以为人死之后有灵魂，叫鬼：妖魔～怪.❷阴险，不光明：～话.～胎(喻不可告人的事)．❸机灵(多指小孩子)：这孩子真～.❹对小孩儿的爱称：小～.❺对人蔑称或憎称：酒～.吸血～.❻星宿名，二十八宿之一.

癸 guǐ 《ㄨㄟˇ 天干的第十位，用作顺序的第十。

晷 guǐ 《ㄨㄟˇ 日影.⑩时间：日无暇～.［日晷］按照日影测定时刻的仪器。也叫"日规"。

簋 guǐ 《ㄨㄟˇ 古代盛食物的器具，圆口，两耳。

柜(櫃) ㊀ guì 《ㄨㄟˋ (一子)一种收藏东西用的器具，通常作长方形，有盖或有门：衣～.保险～.
㊁ jǔ 见252页。

刿(劌) guì 《ㄨㄟˋ 刺伤.

刽(劊) guì 《ㄨㄟˋ 砍断.［刽子手］旧指执行斩刑的人。⑪杀害人民的人。

桧(檜) ㊀ guì 《ㄨㄟˋ 常绿乔木，幼树的叶子针状，大树的叶子鳞片状，果实球形，木材桃红色，有香气，可供建筑及制造铅笔杆等。
㊁ huì 见204页。

贵 guì 《ㄨㄟˋ ❶价格高：这本书不～.钢比铁～.❷旧指社会地位高：～族.达官

~人.敬辞:~姓.~处.校.~宾.❸特别好,价值高(连宝一、一重):珍~的礼品.宝~的意见.❹重视,崇尚:~精不~多.这种见义勇为的精神是可~的.

桂 guì ㄍㄨㄟ ❶植物名.1.桂皮树,常绿乔木,花黄色,果实黑色,树皮可入药,又可调味.2.肉桂,常绿乔木,花白色,树皮有香气,可入药,又可做香料.3.月桂树,常绿乔木,花黄色,叶可做香料.4.桂花树,又叫"木犀".常绿小乔木或灌木,花白色或黄色,有特殊香气,供观赏,又可做香料.❷广西壮族自治区的别称.

跪 guì ㄍㄨㄟ 屈膝,使膝盖着地:~下射击.

鳜 guì ㄍㄨㄟ 鳜鱼,鱼名.体侧扁,尾鳍呈扇形,口大鳞细,体青黄色,有黑色斑点.肉味鲜美.是淡水鱼类之一.也作"桂鱼".

GUN ㄍㄨㄣ

衮 gǔn ㄍㄨㄣ 古代君王的礼服:~服.

滚 gǔn ㄍㄨㄣ ❶水流翻腾(叠):白浪翻~.大江~

~东去.⑨水煮开:水~了.❷旋转着移动:小球~来~去.~铁环.打~.❸走,离开(含斥责意):~出去!❹极,特:~烫.~圆.

磙 gǔn ㄍㄨㄣ (一子)用石头做的圆柱形的压、轧用的器具.

绲 gǔn ㄍㄨㄣ ❶织成的带子.❷绳.❸沿衣服等的边缘缝上布条、带子等:~边儿.

辊 gǔn ㄍㄨㄣ 机器上圆筒状能旋转的东西:皮~.~轴.

鲧(****鮌**) gǔn ㄍㄨㄣ ❶古书上说的一种大鱼.❷古人名,传说是夏禹的父亲.

棍 gùn ㄍㄨㄣ ❶(一子、一儿)棒.❷称坏人:赌~.恶~.

GUO ㄍㄨㄛ

过(過) ㈠ guō ㄍㄨㄛ 姓.
㈡ guò 见175页.

扩(纩) guō ㄍㄨㄛ 拉满弩弓.

呙(咼) guō ㄍㄨㄛ 姓.

埚（堝）guō ㄍㄨㄛ 见146页"坩"字条"坩埚"(gān—）。

涡（渦）㊀ guō ㄍㄨㄛ 涡河，水名，发源于河南省，流至安徽省注入淮河。

㊀ wō 见516页。

锅（鍋）guō ㄍㄨㄛ ❶烹煮食物的器具。[锅炉]1.一种烧开水的设备。2.使水变成蒸汽以供应工业或取暖需要的设备。也叫"汽锅"。❷(—儿)像锅的：烟袋～。

郭 guō ㄍㄨㄛ 城外围着城的墙(逦城—）。

崞 guō ㄍㄨㄛ 崞县，地名，在山西省，1958年改为原平。

啯（啯） guō ㄍㄨㄛ 拟声词(叠)。

蝈（蟈） guō ㄍㄨㄛ [蝈蝈儿](—guor)一种昆虫，身体绿色或褐色，翅短，腹大，雄的前翅根部有发声器，能振动发声。对植物有害。

聒 guō ㄍㄨㄛ 声音嘈杂，使人厌烦：～耳。～噪。

国（國、**国） guó ㄍㄨㄛ ❶国家：保家卫～。～内。祖～。[国家]1.阶级统治的工具，是统治阶级对被统治阶级实行专政的暴力组织，主要由军队、警察、法庭、监狱等组成。国家是阶级矛盾不可调和的产物和表现，它随着阶级的产生而产生，也将随着阶级的消灭而自行消亡。2.一个独立的国家政权所领有的区域。[国际主义]各国无产阶级、劳动人民在民族解放的斗争中互相支持紧密团结在一起的思想。❷属于本国的：～货。～歌。

掴（摑） guó ㄍㄨㄛ (又)见166页(guāi）。

帼（幗） guó ㄍㄨㄛ 古代妇女包头的巾，帕：巾～英雄(女英雄)。

淈（淈） guó ㄍㄨㄛ [北淈]地名，在江苏省。

腘（膕） guó ㄍㄨㄛ 膝部的后面。

虢 guó ㄍㄨㄛ 周代诸侯国名。1.在今陕西省宝鸡东，后来迁到河南省陕县东南。2.在河南省郑州西北。

馘（**聝） guó ㄍㄨㄛ 古代战争中割取

敌人的左耳以计数献功。也指割下的左耳。

果（❶*菓） guǒ ㄍㄨㄛˇ ❶（—子）果实，某些植物花落后含有种子的部分：水～。干～（如花生、栗子等）。❷结果，事情的结局或成效：成～。恶～。前因后～。❸果断，坚决（㊀—决）：～敢。他处理事情很～决。❹果然，确实，真的：～不出所料。他～真来了吗？

馃 guǒ ㄍㄨㄛˇ （—子）一种油炸的面食。

蜾 guǒ ㄍㄨㄛˇ ［蜾蠃］（—luǒ）蜂类的一种，常用泥土在墙上或树枝上做窝，捕捉螟蛉等小虫存在窝里，留做将来幼虫的食物。旧时误认蜾蠃养螟蛉为己子，所以有把抱养的孩子称为"螟蛉子"的说法。

裹 guǒ ㄍㄨㄛˇ 包，缠：～伤口。用纸～上。～足不前（喻停止不进行）。❷挟杂在里头。

椁（*槨） guǒ ㄍㄨㄛˇ 棺材外面套的大棺材。

过（過） ㊀ guò ㄍㄨㄛˋ ❶从这儿到那儿，从甲方到乙方：～江。没有～不去的河。～户。～账。⑤传：～电。2.交往：～从。［过去］1.已经经历了的时间。2.（—qu）从这儿到那儿去。❷经过，度过：～冬。～节。日子越～越好。⑤使经过某种处理：～秤。～目。～一～数.把菜～一～油。［过年］1.度过新年。2.（—nian）明年，指说话时候以后的一个年头。❸超出。1.数量：～半数。～了一百。2.程度：～分（fèn）。～火。未免太～。❹超越。［过费］（—fei）〈方〉1.花费过多。2.辜负。［过逾］（—yu）过分：小心没～～。❺（—儿）量词，次，回：衣服洗了好几～儿。❻错误（㊀—错）：改～自新。知～必改。❼（guo）放在动词后。1.助词，表示曾经或已经：看～。听～。用～了。你见～他吗？2.跟"来"、"去"连用，表示趋向：拿～来。转～去。
㊁ guō 见 173 页。

H ㄏ

HA ㄏㄚ

哈（❷**嗨） ㊀ hā ㄏㄚ ❶张口呼

气。[哈哈]拟声词,笑声。❷哈腰,稍微弯腰,表示礼貌。

[哈喇](—la)1.含油的食物日子久了起了变化的味道。2.杀死(元曲多用)。

[哈尼族]我国少数民族,参看附表。

[哈萨克族]1.我国少数民族,参看附表。2.哈萨克斯坦的主要民族。

㊁ hǎ 见本页。

㊂ hà 见本页。

铪 hā 厂Y 一种金属元素,符号Hf。

虾(蝦) ㊀ há 厂Ý [虾蟆](—ma)义同"蛤蟆"。

㊁ xiā 见527页。

蛤 ㊀ há 厂Ý [蛤蟆](—ma)青蛙和癞蛤蟆的统称。

㊁ gé 见152页。

哈 ㊁ hǎ 厂Y 姓。

[哈达](藏)一种长形薄绢,藏族或部分蒙古族人用以表示敬意或祝贺。

[哈巴狗](—ba—)一种个儿小腿短的狗。也叫"狮子狗"、"巴儿狗"。常用来比喻驯顺的奴才。

㊀ hā 见175页。

㊂ hà 见本页。

哈 ㊂ hà 厂Y [哈什蚂](—shimǎ)蛙的一种,灰褐色,生活在阴湿的地方,主要产在我国东北各省。雌的腹内有脂肪状物质,叫哈什蚂油,中医用做补品。

㊀ hā 见175页。

㊁ hǎ 见本页。

HAI 厂历

咳 ㊀ hāi 厂历 ❶叹息:~声叹气。❷叹词。1.表示惋惜或后悔:~,我为什么这么糊涂! 2.招呼人,提醒人注意:~,到这儿来。

㊁ ké 见266页。

嗨 ㊀ hāi 厂历 ❶拟声词。❷叹词,同"咳㊀❷"。

㊁ hēi 见186页。

还(還) ㊀ hái 厂历 副词。❶仍旧,依然:你~是那样。这件事~没有做完。❷更:今天比昨天~热。❸再,又:另外~有一件事要做。提高产量,~要保证质量。❹尚,勉强过得去:身体~好。工作进展得~不算慢。❺尚且:他那么大年纪~这么干,咱们更应该加油干了。[还是](—shi)1.表示这么办比较好：咱们～～出去吧．2.连词，用在问句里表示选择：是你去呢～他来？❻表示对某件事物，没想到如此，而居然如此：他～真有办法．

㊀ huán 见 197 页．

孩 hái ㄏㄞˊ （一子、一儿）幼童．❺子女：他有两个～子．

骸 hái ㄏㄞˊ ❶骨头（邇一骨）：尸～．❷指身体：病～．残～．

胲 hǎi ㄏㄞˇ 有机化合物的一类，通式 R—NH—OH，是 NH_2OH 的烃基衍生物的统称．

海 hǎi ㄏㄞˇ ❶靠近大陆比洋小的水域：黄～．渤～．～岸．❷用于湖泊名称：青～．洱～．❸容量大的器皿：墨～．❹比喻数量多的人或事物：人～．文山会～．❺巨大的：～碗．～量．夸下～口．[海报]文艺、体育演出的招贴．

醢 hǎi ㄏㄞˇ〈古〉❶肉酱．❷古代的一种酷刑，把人杀死后剁成肉酱．

亥 hài ㄏㄞˋ ❶地支的末一位．❷亥时，指晚上九点到十一点．

骇 hài ㄏㄞˋ 惊惧：惊涛～浪（可怕的大浪）．～人听闻．

氦 hài ㄏㄞˋ 一种化学元素，在通常条件下为气体，符号 He，无色无臭，不易跟其他元素化合．很轻，可用来充入气球或电灯泡等．

害 hài ㄏㄞˋ ❶有损的：～虫．～鸟．❷祸害，坏处，跟"利"相反：为民除～．喝酒过多对身体有～．❸灾害，灾患：虫～．❹使受损伤：～人不浅．危～国家．❺发生疾病：～病．～眼．❻心理上发生不安的情绪：～羞．～臊．～怕．

〈古〉又同"曷"(hé)．

嗐 hài ㄏㄞˋ 叹词：～！想不到他病得这样重．

HAN ㄏㄢ

犴 ㊀ hān ㄏㄢ 就是驼鹿．也叫"堪达罕"．

㊁ àn 见 5 页．

顸 hān ㄏㄢ 粗，圆柱形的东西直径大的：这线太～．拿根～杠子来抬．

鼾 hān ㄏㄢ 熟睡时的鼻息声：～声如雷．

蚶 hān ㄏㄢ （一子）俗叫"瓦垄子"，也叫"魁蛤"。软体动物，贝壳厚，有突起的纵线像瓦垄。生活在浅海泥沙中。肉味鲜美。

酣 hān ㄏㄢ 酒喝得很畅快：～饮.㊉尽兴，痛快：～战（长时间紧张地战斗）.

憨 hān ㄏㄢ ❶傻，痴呆：～笑.❷朴实，天真：～直.～态.[憨厚]朴实，厚道.

邗 hán ㄏㄢ [邗江]地名，在江苏省.

汗 ㊀ hán ㄏㄢ 指可汗，见267页"可"字条"可汗"(kè一).
㊀ hàn 见179页.

邯 hán ㄏㄢ [邯郸]（一dān）地名，在河北省.

含 hán ㄏㄢ ❶嘴里放着东西，不吐出来也不吞下去：嘴里～着块糖.㊉藏在眼眶里：～着泪.❷带有某种意思、感情等，不完全表露出来：～怒.～羞.～笑.❸里面存在着：～水分.～养分.[含糊][含胡](-hu)1. 不明确，不清晰.2. 怯懦，畏缩，常跟"不"连用：绝不～～.3. 不认真，马虎：这事可不能～～.

浛 hán ㄏㄢ [浛洸]（一guāng）地名，在广东省英德.

晗 hán ㄏㄢ 天将明.

焓 hán ㄏㄢ 单位质量的物质所含的全部热能.

函（*圅） hán ㄏㄢ ❶匣，套子：石～.镜～.全书共四～.㊀信件（古代寄信用木函）：～件.来～.公～.～授.❷包容，包含.

涵 hán ㄏㄢ 包容，包含（㊀包一）：海～.～义.～养.

韩（韓） hán ㄏㄢ 战国国名，在现在河南省中部、山西省东南一带.

寒 hán ㄏㄢ ❶冷（㊀一冷）：御～.天～.[寒噤]因受冷或受惊而发抖.[寒心]1. 害怕，战栗.2. 灰心，痛心失望.[胆寒]害怕.❷穷困：家里很贫.旧时谦辞：～门.～舍.

罕 hǎn ㄏㄢ 稀少（㊀稀一）：～见.～闻.～物.

喊 hǎn ㄏㄢ 大声叫，呼：～口号.～他一声.

阚 ㊀ hǎn ㄏㄢˇ 虎叫声。
㊁ kàn 见 263 页。

嘇 hǎn ㄏㄢˇ 同"阚㊀"。(柳宗元文《黔之驴》用此字。)

汉(漢) hàn ㄏㄢˋ ❶汉水,上流在陕西南部,下流到汉口入长江。[银汉]天河。❷朝代名.1.刘邦所建立(公元前 206—公元 220 年).2.五代之一,刘知远所建立(公元 947—950 年).❸(—子)男人,男子:老～.好～.英雄～.❹汉族,我国人数最多的民族。[汉奸]出卖我们国家民族利益的败类.

闬 hàn ㄏㄢˋ ❶里巷门。❷墙。

汗 ㊀ hàn ㄏㄢˋ 由身体的毛孔里排泄出来的液体。
㊁ hán 见 178 页。

旱 hàn ㄏㄢˋ ❶长时间不下雨,缺雨,跟"涝"相反:防～.天～.❷陆地,没有水的:～路.～田.～稻.

捍(*扞) hàn ㄏㄢˋ 保卫,抵御:～卫祖国.～海堰(挡海潮的堤).[捍格]相抵触:～～不入.

悍(*猂) hàn ㄏㄢˋ ❶勇敢:强～.短小精～.❷凶暴(連凶一):～然不顾.

焊(*釬、銲) hàn ㄏㄢˋ 用熔化的金属或某些非金属把工件连接起来,或用熔化的金属修补金属器物:电～.铜～.

菡 hàn ㄏㄢˋ [菡萏](—dàn)荷花的别称.

颔 hàn ㄏㄢˋ ❶下巴颏.❷点头:～首.～之而已.

撖 hàn ㄏㄢˋ 姓.

撼 hàn ㄏㄢˋ 摇动:震～天地.

憾 hàn ㄏㄢˋ 悔恨,心中感到有所缺欠:～事.遗～.

翰 hàn ㄏㄢˋ 长而坚硬的羽毛,古代用来写字.⑲1.毛笔:～墨.～染.2.诗文,书信:文～.华～.书～.

瀚 hàn ㄏㄢˋ 大:浩～(广大,众多).

HANG ㄏㄤ

夯(**碇) ㊀ hāng ㄏㄤ ❶砸地基的工具.❷用夯砸:～地.
㊁ bèn 见 22 页。

行 ㈠ háng ㄏㄤ ❶行列，排：单～．双～．❷职业：咱们是同～．[行家]精通某种事务的人．❸某些营业性机构：银～．车～．电料～．[行市](-shi)市场上商品的一般价格．❹兄弟、姊妹长幼的次第：排～．您～几？我～三．❺量词，用于成行的东西：几～字．两～树．

㈡ xíng 见 545 页．

绗 ㈠ háng ㄏㄤ 做棉衣、棉褥等，粗粗缝，使布和棉花连在一起．

吭 ㈠ háng ㄏㄤ 喉咙，嗓子．引～(拉长了嗓音)高歌．

㈡ kēng 见 269 页．

迒 háng ㄏㄤ ❶野兽、车辆经过的痕迹．❷道路．

杭 háng ㄏㄤ 杭州，地名，在浙江省．

航 háng ㄏㄤ 行船：～海．引飞机等在空中飞行：～空．

颃 háng ㄏㄤ 见 540 页"颉"字条"颉颃"(xié—)．

沆 hàng ㄏㄤ 大水．[沆瀣](-xiè)露气．

[沆瀣一气]喻气味相投的人勾结在一起．

巷 ㈠ hàng ㄏㄤ 同"巷㈠"．[巷道]采矿或探矿时挖的坑道．

㈡ xiàng 见 535 页．

HAO ㄏㄠ

蒿 hāo ㄏㄠ 香蒿，又叫"青蒿"．二年生草本植物，叶如丝状，有特殊的气味，花小，黄绿色．可入药．

嚆 hāo ㄏㄠ 呼喊．[嚆矢]带响声的箭．喻发生在先的事物，事物的开端．

薅 hāo ㄏㄠ 拔，除去：～草．

号(號) ㈠ háo ㄏㄠ ❶大声呼喊(叠呼一)．[号叫]大声叫．❷大声哭：悲～．[号啕][号咷](-táo)大声哭喊．

㈡ hào 见 181 页．

蚝(*蠔) háo ㄏㄠ 牡蛎(lì)：～油(用牡蛎肉制成的浓汁，供调味用)．

毫 háo ㄏㄠ ❶长而尖的毛：狼～笔．❷秤或戥子上的提绳：头～．二～．❸计量单位名，10 丝是 1 毫，10 毫是 1 厘．❹〈方〉货币单位，

角,毛.❺数量极少,一点:～
无诚意.～不费力.

嗥(*嚛) háo ㄏㄠˊ 野兽
吼(hǒu)叫:狼

貉 ㊀ háo ㄏㄠˊ 同"貉㊀",
用于"貉子、貉绒".

㊁ hé 见 185 页.

豪 háo ㄏㄠˊ ❶具有杰出才
能的人(龜—杰):文～.
英～.[自豪]自己感到值得
骄傲:我们以有这样的英勇
战士而～～.❷气魄大,直爽
痛快,没有拘束的:～放.性
情～爽.～迈的事业.❸强横
的,有特殊势力的:～门.土
～劣绅.巧取～夺.

壕 háo ㄏㄠˊ 沟:战～.

嚎 háo ㄏㄠˊ 大声号喊.[嚎
啕][嚎咷]同"号啕"

濠 háo ㄏㄠˊ ❶护城河.❷
濠水,水名,在安徽省.

好 ㊀ hǎo ㄏㄠˇ ❶优点多的
或使人满意的,跟"坏"
相反:～人.～汉.～马.～东
西.～事.㊂指生活幸福、身体
健康或疾病消失:您～!他
的病完全～了.[好手]擅长
某种技艺的人,能力强的人.
❷友爱,和睦:相～.我跟他

～.友～.❸易于,便于:这件
事情～办.请你闪开点,我～
过去.❹完,完成:我们的计
划已经订～了.我穿～衣服
就去.预备了没有?❺很,
甚:～冷.～快.～大的风.
[好不]很:～～高兴.❻表示
赞许,应允或结束等口气的
词:～,你真不愧是劳动英
雄!～,就照你的意见做吧!
～,不要再讨论了!

㊁ hào 见 182 页.

郝 hǎo ㄏㄠˇ 姓.

号(號) ㊀ hào ㄏㄠˋ ❶名
称:国～.别～.
牌～.㊏商店:本～.分～.❷
记号,标志:暗～.信～灯.做
记～.❸表示次第或等级:挂
～.第一～.大～.中～.[号
码]代表事物次第的数目字.
[号外]报社报道重要消息临
时印发的报纸.❹标上记号:
把这件东西～上.❺号令,命
令:发～施令.[号召](—
zhào)召唤(群众共同去做
一件事):坚决响应党的
～.[口号]号召群众或表示
纪念等的语句.❻军队或乐
队里所用的西式喇叭:吹～.
～兵.❼用号吹出的表示一
定意义的声音:熄灯～.冲锋

~.

〇 háo 见 180 页。

好 〇 hào ㄏㄠˋ 爱，喜欢（遥爱一）：~学．~劳动．这孩子不~哭．

〇 hǎo 见 181 页。

昊 hào ㄏㄠˋ 广大的天。

淏 hào ㄏㄠˋ 水清。

耗 hào ㄏㄠˋ ❶减损，消费（遥一费、消一）：消~品．别~灯油了．❷拖延：~时间．别~着了，快去吧！❸音信，消息：噩(è)~(指亲近或敬爱的人死亡的消息).

浩 hào ㄏㄠˋ 广大（叠）（遥一大）：声势~大．大队人马~~荡荡．

皓(*皜、*暠) hào ㄏㄠˋ 洁白，明亮：~齿．~首（白发，指老人）．~月当空.

鄗 hào ㄏㄠˋ 古县名，在今河北省柏乡。

滈 hào ㄏㄠˋ 水名，在陕西省。

镐 〇 hào ㄏㄠˋ 西周的国都，在今陕西省长安西北。

〇 gǎo 见 150 页。

暤 hào ㄏㄠˋ 明亮。

颢 hào ㄏㄠˋ 白的样子。

灏 hào ㄏㄠˋ 水势大。

HE ㄏㄜ

诃 hē ㄏㄜ 同"呵〈六〉❶"．

[诃子](一zǐ)又叫"藏(zàng)青果"．常绿乔木，叶子卵形果实像橄榄，可以入药。

呵〈六〉hē ㄏㄜ ❶怒责（遥一斥）：~禁．❷呼气：~冻．~气．[呵呵]拟声词，笑声：笑~~．❸同"嗬"．

〇 ā 见 1 页。
〇 á 见 1 页。
〇 ǎ 见 1 页。
四 à 见 1 页。
五 a 见 2 页。

喝(**飲) 〇 hē ㄏㄜ 食液体饮料或流质食物，饮：~水．~酒．~粥.

〇 hè 见 185 页。

嗬 hē ㄏㄜ 叹词，表示惊讶：~，真了不得了！

蓋 hē ㄏㄜ 〈方〉蜇(zhē)刺

禾 hé ㄏㄜ ❶谷类植物的统称。❷古代特指粟(谷子)。

和(❶❷❼*龢) ㊀ hé ㄏㄜ ❶相安,谐调:～睦.❷平静,不猛烈:温～.心平气～.风～日暖.[和平]1.没有战争的状态:～～环境.2.温和,不猛烈:药性～～.[和气](-qi)态度温和:他说话真～～.[和息]争端:讲～.～解.❸数学上指两个或两个以上的数加起来的总数:2 跟 3 的～是 5.❹连带:～盘托出(完全说出来).～衣而卧.❺连词,跟,同:我～他意见相同.❻介词,对,向:你～孩子讲话要讲得通俗些.❼姓.
[和尚]佛教男性僧侣的通称。
㊁ hè 见 185 页.
㊂ huó 见 206 页.
㊃ huò 见 207 页.
㊄ hú 见 191 页.

盉 hé ㄏㄜ 古代用来调和酒的器皿。

合(❸阁) ㊀ hé ㄏㄜ ❶闭,对拢:～眼.～抱.～围(四面包围).
[合龙]修筑堤坝或桥梁时从两端施工,最后在中间接合。
[合口呼]u 韵母和以 u 开头的韵母叫做"合口呼"。❷聚,集:～力.～办.～唱.[合同]两方或多方为经营事业或在特定的工作中彼此权利和义务所订的共同遵守的条文:产销～～.[合作]同心协力搞一件工作。[合作社]根据互相合作的原则自愿建立起来的经济组织,按经营业务的不同,有生产合作社、消费合作社、供销合作社、信用合作社等.❸总共,全:～计.～家.❹不违背,一事物与另一事物相应或相符:～格.～法.～理.㊁应该:理～声明.❺计,折算:这件衣服做成了～多少钱?一米～多少市尺?❻旧时乐谱记音符号的一个,相当于简谱的低音的"5".❼姓.
㊁ gě 见 153 页.
"阁"又 gé 见 152 页"阁"。

郃 hé ㄏㄜ [郃阳]地名,在陕西省。今作"合阳"。

饸 hé ㄏㄜ [饸饹](-le)一种条状食品,多用荞麦面轧(yà)成.有的地区叫"河漏".

盒 hé ㄏㄜ (～子、～儿)底盖相合的盛(chéng)东

西的器物:饭～儿.墨～儿.

颌 ㊁ hé ㄏㄜˊ 构成口腔上部和下部的骨头和肌肉等组织叫做颌,上部的叫上颌,下部的叫下颌。

㊀ gé 见 152 页。

纥 ㊀ hé ㄏㄜˊ 见 202 页"回"字条"回纥"。

㊁ gē 见 151 页。

齕 hé ㄏㄜˊ 咬。

何 hé ㄏㄜˊ 表示疑问。1. 什么:～人?～事? 为～?有～困难? 2. 为什么:～不?～必如此。3. 怎样:～如?如～? 4. 怎么:他学习了好久,～至于一点进步也没有? 5. 哪里:欲～往?

〈古〉又同"荷"(hè)。

河 hé ㄏㄜˊ ❶水道的通称:运～. 淮～. [河汉]银河,又叫"天河"。天空密布如带的星群。❷专指黄河,我国的第二大河,发源青海省,流入渤海:～西.～套.江淮～汉.

荷 ㊀ hé ㄏㄜˊ 莲。

㊁ hè 见 185 页。

菏 hé ㄏㄜˊ [菏泽]地名,在山东省。

劾 hé ㄏㄜˊ 揭发罪状(④弹～)。

阂 hé ㄏㄜˊ 阻隔不通:隔～.

核(❹*覈) ㊀ hé ㄏㄜˊ ❶果实中坚硬并包含仁的部分。❷像核的东西:菌～.细胞～.[核心]中心,主要部分:领导～～.～～作用.[结核]传染病名,病原体是结核杆菌。❸指原子核、核能、核武器等:～试验.～战争.❹仔细地对照,考察:～算.～实.

㊁ hú 见 192 页。

曷 hé ㄏㄜˊ 文言中表示疑问的词。1. 怎么。2. 何时。

馌 ㊀ hé ㄏㄜˊ 糇子,一种油炸的面食。

㊁ ài 见 4 页。

鹖 hé ㄏㄜˊ 古书上说的一种善斗的鸟。

靺 hé ㄏㄜˊ 见 349 页"靺"字条"靺鞨"(mò一)。

盍(*盇) hé ㄏㄜˊ 何不:～往观之。

阖 hé ㄏㄜˊ ❶全,总共:～家.～城。❷关闭:～户.～口。

涸 hé ㄏㄜˊ 水干:～辙(水干了的车辙)。

貉 ㊀hé ㄏㄜˊ 野兽名。毛棕灰色，耳小，嘴尖，昼伏夜出，捕食虫类，皮很珍贵。[一丘之貉]⑯彼此相似，没什么差别，指坏人。
〈古〉又同"貂"(mò)。
㊁háo 见181页。

翮 hé ㄏㄜˊ ❶鸟翎的茎，翎管。❷翅膀：奋～高飞。

吓(嚇) ㊀hè ㄏㄜˋ ❶恫吓，恐吓。❷叹词，表示不满：～，怎么能这样呢！
㊁xià 见528页。

和 ㊄hè ㄏㄜˋ 声音相应。特指依照别人所作诗词的题材和体裁而写作：～诗。唱～。
㊀hé 见183页。
㊂huó 见206页。
㊃huò 见207页。
㊄hú 见191页。

贺 hè ㄏㄜˋ 庆祝，祝颂(®庆—)：～年。～喜。～功。～电。

荷 ㊁hè ㄏㄜˋ ❶独力负担，扛：～锄。[电荷]构成物质的许多基本粒子所带的电。有的带正电(如质子)，有的带负电(如电子)，习惯上也把物体所带的电叫电荷：

正～.负～。❷承受恩惠(常用在书信里表示客气)：感～.为～.
㊀hé 见184页。

喝 ㊁hè ㄏㄜˋ 大声喊叫：～令。呼～。大～一声。[喝彩]大声叫好。
㊀hē 见182页。

褐 hè ㄏㄜˋ ❶粗布或粗布衣服。❷黑黄色。

赫 hè ㄏㄜˋ ❶显明，盛大(叠)：显～.声势～～。❷频率单位名，符号Hz。
[赫哲族]我国少数民族，参看附表。

熇 hè ㄏㄜˋ [熇熇]烈火燃烧的样子。

翯 hè ㄏㄜˋ [翯翯]羽毛洁白润泽的样子。

鹤 hè ㄏㄜˋ 仙鹤，鸟名，又叫"白鹤"、"丹顶鹤"。全身白色，头顶红色，颈、腿细长，翼大善飞，叫的声音很高，很清脆。

壑 hè ㄏㄜˋ 山沟或大水坑：沟～.以邻为～.

HEI ㄏㄟ

黑 hēi ㄏㄟ ❶煤或墨那样的颜色，跟"白"相反：～布。～头发。❷暗，光线不充足：天～了.那间屋子太～.❸秘密的,隐蔽的：～话.～市.❹恶毒：～心.

嘿 ⊖ hēi ㄏㄟ 叹词.1.表示惊异或赞叹：～,这个真好!～,你倒有理啦![嘿嘿]拟声词,多指冷笑.2.表示招呼或提醒注意：～,老张,快走吧!～,你小心点,别滑倒!
⊜ mò 见 349 页.

嗨 ⊖ hēi ㄏㄟ 同"嘿⊖".
⊜ hāi 见 176 页.

HEN ㄏㄣ

痕 hén ㄏㄣ 痕迹,事物留下的印迹：水～.泪～.伤～.

很 hěn ㄏㄣ 副词,非常,表示程度相当高：～好.好得～.

狠 hěn ㄏㄣ ❶凶恶,残忍：心～.～毒.⑱勉强地抑制住难过的心情：～着心送走了孩子.❷严厉地(叠)：～～地打击敌人.[狠命]拼命,用尽全力：～～地跑.❸全力：～抓科学研究.❹同"很".

恨 hèn ㄏㄣ ❶怨,仇视(叠怨一)：～入骨髓.❷懊悔,令人懊悔或怨恨的事：遗～.

HENG ㄏㄥ

亨 hēng ㄏㄥ ❶通达,顺利(逾一通)：万事～通.❷电感单位名亨利的简称,符号 H.
〈古〉又同"烹"(pēng).

哼 ⊖ hēng ㄏㄥ ❶鼻子发出痛苦的声音：他病重,却从不～一声.❷轻声哼随口地唱：他一面走一面～着歌.
⊜ hng 见 187 页.

脝 hēng ㄏㄥ [膨脝](péng—)见 376 页"膨"字条.

啈 hēng ㄏㄥ 叹词,表示禁止的意思.

恒(*恆) héng ㄏㄥ ❶持久：～心.❷经常的,普通的：～言.

姮 héng ㄏㄥ [姮娥]嫦娥.

珩 héng ㄏㄥ 佩玉上面的横玉.

桁 héng ㄏㄥ 就是檩.

鸻 héng ㄏㄥ 鸟名.身体小,嘴短而直,只有前趾,没有后趾.多群居在海滨.

衡 héng ㄏㄥ ❶称东西轻重的器具.❷称量：～轻重.[衡量]1.称轻重.2.评

定高低好坏：测验只是～～学习成绩的一种办法。❸平，不倾斜：平～。均～.

蘅 héng ㄏㄥ [杜蘅]多年生草本植物，开暗紫色的花。全草可入药。

横 ⊖ héng ㄏㄥ ❶跟地面平行的，跟"竖"、"直"相对：～额．～梁．❷地理上指东西向的，跟"纵"相对：～渡太平洋．❸从左到右或从右到左的，跟"竖"、"直"、"纵"相对：～写．❹跟物体的长的一边垂直的，跟"竖"、"直"、"纵"相对：～剖面．人行～道．❺使物体成横向：把扁担～过来．❻纵横杂乱：蔓草～生．❼不合情理的：～加阻拦．❽汉字由左到右的笔形(一)："王"字是三～一竖．[横竖]反正，无论如何：～～我也要去．
⊜ hèng 见本页。

横 ⊜ hèng ㄏㄥ ❶凶暴，不讲理(億蛮一)：这个人说话很～．❷意外的：～财．～事．～死．
⊖ héng 见本页。

噷 hm ㄏㄇ [h跟单纯的双唇鼻音拼合的音]对人申斥或禁止的声音：～，你还闹哇！～，你骗得了我！

哼 ⊖ hng ㄏㄥ [h跟单纯的舌根鼻音拼合的音]表示不满意或不信任的声音：～，你信他的！
⊖ hēng 见 186 页。

吽 hōng ㄏㄨㄥ 佛教咒语用字。

轰(轟、❸**㧬) hōng ㄏㄨㄥ ❶拟声词，指雷鸣、炮击等发出的巨大声音。[轰动]同时引起许多人的注意：～～全国．[轰轰烈烈]形容气魄雄伟，声势浩大：职工们展开了～～～～的劳动竞赛．❷用大炮或炸弹破坏(億一击)：～炸．炮～．❸驱逐，赶走：把猫～出去．

哄 ⊖ hōng ㄏㄨㄥ 好多人同时发声：～传(chuán)．～堂大笑．
⊜ hǒng 见 188 页。
⊜ hòng 见 189 页。

烘 hōng ㄏㄨㄥ 用火烤干或靠近火取暖：衣裳湿了，

～一～。[烘托]用某种颜色衬托另外的颜色，或用某种事物衬托另外的事物，使在对比下，表现得更明显。

訇 hōng ㄏㄨㄥ 大声。

[阿訇]伊斯兰教主持教仪、讲授经典的人。

薨 hōng ㄏㄨㄥ 古代称诸侯或有爵位的大官的死。

弘 hóng ㄏㄨㄥ ❶大：～愿。❷扩充，光大：恢～。

泓 hóng ㄏㄨㄥ 水深而广。

红 ⊖ hóng ㄏㄨㄥ ❶像鲜血那样的颜色。⑬1. 喜庆：办～事. 2. 革命的，觉悟高的：～军. ～色政权. 又～又专. 3. 象征顺利，成功：开门～. ❷指人受宠信：～人. ❸红利：分～.

⊜ gōng 见156页。

荭 hóng ㄏㄨㄥ 荭草，一种供观赏的草本植物。

虹 ⊖ hóng ㄏㄨㄥ 雨后天空中出现的彩色圆弧，有红、橙、黄、绿、蓝、靛、紫七种颜色。是由大气中的小水珠经日光照射发生折射和反射作用而形成的。这种圆弧常出现两个，红色在外，紫色

在内，颜色鲜艳的叫"虹"，也叫"正虹"。红色在内，紫色在外，颜色较淡的叫"霓"，也叫"副虹"。

⊜ jiàng 见230页。

鸿 hóng ㄏㄨㄥ ❶鸿雁，就是大雁。[鸿毛]⑬轻微：轻于～～。❷大：～图。[鸿沟]楚汉（项羽和刘邦）分界的一条水。⑬明显的界限。

闳 hóng ㄏㄨㄥ ❶里巷门。❷宏大。

宏 hóng ㄏㄨㄥ 广大：～伟. 气量宽～. 规模～大.

纮 hóng ㄏㄨㄥ 古代帽子（冠冕）上的系带。

竑 hóng ㄏㄨㄥ 广大。

洪 hóng ㄏㄨㄥ ❶大：～水. ❷大水：山～. 暴～. 峰. 溢～道.

蕻 hóng ㄏㄨㄥ 同"荭"（hóng）。

薤 ⊖ hóng ㄏㄨㄥ [雪里薤]也作"雪里红"。一种像芥菜的菜，茎叶可以吃。

⊖ hòng 见189页。

黉 (**黌**) hóng ㄏㄨㄥ 古代称学校。

哄 ⊖ hǒng ㄏㄨㄥ ❶说假话骗人（⑬一骗）：你不要～

我.❷用语言或行动使人欢喜:他很会～小孩儿.
㊀ hōng 见 187 页.
㊂ hòng 见本页.

讧 hòng ㄏㄨㄥˋ 乱,溃败:内～.

灯 hòng ㄏㄨㄥˋ [灯洞]弥漫无际.

哄(*閧) ㊂ hòng ㄏㄨㄥˋ 吵闹,搅扰:一～而散.起～(故意吵闹扰乱).
㊀ hōng 见 187 页.
㊁ hǒng 见 188 页.

蕻 ㊀ hòng ㄏㄨㄥˋ ❶茂盛.❷〈方〉某些蔬菜的长茎:菜～.
㊁ hóng 见 188 页.

HOU ㄏㄡ

齁 hōu ㄏㄡ ❶鼻息声.❷很,非常(多表示不满意):～咸.～苦.～冷.❸太甜或太咸的食物使喉咙不舒服:糖吃多了～人.

侯 ㊀ hóu ㄏㄡˊ ❶我国古代五等爵位的第二等;封～.❷泛指达官贵人:～门.❸姓.
㊁ hòu 见 190 页.

喉 hóu ㄏㄡˊ 喉头,颈的前部和气管相通的部分,

通常把咽喉混称"嗓子"或"喉咙".(图见 612 页"脏")[白喉]一种急性传染病,病原体是白喉杆菌.症状是发热,喉痛,并生一层白色假膜.

猴 hóu ㄏㄡˊ (一子、一儿)哺乳动物,种类很多.毛灰色或褐色,颜面和耳朵无毛,有尾巴,两颊有储存食物的颊囊.

瘊 hóu ㄏㄡˊ (一子)皮肤上长的无痛痒的小疙瘩.

篌 hóu ㄏㄡˊ 见 269 页"箜"字条"箜篌"(kōng—).

糇(*餱) hóu ㄏㄡˊ〈古〉干粮:～粮.

骺 hóu ㄏㄡˊ 骨骺,长形骨的两端.

吼 hǒu ㄏㄡˇ 兽大声叫:牛～.狮子～.也指人因愤怒而呼喊:怒～.

后(❸❹後) hòu ㄏㄡˋ ❶上古称君王:商之先～(先王).❷皇后,帝王的妻子.❸跟"前"相反.1.指空间,在背面的,在反面的:～门.村～.2.指时间,晚,未到的:～天.日～.先来～到.3.指次序:～排.～十名.[后备]准备以后使

用的:～～军.❹后代,子孙:～嗣.

郈 hòu ㄏㄡ 姓。

茩 hòu ㄏㄡ 见542页"薢"字条"薢茩"(xiè—)。

垕 hòu ㄏㄡ [神垕]地名,在河南省。

逅 hòu ㄏㄡ 见542页"邂"字条"邂逅"(xiè—)。

厚 hòu ㄏㄡ ❶扁平物体上下两个面的距离:长宽～.五厘米～的木板.下了三厘米～的雪.❷扁平物体上下两个面的距离较大的,跟"薄"相反:～纸.～棉袄.❸深,重,浓,大:～望.～礼.～情.～味.深～的友谊.❹不刻薄(bó),待人好:～道.忠～.❺重视,注重:～今薄古.～此薄彼.

侯 ㊀ hòu ㄏㄡ [闽侯]地名,在福建省。
㊀ hóu 见189页。

候 hòu ㄏㄡ ❶等待(圈等—):～车室.你先在这儿～一～,他就来.❷看望.⟮转⟯问候,问好.❸时节:时～.气～.季～风.[候鸟]随气候变化而迁移的鸟,像大雁、家燕都是。❹事物在变化中间

的情状:症～.火～.

堠 hòu ㄏㄡ 古代瞭望敌情的土堡。

鲎(鱟) hòu ㄏㄡ ❶俗叫"鲎鱼",节肢动物,甲壳类,生活在海中,全体黄褐色,剑状尾.肉可以吃.❷〈方〉虹。

HU ㄏㄨ

乎 hū ㄏㄨ ❶文言助词,表示疑问。1.同白话的"吗":天雨～?2.同白话的"呢",表选择答复的疑问:然～?否～?3.同白话的"吧",表推测和疑问:日食饮得无衰～?❷文言叹词,同白话的"啊":天～!❸于(放在动词或形容词后):异～寻常.合～情理.不在～好看,在～实用.

呼(*嘑) hū ㄏㄨ ❶喊:高～万岁!欢～.❷唤,叫:～之即来.～应(yìng)(彼此声气相通,互相照应).[呼声]代表群众希望和要求的言论.[呼吁](—yù)大声疾呼地提出要求.❸往外出气,跟"吸"相反.❹见517页"呜"字条"呜呼"(wū—).❺拟声词:风～～地吹.

轷 hū ㄏㄨ 姓.

烀 hū ㄏㄨ 半蒸半煮,把食物弄熟:～白薯.

滹 hū ㄏㄨ [滹沱河]水名,从山西省流入河北省.

戏（戲、*戯） ㊀ hū ㄏㄨ 见 517 页"於"字条"於戏"(wū－).

㊁ xì 见 526 页.

盺 hū ㄏㄨ [盺昕](－xīn) [盺爽]天快亮的时候.

曶 hū ㄏㄨ ❶ 疾速,转眼之间. ❷ 古人名:～鼎(西周中期青铜器,作者名曶).

忽 hū ㄏㄨ ❶粗心,不注意:～略.～视.疏～. ❷忽然,突然地:工作情绪不要～高～低. ❸计量单位名,10 忽是 1 丝,10 丝是 1 毫.

嘑 hū ㄏㄨ [嘑哨]见 440 页"哨"字条"呼哨".

滰 hū ㄏㄨ [滰浴]〈方〉洗澡.

� hū ㄏㄨ 见 201 页"恍"字条"恍惚"(huǎng－).

㊂ hū ㄏㄨ 涂抹或粘合使封闭起来:用泥把墙逢～上.

㊀ hú 见 192 页.
㊁ hù 见 193 页.

囫 hú ㄏㄨˊ [囫囵](－lún) 整个的,完整:～吞枣(喻不加分析地笼统接受).

和 ㊄ hú ㄏㄨˊ 打麻将或斗纸牌用语,表示赢了.
㊀ hé 见 183 页.
㊁ hè 见 185 页.
㊂ huó 见 206 页.
㊃ huò 见 207 页.

狐 hú ㄏㄨˊ 狐狸,野兽名.性狡猾多疑,遇见敌人时肛门放出臭气,乘机逃跑.皮可做衣服.[狐媚]曲意逢迎,投人所好.[狐腋](－qiàn)毛皮业上指狐狸腋下和腹部的毛皮.[狐疑]多疑.

弧 hú ㄏㄨˊ ❶木弓. ❷圆周的一段:～形.～线.

胡（❹鬍、❻*衚） hú ㄏㄨˊ ❶ 我国古代称北方和西方的少数民族:～人.～服.泛指外国或外族的:～椒.[胡萝卜](－luóbo)草本植物.根也叫胡萝卜,长圆锥形,肉质,有紫红、橘红等多种,是一种蔬菜.[胡琴](－qin)弦乐器,在竹弓上系马尾毛,放在两弦之间拉动. ❷乱,无道理:～来.～闹.～说.说～话. ❸文言表示疑问的词,为什么,何

故:～不归？ ④(一子、一儿)
胡须。⑤古指兽类颔间下垂
的肉。⑥[胡同](-tòng)巷。

葫 hú ㄏㄨ [葫芦](-lu)一
年生草本植物,爬蔓,夏
天开白花。果实中间细,像大
小两个球连在一起,可以做
器皿或供观赏。还有一种瓢
葫芦,也叫"匏"(páo),果实
梨形,对半剖开,可做舀水的
瓢。

猢 hú ㄏㄨ [猢狲](-sūn)
猕猴的一种,生活在我
国北部的山林中,能耐寒。也
泛指猴类。

湖 hú ㄏㄨ 陆地上聚积的
大水:洞庭～.太～.[湖
色]淡绿色。

瑚 hú ㄏㄨ 见434页"珊"字
条"珊瑚"(shān-).

煳 hú ㄏㄨ 烧得焦黑:馒头
烤～了.

鹕 hú ㄏㄨ 见485页"鹈"字
条"鹈鹕"(tí-).

蝴 hú ㄏㄨ [蝴蝶]见101页
"蝶"(dié).

糊(②*餬) hú ㄏㄨ
❶黏合,粘
贴:拿纸～窗户.裱(biǎo)
～.[糊涂](-tu)不清楚,不
明事理.❷粥类.[糊口]旧指

勉强维持生活.❸同"煳".
  (二) hù 见193页.
  (三) hū 见191页.

醐 hú ㄏㄨ 见485页"醍"字
条"醍醐"(tí-).

壶(壺) hú ㄏㄨ 一种
把儿有嘴的容
器,通常用来盛茶、酒等液
体:酒～.茶～.

核 (一) hú ㄏㄨ (一儿)义同
"核(一)❶❷",用于某些
口语词,如杏核儿、煤核儿
等.
  (一) hé 见184页.

斛 hú ㄏㄨ 量器名。古时以
十斗为斛,后来又以五
斗为斛.

槲 hú ㄏㄨ 落叶乔木或灌
木,花黄褐色,果实球
形。叶子可以喂柞蚕,树皮可
做染料,果壳可入药。木材坚
实,可供建筑或器具用.

鹄 hú ㄏㄨ 鸟名,也叫
"天鹅"。形状像鹅而
大,羽毛白色,飞得高而
生活在海滨或湖边:～立(鹄
静地站着等候).
  (二) gǔ 见164页.

鹘 (一) hú ㄏㄨ 隼(sǔn).
  (二) gǔ 见163页.

縠 hú ㄏㄨˊ 有皱纹的纱。

觳 hú ㄏㄨˊ [觳觫](—sù)恐惧得发抖。

虎 hǔ ㄏㄨˇ ❶老虎,野兽名。毛黄褐色,有条纹。性凶猛,能吃人和兽类。喻威武,勇猛:一员～将.[虎口]1.喻危险境地:～～余生. 2.手上拇指和食指相交的地方。❷同"唬"。

唬 ㊀hǔ ㄏㄨˇ 威吓(hè)或蒙混:你别～人了.
㊁xià 见 529 页。

琥 hǔ ㄏㄨˇ [琥珀](—pò)矿物名。黄褐色透明体,是古代松柏树脂落入地下所成的化石。可做香料及装饰品。

浒 ㊀hǔ ㄏㄨˇ 水边。
㊁xǔ 见 551 页。

互 hù ㄏㄨˋ 彼此:～助.[互生]植物每节长出一个叶子,相间地各生在一边,叫"互生"。

沍(**冱**) hù ㄏㄨˋ 寒冷凝结。

枑 hù ㄏㄨˋ 见 25 页"椐"字条"椐枑"(bì—)。

户 hù ㄏㄨˋ ❶一扇门。引门:夜不闭～.❷人家:千家万～.[户口]住户和人口:报～～.～～簿.❸门第:门当～对.❹户头:开～.账～.

护(護) hù ㄏㄨˋ 保卫(连保一):爱～.～路.引掩蔽,包庇:～短.不要一味地～着他.[护照]1.外交主管机关发给本国公民进入另一国停留时用以证明身份的执照。2.旧时旅行或运货时所带的政府机关证明文件。[护士]医院里担任护理工作的人员。

沪(滬) hù ㄏㄨˋ ❶沪渎,松江的下流,在今上海。❷上海的别称:～剧.～杭铁路.

戽 hù ㄏㄨˋ ❶戽斗,灌田汲水用的旧式农具。❷用戽斗汲水。

扈 hù ㄏㄨˋ 随从(连一从)。

岵 hù ㄏㄨˋ 多草木的山。

怙 hù ㄏㄨˋ 依靠,仗恃:～恶不悛(quān)(坚持作恶,不肯悔改)。

祜 hù ㄏㄨˋ 福。

糊 ㊀hù ㄏㄨˋ 像粥一样的食物:辣椒～.[糊弄](—

nong)1.敷衍,不认真做:做事不应该～～.2.蒙混,欺骗:你不要～～人.

　㊁ hú 见192页.

　㊂ hū 见191页.

笏 hù ㄏㄨˋ 古代大臣上朝拿着的手板.

瓠 hù ㄏㄨˋ (一子)一年生草本植物,爬蔓,夏开白花,果实长圆形,嫩时可吃.

鄠 hù ㄏㄨˋ 鄠县,在陕西省.今作"户县".

鸌 hù ㄏㄨˋ 鸟名.身体大,嘴的尖端略呈钩状,趾间有蹼,会游泳和潜水,生活在海边,吃鱼类和软体动物等.

HUA ㄏㄨㄚ

化 ㊀ huā ㄏㄨㄚ 同"花㊐".

　㊁ huà 见195页.

华(華) ㊀ huā ㄏㄨㄚ 〈古〉同"花".

　㊁ huá 见195页.

　㊂ huà 见196页.

哗(嘩) ㊀ huā ㄏㄨㄚ 拟声词:水～～地流.

　㊁ huá 见195页.

花 huā ㄏㄨㄚ ❶(一儿)种子植物的有性生殖器官,有各种的形状和颜色,一般花谢后结成果实.㊐供观赏的植物.❷(一儿)样子或形状像花的:雪～儿.浪～.火～儿.葱～儿.印～.[天花]一种急性传染病,病原体是病毒,又叫"痘"或"痘疮",也省称"花".结痂后留下的疤痕就是麻子.[挂花]战士在战斗中受了伤.❸错杂的颜色或花样:～布.头发～白.～边.那只猫是～的.[花哨](一shao)颜色鲜艳,花样多,变化多:这块布真～.❹混杂的,不单纯的:粗粮细粮～搭着吃.[花甲]天干地支配合用来纪年,从甲子起,六十年成一周,因称六十岁为花甲.❺虚伪的、用来迷惑人的:耍～招.～言巧语.❻模糊不清:～眼.眼～了.❼用掉:～钱.～一年工夫.[花消](一xiao)费用.也作"花销".

㗅 ㊀ huā ㄏㄨㄚ 拟声词,迅速动作的声音:乌鸦～的一声飞了.

　㊁ xū 见549页.

划(❶劃) ㊀ huá ㄏㄨㄚˊ ❶用刀或其他东西把别的东西分开或从上面擦过:把这个瓜用刀～开.～了一道口子.～火柴.

❷用桨拨水使船行动：～船.
[划子](－zi)用桨拨水行驶
的小船.❸合算，按利益情况
计较相宜不相宜：～不来.

　　㊀ huà 见 196 页。
　　㊁ huai 见 197 页。

华(華)

㊀ huá ㄏㄨㄚˊ ❶
美丽有光彩的
(遑－丽)：～灯.～光.敬辞：
～诞(生日).～函(书信).❷
繁荣昌盛：繁～.❸事物最好
的部分：精～.英～.❹指时
光，岁月：韶～.似水年～.❺
指中华民族或中国：～夏.～
侨.～北.

　　㊁ huà 见 196 页。
　　㊂ huā 见 194 页。

哗(嘩,＊譁)

㊀
ㄏㄨㄚˊ
多声杂，乱吵(遑喧)：全体
大～.～众取宠(在别人面前
夸耀自己，骗取别人称赞).

　　㊁ huā 见 194 页。

骅(驊)

huá ㄏㄨㄚˊ [骅
骝](－liú)古代
称赤色的骏马。

铧(鏵)

huá ㄏㄨㄚˊ 犁
铧，安装在犁上
用来破土的铁片.

猾

huá ㄏㄨㄚˊ 同"滑❸"，狡
猾，奸诈.

滑

huá ㄏㄨㄚˊ ❶滑溜，光
溜，不粗涩：下雪以后地
很～.桌面很光～.❷在光溜
的物体表面上溜动：～了一
跤.～雪.～冰.[滑翔]航空
上指借着大气浮力飘行：
～机.❸狡诈，不诚实：～头,
狡～.这人很～.

[滑稽](－jī)诙谐，使人发笑：
他说话很～～.(在古书中读
gǔjī.)

搳

huá ㄏㄨㄚˊ [搳拳]饮酒
时两人同时伸出手指并
各说一个数，谁说的数目跟
双方所伸手指的总数相符，
谁就算赢，输的人喝酒。也作
"划拳"。

化

㊀ huà ㄏㄨㄚˋ ❶性质或
形态改变：～整为零.变
～.感～.开～.冰都～了.
[化合]两种或两种以上的物
质互相结合变成一种性质跟
原来物质都不相同的新物
质。[化学]研究物质的结构、
组成、性质、应用及其变化规
律的科学。[化石]埋藏在地
下的古代生物的遗骸变成的
石块，或带着古代生物遗迹
的石块。❷指化学：～工.
肥.❸佛教道教徒募集财物：
～缘.～斋(乞食).❹放在名

词或形容词后，表示转变成某种性质或状态：革命～.农业机械～.工业现代～.科学～.绿～.

㊂ huā 见 194 页。

华（華）㊀ huà ㄏㄨㄚˋ ❶华山，五岳中的西岳，在陕西省。❷姓。

㊁ huá 见 195 页。

㊂ huā 见 194 页。

桦（樺）huà ㄏㄨㄚˋ 白桦树，落叶乔木，树皮白色，容易剥离，木材致密，可制器具。

划（劃）㊀ huà ㄏㄨㄚˋ ❶分开：～分区域.～清界限.[划时代]由于出现了具有伟大意义的新事物，在历史上开辟一个新的时代。❷设计（逾计一、筹一）：工作计～.你去筹～筹～这件事.[划一]使一致：～制度。

㊁ huá 见 194 页。

㊂ huai 见 197 页。

画（畫）huà ㄏㄨㄚˋ ❶（一儿）图（逾图一）：一张～儿.年～儿.～报.❷描画或写：～画儿.～个圈.～十字.～押.❸汉字的一笔叫一画："人"字是两～."天"

字是四～.❹同"划㊀"。

婳（嫿）huà ㄏㄨㄚˋ 见 172 页"媿"字条"媿婳"（guǐ—）。

话（話）huà ㄏㄨㄚˋ ❶语言：说～.谈了几句～.[话剧]用平常口语和动作表演的戏剧。❷说，谈：～别.茶～.～旧.[话本]说书的底本，宋元以来民间口头文学。

HUAI ㄏㄨㄞ

怀（懷）huái ㄏㄨㄞˊ ❶思念（逾一念）：～友.～念伟大的祖国。❷包藏，心里存有：～胎.～疑.～恨.胸～壮志。❸胸前：把小孩抱在～里。❹心意：无介于～.正中（zhòng）下～.

徊 huái ㄏㄨㄞˊ 见 369 页"徘"字条"徘徊"（pái—）。

淮 huái ㄏㄨㄞˊ 淮河，源出河南省，流经安徽省，至江苏省注入洪泽湖。

槐 huái ㄏㄨㄞˊ 槐树，落叶乔木，花黄白色。果实长荚形。木材可供建筑和制家具之用。花蕾可做黄色染料。

踝 huái ㄏㄨㄞˊ 踝子骨，脚腕两旁凸起的部分。（图见 486 页"体")

耢（耮） huái ㄏㄨㄞˊ 用耢耙翻土。[耢耙]（一bà）翻土用的一种农具。

坏（壞） huài ㄏㄨㄞˋ ❶跟"好"相反：坚决向～人～事作斗争.❷东西受了损伤，被毁（逾破一）：自行车～了.❸坏主意：使～.❹放在动词或形容词后，表示程度深：真把我忙～了.气～了.

〈古〉又同"坯"（pī）.

划（劃） ⊖ huai ·ㄏㄨㄞ 见 11 页"刬"字条"刬划"（bāi一）.

⊖ huà 见 196 页.

⊜ huá 见 194 页.

HUAN ㄏㄨㄢ

欢（歡，＊懽，＊讙，＊驩） huān ㄏㄨㄢ ❶快乐，高兴（逾一喜）：～庆胜利.～呼声经久不息.～天喜地.～迎贵宾.❷活跃，起劲：孩子们真～.机器转得很～.⑨旺盛：炉子里的火很～.❸喜爱，也指所喜爱的人：～心.喜～.新～（新的相好）.

獾（＊貛） huān ㄏㄨㄢ 野兽名。毛灰色，

头部有三条白色纵纹。毛可制笔，脂肪炼油可入药。

还（還） ⊖ huán ㄏㄨㄢˊ ❶回，归：～家.～原（恢复原状）.❷回报：～礼.～手.以眼～眼，以牙～牙.❸归还（逾偿一）：～钱.❹姓.

⊜ hái 见 176 页.

环（環） huán ㄏㄨㄢˊ ❶（一儿）圈形的东西：连～.铁～.❷围绕：～城马路.～视.[环境]周围的一切事物：优美的～～.❸指射击、射箭比赛中射中环靶的环数。

郇 ⊖ huán ㄏㄨㄢˊ 姓。

⊜ xún 见 556 页.

洹 huán ㄏㄨㄢˊ 洹水，水名，在河南省，也叫"安阳河"。

桓 huán ㄏㄨㄢˊ ❶古代立在驿站、官署等建筑物旁作为标志的木柱，后称华表。❷姓。

貆 huán ㄏㄨㄢˊ ❶幼小的貉。❷豪猪。

萑 huán ㄏㄨㄢˊ 古书上指芦苇一类的植物。

锾 huán ㄏㄨㄢˊ 古代重量单位，也是货币单位。

圜 ㊀ huán ㄏㄨㄢˊ 围绕。
㊁ yuán 见 604 页。

闤 huán ㄏㄨㄢˊ [闤闠](一huì)街市。

澴 huán ㄏㄨㄢˊ 澴水,水名,在湖北省。

寰 huán ㄏㄨㄢˊ 广大的地域。[寰球][寰宇]全世界。也作"环球""环宇"。

嬛 huán ㄏㄨㄢˊ 见 284 页"嫏"字条"嫏嬛"(láng一)。

缳 huán ㄏㄨㄢˊ ❶绳套:投~(自缢). ❷绞杀:~首.

鹮 huán ㄏㄨㄢˊ 鸟名。嘴细长而向下弯曲,腿长。生活在水边。

镮 huán ㄏㄨㄢˊ 圆形有孔可贯穿的东西。

鬟 huán ㄏㄨㄢˊ 古代妇女梳的环形的发结(fàjié)。[丫鬟](yāhuan)[小鬟]旧称年轻的女仆。

睆 huǎn ㄏㄨㄢˇ ❶明亮。❷美好。

缓 huǎn ㄏㄨㄢˇ ❶慢,跟"急"相反:轻重~急.步而行.~不济急.❷延迟:~兵之计.~刑.~两天再办.[缓冲]把冲突的两方隔

离开,使紧张的局势缓和。~地带.[缓和]使紧张的情势转向平和。❸苏醒,恢复:病人昏过去又~了过来.过雨,花都~过来了.~~气再往前走.

幻 huàn ㄏㄨㄢˋ ❶空虚的,不真实的:~境.打消一切~想.[幻灯]一种娱乐和教育用的器具。利用凸透镜和灯光把图片放大,映射在白幕上。[幻灭]幻想或不真实的事受到现实的打击而消灭。❷奇异地变化(逾变一):~术(魔术).

奂 huàn ㄏㄨㄢˋ ❶盛,多。❷文采鲜明。

换 huàn ㄏㄨㄢˋ ❶给人东西同时从他那里取得别的东西:互~.交~条件.❷变换,更改:~衣服.~汤不换药.❸兑换(用证券取得现金或用一种货币换另一种货币)。

唤 huàn ㄏㄨㄢˋ 呼叫,喊(龤呼一):~鸡.~狗.

涣 huàn ㄏㄨㄢˋ 散开:士气~散.~然冰释.[涣涣]水势盛大。

焕 huàn ㄏㄨㄢˋ 光明:~然一新.[焕发]光彩外现

样子:精神～～.

瘓 huàn ㄏㄨㄢˋ [瘫瘓]见477页"瘫".

宦 huàn ㄏㄨㄢˋ 官(圈官一、仕一).[宦官]封建时代经过阉割在皇宫里伺候皇帝及其家族的男人。也叫"太监"。

浣(*澣) huàn ㄏㄨㄢˋ ❶洗:～衣.～纱.❷旧称每月的上、中、下旬为上、中、下浣。

鲩(**鯇) huàn ㄏㄨㄢˋ 鲩鱼,鱼名。身体微绿色,鳍微黑色,生活在淡水中,是我国特产的重要鱼类之一。也叫"草鱼"。

患 huàn ㄏㄨㄢˋ ❶灾祸(圈一难、灾、一祸一):有备无～.防～未然.免除水～.～难之交.❷忧虑:不要～得～失.❸害病:～病.～脚气.

漶 huàn ㄏㄨㄢˋ [漫漶]文字图像等磨灭、模糊。

逭 huàn ㄏㄨㄢˋ 逃,避.

豢 huàn ㄏㄨㄢˋ 喂养牲畜(圈一养).

擐 huàn ㄏㄨㄢˋ 穿:～甲执兵.

轘 huàn ㄏㄨㄢˋ 古代用车分裂人体的一种酷刑。

HUANG ㄏㄨㄤ

肓 huāng ㄏㄨㄤ [膏肓]我国古代医学把心尖脂肪叫膏,心脏和膈膜之间叫肓,认为膏肓之间是药力达不到的地方:病入～～(指病重到无法医治的地步).

荒 huāng ㄏㄨㄤ ❶庄稼没有收成或严重歉收:备～.圐严重缺乏:煤～.房～.❷长满野草或无人耕种(圈一芜):～地.垦～.开～.圐1.荒弃:～废.2.荒凉,偏僻:～村.～郊.[荒疏]久未练习而生疏:学业还没～.❸不合情理的,不正确的:～谬.～诞.[荒唐]1.浮夸不实:这话真～～.2.行为放荡。

塃 huāng ㄏㄨㄤ 〈方〉开采出来的矿石。

慌 huāng ㄏㄨㄤ ❶慌张,急忙,忙乱(圈一忙):他做事太～.～里～张.❷恐惧,不安:心里发～.惊～.❸表示难忍受:累得～.闷(mèn)得～.

皇 huáng ㄏㄨㄤˊ ❶君主(圈一帝).❷大(叠):～～巨著.❸〈古〉同"遑".❹〈古〉

同"惶".

凰 huáng ㄏㄨㄤ ❶[凤凰]见134页"凤"(fèng)。❷传说中指雌凤。

隍 huáng ㄏㄨㄤ 没有水的城壕。

喤 huáng ㄏㄨㄤ 拟声词(叠)。1.钟鼓声。2.小儿啼哭声。

遑 huáng ㄏㄨㄤ ❶闲暇:不~(没有功夫)。❷匆忙(叠)。

徨 huáng ㄏㄨㄤ 见372页"彷"字条"彷徨"(páng—)。

湟 huáng ㄏㄨㄤ 湟水,水名,在青海省。

惶 huáng ㄏㄨㄤ 恐惧(叠—恐):人心~~.~恐不安.

煌 huáng ㄏㄨㄤ 明亮(叠):星火~~.灯火辉~.

锽 huáng ㄏㄨㄤ ❶古代的一种兵器。❷形容钟鼓声(叠)。

蝗 huáng ㄏㄨㄤ 蝗虫,一种吃庄稼的害虫,常常成群飞翔。也叫"蚂蚱"(mà-zha)。

篁 huáng ㄏㄨㄤ 竹林。泛指竹子。

艎 huáng ㄏㄨㄤ 见596页"艅"字条"艅艎"(yú—)。

鳇 huáng ㄏㄨㄤ 鳇鱼,鱼名。形状像鲟鱼,有五行硬鳞,嘴突出,半月形,两旁有扁平的须。

黄 huáng ㄏㄨㄤ ❶像金子或向日葵花的颜色。[黄色]1.黄的颜色。2.象腐朽堕落的:~~小说。❷指黄河:引~工程.❸事情失败或计划不能实现:这件事~不了。❹指黄帝,传说中的中国上古帝王:炎~子孙.

潢 huáng ㄏㄨㄤ ❶积水池。❷染纸。[装潢]裱褙字画。⑨装饰货物的包装。

璜 huáng ㄏㄨㄤ 半璧形的玉。

磺 huáng ㄏㄨㄤ 硫磺:硝~.

镤 huáng ㄏㄨㄤ ❶大钟。❷钟声。❸同"簧"。

癀 huáng ㄏㄨㄤ 癀病,牛马等家畜的炭疽(jū)病。

蟥 huáng ㄏㄨㄤ 见327页"蚂"字条"蚂蟥"(mǎ—)。

簧 huáng ㄏㄨㄤ ❶乐器里用铜等制成的发声薄

片；笙～．～乐器。❷器物里有弹力的机件：锁～．弹～．

恍（*愰） huǎng ㄏㄨㄤˇ ❶恍然，忽然：～然大悟。❷仿佛：～若置身其境。[恍惚]（—hū）1.神志不清，精神不集中：精神～～．2.（看得、听得、记得）不真切，不清楚：我～～看见他了．

晃 ⊖ huǎng ㄏㄨㄤˇ ❶明亮（叠）：明～～的刺刀．❷照耀：～眼（光线强烈刺激眼睛）．❸很快地闪过：窗户上有个人影，一～就不见了．

⊜ huàng 见本页．

幌 huǎng ㄏㄨㄤˇ 帐幔，帘帷。[幌子]（—zi）商店、饭店等门外的招牌或标志物．⑪为了进行某种活动所假借的名义．

谎 huǎng ㄏㄨㄤˇ ❶谎话，不真实的话：撒～．⑪商贩要的虚价：要～．❷说谎话：～称．

晃（*提） ⊖ huàng ㄏㄨㄤˇ 摇动，摆动（叠—）：树枝来回～．

⊜ huǎng 见本页．

滉 huàng ㄏㄨㄤˋ [滉漾]（—yàng）形容水广大无边。

鼣 huàng ㄏㄨㄤˋ 用于人名。

HUI ㄏㄨㄟ

灰 huī ㄏㄨㄟ ❶物体燃烧后剩下的粉末状的东西：炉～．烟～．～肥．[石灰]一种建筑上常用的材料，俗叫"白灰"，又叫"生石灰"。是用石灰石烧成的，化学成分是氧化钙。生石灰遇水变成氢氧化钙，叫熟石灰。[青灰]一种含有杂质的石墨，青黑色，是建筑上常用的材料，也可做染料。❷灰尘。❸灰色，黑白之间的颜色。❹消沉，失望：心～意懒．～心丧气．

诙 huī ㄏㄨㄟ [诙谐]说话有趣。

咴 huī ㄏㄨㄟ [咴儿咴儿]拟声词，马叫声。

恢 huī ㄏㄨㄟ 大，宽广（叠（迭—弘）：～～有余．天网～～．
[恢复]失而复得：～～健康．

㧑（撝） huī ㄏㄨㄟ ❶指挥。❷谦逊：～谦．

挥 huī ㄏㄨㄟ ❶舞动，摇摆：～刀．～手．大笔一～．[指挥]1.指导，调度。2.指导、调度的人：工程总～～．

乐队～～.❷散出，甩出：～金如土.～汗如雨.[挥发]液体或某些固体在常温中变为气体而发散.[挥霍](—huò)用钱浪费，随便花钱.

珲 ㈠ huī ㄏㄨㄟ 见 4 页"瑷"字条"瑷珲"(ài—).
㈡ hún 见 205 页.

晖 huī ㄏㄨㄟ ❶阳光：春～.朝～.❷同"辉".

辉(*煇) huī ㄏㄨㄟ 闪射的光彩：㊀光～.光～四射.[辉煌]光彩耀眼：金碧～～.㊁极其优良，出色：～～的成绩.[辉映]光彩照耀.㊂事物互相对照：前后～～.

翚 huī ㄏㄨㄟ ❶飞.❷古书上指具有五彩羽毛的雉.

袆(褘) huī ㄏㄨㄟ 古代王后穿的祭服.

隳 huī ㄏㄨㄟ 撞击.[喧隳]轰响声.

麾 huī ㄏㄨㄟ 古代指挥用的旗子.㊂指挥：～军.

徽 huī ㄏㄨㄟ ❶标志：国～.校～.❷美好的：～号.❸指安徽省徽州：～墨.

隳 huī ㄏㄨㄟ 毁坏.

回(❸迴、❸*廻、**囬)huí ㄏㄨㄟ ❶还，走向原来的地方：～家.～国.～到原单位工作.❷掉转：～过身来.[回头]1.把头转向后方：～观望.2.回归，返回：一去不～～.3.等一会：～～再说吧.4.改邪归正：现在～～还不晚.❸曲折，环绕，旋转：～形针.巡～.[回避]避免，躲开.❹答复，报答：～信.～敬.❺量词，指事件的次数：他来过一～.㊂我国长篇小说分的章节：《红楼梦》一共一百二十～.[回族]我国少数民族，参看陈表.[回纥](—hé)唐代西北的民族，也叫"回鹘"(hú).

茴 huí ㄏㄨㄟ 1.小茴香，多年生草本植物，叶分裂像毛，花黄色，茎叶嫩时可吃.子实大如麦粒，可作香料，又可入药.2.大茴香，常绿小乔木，叶长椭圆形，初夏开花，果实呈八角形，也叫八角茴香或大料，可作调味品，又可入药.

洄 huí ㄏㄨㄟ 水流回旋.

蛔(*蚘) huí ㄏㄨㄟˊ 蛔虫,寄生在人或其他动物肠子里的一种蠕形寄生虫,像蚯蚓而没有环节。能损害人畜的健康。

虺 huí ㄏㄨㄟˊ 古书上说的一种毒蛇。

[虺虺]〈古〉打雷的声音。

悔 huǐ ㄏㄨㄟˇ 后悔,懊恼:~过.~之已晚.

毁(❶*燬、❹*譭) ㄏㄨㄟˇ

❶烧掉;烧~.❷破坏,损害:这把椅子是谁~的? 这样做就~了个人前途.[毁灭]彻底地消灭:给敌人以~~性的打击.❸〈方〉把成件的旧东西改造成别的东西:这两个小凳是一张旧桌子~的.❹诽谤,说别人的坏话(働诋~、~谤).

卉 huì ㄏㄨㄟˋ 草的总称:花~.

汇(匯、❷❸彙、*滙) huì ㄏㄨㄟˋ ❶河流会合在一起:~成巨流.❷会聚在一起的东西:总~.词~.❸聚合:~集.印成书.[汇报]汇集情况向上级或群众报告.❹由甲地把款项寄到乙地:~款.~兑.❺指外汇:出口创~.

会(會) ㊀ huì ㄏㄨㄟˋ ❶聚合,合拢,合在一起:在哪儿~合? 就在这里~齐吧.~审.~话(对面说话).[会师]从不同地方前进的军队,在某一个地方聚合在一起.❷多数人的集合.1.有一定目的的集会:纪念~.群众大~.开个~.2.指某些团体:工~.学生~.❸城市(通常指行政中心):都(dū)~.省~.❹彼此见面:~客.~一~面.你~过他没有? ❺付钱:~账.饭钱我~过了.❻理解,领悟,懂:误~.~意.领~.❼能.1.表示懂得怎样做或有能力做:他~游泳.2.可能:我想他不~不懂.3.能够:我们的理想一定~实现.4.善于:能说~道.❽机会,时机,事情变化的一个时间:适逢其~.趁着这个机~.❾(一儿)一小段时间:一~儿.这~儿.那~儿.多~儿.用不了多大~儿.

㊁ kuài 见273页。

荟(薈) huì ㄏㄨㄟˋ 草木繁多.[荟萃](-cuì)聚集:人才~~.

绘（繪） huì ㄏㄨㄟˋ 画，描画：~图．~形~声．

桧（檜） ㊀ huì ㄏㄨㄟˋ 用于人名。如秦桧，南宋奸臣。
㊀ guì 见172页。

烩（燴） huì ㄏㄨㄟˋ 加浓汁或多种食物混在一起烹煮：~豆腐．~饭．杂~．

讳（諱） huì ㄏㄨㄟˋ ❶避忌，有顾忌不敢说或不愿说：~疾忌医．直言不~．忌~．❷封建时代称死去的皇帝或尊长的名字。

诲 huì ㄏㄨㄟˋ 教导，劝说（僅教—）：~人不倦．

晦 huì ㄏㄨㄟˋ ❶昏暗不明。[晦气]1. 不顺利，倒霉。2. 指人不顺利或生病时难看的气色：一脸～～．❷夜晚：风雨如～．❸夏历每月的末一天。

恚 huì ㄏㄨㄟˋ 恨，怒。

贿（賄） huì ㄏㄨㄟˋ ❶财物（现指用来买通别人的财物）．❷贿赂，用财物买通别人。

彗（彗**篲）** huì ㄏㄨㄟˋ （旧读suì）扫帚（sàozhou）。[彗星]俗叫"扫帚星"。拖有长光像扫帚的星体。

薏 huì ㄏㄨㄟˋ （旧读suì）王薏，就是地肤，俗叫"扫帚菜"。一年生草本植物，夏天开花，黄绿色。嫩苗可以吃。老了可以做扫帚。

槥 huì ㄏㄨㄟˋ 〈古〉一种小棺材。

慧 huì ㄏㄨㄟˋ 聪明，有才智（僅智—）：~眼．明~．发挥工人的智~．

硙 huì ㄏㄨㄟˋ [石硙]地名，在安徽省芜湖。

秽（穢） huì ㄏㄨㄟˋ 肮脏：~土．⑩丑恶的：~行．

翙（翽） huì ㄏㄨㄟˋ [翙翙]鸟飞的声音。

惠 huì ㄏㄨㄟˋ 好处，给人财物，根据互~的原则，建立贸易关系。敬辞，用于对方对自己的行动：~赠．~临．

僡 huì ㄏㄨㄟˋ 同"惠"。

蕙 huì ㄏㄨㄟˋ 蕙兰，多年生草本植物，开淡黄绿色花，气味很香。

憓 huì ㄏㄨㄟˋ 同"惠"。

蟪 huì ㄏㄨㄟˋ [蟪蛄](-gū)一种蝉，比较小，青紫色。也叫"伏天儿"。

喙 huì ㄏㄨㄟˋ 嘴，特指鸟兽的嘴：毋庸置～(不要插嘴).

圚 huì ㄏㄨㄟˋ 见198页"阓"字条"阛阓"(huán一).

溃 ㊀ huì ㄏㄨㄟˋ 同"殨(huì)"：～脓.
㊁ kuì 见277页.

缋 huì ㄏㄨㄟˋ 同"绘"(huì).

殨 huì ㄏㄨㄟˋ 疮溃烂：～脓.

HUN ㄏㄨㄣ

昏 hūn ㄏㄨㄣ ❶黄昏，天将黑的时候：晨～(早晚).❷黑暗(叠-暗)：天～地暗.～暗不明.❸神志不清楚，认识糊涂：发～.病人整天～沉沉的.❻失去知觉：～迷.他～过去了.❹〈古〉同"婚".

阍 hūn ㄏㄨㄣ ❶宫门.❷看(kān)门.

惛 hūn ㄏㄨㄣ 糊涂.

婚 hūn ㄏㄨㄣ 结婚，男女结为夫妇：已～.未～.结～证.[婚姻]嫁娶，结婚的事：～～自主.

荤 hūn ㄏㄨㄣ ❶鸡鸭鱼肉等食物：～素.～菜.吃～.❷葱蒜等有特殊气味的菜：五～.❸粗俗的，下流的：～话.

浑 hún ㄏㄨㄣˊ ❶水不清，污浊：～水坑.❷骂人糊涂，不明事理：～人.～话.❸全，满：～身是汗.❹天然的：～朴.～厚.

珲 ㊀ hún ㄏㄨㄣˊ [珲春]地名，在吉林省.
㊁ huī 见4页"瑷"字条"瑷珲"(ài一).

馄 hún ㄏㄨㄣˊ [馄饨](-tun)一种煮熟连汤吃的食品，用薄面片包上馅做成.

混 ㊀ hún ㄏㄨㄣˊ 同"浑❶❷".
㊁ hùn 见206页.

魂 hún ㄏㄨㄣˊ 迷信的人指能离开肉体而存在的精神(叠-魄)：～不附体.[灵魂]❻1.指人的精神、思想：教师是人类～～的工程师.2.事物的最精粹最主要的部分.

诨 hùn ㄏㄨㄣˋ 开玩笑的话：打～.～名(外号).

混 ㊀ hùn ㄏㄨㄣˋ ❶搀杂在一起:～合物.～杂.～入.～充.～为一谈. ❷苟且度过:～日子.鬼～. ❸蒙混:～过去了.鱼目～珠. ❹胡乱:～乱.～出主意.

[混沌](—dùn)1.传说中指世界开辟前的状态.2.糊涂,不清楚.

㊁ hún 见 205 页.

溷(＊＊圂) hùn ㄏㄨㄣˋ ❶肮脏(遙—浊). ❷厕所. ❸猪圈.

HUO ㄏㄨㄛ

耠 huō ㄏㄨㄛ ❶(一子)翻松土壤的农具. ❷用耠子翻土,代替耕、锄或耩的工作:～地.～个六至九厘米深就够了.

䂼(＊＊劐) huō ㄏㄨㄛ 用刀解剖东西的声音.

锪 huō ㄏㄨㄛ 一种金属加工方法.用专门的刀具对金属工件已有的孔进行加工,刮平端面或切出锥形、圆柱形凹坑.

劐 huō ㄏㄨㄛ ❶用耕具划开土壤或用剪刀等划开东西:铧是～地用的.用剪刀～开. ❷同"耠".

嚄 ㊀ huō ㄏㄨㄛ 叹词,表示惊讶:～,好大的水库!

㊁ ǒ 见 367 页.

豁 ㊀ huō ㄏㄨㄛ ❶残缺,裂开:～口.～了一个口子.～唇.[豁子](—zi)残缺的口子:碗上有个～～.城墙拆了一个～～. ❷舍弃,狠心付出高代价:～出性命.～出几天时间.

㊁ huò 见 208 页.

攉 huō ㄏㄨㄛ 把堆在一起的东西铲起掀到另一处去:～土.～煤机.

和 huó ㄏㄨㄛˊ 在粉状物中加水搅拌或揉弄使粘在一起:～面.～泥.

㊀ hé 见 183 页.
㊁ hè 见 185 页.
㊃ huò 见 207 页.
㊄ hú 见 191 页.

活 huó ㄏㄨㄛˊ ❶生存,能生长,跟"死"相反:鱼在水里才能～.新栽的这棵树～了.喻逼真地:～像一只老虎.神气～现. ❷不固定,可移动的:～期存款.～页本.～塞.～扣.[活泼]活跃自然,不呆板:孩子们很～～. ❸(一儿)工作或生产品:做～.这～儿做得真好.

[活该]表示就应该这样,一点

也不委屈:～～如此.

火 huǒ ㄏㄨㄛˇ ❶东西燃烧时所发的光和焰.⑩紧急:～速.～急.❷指枪炮弹药:军～.～器.开～.[火药]炸药的一类,主要用作燃药或发射药.是我国古代四大发明之一.[火线]1. 两军交战枪炮子弹交接的地带:轻伤不下～～. 2. 从电源输送电的导线.❸红色的:～狐.～鸡.❹古代军队的组织,十个人为一"火".[火伴]同"伙伴",见"伙"字条.❺中医指引起发炎、红肿、烦躁等症状的病因:上～.败～.❻(一儿)怒气:好大的～儿!❼(一儿)发怒:他～儿了.❽兴隆,旺盛:生意很～.

伙(❶-❺△夥) huǒ ㄏㄨㄛˇ ❶(一儿)伙计,同伴,一同做事的人:同～儿.同～,伴侣.❷旧指店员:店～.❸合伙,结伴,联合起来:～办.～同.❹由同伴组成的集体:合～.入～.❺量词,用于人群:一～歹徒.十人一～.❻伙食:～补.起～.

钬 huǒ ㄏㄨㄛˇ 一种金属元素,符号 Ho.

漷 huǒ ㄏㄨㄛˇ [漷县]地名,在北京市通州.

夥 huǒ ㄏㄨㄛˇ ❶多:获益甚～.❷同"伙❶-❺".

或 huò ㄏㄨㄛˋ ❶连词,表示选择:同意～反对.❷也许:明晨～可抵达.某人,有人;～告之曰.

惑 huò ㄏㄨㄛˋ ❶疑惑,不明白对与不对:大～不解.我很疑～.❷使迷乱(⑲迷一):～乱人心.谣言～众.

和 (四) huò ㄏㄨㄛˋ ❶粉状或粒状物搀和在一起,或加水搅拌:～药.❷量词,洗衣物换水的次数:衣裳已经洗了两～.❸量词,煎药加水的次数:头～药.二～药.
㊀ hé 见 183 页.
㊁ hè 见 185 页.
㊂ huó 见 206 页.
㊄ hú 见 191 页.

货 huò ㄏㄨㄛˋ ❶货物,商品:进～.订～.[货郎]旧时卖零星商品的流动小贩,现借用指农村流动的售货员.❷钱币:通～.[货币]即钱币,是充当一切商品的一般等价物的特殊商品,可以购买任何别的商品.❸卖.❹骂人时指人:他不是个好～.笨

~.蠹.

获(獲、²穫) huò ㄏㄨㄛˋ ❶得到，取得：俘~. 不~全胜，决不收兵.⑨能得到机会或空闲：不~面辞.❷收割庄稼.[收获]割取成熟的农作物.⑨所得到的成果：这次学习有很大的~~.

祸(禍) huò ㄏㄨㄛˋ ❶灾殃，苦难(nàn)，跟"福"相反：大~临头.闯~.❷损害，使受灾殃：~国殃民.

漷 huò ㄏㄨㄛˋ 迅速分裂的声音：动刀甚微，~然已解.

霍 huò ㄏㄨㄛˋ 迅速，快：~然病愈.[霍乱]一种急性传染病，病原体是霍乱弧菌，多由不洁的食物传染，患者上吐下泻，手脚冰凉，重的几小时就死.

[霍霍]拟声词：磨刀~~.

藿 huò ㄏㄨㄛˋ 藿香，多年生草本植物，茎叶香气很浓，可入药.

嚯 huò ㄏㄨㄛˋ ❶叹词，表示惊讶或赞叹：~，几年不见，孩子长这么高了！❷拟声词：他~地站了起来.

豁 ㊀ huò ㄏㄨㄛˋ ❶开通，敞亮：~达. ~然开朗.❷免除(通一免).
㊁ huō 见 206 页.

鑊 huò ㄏㄨㄛˋ ❶〈方〉(一子)锅：~盖.❷古代的大锅：鼎~(常用为残酷的刑具).

蠖 huò ㄏㄨㄛˋ 尺蠖，尺蠖蛾的幼虫，生长在树上，颜色像树皮，行动时身体一屈一伸地前进，是害虫.

J ㄐ

ㄐl ㄐl

几(²³幾) ㊀ jī ㄐl ❶(一儿)小或矮的桌子：茶~儿.条~.❷几乎，差一点：~为所害.我~乎忘了.❸苗头：知~其神乎.
㊁ jǐ 见 214 页.

讥(譏) jī ㄐl 讽刺，挖苦(通一讽)：冷~热嘲.~笑.

叽(嘰) jī ㄐl 拟声词(叠)：小鸟~~地叫.[叽咕](-gu)小声说

话。

饥(²饑) jī ㄐㄧ ❶饿（迭一饿）：
不择食。~寒交迫。❷旧指庄稼收成不好或没有收成：~馑。

玑(璣) jī ㄐㄧ ❶不圆的珍珠。❷古代测天文的仪器。

机(機) jī ㄐㄧ ❶事物发生、变化的枢纽：生~.危~.转~.[机动]1.对事情成败有关系的中心环节，有保密性质的事件：军~.~密.~要.2.机会，合宜的时候：随~应变.勿失良~.好时~.[机体][有机体]具有生活机能的物体，如动物和植物。[机能]生物体器官的作用：~~障碍.[动机]引起行动的意识，行动前定下的愿望：~~好，方法也对头，才会有好效果.❷灵巧，能迅速适应事物的变化：~巧.~智.~警.[机灵][机动]1.依照客观情况随时灵活行动：~~处理.~~作战.2.利用机器开动的：~~车.[机灵]聪明，头脑灵活.❸机器，由许多零件组成可以做功或有特殊作用的装置或设备：织布~.发电~.收音~.拖拉~.[机关]1.控制整个机器的关键部分。❹办理事务的组织：行政~.军事~.~.~工作.2.计谋：算尽.识破~~.[机械]1.利用力学原理组成的各种装置。各种机器、杠杆、滑轮以及枪炮等都是机械：~~化.~~工业.2.呆板，不灵活，按照一定的方式工作而没变化，不是辩证的：~~地工作.~~唯物论.[飞机]利用机器发动能在空中飞行的工具。

肌 jī ㄐㄧ 肌肉，人或动物体的组织之一，由许多肌纤维组成，具有收缩特性：心~.平滑~.

矶(磯) jī ㄐㄧ 水边突出的小石山：采石~.燕子~.

击(擊) jī ㄐㄧ ❶打，敲打：~鼓.~柝(tuò)(敲梆子)。❷攻打：迎头痛~.游~.❸碰：撞：肩摩毂(gǔ)~.[喻]来往人多拥挤]❹接触：目~(亲眼看见)。

圾 jī ㄐㄧ 见278页"垃"字条"垃圾"(lā－)。

茇 jī ㄐㄧ [白芨]多年生草本植物，叶长形。块茎可入药。

乩 jī ㄐㄧ [扶乩]旧时迷信的人占卜问疑。

鸡(鷄、*雞) jī ㄐㄧ 一种家禽，公鸡能报晓，母鸡能生蛋。

奇 (二)jī ㄐㄧ 数目不成双，跟"偶"相反：一、三、五、七、九是～数。
(一)qí 见 392 页。

剞 jī ㄐㄧ [剞劂](-jué)1.雕刻用的弯刀。2.雕版，刻书。

犄 jī ㄐㄧ [犄角]1.(一儿)物体的两个边沿相接处，棱角：桌子～～儿.2.(一儿)角落：墙～～儿.3.(-jiao)兽角：牛～～.

畸 jī ㄐㄧ ❶不规则的，不正常的：～形.❷零余的数目：～零.❸偏：～轻～重.

咭 jī ㄐㄧ 同"叽"。

唧 jī ㄐㄧ ❶用水射击：～筒.～他一身水.❷拟声词，虫叫声(叠).[唧咕](-gu)小声说话。

积(積) jī ㄐㄧ ❶聚集：～少成多.～年累月.～习.～劳.[积极]向上的，进取的，跟"消极"相反：工作～～.～～分子.❷乘积，乘法的得数。

笄 jī ㄐㄧ 古代盘头发用的簪子。

屐 jī ㄐㄧ 木头鞋。泛指鞋。

姬 jī ㄐㄧ ❶古代对妇女的美称.❷旧时称妾.❸旧时称以歌舞为业的女子：歌～.

基 jī ㄐㄧ ❶建筑物的根脚：地～.墙～.⑱根本的：～数.～层组织.[基金]1.国民经济中有特定用途的资金：消费～～.生产～～.2.为兴办或发展某一事业而集聚、储备的资金或专门拨款：教育～～.福利～～.[基础]建筑物的根脚和柱石.⑱事物的根基：钢铁是工业的～.❷化学上，化合物的分子中所含的一部分原子被看做是一个单位时，叫做基：氢～.氨～.❸根据：～于上述理由.

[基诺族]我国少数民族，参看附表。

[基督](外)基督教徒称耶稣，意为"救世主"。

[基督教]宗教名。犹太人耶稣

所创。11 世纪分为罗马教会（天主教）和希腊教会（东正教）两派；16 世纪罗马教会又分为新教和旧教。现在一般称新教为基督教。

期（*朞） ⊖ jī ㄐㄧ〈古〉一周年，一整月：～年.～月.

⊖ qī 见 390 页。

箕 jī ㄐㄧ ❶簸箕(bòji)，用竹篾、柳条或铁皮等制成的扬去糠麸或清除垃圾的器具。❷不成圆形的指纹。❸星宿名，二十八宿之一。

赍（*賷、*賫） jī ㄐㄧ ❶怀抱着，带着：～志而殁(mò)(志未遂而死去)。～恨.❷把东西送给别人。

稘

稽 ⊖ jī ㄐㄧ ❶停留：～留.～迟.不得～延时日.❷考核：～核.～查.无～之谈.❸计较，争论：反唇相～(反过来责问对方)。❹姓。

⊖ qǐ 见 394 页。

缉 ⊖ jī ㄐㄧ 搜捕，捉拿：～私.通～.

⊖ qī 见 390 页。

跻（躋） jī ㄐㄧ 登，上升。

齑（齏） ⊖ jī ㄐㄧ ❶捣碎的姜、蒜、韭菜等。❷细、碎：化为～粉.

畿 jī ㄐㄧ 我国古代称靠近国都的地方：京～.

墼 jī ㄐㄧ 土坯。[土墼]未烧成的砖坯。[炭墼]用炭末做成的块状物。

激 jī ㄐㄧ ❶水冲击或急速浇淋：～起浪花.他被雨～病了.⑨使动，使人的感情冲动：刺～.用话～他.[激昂](情绪、语调等)激动昂扬：慷慨～～.❷急剧的，强烈的(働一烈)：～变.～战.

羁（*覊） jī ㄐㄧ ❶马笼头。❷束缚：～绊.～押.❸停留：～留.[羁旅]寄居作客。

及 jí ㄐㄧ ❶到.1.从后头跟上：来得～.赶不～.⑨比得上：我不～他.2.达到：由表～里.将～十载.～格.❷趁着，乘：～时.❸跟，和，跟(通常主要成分在前)：烟、酒～其他有刺激性的东西对于儿童的身体都是有害的.[以及]连词，连接并列的词、词组，意义和"及❸"相同：花园里种着状元红、矢车菊、夹竹桃～～各色的花木.

伋 jí ㄐㄧˊ 用于人名。

岌 jí ㄐㄧˊ ❶山高。❷危险。[岌岌]1.形容山高。2.形容危险：～～可危.

汲 jí ㄐㄧˊ 从井里打水：～水.[汲引]旧时喻提拔人才。

级 jí ㄐㄧˊ ❶层，层次：那台阶有十多～.七～浮屠(七层的塔）❷等次：高～.低～.初～.上～.下～.❸年级，学校编制的名称，学年的分段：同～不同班.三年～.高年～.

极(極) jí ㄐㄧˊ ❶顶端，最高点，尽头处：登峰造～.❷指地球的南北两端，磁体的两端或电路的正负两端：南～.北～.阳～.阴～.[南极洲]世界七大洲之一。❸副词，最，达到顶点：大～了.好～.穷凶～恶.❹竭尽：～力.～目。

笈 jí ㄐㄧˊ ❶书箱。❷书籍，典籍。

吉 jí ㄐㄧˊ 幸福的,吉利的(�）一祥.一庆)：～日.期.

佶 jí ㄐㄧˊ 健壮。

[佶屈][诘屈]曲折：～～聱(áo)牙(文句拗口）

诘 (一) jí ㄐㄧˊ [诘屈]同"佶屈"，见本页"佶"(jí)。
(二) jié 见237页。

姞 jí ㄐㄧˊ 姓。

即 jí ㄐㄧˊ ❶就是：蕃茄～西红柿.❷当时或当地：～日.～刻.～席发表谈话.～景生情.❸便，就：胜利在眼前.用毕～行奉还.[即使]连词,常和"也"字连用表示假设性让步：～我们的工作取得了很大的成绩,也不能骄傲自满.❹靠近：不～不离.[即位]指封建统治者登基做君主或诸侯。

亟 (一) jí ㄐㄧˊ 急切：～待解决.缺点～应纠正。
(二) qì 见395页。

殛 jí ㄐㄧˊ 杀死：雷～.

革 (一) jí ㄐㄧˊ 〈古〉指病危。
(二) gé 见151页。

急 jí ㄐㄧˊ ❶焦躁(⑱焦）：～着.～死人了.真～.❶气恼,发怒：没想到他～了.❷匆促：～～忙忙.就～于完成任务.⑭迅速,又快又猛：水流得～.病.❸

迫切，要紧：～事.不～之务.～件.⑰严重：情况紧～.告～.病～乱投医(喻临事慌乱).❹对大家的事或别人的困难赶快帮助：～公好义.～难(nàn).

疾 jí ❶病，身体不舒适(逾一病)：目～.积劳成～.⑰一般的痛苦：关心群众的～苦.❷恨：～恶如仇.❸快，迅速：～走.～风知劲草.～言厉色(指发怒的样子).❹疼痛：痛心～首.

蒺 jí [蒺藜](一li)1.一年生草本植物，茎横生在地面上，开小黄花.果实也叫蒺藜，有刺，可入药.2.像蒺藜的东西：铁～～.～骨朵(旧时一种兵器).

嫉 jí 因别人比自己好而憎恨(逾一妒、妒一)：～才.他很羡慕你，但并不～妒.

棘 jí ❶酸枣树，落叶灌木，开黄绿色小花，茎上多刺.果实小，味酸.❷针形的刺：～皮动物.[棘手]刺手，扎手.喻事情难办.❸指有刺的草木：披荆斩～.

集 jí ❶聚，会合，总合(逾聚一)：～思广益.～

会.～中.[集体]许多人合起来的有组织的总体：～～利益.～～所有制.❷会合许多著作编成的书：诗～.文～.选～.❸某些篇幅较长的著作或作品中相对独立的部分：影片分上下～.十一～电视纪录片.❹定期交易的市场：赶～.❺完成：大业未～.

楫(*檝) jí 划船用的桨.

辑 jí ❶聚集.特指聚集材料编书：～录.纂～.❷整套书籍、资料等按内容或发表次序分成的部分：丛书第一～.❸和睦：～睦.

戢 jí ❶收敛，收藏：～翼.载～干戈(把兵器收藏起来).⑰止，停止：～怒.

蕺 jí 蕺菜，也叫"鱼腥草".多年生草本植物，茎上有节，花小而密.茎和叶有腥味，全草可入药.

嵴 jí 山脊.

瘠 jí ❶瘦弱.❷土地不肥沃：～土.把贫～的土地变成良田.

鹡 jí [鹡鸰](一líng)鸟名.头黑额部白，背部黑色，腹部白色，尾巴较长，生活在水边，捕食小虫。

踖 jí ㄐㄧˊ 小步。

蹐 jí ㄐㄧˊ [踧蹐](cù—)恭敬而不安的样子。

藉 (一)jí ㄐㄧˊ ❶践踏，凌辱。[狼藉]乱七八糟，也作"狼籍"：杯盘～～。声名～～。❷姓。
(二)jiè 见239页。

籍 jí ㄐㄧˊ ❶书，书册(⟨古⟩书—)：六～(六经)。古～。❷登记隶属关系的簿册，隶属关系：户～。国～。党～。学～。[籍贯]自身出生或祖居的地方。

几(幾) (一)jǐ ㄐㄧˇ ❶询问数量多少：～个人？来～天了？[几何]1.多少。2.几何学，研究点、线、面、体的性质、关系和计算方法的学科。❷表示不定的数目：他才十～岁。所剩无～.
(二)jī 见208页。

虮(蟣) jǐ ㄐㄧˇ (一子)虱子的卵。

麂 jǐ ㄐㄧˇ (一子)兽名。像鹿，比鹿小，毛黄黑色，雄的有很短的角。皮可做鞋面、手套等，肉可以吃。

己 jǐ ㄐㄧˇ ❶自己，对人称本身：舍～为人。反求诸～。❷天干的第六位，用作顺序的第六。

纪 (一)jǐ ㄐㄧˇ 姓。
(二)jì 见215页。

魢 jǐ ㄐㄧˇ 鱼名。身体侧扁，略呈椭圆形，头小，口小，生活在海底岩石间。

挤(擠) jǐ ㄐㄧˇ ❶用压力使排出：～牛奶。～牙膏。❷互相推、拥：人～不过去。～进会场。⟨引⟩排斥(⟨古⟩排—)：互相排～。❸许多人、物很紧地挨着，不容易转：一间屋子住十来个人，～了。

济(濟) (一)jǐ ㄐㄧˇ 济水，古水名，发源于今河南省，流经山东省入海。[济南][济宁]地名，都在山东省。
[济济]众多：人才～～.
(二)jì 见216页。

给 (一)jǐ ㄐㄧˇ ❶供应：自给自足。补～。～养(军队中主副食、燃料，以及牲畜饲料等物资供应的统称)。❷富裕，充足：家～人足.
(二)gěi 见154页。

脊 jǐ ㄐㄧˇ ❶人或动物背中间的骨头：～椎骨．～髓．～梁．❷物体中间高起、形状像脊柱的部分：屋～．山～．

掎 jǐ ㄐㄧˇ 拖住，牵制．

戟（****戟**） jǐ ㄐㄧˇ 古兵器的一种，长杆头上附有月牙状的利刃．

计 jì ㄐㄧˋ ❶核算（逾—算）：不～其数．❷测量或计算度数、时间等的仪器：时～．体温～．❸主意，策略（逾—策）：妙～．百年大～．❹计划，打算：为工作方便．[计较]（—jiào）1．打算，商量：来，咱们～～一下．2．争论，较量：大家都没有和他～～．

疷 jì ㄐㄧˋ 皮肤上生来就有的深色斑．现多写作"记"．

记 jì ㄐㄧˋ ❶记忆，把印象保持脑子里：～住这件事．～性．❷把事物写下来：～录．～账．把这些事情都写在笔记本上．[记者]报刊、电台、电视台、通讯社里做采访报道工作的人员．❸记载事物的书册或文字：游～．日～．大事～．❹记号，标识

（zhì）：以红色为～．戳～．❺同"疷"．

纪 ㊀ jì ㄐㄧˋ ❶记载：～事．[纪念]用事物或行动对人或事表示怀念．[纪元]纪年的开始，如公历以传说的耶稣出生那一年为元年．❷古时把十二年算做一纪．[世纪]一百年叫一世纪．❸制度，法度：军～．违法乱～．[纪律]集体生活里必须共同遵守的规则：遵守劳动～～．

㊁ jǐ 见214页．

忌 jì ㄐㄧˋ ❶嫉妒，憎恨：猜～．～才．❷怕，畏惧：肆无～惮．[顾忌]有所顾虑，不敢大胆说话或行动：有话尽管说，不要有什么～．❸戒：～酒．～口．～食生冷．[忌讳]1．由于风俗、习惯的顾忌，言谈或动作有所隐避，日久成为禁戒．2．对某些能产生不利后果的事力求避免．

跽 jì ㄐㄧˋ 长跪，挺着上身两腿跪着．

伎 jì ㄐㄧˋ ❶技巧，才能．[伎俩]（—liǎng）手段，花招．❷古代称以歌舞为业的女子．

技 jì 才能,手艺(鱼—艺,—能):~巧.口~.~师.一—之长(cháng).[技术]1.进行物质资料生产所凭借的方法、能力或设备等:~~革新.2.专门的技能:他打球的~~很高明.

芰 jì 古书上指菱.

妓 jì 妓女,以卖淫为生的女人.

系(繫) ⊖ jì 结,扣:把鞋带~上.
⊖ xì 见 526 页.

际(際) jì ❶交界或靠边的地方:林~.水~.天~.春夏之~.❷彼此之间:国~.厂~竞赛.❸时候:当祖国进行社会主义建设之~.❹当,适逢其时:~此盛会.

季 jì ❶兄弟排行,有时用伯、仲、叔、季做次序,季是最小的:~弟.~父(小叔叔).❹末了:~世.~春(春季末一月).❷三个月为一季:一年分春、夏、秋、冬四~.❹(—子、—儿)一段时间:瓜~儿.这一~子很忙.

悸 jì 因害怕而心跳:~栗(心惊肉跳).惊~.心

剂(劑) jì ❶配合而成的药:药~.清凉~.[调剂](tiáo—)1.配制药物.2.适当调整.❷量词:一~药.

荠(薺) ⊖ jì 荠菜,二年生草本植物,花白色.茎叶嫩时可以吃.
⊖ qi 见 396 页.

济(濟) ⊖ jì ❶对困苦的人加以帮助:救~金.~困扶危.❷补益:无~于事.❸渡,过河:同舟共~.
⊖ jǐ 见 214 页.

霁(霽) jì ❶雨、雪停止,天放晴:雪初~.❷怒气消除:色~.

鲚(鱭) jì 鱼名.身体侧扁,长约 10—12 厘米,无侧线,头小而尖,尾尖而细.生活在海洋中.俗称"凤尾鱼".

垍 jì 坚土.

泊 jì 到,及:自古~今.

迹(*跡、*蹟) jì 脚印(鱼

踪一）：足～. 兽蹄鸟～. ㊍1. 物体遗留下的印痕（逶痕－）：～象. 2. 前人遗留下的事物（多指建筑、器物等）：古～. 陈～.

既 jì ㄐㄧˋ ❶动作已经完了：霜露～降. ～往不咎. 保持～有的荣誉. 食～. [既而]后来，经过一段时间以后：起初以为困难很多，～～看出这些困难都是可以克服的. [食既]指日食、月食的食尽. ❷连词. 1. 既然，后面常与"就"、"则"相应：～来之则安之. 问题～然提到眼前，就需要解决. 2. 常跟"且"、"又"连用，表示两者并列：～高且大. ～快又好.

墍 jì ㄐㄧˋ ❶用泥涂屋顶. ❷休息. ❸取.

暨 jì ㄐㄧˋ 与，及，和.

觊（覬**）** jì ㄐㄧˋ 希望，希图. [觊觎]（－yú）非分的希望或企图.

继（繼**）** jì ㄐㄧˋ 连续，接着（逶－续）：～任. ～往开来. 前仆后～. [继承]1. 接受遗产. 2. 继续前人的事业.

偈 ㊀ jì ㄐㄧˋ 和尚唱的词句.
㊁ jié 见 238 页.

徛 jì ㄐㄧˋ 〈方〉站立.

寄 jì ㄐㄧˋ ❶托付，寄托：～放. ～希望于未来. ❷依靠，依附：～居. ～生. ～宿. ❸托人传送. 特指由邮局传递：～信. ～钱. ～包裹.

祭 jì ㄐㄧˋ ❶对死者表示追悼、敬意（逶－奠）：公～烈士. ❷供奉鬼神等：～神. ～天.

穄 jì ㄐㄧˋ （－子）又叫"穈（méi）子". 一种谷物，跟黍子相似，但不黏.

寂 jì ㄐㄧˋ 静，没有声音（逶－静）：～然无声. [寂寞]（－mò）清静，孤独.

绩（❷***勣**） jì ㄐㄧˋ ❶把麻搓（cuō）捻成线或绳. ❷功业，成果：成～. 战～. 伟大的功～.

惎 jì ㄐㄧˋ ❶毒害. ❷忌恨.

蓟 jì ㄐㄧˋ 多年生草本植物，茎叶多刺，春天出芽，花紫色，可入药.

稷 jì ㄐㄧˋ ❶古代一种粮食作物，有的书说是黍属，有的书说是粟(谷子)。❷古代以稷为百谷之长，因此帝王奉祀为谷神。[社稷]⑰古代指国家:执干戈以卫～～.

鲫 jì ㄐㄧˋ 鲫鱼，鱼名。形似鲤鱼，无触须，背脊隆起，生活在淡水中，肉可吃。

髻 jì ㄐㄧˋ 梳在头顶或脑后的发结:高～.

冀 jì ㄐㄧˋ ❶希望。❷河北省的别称。

骥 jì ㄐㄧˋ 好马:按图索～.

罽 jì ㄐㄧˋ 用毛做成的毡子一类的东西。

檵 jì ㄐㄧˋ 檵木，常绿灌木或小乔木，叶子椭圆形或卵圆形，花淡黄色，结蒴果，褐色。枝条和叶子可以提制栲胶，种子可以榨油。叶可入药。

JIA ㄐㄧㄚ

加 jiā ㄐㄧㄚ ❶增多，几种事物合起来(连增～)～价.三个数相～.增～工资.[加法]把几个数目合并起来的算法。[加工]把原料制成成品或使粗制物品精良。[加油儿]⑰努力，加劲儿。❷施以某种动作:希～注意.不～

思索.～以保护.❸把本来没有的添上去:～引号(""或'').

伽 ⊖ jiā ㄐㄧㄚ [伽倻](－yē)伽倻琴，朝鲜族乐器名。[伽利略]意大利天文学家、物理学家。
⊜ qié 见 404 页。
⊜ gā 见 143 页。

茄 ⊖ jiā ㄐㄧㄚ〈古〉荷茎。
[雪茄](外)一种较粗较长用烟叶卷成的卷烟。
⊜ qié 见 404 页。

迦 jiā ㄐㄧㄚ 译音用字。

珈 jiā ㄐㄧㄚ 古代妇女的一种首饰。

枷 jiā ㄐㄧㄚ 旧时一种套在脖子上的刑具。[枷锁]⑰束缚:砸碎封建～～.

痂 jiā ㄐㄧㄚ 嘎渣(gāzha)，伤口或疮口血液、淋巴液等凝结成的东西。

耞 jiā ㄐㄧㄚ 见 297 页"连"字条"连枷"(lián－)。

笳 jiā ㄐㄧㄚ 胡笳，我国古代北方民族的一种乐器，类似笛子。

袈 jiā ㄐㄧㄚ [袈裟](－shā)和尚披在外面的一种法衣。

跏 jiā ㄐㄧㄚ [跏趺](-fū)佛教徒的一种坐姿.

嘉 jiā ㄐㄧㄚ ❶美好:～宾.❷赞美:～许.精神可～.

夹(夾) ㊀ jiā ㄐㄧㄚ ❶从东西的两旁钳住:书里～着一张纸.手指间～着雪茄烟.⑪1.两旁有东西限制住:～道.两山一～水.2.从两面来的:～攻.❷胳膊向胁部用力,使腋下放着的东西不掉下:～着书包.❸搀杂(龠-杂):～七杂八.～生.❹(-子、-儿)夹东西的器具:文件～.皮～儿.
㊁ jiá 见220页。
㊂ gā 见143页。

浃(浹) jiā ㄐㄧㄚ ❶湿透:汗流～背.❷周遍:～辰.

佳 jiā ㄐㄧㄚ 美,好的:～音(好消息).～句.～作.

家 ㊀ jiā ㄐㄧㄚ ❶家庭,人家:勤俭持～.张～有五口人.谦辞,用于对别人称自己亲属中比自己年纪大或辈分高的:～兄.～父.[家常]家庭日常生活:～便饭.叙～～.[家畜](-chù)由人喂养的禽兽,如马、牛、羊、鸡、猪等.[家伙](-huo)1.一般

的用具、工具.2.指武器.3.指牲畜或人(轻视或玩笑).[家具]家庭用具,主要指床、柜、桌、椅等.[家什](-shi)用具,器物:厨房里的～～擦洗得干干净净的.❷家庭的住所:回～.这儿就是我的～.❸指经营某种行业或有某种身份的人家:农～.酒～.❹掌握某种专门学识或有丰富实践经验以及从事某种专门活动的人:科学～.水稻专～.政治～.❺学术流派:儒～.道～.百～争鸣.❻指相对各方中的一方:上～.下～.❼(jia)词尾,指一类的人(多按年龄或性别):姑娘～.孩子～.❽量词:一～人家.两～饭馆.❾姓.
㊁ jie 见240页。

傢 jiā ㄐㄧㄚ "家"的繁体字.用于下面三个词.[傢伙]同"家伙".[傢具]同"家具".[傢什]同"家什".

镓 jiā ㄐㄧㄚ 一种金属元素,符号Ga,银白色晶质地柔软,可制合金.

葭 jiā ㄐㄧㄚ ❶初生的芦苇.[葭莩](-fú)苇子里的薄膜.喻关系疏远的亲戚.

猳 jiā ㄐㄧㄚ 公猪.

夹（夾、*袷、△*袷）

㊂jiá ㄐㄧㄚˊ 两层的衣物：～
裤．～被．

㊀ jiā 见219页．

㊂ gā 见143页．

"袷"又 qiā 见396页．

郏（郟）jiá ㄐㄧㄚˊ 郏县，
在河南省．

荚（莢）jiá ㄐㄧㄚˊ 豆科
植物的长形的果
实：豆～（豆角）．皂～．槐树
～．

铗（鋏）jiá ㄐㄧㄚˊ ❶冶
铸用的钳．❷剑．
❸剑柄．

颊（頰）jiá ㄐㄧㄚˊ 脸的
两侧：两～绯红．
（图见496页"头"）

蛱（蛺）jiá ㄐㄧㄚˊ ［蛱
蝶］（－dié）蝴蝶
的一类，翅有各种鲜艳的色
斑．前足退化或短小，触角锤
状．

恝 jiá ㄐㄧㄚˊ 无忧愁，淡然．
［恝置］不在意，置之不
理．

戛（*戞）jiá ㄐㄧㄚˊ ❶打
击．❷拟声词：
～然而止．

［戛戛］形容困难：～～乎难

哉.

甲 jiǎ ㄐㄧㄚˇ ❶天干的第一
位，用作顺序的第一．⑤
居首位，超过所有其他的：桂
林山水～天下．［甲子］我国
纪日、纪年或计算岁数的一
种方法，以十干和十二支顺
序配合，六十组干支字轮一
周叫一个甲子．❷古代军人
打仗穿的护身衣服，是用皮
革或金属做成的：盔～．❸动
物身上有保护功能的硬壳：
龟～．～虫．［甲鱼］鳖．［甲骨
文］我国商代刻在龟甲兽骨
上的文字．❹手指或脚趾上
的角质硬壳：指～．❺现代用
金属做成有保护功用的装
备：装～汽车．［甲板］轮船上
分隔上下各层的板（多指最
上面即船面的一层）．❻旧时
户口的一种编制（详见17页
"保❸"）．

岬 jiǎ ㄐㄧㄚˇ ❶岬角（突入
海中的尖形陆地，多用
于地名）：成山～（也叫"成山
角"，在山东省）．❷两山之
间．

胛 jiǎ ㄐㄧㄚˇ 肩胛，肩膀后
方的部位．［肩胛骨］肩
胛上部左右两块三角形的扁
平骨头．（图见163页"骨"）

钾 jiǎ ㄐㄧㄚˇ 一种金属元素，符号K，银白色，蜡状。钾的化合物用途很广，其化合物是重要的肥料。

蚜 jiǎ ㄐㄧㄚˇ 蚜虫，即甲虫，体壁比较坚硬的昆虫的通称，如金龟虫、菜叶蚜虫等。

贾 ㊀ jiǎ ㄐㄧㄚˇ ❶姓。❷古多用于人名。

〈古〉又同"价（價）"(jià)。

㊁ gǔ 见163页。

槚 jiǎ ㄐㄧㄚˇ ❶楸树的别名。❷茶树的古名。

假(*叚) ㊀ jiǎ ㄐㄧㄚˇ ❶不真实的，不是本来的，跟"真"相反：～头发.～话.[假如][假使]连词，如果。❷借用，利用(遥—借)：～手于人.～公济私.❸据理推断，有待验证的：～设.～说。

㊁ jià 见222页。

椵 jiǎ ㄐㄧㄚˇ (又)见162页(gǔ)。

瘕 jiǎ ㄐㄧㄚˇ 肚子里块状的病。

斝 jiǎ ㄐㄧㄚˇ 古代一种盛(chéng)酒的器皿。

价(價) ㊀ jià ㄐㄧㄚˋ 价钱，商品所值的钱数：～目.物～稳定.减～.[价格]用货币表现出来的商品的价值。[价值]1.政治经济学上指凝结在商品中的生产者的社会必要劳动。2.通常指用途或重要性：有～～.[原子价]化学上称能跟某元素一个原子相化合的氢原子数为这个元素的原子价，也省称"价"。

㊁ jiè 见239页。

㊂ jie 见240页。

驾 jià ㄐㄧㄚˋ ❶把车套在牲口身上：～辕.～轻就熟(喻担任熟悉的事)。❷古代车乘的总称。敬辞：劳～.大～光临。❸特指帝王的车，借指帝王：～崩(帝王死去)。❹操纵，使开动：～飞机.～驶员.[驾驭][驾御](－yù)驱使车马行进或停止。㊟1.旧指对人员的管理和使用。2.控制，支配。

架 jià ㄐㄧㄚˋ ❶(－子、－儿)用做支架的东西：书～儿.葡萄～.笔～.房～子.车～子.[担架]医院或军队中抬送病人、伤员的用具。❷支承.1.支、搭起：把枪～住.～桥.2.搀扶：他受伤了，～着他走.[架不住]禁(jīn)不住。❸互相殴打或争吵的事：打了一～.劝～.❹量词，多用于有机械或有支柱的东西：五～飞机.一～机器.一～葡萄.[架次]量词，一架飞机出动或出现一次叫一架次。如飞机出现三次，第一次五架，第二次十架，第三次十五架，共三十架次。

假 ㊀jià ㄐㄧㄚˋ 照规定或经过批准暂时离开工作、学习场所的时间：放～.寒～.～期.请～.

㊁jiǎ 见221页。

嫁 jià ㄐㄧㄚˋ ❶女子结婚：出～.～娶.[嫁接]把不同品种的两种植物用芽或用枝接在一起，以达到提早结果、增强抗性、提高品种质量等目的。所用的枝或芽叫接穗，被接的干叫砧(zhēn)木。❷把祸害、怨恨推到别人身上：～怨.～祸于人.

稼 jià ㄐㄧㄚˋ 种田。[稼穑](-sè)种谷和收谷，农事的总称。[庄稼]五谷，农作物：种～～.

JIAN ㄐㄧㄢ

戋(戔) jiān ㄐㄧㄢ 小，少(叠)：所得～～.

浅(淺) ㊀jiān ㄐㄧㄢ [浅浅]拟声词，形容流水声。

㊁qiǎn 见399页。

笺(箋、❷*牋、*椾) jiān ㄐㄧㄢ ❶注释。❷小幅的纸：便～.信～.⑱书信：华～.

溅(濺) ㊀jiān ㄐㄧㄢ [溅溅]同"浅浅"(jiān—)。

㊁jiàn 见227页。

尖 jiān ㄐㄧㄢ ❶(一儿)物体锐利的末端或细小的部分：笔～儿.刀～儿.针～儿.塔～儿.[尖锐]1.刺耳的：～～的声音.2.锋利的，深刻的：～～的批评.3.激烈：～～的思想斗争.矛盾～化.[打尖]1.掐去棉花等植物的尖.2.旅途中休息饮食。❷末端极细小：把铅笔削～了.❸感觉锐敏：眼～.耳朵～.❹声音高而细：～声～气.❺出类拔萃的人或物品：～儿货.～子生.

奸(❸*姦) jiān ㄐㄧㄢ ❶虚伪，狡诈：～雄.～笑.不藏～，不耍滑❷叛国的人：汉～.锄～.[奸细]替敌人刺探消息的人.❸男女发生不正当的性行为通~.~污.

歼(殲) jiān ㄐㄧㄢ 消灭(逫一灭):围~.全~入侵之敌.

坚(堅) jiān ㄐㄧㄢ ❶结实,硬,不容易破坏(逫一固):~不可破.~壁清野.㉠不动摇:~强.~决.~持.~守.[中坚]骨干:~分子.❷坚固的东西或阵地:攻~战.无~不摧.

鲣(鰹) jiān ㄐㄧㄢ 鲣鱼,鱼名.身体呈纺锤形,大部分无鳞,腹白,背苍黑.

间(**閒) ㊀jiān ㄐㄧㄢ ❶中间,两段时间或两种事物相接的地方:彼此~有差别.❷在一定的地方,时间或人群的范围之内:田~.人~.晚~.~房间,屋子:车~.衣帽~.卫生~.❹量词,用于房屋:一~房.广厦千~.

㊁jiàn 见 226 页.

〔閒〕又 xián 见 530 页"闲".

肩 jiān ㄐㄧㄢ ❶肩膀,脖子旁边胳膊上边的部分.(图见 486 页"体")❷担负:身~重任.

艰(艱) jiān ㄐㄧㄢ 困难(逫一难):~辛.

~苦.文字~深.

监(監) ㊀jiān ㄐㄧㄢ ❶督察:~察.❷牢,狱(逫一牢,一狱):收~.坐~.[监禁]把犯罪的人收监,限制他的自由.

㊁jiàn 见 227 页.

兼 jiān ㄐㄧㄢ ❶加倍,把两份并在一起:~旬(二十天).~程(用加倍的速度赶路).[兼并]并吞.❷所涉及的或所具有的不只一方面:~任.德才~备.

搛 jiān ㄐㄧㄢ 用筷子夹:~菜.

蒹 jiān ㄐㄧㄢ 没长穗的芦苇.

缣 jiān ㄐㄧㄢ 细绢.

鹣 jiān ㄐㄧㄢ 鹣鹣,比翼鸟,古代传说中的一种鸟.

鳒 jiān ㄐㄧㄢ 鳒鱼,鱼名.一般两只眼都在身体的左侧或右侧,有眼的一面黄褐色,无眼的一面白色.主要产在我国南海地区,肉供食用.

菅 jiān ㄐㄧㄢ 多年生草本植物,叶子细长,根很坚韧,可做炊帚,刷子等.[草菅]㊷轻视:~~人命.

渐 ⊖ jiān ㄐㄧㄢ ❶浸：～染。❷流入：东～于海。

⊜ jiàn 见 228 页。

犍 ⊖ jiān ㄐㄧㄢ 阉割过的公牛。

⊜ qián 见 398 页。

鞬 jiān ㄐㄧㄢ 马上盛弓箭的器具。

湔 jiān ㄐㄧㄢ 洗。

煎 jiān ㄐㄧㄢ ❶熬(áo)：～药。❷把食物放在少量的热油里弄熟：～鱼。～豆腐。❸量词，熬中药的次数：头～药。二～。

缄 jiān ㄐㄧㄢ 封,闭：～口。[缄默]闭口不言。

瑊 jiān ㄐㄧㄢ [瑊石]一种像玉的美石。

鞯（韉） jiān ㄐㄧㄢ 垫马鞍的东西：鞍～。

橌 jiān ㄐㄧㄢ 木楔子(xiēzi)。

囝 ⊖ jiǎn ㄐㄧㄢ〈方〉儿子。

⊜ nān 见 355 页"囡"。

拣（揀） jiǎn ㄐㄧㄢ ❶挑选(④挑—)：～好的交纳公粮。挑肥～瘦。❷同"捡"。

枧 jiǎn ㄐㄧㄢ〈方〉肥皂：香～。

笕 jiǎn ㄐㄧㄢ 横安在屋檐或田间引水的长竹管。

茧（繭、❶**䌷） jiǎn ㄐㄧㄢ ❶(—子、—儿)某些昆虫的幼虫在变成蛹之前吐丝做成的壳。家蚕的茧是抽丝的原料。❷同"趼"。

柬 jiǎn ㄐㄧㄢ 信件、名片、帖子等的泛称：请～(请客的帖子)。

俭（儉） jiǎn ㄐㄧㄢ 节省，不浪费：～朴。省吃～用。勤～办学。

捡（撿） jiǎn ㄐㄧㄢ 拾取：～柴。把笔～起来。～了一张画片。

检（檢） jiǎn ㄐㄧㄢ 查(④查—查)：～字。～验。～阅。[检点]1. 仔细查。2. 注意约束(言行)：失于～～。[检讨]对自己的思想工作、生活等方面的缺点、错误进行检查。[检举]告发坏人、坏事。[检察]审查检举犯罪事实。

硷（鹼、*鏄） jiǎn ㄐㄧㄢ 同"碱"。

睑（瞼） jiǎn ㄐㄧㄢ 眼睑，眼皮。(图见56

页"眼")

跰 jiǎn ㄐㄧㄢˇ 手、脚上因摩擦而生的硬皮，也作"茧"：老～.

减（*減）jiǎn ㄐㄧㄢˇ ❶由全体中去掉一部分：三～二是一. ～价. [减法]从一数去掉另一数的算法. ❷降低程度，衰退：～色.

碱（*堿）jiǎn ㄐㄧㄢˇ ❶含有 10 个分子结晶水的碳酸钠，性滑，味涩，可洗衣物. ❷化学上称能在水溶液中电离而生成氢氧离子(OH^-)的物质. ❸被碱质侵蚀：好好的罐子，怎么～了？那堵墙也～了.

剪 jiǎn ㄐㄧㄢˇ ❶（一子）剪刀，一种铰东西的用具. ❷像剪子的：火～. 夹～. ❸用剪子铰：～断. ～开. [剪影]按人影或物体的轮廓剪成的图形. ❹事物的一部分或概况. ❹掉：～灭. ～除.

谫（**譾）jiǎn ㄐㄧㄢˇ 浅薄：学识～陋.

翦 jiǎn ㄐㄧㄢˇ ❶同"剪". ❷姓.

锏 ⊖ jiǎn ㄐㄧㄢˇ 古代的一种兵器，像鞭，四棱. ⊜ jiàn 见 226 页.

裥 jiǎn ㄐㄧㄢˇ 衣服上打的褶子.

简 jiǎn ㄐㄧㄢˇ ❶古时用来写字的竹板. ❸书信. ❷简单，简化，跟"繁"相反：～写. 删繁就～. 精兵～政. [简直]副词，实在是，完全是：你若不提这件事，我～～想不起来了. ❸简选，选择人材：～拔.

戬 jiǎn ㄐㄧㄢˇ ❶剪除，剪灭. ❷尽：～谷（尽善）. ❸福.

蹇 jiǎn ㄐㄧㄢˇ ❶跛，行走困难. ❷迟钝，不顺利：～涩. ～滞. 命运多～. ❸指驽马，也指驴.

謇 jiǎn ㄐㄧㄢˇ ❶口吃，言辞不顺利. ❷正直.

灦 jiǎn ㄐㄧㄢˇ 泼（水），倾倒（液体）.

劗 jiǎn ㄐㄧㄢˇ 割断.

见（見）⊖ jiàn ㄐㄧㄢˋ ❶看到：眼～是实. ❹接触，遇到：这种病怕～风. 胶卷不能～光. [见习]学得专业知识的人初到工作岗位在现场中实习:～～技术员. **❷**看得出,显现出:病已～好.～分晓.～效. **❸**(文字等)出现在某处,可参考:～上.～下.《史记·陈涉世家》. **❹**会见,会面:接～.看望多年未～的老战友. **❺**见解,对于事物的看法(逾一识):～地.远～.不能固执己～, **❻**助词:1.用在动词前面表示被动:～笑.～怪.2.用在动词前面表示对说话人怎么样:～谅.～告.～教. **❼**用在动词"听""看""闻"等字后,表示结果:看～.听不～. **❽**姓.

㊀xiàn 见 532 页.

舰(艦) jiàn ㄐㄧㄢˋ军舰,战船:～队.巡洋～.

件 jiàn ㄐㄧㄢˋ **❶**量词:一～事.两～衣服. **❷**(一儿)指可以一一计算的事物:零～儿. **❸**指文书等:文～.来～.

牮 jiàn ㄐㄧㄢˋ **❶**斜着支撑:打～拨正(房屋倾斜,用柱子支起弄直). **❷**用土石挡水.

间(＊＊閒) ㊁jiàn ㄐㄧㄢˋ **❶**(一儿)空隙:当～儿. ㊄嫌隙,隔阂:亲密无～. **❷**不连接,隔开:～断.～隔.黑白相～:晴～多云.[间接]通过第三者发生关系的(跟"直接"相对):～接.～经验. **❸**挑拨使人不和:离～.反～计.

㊀jiān 见 223 页.

"閒"又 xián 见 530 页"闲".

涧 jiàn ㄐㄧㄢˋ夹在两山间的水沟.

锏 ㊀jiàn ㄐㄧㄢˋ嵌在车轴上的铁,可以保护车轴并减少摩擦力.

㊁jiǎn 见 225 页.

饯(餞) jiàn ㄐㄧㄢˋ饯行:饯别,设酒食送行.

贱(賤) jiàn ㄐㄧㄢˋ **❶**价钱低:这布真～. **❷**指地位卑下(逾卑一):～～.谦辞:～姓.～恙. **❸**卑鄙:下～.

践(踐) jiàn ㄐㄧㄢˋ **❶**踩踏(逾一踏).[作践](zuòjian)糟蹋毁坏,浪费:～～东西. **❷**履行,实行:～约.～言.实～.

溅(濺) ㈠ jiàn ㄐㄧㄢˋ 液体受冲激向四外飞射：～了一脸水. 水花四～.

㈡ jiān 见 222 页。

建 jiàn ㄐㄧㄢˋ 立,设立,成立(叠一立)：八一～军节. ～都. ～筑铁路. [建设]创立新事业或增加新的设施：经济～～. 文化～～. [建议]向有关方面提出建设性的意见。

健 jiàn ㄐㄧㄢˋ ❶强壮,身体好(叠一康、强一)：～儿. 保～. 身体～康. [健全]1.既无疾病又不残废. 2.完备无缺欠或使完备：制度很～～. ～～组织. ❷善于,对于某种事情精力旺盛：～步. ～谈. ～饭. [健忘]容易忘,记忆力不强。

楗 jiàn ㄐㄧㄢˋ 竖插在门闩上使门拨不开的木棍。

毽 jiàn ㄐㄧㄢˋ (一子、一儿)一种用脚踢的玩具。

腱 jiàn ㄐㄧㄢˋ 肌腱,连接肌肉和骨骼的一种组织,白色,质地坚韧. [腱子]人身上或牛、羊等小腿上特别发达的肌肉。

键 jiàn ㄐㄧㄢˋ ❶安在车轴头上管住车轮不脱离轴的铁棍. 也叫"錧". [关键]喻事物的紧要部分,对于情势有决定作用的部分. ❷插在门上关锁门户的金属棍子. ❸某些乐器或机器上使用时按动的部分.~盘。

踺 jiàn ㄐㄧㄢˋ 踺子(一zi)体操运动等的一种翻身动作。

荐(薦) jiàn ㄐㄧㄢˋ ❶推举,介绍(叠举一、推一)：～人. ❷草. 又指草席。

剑(劍、*劎) jiàn ㄐㄧㄢˋ 古代的一种兵器,长条形,两面有刃,安有短柄。

监(監) ㈠ jiàn ㄐㄧㄢˋ ❶帝王时代的官名或官府名：太～. 国子～. 钦天～(掌管天文历法的官府). ❷姓。

㈠ jiān 见 223 页。

槛(檻) ㈠ jiàn ㄐㄧㄢˋ ❶栏杆,栏板. ❷圈(juān)兽类的栅栏. [槛车]1.运兽用的有栏杆的车. 2.古代押运囚犯的车。

㈡ kǎn 见 262 页。

鉴（鑒、*鑑） jiàn ㄐㄧㄢˋ ❶镜子。❾可以做为警戒或引为教训的事：前车之覆，后车之～。引以为～。[鉴戒]可以使人警惕的事情。❷照：光可～人。❸观看，审察：～定。～赏。～别真伪。某某先生台～（书信用语）。[鉴于]看到，觉察到：～～旧的工作方法不能适应需要，于是创造了新的工作方法。

渐 ㊀ jiàn ㄐㄧㄢˋ 慢慢地，一点一点地(叠)：循序～进。～入佳境。他的病～～好了。
㊁ jiān 见 224 页。

谏 jiàn ㄐㄧㄢˋ 旧时称规劝君主、尊长，使改正错误。

僭 jiàn ㄐㄧㄢˋ 超越本分，古时指地位在下的冒用在上的名义或器物等等：～越。

箭 jiàn ㄐㄧㄢˋ 用弓发射到远处的兵器，用金属做头。

JIANG ㄐㄧㄤ

江 jiāng ㄐㄧㄤ ❶大河的通称：黑龙～。松花～。❷专指长江，我国最大的河流，发源于青海省，东流入海。

茳 jiāng ㄐㄧㄤ [茳芏]（一dù）多年生草本植物，茎三棱形，开绿褐色小花。茎可编席。

豇 jiāng ㄐㄧㄤ [豇豆]一年生草本植物，花淡青或紫色，果实为长荚，嫩荚和种子都可吃。

将（將） ㊀ jiāng ㄐㄧㄤ ❶将要，快要：天～明。[将来]未来：我们的劳动是为了更美好的～～。❷介词，把：～革命进行到底。❸下象棋时攻击对方的"将"或"帅"：～军（也比喻使人为难）。❹用言语刺激：别把他～急了。❺带，领，扶助：～雏。扶～。[将军]对高级军官的称呼。❻保养：～养。～息。❼〈方〉兽类生子：～驹。～小猪。❽助词，用在动词和"出来"、"起来"、"上去"等的中间：走～出来。叫～起来。赶～上去。❾姓。
[将就]（一jiu）勉强适应，凑合：～～着用。
㊁ jiàng 见 230 页。

浆（漿） ㊀ jiāng ㄐㄧㄤ ❶比较浓的液体：纸～。豆～。泥～。❷用米汤或粉浆等浸润纱、布、衣服等物：～衣裳。

㈠ jiàng 见 230 页。

鳉（鱂） jiàng ㄐㄧㄤ 鱼名。头扁平，腹部突出，口小。生活在淡水中。

姜（薑） jiāng ㄐㄧㄤ 多年生草本植物，地下茎黄色，味辣，可供调味用，也可入药。

僵（❶*殭） jiāng ㄐㄧㄤ ❶直挺挺，不灵活：～尸。～蚕。手冻～了。❷双方相持不下，两种意见不能调和：闹～了。～局。～持不下。

缰（*韁） jiāng ㄐㄧㄤ 缰绳，拴牲口的绳子：信马由～。

礓 jiāng ㄐㄧㄤ ❶砂礓，一种不透水的矿石，块状或颗粒状，可以做建筑材料。❷[礓磋]（-cā）台阶。

疆 jiāng ㄐㄧㄤ 边界，境界：～土。～域。边～。㊀界限：万寿无～。[疆场]（-chǎng）战场。[疆埸]（-yì）边界。

讲（講） jiǎng ㄐㄧㄤ ❶说，谈：～一～话。他对你～了没有？❷解释（㊀解）：～书。这个字有三个～法。[讲义]教师为讲课编写的教材。[讲演][演讲]把观点或主张对听众说明。❸谋求，顾到：～卫生。[讲究]（-jiu）1.讲求，注重：～质量。2.精美：这房子盖得真～～。3.（-儿）一定的方法或道理，惯例：写春联有写春联的～～儿。❹商量：～价儿。

奖（獎） jiǎng ㄐㄧㄤ ❶劝勉，勉励：～励。❷称赞，表扬（㊀夸-、褒-）：～状。❸为了鼓励或表扬而给予的荣誉或财物等：得～。发～。❹指彩金：～券。中～。

桨（槳） jiǎng ㄐㄧㄤ 划船的用具。常装置在船的两旁。

蒋（蔣） jiǎng ㄐㄧㄤ 姓。

耩 jiǎng ㄐㄧㄤ 用耧播种：～地。～棉花。

膙 jiǎng ㄐㄧㄤ（-子）手、脚上因摩擦而生的硬皮，即胼（jiǎn）。

匠 jiàng ㄐㄧㄤ ❶有专门手艺的人：木～。瓦～。能工巧～。❷灵巧，巧妙：～心。❸指在某方面有很深造诣的人：文学巨～。

降 ㈠ jiàng ㄐㄧㄤ ❶下落，落下（㊀-落）：～雨。温度下～。～落伞。❷使下落

~级.~格.~低物价.❸姓.

（二）xiáng 见 534 页.

洚 jiàng ㄐㄧㄤ 大水泛滥：~水(洪水).

绛 jiàng ㄐㄧㄤ 赤色，大红.

虹 （二）jiàng ㄐㄧㄤ 义同"虹"(hóng)，限于单用.

（一）hóng 见 188 页.

将（將）（二）jiàng ㄐㄧㄤ ❶军衔名．在校级之上．[将领]较高级的军官．❷统率指挥：~兵．

（一）jiāng 见 228 页.

浆（漿）（二）jiàng ㄐㄧㄤ [浆糊](—hu)[浆子](—zi)同"糨糊""糨子".

（一）jiāng 见 228 页.

酱（醬）jiàng ㄐㄧㄤ ❶用发酵后的豆、麦等做成的一种调味品，有黄酱、甜面酱、豆瓣酱等．❷用酱或酱油腌制：把萝卜~一~．❸像酱的糊状食品：芝麻~.果子~.虾~.

摤 jiàng ㄐㄧㄤ ❶捕捉老鼠、鸟雀等的工具．❷摤捕捉.

强（*強、*彊）（二）jiàng ㄐㄧㄤ ❶

强(qiáng)硬不屈，倔~．❷固执己见，不服劝导：你别~嘴．

（一）qiáng 见 401 页.
（三）qiǎng 见 401 页.

犟（**勥）jiàng ㄐㄧㄤ 同"强（二）".

糨（**糡）jiàng ㄐㄧㄤ 稠，浓：粥太~了．[糨糊](—hu)[糨子](—zi)用面等做成的可以粘贴东西的物品.

JIAO ㄐㄧㄠ

芁 jiāo ㄐㄧㄠ [秦芁]草本植物，叶阔而长，花紫色，根可入药.

交 jiāo ㄐㄧㄠ ❶付托，付给：这事~给我办．货已经~齐了．[交代]1.把经手的事务移交接替的人：~工作．2.把事情或意见向有关的人说明：把事情~清楚．❷相连，接合：~界．目不~睫(jié).~叉．❸相交处：春夏之~．❸互相来往联系：~流经验．~换意见．公平~易．打~道．[交通]1.各种运输和邮电事业的总称：~~方便．交通员．[交通员]抗日战争和解放战争时期指通信员．[交际]人事往来接触。[交涉]互相商量解决彼此间相关的问题：我去跟他～～一下儿.那件事还没有～～好. ❹～齐，同时：风雨～加.饥寒～迫.❺"跤"(jiāo).❻结交：～朋友.❼交情，友谊：我和他没有深～.一面之～.

郊 jiāo ㄐㄧㄠ 城外：西～.～游.

茭 jiāo ㄐㄧㄠ [茭白]经黑穗菌寄生后膨大的菰的嫩茎，可做蔬菜。

峧 jiāo ㄐㄧㄠ 地名用字。

佼 jiāo ㄐㄧㄠ 形容相貌美。

胶(膠) jiāo ㄐㄧㄠ ❶黏性物质，有用动物的皮、角等熬制成的，也有植物分泌的或人工合成的：鹿角～.鳔(biào)～.桃～.万能～.❷指橡胶：～鞋.～皮.❸有黏性像胶的：～泥.❹黏着，黏合：～着状态.～柱鼓瑟(喻拘泥不知变通).

鹪 jiāo ㄐㄧㄠ [鹪鹩](一jīng)古书上说的一种水鸟，腿长，头上有红色冠毛。

蛟 jiāo ㄐㄧㄠ 蛟龙，古代传说中能发洪水的一种

跤 jiāo ㄐㄧㄠ 跟头(tou)：跌了一～.摔～.

鲛 jiāo ㄐㄧㄠ 鲨鱼。见433页"鲨"(shā)。

浇(澆) jiāo ㄐㄧㄠ ❶灌溉：～地.❷淋：～了一身水.❸把液汁倒入模型：～版.～铅字.❹刻薄(逼一薄)。

娇(嬌) jiāo ㄐㄧㄠ ❶美好可爱：～娆.❷爱怜过甚：～生惯养.小孩子别太～了.❸娇气。

骄(驕) jiāo ㄐㄧㄠ ❶自满，自高自大：戒～戒躁.～兵必败.[骄傲]1.自高自大，看不起别人：～～自满是一定要失败的. 2.自豪：这些伟大的成就是我们中国人民的光荣和～～.光荣的历史传统是值得我们～～的.❷猛烈：～阳似火.

教 ㊀ jiāo ㄐㄧㄠ 传授：～书.我～历史.我～给你做.
㊁ jiào 见234页。

椒 jiāo ㄐㄧㄠ 植物名. 1.花椒，落叶灌木，果实红色，种子黑色，可供药用或调味. 2.胡椒，常绿灌木，茎蔓生。种子味辛香，可供药用或调味. 3.番椒，辣椒，秦椒，一

年生草本植物，开白花。果实味辣，可做菜吃或供调味用。

焦 jiāo ㄐㄧㄠ ❶火候过大或火力过猛，使东西烧成炭样：饭烧～了。衣服烧了。～头烂额（喻十分狼狈）。❷焦炭：煤～．炼～．❸酥，脆：麻花炸得真～．❹着急，烦躁：心～．～急．万分～灼．❺能量、功、热等单位名焦耳的简称，符号J。

僬 jiāo ㄐㄧㄠ ［僬侥］(－yáo)古代传说中的矮人。

蕉 jiāo ㄐㄧㄠ 植物名。1.香蕉，又叫"甘蕉"。形状像芭蕉。果实长形，稍弯，果肉软而甜。2.见8页"芭"字条"芭蕉"(bā－)。

礁 jiāo ㄐㄧㄠ 在海里或江里的岩石：暗～．

鹪 jiāo ㄐㄧㄠ ［鹪鹩］(－liáo)鸟名。身体很小，头部浅棕色，有黄色眉纹，尾短，捕食小虫。也叫"巧妇鸟"。

矫(矯) ㊀ jiáo ㄐㄧㄠˊ ［矫情］(－qing)〈方〉指强词夺理：瞎～～．
㊀ jiǎo 见 233 页。

嚼 ㊀ jiáo ㄐㄧㄠˊ 用牙齿磨碎食物。［嚼舌］信口胡说，搬弄是非。
㊁ jué 见 258 页。
㊂ jiào 见 235 页。

角 ㊀ jiǎo ㄐㄧㄠˇ ❶牛、羊、鹿等头上长出的坚硬的东西。［画角］古代军中吹的乐器。❷形状像角的：菱～．皂～．❸几何学上称自一点引两条射线所成的形状：直～．锐～．❹(－儿)物体边沿相接的地方：桌子～儿．墙儿．❺突入海中的尖形的陆地，多用于地名：成山～(在山东)．❻星宿名，二十八宿之一。❼货币单位，一圆钱的十分之一。❽量词。1.从整划分成角形的：一～饼．2.旧时指公文的件数：一～公文．
㊀ jué 见 256 页。

侥(僥、*傲) ㊀ jiǎo ㄐㄧㄠˇ ［侥幸］由于偶然的原因获得利益或免去不幸：怀着～～心理。
㊁ yáo 见 569 页。

佼 jiǎo ㄐㄧㄠˇ 美好。

狡 jiǎo ㄐㄧㄠˇ 狡猾，诡诈。

饺 jiǎo ㄐㄧㄠˇ（一子、一儿）包成半圆形的有馅的面食.

绞 jiǎo ㄐㄧㄠˇ ❶拧，扭紧. ❷用绳子把人勒死的一种酷刑. ❸量词，用于纱、毛线等：一～毛线.

铰 jiǎo ㄐㄧㄠˇ ❶用剪刀剪：把绳子～开. ❷机械工业上的一种切削法：～孔.刀.

皎 jiǎo ㄐㄧㄠˇ 洁白明亮（叠）：～～白驹.～洁的月亮.

笅 jiǎo ㄐㄧㄠˇ 竹索.

挢（撟） jiǎo ㄐㄧㄠˇ ❶举，翘：舌～不下（形容惊讶得说不出话来）. ❷纠正：～邪防非.

矫（矯） ⊖jiǎo ㄐㄧㄠˇ ❶纠正，把弯曲的弄直：～正.～枉过正.～揉造作（喻故意做作）.[矫情]故意违反常情，表示与众不同. ❷假托：～命.～诏. ❸强健，勇武（叠一健）：～捷.
⊜jiáo 见232页.

脚（＊腳） ⊖jiǎo ㄐㄧㄠˇ ❶人和动物身体最下部接触地面的肢体.

（图见486页"体"）❷最下部：山～.墙～.
[脚本]剧本，表演戏剧或拍电影所根据的底本.
⊜jué 见257页.

搅（攪） jiǎo ㄐㄧㄠˇ ❶扰乱（叠一扰）：～乱.不要胡～. ❷拌：把锅一～.～匀了.

湫 ⊖jiǎo ㄐㄧㄠˇ 低洼.[湫隘]低湿狭小.
⊜qiū 见411页.

敫 jiǎo ㄐㄧㄠˇ 姓.

徼 ⊖jiǎo ㄐㄧㄠˇ ❶求. ❷[徼倖]同"侥幸".
⊜jiào 见235页.

缴 ⊖jiǎo ㄐㄧㄠˇ ❶交纳，交付：～公粮.～款. ❷迫使交出：～了敌人的械.
⊜zhuó 见656页.

剿（＊勦） ⊖jiǎo ㄐㄧㄠˇ 讨伐，消灭：～匪.围～.
⊜chāo 见53页.

叫（＊呌） jiào ㄐㄧㄠˋ ❶呼喊：大～一声. ❷动物发出声音：鸡～. ❸称呼，称为：他～什么名字？这一～机关枪. ❹召唤：～他明天来.请你把他～来. ❺

使，令：这件事应该～他知道．～人不容易懂．❻介词，被(后面必须说出主动者)：敌人～我们打得落花流水．

峤(嶠) ⊖ jiào ㄐㄧㄠ 山道．

⊜ qiáo 见 403 页．

轿(轎) jiào ㄐㄧㄠ (一子)旧式交通工具，由人抬着走．

觉(覺) ⊖ jiào ㄐㄧㄠ 睡眠．

⊖ jué 见 257 页．

校 ⊖ jiào ㄐㄧㄠ ❶比较：～场(旧日演习武术的地方)．❷订正：～订．～稿子．

⊖ xiào 见 539 页．

较(較) ⊖ jiào ㄐㄧㄠ ❶比(❸比一)：～量．两者相～，截然不同．斤斤计～．❷对比着显得更进一层的：中国应当对于人类有～大的贡献．成绩～佳．❷明显：彰明～著．两者～然不同．

教 ⊖ jiào ㄐㄧㄠ ❶指导，教诲(❸一导)：施～.受～.指～.[教育]1.教导和培养：～～干部．2.教育事业．按一定要求来培养人的工作，指各级学校的工作．❷使，令：风能～船走．❸宗教：佛

～.道～.～会.[宗教]一种社会意识形态，是对客观世界的虚幻的反映，它要求人们迷信超自然的神灵．[教条主义]主观主义的一种，不分析事物的变化、发展，不研究事物矛盾的特殊性，只是搬弄套现成的原则、概念来处理问题．❹姓．

⊜ jiāo 见 231 页．

潒 jiào ㄐㄧㄠ 同"滘"．东潒，在广州．

酵 jiào ㄐㄧㄠ 发酵，有机物由于某些真菌或酶而解．能使有机物发酵的真菌叫酵母菌．有的地区把含酵母菌的面团叫"酵子"．

窖 jiào ㄐㄧㄠ ❶收藏东西的地洞：地～.白菜～.❷把东西藏在窖里：～萝卜．

滘 jiào ㄐㄧㄠ 〈方〉分支的河道．多用于地名，如双滘，沙滘，都在广东省．

斠 jiào ㄐㄧㄠ ❶古时平斗斛的器具．❷校订．

曼 jiào ㄐㄧㄠ 〈方〉只要．

噍 jiào ㄐㄧㄠ 嚼，吃东西．[噍类]尚生存的人．[倒噍]同"倒嚼"．

醮 jiào ㄐㄧㄠ ❶古代婚时用酒祭神的礼；再

（再嫁）。❷道士设坛祭神（迷信）：打～.

徼 ⊖ jiào ㄐㄧㄠ ❶边界。❷巡察。

⊜ jiǎo 见 233 页。

嚼 ⊖ jiào ㄐㄧㄠ（一子、一头）就是蘸(xiè)。

⊜ jiào ㄐㄧㄠ [倒嚼] (dǎo-)反刍。

⊖ jiáo 见 232 页。

⊜ jué 见 258 页。

爵 ⊜ jiào ㄐㄧㄠ（又）见 258 页 jué。

JIE ㄐㄧㄝ

节(節) ⊖ jiē ㄐㄧㄝ [节骨眼（儿）] (-gu-)〈方〉⑱紧要的、能起决定作用的环节或时机。

⊖ jié 见 236 页。

疖(癤) jiē ㄐㄧㄝ（一子）小疮。

阶(階、＊堦) jiē ㄐㄧㄝ 台阶，建筑物中为了便于上下，用砖、石砌成的，分层的东西。（图见 127 页）[阶梯]台阶和梯子⑱提高的凭借或途径。[阶段]事物发展的段落：球赛已经进入最后～～。[阶级]指人们在一定的社会生

产体系中，由于所处的地位不同和对生产资料关系的不同而分成的集团。[阶层]指在同一个阶级中因社会经济地位不同而分成的层次。

皆 jiē ㄐㄧㄝ 全，都：～大欢喜。人人～知.

喈 jiē ㄐㄧㄝ（叠）❶形容声音和谐：鼓钟～～.❷鸟鸣声：鸡鸣～～.

湝 jiē ㄐㄧㄝ [湝湝]形容水流动的样子：淮水～～.

楷 jiē ㄐㄧㄝ 楷树，落叶乔木，果实长圆形，红色。木材可制器具。也叫"黄连木"。

⊖ kǎi 见 261 页。

结 ⊖ jiē ㄐㄧㄝ 植物长果实：树上～了许多苹果. [结实]1.植物长(zhǎng)果实：开花～.2.(-shi)坚固耐用：这双鞋很～～.3.(-shi)健壮：他的身体很～. [结巴] (-ba)1.口吃。2.口吃的人。

⊜ jié 见 237 页。

秸(＊稭) jiē ㄐㄧㄝ 某些农作物收割以后的茎：麦～.秫～.豆～.

接 jiē ㄐㄧㄝ ❶连接(⑱连-、连-)：～电线.～纱头.❷继续，连续：～着往下

讲.❸接替：～好革命班.❹接触，挨近：～洽.交头～耳.❺收，取：～到一封信.❻受群众的意见.❻迎：～待宾客.～家眷.到车站～朋友.❼托住，承受：～球.把包～住.

痎 jiē ㄐㄧㄝ 古书上说的一种疟疾.

揭(❹**＊＊楬**) jiē ㄐㄧㄝ ❶把盖在上面的东西拿起或把粘合着的东西分开：～锅盖.把这张膏药～下来.❷使隐瞒的事物显露：～短.～发.～露.穿敌人的阴谋.❸高举：～竿而起(指人民起义).❹[揭橥](—zhū)标明，揭示.

嗟 jiē ㄐㄧㄝ 文言叹词：～乎.

街 jiē ㄐㄧㄝ 两边有房屋的、比较宽阔的道路.通常指开设商店的地方.[街坊](—fang)邻居.

孑 jié ㄐㄧㄝ 单独，孤单：～立.～然一身.

节(節) ⊖ jié ㄐㄧㄝ ❶(一儿)植物学上称茎上长叶的部位.❷(一儿)物体的分段或两段之间连接的地方：骨～.两～火车.❸段落：季～.时～.章

～.[节气]我国历法把一年分为二十四段，每段的开始叫做一个节气，如立春、雨水等，共有二十四个节气.也省称"节".❹节日，纪念日或庆祝的日子：五一国际劳动～.春～.❺礼度：礼～.❻音调高低缓急的限度：～奏.～拍.❼省减，限制(色—省、—约)：～制.精简～约.～衣缩食.❽扼要摘取：～录.～译.❽操守(色—操)：保持晚～.守～(封建礼教称去死不再嫁人).❾事项：情～.细～.❿古代出使外国所持的凭证.[使节]派到外国的外交官员.⓫航海速度单位名，每小时航行1海里的速度为1节.符号 Kn.

⊜ jiē 见235页.

讦 jié ㄐㄧㄝ 揭发别人的阴私，攻～.

劫(＊刦、＊刧) jié ㄐㄧㄝ ❶强取掠夺(色抢—)：趁火打～.威逼，胁迫：～持.❸灾难：～浩～.

杰(＊傑) jié ㄐㄧㄝ ❶才能出众的人：豪—)英雄豪～.❷特异的超过一般的：～作.～出的

桀 jié ㄐㄧㄝˊ ❶凶暴。❷〈古〉也同"杰（傑）"。❸古人名，夏朝末代的君主，相传是暴君。

劼 jié ㄐㄧㄝˊ ❶坚固。❷谨慎。❸勤勉。

诘 ㊀ jié ㄐㄧㄝˊ 追问：反~.盘~.

㊁ jí 见212页。

拮 jié ㄐㄧㄝˊ [拮据](－jū)经济境况不好，困窘。

洁(潔) jié ㄐㄧㄝˊ 干净，清~.~白.㊀不贪污：廉~.

结 ㊀ jié ㄐㄧㄝˊ ❶系(jì)，绾(wǎn)；~网.~绳.张灯~彩.[结舌]因害怕或理屈说不出话来：问得他张口~~.[结构]1.各组成部分的搭配和排列：文章的~~.2.建筑上指承重的部分：钢筋混凝土~.❷(－子)用绳、线或布条等绾成的扣：打~.活~.❸聚，合.1.凝聚：~冰.~晶.2.联合，发生关系：~婚.~交.集会~社.❹收束，完了(liǎo)：~账.~局.[结论]对人或事物所下的总结性的论断。❺一种保证负责的字据：具~.

㊁ jiē 见235页。

桔(❷**橰) ㊀jié ㄐㄧㄝˊ ❶[桔梗](－gěng)多年生草本植物，花紫色，根可以入药。❷[桔槔](－gāo)一种汲水的设备。

㊁ jú 见252页。

袺 jié ㄐㄧㄝˊ 用衣襟兜东西。

颉 jié ㄐㄧㄝˊ [仓颉]上古人名。

㊁ xié 见540页。

鲒 jié ㄐㄧㄝˊ 古书上说的一种蚌。[鲒埼亭](－qí－)古地名，在今浙江鄞(yín)县。

挈 jié ㄐㄧㄝˊ 同"洁"。多用于人名。

捷(*捷) jié ㄐㄧㄝˊ ❶战胜：我军大~.~报.❷快，迅速：动作敏~.~径(近路)。~足先登(比喻行动敏捷，先达到目的).

婕 jié ㄐㄧㄝˊ [婕妤](－yú)汉代宫中女官名。

睫 jié ㄐㄧㄝˊ 睫毛，眼睑边缘上生的细毛。它的功用是防止尘埃等东西侵入眼内，又能遮蔽强烈的光线：目不交~.(图见564页"眼")

偈 ⊖jié ㄐㄧㄝˊ ❶勇武。❷跑得快。

⊜jì 见217页。

碣 jié ㄐㄧㄝˊ 圆顶的石碑:残碑断~.

竭 jié ㄐㄧㄝˊ 尽,用尽:~力.~诚.声嘶力~.取之不尽,用之不~.

羯 jié ㄐㄧㄝˊ ❶公羊,特指骟过的。❷我国古代北方的民族。

截 jié ㄐㄧㄝˊ ❶割断,弄断:~开这根木料.~长补短.[截然]分明地,显然地:~~不同.❷(一子、一儿)段:上半~.一~儿木头.一~路.❸阻拦:~住他.[截止]到期停止:~报名.到月底~~.

姐 jié ㄐㄧㄝˊ ❶称同父母比自己年纪大的女子(叠)。❷对比自己年纪大的同辈女性的称呼:表~.

媬 jié ㄐㄧㄝˊ 见2页"娭"字条"娭媬"(āi—)

解(**觧) ⊖jié ㄐㄧㄝˊ ❶剖开,分开(鍾分一):尸体~剖.难~难分.瓦~。❷把束缚着、系(jì)着的东西打开:~扣.~衣服。[解放]1.推翻反动政权,使广大人民群众脱离压迫,获得自由。2.解除束缚,得到自由或发展:~~生产力。❸除去。1.消除:~恨.~渴。2.废除,停止:~职.~约。❹明白,分析说明(鍾一释,一):~答.~劝。❺懂,明白:令人不~.通俗易~。❻代数方程中未知数的值。❼演算:~方程。❽解手儿,大小便:大~.小~。

⊜jiè 见239页。

⊜xiè 见542页。

槲 jié ㄐㄧㄝˊ 槲树,一种木质像松的树。

介 jiè ㄐㄧㄝˊ ❶在两者中间:~乎两者之间。[介绍]使两方发生关系:~~人.~~工作。[介词]表示地点、时间、方向、方式等等关系的词,如"从、向、在、以、对于"等。[介音]字音在主要元音前的元音,普通话有"i"、"u"和"ü"三个介音。❷放在心里:不必~意。❸正直:耿~。❹甲。1.古代军人穿的护身衣服:~胄在身。2.动物身上的甲壳:~虫。❺量词,个(用于人):一~书生。❻旧戏曲脚本里表示情态动作的词:打~.饮酒~.

价 (一) jiè ㄐㄧㄝˋ 旧时称派遣传送东西或传达事情的人。
(一) jià 见 221 页。
(三) jie 见 240 页。

芥 (一) jiè ㄐㄧㄝˋ 芥菜,一年或二年生草本植物,开黄花,茎叶及块根可吃。种子味辛辣,研成细末,可调味。
(一) gài 见 144 页。

珓 jiè ㄐㄧㄝˋ 古代的一种礼器,即大圭。

界 jiè ㄐㄧㄝˋ ❶相交的地方:边~.~碑.国~.省~.❷范围:眼~.管~.特指按职业或性别等所划的范围:教育~.科学~.妇女~.

疥 jiè ㄐㄧㄝˋ 疥疮,因疥虫寄生而引起的一种皮肤病,非常刺痒。

蚧 jiè ㄐㄧㄝˋ 见 152 页"蛤"字条"蛤蚧"(gé—)。

戒 jiè ㄐㄧㄝˋ ❶防备:~心.~备森严.[戒严]非常时期在全国或一地所采取的增设警戒、限制交通等措施。❷警惕着不要做或不要犯:~骄~躁.❸革除嗜好:~酒.~烟.❹佛教约束教徒的条规:五~.清规~律。

诫 jiè ㄐㄧㄝˋ 警告,劝人警惕:告~。

届 (*屆) jiè ㄐㄧㄝˋ ❶到:~时.~期.❷量词,次,期:第一~.上~.[应届](yīng—)指本期的,用于毕业生。

借 (❸❹藉) jiè ㄐㄧㄝˋ ❶暂时使用别人的财物等:~钱.~车.用.[借光]请人让路或问事的客气话。❷暂时把财物等给别人使用:~给他几块钱.❸假托:~端.~故.~口.题发挥.❹凭借,依靠:~助。

喈 jiè ㄐㄧㄝˋ 赞叹。

藉 (一) jiè ㄐㄧㄝˋ ❶垫在下面的东西。❷垫衬:枕~.❸同"借❸❹"。[慰藉](wèi—)安慰,抚慰。
(一) jí 见 214 页。

解 (** 觧) (一) jiè ㄐㄧㄝˋ 指押送财物或犯人:~款.起~.[解元]明、清两代称乡试考取第一名的人。
(一) jiě 见 238 页。
(三) xiè 见 542 页。

犗 jiè ㄐㄧㄝˋ 阉割过的牛。

褯 jiè ㄐㄧㄝˋ (一子)婴儿的尿布。

价(價) ㊁ jie ·ㄐㄧㄝ 词尾：震天～响.成天～闹.

㊀ jià 见221页。

㊁ jiè 见239页。

家 ㊁ jie ·ㄐㄧㄝ 词尾：整天～.成年～.

㊀ jiā 见219页。

JIN ㄐㄧㄣ

巾 jīn ㄐㄧㄣ 擦东西或包裹、覆盖东西用的纺织品：手～.头～.

斤(❶*觔) ❶市制重量单位，1斤为10两（旧制16两），合公制 0.5 公斤。❷古代砍伐树木的工具。

[斤斤]过分看重微小的利害：～～计较.

今 jīn ㄐㄧㄣ 现在，跟"古"相反：～天.～年.～昔.从～以后.

衿 jīn ㄐㄧㄣ ❶襟：青～（旧时念书人穿的衣服）.❷系(jì)衣裳的带子。

矜 ㊀ jīn ㄐㄧㄣ ❶怜悯，怜惜。❷自尊自大，自夸：自～其功。❸慎重，拘谨：～持.

㊁ guān 见168页。

㊂ qín 见406页。

金 jīn ㄐㄧㄣ ❶一种金属元素，符号 Au，通称"金子"。黄赤色，质软，是一种贵重的金属。❷金属，指金、银、铜、铁等，具有光泽、延展性，容易传热和导电：五～.合～.❸钱：现～.奖～.基～.

津 jīn ㄐㄧㄣ ❶渡口，过江河的地方：问～（打听渡口，比喻探问）.[津梁]桥。⑲作引导用的事物。❷口液，唾液：～液.[津津]形容有滋味，有趣味：～～有味.～～乐道.❸滋润。[津贴]1.用财物补助。2.正式工资以外的补助费，也指供给制人员的生活零用钱。

筋(*觔) jīn ㄐㄧㄣ ❶肌肉的旧称。❷俗称皮下可以看见的静脉管。❸俗称肌腱或骨头上的韧带：～骨.牛蹄～.❹像筋的东西：钢～.铁～.

[筋斗](一dǒu)身体上下翻转的一种动作。也叫"跟头"。

禁 ㊀ jīn ㄐㄧㄣ ❶禁受，受得住，耐(用)：～得起考验.这种布～穿.❷忍耐：他不～(忍不住)笑起来.

㊁ jìn 见243页。

襟 jīn ㄐㄧㄣ 衣服胸前的部分：大～．小～．底～．对～．(图见 574 页"衣")[连襟]姐妹的丈夫间的关系，也省作"襟"：～兄．～弟．[襟怀]胸怀.

仅(僅、**厪) (一) jǐn ㄐㄧㄣ 只(叠)：～～三个月就建成了．他不～识字，还能写文章了．这些意见～供参考．
(二) jìn 见 242 页．

尽(儘) (一) jǐn ㄐㄧㄣ ❶极，最：～底下．～里头．～先录用．❷有多少用多少：～量．～着力气做．[尽管]1. 连词，纵然，即使：～～他不接受这个意见，我还是要向他提．2. 只管，不必顾虑：有话～～说！❸放在最先：座位先～着请来的客人坐．先～旧衣服穿．
(一) jìn 见 242 页．

卺 jǐn ㄐㄧㄣ 瓢，古代结婚时用做酒器．[合卺]旧时夫妇成婚的一种仪式．

紧(緊) jǐn ㄐㄧㄣ ❶密切合拢，跟"松"相反：捆～．⑪靠得很近：～邻．～靠着．❷物体受到几方面的拉力以后所呈现的紧张状态：鼓面绷得非常～．[紧张]不松弛，不缓和：精神～～．工作～～．❸使紧：把弦～一～．～一～腰带．❹事情密切接连着，时间急促没有空隙：功课很～．抓～时间．⑪因时间短促而加快：～走．手～点就能多出活．❺形势严重或关系重要：～要关头．事情～急．❻生活不宽裕：以前他家日子很～．

堇 jǐn ㄐㄧㄣ ❶堇菜，今多指紫花地丁，犁头草．多年生草本植物，春夏开紫花，果实椭圆形，全草可入药．❷紫堇，草本植物，夏天开淡紫红色花．全草味苦，可入药．

谨(謹一慎) jǐn ㄐㄧㄣ ❶慎重，小心：～守规程．❷郑重，恭敬：～启．～向您表示祝贺．

馑(饉一) jǐn ㄐㄧㄣ 荒年(饥一)．

瑾 jǐn ㄐㄧㄣ 美玉．

槿 jǐn ㄐㄧㄣ 木槿，落叶灌木，花有红、白、紫等颜色，茎的纤维可造纸，树皮和花可入药．

锦 jǐn ㄐㄧㄣ ❶有彩色花纹的丝织品：～缎．蜀～．

～上添花. ❷鲜明美丽：～霞. ～鸡.

仅（僅）（二）jìn ㄐㄧㄣ 将近，几乎（多见于唐人诗文）：山城～百层. 士卒～万人.

（一）jǐn 见 241 页.

尽（盡）（一）jìn ㄐㄧㄣ ❶完毕：用～力气. 说不～的好处. ❺达到极端：～善～美. ～头. [自尽]自杀. ❷全部用出：～心. ～力. 仁至义～. ❺竭力做到：～职. ❸都，全：到会的～是战斗英雄.

（二）jǐn 见 241 页.

荩（藎）jìn ㄐㄧㄣ ❶荩草，一年生草本植物，茎很细，花灰绿色或带紫色，茎和叶可做黄色染料，纤维可做造纸原料. ❷忠诚：～臣.

浕（濜）jìn ㄐㄧㄣ 浕水，水名，在湖北省.

赆（贐）jìn ㄐㄧㄣ 临别时赠的礼物：～仪.

烬（燼）jìn ㄐㄧㄣ 物体燃烧后剩下的东西（逢灰－）：化为灰～. 烛～.

进（進）jìn ㄐㄧㄣ ❶向前、向上移动，跟"退"相反：前～. ～军. 更一层. ～一步提高产品质量. [进步]1. 向前发展，比原来好. 2. 适合时代要求，对社会发展起促进作用的：～思想. [进化]事物由简单到复杂、由低级到高级的发展过程. ❷入，往里面去：～工厂. ～学校. ❸收入或买入：～款. ～项. ～货. ❹旧式建筑房院前后的层次：这房子是两～院子. ❺奉呈：～献.

琎（璡）jìn ㄐㄧㄣ 一种像玉的石头.

近jìn ㄐㄧㄣ ❶跟"远"相反. 1. 距离短：路很～. 天津离北京很～. 2. 现在以前不久的时间：～几天～来. ❷亲密，关系密切：亲～. 他们是～亲. ❸接近，差别小，差不多：相～. ～似. 年～五十. ❹浅近：言～旨远.

靳jìn ㄐㄧㄣ〈古〉吝惜，不肯给与.

妗jìn ㄐㄧㄣ ❶舅母. ❷（一子）妻兄、妻弟的妻子：大～子. 小～子.

劲（勁）（一）jìn ㄐㄧㄣ ❶力气，力量：有多大～使多大～. ❺1. 精神，情绪，兴趣等：干活儿起

~.一股子~头儿.一个~儿地做.老玩儿这个真没~.**2.** 指属性的程度:你瞧这块布这个白~儿.咸~儿.香~儿.

㊁ jìng 见 246 页.

晋(*晉) jìn ㄐㄧㄣˋ **❶** 进,向前:~见.~级.**❷**周代诸侯国名,在今山西省和河北省南部,河南省北部,陕西省东部.**❸** 山西省的别称.**❹**朝代名.1. 司马炎所建立(公元 265—420 年).2.五代之一,石敬瑭所建立(公元 936—946 年).

搢(**搢) jìn ㄐㄧㄣˋ 插. [搢绅]同"缙绅".

缙(**縉) jìn ㄐㄧㄣˋ 赤色的帛.[缙绅]古代称官僚或做过官的人,也作"搢绅".

浸 jìn ㄐㄧㄣˋ **❶**泡,使渗透:~透.~入.把种子放在水里~一~.**❷**逐渐:~渐.交往~密.

祲 jìn ㄐㄧㄣˋ 迷信的人称不祥之气.

禁 ㊀ jìn ㄐㄧㄣˋ **❶**不许,制止:~止攀折花木.**❷**法律或习惯上制止的事:入国问~.犯~.**❸**拘押:~闭.监~.**❹**旧时称皇帝居住的地方:~中.紫~城.㊄不能随便通行的地方:~地.**❺**避忌:~忌.

㊁ jīn 见 240 页.

噤 jìn ㄐㄧㄣˋ 闭口,不作声:~若寒蝉.

觐 jìn ㄐㄧㄣˋ 朝见君主或朝拜圣地:~见.

殣 jìn ㄐㄧㄣˋ **❶**掩埋.**❷**饿死.

JING ㄐㄧㄥ

茎(莖) jīng ㄐㄧㄥ **❶**常指植物的主干.它起支撑作用,又是养料和水分运输的通道.有些植物有地下茎,并且发生各种变态,作用是储藏养料和进行无性繁殖.**❷**量词,用于长条形的东西:数~小草.数~白发.

泾(涇) jīng ㄐㄧㄥ 泾水,发源于宁夏,流入陕西省,跟渭水会合.[泾渭分明]泾水清,渭水浊,两水会流处清浊不混.㊨两件事显然不同.

经(經) jīng ㄐㄧㄥ **❶**经线,织布时拴在

机上的竖纱,编织物的纵线。❷地理学上假定通过南北极与赤道成直角的线,以英国格林尼治天文台为起点,以东称"东经",以西称西经。❸作为思想行动标准的书:~典·经典。❹宗教中称讲教义的书:佛~.圣~.古兰~.❺治理,管理:~商.[经理]1.经营:他很会~~事业.2.企业的主管人.[经济]1.通常指一个国家的国民经济或国民经济的某一部门,例如工业、农业、商业、财政、金融等。2.指经济基础,即一定历史时期的社会生产关系。它是政治和意识形态等上层建筑的基础。3.指国家或个人的收支状况:~~富裕.4.节约:这样做不~~.[经纪]1.经营管理:善于~~.2.经纪人,为买卖双方撮(cuō)合并从中取得佣金的人。[经营]计划,调度,管理。❻经受,禁(jīn)受:~风雨,见世面.❼经过,通过:~他一说我才明白.久~考验.途~上海.[经验]由实践得来的知识或技能。❽在动词前,跟"曾"、"已"连用,表示动作的时间过去而且完成了:曾~说过.他已~是个很得力的干部.

❾中医称人体内的脉络:~络.❿月经,妇女每月由阴部排出血液:~期.停~.⓫缢死:自~.

京 jīng ㄐㄧㄥ ❶京城,国家的首都。特指我国首都北京:~广铁路.~剧.❷数目,古代指一千万。
[京族]1.我国少数民族,参看附表。2.越南的主要民族。

猄 jīng ㄐㄧㄥ [黄猄]鹿的一种。

惊(驚) jīng ㄐㄧㄥ ❶骡、马等因为害怕狂奔起来不受控制:马~了.~了车.❷害怕,精神受了刺激突然不安:受~.吃~.~心动魄.十分~慌.❸出人意料的感觉:~喜.❹惊动:打草~蛇.[惊风]有痉挛症状的小儿病,通常分急性、慢性两种。也省称"惊"。[惊动]扰乱影响(他人)。

鲸 jīng ㄐㄧㄥ 生长(zhǎng)在海里的哺乳类动物,形状像鱼,胎生,用肺呼吸,身体很大。肉可吃,脂肪可以做油。俗称"鲸鱼"。[鲸吞]吞并,常指强国对弱国的侵略行为。

荆 jīng ㄐㄧㄥ ❶落叶灌木,叶子有长柄,掌状分裂,花小,蓝紫色,枝条可用来编筐、篮等。古时用荆条做刑具:负～请罪(向人认错)。[荆棘](一jí)泛指丛生多刺的灌木。⑩障碍和困难。❷春秋时楚国也称荆。

菁 jīng ㄐㄧㄥ (叠)草木茂盛。[菁华]最精美的部分。

睛 jīng ㄐㄧㄥ 眼球,眼珠:目不转～.画龙点～.

腈 jīng ㄐㄧㄥ 有机化合物的一类,通式 R—CN,无色的液体或固体,有特殊的气味,遇酸或碱就分解。

鶄 jīng ㄐㄧㄥ 见 231 页"鸡"字条"鶄鶄"(jiāo一)。

精 jīng ㄐㄧㄥ ❶细密的:～制.～选.～打细算.❷聪明,思想周密:这孩子真～.他是个～明强干的人.❸精华,物质中最纯粹的部分,提炼出来的东西:麦～.酒～.炭～.[精神]1.即主观世界,包括思想、作风等,是客观世界的反映:物质可以变成～～,～～可以变成物质.2.内容实质:文件～～.3.(—shen)指人表现出来的活力:他的～～很好.做事有～.[精彩]最出色的。❹精

液,男子及雄性动物体内的生殖物质。❺专一,深入:博而不～.～通.他～于针灸.❻很,极:～湿.～瘦.～光.❼迷信的人以为多年老物变成的妖怪:妖～.狐狸～.

鼱 jīng ㄐㄧㄥ 小鼠。

旌 jīng ㄐㄧㄥ ❶古代用羽毛装饰的旗子。又指普通的旗子。❷表扬。[旌表]指封建统治阶级对遵守封建礼教的人的表扬。

晶 jīng ㄐㄧㄥ 形容光亮(叠):～莹.亮～～的.[晶体管]用半导体材料制成的电子元件,可用来代替部分电子管。[结晶]1.由液体或气体变成许多有一定形状的小颗粒的现象。2.由结晶现象生成的小颗粒。⑩成果:这本著作是他多年研究的～～.[水晶]矿物名。坚硬透明,种类很多,可制光学仪器等。

粳 (*秔、*稉) jīng ㄐㄧㄥ 稉稻,稻的一种,米有黏的和不黏的两种。

兢 jīng ㄐㄧㄥ [兢兢]小心,谨慎:战战～～.～～业业.

井 jǐng ㄐㄧㄥ ❶从地面向下挖成的能取出水的深洞,洞壁多砌上砖石。❷形状跟井相像的:天～.盐～.矿～.❸整齐,有秩序(叠):～～有条.秩序～然.❹星宿名,二十八宿之一.

阱(*穽) jǐng ㄐㄧㄥ 陷阱,捕野兽用的陷坑.

肼 jǐng ㄐㄧㄥ 有机化合物的一类,通式 R—NH—NH₂,是 NH₂—NH₂ 烃基衍生物的统称。

刭(剄) jǐng ㄐㄧㄥ 用刀割脖子:自～.

颈(頸) ⊖ jǐng ㄐㄧㄥ 脖子,头和躯干相连接的部分。(图见 486 页"体")
⊜ gěng 见 156 页。

景 jǐng ㄐㄧㄥ ❶风景,风光:良辰美～.～致美好.～色秀丽.❷景象,情况:盛～.～况.晚～.幸福生活的远～.❸景仰,佩服,敬慕:～慕.
[景颇族]我国少数民族,参看附表。
〈古〉又同"影"(yǐng)。

憬 jǐng ㄐㄧㄥ 觉悟。

璟 jǐng ㄐㄧㄥ 玉的光彩。

儆 jǐng ㄐㄧㄥ 使人警醒,不犯过错:～戒.惩(chéng)一～百.

警 jǐng ㄐㄧㄥ ❶注意可能发生的危险:～戒.备.～告(提醒人注意).[警察]国家维持社会治安和秩序的武装力量。也指参加这种武装力量的成员。也省称"警":人民～.民～.❷需要戒备的危险事件或消息:火～.告～.～报.❸感觉敏锐:～觉.～醒.

劲(勁) ⊖ jìng ㄐㄧㄥ 坚强有力:～旅.～敌.刚～.疾风知～草.
⊜ jìn 见 242 页。

径(徑、❶❸*逕) jìng ㄐㄧㄥ ❶小路:山～.⑩达到目的的方法:捷～.门～.[径庭]⑩相差太远:大相～～.[径赛]各种长短距离的赛跑和竞走项目比赛的总称。❷直径,两端以圆周为界,通过圆心的线段或指直径的长度:半～(圆心至圆周的线段).口～.❸

直截了当：～启者．～向有关单位联系．

胫（脛、*踁） jìng ㄐㄧㄥˋ 小腿，从膝盖到脚跟的一段．[胫骨]小腿内侧的骨头．（图见163页"骨"）

痉（痙） jìng ㄐㄧㄥˋ 痉挛（luán），俗叫"抽筋"．肌肉收缩，手脚抽搐（chù）的现象，小孩子发高烧时常有这种症状．

净（*凈） jìng ㄐㄧㄥˋ ❶干净，清洁：水．脸要洗～．❷洗，使干净：～面．～手．❸什么也没有，空，光：钱用～了．❹单纯．1.纯粹的：～利．～重．2.单只，仅只：～剩下棉花了．3.全（没有别的）：满地～是树叶．❺传统戏曲里称花脸．

倞 ㊀ jìng ㄐㄧㄥˋ 强，强劲．
㊁ liàng 见301页．

竞（競） jìng ㄐㄧㄥˋ 比赛，互相争胜：～走．～渡．[竞争]为了自己或某集团的利益而跟人争胜．[竞赛]互相比赛，争取优胜：劳动～～．

竟 jìng ㄐㄧㄥˋ ❶终了（liǎo），完毕：读～．继承先烈未～的事业．㊂1.到底，终于：有志者事～成．他的话毕～不错．2.整，从头到尾：～日．❷居然，表示出乎意料：这样巨大的工程，～在短短半年中就完成了．

境 jìng ㄐㄧㄥˋ ❶疆界（迭边～）：国～．入～．❷地方，处所：如入无人之～．㊂1.品行学业的程度：学有进～．2.环境，遭遇到的情况：处～不同．事过～迁．

獍 jìng ㄐㄧㄥˋ 古书上说的一种像虎豹的兽，生下来就吃生它的母兽．

镜 jìng ㄐㄧㄥˋ ❶（一子）用来反映形象的器具，古代用铜磨制，现代用玻璃制成．❷利用光学原理特制的各种器具：显微～．望远～．眼～．凸透～．三棱～．❸喻取鉴的事物：以人为～．

婧 jìng ㄐㄧㄥˋ 女子有才能．

靓 ㊀ jìng ㄐㄧㄥˋ 妆饰，打扮．
㊁ liàng 见301页．

靖 jìng ㄐㄧㄥˋ ❶安静，平安．❷旧指平定，使秩序安定．参看470页"绥❶"．

静 jìng ㄐㄧㄥ ❶停止的，跟"动"相反：～止．风平浪～．❷没有声音：这个地方很清．更深夜～．～悄悄的．

敬 jìng ㄐㄧㄥ ❶尊重，有礼貌地对待（遝尊—）：～客．～之以礼．～赠．～献．❷表示敬意的礼物：喜～．❸有礼貌地送上去：～酒．～茶．

JIONG ㄐㄩㄥ

坰 jiōng ㄐㄩㄥ 离城市很远的郊野．

扃 jiōng ㄐㄩㄥ 从外面关门的闩(shuān)、钩等．⑧1.门。2.上闩，关门．

冏 jiǒng ㄐㄩㄥ ❶光。❷明亮．

迥 jiǒng ㄐㄩㄥ 远：～异（相差很远）．[迥然]显然，清清楚楚地：～～不同．

泂 jiǒng ㄐㄩㄥ 远．

绀(＊＊褧) jiǒng ㄐㄩㄥ 古代称罩在外面的单衣．

炯 jiǒng ㄐㄩㄥ 光明，明亮（叠）：目光～～．

炅 ㊀ jiǒng ㄐㄩㄥ 火光．
㊁ guì 见 172 页．

煚 jiǒng ㄐㄩㄥ ❶火。❷日光．

窘 jiǒng ㄐㄩㄥ ❶穷困：生活很～．❷为难：这种场面让人觉得很～．❸难住，使为难：你一言，我一语，～得他满脸通红．

JIU ㄐㄧㄡ

纠 jiū ㄐㄧㄡ ❶缠绕（遝—缠）：～缠不清．[纠纷]牵连不清的争执．❷矫正：～偏救弊．[纠正]把有偏向的事情改正：～～工作中的偏向．[纠察]在群众活动中维持秩序．❸集合：～合众人（含贬义）．

赳 jiū ㄐㄧㄡ [赳赳]健壮威武的样子：雄～～．

鸠 jiū ㄐㄧㄡ ❶鸽子一类的鸟，常见的有斑鸠、山鸠等．❷聚集：～合（纠合）．

究 jiū ㄐㄧㄡ （旧读 jiù）推求，追查：～办．追～．推～．必须深～．[究竟]1.副词，到底：～～是怎么回事？2.结果：大家都想知道个～～．[终究]副词，到底：问题～～会弄清楚的．

阄(鬮) jiū ㄐㄧㄡ （一儿）抓阄时用的纸团．[抓阄儿]为了赌胜负或决定事情而各自抓取做好记号的纸团。

揪 jiū ㄐㄧㄡ 用手抓住或拉住：赶快～住他．～断了绳子．～下一块面．[揪心]心里紧张，担忧。

啾 jiū ㄐㄧㄡ [啾啾]拟声词，常指动物的细小的叫声。

鬏 jiū ㄐㄧㄡ 头发盘成的结。

九 jiǔ ㄐㄧㄡ ❶数目字。[数九](shǔ—)从冬至日起始的八十一天，每九天作一单位，从"一九"数到"九九"。❷表示多次或多数：～死一生．～霄。

久 jiǔ ㄐㄧㄡ ❶时间长：年深日～．很～没有见面了．❷时间的长短：你来了多～了？

玖 jiǔ ㄐㄧㄡ ❶一种像玉的浅黑色石头。❷"九"字的大写。

灸 jiǔ ㄐㄧㄡ 烧，多指用艾叶等烧灼或熏烤身体某一部分的治疗方法：针～．

韭(＊韮) jiǔ ㄐㄧㄡ 韭菜，多年生草本植物，丛生，叶细长而扁，开小白花。叶和花嫩时可以吃。

酒 jiǔ ㄐㄧㄡ 用高粱、米、麦或葡萄等发酵制成的含乙醇的饮料，有刺激性，多喝对身体害处很大。[酒精]用酒蒸馏制成的无色液体，化学上叫乙醇，工业和医药上用途很大。

旧(舊) jiù ㄐㄧㄡ ❶跟"新"相反。1.过去的，时间的：～脑筋．～社会．2.因经过长时间而变了样子：衣服～了．❷指交情，有交情的人：有～．故～．

臼 jiù ㄐㄧㄡ ❶舂米的器具，一般用石头制成，样子像盆。❷像臼的：～齿。

柏 jiù ㄐㄧㄡ 乌柏树，落叶乔木，夏日开花，黄色。种子外面包着一层白色脂肪叫柏脂，可以制造蜡烛和肥皂。种子可以榨油。是我国特产植物的一种。

舅 jiù ㄐㄧㄡ ❶母亲的弟兄（叠）。❷(－子)妻子的弟兄：妻～．小～子．❸古代称丈夫的父亲：～姑（公婆）。

咎 jiù ㄐㄧㄡ ❶过失，罪：～由自取．❷怪罪，处分：既往不～．❸凶：休～（吉凶）。

疢 jiù ㄐㄧㄡˋ 长期生病。 ⑱忧苦，心内痛苦：负～．内～．

柩 jiù ㄐㄧㄡˋ 装着尸体的棺材：灵～．

救（*捄） jiù ㄐㄧㄡˋ 帮助，使脱离困难或危险：～济．～援．～命．～火（帮助灭火）．～生圈．求～．[救星]指帮助人脱离苦难的集体或个人．

厩（*廏） jiù ㄐㄧㄡˋ 马棚，泛指牲口棚：～肥．

就 jiù ㄐㄧㄡˋ ❶凑近，靠近：～着灯光看书．❷从事，开始进入：～学．～业．❸依照现有情况，趁着：～近上学．～地解决．❹随同着吃下去：炒鸡子～饭．❺完成：造～人才．❻副词，表示肯定语气．1.加强：这么一来～好办了．2.在选择句中跟否定词相应：不是你去，～是我去．❼副词，立刻，不用经过很多时间：他一来，我～走．他～要发年了？❽连词，就是，即使，表示假定：天～再冷我们也不怕．你～送来，我也不要．❾副词，单，只，偏偏：他～爱看书．怎么～我不能去？

僦 jiù ㄐㄧㄡˋ 租赁：～屋．

鹫 jiù ㄐㄧㄡˋ 一种猛禽。见99页"雕"。

JU ㄐㄩ

车（車） ㊀ jū ㄐㄩ 象棋棋子的一种。
㊁ chē 见54页。❶

且 ㊁ jū ㄐㄩ〈古〉❶文言助词，相当于"啊"：狂童之狂也～．❷用于人名．
㊀ qiě 见405页。

苴 jū ㄐㄩ 大麻的雌株，开花后能结果实。

岨 jū ㄐㄩ 带土的石山。

狙 jū ㄐㄩ 古书里指一种猴子。
[狙击]乘人不备，突然出击。

疽 jū ㄐㄩ 中医指一种毒疮。

趄 ㊀ jū ㄐㄩ 见657页"趑"字条"趑趄"（zī—）．
㊁ qiè 见405页。

雎 jū ㄐㄩ 雎鸠，古书上说的一种鸟。也叫"王雎"。

拘 jū ㄐㄩ ❶逮捕或扣押：～票．～留．～禁．❷限制：～管．不～多少．❸拘束，不变通：～谨．～泥成法．[拘挛]1.（—luán）痉挛．2.（—

一儿,一luanr)蜷曲:手冻~
~了.

泃 jū ㄐㄩ 泃河,水名,在河
北省.

驹 jū ㄐㄩ ❶少壮的马:千
里~.❷(一子)小马:马
~子.又指小驴、骡等:驴
子.

居 jū ㄐㄩ ❶住:分~.久~
乡间.❷住处:新~.鲁
迅故~.❸站在,处于:~中
~间.❹当,任:以前辈自~.
❺安放:是何~心? ❻积蓄,
储存:奇货可~.囤积~奇.
❼停留:岁月不~.
[居然]副词,竟,出乎意外地:
他~~来了.

据 ㊀ jū ㄐㄩ 见237页"拮"
字条"拮据"(jié—).
㊀ jù 见254页.

崌 jū ㄐㄩ 见293页"岈"字
条"岈崌山"(lì——).

琚 jū ㄐㄩ 古人佩带的一种
玉.

椐 jū ㄐㄩ 古书上说的一种
树,枝节肿大,可以做拐
杖.

腒 jū ㄐㄩ 干腌的鸟类肉.

锯 ㊀ jū ㄐㄩ 同"锔"(jū).
㊀ jù 见254页.

裾 jū ㄐㄩ 衣服的大襟.⑪衣
服的前后部分.

掬 jū ㄐㄩ 两手捧:以手
~水.笑容可~(形容笑
得明显).

鞠 jū ㄐㄩ ❶养育,抚养.❷
古代的一种皮球:蹴
(cù)~(踢球).
[鞠躬]弯腰表示恭敬谨慎.现
指弯身行礼.

媾 jū ㄐㄩ [娵隅](一yú)古
代南方少数民族称鱼为
娵隅.

锔 ㊀ jū ㄐㄩ 用锔子连合破
裂的器物:~盆.~缸.
~锅.~碗儿的.[锔子](一
zi)用铜、铁等制成的扁平有
钩的两脚钉,用来连合陶瓷
等器物的裂缝.
㊀ jú 见252页.

鞫 jū ㄐㄩ ❶审问:~讯.~
审.❷穷困.

局(❼❽*跼、❽*侷)
jú ㄐㄩ ❶部分:~部麻醉.❷
机关及团体组织分工办事的
单位:教育~.公安~.❸某
些商店或办理某些业务的机
构的名称:书~.邮电~.❹
棋盘.❺着棋的形势:结~.大~.时
~.[局面]1.一个时期内事
情的形势、情况:结~.大~.时
~.[局面]1.一个时期内事

情的状态：稳定的～～. 2.〈方〉规模。⑥量词，下棋或其他比赛一次叫一局。⑦弯曲。⑧拘束，拘谨。[局蹐](-jí)拘束不敢放纵。[局促]1. 狭小。2. 拘谨不自然：他初到这里，感到有些～～.

焗 jú ㄐㄩ〈方〉一种烹饪方法，利用蒸气使密封容器中的食物变熟：盐～鸡. [焗油]一种染发、养发、护发方法。在头发上抹油后，用特制机具蒸气加热，待冷却后用清水冲洗干净。

锔 jú ㄐㄩ 一种人造的放射性元素，符号 Cm.
㊁ jū 见 251 页。

桔 ㊀ jú ㄐㄩ "橘"俗作"桔"。
㊁ jié 见 237 页。

菊 jú ㄐㄩ 菊花，多年生草本植物，秋天开花，种类很多。有的花可入药，也可以作饮料。

淏 jú ㄐㄩ 淏水，水名，在河南省。

鵙 jú ㄐㄩ 古书上说的一种鸟，就是伯劳，背灰褐色，尾长，上嘴钩曲，捕食鱼、虫、小鸟等，是一种益鸟。

橘 jú ㄐㄩ 橘树，常绿乔木，初夏开花，白色。果实叫橘子，味甜酸，可以吃，果皮可入药。

柜 ㊀ jǔ ㄐㄩ 柜柳，落叶乔木，羽状复叶，小叶长椭圆形，性耐湿、耐碱，可固沙，枝韧，可以编筐。
㊁ guì 见 172 页。

矩(*榘) jǔ ㄐㄩ ❶画方形的工具：～尺(曲尺). 不以规～不能成方圆。❷法则，规则：循规蹈～.

咀 ㊀ jǔ ㄐㄩ 含在嘴里细细玩味：含英～华(喻读书吸取精华). [咀嚼](-jué)嚼(jiáo). ⑩体味。
㊁ zuǐ 见 663 页。

沮 ㊀ jǔ ㄐㄩ ❶阻止。❷坏，败坏。[沮丧](-sàng)失意，懊丧。
㊁ jù 见 254 页。

龃 jǔ ㄐㄩ [龃龉](-yǔ)牙齿上下对不上。⑩意见不合。

莒 jǔ ㄐㄩ 周代诸侯国名，在今山东省莒南一带。

筥(**筥) jǔ ㄐㄩ 圆形的竹筐。

枸 ⊜ jǔ ㄐㄩˇ [枸橼](—yuán)也叫"香橼",常绿乔木,初夏开花,白色。果实有香气,味酸酸。
⊖ gōu 见159页。
⊜ gǒu 见160页。

蒟 jǔ ㄐㄩˇ 植物名。1.蒟蒻(ruò),多年生草本植物,开淡黄色花,外有紫色苞片。地下茎像球,有毒,可入药。2.蒟酱,蔓生木本植物,夏天开花,绿色。果实像桑葚,可以吃。

举(舉、*擧) jǔ ㄐㄩˇ ❶向上抬,向上托:～手.高～红旗.⑨1.动作行为:～止.一～一动.2.发起,兴起:～义.～事.办工农业余学校.❷提出:例说明。～出一件事实来.❸推选,推荐:大家～他做代表.❹全:～国.～世闻名.❺举人的简称:中(zhòng)～.武～.

榉(櫸) jǔ ㄐㄩˇ ❶榉,落叶乔木,和榆相近,木材耐水,可造船.❷山毛榉,落叶乔木,春天开花,淡黄绿色。树皮有粗纹,像鳞片,木材很坚硬,可做枕木、家具等。

踽 jǔ ㄐㄩˇ [踽踽]形容独自走路孤零零的样子:～～独行.

巨(*鉅) jù ㄐㄩˋ 大:～浪.～型飞机.～款.

讵 jù ㄐㄩˋ 岂,怎:～料.～知.

拒 jù ㄐㄩˋ 抵挡,抵抗(龜抗—):～敌.～捕.⑨腐蚀,永不沾.[拒绝]不接受。

苣 ⊖ jù ㄐㄩˋ 见516页"莴"字条"莴苣"(wōjù).
⊜ qǔ 见415页.

炬 jù ㄐㄩˋ 火把:火～.

距 jù ㄐㄩˋ ❶离开,距离:相～数里.～今已数年.❷雄鸡爪后面突出像脚趾的部分.

句 ⊖ jù ㄐㄩˋ (一子)由词和词组组成的能表示一个完整意思的话.
⊜ gōu 见159页.

具 jù ㄐㄩˋ ❶器具,器物:工～.家～.文～.农～.❷备,备有:～备.～有.略～规模.[具体]1.明确,不抽象,不笼统:这个计划订得很～.2.特定的:～～的人.～的工作.

俱 jù ㄐㄩˋ（旧读 jū）❶全，都：父母～存．面面～到．❷偕同．[俱乐部]进行社会、政治、文艺、娱乐等活动的团体或场所．

惧（懼）jù ㄐㄩˋ 害怕（叠恐一）：临危不～．

犋 jù ㄐㄩˋ 畜力单位名，能拉动一辆车，一张犁，一张耙等的一头或几头牲口叫一犋，多指两头．

飓 jù ㄐㄩˋ 飓风，发生在大西洋西部和西印度群岛一带热带海洋上的风暴，风力常达 10 级以上，同时有暴雨．

沮 ⊖ jù ㄐㄩˋ [沮洳]（一rù）低湿的地带．
⊖ jǔ 见 252 页．

倨 jù ㄐㄩˋ 傲慢：前～后恭．～傲．

剧（劇）jù ㄐㄩˋ ❶厉害，很，极：～痛．病～．争论得很～烈．❷戏剧，文艺的一种形式，作家把剧本编写出来，利用舞台由演员化装演出来．

据（據）⊖ jù ㄐㄩˋ ❶凭依，倚仗：～理力争．～说是这样．❷占（叠占

一）：盘～．～为己有．[据点]军队据以作战的地点．❸可以用做证明的事物，凭证（叠凭一、证一）：收～．字～．票～．真凭实～．无凭无～．
⊖ jū 见 251 页．

锯 ⊖ jù ㄐㄩˋ ❶用薄钢片制成有尖齿可以拉（lá）开木、石等的器具：拉～．手～．电～．❷用锯拉（lá）：～木头．～树．
⊖ jū 见 251 页．

踞 jù ㄐㄩˋ ❶蹲或坐：龙蟠（pán）虎～（形容地势险要）．箕～（古人席地坐着把两腿像八字形分开）．❷盘踞．

聚 jù ㄐㄩˋ 会合，集合（叠一集）：大家～在一起谈话．～少成多．欢～．

窭（窶）jù ㄐㄩˋ 贫穷．

屦（屨）jù ㄐㄩˋ 古代的一种鞋，用麻、葛等制成．

遽 jù ㄐㄩˋ ❶急，仓猝：不敢～下断语．❷遂，就．

濾 jù ㄐㄩˋ 濾水，水名，在陕西省．

醵 jù ㄐㄩˋ ❶凑钱喝酒．❷聚集，凑（指钱）：～资．

JUAN ㄐㄩㄢ

捐 juān ㄐㄩㄢ ❶捐助或献出：～钱．～棉衣．～献．❷赋税的一种：房～．车～．❸舍弃：为国～躯．

涓 juān ㄐㄩㄢ 细小的流水．[涓滴]极小量的水。⑩极少的，极微的：～～归公．

娟 juān ㄐㄩㄢ 秀丽，美好：～秀．

鹃 juān ㄐㄩㄢ 见 109 页"杜"字条"杜鹃"．

圈 ㊀ juān ㄐㄩㄢ 关闭起来，用栅栏等围起来：把小鸡～起来．
㊁ quān 见 415 页．
㊂ juàn 见本页．

朘 juān ㄐㄩㄢ 缩，减．

镌(**鎸) juān ㄐㄩㄢ 雕刻：～刻图章．～碑．

蠲 juān ㄐㄩㄢ 免除：～免．

卷(捲) ㊀ juǎn ㄐㄩㄢ ❶把东西弯转裹成圆筒形：～行李．～帘子．❷一种大的力量把东西撮(cuō)起或裹住：风～着雨点劈面打来．～入旋涡喻被牵连到不利的事件中）．❸（一儿)弯转裹成的筒形的东西：烟～儿．行李～儿．纸～儿．
㊁ juàn 见本页．

锩 juǎn ㄐㄩㄢ 刀剑卷刃．

卷 ㊀ juàn ㄐㄩㄢ ❶（一儿)可以舒卷(juǎn)的书画：手～．长～．❷书籍的册本或篇章：第一～．上～．～二．❸（一子、一儿)考试写答案的纸：试～．交～．历史～子．❹案卷，机关里分类汇存的档案，文件：～宗．查一查底～．
㊁ juǎn 见本页．

倦 juàn ㄐㄩㄢ 疲乏，懈怠（働疲一)：诲人不～．厌～．

圈 ㊀ juàn ㄐㄩㄢ 养家畜等的栅栏：猪～．羊～．
㊁ quān 见 415 页．
㊂ juān 见本页．

桊 juàn ㄐㄩㄢ 穿在牛鼻上的小铁环或小木棍儿：牛鼻～儿．

眷(❶*睠) juàn ㄐㄩㄢ ❶顾念，爱恋：～恋过去．❷亲属：～属．家～．亲～．

隽(*雋) ㊀ juàn ㄐㄩㄢ 肥肉．[隽永](言论、文章)意味深长。

㊁ jùn 见 259 页。

狷(*獧) juàn ㄐㄩㄢˋ ❶胸襟狭窄,急躁:～急。❷耿直。

绢 juàn ㄐㄩㄢˋ 一种薄的丝织物。[手绢]手帕。

罥 juàn ㄐㄩㄢˋ 挂。

鄄 juàn ㄐㄩㄢˋ 鄄城,地名,在山东省。

JUE ㄐㄩㄝ

屦(屨、*蹻) jué ㄐㄩㄝ 草鞋。"蹻"又 qiāo 见 402 页"跷"。

撅(❶*噘) juē ㄐㄩㄝ ❶翘起:～嘴.～着尾巴.小辫～着。❷折:把竿子～断了。注:"噘"只用于"噘嘴"。

孑 jué ㄐㄩㄝ [孑孓](jié—)蚊子的幼虫。

决 ㊀ jué ㄐㄩㄝ ❶弹琵琶等弦乐器时,钩弦用的扳指。❷决定(胜负)。
㊁ guài 见 167 页。

决(*决) jué ㄐㄩㄝ ❶原意为疏导水流,后转为堤岸被水冲开口子:堵塞～口。[决裂]破裂

(指感情、关系、商谈等):谈判～～。❷决定,拿定主意:～心.迟疑不～.㊐一定,肯定的:他～不会失败。[决议]经过会议讨论决定的事项。❸决定最后胜负:～赛.～战。❹执行死刑:枪～.

诀 jué ㄐㄩㄝ ❶诀窍,高明的方法:秘～.妙～。❷用事物的主要内容编成的顺口的便于记忆的词句:口～.歌～。❸辞别,多指不再会的分别:永～.

抉 jué ㄐㄩㄝ 剔出。[抉择]挑选。

駃 jué ㄐㄩㄝ [駃騠](—tí)1.驴骡,由公马和母驴交配所生。2.古书上说的一种骏马。

玦 jué ㄐㄩㄝ 环形有缺口的佩玉。

鴂 jué ㄐㄩㄝ 鸟名。即伯劳。

觖 jué ㄐㄩㄝ 不满。[觖望]因不满而怨恨。

角 ㊀ jué ㄐㄩㄝ ❶竞争,争胜:～斗.～逐.口～(吵嘴)。❷(—儿)演员,角色,也作"脚":主～.他去什么～儿?[角色][脚色]1.戏曲演员按所扮演人物的性别和性

格等分的类型。旧戏中分"生、旦、净、丑"等，也叫"行当"。**2.** 戏剧或电影里演员所扮演的剧中人物。**❸** 古代五音"宫、商、角、徵(zhǐ)、羽"之一。**❹** 古代形状像爵的酒器。**❺** 姓。

〇 jiǎo 见232页。

桷 jué ㄐㄩㄝ 方形的椽(chuán)子。

珏 jué ㄐㄩㄝ 合在一起的两块玉。

觉(覺) 〇 jué ㄐㄩㄝ **❶**(人或动物的器官)对刺激的感受和辨别：视~。听~。他~得这本书很好。不知不~。**❷** 醒悟；提高一悟。如梦初~。

〇 jiào 见234页。

绝 jué ㄐㄩㄝ **❶** 断：~望。络绎不~。[绝句]我国旧体诗的一种，每首四句，每句五字或七字，有一定的平仄和押韵的限制。**❷** 尽，穷尽：气~。法子都想~了。[绝境]没有希望，没有出路的情况。**❸** 极，极端的：~妙。~密。❹ 精湛的，少有的：~技。这幅画真叫~了。[绝顶]1. 山的最高峰：泰山~~。2. 极端，非常：~~巧妙。[绝对]1. 一

定，肯定：~~可以胜利。~~可以办到。2. 无条件，无限制，不依存于任何事物的，跟"相对"相对：物质世界的存在是~~的。**❹** 一定，无论如何：~不允许这样的事再次发生。

倔 〇 jué ㄐㄩㄝ 义同"倔〇"，只用于"倔强"。[倔强](—jiàng)(性情)刚强不屈，固执：性格~~。

〇 juè 见258页。

掘 〇 jué ㄐㄩㄝ 挖，刨：~地。临渴~井。

崛 〇 jué ㄐㄩㄝ 高起，突起：~起。

脚(*腳) 〇 jué ㄐㄩㄝ (—儿)今多用"角"，同"角〇❷"。

〇 jiǎo 见233页。

厥 jué ㄐㄩㄝ **❶** 气闭，昏倒：晕~。痰~。**❷** 其，他的，那个的：~父。~后。

劂 jué ㄐㄩㄝ 见210页"剞"字条"剞劂"(jī—)。

蕨 jué ㄐㄩㄝ 多年生草本植物，野生，用孢(bāo)子繁殖。嫩叶可吃，地下茎可制淀粉。

獗 jué ㄐㄩㄝ [猖獗](chāng—)闹得很凶：~~一

时.

潏 jué ㄐㄩㄝ 潏水,水名,在湖北省。

橛 jué ㄐㄩㄝ （一子、一儿）小木桩。

镢 jué ㄐㄩㄝ 〈方〉（～头）刨地用的农具。

蹶(**蹷) ㊀ jué ㄐㄩㄝ 跌倒。㊁挫折,失败:一～不振。
㊁ juě 见本页。

傕 jué ㄐㄩㄝ 用于人名。

谲 jué ㄐㄩㄝ 欺诈,玩弄手段:诡～。

鐍 jué ㄐㄩㄝ 箱子上安锁的环状物。

噱 ㊀ jué ㄐㄩㄝ 大笑。
㊁ xué 见 555 页。

爵 jué ㄐㄩㄝ ❶古代的酒器。❷爵位,君主国家贵族封号的等级:侯～.封～.

嚼 ㊂ jué ㄐㄩㄝ 义同"嚼㊀",用于书面语复合词:咀(jǔ)～.
㊀ jiáo 见 232 页。
㊁ jiào 见 235 页。

爝 jué ㄐㄩㄝ jiào ㄐㄧㄠˋ（又）火把。

矍 jué ㄐㄩㄝ [矍铄](—shuò)形容老年人精神好。

攫 jué ㄐㄩㄝ 用爪抓取。㊀夺取(逾一夺)。

镢 jué ㄐㄩㄝ ❶（一头）刨土的工具。❷用锄掘地。

蹶 ㊁ juě ㄐㄩㄝˇ [尥蹶子](liào—zi)骡马等跳起来用后腿向后踢。
㊀ jué 见本页。

倔 ㊁ juè ㄐㄩㄝˋ 言语直,态度生硬:那老头子真～.
㊀ jué 见 257 页。

JUN ㄐㄩㄣ

军 jūn ㄐㄩㄣ ❶武装部队:～队.解放～.海～.❷军队的编制单位,是师的上一级。❸泛指有组织的集体:劳动大～.

皲 jūn ㄐㄩㄣ 皮肤因寒冷或干燥而破裂。也作"龟"(jūn)。

均 jūn ㄐㄩㄣ ❶平,匀(yún)(逾一匀、平一):～分.平～数.势～力敌。❷都(dōu),皆:老小～安.～已布置就绪.
〈古〉又同"韵"(yùn)。

钧 jūn ㄐㄩㄣ ❶古代的重量单位,合三十斤:千～一发(喻极其危险)。❷制陶器所用的转轮：陶～（喻造就人材）．❸敬辞（对尊长或上级）：～命．～安．～鉴.

筠 ㊀ jūn ㄐㄩㄣ ［筠连］地名,在四川省.

㊁ yún 见 607 页.

龟（龜） ㊀ jūn ㄐㄩㄣ 同"皲".

㊁ guī 见 171 页.

㊂ qiū 见 411 页.

君 jūn ㄐㄩㄣ 封建时代指帝王、诸侯等.敬辞:张～. ［君子］古指有地位的人,后又指品行好的人.

莙 jūn ㄐㄩㄣ ［莙荙菜］(一dá一)恭(tián)菜的变种,也叫"厚皮菜"、"牛皮菜".叶大,是常见的蔬菜.

鲪 jūn ㄐㄩㄣ 鱼名.体长,侧扁,口大而斜,尾鳍圆形.生活在海里.

菌 ㊀ jūn ㄐㄩㄣ 低等植物的一大类,不开花,没有茎和叶子,不含叶绿素,不能自己制造养料,寄生生活,种类很多,如细菌、真菌等.特指能使人生病的病原细菌.

㊁ jùn 见 260 页.

麇 ㊀ jūn ㄐㄩㄣ 古书里指獐子.

㊁ qún 见 419 页.

俊 jùn ㄐㄩㄣ ❶才智过人的:～杰.～士.❷容貌美丽:那个小姑娘真～.

峻 jùn ㄐㄩㄣ 山高而陡:高山～岭.❷严厉苛刻:严刑～法.

馂 jùn ㄐㄩㄣ 吃剩下的食物.

浚（*濬） ㊀ jùn ㄐㄩㄣ 疏通,挖深:～井.～河.

㊁ xùn 见 557 页.

骏 jùn ㄐㄩㄣ 好马.

焌 ㊀ jùn ㄐㄩㄣ 用火烧.

㊁ qū 见 413 页.

畯 jùn ㄐㄩㄣ 指西周管奴隶耕种的官.

竣 jùn ㄐㄩㄣ 事情完毕:～事.大工告～.

郡 jùn ㄐㄩㄣ 古代行政区域,秦以前比县小,从秦朝起比县大.

捃 jùn ㄐㄩㄣ 拾取:～摭(zhí)(搜集).

珺 jùn ㄐㄩㄣ 一种美玉.

隽（*雋） ㊀ jùn ㄐㄩㄣ 同"俊❶".

㊁ juàn 见 255 页.

菌 ⊖ jùn ㄐㄩㄣ 就是蕈(xùn)

⊜ jūn 见 259 页。

K ㄎ

KA ㄎㄚ

咖 ⊖ kā ㄎㄚ [咖啡](—fēi)(外)常绿灌木或小乔木,产在热带,花白色,果实红色,种子可制饮料。也指这种饮料。

⊜ gā 见 143 页。

喀 kā ㄎㄚ 拟声词。[喀嚓](—chā)拟声词,树枝等折断的声音。
[喀斯特]可溶性岩石(石灰石、石膏等)受水侵蚀而成的地貌,形状奇特,有洞穴,也有峭壁。

揩 kā ㄎㄚ 用刀子刮。

卡 ⊖ kǎ ㄎㄚ (外)❶卡车,载重的大汽车:十轮～. ❷卡片,小的纸片(一般是比较硬的纸):资料～.贺年～. ❸卡路里,热量单位,就是使 1 克纯水的温度升高 1 摄氏度所需的热量。
[卡通](外)1. 动画片。2. 漫画。

⊖ qiǎ 见 396 页。

佧 kǎ ㄎㄚ [佧佤族](—wǎ—)佤族的旧称。

咔 kǎ ㄎㄚ [咔叽](—jī)(外)一种很厚的斜纹布。

胩 kǎ ㄎㄚ 有机化合物的一类,通式 R—NC,无色液体,有恶臭,溶于酒精和乙醚,容易被酸分解。

咯 ⊖ kǎ ㄎㄚ 用力使东西从食道或气管里出来:把鱼刺～出来.～血.～痰.

⊜ lo 见 312 页。

⊜ gē 见 151 页。

KAI ㄎㄞ

开(開) kāi ㄎㄞ ❶把关闭的东西打开:～门.～抽屉.～口说话. ④1. 收拢的东西放散:～花.～颜(笑). 2. 把整体的东西划分成部分的:三十二～本. 3. 凝结的东西融化:～冻.～河(河水化冻). [开刀]用刀割治:这病得～～. [开关]有控制作用的机关。通常指电门、电键。[开交]分解,脱离:忙得不可～～. 闹得不可～～. [开口呼]不用 i、u、ü 开头的韵母。❷通,使通:想不～.～路先锋。[开通](—tong)思想不守旧,容易接受新事物。

❸使显露出来:～矿.～采石油.[开发]使埋藏着的显露出来. ❹扩大,发展:～拓(tuò).～源节流.～展工作. ❺发动,操纵:～车.～炮.～船.～动脑筋.[开火]指发生军事冲突:两方面冲突❻起始:～端.～春.～学.工.戏～演了.❼设置,建立:～医院.[开国]建立新的国家. ❽支付:～支.～销. ❾沸,滚:～水.水～了. ❿举行:～会.⓫写:～发票.～药方.⓬放在动词后面,表示效果:这话传～了.屋子小,坐不～.睁～眼.打～窗子.张～嘴.⓭(外)黄金的纯度单位(以二十四开为纯金):十四～金.⓮热力学温度单位名开尔文的简称,符号 K.

锎 kāi ㄎㄞ 一种人造的放射性元素,符号 Cf.

揩 kāi ㄎㄞ 擦,抹:～鼻涕.～背.～油(占便宜 pián-yi).

剀(剴) kāi ㄎㄞ [剀切](-qiè)1. 符合事理:～～中理.2. 切实:～～教导.

凯(凱) kāi ㄎㄞ 军队得胜回来奏的乐

垲(塏) kǎi ㄎㄞ 地势高而干燥.

闿(闓) kǎi ㄎㄞ 开.

恺(愷) kǎi ㄎㄞ 快乐,和乐.

铠(鎧) kǎi ㄎㄞ 铠甲,古代的战衣,上面缀有金属薄片,可以保护身体.

蒈 kǎi ㄎㄞ 有机化合物,分子式 $C_{10}H_{18}$,天然的蒈尚未发现.蒈的重要衍生物蒈酮,气味像樟脑.

楷 ㊀ kǎi ㄎㄞ ❶法式,模范(逶-模).❷楷书,现在通行的一种汉字字体,是由隶书演变而来的:小～.正～.

㊁ jiē 见 235 页.

锴 kǎi ㄎㄞ 好铁.多用于人名.

慨(❷*嘅) kǎi ㄎㄞ ❶愤激:愤～.❷感慨:～叹.❸慷慨,不吝啬:～允.～然相赠.

忾(愾) kài ㄎㄞ 愤怒,恨:同仇敌～(大家一致痛恨敌人).

欬 kài ㄎㄞ 咳嗽。

KAN ㄎㄢ

刊 kān ㄎㄢ ❶刻:～石.～印.(转)排版印刷:～行.停～.[刊物]报纸、杂志等出版物,也省称"刊":周～.月～.❷削除,修改:不～之论(喻至理名言).～误表.

看 ㊀ kān ㄎㄢ 守护:～门.～家.～守.(转)监视:把他～起来.[看护]1.护理.2.旧时称护士.

㊁ kān ㄎㄢ 见本页。

勘 kān ㄎㄢ ❶校对,复看核定(逾校一):～误.～正.❷细查,审查:～探.～验.测.实地～查.

堪 kān ㄎㄢ ❶可以,能,足以:～以告慰.不～设想.❷忍受,能支持:难～.狼狈不～.

戡 kān ㄎㄢ 平定(叛乱)。

龛(龕) kān ㄎㄢ 迷信的人供奉佛像、神位等的小阁子。

坎 kǎn ㄎㄢ ❶低陷不平的地方,坑穴.❷八卦之

一,符号是"☵",代表水.❸同"槛㊁".❹发光强度单位名坎德拉的简称,符号cd.[坎坷](一kě)1.道路不平的样子.2.比喻不得志.

砍 kǎn ㄎㄢ 用刀、斧等猛剁,用力劈:～柴.把树枝～下来.

莰 kǎn ㄎㄢ 有机化合物,分子式$C_{10}H_{18}$,白色晶体,有樟脑的香味.

侃 kǎn ㄎㄢ [侃侃]理直气壮、从容不迫的样子:～～而谈.

槛(檻) ㊀ kǎn ㄎㄢ 门槛,门限.也作"坎".(图见127页)

㊁ jiàn 见227页。

顑 kǎn ㄎㄢ [顑颔](一hàn)面黄肌瘦.

看 ㊁ kàn ㄎㄢ ❶瞧,瞅:～书.～电影.❷观察(逾察一):～脉.～透.(引)诊治:～病.大夫把我的病～好了.❸访问,拜望(逾一望):到医院里去～病人.❹看待,照应,对待:另眼相～.～重.照～.❺想,以为:我～应该这么办.❻先试以观察它的结果:问一声～.做做～.❼提防,小心:别跑,～摔着.

衎 ㊀ kān 见262。

衎 kàn ㄎㄢ ❶快乐。❷刚直。

崁 kàn ㄎㄢ [赤崁]地名,在台湾省。

墈 kàn ㄎㄢ 〈方〉高的堤岸,多用于地名。如:墈上,在江西省。

磡 kàn ㄎㄢ 山崖。

阚 ㊀ kàn ㄎㄢ 姓。
㊁ hǎn 见179页。

瞰(*矙) kàn ㄎㄢ 望,俯视,向下看。
[鸟瞰]1.从高处向下看。2.事物的概括描写:世界大势~~.

KANG ㄎㄤ

阆 ㊀ kāng ㄎㄤ [阆阆](一láng)〈方〉建筑物中空旷的部分。也叫"阆阆子"。
㊁ làng 见264页。

康 kāng ㄎㄤ ❶安宁:身体健~。~乐。❷富裕,丰盛:~年。小~。❸同"糠❷"。
[康庄]平坦通达的:~~大道.

慷(**忼) kāng ㄎㄤ [慷慨](一kǎi)1.情绪激昂:~慨陈词。2.待人热诚,肯用财物帮助人:他待人很~~.

槺 kāng ㄎㄤ 见284页"榔"字条"榔槺"(láng kang)。

糠(*穅) kāng ㄎㄤ ❶从稻、麦等子实上脱下来的皮或壳。❷空,空虚:萝卜~了。

鱇 kāng ㄎㄤ 见4页"鮟"字条"鮟鱇"(ān一)。

扛 ㊀ káng 用肩膀承担:~粮食。~着一杆枪。~活(旧时称做长工).
㊁ gāng 见148页。

亢 kàng ㄎㄤ ❶高。⟶高傲不卑不~。❷过甚,极:~奋。~旱。❸星宿名,二十八宿之一。

伉 kàng ㄎㄤ ❶对等,相称。[伉俪](一lì)配偶,夫妇。❷正直。

抗 kàng ㄎㄤ ❶抵御(逾抵一):~战。~旱。~涝。⟶1.不妥协:~辩。2.拒绝,不接受(逾一拒):~命。~粮。~税。[抗菌素]动物、植物及微生物(细菌、霉菌等)所产生的对细菌等微生物具有抑制生长或杀灭作用的化学物质,如青霉素、链霉素等。旧称抗生素。[抗议]声明不同意,同时谴责对方的行动.❷匹敌,相当:～衡(不相上下,抵得过).分庭～礼(行平等的礼节,比喻势均力敌,也比喻相互对立).

阆 ㊀ kàng ㄎㄤ 高大.
㊁ kāng 见263页.

炕 kàng ㄎㄤ ❶北方用砖、坯等砌成的睡觉的台,下面有洞,连通烟囱,可以烧火取暖.❷〈方〉烤:把湿衣服放在火边～一～.

钪 kàng ㄎㄤ 一种金属元素,符号Sc,灰色,常跟钇、铒等混合存在,产量很少.

KAO ㄎㄠ

尻 kāo ㄎㄠ 屁股.

考(❶-❸*攷) kǎo ㄎㄠ ❶试验,测验(遆一试):期～.～语文.❷检查(遆一察、查一):～勤.～绩.[考验]通过具体行动、困难环境等来检验(是否坚定、正确).[考语]旧指考察成绩的评语.❸推求,研究:～古.～证.[考虑]斟酌,思索:～～一下再决定.～～问题.[考究](一jiu)1.查考,研

究:～～问题.2.讲究:衣着～～.❹老,年纪大(遆寿一).❺原指父亲,后称已死的父亲:如丧～妣.先～.

拷 kǎo ㄎㄠ 打(遆一打):～问.
[拷贝](外)用拍摄成的电影底片洗印出来的胶片.

栲 kǎo ㄎㄠ 栲树,常绿乔木,木材坚硬,可做船橹、轮轴等.树皮含鞣酸,可制栲胶,又可制染料.
[栲栳](一lǎo)一种用竹子或柳条编的盛东西的器具.也叫笆斗.

烤 kǎo ㄎㄠ ❶把东西放在火的周围使干或使熟:～烟叶子.～白薯.❷向着火取暖:～手.围炉～火.

铐 kào ㄎㄠ ❶(一子)手铐子,束缚犯人手的刑具.❷用手铐束缚:把犯人一起铐来.

犒 kào ㄎㄠ 指用酒食或财物慰劳:～劳.～赏.

靠 kào ㄎㄠ ❶倚着,挨近(遆倚一):～墙站着.船～岸了.❷依靠,依赖:要创造人类的幸福,全～我们自己.～劳动致富.[靠山]⑩所依赖的人或集体.❸信赖:

~.~得住.[牢靠](—kào)
1.稳固。2.稳妥可信赖:这人
做事~~.

KE ㄎㄜ

坷 ㊀ kē ㄎㄜ [坷垃](—la)
土块.
㊁ kě 见267页。

苛 kē ㄎㄜ ❶苛刻,过分:~
求.~责。❷苛细,繁重,
使人难于忍受:~政.~捐杂
税.

珂 kē ㄎㄜ ❶玉名。❷马笼
头上的装饰:玉~.
[珂罗版](外)印刷上用的一种
照相版,把要复制的字、画的
底片晒制在涂过感光胶层的
玻璃片上而成.

柯 kē ㄎㄜ ❶斧子的柄。❷
草木的茎枝.
[柯尔克孜族]我国少数民族,
参看附表.

轲 kē ㄎㄜ 用于人名.

滒 kē ㄎㄜ [泮滒](zāng—)
1.古水名。2.古地名.

砢 kē ㄎㄜ 〈方〉[砢碜](—
chen)寒碜,难看.

钶 kē ㄎㄜ 化学元素,铌
(ní)的旧称.

疴 kē ㄎㄜ (旧读ē)病:沉
~(重病).染~.

匼 kē ㄎㄜ 古代的一种头
巾.
[匼河]地名,在山西省芮城.

科 kē ㄎㄜ ❶分门别类用的
名称。1.动植物的分类
单位之一:狮子属于食肉类
的猫~.槐树是豆~植物。2.
机关内部组织划分的部门:
财务~.总务~。3.学术或业
务的类别:文~.理~.内~.
外~.[科举]从隋唐到清代
国家设立的分科考选文武官
吏后备人员的制度。[科学]
1.反映自然、社会、思维的客
观规律的分科的知识体系.
2.合乎科学的:这种做法不
~~。❷法律条文:~文.
~金.~玉律。❸判定:~以
徒刑.~以罚金。❹古典戏剧
里称演员的动作表情:~白.

蝌 kē ㄎㄜ [蝌蚪](—dǒu)
蛙或蟾蜍的幼体,生活
在水中,黑色,身体椭圆,有
长尾。逐渐发育生出后脚、前
脚,尾巴消失,最后变成蛙或
蟾蜍.

棵 kē ㄎㄜ 量词,用于植物:
一~树.[棵儿]植物的
大小:这棵树~~很大.[青
棵子]绿色庄稼、野草等.

稞 kē ㄎㄜ 青稞,麦的一种,
产在西藏、青海等地,是

藏族人民的主要食品糌粑(zānba)的原料。

窠 kē ㄎㄜ 鸟兽的巢穴。[窠臼]⑳文章或其他艺术品所依据的老套子。

颗 kē ㄎㄜ 量词,用于圆形或粒状的东西:一～珠子.一～心.

髁 kē ㄎㄜ 骨头上的突起,多长在骨头的两端。

颏 kē ㄎㄜ 下巴颏儿,脸的最下部分,在两腮和嘴的下面。

搕 kē ㄎㄜ 敲,碰:～烟袋锅子.

榼 kē ㄎㄜ 古时盛酒的器皿。

磕 kē ㄎㄜ 碰撞在硬东西上:～破了头.碗～掉一块.～头(旧时的跪拜礼).

瞌 kē ㄎㄜ [瞌睡]困倦想睡或进入半睡眠状态:打～～.

壳(殼) ⊖ ké ㄎㄜ (～儿)坚硬的外皮:核桃～儿.鸡蛋～儿.贝儿.
⊜ qiào 见 404 页。

咳 ⊖ ké ㄎㄜ 咳嗽,呼吸器官受刺激而起一种反射作用,把吸入的气急急呼出,声带振动发声。
⊜ hāi 见 176 页。

搿 ké ㄎㄜ 〈方〉❶卡(qiǎ)住:抽屉～住了,拉不开.鞋小了～脚.❷刁难:～人.你别拿这事来～我.

可 ⊖ kě ㄎㄜ ❶是,对,表示准许:许～.认～.不加～否.[可以]1.表示允许:～～,你去吧! 2.适宜,能:现在～～穿棉衣了.马铃薯～当饭吃. 3.过甚,程度深:这几天冷得真～～. 4.还好,差不多:这篇文章还～～.[小可]1.寻常:非同～～. 2.旧时谦称自己为小可。❷能够:牢不～破的友谊.～大～小.[可能]能够,有实现的条件:这个计划～～提前实现。❸值得,够得上(用在动词前):～怜.～爱.～恶(wù)。❹适合:～口.饭菜～口(jǐn),就某种范围不加增减:～着钱花.～着脑袋做帽子。❺可是,但,却:大家很累(lèi),～都很愉快。❻副词,加强语气的说法:这工具使着～得劲了.他写字～快了.这篇文章～写完了。❼表示疑问:你～知道?这话～是真的?❽和"岂"字义近:～不是吗!～不就糟了吗! ❾大约年～三十许.长～六米.⑩义同"可以2";根～食.⑪义同"可以4";尚～.

（二）kè 见本页.

坷 （一）kě ㄎㄜ 见262页"坎"字条"坎坷"（kǎn—）.

（二）kē 见265页.

岢 kě ㄎㄜ [岢岚]（—lán）地名,在山西省.

渴 kě ㄎㄜ 口干想喝水:我～了.⑩迫切地:～望.

可 （一）kè ㄎㄜ [可汗]（—hán）古代鲜卑,突厥,回纥,蒙古等族君主的称号.

（二）kě 见266页.

克（④△剋,④*尅） kè ㄎㄜ

❶能:不～分身.～勤～俭.❷胜:我军～敌.⑯战胜而取得据点:攻无不～.连～数城.[克复]战胜而收回失地.❸克服,制伏:～己奉公.以柔～刚.❹严格限定:～期.～日完成.[克扣]私行减扣,暗中剥削:～～工资.❺消化:～食.❻(藏)容量单位,1克青稞约25市斤.也是地积单位,播种1克种子的土地称为1克地.1克约合1市亩.❼(外)法定公制重量单位,一克等于一千克(公斤)的千分之一,旧称公分.

"剋(尅)"又 kēi 见268页.

氪 kè ㄎㄜ 一种化学元素,在通常条件下为气体,符号Kr,无色,无味,无臭,不易跟其他元素化合.

刻 kè ㄎㄜ ❶雕,用刀子挖(逾雕—):～图章.[深刻]深入,对事理能进一层分析:～～地领会.描写得很～.❷十五分钟为一刻.❸时间:即～.顷～(时间极短).❹不厚道(逾—薄):苛～.[刻苦]不怕难,肯吃苦:～～用功.生活很～～.❺同"克④".

恪 kè ㄎㄜ 恭敬,谨慎:～遵.～守.

客 kè ㄎㄜ ❶客人,跟"主"相对(逾宾—):来～了.招待～人.[客观]1.离开意识独立存在的,跟"主观"相反:人类意识属于主观,物质世界属于～～.2.依据外界事物而作观察的,没有成见的:他看问题很～～.[客家]古代移住闽,粤等地的中原人的后裔.[客气]⑯谦让,有礼貌.❷出门在外的:～居.～籍.～商.❸指奔走他方,从事某种活动的

人:说～.侠～.❹旅客,顾客:
～车.～满.乘～.
[客岁]去年.

课 kè ㄎㄜ ❶功课,有计
划的分段教学:上～.今天
没～.[课题]研究、讨论或急
需解决的主要问题.❷旧指
教учて～:徒.～读.❸古赋税
的一种.❹使交纳捐税:～以
重税.❺机关学校等行政上
的单位:会计～.教务～.❻
占卜的一种:起～.

骒 kè ㄎㄜ 雌,专指骒马.

锞 kè ㄎㄜ (一子)小块的金
锭或银锭.

缂 kè ㄎㄜ 缂丝,我国特有
的一种丝织的手工艺
品.织纬线时,留下要补织图
画的地方,然后用各种颜色
的丝线补上,织出后好像是
刻出的图画.也叫"刻丝".

嗑 kè ㄎㄜ 上下门牙对咬有
壳的或硬东西:～瓜
子.

溘 kè ㄎㄜ 忽然:～逝(称人
死亡).

KEI ㄎㄟ

剋(*尅) ㊀ kēi ㄎㄟ〈方〉
❶打(人).[剋

架]打架.❷申斥.
㊁ kè 见267页"克".

KEN ㄎㄣ

肯 kěn ㄎㄣ ❶许可,愿意:
他不～来.只要你～做
就能成功.首～(点头答应).
[肯定]1. 正面承认:～成
绩,指出缺点. 2. 确定不移:
我们的计划～～能超额完
成.❷骨头上附着的肉.[肯
綮](一qìng)筋骨结合的地
方.[中肯](zhòng一)喻抓住
重点,切中要害:说话～～.

啃 kěn ㄎㄣ 用力从较硬的
东西上一点一点地咬下
来:～老玉米.老鼠把抽屉
咬坏了.

垦(墾) kěn ㄎㄣ ❶用力
翻土:～地.❷开
垦,开辟荒地:～荒.～殖.

恳(懇) kěn ㄎㄣ 诚恳,
真诚:～求.～
托.

龈 ㊀ kěn ㄎㄣ 咬啮.后作
"啃".
㊁ yín 见583页.

掯 kèn ㄎㄣ 压迫,强迫,刁
难:勒(lēi)～.

裉(**褃) kèn ㄎㄣ 衣
服腋下前后

相连的部分:杀～(把根缝上).抬～(称衣服从肩到腋下的宽度).(图见574页"衣")

KENG ㄎㄥ

坑(*阬) kēng ㄎㄥ ❶(一子、一儿)洼下去的地方:水～.泥～.❷把人活埋:～杀.❸坑害,设计使人受到损失:～人.❹地洞,地道:～道.矿～.

吭 ㊀ kēng ㄎㄥ 出声,发言:不～声.一声也不～.
㊁ háng 见180页。

硁(硜、**硜) kēng ㄎㄥ 拟声词,敲打石头的声音.

铿(鏗) kēng ㄎㄥ 拟声词.[铿锵](一qiāng)声音响亮而有节奏:～～悦耳.

KONG ㄎㄨㄥ

空 ㊀ kōng ㄎㄨㄥ ❶里面没有东西或没有内容,不合实际的:～房子.～碗.～想.～谈.[空洞]没有内容:他说的话很～～.[空头]不发生作用的,有名无实的:～～支票.[凭空]无

根据:～～捏造.[真空]没有空气的空间;～～管.～～地带(战争时双方没有军队的地带).❷白白地,没有结果地:～跑了一趟.～忙一阵.❸天空:～军.航～.[空间]一切物质存在和运动所占的地方.[空气]包围在地球表面,充满空间的气体.是氮、氧和一些惰性气体的混合物.⑩情势:～～紧张.❹无着落,无成效:落～.扑了个～.
㊁ kòng 见270页。

崆 kōng ㄎㄨㄥ [崆峒](一tóng)1.山名,在甘肃省.2.岛名,在山东省烟台.

箜 kōng ㄎㄨㄥ [箜篌](一hóu)古代弦乐器,像瑟而比较小.

孔 kǒng ㄎㄨㄥ ❶小洞,窟窿:鼻～.针～.❷很,甚:～急.❸通达:交通～道.

恐 kǒng ㄎㄨㄥ ❶害怕,心里慌张不安(逴一惧、一怖):唯～完成不了任务.[恐吓](一hè)吓唬,威吓(hè).[恐慌]1.慌张害怕.2.危机,使人感觉不安的现象:经济～～.❷恐怕,表示疑虑不定,有"或者"、"大概"的意

思:～不可信.

倥 kǒng ㄎㄨㄥˇ [倥偬](－zǒng)1.事情迫促.2.穷困.

空 ㊁ kòng ㄎㄨㄥˋ ❶使空,腾出来:～一个格.～出一间房子.想法～出一些时间来.❷闲着,没被利用的:～房.～地.❸(－儿)没被占用的时间或地方:有一儿再来.屋子里满得连一点儿儿都没有.[空子](－zi)1.同"空㊁❸".2.可乘的机会:钻～～.❹亏空,亏欠.
㊀ kōng 见269页.

控 kòng ㄎㄨㄥˋ ❶告状,告发罪恶(逐－告).[控诉]1.向法院起诉.2.当众诉说(坏人罪恶).❷节制,驾驭.[控制]支配,掌握,节制,调节.❸悬瓶、罐等,使其中的液体流净.

鞚 kòng ㄎㄨㄥˋ 带嚼子的马笼头.

KOU ㄎㄡ

抠(摳) kōu ㄎㄡ ❶用手指或细小的东西挖:～了个小洞.把掉在砖缝里的豆粒～出来.㊃向狭窄的方面深求:～字眼.死～书

本.❷雕刻(花纹).❸〈方〉吝啬,小气:～门儿.

眍(膒) kōu ㄎㄡ [眍䁖](－lou)眼睛深陷:～～眼.他病了一场,眼睛都～～了.

芤 kōu ㄎㄡ ❶古时葱的别名.❷芤脉,中医称按起来中空无力的脉象,好像按葱管的感觉.

口 kǒu ㄎㄡˇ ❶嘴,人和动物吃东西的器官.有的也是发声器官的一部分.(图见496页"头")[口舌]1.因说话引起的误会或纠纷.2.劝说、交涉或搬弄是非时说的话:费尽～～.[口吻]从语气间表现出来的意思.❷容器通外面的部分:缸～.碗～.瓶～.❸(－儿)出入通过的地方:门～.胡同～儿.河～.海～.关～.特指长城的某些关口:～北.喜～.张家～.❹(一子、一儿)破裂的地方:衣服撕了个～儿.伤～.决～.❺锋刃:刀还没有开～.❻骡马等的年龄(骡马等的年龄可以由牙齿的多少和磨损的程度看出来):这匹马～还轻.六岁～.❼量词.1.用于人:一家五～.2.用于牲畜:一猪.3.用于器物:一～锅.

~钟.

叩 kòu ㄎㄡ ❶敲打：～门. ❷叩头(首)，磕头，一种旧时代的礼节. ❸询问，打听：～问.

扣(❷*釦) kòu ㄎㄡ ❶用圈、环等东西套住或拢住：把门～上. 把钮子～好. ❷(一子、一儿)衣～. (一子、一儿)绳结：活～儿. ❹把器物口朝下放或覆盖东西：把碗～在桌上. 用盆把鱼～上. ⑤使相合：这句话～在题上了. ❺扣留，关押：驾驶证被～了. 他被～了起来. ❻从中减除：九～(减到原数的百分之九十). 七折八～(喻一再减除).

筘(***簆) kòu ㄎㄡ 织布机上的一种机件，旧式织布机上的是用竹子做成的，新式织布机上的是用钢做成的，经线从筘齿间通过，它的作用是把纬线推到织口.

寇 kòu ㄎㄡ ❶盗匪，侵略者：敌～. ❷敌人来侵略：～边.

蔻 kòu ㄎㄡ [豆蔻]多年生草本植物，形似姜. 种子暗棕色，有香味，可入药.

鷇 kòu ㄎㄡ 初生的小鸟.

KU ㄎㄨ

矻 kū ㄎㄨ [矻矻]努力、勤劳的样子.

刳 kū ㄎㄨ 从中间破开再挖空：～木为舟.

枯 kū ㄎㄨ 水分全没有了，干(逳一干、干一)：～树. ～草. ～井. ⑩肌肉干瘪：～瘦的手. [枯燥]没趣味：～～乏味. 这种游戏太～～.

骷 kū ㄎㄨ [骷髅](一lóu)没有皮肉毛发的尸首或头骨.

哭 kū ㄎㄨ 因痛苦悲哀而流泪出声：痛～流涕. ～～啼啼.

圐 kū ㄎㄨ [圐圙](kū lüè)地名，在山西省山阴.

窟 kū ㄎㄨ ❶洞穴：石～. 狡兔三～. [窟窿](一long)孔，洞. ⑩亏空，债务：拉～(借债). ❷某种人聚集的地方：贫民～. 魔～.

苦 kǔ ㄎㄨ ❶像胆汁或黄连的滋味，跟"甜"、"甘"相反：～胆. 良药～口利于病. [苦水]味道不好的水，含硫酸钠、硫酸镁的水：～～井. ⑩藏在心里的苦楚：吐～～.

感觉难受的,困苦的:～境.
～日子过去了.吃～耐劳.
[苦主]被害人的家属.❸为
某种事物所苦:～雨.～旱.
～夏.从前他～于不识字.❹
有耐心地,尽力地:～劝.～
学.～战.～求.❺使受苦:这
件事一～了他.

库 kù ㄎㄨ ❶贮存东西的房
屋或地方(鱼仓一):入
～.水～.❷电荷量单位名库
仑的简称,符号C.

裤(*袴) kù ㄎㄨ 裤子.
(图见 574 页
"衣")

绔(褲) kù ㄎㄨ ❶同"裤".古指
套裤.❷见 505 页"纨"
字条"纨绔"(wán—).

喾(嚳) kù ㄎㄨ 传说中上
古帝王名.

酷 kù ㄎㄨ ❶残酷,暴虐,残
忍到极点的:～刑.❷
极,程度深:～暑.～似.～
爱.

KUA ㄎㄨㄚ

夸(誇) kuā ㄎㄨㄚ ❶说
大话:～口.不要
～大成就.～～其谈.[夸张]
1.说得不切实际,说得过火.
2.一种修辞手法,用夸大的
词句来形容事物.❷夸奖,用
话奖励,赞扬:人人都～他进
步快.

侉(**咵) kuǎ ㄎㄨㄚ 口
音与本地语
音不同:他说话有点～.

垮 kuǎ ㄎㄨㄚ 倒塌,坍塌:
房子被大水冲～了.喻完
全破坏:这件事让他搞～了.

挎 kuà ㄎㄨㄚ ❶胳膊弯起来
挂着东西:他胳膊上～
着篮子.❷把东西挂在肩头
上或挂在腰里:肩上～着文
件包.

胯 kuà ㄎㄨㄚ 腰和大腿之间
的部分.

跨 kuà ㄎㄨㄚ ❶抬起一条腿
向前或旁边移动:一步
～过.～着大步.❷骑,两脚
分在器物的两边坐着或立
着:～在马上.小孩～门
槛.❸超越时间或地区之间
的界限:～年度.～两省.❹
附在旁边:～院.旁边～着一
行(háng)小字.

KUAI ㄎㄨㄞ

扒(撶) kuǎi ㄎㄨㄞ ❶
搔,轻抓:～痒
痒.❷用胳膊挎着:～着篮
子.

蒯 kuǎi ㄎㄨㄞˇ 蒯草，多年生草本植物，丛生在水边，可织席。

会(會) ⊖ kuài ㄎㄨㄞˋ 总计。[会计]1.管理和计算财务的工作。2.管理和计算财务的人。
⊖ huì 见203页。

侩(儈) kuài ㄎㄨㄞˋ 旧指以拉拢买卖、从中取利为职业的人。[市侩]唯利是图，庸俗可厌的人。

郐(鄶) kuài ㄎㄨㄞˋ 周代诸侯国名，在今河南省密县东北：～风。自～以下〔喻其余比较差的部分〕。

哙(噲) kuài ㄎㄨㄞˋ 咽下去。

狯(獪) kuài ㄎㄨㄞˋ 狡猾：狡～。

浍(澮) kuài ㄎㄨㄞˋ 田间水沟。

脍(膾) kuài ㄎㄨㄞˋ 细切的肉：～炙人口〔喻诗文等被人传诵〕。

鲙(鱠) kuài ㄎㄨㄞˋ 鲙鱼，就是鳓(lè)鱼。

块(塊) kuài ㄎㄨㄞˋ ❶(一儿)成疙瘩或成团的东西：糖～儿．土～．根．～茎．[一块儿]一起：我们天天～～～～工作．❷量词：一～地．一～钱．一～布．一～肥皂．

快 kuài ㄎㄨㄞˋ ❶速度大，跟"慢"相反：～车．进步很～．❷赶紧，从速：～上学吧！～回去吧！❸将，就要，接近：天～亮了．他～五十岁了．我～毕业了．❹敏捷：脑子～．手疾眼～．❺锐利：刀不～了，该磨一磨．～刀斩乱麻〔喻办事爽利有决断〕．❻爽快，直截了当：～人～语．心直口～．❼高兴，舒服：～乐．～活．～事．大～人心．身子不～．

筷 kuài ㄎㄨㄞˋ (一子)用竹、木、金属等制的夹饭菜或其他东西用的细棍儿。

KUAN ㄎㄨㄢ

宽(寬) kuān ㄎㄨㄢ ❶阔大，跟"窄"相反(通一广、一阔)。[宽绰](一chuo)1.宽阔。2.富裕。❷放宽，使松缓：～心．❹1.解除，脱：请～了大衣吧！2.延展：～限几天．3.宽大，不严：～容．从～处理．❸物体横的方面的距离，长方形多指短的一边:长方形的面积是长乘以～.❹宽裕,富裕:手头不～.

髋(髖) kuān 丂ㄨㄢ 髋骨,组成骨盆的大骨,左右各一,是由髂骨、坐骨、耻骨合成的。通称"胯骨"。

款(*欵) kuǎn 丂ㄨㄢ ❶法令、规定、条文里下分的项目:第几条第几～.❷(一子)经费,钱财(働一项):存～.拨～.❸器物上刻的字:钟鼎～识(zhì).㊀(一儿)书画、信件头尾上的名字:上～.下～.落～(题写名字).[款式]格式,样子.❹诚恳:～待.～留.❺敲打,叩:～门.～关而入.❻缓,慢:～步.点水蜻蜓～～飞.

窾 kuǎn 丂ㄨㄢ 空.

KUANG 丂ㄨㄤ

匡 kuāng 丂ㄨㄤ ❶纠正:～谬(miù).～正.❷救,帮助:～救.～助.❸〈方〉粗略计算,估算:～算～算.

劻 kuāng 丂ㄨㄤ [劻勷](一ráng)急促不安.

诓 kuāng 丂ㄨㄤ 欺骗(働一骗).

哐 kuāng 丂ㄨㄤ 拟声词,撞击声:～啷(lāng).～的一声脸盆掉在地上了.

洭 kuāng 丂ㄨㄤ 洭水,名,在广东省.

筐 kuāng 丂ㄨㄤ (一子、一儿)竹子或柳条等编的盛东西的器具.

狂 kuáng 丂ㄨㄤ ❶疯癫,精神失常(働疯一、癫一):～人.发～.❷任情地纵任,不用理智约束感情:～放不拘.～喜.～欢.[狂妄]极端自高自大.❸猛烈的,声势大的:～风暴雨.～澜(大浪头).～飙(急骤的大风).

诳 kuáng 丂ㄨㄤ 欺骗,瞒哄:～语.

夼 kuǎng 丂ㄨㄤ 〈方〉两山间的大沟.多用于地名.大夼,刘家夼,马草夼,都在山东省.

邝(鄺) kuàng 丂ㄨㄤ 姓.

圹(壙) kuàng 丂ㄨㄤ ❶墓穴.❷旷野:[圹埌](一làng),形容原野一望无际的样子.

纩(纊) kuàng 丂ㄨㄤ 丝绵絮.

旷(曠) kuàng ㄎㄨㄤ ❶ 空阔(逊空一):~野.地~人稀.[旷世]当代没有能够相比的:~~功勋. ❷心境阔大:心~神怡.~达. ❸荒废,耽搁:~工.~课.~日持久.

矿(礦,*鑛) kuàng ㄎㄨㄤ(旧读 gǒng)❶矿物,蕴藏在地层中的自然物质:铁~.煤~.油~.❷开采矿物的场所:井~.~坑.下~.

况(*况) kuàng ㄎㄨㄤ ❶情形:近~.❷比,譬:以古~今.❸文言连词,表示更进一层:~仓卒吐言,安能皆是?此事成人尚不能为,~一幼童乎?[况且]连词,表示更进一层:这本书内容很好,~~也很便宜,买一本吧.[何况]连词,表示反问:小孩都能办到,~~我呢?

贶 kuàng ㄎㄨㄤ 赐,赠.

框 kuàng ㄎㄨㄤ ❶门框,安门的架子.(图见127页)❷(一子、一儿)镶在器物外围有撑架作用或保护作用的东西:镜~儿.眼镜~子.

❸周围的圈儿.❹原有的范围,固有的格式:不要有~~儿.❹加框:把这几个字一起来.❺限制,约束:不要~得太严,要有灵活性.

眶 kuàng ㄎㄨㄤ(一子、一儿)眼的四周:眼~子发青.眼泪夺~而出.

KUI ㄎㄨㄟ

亏(虧) kuī ㄎㄨㄟ ❶缺损,折(shé)耗:月有盈~(圆和缺).气衰血~.营业~本.⑤1.缺少,缺欠:功~一篑.~秤.理~.2.损失:吃~(受损失).[亏空](一kong)所欠的钱物:弥补~.❷亏负,对不起:~心.人不~地,地不~人.❸多亏,幸而:~了你提醒我,我才想起来.❹表示讥讽:~你还学过算术,连这么简单的账都不会算.

刲 kuī ㄎㄨㄟ 割.

岿(巋) kuī ㄎㄨㄟ 高大:~然不动.

悝 kuī ㄎㄨㄟ 人名用字.李悝,战国时政治家.

盔 kuī ㄎㄨㄟ ❶作战时用来保护头的帽子,多用金属制成:~甲.钢~.❷盆子一类的器皿：瓦～.

窥(*闚) kuī 丂ㄨㄟ 从小
孔、缝隙或隐
蔽处偷看：～探. ～伺. ～见
真相. 管～蠡测(喻见识浅
陋,看不清高深的道理).

奎 kuī 丂ㄨㄟ 星宿名,二十
八宿之一.

喹 kuī 丂ㄨㄟ [喹啉](一
lín)有机化合物,分子式
$C_6H_4(CH)_3N$,无色液体,有
特殊臭味. 医药上做防腐剂,
工业上供制染料.

蝰 kuī 丂ㄨㄟ 蝰蛇,一种毒
蛇,生活在森林或草地
里.

逵 kuī 丂ㄨㄟ 通各方的道
路.

馗 kuī 丂ㄨㄟ 同“逵”.

隗 ㊀ kuī 丂ㄨㄟ 姓.
㊁ wěi 见 511 页.

魁 kuī 丂ㄨㄟ ❶为首的(㊙
一首):罪～祸首.❷大:
身～力壮.[魁梧][魁伟]高
大(指身体).❸魁星,北斗七
星中第一星. 又第一星至第
四星的总称.

揆 kuī 丂ㄨㄟ ❶揆度(duó),
揣测:～情度理.❷道
理,准则.❸掌管:以～百事.
㊐旧称总揽政务的人,如宰
相、内阁总理等:阁～.

葵 kuí 丂ㄨㄟ 植物名. 1.向
日葵,一年生草本植物,
花序盘状,花常向日. 种子可
吃,又可榨油. 2.蒲葵,常绿
乔木. 叶可做蒲扇.

骙 kuí 丂ㄨㄟ [骙骙]形容
马强壮.

暌 kuí 丂ㄨㄟ 隔离(㊙一违、
一离).

睽 kuí 丂ㄨㄟ ❶违背不合.
❷目不相视.[睽睽]张
大眼睛注视:众目～～.㊂同
“暌”.

夔 kuí 丂ㄨㄟ ❶古代传说
中一种奇异的动物,似
龙,一足.❷夔州,古地名,今
重庆市奉节.

傀 kuí 丂ㄨㄟ [傀儡](一lěi)
木偶戏里的木头人. ㊁
徒有虚名,甘心受人操纵的
人或组织:～～政府.

跬 kuí 丂ㄨㄟ 〈古〉半步:～
步不离.

匮 kuí 丂ㄨㄟ 缺乏(㊙一
乏).
〈古〉又同“柜”(guì).

蒉 kuí 丂ㄨㄟ 古时用草编的
筐子.

馈(*餽) kuì ㄎㄨㄟˋ 馈
赠,赠送.

溃 ㊀ kuì ㄎㄨㄟˋ ❶溃决,大
水冲开堤岸.❷散乱,垮
台:～散.敌军～败.～不成
军.经济崩～.[溃围]突破包
围.❸肌肉组织腐烂:～烂.
[溃疡](一yáng)黏膜或表皮
坏死而形成的缺损.

㊁ huì 见 205 页.

愦 kuì ㄎㄨㄟˋ 昏乱,糊涂(㊀
昏一).

褉 kuì ㄎㄨㄟˋ〈方〉❶(一儿)
用绳子、带子等拴成的
结:活～儿.死～儿.❷拴,系
(jì):～个褉儿.把牲口～上.

聩 kuì ㄎㄨㄟˋ 耳聋:昏～(比
喻不明事理).

簣 kuì ㄎㄨㄟˋ 古时盛土的筐
子:功亏一～.

喟 kuì ㄎㄨㄟˋ 叹气:感～.～
然长叹.

愧(*媿) kuì ㄎㄨㄟˋ 羞惭
(㊀惭一):问心
无～.他真不～是劳动模范.

KUN ㄎㄨㄣ

坤(*堃) kūn ㄎㄨㄣ ❶
八卦之一,符
号是"☷",代表地.❷称女性
的:～鞋.～车.

注:"堃"多用于人名.

昆(❹*崑) kūn ㄎㄨㄣ ❶
众多.[昆虫]
节肢动物的一类,身体分头、
胸、腹三部,有三对足.蜂、
蝶、蚤、蝗等都属昆虫类.❷
子孙,后嗣:后～.❸哥哥:～
弟.～仲.❹[昆仑]山脉名,
西从帕米尔高原起,分三支
向东分布.

琨 kūn ㄎㄨㄣ 一种玉.

焜 kūn ㄎㄨㄣ 明亮.

鹍(**鶤) kūn ㄎㄨㄣ
[鹍鸡]古书
上说的一种像鹤的鸟.

锟 kūn ㄎㄨㄣ 人名用字.

[锟铻](一wú)宝刀和宝剑名.

醌 kūn ㄎㄨㄣ 一类含有两
个双键的六元环状二酮
(含两个羰基)结构的有机化
合物.如对苯醌的结构式为

$$O=C \diagup \begin{matrix} H \\ C=C \\ | \quad | \\ C=C \\ H \end{matrix} \diagdown C=O$$

鲲 kūn ㄎㄨㄣ 传说中的一
种大鱼.

裈 kūn ㄎㄨㄣ 古代称裤子为裈。

髡(**髨) kūn ㄎㄨㄣ 古代剃去头发的刑罚。

捆(*綑) kǔn ㄎㄨㄣ ❶用绳等缠紧，打结：把行李～上．❷(一子、一儿)量词，用于捆在一起的东西：一～儿柴火．一～儿竹竿．一～报纸．

阃 kǔn ㄎㄨㄣ ❶门槛，门限．❷妇女居住的内室．

悃 kǔn ㄎㄨㄣ 诚实，诚心．

壸(壺) kǔn ㄎㄨㄣ 宫里面的路．

困(❸❹睏) kùn ㄎㄨㄣ ❶陷在艰难痛苦里面：为病所～．⑪包围住：把敌人～在城里．❷穷苦，艰难：～难．～境．❸疲乏，困倦：孩子～了，该睡觉了．❹〈方〉睡：～觉．

KUO ㄎㄨㄛ

扩(擴) kuò ㄎㄨㄛ 放大，张大：～音器．～充机构．～大范围．

括 ⊖ kuò ㄎㄨㄛ ❶扎，束：～发(fà)．～约肌(在肛门、尿道等靠近开口的地方，能收缩、扩张的肌肉)．❷包容(働包—)：总～．
⊜ guā 见 165 页．

适 ⊖ kuò ㄎㄨㄛ 古同"适"．
⊜ shì 见 453 页．

蛞 kuò ㄎㄨㄛ [蛞蝼](—lóu)蝼蛄．[蛞蝓](—yú)一种软体动物，身体像蜗牛，但没有壳，吃蔬菜或瓜果的叶子，对农作物有害．

逜 kuò ㄎㄨㄛ 疾速．多用于人名．

阔(*濶) kuò ㄎㄨㄛ ❶面积或范围宽广(働广—)：广～天地．高谈～论．⑪时间或距离长远：～别．❷富裕的，称财产多生活奢侈的：～气．～人．

廓 kuò ㄎㄨㄛ ❶物体的外缘：轮～．耳～．❷空阔：寥～．❸扩大．
[廓清]肃清，清除：～～道路上的障碍．残匪已经～～．

L ㄌ

LA ㄌㄚ

垃 lā ㄌㄚ [垃圾](—jī)脏土或扔掉的破烂东西．

拉 ㊀ lā ㄌㄚ ❶牵,扯,拽:～车.把鱼网～上来.㊈1.使延长:～长声儿.2.拉拢,联络:～关系.[拉倒](—dǎo)算了,作罢:他不来～～. ❷排泄粪便:～屎. ❸用车运:～货.～肥料. ❹帮助:他有困难,应该～他一把. ❺牵累,牵扯:一人做事一人当,不要～上别人. ❻使某些乐器发出声音:～小提琴.～二胡. ❼闲谈:～话.～家常. ❽(la)放在某些动词后面,构成复合词.如:扒拉.跶拉.拨拉等.

[拉祜族](—hù—)我国少数民族,参看附表.

[拉美]指拉丁美洲,美洲以南所有美洲地区.

㊁ lá 见本页.

啦 ㊀ lā ㄌㄚ 拟声词:呼～～.哇～乱叫.叽哩呱～.

㊁ la 见280页.

邋 lā ㄌㄚ [邋遢](—ta)不利落,不整洁:他收拾得很整齐,不像过去那样～～了.

見 lá ㄌㄚ 见143页"旮"字条"旮旯"(gā—).

拉 ㊀ lá ㄌㄚ 割,用刀把东西切开一道缝或切断:～下一块肉.～了一个口子.

㊁ lā 见本页.

砬(**礘) lá ㄌㄚ 〈方〉砬子,大石块,多用于地名.

剌 ㊀ lá ㄌㄚ 划破,割开.同"拉"(lá).

㊁ là 见本页.

喇 lǎ ㄌㄚ [喇叭](—ba)一种管乐器.2.像喇叭的东西:汽车～～.扩音器.

[喇嘛](—ma)(藏)蒙、藏佛教的僧侣,原义为"上人".

剌 ㊀ là ㄌㄚ 〈古〉违背常情、事理,乖张:乖～.～谬.

㊁ lá 见本页.

瘌(**癩) là ㄌㄚ [瘌痢](—lì)〈方〉秃疮,生在人头上的皮肤病.

辣 là ㄌㄚ ❶姜、蒜、辣椒等的味道.㊧凶狠,刻毒:毒～.心狠手～. ❷辣味刺激:～眼睛.

落 ㊂ là ㄌㄚ 丢下,遗漏:丢三～四.～了一个字.大家走得快,把他～下了.

　㊁ luò 见325页.

　㊂ lào 见286页.

腊(臘) ㊀ là ㄌㄚˋ ❶古代在夏历十二月举行的一种祭祀.(转)夏历十二月:～八(夏历十二月初八).～肉(腊月或冬天腌制后风干或熏干的肉).❷姓.

　㊁ xī 见522页.

蜡(蠟) ㊀ là ㄌㄚˋ ❶动物、植物或矿物所产生的某些油质,具有可塑性,易熔化,不溶于水,如蜂蜡、白蜡、石蜡等.❷蜡烛,用蜡或其他油脂制成的照明的东西,多为圆柱形,中心有捻,可以燃点.

　㊁ zhà 见619页.

镴 là ㄌㄚˋ 锡和铅的合金,可以焊接金属器物等.也叫"白镴"或"锡镴".

啦 ㊀ la ㄌㄚ 助词,"了"(le)"啊"(a)合音,作用大致和"了"(le)❷接近,但感情较为强烈:他已经来～.他早就走～.

　㊁ lā 见279页.

鞡 la ㄌㄚ 见519页"靰"字条"靰鞡"(wù一).

LAI ㄌㄞ

来(來) lái ㄌㄞˊ ❶由另一方面到这一方面,跟"去"、"往"相反:我～北京三年了.～信.～源.[来往]交际.❷表示时间的经过.1.某一个时间以后:自古以～.从～.向～.这一年～他的进步很大.2.现在以后:未～.～年(明年).❸表示约略估计的数目,将近或略超过某一数目:三米～长.五十～岁.❹做某一动作(代替前面的动词):再～一个!这样可～不得!我办不了,你～吧!我们打球,你～不～?❺在动词前,表示要做某事:我～问你.大家～想想办法.我～念一遍吧!❻在动词后,表示曾经做过什么:这话我哪儿说～?[来着](—zhe)助词,用于句尾,表示曾经发生过什么事情:刚才我们在这儿开会～～.我昨天上天津去～～.❼在动词后,表示动作的趋向:一只燕子飞过～.大哥托人捎～了一封信.拿～.进～.上～.❽表示发生,来到:房屋失修,夏天一下暴雨,麻烦就～了.问题了.困难~了.❾助词,在数词"一"、"二"、"三"后,表示列举:一~领导正确,二~自己努力,所以能胜利地完成任务.❿助词,诗歌中间用做衬字,或为了声音规律配合的音节:正月里~是新春.

莱(萊) lái ㄌㄞˊ 藜.

[莱菔](-fú)萝卜.

崃(崍) lái ㄌㄞˊ 见410页"邛"字条"邛崃"(qióng-).

徕(徠) lái ㄌㄞˊ [招徕]把人招来:~~顾客.

涞(淶) lái ㄌㄞˊ [涞水][涞源]地名,都在河北省.

梾(棶) lái ㄌㄞˊ [梾木]落叶乔木,花黄白色,核果椭圆形,紫色.种子榨的油可制肥皂和润滑油.树皮和叶子可制栲胶或紫色染料.也叫"灯台树".

铼(錸) lái ㄌㄞˊ 一种金属元素,符号Re,可用来制电灯灯丝,化学上用做催化剂.

赉(賚) lài ㄌㄞˋ 赐,给.

睐(睞) lài ㄌㄞˋ ❶瞳人不正.❷看,向旁边看:青~(指对人的喜欢或重视).

赖(賴) lài ㄌㄞˋ ❶依赖,仗恃,倚靠:倚~.任务的提前完成有~于大家的共同努力.❷抵赖,不承认以前的事:事实俱在,~是~不掉的.❸诬赖,硬说别人有过错:自己做错了,不能~别人.❹怪罪,责备:学习不进步只能~自己不努力.❺不好,劣,坏:今年庄稼长得真不~.❻留在某处不肯离开:~着不走.每天~在家里,什么也不干.

濑(瀨) lài ㄌㄞˋ 流得很急的水.

癞(癩) lài ㄌㄞˋ ❶癞病,即麻风.❷像生了癞的:1.因生癣疥等皮肤病而毛发脱落的:~狗.2.表皮凹凸不平或有斑点的:~蛤蟆.~瓜.

籁(籟) lài ㄌㄞˋ 古代的一种箫.④孔穴里发出的声音,泛指声音:万~俱寂.

LAN ㄌㄢ

兰(蘭) lán ㄌㄢˊ 植物名.1.兰花,常绿多年生草本植物,丛生,叶子细长，花味清香。有草兰、建兰等多种。2.兰草，多年生草本植物，叶子卵形，边缘有锯齿。有香气，秋末开花，可供观赏。

拦(攔) lán ㄌㄢˊ 遮拦，阻挡，阻止(④一挡、阻一)：～住他，不要让他进来.

栏(欄) lán ㄌㄢˊ ❶遮拦的东西：木～. 花～. [栏杆]用竹、木、金属或石头等制成的遮拦物，也作"阑干"：桥～～. ❷养家畜的圈(juàn)：牛～. ❸书刊报章在每版或每页上用线条或空白分成的各个部分：新闻～. 广告～. 每页分两～.

岚 lán ㄌㄢˊ 山中的雾气.

婪 lán ㄌㄢˊ 贪爱财物(④贪一)：贪～成性.

阑 lán ㄌㄢˊ ❶同"栏❶". [阑干]1.纵横交错，参差错落：星斗～～.2.同"栏"字条"栏杆". ❷同"拦". ❸尽，晚：夜～人静. [阑珊]衰落，衰残.
[阑入]进入不应进去的地方，混进.

谰(讕) lán ㄌㄢˊ 抵赖，诬陷：驳斥侵略者的无耻～言.

澜(瀾) lán ㄌㄢˊ 大波浪，波澜(④波一)：力挽狂～. 推波助～.

斓(斕) lán ㄌㄢˊ [斑斓]灿烂多彩：五色～～.

镧(鑭) lán ㄌㄢˊ 一种金属元素，符号La，灰白色，有延展性，在空气中燃烧发光。可制合金，又可做催化剂.

襕(襴) lán ㄌㄢˊ 古代一种上下衣相连的服装.

蓝(藍) lán ㄌㄢˊ ❶蓼(liǎo)蓝，一年生草本植物，秋季开花，花落后结三棱形小果。从叶子提制的靛青可做染料，也可入药. ❷用靛青染成的颜色，像晴天天空那样的颜色. [蓝本]著作所根据的原本.

褴(襤) lán ㄌㄢˊ [褴褛](一lǚ)衣服破烂。也作"蓝缕".

篮(籃) lán ㄌㄢˊ (一子、一儿)用藤、竹、柳条等编的盛(chéng)东西的器具，上面有提梁：菜～子. 网～.

览(覽) lǎn ㄌㄢˇ 看，阅览(④阅一)：游～.

书报阅～室.一～表.

揽（擥、**攬） lǎn ㄌㄢˇ ❶把持：大权独～.❷拉到自己这方面或自己身上来：包～.推功～过.❸搂,捆：母亲把孩子～在怀里.用绳子把柴火～上点儿.

缆（纜） lǎn ㄌㄢˇ ❶系船用的粗绳子或铁索：解～（开船）.㊉许多股绞成的粗绳：钢～.[电缆]用于电讯或电力输送的导线,通常由一束相互绝缘的金属导线构成.❷用绳子拴（船）：～舟.

榄（欖） lǎn ㄌㄢˇ 见147页"橄"字条"橄榄"（gǎn—）.

罱 lǎn ㄌㄢˇ ❶捕鱼或捞水草、河泥的工具.❷用罱捞：～河泥肥田.

漤（**灠） lǎn ㄌㄢˇ ❶把柿子放在热水或石灰水里泡几天,去掉涩味.❷用盐腌（菜）,除去生味.

壈 lǎn ㄌㄢˇ [坎壈]困顿,不得志.

懒（*嬾） lǎn ㄌㄢˇ ❶怠惰,不喜欢工作（遬一惰）：～汉.好吃～做要不得.[懒得]（—de）不愿意,厌烦：我都～～说了.❷疲惫,困乏：浑身发～.

烂（爛） làn ㄌㄢˋ ❶因过熟而变得松软：稀粥～饭.蚕豆煮得真～.㊉程度极深的：台词背得～熟.❷东西腐坏（遬—）：桃和葡萄容易～.㊀崩溃,败坏：敌人一天天～下去,我们一天天好起来.❸破碎（遬破—）：破铜～铁.～纸.衣服穿～了.❹头绪乱：～摊子.
[烂漫][烂慢][烂缦]1.色彩鲜明美丽：山花～～.2.坦率自然,毫无做作：天真～～.

滥（濫） làn ㄌㄢˋ ❶流水漫溢：解放前黄河时常泛～.[滥觞]（—shāng）㊀事物的起源.❷不加选择,不加节制：～交友.～用.宁缺毋～.㊉浮泛不合实际：陈词～调.

LANG ㄌㄤ

啷 lāng ㄌㄤ 见86页"当"字条"当啷"（dāng—）.

郎 ㊀ láng ㄌㄤˊ ❶对年轻男子的称呼.❷女子称情人或丈夫.❸古代官名：侍

～.[郎中]1.〈方〉医生。2.古官名。❹姓。

（二）làng 见本页。

廊 láng ㄌㄤ ❶（一子）走廊,有顶的过道:游～.长～.❷（一子）廊檐,房屋前檐伸出的部分,可避风雨,遮太阳。

嫏 láng ㄌㄤ [嫏嬛](一huán)神话中天帝藏书的地方。

榔 láng ㄌㄤ [榔头](一tou)锤子。

[榔槺](一kang)器物长(cháng)、大、笨重,用起来不方便。

锒 láng ㄌㄤ [锒头]同"榔头"。

螂 láng ㄌㄤ 见480页"螳"字条"螳螂"、400页"蚨"字条"蚨螂"(qiāng—)、623页"蟑"字条"蟑螂"(zhāng—)、326页"蚂"字条"蚂螂"(mālang)。

狼 láng ㄌㄤ 一种野兽,形状很像狗,耳直立,尾下垂,毛黄灰色,颊有白斑。性凶猾凶狠,昼伏夜出,能伤害人畜。[狼狈]1.倒霉或受窘的样子:～～不堪.2.勾结起来共同做坏事:～～为奸.[狼烟]古代报警的烽火,据说用狼粪燃烧。⓮战火:～～四起.

阆 （一）láng ㄌㄤ 见263页"阆"字条"阆阆"(kāng—)。

（二）làng 见285页。

琅 (*瑯) láng ㄌㄤ ❶一种玉。[琅玕](一gān)像珠子的美石。[琅琅]拟声词,金石相击的声音或响亮的读书声:书声～～.❷洁白。

锒 láng ㄌㄤ [锒铛](一dāng)1.铁锁链。2.形容金属撞击的声音。

稂 láng ㄌㄤ 古书上指狼尾草。

朗 lǎng ㄌㄤ ❶明朗,明亮,光线充足:晴～.豁(huò)然开～.天～气清.❷声音清楚、响亮:～诵.～读.

塱 (**塱) lǎng ㄌㄤ [元塱]地名,在香港。今作"元朗"。

㮾 lǎng ㄌㄤ [㮾梨]地名,在湖南省长沙县。

烺 lǎng ㄌㄤ 明朗。

郎 （二）làng ㄌㄤ [屎壳郎](一ke—)见400页"蜣"

字条"蛝螂"(qiāngláng).

㊀ láng 见 283 页.

埌 làng ㄌㄤ 见 274 页"圹"字条"圹埌"(kuàng—).

莨 làng ㄌㄤ [莨菪](—dàng)多年生草本植物,开黄褐色微紫的花,全株有黏性腺毛,并有特殊臭味.有毒.根、茎、叶可入药.

崀 làng ㄌㄤ [崀山]地名,在湖南省新宁.

阆 ㊁ làng ㄌㄤ [阆中]地名,在四川省.

㊀ láng 见 284 页.

浪 làng ㄌㄤ ❶大波(働波—):海~打在岩石上.❷像波浪起伏的东西:声~.麦~.❸放纵:~游.~费.

蒗 làng ㄌㄤ [宁蒗]彝族自治县,在云南省.

LAO ㄌㄠ

捞(撈) lāo ㄌㄠ ❶从液体里面取东西:打~.❷用不正当的手段取得:~一把.

劳(勞) láo ㄌㄠ ❶劳动,人类创造物质或精神财富的活动:按~分配.不~而获.❷疲劳,辛苦:任~任怨.❸烦劳.[劳驾]请

人帮助的客气话:~~开门.❹慰劳,用言语或实物慰问:~军.❺功勋:汗马之~.

唠(嘮) ㊁ láo ㄌㄠ [唠叨](—dao)没完没了地说,絮叨:人老了就爱~~.

㊀lào 见 286 页.

崂(嶗) láo ㄌㄠ 崂山,山名,在山东省.也作"劳山".

铹(鐒) láo ㄌㄠ 一种人造的放射性元素,符号 Lr.

痨(癆) láo ㄌㄠ 痨病,中医指结核病,通常多指肺结核.

牢 láo ㄌㄠ ❶养牲畜的圈(juàn):亡羊补~(喻事后补救).㊉古代称做祭品的牲畜:太~(牛)、少~(羊).❷监禁犯人的地方(働监—):坐~.❸结实,坚固:~不可破.~记党的教导.

[牢骚](—sao)烦闷不满的情绪:发~~.

醪 láo ㄌㄠ ❶浊酒.❷醇(chún)酒.[醪糟]江米酒.

老 lǎo ㄌㄠ ❶年岁大,时间长.1.跟"少"、"幼"相

反:~人. 敬辞:吴~. 范~. 2. 陈旧的:~房子. 3. 经历长,有经验:~手. ~干部. 4. 跟"嫩"相反:~笋. 菠菜~了. ~绿. 5. 长久:~没见面了. 6. 经常,总是:人家怎么~能提前完成任务呢? 7. 原来的:~家. ~脾气. ~地方. ❷极,很:~早. ~远. ❸排行(háng)在末了的:~子. ~妹子. ❹词头. 1. 加在称呼上:~弟. ~师. ~张. 2. 加在兄弟姊妹次序上:~大. ~二. 3. 加在某些动植物名词上:~虎. ~鼠. ~玉米.

佬 lǎo ㄌㄠ 成年男子(含轻视意):阔~.

荖 lǎo ㄌㄠ [荖浓溪]水名,在台湾省.

姥 ⊖ lǎo ㄌㄠ [姥姥][老姥](-lao)1. 外祖母. 2. 旧时接生的女人.
⊜ mǔ 见 351 页.

栳 lǎo ㄌㄠ 见 264 页"栲"字条"栲栳"(kǎo一).

铑 lǎo ㄌㄠ 一种金属元素,符号 Rh,银白色,质地很坚硬,不受酸的侵蚀,用于制催化剂. 铂铑合金可制热电偶.

潦 ⊖ lǎo ㄌㄠ ❶雨水大. ❷路上的流水,积水.
⊜ liáo 见 302 页.

络 ⊖ lào ㄌㄠ 同"络⊖❶",用于一些口语词. [络子](-zi)1. 用线绳结成的网状袋子. 2. 绕线等的器具.
⊖ luò 见 324 页.

烙 ⊖ lào ㄌㄠ ❶用器物烫、熨:~铁(tie). ~衣服. [烙印]在器物上烧成的做标记的印文. 喻不易磨灭的痕迹:时代~~. ❷放在器物上烤熟:~饼.
⊜ luò 见 325 页.

落 ⊖ lào ㄌㄠ 同"落⊖",用于一些口语词,如"落炕"、"落枕"等.
⊜ luò 见 325 页.
⊜ là 见 279 页.

酪 lào ㄌㄠ ❶用动物的乳汁做成的半凝固食品:奶~. ❷用果实做的糊状食品:杏仁~. 核桃~.

唠(嘮) ⊖ lào ㄌㄠ [方]说话,闲谈:来咱们~一~.
⊜ láo 见 285 页.

涝(澇) lào ㄌㄠ 雨水过多,水淹,跟"旱"相反:防旱防~.

耢（耮） lào ㄌㄠˋ ❶用荆条等编成的一种农具，功用和耙（bà）相似。也叫"耱"（mò）、"盖"或"盖擦"。❷用耢平整土地。

嫪 lào ㄌㄠˋ 姓。

LE ㄌㄜ

肋 ⊖ lē ㄌㄜ [肋膊]（—de）（—te）（又）衣裳肥大，不整洁：瞧你穿得这个～～！
⊖ lèi 见289页。

仂 lè ㄌㄜˋ〈古〉余数。

叻 lè ㄌㄜˋ [石叻]我国侨民称新加坡。也叫"叻埠"。

泐 lè ㄌㄜˋ ❶石头被水冲击而成的纹理。❷同"勒⊖❹"；手～（亲手写，旧时书信用语）。

竻 lè ㄌㄜˋ ❶竹根儿。❷一种竹子。

勒 ⊖ lè ㄌㄜˋ ❶套在牲畜头上带嚼子的笼头。❷收住缰绳不使前进：悬崖～马.❸强制：～令.～索.❹刻：～石.～碑.
⊖ lēi 见288页。

竻 lè ㄌㄜˋ [筋竹]一种竹子。

鳓（鰳） lè ㄌㄜˋ 鳓鱼，又叫"鲙鱼"或"曹白鱼"。背青灰色，腹银白色。

乐（樂） ⊖ lè ㄌㄜˋ ❶快乐，欢喜，快活：～趣.～事.～而忘返.❷乐于：～此不疲.[乐得]正好，正合心愿：～～这样做.❸（—子，—儿）使人快乐的事情：取～.逗～儿.❹笑：可～.把一屋子人都逗～了.你～什么? ❺姓。
⊖ yuè 见605页。

了 ⊖ le ·ㄌㄜ 助词。❶放在动词或形容词后，表示动作或变化已经完成：买～一本书.水位低～两尺.❷用在句子末尾或句中停顿的地方，表示变化或出现新的情况。1.指明已经出现或将要出现某种情况：下雨～.明天就是星期日～.2.认识、想法、主张、行动有变化：我现在明白他的意思～.他今年暑假不回家～.我本来没打算去，后来还是去～.3.随假设的条件转移：你早来一天就见着他～.4.催促或劝止：走～，走～，不能再等～！算～，不要老说这些事～！
⊖ liǎo 见302页。

骆 le ·为さ 见 183 页"恪"字条"恪骆"(hé—)。

LEI 为乁

勒 (一) lēi 为乁 用绳子等捆住或套住,再用力拉紧:~紧点,免得散(sǎn)了.

(一) lè 见 287 页.

累(纍) (一) lěi 为乁 ❶连缀或捆.[累累]连续成串:果实~~.[累赘](—zhui)多余的负担,麻烦:这事多~~.❷绳索.❸缠绕。

(一) léi 见本页.

(一) lèi 见 289 页.

嫘 léi 为乁 [嫘祖]人名,传说是黄帝的妃,发明了养蚕。

缧 léi 为乁 [缧绁](—xiè)捆绑犯人的绳索。

雷 léi 为乁 ❶云层放电时发出的强大声音:打~.春~.[雷霆]震耳的雷声.[雷同]许多东西同时响应。喻随声附和,不该相同而相同。❷军事上用的爆炸武器:地~.鱼~.

擂 (一) léi 为乁 ❶研磨:~钵(研东西的钵).❷打:~

鼓.自吹自~(喻自我吹嘘).

(一) lèi 见 289 页。

檑 léi 为乁 滚木,古代守城用的圆柱形的大木头,从城上推下打击攻城的人。

礌 léi 为乁 礌石,古代守城用的石头,从城上推下打击攻城的人。

镭 léi 为乁 一种放射性元素,符号 Ra,银白色,有光泽,质软,能慢慢蜕变成氡和氦,最后变成铅。医学上用镭来治癌症和皮肤病。

羸 léi 为乁 瘦:身体~弱。

罍 léi 为乁 古代一种形状像壶的盛(chéng)酒的器具。

耒 lěi 为乁 古代称犁上的木把(bà).[耒耜](—sì)古代指耕地用的农具。

诔 lěi 为乁 ❶古时叙述死者生平,表示哀悼的文章。❷做诔。

垒(壘) lěi 为乁 ❶古代军中作防守用的墙壁:两军对~.深沟高~。❷把砖、石等垒叠砌起来:~墙.把井口~高一些.

累(❶纍) (一) lěi 为乁 ❶重叠,堆积:

如～卵.积年～月.[累累]1.屡屡.2.形容累积得多:罪行～～.[累进]照原数目多少而递增,如 2、4、8、16 等,原数越大,增加的数也越大:～～率.～～税.❷连累:～及.受.～牵.～你操心.

㊁ lèi 见本页.

㊂ léi 见 288 页.

磊 lěi ㄌㄟˇ 石头多.

[磊落]心地光明坦白.

蕾 lěi ㄌㄟˇ 花骨朵,含苞未放的花:蓓～.花～.

儡 lěi ㄌㄟˇ 见 276 页"傀"字条"傀儡"(kuǐ—).

肋 ㊀ lèi ㄌㄟˋ 胸部的两旁:两～.～骨.

㊁ lē 见 287 页.

泪(*淚) lèi ㄌㄟˋ 眼泪.

类(類) lèi ㄌㄟˋ ❶种,好多相似事物的综合(箧种—):分～.～型.以此～推.❷类似,好像:画虎～犬.❸大率:～多如此.

颣 lèi ㄌㄟˋ 缺点,毛病.

累 ㊀ lèi ㄌㄟˋ ❶疲乏,过劳:我今天～了!❷使疲劳:别～着他.

㊁ lěi 见 288 页.

㊂ léi 见 288 页.

酹 lèi ㄌㄟˋ 把酒洒在地上表示祭奠.

擂 ㊀ lèi ㄌㄟˋ 擂台,古时候比武的台子:摆～.打～.

㊁ léi 见 288 页.

嘞 lei ·ㄌㄟ 助词,跟"喽"(lou)相似:雨不下了,走～!

LENG ㄌㄥ

塄 léng ㄌㄥˊ 田地边上的坡子.也叫"地塄".

棱 léng ㄌㄥˊ 同"棱".

崚 léng ㄌㄥˊ líng ㄌㄧㄥˊ (又)[崚嶒](—céng)形容山高.

棱(*稜) ㊀ léng ㄌㄥˊ (—子、—儿)❶物体上不同方向的两个平面接连的部分:见～见角.❷物体表面上的条状突起:瓦～.搓板的～儿.

㊁ líng 见 308 页.

冷 lěng ㄌㄥˇ ❶温度低,跟"热"相反(箧寒—):昨天下了雪,今天真～.❷寂静,不热闹:～清清.～落.❸生僻,少见的(函—僻):~字.~货(不流行或不畅销的货物).❹不热情,不温和:~脸子.~言~语.~酷无情.[冷静]不感情用事:头脑应该~.[冷笑]含有轻蔑、讥讽的笑.❺突然,意料之外的:~不防.~枪.

堎 lèng 为ㄥˋ[长堎]地名,在江西省新建.

睖 lèng 为ㄥˋ[睖睁](-zheng)眼睛发直,发愣.

愣 lèng 为ㄥˋ❶呆,失神:两眼发~.吓得他一~.❷卤莽,说话做事不考虑对不对:~头~脑.他说话做事太~.❸蛮,硬,不管行得通行不通:~干.明知不对,他~那么说.

LI ㄌ丨

哩 ⊖ lī 为丨[哩哩啦啦]形容零零散散或断断续续的样子:瓶子漏了,~~~~地洒了一地.雨~~~~下了一天.
　　⊜ li 见296页.
　　⊜ lǐ 见292页.

丽(麗) ⊖ lí 为丨[高丽]朝鲜历史上的王朝,旧时习惯上沿用指

称朝鲜.[丽水]地名,在浙江.
　　⊜ lì 见295页.

骊(驪) lí 为丨 纯黑色的马.

鹂(鸝) lí 为丨[黄鹂]鸟名.羽毛黄色,从眼边到头后部有黑色斑纹.叫的声音很好听.也叫"黄莺".

鲡(鱺) lí 为丨 见329页"鳗"字条"鳗鲡"(mán—).

厘(*釐) lí 为丨❶单位名.1.市制一尺的千分之一.2.市制一两的千分之一.3.市制一亩的百分之一.❷小数名.1.一的百分之一.2.年利率(lǜ)一厘按百分之一计,月利率一厘按千分之一计.❸治理,整理:~正.~定.

喱 lí 为丨 见143页"咖"字条"咖喱"(gā—).

狸 lí 为丨❶貉(hé).❷(一子)哺乳动物,又叫"山猫",毛棕黄色,有黑色斑纹.毛皮可制衣物.

离(離) lí 为丨❶相距,隔开(函距一):北京~天津一百多公里.~

国庆节很近了.❷离开,分开,分别:～家.～婚.～散.

[离间](—jiàn)从中挑拨,使人不团结.[离子]原子或原子团失去或得到电子后叫做离子.失去电子的带正电,叫做正离子或阳离子;得到电子的带负电,叫做负离子或阴离子.❸缺少:发展工业～不了钢铁.❹八卦之一,符号是"☲",代表火.

[离奇]奇ju: 奇怪的,出乎意料的.

蓠(蘺) lí ㄌㄧ [江蓠]红藻的一种,暗红色,分枝不规则.生在浅海湾中.可用来制造琼脂.

漓(❷灕) lí ㄌㄧ ❶见305页"淋"字条"淋漓"(lín—).❷漓江,水名,在广西壮族自治区.

缡(**褵) lí ㄌㄧ 古时妇女的佩巾:结～(古时指女子出嫁).

篱(籬) lí ㄌㄧ 篱笆,用竹、苇、树枝等编成的障蔽物:竹～茅舍.

醨 lí ㄌㄧ 味淡的酒.

梨(*棃) lí ㄌㄧ 梨树,落叶乔木,花五瓣,白色.果实叫梨.

犁(*犂) lí ㄌㄧ ❶耕地的农具.❷用犁耕地:用新式犁～地.

嫠 lí ㄌㄧ 寡妇:～妇.

劙 lí ㄌㄧ (又)见60页chí.

黎 lí ㄌㄧ 众:～民.～庶.

[黎族]我国少数民族,参看附表.

[黎明]天刚亮的时候.

藜(❷*蔾) lí ㄌㄧ ❶一年生草本植物,开黄绿色花,嫩叶可吃.茎长(zhǎng)老了可以做拐杖.❷见213页"蒺"字条"蒺藜"(jíli).

黧 lí ㄌㄧ 黑里带黄的颜色.

罹 lí ㄌㄧ ❶遭受灾难或不幸:～难(nàn).❷忧患,苦难.

蠡 (一)lí ㄌㄧ 贝壳做的瓢:以～测海(喻见识浅薄).(二)lǐ 见293页.

劙 lí ㄌㄧ 割开

礼(禮) lǐ ㄌㄧ ❶由一定社会的道德观念和风俗习惯形成的为大家共

同遵行的仪节:典~.婚~.❷表示尊敬的态度或动作:敬~.有~.~貌.㋺以礼相待:~贤下士.❸礼物,用来表示庆贺或敬意:五一献~.一份~.

李 lǐ ㄌㄧˇ 李(子)树,落叶乔木,春天开花,花白色.果实叫李子,熟时黄色或紫红色,可吃.

里（❹❺裏、❹❺*裡）

lǐ ㄌㄧˇ ❶市制长度单位,1里为150丈,合500米,即½公里.❷居住的地方:故~.返~.同~(现在指同乡).❸街坊(古代五家为邻,五邻为里):邻~.~弄.❹(一子、一儿)衣物的内层,跟"表""面"相反:衣裳~儿.被~.鞋~子.箱子~儿.❺里面,内部,跟"外"相反:屋子~.手~.碗~.箱子~面.㋺一定范围以内:夜~.这~.哪~.[里手]1.(一儿)靠里的一边,靠左边.2.〈方〉内行.

俚 lǐ ㄌㄧˇ 民间的,通俗的:~歌.~语.

哩 ㊀ lǐ ㄌㄧˇ 也读作 yīng-lǐ.英美制长度单位名,1哩等于5 280呎,合1 609米.现写作"英里".

㊁ li 见296页.

㊂ lī 见290页.

浬 lǐ ㄌㄧˇ 也读作 hǎilǐ.计量海洋上距离的长度单位,1浬合1 852米.现写作"海里".英语缩写 nm.只用于航程.

娌 lǐ ㄌㄧˇ 见644页"妯"字条"妯娌"(zhóuli).

理 lǐ ㄌㄧˇ ❶物质组织的条纹:肌~.木~.❷道理,事物的规律:讲~.合~.特指自然科学:~科.~学院.[理论]1.人们从实践中概括出来又在实践中证明了的关于自然界和人类社会的规律性的系统的认识.(基础~).2.据理争论.[理性]把握了事物内在联系的认识阶段,也指判断和推理的能力.❸管理,办:~家.管~工厂.㋺整理,使整齐:~发.把书一~.❹对别人的言语行动表示态度:答~.~睬.置之不~.[理会](-huì)注意:这两天只顾开会,也没~~这件事.

锂 lǐ ㄌㄧˇ 一种金属元素,符号 Li,银白色,质软,是金属中比重最轻的,可制合金。

鲤 lǐ ㄌㄧˇ 鲤鱼,生活在淡水中,体侧扁,嘴边有长短触须各一对,肉可吃。

逦(邐) lǐ ㄌㄧˇ 见577页"迤"字条"迤逦"(yǐ—)。

澧 lǐ ㄌㄧˇ 澧水,水名,在湖南省北部,流入洞庭湖。

醴 lǐ ㄌㄧˇ 甜酒。

鳢 lǐ ㄌㄧˇ 鱼名,又叫"黑鱼"。身体圆筒形,头扁,背鳍和臀鳍很长。生活在淡水底层,可以养殖,但性凶猛,对其他鱼类有危害。

蠡 ㊀ lǐ ㄌㄧˇ 蠡县,地名,在河北省。
㊁ lí 见291页。

力 lì ㄌㄧˋ ❶力量,力气,动物筋肉的效能:身强~壮.㊉1.身体器官的效能:目~.脑~.2.一切事物的效能:电~.药~.浮~.说服~.生产~.❷用极大的力量,尽力:~战.据理力~争.❸改变物体运动状态的作用叫做力.力有三个要素,即力的大小、方向和作用点。

荔(*茘) lì ㄌㄧˋ [荔枝]常绿乔木,果实外壳有疙瘩,果肉色白多汁,味甜美。

历(歷、❹曆、❹*厤) lì ㄌㄧˋ ❶经历,经过:~尽甘苦.~时十年.❷经过了的:~年.~代.~史.[历来]从来,一向:中国人民~来就是勤劳勇敢的.[历历]一个一个很清楚的:~~在目.❸遍,完全:~览.❹历法,推算年、月、日和节气的方法:阴~.阳~.㊉记录年、月、日、节气的书,表,册页:日~.书。

坜(壢) lì ㄌㄧˋ 坑。

苈(藶) lì ㄌㄧˋ 见492页"葶"字条"葶苈"(tíng—)。

呖(嚦) lì ㄌㄧˋ [呖呖]拟声词:~~莺声。

呖(嶧) lì ㄌㄧˋ [呖崅山](—jū—)山名,在江西省乐平。

沥(瀝) lì ㄌㄧˋ ❶液体一滴一滴地落下。[沥青]蒸馏煤焦油剩下的黑色物质,可用来铺路。[呕心沥血]形容费尽心思：为培养下一代～～～～．❷滤．

枥（櫪） lì ㄌㄧˋ 马槽．

疬（癧） lì ㄌㄧˋ 见 324 页"瘰"字条"瘰疬"(luǒ—)．

雳（靂） lì ㄌㄧˋ 见 377 页"霹"字条"霹雳"(pī—)．

厉（厲） lì ㄌㄧˋ ❶严格,切实：～行节约．～禁．❷严厉,严肃：正言厉色．❸凶猛．[厉害][利害](—hai)1.凶猛：老虎很～～．2.过甚,很：疼得～～．闹得～～．❹古通"砺"：秣马～兵．

励（勵） lì ㄌㄧˋ 劝勉,奋勉：～志．奖～．

砺（礪） lì ㄌㄧˋ ❶粗磨刀石．❷磨(mó)：砥～．

蛎（蠣） lì ㄌㄧˋ 牡(mǔ)蛎,一种软体动物,身体长卵圆形,有两面壳,生活在浅海泥沙中,肉味鲜美．壳烧成灰,可入药．也叫"蚝"(háo)．

粝（糲） lì ㄌㄧˋ 粗糙的米．

疠（癘） lì ㄌㄧˋ ❶瘟疫．❷恶疮．〈古〉又同"癞"(lài)．

立 lì ㄌㄧˋ ❶站：～正．⑨竖着,竖起来：～柜．把～在门后头．[立方]1.六面都是方形的形体．2.数学上称一数自乘三次．[立体]几何学上称有长、宽、厚的形体．[立场]1.认识和处理问题时所处的地位和所抱的态度．2.特指阶级立场：～～坚定．❷做出,定出．1.建立,定出：～碑．建～工厂．2.建树：～功．3.制定：～合同．4.决定：～志．❸存在,生存：自～．独～．❹立刻,立时,马上,即刻：～行停止．～即去做．

莅（*涖、*蒞） lì ㄌㄧˋ 到(蓮)临：～会．

粒 lì ㄌㄧˋ ❶(一儿)成颗的东西,细小的固体：米儿．豆～儿．盐～儿．❷量词,多用于小的东西：一～米．两～丸药．三～子弹．

笠 lì ㄌㄧˋ 斗笠,用竹篾等编制的遮阳挡雨的帽子．

吏 lì ㄌㄧˋ 旧时代的官员：贪官污～．

丽（麗） 〔一〕lì ㄌㄧˋ ❶好看，漂亮：美～．秀～．壮～．富～．风和日～．❷附着（④附一）．
〔二〕lí 见290页．

郦（酈） lì ㄌㄧˋ 姓．

俪（儷） lì ㄌㄧˋ 相并的，对偶的：～词．～句（对偶的文词）．⑨指属于夫妇的．

利 lì ㄌㄧˋ ❶好处，跟"害"、"弊"相反（④一益）：这件事对人民有～．个人～益服从集体～益．❷使得到好处：毫不～己专门～人．[利用]发挥人或事物的作用，使其对自己方面有利：废物～～．～～他的长处．这个机会．❸顺利，与主观的愿望相合：敌军屡战不～．❹利息，贷款或储蓄所得的子金：本～两清．放高～贷是违法的行为．❺利润：暴～．薄～多销．❻刀口快，针尖锐：～刃．～剑．口（喻善辩）．[利落]（一luo）[利索]（一suo）1.爽快，敏捷：他做事很～～．2.整齐：东西收拾～～了．[利害]1.（一hài）利益和损害：不计～～．2.（一hai）同"厉害"．

俐 lì ㄌㄧˋ 见307页"伶"字条"伶俐"(líng一)．

莉 lì ㄌㄧˋ 见348页"茉"字条"茉莉"(mòli)．

猁 lì ㄌㄧˋ 见440页"猞"字条"猞猁"(shē一)．

痢（❷＊＊䶣） lì ㄌㄧˋ ❶痢疾，传染病名，按病原体的不同，主要分成杆菌痢疾和变形虫痢疾．症状是发烧、腹痛，粪便中有血液、脓或黏液．通常把粪便带血的叫赤痢，带脓或黏液的叫白痢．❷见279页"瘌"字条"瘌痢"(là一)．

例 lì ㄌㄧˋ ❶（一子）可以做依据的事物：举～子．史无前～．❷规定，体例：条～．发凡起～．[例外]不按规定的，和一般情况不同的：全体参加，没有一个～～．遇到～～的事就得灵活处理．❸合于某种条件的事例：病～．案～．❹按条例规定的，照成规进行的：～会．～行公事．

戾 lì ㄌㄧˋ ❶罪过．❷凶残乖张：暴～．

唳 lì ㄌㄧˋ 鸟鸣：鹤～．

隶(隸、*隷) lì ㄌㄧˋ ❶ 附属，属于(逮－属)：直～中央。❷封建时代的衙役：～卒。❸隶书，汉字的一种字体，相传是秦朝程邈所创。❹旧时地位低下而被奴役的人：奴～、仆～。

栎(櫟) ㈠ lì ㄌㄧˋ 俗叫"柞(zuò)树"或"麻栎"。落叶乔木，花黄褐色，果实叫橡子或橡斗。木材坚硬，可制家具，供建筑用。树皮可鞣或做染料。叶子可喂柞蚕。另有一种栓皮栎，树皮质地轻软，富有弹性，是制造软木器物的主要原料。

㈡ yuè 见 605 页。

轹(轢) lì ㄌㄧˋ 车轮碾轧。⑩欺压。

砾(礫) lì ㄌㄧˋ 小石，碎石：砂～。瓦～。

跞(躒) ㈠ lì ㄌㄧˋ 走动：骐骥一～，不能千里.

㈡ luò 见 324 页。

鬲(**鬵) ㈠ lì ㄌㄧˋ 鼎一类的东西。

㈡ gé 见 152 页。

栗(❷*慄) lì ㄌㄧˋ ❶栗(子)树，落叶乔木，果实叫栗子，果仁味甜，可以吃。木材坚实，供建筑和制器具用，树皮可供鞣皮及染色用，叶子可喂柞蚕。❷发抖，因害怕或寒冷而肢体颤动：不寒而～.

傈 lì ㄌㄧˋ [傈僳族](－sù)我国少数民族，参看附表。

溧 lì ㄌㄧˋ [溧水][溧阳]地名，都在江苏省。

篥 lì ㄌㄧˋ 见 27 页"觱"字条"觱篥"(bì－).

詈 lì ㄌㄧˋ 骂：～骂.

哩 ㈠ li ·ㄌㄧ 助词，同"呢㈡"。

㈡ lǐ 见 292 页。

㈢ lī 见 290 页。

蜊 li ·ㄌㄧ 蛤蜊，参看 152 页"蛤"(gé)。

璃(*瓈) li ·ㄌㄧ 见 35 页"玻"字条"玻璃"(bō－)、311 页"琉"字条"琉璃"(liú－).

LIA ㄌㄧㄚ

俩(倆) ㈠ liǎ ㄌㄧㄚˇ 两个(本字后面不能再用"个"字或其他量词)：夫妇～。买～馒头.

㈢ liǎng 见 300 页。

LIAN ㄌㄧㄢ

奁(匳、*匲*、*籢*) lián ㄌㄧㄢ
女子梳妆用的镜匣。[妆奁]嫁妆。

连 lián ㄌㄧㄢ ❶连续,相接(魥—接):天～水,水～天.骨肉相～.～成一片.接～不断.～年.[连词]连接词、词组或句子的词,如"和"、"或者"、"但是"等。[连枷][连耞](—jiā)打谷用的农具。[连忙]急忙:～～让坐.[连夜]当天夜里赶着(做某事):～～赶造。❷带,加上(魥一带):～说带笑.～根拔.～我一共三个人。❸就是,即使(后边常用"都"、"也"跟它相应):他从前一字都不认得,现在会写信了.精耕细作,～荒地也能变成良田。❹军队的编制单位,是排的上一级。

莲 lián ㄌㄧㄢ 多年生草本植物,生浅水中。叶子大而圆,叫荷叶。花有粉红、白色两种。种子叫莲子,包在倒圆锥形的花托内,合称莲蓬。地下茎叫藕。种子和地下茎都可以吃。也叫"荷"、"芙蕖"(fúqú)或"菡萏"(hàndàn)。

莲蓬

藕

莲

涟 lián ㄌㄧㄢ ❶水面被风吹起的波纹:～漪(yī)。❷泪流不止:泪～～。[涟洏](—ér)形容涕泪交流。

鲢 lián ㄌㄧㄢ 鲢鱼,头小鳞细,腹部色白,体侧扁,肉可以吃。

怜(憐) lián ㄌㄧㄢ ❶可怜:同病相～.我们决不～惜坏人。❷爱:爱～.

帘(❷簾) lián ㄌㄧㄢ ❶旧时店铺做标志的旗帜。❷用布、竹、苇等做的遮蔽门窗的东西。

联（聯）lián ㄌㄧㄢˊ ❶联结，结合：工农～盟.～席会议.[联绵]接续不断.[联络]接洽，彼此交接.[联合国]1945 年 10 月 24 日成立的国际组织。中国是创始国之一。总部设在美国纽约。联合国宪章规定，其主要宗旨为维护国际和平与安全，发展国际友好关系，促进经济文化等方面的国际合作。❷（一儿）对联，对子：上～.下～.挽～.春～.

廉 lián ㄌㄧㄢˊ ❶不贪污：～洁.清～.❷便宜，价钱低（迭低一）：～价.❸察考，访查：～得其情.

濂 lián ㄌㄧㄢˊ 濂江，水名，在江西省南部.

臁 lián ㄌㄧㄢˊ 小腿的两侧：～骨.～疮.

镰（*鎌）lián ㄌㄧㄢˊ 镰刀，收割谷物和割草的农具.

蠊 lián ㄌㄧㄢˊ 见 129 页"蜚"字条"蜚蠊"（fěi一）.

瑓 liǎn ㄌㄧㄢˇ 古代宗庙盛黍稷的器皿.

敛（斂）liǎn ㄌㄧㄢˇ ❶收拢，聚集（迭收一）：～足（收住脚步，不往前进）.～钱.❷约束，检束：～迹.

脸（臉）liǎn ㄌㄧㄢˇ （一儿）面孔，头的前部，从额到下巴.[引]1. 物体的前部：鞋～儿.门～儿. 2. 面子，颜面（迭一面）：有错就承认，别怕丢～.

裣（襝）liǎn ㄌㄧㄢˇ [裣衽]（一rèn）旧时指妇女行礼.

蔹（蘞）liǎn ㄌㄧㄢˇ 多年生蔓生草本植物，叶子多而细，有白蔹、赤蔹等.

练（練）liàn ㄌㄧㄢˋ ❶白绢：江平如～.❷把生丝煮熟，使柔软洁白.❸练习，反复学习，多次地操作：～兵.～本领.❹经验多，精熟：～达.老～.熟～.

炼（煉、*鍊）liàn ㄌㄧㄢˋ ❶用火烧制：～钢.～焦.❷用心琢磨使精练：～字.～句.❸烹熬炮制：～乳.

恋（戀）liàn ㄌㄧㄢˋ 想念不忘，不忍舍弃，不想分开：留～.～～不舍.[恋栈]马舍不得离开马棚，喻贪恋禄位。[恋爱]男女相爱。

殓（殮）liàn ㄌㄧㄢˋ 装殓，把死人装入棺材里：入～.大～.

潋（瀲）liàn ㄌㄧㄢˋ [潋滟]（一yàn）水波相连的样子。

链（*鍊）liàn ㄌㄧㄢˋ ❶（一子、一儿）多指用金属环连套而成的索子：表～.铁～.❷计量海洋上距离的长度单位，1链等于1海里的1/10，合185.2米。

楝liàn ㄌㄧㄢˋ 落叶乔木，花淡紫色，果实椭圆形，种子、树皮都可入药。

裢lian ·ㄌㄧㄢ 见79页"褡"字条"褡裢"（dā一）。

LIANG ㄌㄧㄤ

良liáng ㄌㄧㄤˊ ❶好（龜好、优、～、善）：～药.～田.品质优～.消化不～.❷很：～久.获益～多。

粮（糧）liáng ㄌㄧㄤˊ ❶可吃的谷类、豆类等：食～.杂～.❷作为农业税的粮食：交公～.

踉㊀liáng ㄌㄧㄤˊ [跳踉]跳跃。

㊁liàng 见301页。

凉（*涼）㊀liáng ㄌㄧㄤˊ 温度低（若指天气，比"冷"的程度浅）：饭～了.立秋之后天气～了.㊁灰心或失望：听到这消息，我心里就～了.[凉快]（一kuai）1.清凉爽快。2.乘凉：到外头～～～～去。

㊁liàng 见301页。

椋liáng ㄌㄧㄤˊ 椋子木，乔木，叶似柿叶，果实细圆形，生时青色，熟时黑色。木质坚硬。

辌liáng ㄌㄧㄤˊ 见513页"辒"字条"辒辌"（wēn一）。

梁（❶-❹*樑）liáng ㄌㄧㄤˊ ❶房梁，架在墙上或柱子上支撑房顶的横木：上～.（图见127页）❷桥（龜桥）：石～.开山挑土架桥～.❸（一子、一儿）中间高起的部分：山～.鼻～.❹（一子、一儿）中间高起的部分：山～.鼻～.❺朝代名。1.南朝之一，萧衍所建立（公元502—557年）。2.五代之一，朱温所建立（公元907—923年）。

梁 liáng ㄌㄧㄤˊ 粟的优良品种的统称。[高粱]一年生草本植物,茎高,子实可供食用,又可以酿酒。

量 ㊀ liáng ㄌㄧㄤˊ ❶用器物计算东西的多少或长短:用斗~米.用尺~布。❷估量:思~(liang).打~(liang)。

㊁ liàng 见 301 页。

两(兩) liǎng ㄌㄧㄤˇ ❶数目,一般用于量词和"半、千、万、亿"前:~本书.~匹马.~个月.~半.万。["两"和"二"用法不全同。读数目字只用"二"不用"两",如"一、二、三、四";二、四、六、八"。小数和分数只用"二"不用"两",如"零点二(0.2)";三分之二,二分之一。序数也只用"二",如第二,二哥"。在一般量词前,用"两"不用"二"。如:"两个人用两种方法。""两条路通两个地方。"在传统的度量衡单位前,"两"和"二"一般都可用,用"二"为多("二两"不能说"两两")。新的度量衡单位前一般用"两",如"两吨、两公里"。在多位数中,百、十、个位用"二"不用"两",如"二百二十二"。"千、万、亿"的前面,"两"和"二"一般都可用,但如"三万二千"、"两亿二千万","千"在"万、亿"后,以用"二"为常。]❷双方:~便.~可.~全.~相情愿。❸表示不定的数目(十以内的):过~天再说吧.他真有~下子。❹市制重量单位,1 斤是 10 两(旧制 1 斤是 16 两)。

俩(倆) ㊀ liǎng ㄌㄧㄤˇ [伎俩](jì—)手段,花招。

㊁ liǎ 见 296 页。

啢(啢) liǎng ㄌㄧㄤˇ 也读作 yīngliǎng。英美制重量单位,常衡 1 啢是 1 磅的1/16。也作"英两"、"盎司"。现只用"盎司"。

纲(緉) liǎng ㄌㄧㄤˇ 一双,古时计算鞋、袜的单位。

魎(魎) liǎng ㄌㄧㄤˇ 见 507 页"魍"字条"魍魉"(wǎng—)。

亮 liàng ㄌㄧㄤˋ ❶明,有光:天~了.敞~.刀磨得真~。❷(—儿)光线:屋里一点~儿也没有。❸(灯)灯泡等照明物:拿个~来。❸明摆出来:~相。❹明朗,清楚:你这一说,我心里头就～了.打开窗子说～话.❺声音响:洪～.

嘹 liàng ㄌㄧㄤˋ [嘹喨]同"嘹亮".见302页"嘹"(liáo).

倞 ⊖ liàng ㄌㄧㄤˋ 求索
⊜ jìng 见247页.

凉(*涼) ⊖ liàng ㄌㄧㄤˋ 放一会儿,使温度降低.
⊜ liáng 见299页.

谅 liàng ㄌㄧㄤˋ ❶原谅:体～(体察其情而加以原谅).敬希见～.[谅解]由了解而消除意见.❷信实:～哉斯言.❸推想:～他不能来.

晾 liàng ㄌㄧㄤˋ ❶把衣物放在太阳下面晒或放在通风透气的地方使干:～衣服.❷同"凉⊖".

悢 liàng ㄌㄧㄤˋ 悲伤,惆怅:～然.

踉 ⊖ liàng ㄌㄧㄤˋ [踉跄](—qiàng)走路不稳.
⊖liáng 见299页.

辆(輛) liàng ㄌㄧㄤˋ 量词,用于车:一～汽车.

靓 ⊖ liàng ㄌㄧㄤˋ 〈方〉漂亮,好看:～女.
⊜ jìng 见247页.

量 ⊖ liàng ㄌㄧㄤˋ ❶计算东西体积多少的器具的总称.[量词]表示事物或行动单位的词,如张、条、个、只、遍等.❷限度:酒～.气～.饭～.胆～.❸数量,数的多少:质～并重.大～.生产新式农具.[分量](fènliang)重量:不够～～.称称～～.❹估计,审度(duó):～力而行.～入为出.
⊜ liáng 见300页.

LIAO ㄌㄧㄠ

撩 ⊖ liāo ㄌㄧㄠ ❶提,掀起:～起长衫.把帘子～起来.❷用手洒水:先～上点水再扫.
⊜ liáo 见302页.

蹽 liāo ㄌㄧㄠ 〈方〉跑,走:他一气～了二里地.

辽(遼) liáo ㄌㄧㄠˊ 远(叠一远):～阔.

疗(療) liáo ㄌㄧㄠˊ 医治(叠医一、治一):～病.诊～.⑩解除痛苦或困难:～饥.～贫.

窌 liáo ㄌㄧㄠˊ 针灸穴位名.

聊 liáo ㄌㄧㄠˊ ❶姑且,略:～以自慰.～胜一筹.

胜于无.❷依赖:百无～赖.民不～生(无法生活).[无聊]1.没有兴趣.2.没有意义.❸〈方〉聊天,闲谈:别～啦,赶快干吧!

僚 liáo ㄌㄧㄠ ❶官.[官僚]指旧时各级政府里的官吏.现在把脱离人民群众,不深入实际工作的领导作风和工作作风叫官僚主义.❷旧时指在一块做官的人:同～.[僚机]空军编队中受长(zhǎng)机指挥作战的飞机.

撩 ㊀ liáo ㄌㄧㄠ 挑弄,引逗:～拨.景色～人.
㊁ liāo 见301页.

嘹 liáo ㄌㄧㄠ [嘹亮]声音响亮.

獠 liáo ㄌㄧㄠ 面貌凶恶:面.[獠牙]露在嘴外面的长牙.

潦 ㊀ liáo ㄌㄧㄠ [潦倒](一dǎo)颓丧,不得意:穷困～～.[潦草]草率,不精细:工作不能～～.字写得太～～.
㊁ lǎo 见286页.

寮 liáo ㄌㄧㄠ 小屋.

缭 liáo ㄌㄧㄠ ❶缠绕:～乱.炊烟～绕.❷用针线缝缀:～缝(fèng).～贴边.

燎 ㊀ liáo ㄌㄧㄠ 延烧:星星之火,可以～原.
㊁ liǎo 见303页.

鹩 liáo ㄌㄧㄠ 见232页"鹪"字条"鹪鹩"(jiāo一).

寥 liáo ㄌㄧㄠ ❶稀疏(叠):～若晨星.～～无几.❷空旷:～廓.寂～.

飂 ㊀ liáo ㄌㄧㄠ [飂庚](一lì)1.风声.2.很快的样子.
㊁ liù 见312页.

窌 liáo ㄌㄧㄠ 同"窍"(liáo).

了(❶△瞭) ㊀ liǎo ㄌㄧㄠ ❶明白:明～.一目～然.不甚～.[了解]弄明白,懂得很清楚:～～情况.❷完了,结束:事情已经～了(le).话犹未～.不～～之.说起话来没完没～.不能敷衍～事.[了当]爽快,直截～～.❸在动词后,跟"不"、"得"连用,表示不可能或可能:这本书我看不～.这事你办得～.[了不得](一bude)表示不平常,严重:他的本事真～～.～～了,着了火了!疼得～～了.[了得)(—de)1. 有"能办、可以"的意思，多用于反诘语句中，表示不平常，严重：这还～～！2. 能干，厉害：真～～．

㊀ le 见287页。

"瞭"又 liào 见本页。

钌 ㊀ liǎo ㄌㄧㄠˇ 一种金属元素，符号Ru，银灰色，质坚而脆。纯钌可以做装饰品，三氯化钌可以做防腐剂、催化剂。

㊁ liào 见本页。

蓼 liǎo ㄌㄧㄠˇ 一年生或多年生草本植物，花小，白色或浅红色，生长在水边。

燎 liǎo ㄌㄧㄠˇ 挨近了火而烧焦：把头发～了．

㊀ liáo 见302页。

尥 liào ㄌㄧㄠˋ [尥蹶子](—juězi)骡马等跳起来用后腿向后踢。

钌 ㊁ liào ㄌㄧㄠˋ [钌铞儿](—diàor)钉在门窗上可以把门窗扣住的东西：门～～．

㊀ liǎo 见本页。

料 liào ㄌㄧㄠˋ ❶料想，估计，猜想：预～. 不出所～. 他～事～得很准. ❷(—子、—儿)材料，可供制造其他东西的物质：原～. 木～.

衣裳～子. 肥～. 燃～. 这种丸药是加～的. ❸喂牲口用的谷物：～豆儿. 草～. 牲口得喂～才能肥. ❹烧料，一种熔点较低的玻璃，用来制造器皿或手工艺品。❺量词，中药配方全份叫一料(多用于配制丸药)。

[料理]办理，处理：～～家务. ～～丧事.

[照料]照顾：病人需要～～.

撂 liào ㄌㄧㄠˋ 放下，搁置：把碗～在桌子上. ～下工作不管.

廖 liào ㄌㄧㄠˋ 姓。

瞭 ㊀ liào ㄌㄧㄠˋ 瞭望，远远地望：你在远处～着点儿. ～望台。

㊁ liǎo 见302页"了"。

镣 liào ㄌㄧㄠˋ 脚镣，套在脚腕上使不能快跑的刑具。

LIE ㄌㄧㄝ

咧 ㊀ liē ㄌㄧㄝ [咧咧](—lie)〈方〉1. 乱说，乱讲：瞎～～. 2. 小孩儿哭：这孩子一～～起来就没完.

㊁ liě 见304页。

㊂ lie 见304页。

咧 (一) liě ㄌㄧㄝ 嘴向旁边斜着张开：～嘴.～着嘴笑.

(二) liē 见 303 页.

(三) lie 见本页.

裂 (一) liě ㄌㄧㄝ〔方〕东西的两部分向两旁分开：衣服没扣好，～着怀.

(二) liè 见本页.

列 liè ㄌㄧㄝ ❶行（háng）列，排成的行：站在前～.❷陈列，排列，摆出：姓名～后.～队.开～账目.⑪1.归类：～入甲等.2.类：不在讨论之～.〔列席〕参加会议，而没有表决权.❸众多，各：～国.～位.❹量词，用于成行列的事物：一～火车.

冽 liè ㄌㄧㄝ 寒冷（遹凛—）：北风凛～.

洌 liè ㄌㄧㄝ ❶水清.❷酒清.

烈 liè ㄌㄧㄝ ❶猛烈，厉害：～火.～日.❷气势盛大（叠）：轰轰～～.❸刚直，有高贵品格的，为正义、人民、国家而死难的：向刘胡兰～士学习.先～.

鴷 liè ㄌㄧㄝ 就是啄木鸟，嘴坚硬，舌细长，能啄食树中的虫，是一种益鸟.

裂 (一) liè ㄌㄧㄝ 破开，开了缝（fèng）：～痕.～缝.手冻～了.感情破～.四分五～.

(二) liě 见本页.

趔 liè ㄌㄧㄝ〔趔趄〕（—qie）身体歪斜，脚步不稳要摔倒的样子.

劣 liè ㄌㄧㄝ ❶恶，不好，跟"优"相反（遹恶—）：不分优～.土豪～绅.品质恶～.❷仅仅.

埒 liè ㄌㄧㄝ ❶矮墙.❷同等；财力相～.

捩 liè ㄌㄧㄝ 扭转：转～点（转折点）.

猎 (獵) liè ㄌㄧㄝ ❶打猎，捕捉禽兽：～虎.渔～.❷打猎的：～人.～狗.

躐 liè ㄌㄧㄝ ❶超越：～等（越级）.～进（不依照次序前进）.❷踩，践踏.

鬣 liè ㄌㄧㄝ 兽类颈上的长毛：马～.

咧 (三) lie·ㄌㄧㄝ〔方〕助词，意思相当于"了"、"啦"：好～.他来～.

(一) liě 见本页.

㊂ liē 见303页。

LIN ㄌㄧㄣ

拎 līn ㄌㄧㄣ 〈方〉提：～着一篮子菜.

邻(鄰、*隣) lín ㄌㄧㄣ ❶住处接近的人家：东～.四～.❷邻近,接近,附近：～国.～居.～舍.❸古代五家为邻.

林 lín ㄌㄧㄣ ❶长在土地上的许多树木或竹子：树～.竹～.防护～.～立(像树林一样密集排列).喻聚集在一起的同类的人或事物：民族之～.著作之～.❷林业：农～牧副渔.
[林檎](—qín)落叶小乔木,花粉红色,果实像苹果而小,可以吃。也叫"花红".

林 lín ㄌㄧㄣ 见276页"喹"字条"喹啉"(kuí—).

淋 ㊀ lín ㄌㄧㄣ 浇：花蔫了,～上点水吧.
[淋巴](外)人身体里的一种无色透明液体,起血液和细胞之间的物质交换作用。
[淋漓](—lí)湿淋淋往下滴落：墨迹～～.大汗～.转畅：～～尽致.痛快～～.
㊁ lìn 见306页。

琳 lín ㄌㄧㄣ 美玉.[琳琅](—láng)1.珠玉一类的东西：～满目(喻优美的东西很多).2.玉撞击的声音.

霖 lín ㄌㄧㄣ 久下不停的雨.[甘霖]对农作物有益的雨.转恩泽.

临(臨) lín ㄌㄧㄣ ❶到,来：喜事～门.身～其境.㊀遭遇,碰到：～渴掘井.[临时]1.到时候,当时：事先有准备的,～～就不会忙乱.2.暂时,非经常的：你先～～代理一下.～～会议.❷挨着,靠近.1.指地点,多指较高的靠近较低的：～河.～街.2.指时间.将要,快要：～走.～别.[临盆]孕妇快要生小孩儿.[临床]医学上称医生给人诊治疾病.❸封建时代帝王上朝：～朝.～政.❹照着字、画摹仿：～帖.～画.

潾 lín ㄌㄧㄣ [潾潾]形容水清澈：～～碧波.

嶙 lín ㄌㄧㄣ [嶙峋](—xún)山石一层层的重叠不平.

遴 lín ㄌㄧㄣ 谨慎选择(色—选)：～选人才.
〈古〉又同"吝"(lìn).

璘 lín ㄌㄧㄣ 玉的光彩。

辚 lín ㄌㄧㄣ [辚辚]形容车行走时的声音:车~~,马萧萧。

磷(*燐、*粦) lín ㄌㄧㄣ 一种非金属元素,符号 P,常见的有两种:黄磷(也叫"白磷")和红磷。黄磷有毒,燃烧时生浓烟,可做军事上用的烟幕弹和燃烧弹。红磷无毒,可制安全火柴。磷是植物营养的重要成分之一。[磷火]夜间在野地里常见的青色火光,是磷化氢遇到空气燃烧而发的光,俗叫"鬼火"。

瞵 lín ㄌㄧㄣ 注视,瞪着眼睛看。

鳞 lín ㄌㄧㄣ ❶鱼类、爬行动物等身体表面长的角质或骨质的小薄片。[鳞爪](—zhǎo)喻1. 琐碎细小的事。2. 事情的一小部分。❷像鱼鳞的:~茎。芽~。遍体~伤(伤痕密得像鱼鳞似的)。

麟(*麐) lín ㄌㄧㄣ 麒麟,古代传说中的一种动物,像鹿,比鹿大,有角:凤毛~角(喻罕见而珍贵的东西)。

凛(**懔) lín ㄌㄧㄣ ❶寒冷(逶—冽):北风~冽。❷严肃,严厉(叠):威风~~。大义~然。❸同"懔"。

廪(**廩) lín ㄌㄧㄣ ❶粮仓(逶仓—)。❷指粮食。

懔(**懍) lín ㄌㄧㄣ 畏惧。

檩(**檁) lín ㄌㄧㄣ 屋上托住椽子的横木。(图见127页)

吝(*恡) lìn ㄌㄧㄣ 当有的财物舍不得用,过分爱惜(逶—啬):~惜。他一点也不~啬。

赁 lìn ㄌㄧㄣ 租(逶租—):房。~车。出~。

淋 ㊁ lìn ㄌㄧㄣ ❶过滤:~盐。❷淋病,一性病,病原体是淋病球菌,人尿道红肿溃烂,重的尿夹带脓血。也叫"白浊"。
㊀ lín 见305页。

蔺 lìn ㄌㄧㄣ [马蔺]多年草本植物,根茎粗,叶形,花蓝紫色。叶坚韧,可作织物,又可造纸。根可制刷子有的地区叫"马兰"。

蹸 lìn ㄌㄧㄣ 见 424 页"躏"字条"蹂躏"(róu—).

膦 lìn ㄌㄧㄣ 磷化氢(PH₃)分子中的氢原子,部分或全部被烃基取代而形成的有机化合物的总称。

LING ㄌㄧㄥ

〇 líng ㄌㄧㄥ 数的空位,用于数字中:三〇六号.一九七〇年.一百〇八人.

伶 líng ㄌㄧㄥ 伶人,旧社会称以唱戏为职业的人(連优—):坤(女的)〜.

[伶仃](—dīng)孤独:孤苦〜〜.

[伶俐](—lì)聪明,灵活:很〜的孩子.〜牙〜齿(能说会道).

[伶俜](—pīng)形容孤独.

苓 líng ㄌㄧㄥ ❶指茯(fú)苓.❷古书上说的一种植物.

囹 líng ㄌㄧㄥ [囹圄][囹圉](—yǔ)古代称监狱:身陷〜〜.

泠 líng ㄌㄧㄥ 清凉:〜风.[泠泠]1.形容清凉.2.声音清越.

玲 líng ㄌㄧㄥ 形容玉碰击的声音(叠):〜〜盈耳.

[玲珑](—lóng)1.金玉声.2.器物细致精巧.3.灵活敏捷:〜〜活泼.

柃 líng ㄌㄧㄥ [柃木]常绿灌木或小乔木,花小,白色,叶椭圆形或拔针形,浆果球形.

瓴 líng ㄌㄧㄥ 古代一种盛(chéng)水的瓶子:高屋建〜(从房顶上往下泻水,喻居高临下的形势).

铃 líng ㄌㄧㄥ ❶(—儿)铃铛,用金属做成的响器,振动小锤发声:摇〜上班.车〜儿.电〜儿.❷形状像铃的东西:杠〜.哑〜.

鸰 líng ㄌㄧㄥ 见 213 页"鹡"字条"鹡鸰"(jí—).

聆 líng ㄌㄧㄥ 听:〜教.

蛉 líng ㄌㄧㄥ [白蛉子]昆虫,比蚊子小,吸人、畜的血,能传染黑热病.

笭 líng ㄌㄧㄥ [笭箸](—xīng)打鱼时盛(chéng)鱼的竹器.

翎 líng ㄌㄧㄥ 鸟翅和尾上的长羽毛:雁〜.野鸡〜.

羚 líng ㄌㄧㄥ 羚羊,种类繁多,体形一般轻捷,四肢

细长，蹄小而尖。有的羚羊角
可入药。

零 líng ㄌㄧㄥ ❶落。1.植物
凋谢(旧一落、凋一)。2.
液体滴落：感激涕～。❷零
头，放在整数后表示附有零
数：一千挂一～儿。一年～三
天。❸部分的，细碎的，跟
"整"相反(旧一碎)：～件。
钱。～用。～活(零碎工作)。
[零丁]同"伶仃"。❹数学上
把数字符号"0"读作零。⑪没
有，无：一减一得～.他的计
划等于～.❺温度表上的零
度：～下五度.

龄 líng ㄌㄧㄥ ❶岁数(旧年
一)：高～。党～。工
～。党～。❷某些生物体发育
过程中的不同阶段。如昆虫
的幼虫第一次蜕皮前叫一龄
虫。

灵(靈) líng ㄌㄧㄥ ❶有
效验(旧一验)：
这种药吃下去很～。❷聪明，
机敏(旧一敏)：这个孩子心很
～.心～手巧.耳朵很～。❸
活动迅速，灵巧：这架机器最
～.❹旧时称神或关于神仙
的：神～。❺属于死人的：～
柩。～床.⑯装着死人的棺材：
移～.

棂(欞、＊＊櫺) líng ㄌㄧㄥ
窗棂(子)。窗子上构成窗格
子的木条或铁条。

凌 líng ㄌㄧㄥ ❶冰：河里的
～都化了。滴水成～。❷
欺凌，侵犯，欺压：～辱。盛气
～人。❸升，高出：～云。～空
而过。❹迫近：～晨。

陵 líng ㄌㄧㄥ ❶大土山：
丘一)。[陵谷]高低地势
的变动。⑩世事变迁。❷高大
的坟墓：黄帝～。中山～。

菱 líng ㄌㄧㄥ 一年生草本
植物，生在池沼中，叶柄
呈三角形，叶柄有气囊，夏天
开花，白色。果实有硬壳，有
角，叫菱或菱角，可吃。[菱
形]邻边相等的平行四边形。

崚 líng ㄌㄧㄥ (又)见28
页 léng。

淩 líng ㄌㄧㄥ 同"凌❷❸"。

绫 líng ㄌㄧㄥ (一子)一种
很薄的丝织品，一面光
像缎子：～罗绸缎.

棱(＊稜) ㊀ líng ㄌㄧ
[穆棱]地名
在黑龙江省。
㊀ léng 见289页。

稜 líng ㄌㄧㄥ 〈古〉福.

鲮 líng ㄌㄧㄥ [鲮鱼]又叫"土鲮鱼",属鲤科鱼类,是我国华南淡水主要养殖对象之一,性怕冷.[鲮鲤]哺乳动物的一种,就是穿山甲,全身有角质的鳞片,吃蚂蚁.鳞片可入药.

酃 líng ㄌㄧㄥ 旧县名,在今湖南省衡阳东.现叫炎陵县.

醽 líng ㄌㄧㄥ [醽醁](—lù)古代的一种美酒.

令 (一) líng ㄌㄧㄥ 〈外〉量词,原张的纸 500 张为 1 令.

(二) lìng 见本页.

岭(嶺) lǐng ㄌㄧㄥ 山脉:五~.秦~.翻山越~.

领 lǐng ㄌㄧㄥ ❶颈,脖子:引~而望.❷(一子、一儿)衣服围绕脖子的部分.(图见 574 页"衣")❸事物的纲要:不得要~.[领袖](转)国家、政治团体、群众组织等的高级领导人.❸带,引,率(連带一、率一):~队.~头.❹领有的,管辖的:~海.~空.[领土]一个国家所领有的陆地、领水(包括领海、河流湖泊等)和领空.❺接受,取得:~教.~款.❻了解,明白:会(对别人的意思有所理解).~悟.❼量词1.用于衣服:一~青衫.2.用于席、箔等:一~席.一~箔.

另 lìng ㄌㄧㄥ 另外,别的,此外:~买一个.那是~一件事.

令 (一) lìng ㄌㄧㄥ ❶命令,上级对下级的指示:明令规定.遵守法~.❷上级指示下级:~全体官兵遵照执行.❸古代官名:县~.❹使,使得:~人起敬.~人兴奋.❺时令,时节:月~.夏~.❻美好,善:~名.敬称:~兄.~尊(称人的父亲).❼词之短小者叫令:调笑~.十六字~.

(二) líng 见本页.

呤 lìng ㄌㄧㄥ 见 382 页"嘌"字条"嘌呤"(piào—).

LIU ㄌㄧㄡ

溜 (一) liū ㄌㄧㄡ ❶滑行:~冰.从滑梯上一~下来.⑨滑溜,平滑,无阻碍:这块石头很滑.❷溜走,趁人不见走开:一眼不见他就~了.❸

沿着,顺着:～边儿.～着墙根儿走.❹同"熘".

（二）liù 见 312 页。

熘 liū ㄌㄧㄡ 一种烹调法,跟炒相似,作料里搀淀粉:～肉片.也作"溜".

蹓 （一）liū ㄌㄧㄡ ❶滑行:～冰.❷悄悄走开.[蹓跶]散步,随便走走.

（二）liù 见 312 页。

刘（劉） liú ㄌㄧㄡ ❶古代斧钺一类的兵器.❷杀,戮.❸姓.

浏（瀏） liú ㄌㄧㄡ 清亮.

[浏览]泛泛地看.

留 liú ㄌㄧㄡ ❶停止在某一个地方(彺停一):他～在天津了.～学(留居外国求学).④注意力放在上面:～心.～神.[留连][流连]留恋不想离去.❷不让别人离开:挽～.他一定要走,我～不住他.～难(nàn)(故意和人为难).❸接受,收容(彺收一):把礼物～下.❹保留:～余地.～胡子.今天请给我～饭.❺遗留:祖先给我们～下了丰富的文化遗产.

餾 （一）liú ㄌㄧㄡ 蒸馏,加热使液体变成蒸气后再凝成纯净的液体.

（二）liù 见 312 页。

骝 liú ㄌㄧㄡ 古书上指黑鬛黑尾巴的红马.

榴 liú ㄌㄧㄡ 石榴,又叫安石榴,落叶灌木,一般开红花,果实球状,内有种子,种子上的肉可吃.根、皮可入药.

飍 liú ㄌㄧㄡ [飍飍]微风吹动的样子.

镏 （一）liú ㄌㄧㄡ 我国特有的镀金法,把溶解在水银里的金子用刷子涂在器物表面作装饰,所镏的金层经久不退.

（二）liù 见 312 页。

鹠 liú ㄌㄧㄡ [鸺鹠](xiū-)鸟名.羽毛棕褐色,尾巴黑褐色,有横斑,外形跟鸱鸺相似.捕食鼠、兔等,对农业有益.也叫"枭"(xiāo).

瘤 liú ㄌㄧㄡ (一子)生物体的组织增殖生成的赘瘤,多由刺激或微生物寄生而引起.

流 liú ㄌㄧㄡ ❶液体移动:水往低处～.～水不腐.～汗.～血.[流浪]生活无着,漂泊不定.[流利]说话书写等灵活顺畅:他的钢笔字写得很～～.他说一口

~的普通话.[流线型]前端圆,后端尖,略似水滴的形状.因空气或水等对流线型的物体阻力小,所以常用作汽车、汽艇等交通工具的外形.❷像水那样流动:货币~通.空气的对~现象.㊟1.移动不定:~星.2.运转不停:~光.~年.3.不知来路,意外地射来的:~矢.弹.4.传播或相沿下来:~行.~传.[流产]孕妇怀孕未满28周就产出胎儿.❸流动的东西:河~.电~.寒~.气~.❹趋向坏的方面:开会不要~于形式.放任自~.❺品类.1.派别:九~.2.等级:第一~产品.❻旧时刑法的一种,把人送到荒远的地方去,充军:~放.

琉 liú ㄌㄧㄡˊ [琉璃](一li)一种用铝和钠的硅酸化合物烧制的釉料:~~瓦.

硫 liú ㄌㄧㄡˊ 一种非金属元素,符号 S,通常叫"硫磺".淡黄色,质硬而脆,不易传热和电.可用来制造火柴、火药、硫化橡胶等.也可用来治皮肤病.

旒 liú ㄌㄧㄡˊ ❶旗子上面的飘带.❷古代皇帝礼帽前后的玉串.

鎏 liú ㄌㄧㄡˊ ❶成色好的金子.❷同"镏"(liú).

鏐 liú ㄌㄧㄡˊ 成色好的黄金.

柳 liú ㄌㄧㄡˊ ❶柳树,落叶乔木,枝细长下垂,叶狭长,春天开花,种子上有白色毛状物,成熟后随风飞散,叫柳絮.另有一种河柳,枝不下垂.❷星宿名,二十八宿之一.

绺 liú ㄌㄧㄡˊ (一儿)量词,用于成束的理顺了的丝、线、须、发等:两~儿线.五~儿须.一~儿头发.

镏 liú ㄌㄧㄡˊ 有色金属冶炼过程中生产出的各种金属硫化物的互熔体.

六 ㊀ liù ㄌㄧㄡˋ ❶数目字.❷旧时乐谱记音符号的一个,相当于简谱的"5".

㊁ lù 见 317 页.

陆(陸) ㊀ liù ㄌㄧㄡˋ "六"的大写.

㊁ lù 见 317 页.

碌(*磟) ㊀ liù ㄌㄧㄡˋ [碌碡](一zhou)农具名.圆柱形,用石头做成,用来轧脱谷粒或轧平场院.

㊁ lù 见 318 页.

遛 liù ㄌㄧㄡˋ ❶散步,慢慢走,随便走走:～步。❷牵着牲畜或带着鸟慢慢走:～马。～鸟。

馏 ㊀ liù ㄌㄧㄡˋ 把凉了的熟食品再蒸热:把馒头～一～。
㊁ liú 见310页。

溜(㊁❸**雷**) ㊀ liù ㄌㄧㄡˋ ❶急流:大～。今天河水～很大。❷顺房檐滴下来的水:檐～。❸屋檐上安的接雨水用的长水槽。❹(一儿)量词,用于成行(háng)列的事物:一～三间房。
㊁ liū 见309页。

镏 ㊀ liù ㄌㄧㄡˋ [镏子]〈方〉戒指:金～～.
㊁ liú 见310页。

蹓 ㊀ liù ㄌㄧㄡˋ 同"遛"。
㊁ liū 见310页。

飀 ㊀ liù ㄌㄧㄡˋ 西风。
㊁ liáo 见302页。

鹨 liù ㄌㄧㄡˋ 鸟名。身体小,嘴细长,吃害虫,是益鸟。

LO ㄌㄛ

咯 ㊀ lo ·ㄌㄛ 助词:那倒好～!

㊁ kǎ 见260页。
㊂ gē 见151页。

LONG ㄌㄨㄥ

龙(龍) lóng ㄌㄨㄥˊ ❶我国古代传说中的一种身体长的有鳞、有角的动物。能走,能飞,能游泳。近代古生物学上指一些巨大的有脚有尾的爬虫:恐～。翼手～.[龙头]自来水管放水的出口。❷封建时代称关于皇帝的东西:～袍.～床.❸形状像龙的或有龙的图案的:～灯.～舟.
[龙钟]年老衰弱行动不灵便的样子。
〈古〉又同"垄"(lǒng)。

茏(蘢) lóng ㄌㄨㄥˊ [茏葱][葱茏]草木茂盛的样子。

咙(嚨) lóng ㄌㄨㄥˊ 喉咙,咽喉,参看189页"喉"(hóu)。

泷(瀧) ㊀ lóng ㄌㄨㄥˊ 急流的水。[七里泷]地名,在浙江省。
㊁ shuāng 见460页。

珑(瓏) lóng ㄌㄨㄥˊ 见307页"玲"字条"玲珑"(líng—)。

栊（櫳）lóng ㄌㄨㄥˊ ❶窗户。❷养兽的栅栏。

昽（曨）lóng ㄌㄨㄥˊ ［曚昽］(méng—)日光不明。

胧（朧）lóng ㄌㄨㄥˊ 见337页"朦"字条"朦胧"(méng—)。

砻（礱）lóng ㄌㄨㄥˊ ❶去掉稻壳的器具。❷用砻去掉稻壳：～谷舂米.

眬（矓）lóng ㄌㄨㄥˊ ［蒙眬](méng—)见337页"蒙"字条"蒙眬"。

聋（聾）lóng ㄌㄨㄥˊ 耳朵听不见声音，通常把听觉迟钝也叫聋：他耳朵～了.

笼（籠）lóng ㄌㄨㄥˊ
❶（-子、-儿）养鸟、虫的器具，用竹、木条或金属丝等编插而成，鸟～子.鸡～.蝈蝈～.❹旧时囚禁犯人的东西：囚～.牢～.❷用竹、木等材料制成的有盖的蒸东西的器具：蒸～.～屉.
⊜ lǒng 见314页。

隆lóng ㄌㄨㄥˊ ❶盛大，厚，程度深：～冬.～寒.❷

重的典礼。❷兴盛(㊀一盛、兴一)。❸高：～起.

癃lóng ㄌㄨㄥˊ ❶古书上指年老衰弱多病。❷癃闭，中医指小便不通的病。

窿lóng ㄌㄨㄥˊ〈方〉煤矿坑道。

优（儱）lǒng ㄌㄨㄥˇ ［优侗](-tǒng)同"笼统"。

陇（隴）lǒng ㄌㄨㄥˇ ❶陇山，山名，位于陕西、甘肃两省交界的地方。❷甘肃省的别称：～海铁路.

垅（壠）lǒng ㄌㄨㄥˇ 同"垄"。

拢（攏）lǒng ㄌㄨㄥˇ ❶凑起，总合：～共.～总.❷靠近，船只靠岸(㊀靠一)：靠～.～岸.拉～.他们俩谈讠～不到一块儿。❸收束使不松散：～紧.用绳子把柴火～住.❹梳，用梳子整理头发：～一～头发.❺合上，凑拢：笑得嘴都合不～了.

垄（壟）lǒng ㄌㄨㄥˇ ❶田地分界的埂子。❷农作物的行(háng)或行与行间的空地：宽～密植.❸像田埂的东西：瓦～.［垄断]操纵市场，把持权柄，独占利益。

笼（籠） ㊀ lǒng ㄌㄨㄥˇ ❶遮盖，罩住：黑云～罩住天空．[笼络]用手段拉拢人：～～人心．❷比较大的箱子：箱～．
[笼统]（－tǒng）概括而不分明，不具体：话太～～了，不能表明确切的意思．
㊁ lóng 见 313 页。

弄（*衖） ㊀ lòng ㄌㄨㄥˋ〈方〉弄堂，小巷，小胡同。
㊁ nòng 见 365 页。

㟓 lòng ㄌㄨㄥˋ（壮）石山间的平地。

LOU ㄌㄨ

搂（摟） ㊀ lōu ㄌㄨ ❶用手或工具把东西聚集起来：～柴火．❷搜刮：～钱．❸向着自己的方向拨：～枪机．
㊁ lǒu 见 315 页。

瞜（瞜） lōu ㄌㄨ〈方〉看：让我～一～．

刓（**剅） lóu ㄌㄨ〈方〉堤坝下面的水口，水道：～口．～嘴．

娄（婁） lóu ㄌㄨ ❶星宿名，二十八宿之一。❷〈方〉（某些瓜类）过熟而变质：瓜～了。❸姓。

偻（僂） ㊀ lóu ㄌㄨ ❶[偻㑩]（－luo）同“喽啰”。❷见 159 页“佝”字条“佝偻”（gōu－）。
㊁ lǚ 见 319 页。

蒌（蔞） lóu ㄌㄨ ❶[蒌蒿]（－hāo）多年生草本植物，花淡黄色，茎可以吃。❷见 166 页“栝”字条“栝楼”（guā－）。

喽（嘍） ㊀ lóu ㄌㄨ [喽啰]（－luo）旧时称盗贼的部下，现在多比喻追随恶人的人。
㊁ lou 见 315 页。

溇（漊） lóu ㄌㄨ 溇水，水名，在湖南省。

楼（樓） lóu ㄌㄨ ❶两层以上的房屋：房，大～．❷楼房的一层：一～．三～．❸见 166 页“栝”字条“栝楼”（guā－）。

耧（耬） lóu ㄌㄨ 播种用的农具。

蝼（螻） lóu ㄌㄨ 指蝼蛄。[蝼蛄]（－gū）又叫“喇喇蛄”、“土狗子”。一种对农作物有害的昆虫，褐色，有翅，前脚很强，能掘地,咬农作物的根。

髅(髏) lóu ㄌㄡ 见 271 页"骷"字条"骷髅"(kū—)、109页"髑"字条"髑髅"(dú—)。

搂(摟) (一) lǒu ㄌㄡ ❶两臂合抱,用手臂拢着(逾—抱):把孩子～在怀里. ❷量词:一～粗的大树.
(二) lōu 见 314 页.

嵝(嶁) lǒu ㄌㄡ 见 159 页"岣"字条"岣嵝"(gǒu—)。

篓(簍) lǒu ㄌㄡ (一子、一儿)盛(chéng)东西的器具,用竹、荆条等编成:字纸～儿.油～.

陋 lòu ㄌㄡ ❶丑的,坏的,不文明的:～规.～习. ❷狭小:～室.～巷. ❸少,简略:学识浅～.因～就简.孤～寡闻(见闻少).

镂(鏤) lòu ㄌㄡ 雕刻:～花.～骨铭心(喻永远不忘).

瘘(瘺、**瘻) lòu ㄌㄡ 瘘管,身体里面因发生病变而向外溃破所形成的管道,病灶里的分泌物可以由瘘管里流出来。

漏 lòu ㄌㄡ ❶物体由孔缝透过或滴下:水壶～了.油箱～了. [漏斗]灌注液体等到小口的器具里的用具. [漏洞]做事的破绽,不周密的地方:堵塞～～. ❷泄漏,泄露:～了风声.走～消息. ❸遗落:这一项可千万不能～掉. ❹漏壶,古代计时的器具,用铜制成.壶上下分好几层,上层底有小孔,可以滴水,层层下注,以底层蓄水多少计算时间。

露 (一) lòu ㄌㄡ 义同"露(一)❸",用于一些口语语词,如"露怯"、"露马脚"等。
(二) lù 见 319 页。

喽(嘍) (一) lou ·ㄌㄡ 助词,意思相当于"啦":够～,别说～!
(二) lóu 见 314 页。

LU ㄌㄨ

撸 lū ㄌㄨ 〈方〉❶捋(luō):～袖子.❷撤职:他的职务被～了.❸责备,训斥:他被～了一顿.

噜(嚕) lū ㄌㄨ [噜苏](—su)义同"啰唆"(luōsuo),见 323 页"啰(三)"。

卢(盧) lú ㄌㄨ 姓。

[卢比](外)印度、巴基斯坦、尼泊尔、斯里兰卡等国的货币名。

[卢布](外)俄罗斯等国的货币名。

垆(壚、²**鑪) lú ㄌㄨ ❶黑色坚硬的土。❷旧时酒店里安放酒瓮的土台子。也指酒店。

泸(瀘) lú ㄌㄨ [泸州]地名,在四川省。

栌(櫨) lú ㄌㄨ [黄栌]落叶灌木,花黄绿色,叶子秋天变成红色。木材黄色,可制器具,也可做染料。

胪(臚) lú ㄌㄨ 陈列:~列。~情(陈述心情).

鸬(鸕) lú ㄌㄨ [鸬鹚](—cí)水鸟名,俗叫"鱼鹰".羽毛黑色,闪绿光,能游泳,善于捕食鱼类,用树叶、海藻等筑巢.渔人常用来捕鱼。

铲(鑪) lú ㄌㄨ 一种人造的放射性元素,符号Rf.

颅(顱) lú ㄌㄨ 头的上部,包括头骨和脑,也指头:~骨.

舻(艫) lú ㄌㄨ 见647页"舳"字条"舳舻"(zhú—).

鲈(鱸) lú ㄌㄨ 鲈鱼,鱼名.体侧扁,嘴大,鳞细,银灰色,背部和背鳍上有小黑斑.肉味鲜美.

芦(蘆) lú ㄌㄨ 芦苇,多年生草本植物,生在浅水里.茎中空,可造纸、编席等.根茎可入药.

庐(廬) lú ㄌㄨ 房舍:茅~.

炉(爐、*鑪) lú ㄌㄨ (—子)取暖、做饭或冶炼用的设备:电~.煤气~.煤球~子.炼钢~.

卤(鹵、滷) lǔ ㄌㄨ ❶制盐时下的黑色汁液,是氯化镁、硫酸镁、溴化镁及氯化钠的混合物,味苦有毒,供制豆腐用.也叫"苦汁"或"盐卤".[卤素]化学中统称氟、氯、溴、碘、砹等五种元素.❷浓汁:茶~.打~面.❸用盐水、酱油等浓汁制作食品:~鸡.~煮豆腐.

硇(磠) lǔ ㄌㄨˇ [硇砂]矿物名。化学成分为NH_4Cl，常为皮壳状或粉块状结晶，无色或白色，间带红褐色，有玻璃光泽。在工业、农业和医药上都有广泛的用途。

虏(虜) lǔ ㄌㄨˇ ❶俘获（叠俘—）：～获甚众.俘～敌军数万人.❷打仗时捉住的敌人（叠俘—）：优待俘～.

掳(擄) lǔ ㄌㄨˇ 抢取（叠—掠）：烧杀～掠.

鲁 lǔ ㄌㄨˇ ❶愚钝，莽撞：粗～.愚～.[鲁莽]不仔细考虑事理，冒失。也作"卤莽"。❷周代诸侯国名，在今山东省南部一带。❸山东省的别称。

橹(*櫓、*艣、*艪) lǔ ㄌㄨˇ 拨水使船前进的器具：摇～.

鑥 lǔ ㄌㄨˇ 一种金属元素，符号Lu。

六 ㊀ lù ㄌㄨˋ [六安]地名，在安徽省。[六合]地名，在江苏省。
㊁ liù 见311页。

甪(甪)** lù ㄌㄨˋ [甪直]地名，在江苏省苏州。[甪里堰]地名，在浙江省海盐。

陆(陸) ㊀ lù ㄌㄨˋ ❶陆地，高出水面的土地：登～.～路.～军.❷姓.
[陆离]形容色彩繁杂：光怪～.
[陆续]接连不断：开会的人～～地到了.
㊁ liù 见311页。

录(録) lù ㄌㄨˋ ❶录制，记录，抄写，记载：～像.～音.把这份公文～下来.❷记载言行或事物的书刊：语～.备忘～.回忆～.❸采取，任用：收～.～用.～取.

崀 lù ㄌㄨˋ (壮)土山间的平地。

渌 lù ㄌㄨˋ 渌水，水名，在湖南省。

逯 lù ㄌㄨˋ 姓。

绿(綠) ㊀ lù ㄌㄨˋ 义同"绿㊁"。
[绿林]1.原指西汉末年聚集湖北绿林山的农民起义军，后来泛指聚集山林、反抗封建统治者的人们。2.旧指

上山为匪、抢劫财物的集团。
[鸭绿江]水名。是中国和朝鲜两国的界河。源出吉林东南中朝边境的白头山，西南流到辽宁丹东以下，入黄海。
㈢ lù 见320页。

禄 lù ㄌㄨˋ 古代官吏的俸给：高官厚～.

碌 ㈠ lù ㄌㄨˋ ❶平凡；庸～.[碌碌]平庸，无所作为：庸庸～～.❷繁忙：忙～.
㈡ liù 见311页。

盝 lù ㄌㄨˋ ❶古代的一种盒子。❷过滤。

篆(籙) lù ㄌㄨˋ ❶簿子，册子。❷符箓，道士画的驱使鬼神的符号，是一种迷信骗人的东西。

醁 lù ㄌㄨˋ 见309页"醽"字条"醽醁"(líng—)。

辂 lù ㄌㄨˋ ❶古代车前面的横木。❷古代的大车。

赂 lù ㄌㄨˋ ❶贿赂，用财物买通别人。❷财物，特指赠送的财物。

鹿 lù ㄌㄨˋ 哺乳动物，反刍类，尾短，腿细长，毛黄褐色，有的有花斑，性情温驯，雄的有树枝状的角，可入药。

漉 lù ㄌㄨˋ 水慢慢地渗下。

辘 lù ㄌㄨˋ [辘轳](—lu)1.安在井上绞起汲水斗的器具。2.机械上的绞盘。

簏 lù ㄌㄨˋ 竹箱。

麓 lù ㄌㄨˋ 山脚下：泰山之～.

路 lù ㄌㄨˋ ❶道，往来通行的地方(㊀一途、一径、一)：公～.水～.㊉思想或行动的方向、途径：走社会主义道～.思～.生～.❷方面，地区：南～货.外～货.❸种类：两～货.他俩是一～人.

蕗 lù ㄌㄨˋ 甘草的别名。

潞 lù ㄌㄨˋ ❶潞水，水名，即今山西省的浊漳河。❷潞江，水名，即云南省的怒江。[潞西]地名，在云南省。

璐 lù ㄌㄨˋ 美玉。

鹭 lù ㄌㄨˋ 水鸟名。翼大尾短，颈和腿很长，常见有白鹭、苍鹭、绿鹭等。[鹭鸶](—sī)就是白鹭，羽毛白色，顶有细长的白羽，捕食小鱼。

露 ⊖ lù ㄌㄨ ❶露水,靠近地面的水蒸气因夜间遇冷凝结成的小水珠。⑨露天,没有遮蔽,在屋外的:风餐~宿.~营.❷用药料、果汁等制成的饮料:枇杷~.果子~.玫瑰~.❸显出来,现出来(働显—):~骨.暴~思想.揭~敌人丑恶的面貌.不~面.

⊜ lòu 见315页。

僇 lù ㄌㄨ ❶侮辱。❷同"戮"。

戮(❶*剹、❷*勠) lù ㄌㄨ ❶杀(働杀—)。❷并,合。[戮力]合力,并力:~~同心.

轳(轤) lu・ㄌㄨ 见318页"辘"字条"辘轳"(lù—)。

氇 lu・ㄌㄨ 见389页"氆"字条"氆氇"(pǔ—)。

LÜ ㄌㄩ

驴(驢) lǘ ㄌㄩ 一种家畜,像马,比马小,耳朵和脸都较长,能驮东西、拉车,供人骑乘。

闾 lǘ ㄌㄩ ❶里门,巷口的门。❷古代二十五家为一闾。

梧 lǘ ㄌㄩ 见34页"栟"字条"栟梧"(bīng—)、660页"棕"字条"棕梧"(zōng—)。

吕 lǚ ㄌㄩ 我国音乐十二律中的阴律,有六种,总称六吕。

侣 lǚ ㄌㄩ 同伴(働伴—):情~.

铝 lǚ ㄌㄩ 一种金属元素,符号Al,银白色,有光泽,质地坚韧而轻,有延展性。做日用器皿的铝通常叫钢精或钢种。

稆(**穭) lǚ ㄌㄩ 谷物等不种自生的:~生.也作"旅"。

捋 ⊖ lǚ ㄌㄩ 用手指顺着抹过去,整理:~胡子.~头发.

⊜ luō 见322页。

旅 lǚ ㄌㄩ ❶出行的,在外作客的:~行.~馆.~途.~居.~客.❷军队的一种编制单位。❸军队:军~.强兵劲~.❹共同:~进退.❺同"稆":~生.~葵.

膂 lǚ ㄌㄩ 脊梁骨。[膂力]体力:~~过人.

偻(僂) ⊖ lǚ ㄌㄩ ❶脊背弯曲,伛(yǔ)

～．❷迅速：不能～指（不能迅速指出来）．

（二）lóu 见 314 页。

屡（屢） lǚ ㄌㄩˇ 屡次，接连着，不止一次：～见不鲜．～战～胜．

缕（縷） lǚ ㄌㄩˇ ❶线：一丝一～．❷一条一条地：～述．～析．❸量词，股：一～炊烟．两～线．

褛（褸） lǚ ㄌㄩˇ 见 282 页"褴"字条"褴褛"（lán—）．

履 lǚ ㄌㄩˇ ❶鞋：革～．削足适～（喻不合理地迁就现有条件）．❷践，踩在上面，走过：如～薄冰．⑨履行，实行：～约．～行合同．[履历]1.个人的经历．2.记载履历的文件．❸脚步：步～轻盈．

律 lǚ ㄌㄩˇ ❶法则，规章．[律诗]一种诗体，有一定的格律和字数，分五言、七言两种．[规律]事物之间的内在的必然的联系，也叫"法则"．它具有十分明显的重复性．它决定事物发展的必然趋向，是不以人的主观意志为转移的．[一律]同样，没有例外．❷约束：严于～己．❸我国古代审定乐音高低的标准，把声音分为六律（阳律）和六吕（阴律），合称十二律。

葎 lǜ ㄌㄩˋ 葎草，一年生草本植物，茎能缠绕他物，开黄绿色小花，果实可入药。

虑（慮） lǜ ㄌㄩˋ ❶思考，寻思：深思远～．❷担忧．[顾虑]有所顾忌、担心，不肯或不敢行动．

滤（濾） lǜ ㄌㄩˋ 使液体、气体经过纱布、木炭、沙子等物，除去其中所含的杂质、毒气而变纯净。

率 （一）lǜ ㄌㄩˋ 指两个相关的数在一定条件下的比值：速～．增长～．出勤～．

（二）shuài 见 459 页。

绿（綠） （一）lǜ ㄌㄩˋ 一般草和树叶的颜色，蓝和黄混合成的颜色：红花～叶．

（二）lù 见 317 页。

氯 lǜ ㄌㄩˋ 一种化学元素，通常条件下为气体，符号 Cl，黄绿色，味臭，有毒，损伤呼吸器官。可用来漂白消毒。

LUAN ㄌㄨㄢ

峦（巒） luán ㄌㄨㄢˊ ❶小而尖的山．❷连着的山：山～起伏．

孪（孿）luán ㄌㄨㄢˊ 双生子，一胎两个：～生子.

娈（孌）luán ㄌㄨㄢˊ 美好。

栾（欒）luán ㄌㄨㄢˊ 栾树，落叶乔木，夏天开花，黄色。叶可作青色染料。花可入药，又可作黄色染料。木材可制器具，种子可榨油.

挛（攣）luán ㄌㄨㄢˊ 手脚蜷曲不能伸开：痉～.

鸾（鸞）luán ㄌㄨㄢˊ 旧时传说凤凰一类的鸟。

脔（臠）luán ㄌㄨㄢˊ 切成小块的肉：～割（分割）.

滦（灤）luán ㄌㄨㄢˊ 滦河，水名，在河北省。

銮（鑾）luán ㄌㄨㄢˊ 一种铃铛。

卵 luǎn ㄌㄨㄢˇ 动植物的雌性生殖细胞，特指动物的蛋：鸟～.鸡～.～生.

乱（亂）luàn ㄌㄨㄢˋ ❶没有秩序（叠纷—）：杂～.这篇稿子写得太～.❷战争，武装骚扰：叛～.兵～.避～.❸混淆（xiáo）：以假～真.❹任意；随便：～吃.～跑.❺男女关系不正当：淫～.

LÜE ㄌㄩㄝ

掠 lüè ㄌㄩㄝ ❶夺取（逮—夺）：～取.～人之美（把别人的好处说成是自己的）.❷轻轻擦过：燕子～檐而过.

略（*畧）lüè ㄌㄩㄝ ❶大致，简单，不详细：～图.～表.～知一二.～述大意.叙述过～.粗～.➋地计算一下.❷省去，简化：～去.从～.❸简要的叙述：史～.要～.❹计谋：方～.策～.战～.雄才大～.❺抢，掠夺：～城～地.

锊 lüè ㄌㄩㄝ 古代重量单位，约合六两。

LUN ㄌㄨㄣ

抡（掄）㊀ lūn ㄌㄨㄣ 手臂用力挥动：～刀.～拳.
㊁ lún 见322页。

仑（侖、㊁*崘）lún ㄌㄨㄣˊ ❶条理，伦次。❷见277页"昆"字条"昆仑"。

伦（倫）lún ㄌㄨㄣˊ ❶辈，类：无与～比。❷

条理,次序:语无～次. ❸人伦,封建礼教所规定的人与人之间的关系,特指长幼尊卑之间的关系):～常.

论(論) ⊜ lún ㄌㄨㄣˊ 论语,古书名,主要记载孔子及其门人的言行.

⊖ lùn 见本页.

抡(掄) ⊜ lún ㄌㄨㄣˊ 选择,选拔:～材.

⊖ lūn 见 321 页.

囵(圇) lún ㄌㄨㄣˊ 见 191 页"囫"字条"囫囵"(hú—).

沦(淪) lún ㄌㄨㄣˊ ❶水上的波纹. ❷沉没(mò),陷落(圈—陷、沉—):～亡.

纶(綸) ⊖ lún ㄌㄨㄣˊ ❶钓鱼用的线:垂～. ❷现用作某些合成纤维的名称:锦～.涤～.

⊜ guān 见 167 页.

轮(輪) lún ㄌㄨㄣˊ ❶〔子、一儿〕车轮,车轱辘:三～车. ❷安在机器上能旋转并促使机器动作的东西:齿～儿.飞～儿.偏心～儿. ❷像车轮的:日～.年～.〔轮廓〕(—kuò—)1.物体的外围.2.事情的大概情形. ❸

轮船:海～.油～. ❹轮流,依照次第转:～班.～值.这～到我了. ❺量词,用于圆形物或循环的事物、动作:一～红日.他比我大两～.

旧式车轮

论(論) ⊖ lùn ㄌㄨㄣˋ ❶分析、判断事物的道理(圈评一、议一):一概而～.大家讨～一下吧! ❷分析、阐明事物道理的文章、理论和言论:实践～.唯物～.社～.舆～. ❸按照某种单位或类别说:～件.～天.买西瓜一斤还是一个儿～. ❹衡量,评定:按质～价.论功行赏.

⊜ lún 见本页.

LUO ㄌㄨㄛ

捋 ⊖ luō ㄌㄨㄛ 用手握着东西,顺着东西移动:～榆钱儿.～虎须(喻冒险).

㊂ lǔ 见 319 页。

啰（囉） ㊂ luō ㄌㄨㄛ [啰唆][啰嗦]（—suo）1.说话絮絮叨叨。2.办事使人感觉麻烦。

㊀ luó 见本页。

㊁ luo 见 325 页。

罗（羅） luó ㄌㄨㄛ ❶捕鸟的网（一网）：天～地网。❷张网捕捉：门可～雀。[罗致]招请（人才）。❸散布，陈列：星～棋布。～列事实。❹过滤流质或筛细粉末用的器具，用木或铁片做成圆框，蒙上粗绢或马尾网、铁丝网制成。❺用罗筛东西：～面。❻轻软有稀孔的丝织品：～衣。～扇。❼(外)量词，十二打叫一罗。❽同"脶"（luó）。

[罗汉]梵语"阿罗汉"的省称，佛教对某种"得道者"的称呼。

[罗盘]测定方向的仪器。把磁针装置在圆盘中央，盘上刻着度数和方位。是我国古代四大发明之一。也叫"罗盘针"。

萝（蘿） luó ㄌㄨㄛ ❶莪蒿。通常指某些能爬蔓的植物：茑～。女～。❷[萝卜]（—bo）二年生草本植物，种类很多，块根也叫萝卜，可吃，种子可入药。

啰（囉） ㊀ luó ㄌㄨㄛ [啰唣]（—zào）吵闹。

㊁ luo 见 325 页。

㊂ luō 见本页。

逻（邏） luó ㄌㄨㄛ 巡逻，巡察。

[逻辑](外)1.思维的规律：这几句话不合～～。2.研究思维的形式和规律的科学。也叫"论理学"。3.有时也用作"规律"的同义语。

猡（玀） luó ㄌㄨㄛ 〈方〉猪猡，猪。

椤（欏） luó ㄌㄨㄛ 见 471 页"桫"字条"桫椤"（suō—）。

锣（鑼） luó ㄌㄨㄛ 一种乐器，形状像铜盘，用槌子敲打，发出声音：～鼓喧天。

箩（籮） luó ㄌㄨㄛ 用竹子编的底方上圆的器具。

觌（覶、覼） luó ㄌㄨㄛ [觌缕]（一lǚ）逐条详尽地陈述。

脶（腡） luó ㄌㄨㄛ 手指纹。

骡（*騾） luó ㄌㄨㄛˊ（一子）一种家畜，是由驴、马配而生的。鬃短，尾巴略扁，生命力强，一般没有生育能力。可以驮(tuó)东西或拉车。

螺 luó ㄌㄨㄛˊ ❶一种软体动物，有硬壳，壳上有旋纹：田～.海～.[螺蛳](-sī)"螺"的通称。[螺旋]1.一种简单机械，圆柱体表面或物体孔眼里有像螺蛳壳纹理的螺纹。2.螺旋形的：～～桨.[螺丝]应用螺旋原理做成的使物体固定或把两个物体连结起来的东西，有螺丝钉和螺丝母。❷同"胹"(luó).

倮 luǒ ㄌㄨㄛˇ 同"裸"。

裸（*贏） luǒ ㄌㄨㄛˇ 光着身子：～体.赤～～.⑪没有东西包着的：～线(没有外皮的电线).～子植物.

蓏 luǒ ㄌㄨㄛˇ 古书上指瓜类植物的果实。

瘰 luǒ ㄌㄨㄛˇ [瘰疬](-lì)结核菌侵入淋巴结，发生核块的病，多在颈部。有些地区也叫"老鼠疮"。

蠃 luǒ ㄌㄨㄛˇ 见175页"蜾"字条"蜾蠃"(guǒ一).

泺（濼） ㊀ luò ㄌㄨㄛˋ 泺水，水名，在山东省。
㊁ pō 见385页。

跞（躒） ㊀ luò ㄌㄨㄛˋ [卓跞][卓荦]卓绝：才华～～.
㊁ lì 见296页。

荦（犖） luò ㄌㄨㄛˋ [荦荦]明显，分明：～～大端.

洛 luò ㄌㄨㄛˋ ❶洛河，水名，在陕西省。❷洛水，发源于陕西省洛南，东流经河南省入黄河。古作"雒"。

骆 luò ㄌㄨㄛˋ ❶古书上指黑鬃的白马。❷姓。
[骆驼](-tuo)哺乳动物，反刍类，身体高大，背上有肉峰，能耐饥渴，适于负重物在沙漠中远行。也叫"橐驼"(tuótuó)，省称"驼"。

络 ㊀ luò ㄌㄨㄛˋ ❶像网子那样的东西：脉～.橘～.丝瓜～.❷用网状物兜住，罩：用络(lào)子一住.❸缠绕：～纱.～线.
[络绎](-yì)连续不断：参观的人～～不绝.

珞 ⊜ luò ㄌㄨㄛˋ 见 586 页"璎"字条"璎珞"(yīng－)。

[珞巴族]我国少数民族,参看附表。

烙 ⊜ luò ㄌㄨㄛˋ 见 373 页"炮"字条"炮烙"(páo－)。

⊖ lào 见 286 页。

硌 ⊖ luò ㄌㄨㄛˋ 山上的大石。

⊜ gè 见 153 页。

落 ⊖ luò ㄌㄨㄛˋ ❶掉下来,往下降:～泪.飞机降～.太阳～山了。❷衰败;没(mò)～.破～户。❸遗留在后:～后.～伍.❹选,停留:安家～户.～脚.小鸟在树上～着.❺留下:不～痕迹.❺停留或聚居的地方:村～.下～.着～.[部落]1. 由若干血缘相近的氏族结合成的集体.手里。2. 我国史书上多指少数民族.❻归属:今天政权～在人民手里.❼埋怨.～了个好名誉.❼古代指庆祝建筑物完工:新屋～成.❽写下:～款.～账.❾[落泊](－bó)穷困,不得意.也[落拓](－tuò)自由散漫。

⊖ lào 见 286 页。

摞 ⊜ luò ㄌㄨㄛˋ ❶把东西重叠地往上放:把书～起来。❷量词,用于重叠放起来的东西:一～砖.一～碗。

漯 ⊖ luò ㄌㄨㄛˋ [漯河]地名,在河南省。

⊜ tà 见 475 页。

雒 luò ㄌㄨㄛˋ 伊洛(伊水和洛水,水名,都在河南省)的"洛"字古作"雒"。[雒南]地名,在陕西省。今作"洛南"。

偻(儸) luo ·ㄌㄨㄛ 见 314 页"偻"字条"偻㑉"(lóu－)。

啰(囉) ⊖ uo ·ㄌㄨㄛ ❶助词,作用大致和"了(le)"一样:你去就成～.❷见 314 页"喽"字条"喽啰"(lóu－)。

⊜ luó 见 323 页.

⊜ luō 见 323 页。

M ㄇ

M ㄇ

呒(嘸) m̄ ń 〈方〉没有。

呣 ⊖ m̄ ń [单纯的双唇鼻音]叹词,表示疑问:

～,你说什么?

嗯 ㈠ m̀ ㄇ 叹词,表示答应:～,我知道了.

MA ㄇㄚ

孖 ㈠ mā ㄇㄚ〈方〉相连成对.

㈡ zī 见 656 页.

妈 ㈠ mā ㄇㄚ ❶称呼母亲(叠).❷对女性长辈的称呼:大～.姑～.

蚂 ㈠ mā ㄇㄚ [蚂螂](一lang)〈方〉蜻蜓.

㈡ mǎ 见 327 页.

㈢ mà 见 327 页.

抹 ㈠ mā ㄇㄚ ❶擦:～桌子.❷用手按着并向下移动:把帽子～下来.～不下脸来(碍于脸面或情面).

㈡ mǒ 见 348 页.

㈢ mò 见 348 页.

摩 ㈠ mā ㄇㄚ [摩挲](一sa)用手轻轻按着一下一下地移动.

㈡ mó 见 347 页.

吗 ㈠ má ㄇㄚ〈方〉什么.

㈡ ma 见 328 页.

㈢ mǎ 见 327 页.

麻(❶*蔴) má ㄇㄚ ❶草本植物,种类很多,有大麻、苎麻、茼(qīng)麻、亚麻等等.茎皮纤维通常也叫麻,可以制绳索、织布.[麻烦](一fan)由于事物杂乱,感到费手续、难办:这事真～～.[芝麻][脂麻](一ma)一种草本植物,茎秆略成方形.种子有白的和黑的两种,所榨的油就是平常吃的香油.❷像腿、臂因受压后的那种不舒服的感觉:腿～了.手发～.❸感觉不灵或全部丧失(迻一木).[麻痹]1.身体的一部分因为神经系统的病变而发生知觉或运动的障碍.2.失去警惕性:～～大意.[麻风]俗叫"癞病",是一种慢性传染病.病原体是麻风杆菌.患者皮肤发生斑点或结节,知觉丧失,毛发脱落,指节烂掉.[麻醉]1.用药物或针刺使全身或局部暂时失去知觉.2.使人思想认识模糊,不能明辨是非.❹表面粗糙:这张纸一面光一面～.[麻子](一zi)1.出天花留下的瘢痕.2.脸上有麻子的人.[麻疹]一种急性传染病,由滤过性病毒引起,儿童容易感染.

麻 má ㄇㄚ 同"麻❸❹"."麻痹"也作"痲痹"."麻风"也作"痲风"."麻疹"也作"痲疹".

马(馬) mǎ ㄇㄚˇ 一种家畜，颈上有鬃，尾有长毛。供人骑或拉东西等。[马力]功率(lǜ)单位，1马力等于每秒钟把75公斤重的物体提到1米所做的功。[马脚]破绽(zhàn)，漏洞：露出～～来了。[马上]立刻：我～～就到。[马达](外)用电力或汽油发动的机器，特指电动机。[马虎](－hu)不认真：这事可不能～～。

吗 ㊀ mǎ ㄇㄚˇ [吗啡](－fēi)(外)用鸦片制成的有机化合物，白色粉末，味很苦。医药上用做镇痛剂。
㊁ ma 见328页。
㊂ má 见326页。

犸 mǎ ㄇㄚˇ [猛犸]一种古脊椎动物，像现代的象，全身有长毛，已绝种。也叫"毛象"。

玛 mǎ ㄇㄚˇ [玛瑙](－nǎo)矿物名，主要成分是氧化硅，颜色美丽，质硬耐磨，可做轴承、研钵、装饰品等。

码 mǎ ㄇㄚˇ ❶(－子、－儿)代表数目的符号：苏州～子(〡、〢、〣、〤、〥等)。明～儿售货(在商品上标明

价码出售).❷(－子)计算数目的用具，如砝码、筹码等。❸量词，用于一件事或一类的事：这是两～事.❹(外)英美长度单位，1码等于3英尺，合0.9144米.❺〈方〉摞(luò)起，垒起：～砖头.小孩儿～积木.
[码头](－tou)水边专供停船的地方。⑨临海、临河的城市。

蚂 ㊀ mǎ ㄇㄚˇ [蚂蟥](－huáng)环节动物，我国常见的为宽体蚂蟥，体呈纺锤形，扁平，背面暗绿色，有五条黑色间杂淡黄的纵行(háng)条纹。虽能刺伤皮肤，但不吸血。[蚂蚁](－yǐ)蚁。参看578页"蚁"。
㊁ mā 见326页。
㊂ mà 见本页。

祃 mà ㄇㄚˋ 古代行军时，在军队驻扎的地方举行的祭礼。

蚂 ㊂ mà ㄇㄚˋ [蚂蚱](－zha)蝗虫的俗名。
㊀ mǎ 见本页。
㊁ mā 见326页。

骂(*罵) mà ㄇㄚˋ ❶用粗野的话侮辱人：不要～人.❷〈方〉斥责。

么 ㊀ ma ·ㄇㄚ 同"吗㊀"。
㊁ me 见 333 页。
㊂ yāo 见 568 页。

吗 ㊀ ma ·ㄇㄚ 助词。1.表疑问,用在一般直陈句子末了:你听明白了～？2.表有含蓄的语气,用在前半句末了:天要下雨～,我就坐车去.
㊁ má 见 326 页。
㊂ mǎ 见 327 页。

嘛 ma ·ㄇㄚ 助词,表示很明显,事理就是如此(有时有提示意):有意见就提～.不会不要紧,边干边学～.

蟆 ma ·ㄇㄚ 见 176 页"蛤"字条"蛤蟆"(há—)。

MAI ㄇㄞ

埋 ㊀ mái ㄇㄞ 把东西放在坑里用土盖上:掩～.～地雷.㊋隐藏,使不显露:隐姓～名.[埋没](—mò)使人才、功绩、作用等显露不出来:不要～～人才.[埋伏]在敌人将要经过的地方布置下军队,准备袭击。[埋头]㊋专心,下功夫:～～苦干.
㊁ mán 见 329 页。

霾 mái ㄇㄞ 阴霾,空气中因悬浮着大量的烟、尘等微粒而形成的混浊现象。

买(買) mǎi ㄇㄞ 拿钱换东西,跟"卖"相反(逾购):～戏票.～一头牛.㊋贿赂:～通.[买办] 1.采购货物的人。2.殖民地、半殖民地国家里替外国资本家在本国市场上经管商业、银行业、工矿业、运输业等等的中间人和经纪人。[买卖](—mai)生意,商业:做～～.㊋铺子。

劢(勱) mài ㄇㄞ 努力。

迈(邁) mài ㄇㄞ ❶抬起腿来跨步:～过去.～了一大步.向前～进.❷老(逾老一):年～.❸(外)英里,用于机动车行驶速度:一小时走六十～.

麦(麥) mài ㄇㄞ(一子)一年生或二年生草本植物,分大麦小麦等多种,子实磨面供食用。通常专指小麦。

唛(嘜) mài ㄇㄞ 译音字。商标,进出口货物的包装上所做的标记。

卖(賣) mài ㄇㄞ ❶拿东西换钱,跟"买"相反.㊋出卖:～国贼.❷尽量使出(力气):～力.～劲儿. ❸卖弄,显示自己,表现自己:～功.～乖.～弄才能.

脉(＊脈、衇) ㄇㄞˋ **❶** 分布在人和动物周身内的血管:动～.静～.❷脉搏,动脉的跳动:诊～.❸像血管那样分布的东西:山～.矿～.叶～.

㊀ mò 见 349 页.

霢 mài ㄇㄞˋ [霢霂](—mù)小雨.

荬(蕒) mai ·ㄇㄞˋ 见 415 页"苣"字条"苣荬菜"(qǔ——).

MAN ㄇㄢ

颟(顢) mān ㄇㄢ [颟顸](—han)1. 不明事理:糊涂～～.2. 漫不经心:那人太～～,作什么事都靠不住.

埋 ㊁ mán ㄇㄢˊ [埋怨](—yuan)因为事情不如意而对人或事物表示不满,责怪:他自己不小心,还～～别人.

㊀ mái 见 328 页.

蛮(蠻) mán ㄇㄢˊ **❶**粗野,不通情理(愈野—):～横(hèng).～不讲理.胡搅～缠.㊉愣,强悍:～劲不小.只是～干.❷我国古代称南方的民族.❸〈方〉很:～好.～快.

谩 mán ㄇㄢˊ 欺骗,蒙蔽.

㊀ màn 见 330 页.

蔓 ㊁ mán ㄇㄢˊ [蔓菁](—jing)芜菁,二年生草本植物,春天开花,黄色.叶大,块根扁圆形.块根也叫蔓菁,可以吃.

㊀ wàn 见 507 页.

㊂ màn 见 330 页.

馒 mán ㄇㄢˊ [馒头](—tou)一种用发面蒸成的食品,无馅.

鳗 mán ㄇㄢˊ [鳗鲡](—lí)鱼名.身体前圆后扁,背部灰黑色,腹部白色带淡黄色.生活在淡水中,到海洋中产卵.也省称"鳗".

鬘 mán ㄇㄢˊ 形容头发美.

瞒(瞞) mán ㄇㄢˊ 隐瞒,隐藏实情,不让别人知道:这事不必～他.

满(滿) mǎn ㄇㄢˇ **❶**全部充实,没有余地:会场里人都～了.～地是绿油油的庄稼.[满足]1.觉得够了:他并不～～于现有的成绩.2. 使人觉得不缺什么了:～～人民的需要.[满意]愿望满足或符合自己的意见:这样办,他很～～.[自满]不虚心,骄傲.❷到了一定的限度:假期已～.～了一年.❸(斟酒)使满:～上一杯.❹十分,全:～不在乎.～口答应.

[满族]我国少数民族,参看附表.

螨(蟎) mǎn ㄇㄢˇ 蛛形动物的一种,体形微小,多数为圆形或卵形,头胸腹无明显分界,有足四对,下唇隐藏,无齿.有的危害人畜,传染疾病,并危害农作物.

曼 màn ㄇㄢˋ ❶延长:～声而歌.❷柔美:轻歌～舞.

谩 ⊖ màn ㄇㄢˋ 轻慢,没有礼貌:～骂.
⊜ mán 见 329 页.

墁 màn ㄇㄢˋ 用砖或石块铺地面:花砖～地.

蔓 ⊖ màn ㄇㄢˋ 同"蔓⊖",多用于合成词,如蔓草、蔓延等.[蔓延]形容像蔓草一样地不断扩展滋生.
⊖ wàn 见 507 页.
⊜ mán 见 329 页.

幔 màn ㄇㄢˋ (一子)挂在屋内的帐幕.

漫 màn ㄇㄢˋ ❶水过满,漾出来:河水～出来了.⑱淹没:水不深,只～到脚面.大水～过房子了.❷满,遍:～山遍野.大雾～天.❸没有限制,没有约束:～谈.不经心.～无边际.[漫画]简单而夸大事物特征的绘画,多含有讽刺的意义.[漫长]时间长或路程远:～～的岁月.～～的道路.

慢 màn ㄇㄢˋ ❶迟缓,速度低,跟"快"相反:～车.～～地走.我的表～五分钟.[慢条斯理]迟缓,不慌忙.❷态度冷淡,不热情:怠～.傲～.

嫚 màn ㄇㄢˋ 侮辱,怠慢.

缦 màn ㄇㄢˋ 没有彩色花纹的丝织品.

熳 màn ㄇㄢˋ [烂熳]同"烂漫".

镘 màn ㄇㄢˋ 抹(mò)墙用的工具.

MANG ㄇㄤ

牤(**犛) māng ㄇㄤ 〈方〉牤牛,公

牛。

邙 máng ㄇㄤ [北邙]山名，在河南省洛阳北。

芒 máng ㄇㄤ ❶禾本科植物子实壳上的细刺。❷像芒的东西：光～。❸多年生草本植物，秋天开花，黄褐色。叶细长有尖，可以造纸、编鞋。

忙 máng ㄇㄤ ❶事情多，没空闲：工作～。～～碌碌.❷急速地做：大家都～生产.

杧 máng ㄇㄤ [杧果]常绿乔木，果实也叫"芒果"，形状像腰子，果肉及种子可吃。

盲 máng ㄇㄤ 瞎，看不见东西。⑪对某种事物不能辨认的：文～.色～.扫～.[盲目]⑪对事情认识不清楚：～～的行动是不会有好结果的.[盲从]⑪自己没有原则，没有见地，随着别人。

氓 ⊖ máng ㄇㄤ [流氓]原指无业游民，后来指品质恶劣，不务正业，为非作歹的坏人。
⊖ méng 见 337 页。

茫 máng ㄇㄤ ❶对事理全无所知，找不到头绪：～

然无知.～无头绪.❷形容水势浩渺。[茫茫]面积大，看不清边沿：大海～～.雾气～～.

硭 máng ㄇㄤ [硭硝][芒硝]无机化合物，成分是硫酸钠，白色晶体。医药上用作泻剂，工业上供制玻璃、造纸等。

铓 máng ㄇㄤ 锋铓，刃的尖锐部分。也作"芒"。

駹 máng ㄇㄤ 毛色黑白相间的马。

牻 máng ㄇㄤ 毛色黑白相间的牛。

莽 mǎng ㄇㄤ ❶密生的草：草～。❷粗鲁，冒失：～汉.这人太鲁～。

漭 mǎng ㄇㄤ [漭漭]形容水广阔无边。

蟒 mǎng ㄇㄤ 一种无毒的大蛇，背有黄褐色斑纹，腹白色，常生活在近水的森林里，捕食小禽兽。

MAO ㄇㄠ

猫(*貓) ⊖ māo ㄇㄠ 一种家畜，面呈圆形，脚有利爪，善跳跃，会捉老鼠。
⊖ máo 见 332 页。

毛 máo ㄇㄠˊ ❶动植物的皮上所生的丝状物。❷像毛的东西等。1.未开垦（未开垦不长庄稼）之地。2.衣物等上长的霉菌：老没见太阳都长～了。❸粗糙，没有加工的：～坯。❹不是纯净的：～重10吨．～利。❺小：～孩子．～～雨。❻行动慌忙：～腾腾（一máotēngtēng）．～手～脚。❼惊慌失措：把他吓～了。❽货币贬值：钱～了。❾角，一圆钱的十分之一。[毛南族](一nán一)我国少数民族，参看附表。

牦(*犛、氂) máo ㄇㄠˊ [牦牛]一种牛，身体两旁和四肢外侧有长毛，尾毛很长。我国西藏出产，当地人民用来拉犁和驮运货物。肉和乳都可供食用。

旄 máo ㄇㄠˊ 古代用牦（máo）牛尾装饰的旗子。〈古〉又同"耄"（mào）。

酕 máo ㄇㄠˊ [酕醄](一táo)大醉的样子。

髦 máo ㄇㄠˊ 古代称幼儿垂在前额的短头发。[时髦]时兴的。

矛 máo ㄇㄠˊ 古代兵器，在长柄的一端装有金属枪头。[矛盾]⑱1.言语或行为前后抵触，对立的事物互相排斥。2.指事物内部各个对立面之间的互相依赖又互相排斥的关系。

茅 máo ㄇㄠˊ 茅草，多年生草本植物，有白茅、青茅等。可以覆盖屋顶或作绳。

蝥 máo ㄇㄠˊ [斑蝥]一种昆虫，腿细长，鞘翅上有黄黑色斑纹。可入药。

蟊 máo ㄇㄠˊ 吃苗根的害虫。[蟊贼]⑱对人民有害的人。

蕄 máo ㄇㄠˊ 同"茅"。

猫(*貓) ⊖ máo ㄇㄠˊ [猫腰]弯腰。
⊖ māo 见331页。

锚 máo ㄇㄠˊ 铁制的停船器具，用铁链连在船上，抛到水底，可以使船停稳。

冇 mǎo ㄇㄠˇ 〈方〉没有。

卯 mǎo ㄇㄠˇ ❶地支的第四位。❷卯时，指早晨五点到七点。❸(一子、一儿)器物接榫(sǔn)的地方凹入的部分：对～眼．凿个～儿。

峁 mǎo ㄇㄠˇ 〈方〉小山包：下了一道坡，又上一道泖 mǎo ㄇㄠ 水面平静的小湖。[泖湖]古湖名,在今上海市松江西部。[泖桥]地名,在上海市。

昴 mǎo ㄇㄠ 星宿名,二十八宿之一。

铆 mǎo ㄇㄠ 用钉子把金属物连在一起:~钉.~眼.~接.~工.

芼 mǎo ㄇㄠ 拔取(菜、草)。

眊 mǎo ㄇㄠ 眼睛看不清楚。

耄 mào ㄇㄠ 年老,八九十岁的年纪。

茂 mào ㄇㄠ 茂盛(shèng),草木旺盛:根深叶~.

冒 ㊀ mào ㄇㄠ ❶向外透,往上升:~泡.~烟.~火.❷不顾(恶劣的环境或危险等):~雨.~险.❸不加小心,鲁莽,冲撞:~昧.~犯.[冒进]不顾具体条件,急于进行。[冒失]鲁莽,轻率。❹用假的充当真的,假托:~牌.~名.❺〈古〉贪婪。❻姓。
㊁ mò 见349页。

帽 mào ㄇㄠ ❶帽子。❷(一儿)作用或形状像帽子的东西:螺丝~儿.~钉.笔

~儿.

瑁 mào ㄇㄠ 见82页"玳"字条"玳瑁"(dài一)。

贸 mào ㄇㄠ ❶交换财物:抱布~丝.[贸易]商业活动:国际~~.❷冒冒失失或轻率的样子(叠):~然参加.~~然来.

袤 mào ㄇㄠ 南北距离的长度:广~数千里.

瞀 mào ㄇㄠ ❶看不清楚。❷精神昏乱(连一乱)。

懋 mào ㄇㄠ ❶努力,勉励。❷盛大。

鄚 mào ㄇㄠ (旧读 mò)[鄚州]地名,在河北省任丘。

貌(**皃) mào ㄇㄠ ❶相貌,长(zhǎng)相(连容一):不能以~取人.❷外表的样子:~合神离.他对人有礼~.❸样子:工厂的全~.❹古书注解里表示状态用的字,如"飘飘,飞貌"等。

ME ㄇㄜ

么(△麽) ㊀ me ·ㄇㄜ 词尾:怎~.那~.多~.这~.什~.❷助词,表有含蓄的语气,用在前

半句末了：不让你去～，你又
要去.
〇 ma 见 328 页.
〇 yāo 见 568 页"幺".
"麼"又 mó 见 347 页.

嚜 me ·ㄇㄜ 助词，跟"嘛"
的用法相同.

MEI ㄇㄟ

没 〇 méi ㄇㄟ ❶ 1. 没有，
无：他～哥哥.我～那本
书. 2. 表示估量或比较，不
够，不如：他～(够)一米八
高.汽车～(不如)飞机快. ❷
没有，不曾，未(在句尾时用
"没有")：他们～做完.你去
过上海～有?
〇 mò 见 349 页.

玫 méi ㄇㄟ [玫瑰](-gui)
落叶灌木，枝上有刺.花
有紫红色、白色等多种，香味
很浓，可以做香料，花和根可
入药.

枚 méi ㄇㄟ ❶树干：伐其
条～. ❷古代士兵衔于
口中以禁喧声的用具：衔～
疾走. ❸量词，相当于"个"：
三～勋章.旧时特指铜子儿：
一大～. [枚举]一件一件地
举出来：不胜～～.

眉 méi ㄇㄟ ❶眉毛，眼上
额下的毛：～飞色舞.～

开眼笑.(图见 496 页"头")
[眉目]❶事情的头绪或事物
的条理：有点～～了.这件事
还没有～～. ❷书眉，书页上端的空
白：～批.

郿 méi ㄇㄟ 郿县，在陕西
省.今作"眉县".

嵋 méi ㄇㄟ 见 116 页"峨"
字条"峨嵋"(é-).

猸 méi ㄇㄟ (一子)又叫
"蟹獴".哺乳动物，毛灰
黄色，生活在水边，毛皮珍
贵.

湄 méi ㄇㄟ 河岸，水滨.

楣 méi ㄇㄟ 门框上边的横
木.(图见 127 页)

镅 méi ㄇㄟ 一种人造的放
射性元素，符号 Am.

鹛 méi ㄇㄟ 鸟名.通常指
画眉，羽毛多为棕褐色，
翅短，嘴尖，尾巴长，叫的声
音好听.

莓 méi ㄇㄟ 植物名.种类
很多，常见的是草莓，开
白花，结红色的果实，味酸
甜.

梅(*楳、*槑) méi ㄇㄟ ❶落叶
乔木，初春开花，有白、红等
颜色，分五瓣，香味很浓.果

实味酸。❷梅花。❸梅的果实。

脢 méi ㄇㄟ （一子）〈方〉猪、牛等脊椎两旁的条状瘦肉，即里脊。

酶 méi ㄇㄟ 一种有机化合物，对于生物化学变化起催化作用，发酵就是靠酶的作用。也叫"酵素"。

霉（❷黴） méi ㄇㄟ ❶衣物、食品等受了潮热长霉菌：～烂。发～。❷霉菌，低等植物，常寄生或腐生在食物或衣物的表面，呈细丝状，有分枝，没有叶绿素；有白霉、青霉等多种。

媒 méi ㄇㄟ 撮合男女婚事的人（鐵—妁 shuò）。[媒介]使双方发生关系的人或物：蚊子是传染疟疾的～～.

煤 méi ㄇㄟ ❶古代的植物埋压在地底下，在缺氧高压的条件下，年久变化成的黑色或黑褐色矿物，成分以碳为主，是很重要的燃料和化工原料。也叫"煤炭"或"石炭"。[煤油]从石油中分馏出来的一种产品。❷〈方〉（一子）烟气凝结的黑灰：锅～子.

糜（**麊） ㊀ méi ㄇㄟ （一子）和黍同类的谷物，就是穄。

㊁ mí 见 339 页。

每 měi ㄇㄟ ❶指全体中的任何一个或一组：～人。～回。～次。～三天。～一分钱.❷指反复的动作中的任何一次或一组：～战必胜。～逢十五日出版。[每每]常常.

美 měi ㄇㄟ ❶好，善：～德。～意。～貌。～景。尽善尽～。物～价廉。❷赞美，称赞，以为好。❸使美，好看：容。～发。❹〈方〉得意，高兴：～滋滋的.❺(外)指美洲，包括北美洲和南美洲，世界七大洲中的两个洲。❻指美国。

镁 měi ㄇㄟ 一种金属元素，符号 Mg，银白色，略有延展性，在湿空气中表面易生碱式碳酸镁薄膜而渐失金属光泽，燃烧时能发强光。镁与铝的合金可制飞机、飞船。硫酸镁可做泻药，俗称泻盐。

浼 měi ㄇㄟ ❶污染。❷恳托.

妹 mèi ㄇㄟ ❶（一子）称同父母比自己年纪小的女子（叠）。❷对比自己年纪小的同辈女性的称呼：表～.

昧 mèi ㄇㄟˋ ❶昏,糊涂,不明白:愚～.蒙～.冒～.❷隐藏,隐瞒:拾金不～.

寐 mèi ㄇㄟˋ 睡,睡着(zháo)～:假～.夜不能～.根治黄河是我国人民多年来梦～以求的事情.

魅(**鬽) mèi ㄇㄟˋ 传说中的鬼怪:鬼～.[魅力]很能吸引人的力量。

袂 mèi ㄇㄟˋ 衣袖:联～(结伴)赴津.[分袂]离别。

媚 mèi ㄇㄟˋ ❶巴结,逢迎:献～.❷美好,可爱:妩～.春光明～.

MEN ㄇㄣ

闷 ㊀mēn ㄇㄣ ❶因空气不流通而引起的不舒服的感觉:天气～热.这屋子矮,又没有窗子,太～了.❷呆在家里不出门:一个人总～在家里,心胸就开阔不了了.❸密闭:茶刚泡上,～一会儿再喝.❹〈方〉声音不响亮:这人说话一声～气.
㊁mèn 见本页。

门(門) mén ㄇㄣˊ ❶(一儿)建筑物、车船等的出入口。又指安在出入口上能开关的装置。❷门径,诀窍:摸不着～儿.找窍～儿.❸(一儿)形状或作用像门的东西:电～.水～.球～.❸封建的家族或家族的一支:一～老小.长(zhǎng)～长子.❹一般事物的分类:分～别类.❺学术思想或宗教的派别:佛～.儒～.❻量词:一～炮.一～功课.
[门巴族]我国少数民族,参看附表。

扪 mén ㄇㄣˊ 按,摸:～心自问(反省).

钔 mén ㄇㄣˊ 一种人造的放射性元素,符号 Md.

亹 mén ㄇㄣˊ [亹源]回族自治县,在青海省。今作"门源"。

闷 ㊀mèn ㄇㄣˋ ❶心烦,不痛快:～得慌.～～不乐.❷密闭,不透气:～子车.
㊁mēn 见本页。

焖 mèn ㄇㄣˋ 盖紧锅盖,用微火把饭菜煮熟:～饭.

懑(懣) mèn ㄇㄣˋ ❶烦闷.❷愤慨,愤怒:气～.

们 men ·ㄇㄣ 词尾,表人的复数:你～.咱～.他～.学生～.师徒～.

MENG ㄇㄥ

蒙(①②朦) ㊀ mēng ㄇㄥ ❶欺骗；别～人．谁也～不住他．❷胡乱猜测：这回叫你～对了．❸昏迷：他被球打～了．
㊁ méng 见本页．
㊂ měng 见338页．

氓(**甿) ㊀ méng ㄇㄥ〔古〕民(特指外来的)．也作"萌"．
㊁ máng 见331页．

虻(*蝱) méng ㄇㄥ 昆虫名．种类很多，身体灰黑色，翅透明．生活在野草丛里，雄的吸植物的汁液，雌的吸人、畜的血．

萌 méng ㄇㄥ ❶植物的芽．❷萌芽，植物生芽．⟨引⟩开始发生：知者(有见识的人)见于未～．故态复～(多用于贬义)．
〔古〕又同"氓"(méng)．

盟 méng ㄇㄥ ❶旧时指宣誓缔约，现多指团体和团体、阶级和阶级或国和国的联合：工农联～．缔结友好同～互助条约．❷发(誓)：～个誓．❸内蒙古自治区的行政区划单位．包括若干旗、县、市．

蒙(④濛、⑤矇、⑥懞) ㊀ méng ㄇㄥ ❶没有知识，愚昧：启～．发～．～昧．❷覆盖：～头盖脑．～上一张纸．〔蒙蔽〕隐瞒事实，欺骗．❸受：～难(nàn)．承～招待，感谢之至．❹形容雨点细小(叠)：～～细雨．〔空蒙〕形容景色迷茫：山色～～．❺眼睛失明．〔蒙眬〕目不明：睡眼～．❻朴实敦厚．❼姓．
㊁ mēng 见本页．
㊂ měng 见338页．

幪 méng ㄇㄥ 见385页"帡"字条"帡幪"(píng—)．

獴 méng ㄇㄥ (又)见338页měng．

檬 méng ㄇㄥ 见363页"柠"字条"柠檬"(níng—)．

曚 méng ㄇㄥ〔曚昽〕(—lóng)日光不明．

朦 méng ㄇㄥ〔朦胧〕(—lóng)1.月光不明．2.不清楚，模糊．

鹲 méng ㄇㄥ 鸟名．体大，嘴大而直，灰色或白色，尾部有长羽毛，生活在热带海洋上，以鱼类为食．

礞 méng ㄇㄥ ［礞石］岩石名，有青、白两种。煅后为金礞石。可入药。

艨 méng ㄇㄥ ［艨艟］(一chōng)古代的一种战船。

甍 méng ㄇㄥ 屋脊。

瞢 méng ㄇㄥ ❶日月昏暗无光。❷目不明。

勐 méng ㄇㄥ ❶勇敢。❷云南省西双版纳傣族地区称小块的平地，多用做地名。

猛 měng ㄇㄥ ❶气势壮，力量大：～虎。勇～。用力过～。药力～。火力～。❷忽然，突然：～然惊醒。～地跑了进来。

锰 měng ㄇㄥ 一种金属元素，符号 Mn，灰赤色，有光泽，质硬而脆，在湿空气中氧化。锰与铁的合金叫锰钢，可做火车的车轮。二氧化锰可供瓷器和玻璃着色用。高锰酸钾可做杀菌剂。

蜢 měng ㄇㄥ 见619页"蚱"字条"蚱蜢"(zhà一)。

艋 měng ㄇㄥ ［舴艋］(zé一)小船。

蒙 ㊂ měng ㄇㄥ ［蒙古族］1.我国少数民族，参看附表。2.蒙古国的主要民族。［内蒙古］我国少数民族自治区，1947年5月建立。

㊀ méng 见337页。
㊁ mēng 见337页。

獴 měng ㄇㄥ měng ㄇㄥ (又)哺乳动物的一类，身体长，脚短，嘴尖，耳朵小。捕食蛇、蟹等，如蟹獴。

蠓 měng ㄇㄥ 蠓虫，昆虫名。比蚊子小，褐色或黑色，雌的吸人、畜的血，能传染疾病。

懵(**懜) měng ㄇㄥ ［懵懂］(一dǒng)糊涂，不明白事理。

孟 mèng ㄇㄥˋ ❶旧时兄弟姊妹排行(háng)有时用孟、仲、叔、季做次序，孟是老大：～兄。～孙。❷指夏历一季中月份在开头的：～春(春季第一月)。～冬(冬季第一月)。

［孟浪］鲁莽，考虑不周到：此事不可～～。

梦(夢) mèng ㄇㄥˋ ❶睡眠时体内体外各种刺激或残留在大脑里的外界刺激引起的影像活动。做梦：～游。～见。❸比喻幻想：～想。

MI ㄇㄧ

咪 mī ㄇㄧ ❶拟声词，猫叫声。❷微笑的样子(叠)：笑～.

眯(*瞇) ㊀ mī ㄇㄧ ❶眼皮微微合拢：在床上～(合眼养神)一会儿。❷眯缝：～着眼笑。他～起眼睛看了半天.
㊁ mí 见本页.

弥(彌、❹瀰) mí ㄇㄧ ❶满，遍：～月(小孩满月)。～天大罪。❷补，合(迤一补)。❸更加：～坚。欲盖～彰。❹[弥漫](一màn)1.水满。2.到处都是，充满：硝烟～～.

祢(禰) mí ㄇㄧ (旧读nǐ)姓.

猕(獼) mí ㄇㄧ [猕猴]哺乳动物，面部红色无毛，有颊囊，尾短，臀尤显著。产于亚洲南部和我国西南等地.

迷 mí ㄇㄧ ❶分辨不清，失去了辨别、判断的能力：～了路。[迷彩]使人迷惑以致难分辨的色彩：～～服。[迷信]盲目地信仰和崇拜。特指信仰神仙鬼怪等。❷醉心于

某种事物，发生特殊的爱好(hào)：入～.～恋。❸沉醉于某种事物的人：棋～.球～.戏～。❹使人陶醉：景色～人.

眯(*瞇) ㊀ mī ㄇㄧ 尘土入眼，不能睁开看东西.
㊁ mī 见本页.

谜(**謎) mí ㄇㄧ 谜语，影射事物或文字的隐语：灯～.～底.⑪还没有弄明白的或难以理解的事物.

醚 mí ㄇㄧ 有机化合物的一类，通式是 R—O—R′. 乙醚是医药上常用的麻醉剂.

糜 ㊀ mí ㄇㄧ ❶粥。❷糜烂，烂到难以收拾：～烂不堪。❸浪费：～费钱财.
㊁ méi 见 335 页.

縻 mí ㄇㄧ ❶牛缰绳。❷系(jì)，捆，拴。[羁縻]⑪牵制，笼络.

靡 ㊀ mí ㄇㄧ 浪费(迤奢一)：不要～费公共财物.
㊁ mǐ 见 340 页.

蘪 mí ㄇㄧ [蘪芜](一wú)古书上指芎䓖(xiōngqióng)的苗。

醾 mí ㄇㄧˊ [酴醾](tú—)重(chóng)酿的酒,即酴酒。

麋 mí ㄇㄧˊ 野兽名。就是麋鹿,又叫"四不像"。头似马,身似驴,蹄似牛,角似鹿,全身灰褐色。是一种珍贵动物。

米 mí ㄇㄧˊ ❶谷类或其他植物子实去了壳的名称:小~.花生~.特指去了壳的稻实:买一袋~.[虾米]去了壳的干虾肉,也指虾。❷(外)国际单位制长度的主单位(旧名公尺),1米合市制3尺,符号m。

洣 mí ㄇㄧˊ 洣水,水名,在湖南省。

脒 mí ㄇㄧˊ 有机化合物的一类,是含有

$$HC \begin{array}{c} \diagup NH \\ \diagdown NH_2 \end{array}$$

的化合物。

敉 mí ㄇㄧˊ 安抚,安定。

芈 mí ㄇㄧˊ ❶羊叫。❷姓。

弭 mí ㄇㄧˊ 止,息:水患消~.

靡 ⊖ mí ㄇㄧˊ ❶无,没有:~日不思.❷倒下:望风

披~.

⊖ mí 见 339 页。

汨 mì ㄇㄧˋ [汨罗江]水名,在湖南省。

觅(*覔) mì ㄇㄧˋ 找,寻求(叠寻—):~食.~路.

泌 ⊖ mì ㄇㄧˋ 分泌,从生物体里产生出某种物质:~尿.

⊖ bì 见 25 页。

宓 mì ㄇㄧˋ 安,静。

秘(*祕) ⊖ mì ㄇㄧˋ (又读 bì)不公开的,不让大家知道的(叠密):~方.~诀.[秘书]掌文书并协助负责人处理日工作的人员。[便秘]大便燥、困难、次数少的症状。

⊖ bì 见 25 页。

密 mì ㄇㄧˋ ❶事物和事物间距离短,空隙小,跟"稀""疏"相反(叠稠—):~植.我国沿海人口稠~.声音越来越~.(憲)精致,细致:~.细~.❷关系近,感情(憲亲—):~友.他们两个很亲~.[密切]紧密,亲密:关系~.~地配合~.公开:~谋.~谈.~码电~.(引)秘密的事物:保~.

谧 mì ㄇㄧˋ 安静(逾安—)。

嘧 mì ㄇㄧˋ [嘧啶](—dìng)有机化合物,分子式 $C_4H_4N_2$,无色结晶,有刺激性气味,溶于水、乙醇和乙醚,供制化学药品。

蜜 mì ㄇㄧˋ ❶蜂蜜,蜜蜂采取花的甜汁酿成的东西。❷甜美:甜言～语.[蜜饯]用蜜、糖浸渍果品。又指用蜜、糖浸渍的果品。

幂(*冪) mì ㄇㄧˋ ❶覆盖东西的巾。❷覆盖,遮盖。❸表示一个数自乘若干次的形式叫幂。如 t 的 n 次的幂为 t^n.[乘幂]一个数自乘若干次的积数。也叫"乘方"。如 5 的 4 乘方又叫 5 的 4 乘幂或 5 的 4 次幂。

蓂 ㊀ mì ㄇㄧˋ 见 522 页"蓂"字条"蓂荚"(xī—)。
㊁ míng 见 346 页。

MIAN ㄇㄧㄢ

眠 mián ㄇㄧㄢˊ ❶睡觉(逾睡—):安～.失～.长～(人死)。❷蚕在蜕皮时像睡那样不吃不动:蚕三～了.[冬眠]蜗牛、蛇、蛙、蝙蝠等动物在冬季不食不动。也叫"入蛰"(zhé)。

绵(*緜) mián ㄇㄧㄢˊ ❶(一子)蚕丝结成的片或团,供絮衣被、装墨盒等用。也叫"丝绵"。❷性质像丝绵的。1.软弱,单薄:～薄. 2.延续不断:～延.

棉 mián ㄇㄧㄢˊ ❶草棉,一年生草本植物,叶掌状分裂,果实像桃。种子外有白色的絮,絮是供纺织及薯衣被用的棉花。种子可以榨油。[木棉]落叶乔木,生在热带、亚热带,叶是掌状复叶。种子上有白色软毛,可以装枕褥等。木材可造船。❷棉花,草棉的棉絮:～衣.～线.

丏 mián ㄇㄧㄢˊ 遮蔽,看不见。

沔 mián ㄇㄧㄢˊ 沔水,水名,汉水的上流,在陕西省。

免 mián ㄇㄧㄢˊ ❶去掉,除掉:～冠.～职.～费.❷避免:～疫.做好准备,以～临时抓瞎.❸勿,不可:闲人～进.

勉 mián ㄇㄧㄢˊ ❶勉力,力量不够还尽力做:～为其难(nán).[勉强](—qiǎng)1.尽力:～着支持下去. 2.刚刚地够,不充足:这种说法很～～(理由不充足).勉勉强强及格.**3.** 不是心甘情愿的:~~答应.**4.** 让人去做不愿做的事:不要~他.❷勉励,使人努力:互~,有则改之,无则加~.

娩 miǎn ㄇㄧㄢˇ 分娩,妇女生孩子。

冕 miǎn ㄇㄧㄢˇ 古代地位在大夫以上的官戴的礼帽。后代专指帝王的礼帽:加~.

鮸 miǎn ㄇㄧㄢˇ 鮸鱼,鱼名,又叫"鳖(mǐn)鱼"。身体长形而侧扁,棕褐色,生活在海中,肉可以吃。

勔 miǎn ㄇㄧㄢˇ 勉力,勤勉。

湎 miǎn ㄇㄧㄢˇ 沉迷(多指喝酒)。

缅 miǎn ㄇㄧㄢˇ 遥远:~怀.~想。

靦 ⊖ miǎn ㄇㄧㄢˇ [靦覥](—tiǎn)同"腼腆"。
⊜ tiǎn 见488页。

腼 miǎn ㄇㄧㄢˇ [腼腆](—tiǎn)害羞,不敢见生人:这孩子太~~。

渑(澠) ⊖ miǎn ㄇㄧㄢˇ [渑池]地名,在河南省。
⊜ shéng 见446页。

面(❽-⓫**麵**、❽-⓫*麪*、❶-❼**面**) miàn ㄇㄧㄢˋ
❶面孔,脸,头的前部(鐩脸一、颜一):~前.~带笑容.[面子](—zi)**1.** 体面:爱~.丢~.**2.** 情面:大公无私,不讲~~。❷用脸对着,向着:背山~水。❸当面,直接接头的:~谈.~议。❹(—子、—儿)事物的外表,跟"里"相对:地~.水~.被~.❺几何学上称线移动所生成的图形有长有宽没有厚:平~.~积。❻方面,边,部:正~.反~.上~.下~.~~俱到。❼量词一~旗.一~镜子.一~锣。❽粮食磨成的粉:麦子~.小米~.玉米~.特指小麦磨成的粉。❾(—子、—儿)粉末:药儿.粉笔~儿。❿面条:挂~.炸酱~.一碗~。⓫食物含纤维少而柔软:这种瓜很~。

眄 miàn ㄇㄧㄢˋ 斜着眼看:顾~。

MIAO ㄇㄧㄠ

喵 miāo ㄇㄧㄠ 拟声词,形容猫叫声。

苗 miáo ㄇㄧㄠˊ ❶(—儿)般指幼小的植株:麦~

树~.[苗条]人的身材细长、好看。②(一儿)形状像苗的:笤帚~儿.火~儿.[矿苗]矿藏露出地面的部分。也叫"露(lù)头".③某些初生的饲养的动物:鱼~.④子孙后代(逄一裔).⑤疫苗,能使机体产生免疫力的微生物制剂:牛痘~.[苗族]我国少数民族,参看附表。

描 miáo ㄇㄧㄠ 依照原样摹画或重复地画(逄一摹):~花.[描写]依照事物的情状,用语言或线条、颜色表现出来:他很会~~景物.

鹋 miáo ㄇㄧㄠ 见120页"鸸"字条"鸸鹋"(ér—)。

瞄 miáo ㄇㄧㄠ 把视力集中在一点上,注意看:枪得准.[瞄准]对准目标,使射出或扔出的东西能够命中。

秒 miáo ㄇㄧㄠ 树枝的细梢(逄一)末尾:岁~.月~.

眇 miǎo ㄇㄧㄠ ①瞎了一只眼睛。后也泛指瞎了眼睛。②细小。

秒 miǎo ㄇㄧㄠ ①谷物种子壳上的芒。②单位:1.圆周的一分的六十分之一。2.经纬度的一分的六十分之一。3.时间的一分钟的六十分之一。

渺(②*淼) miǎo ㄇㄧㄠ ①微小:~小。②水势辽远:浩~.[渺茫]离得太远看不清楚。⑧看不见前途的或没有把握的:这件事~~得很.

注:"淼"多用于人名。

缈 miǎo ㄇㄧㄠ 见381页"缥"字条"缥缈"(piāo—)。

藐 miǎo ㄇㄧㄠ 小(逄一小):~视.

邈 miǎo ㄇㄧㄠ 远。

妙(*玅) miào ㄇㄧㄠ ①美,好:~品.~不可言。②奇巧,神奇(逄一):~计.~诀.~用。

庙(廟) miào ㄇㄧㄠ ①旧时供祖宗神位的地方:家~.②供神佛或历史上有名人物的地方:龙王~.孔~.③庙会,设在寺庙里或附近的集市:赶~.

缪 ㊀ miào ㄇㄧㄠ 姓。
㊁ móu 见350页。
㊂ miù 见346页。

MIE ㄇㄧㄝ

乜 ㊀ miē ㄇㄧㄝ [乜斜](—xie)1.眼睛因困倦而眯

成一条缝:~~的睡眼. 2.眼睛略眯而斜着看,多指不满意或看不起的神情.

〇 niè 见 362 页.

咩(*哔) miē ㄇㄧㄝ 拟声词,羊叫的声音.

灭(滅) miē ㄇㄧㄝ ❶火熄(叠熄—):~火器. ~灯. 火~了. ❷完,尽,使不存在(叠消一):消~敌人. 功绩不会磨~. 长自己的志气,~敌人的威风. ❸被水漫过:~顶.

蔑(❸衊) miē ㄇㄧㄝ ❶无,没有:~以复加. ❷小:~视(看不起,轻视). ❸涂染. [诬蔑][污蔑]造谣毁坏别人的名誉.

篾 miē ㄇㄧㄝ (一子、一儿)劈成条的竹片:竹~子. 泛指劈成条的芦苇、高粱等茎皮:苇~儿.

蠛 miē ㄇㄧㄝ [蠛蠓](一měng)古书上指蠓. 见 338 页"蠓".

MIN ㄇㄧㄣ

民 mín ㄇㄧㄣ ❶人民:为国为~. [民主]1.指人民有管理国家和自由发表意见的权利. 2.根据大多数群众意见处理问题的工作方式:作风~~. 既要有~~,又要有集中. [公民]在一国内有国籍,享受法律上规定的公民权利并履行公民的义务的人. [国民]指具有某国国籍的人. ❷指人或人群. [民族]历史上形成的人的稳定的共同体. 有共同语言、共同地域、共同经济生活和表现于共同文化上的共同心理素质. [居民]在一个地区内较长时期固定居住,并且取得正式户籍的人或人群. ❸民间的:~俗. ~歌. ❹指从事不同职业的人:农~. 牧~. 渔~. ❺非军事的:~用. ~航. ❻同"苠".

苠 mín ㄇㄧㄣ 庄稼生长期较长,成熟期较晚,也作"民":~穄子(cǎnzi). ~高粱. 黄谷子比白谷子~.

岷 mín ㄇㄧㄣ 岷山,山名,在四川省北部,绵延于川、甘两省边境.

珉 mín ㄇㄧㄣ 像玉的石头.

缗 mín ㄇㄧㄣ ❶古代穿铜钱用的绳. ❷钓鱼的绳.

旻 mín ㄇㄧㄣ ❶天,天空:~天. 苍~. ❷秋天.

皿 mǐn ㄇㄧㄣˇ 器皿,盘、盂一类的东西。

冈 mǐn ㄇㄧㄣˇ 忧患(多指疾病死丧)。

悯 mǐn ㄇㄧㄣˇ ❶哀怜(逢怜—):其情可~。❷忧愁。也作"愍"。

闽 mǐn ㄇㄧㄣˇ 福建省的别称。

抿 mǐn ㄇㄧㄣˇ ❶刷,抹:~了~头发。❷收敛:~着嘴笑。水鸟一~翅,往水里一扎.⑤收敛嘴唇,少量沾取:他真不喝酒,连~都不~.

泯 mǐn ㄇㄧㄣˇ 消灭(逢—灭)。

滑 mǐn ㄇㄧㄣˇ 古谥号用字。

愍(**惽) mǐn ㄇㄧㄣˇ 同"悯"。

黾(黽勉)[勉] mǐn ㄇㄧㄣˇ (—miǎn)努力,勉力。

敏 mǐn ㄇㄧㄣˇ ❶有智慧,反应迅速,灵活(逢—捷、灵—):~感.~锐.机~.敬谢不~(婉转表示不愿意做)。❷努力:~行不息.

蟊 mǐn ㄇㄧㄣˇ 蟊鱼,就是鲵鱼。

MING ㄇㄧㄥ

名 míng ㄇㄧㄥˊ ❶(—儿)名字,人或事物的称谓:您给他起个~儿吧.[名词]表示人、地、事、物的名称的词,如学生、北京、戏剧、桌子等.❷叫出,说出:无以~之.莫~其妙.❸名誉,声誉:有~.出~.不为~,不为利.⑤有声誉的,大家都知道的:~医.~将.~胜.~产.❹量词,用于人:学生四~.

茗 míng ㄇㄧㄥˊ ❶茶树的嫩芽。❷茶:香~.品~.

洺 míng ㄇㄧㄥˊ 洺河,水名,在河北省。

铭 míng ㄇㄧㄥˊ ❶刻在器物上记述生平、事业或警惕自己的文字:墓志.座右~.❷在器物上刻字:~诸肺腑(喻永记)。

明 míng ㄇㄧㄥˊ ❶亮,跟"暗"相反:~亮.天~了.~晃晃的刺刀.❷明白,清楚:说~.表~.黑白分~.情况不~.~~是他搞的.⑤懂得,了解:深~大义.❸公开,不秘密,不隐蔽,跟"暗"相反:~讲.有话~说.~码售货.~枪易躲,暗箭难防.

❹视觉，眼力：失～.❺能够看清事物：英～.精～.眼～手快.❻神明，迷信称神灵.[明器][冥器]殉葬用的器物.❼次(指日或年)：～日.～年.❽朝代名，朱元璋所建立(公元 1368—1644 年).

鸣 míng ㄇㄧㄥˊ ❶鸟兽或昆虫叫：鸟～.驴～.蝉～.❷发出声音，使发出声音：自～钟.孤掌难～.～炮.❸表达，发表(情感、意见、主张)：～谢.～不平.

冥 míng ㄇㄧㄥˊ ❶昏暗.㉠愚昧：～顽不灵.❷深奥，深沉：～思苦想.❸迷信的人称人死以后进入的世界.❹[冥蒙][溟濛](－méng)形容烟雾弥漫.

蓂 ㊀ míng ㄇㄧㄥˊ [蓂荚](－jiá)传说中尧时的一种瑞草.
㊁ mì 见 341 页.

溟 míng ㄇㄧㄥˊ 海：北～有鱼.

暝 míng ㄇㄧㄥˊ ❶日落，天黑.❷黄昏.

瞑 míng ㄇㄧㄥˊ 闭眼：～目(多指人死时心中无牵挂).

螟 míng ㄇㄧㄥˊ 螟虫，螟蛾的幼虫，有许多种，如三化螟、二化螟、大螟、玉米螟等.危害农作物.
[螟蛉](－líng)一种绿色小虫.㊉义子，抱养的孩子.也叫"螟蛉子".参看"蜾蠃"(guǒluǒ).

酩 mǐng ㄇㄧㄥˇ [酩酊](－dǐng)醉得迷迷糊糊的：～～大醉.

命 mìng ㄇㄧㄥˋ ❶生命，动物、植物的生活能力，也就是跟矿物、水等所以有区别的地方：性～.救～.拼～.❷迷信的人认为生来就注定的贫富、寿数等：算～.打卦瞎胡说.❸上级对下级的指示(㊉—令)：奉～.遵～.～令大军前进.❹给与(名称等)：～名.～题.[命中](－zhòng)射中或击中目标.❺指派，使用：～驾.～笔.

MIU ㄇㄧㄡ

谬 miù ㄇㄧㄡˋ ❶错误的，不合情理的：～论.荒～.❷差错：失之毫厘，～以千里.

缪 ㊂ miù ㄇㄧㄡˋ 见 377 页"纰"字条[纰缪](pī－).
㊀ miào 见 343 页.

㊁ móu 见 350 页。

MO ㄇㄛ

摸 mō ㄇㄛ ❶用手接触或轻轻抚摩：～小孩儿的头.～～多光滑. ❷用手探取：～鱼.从口袋里一～一张钞票来. ❸⑴1.揣测,试探：～底.我～准了他的脾气了.不清他是什么意思. 2.在黑暗中行动,在认不清的道路上行走：～营.～黑.～了半夜才到家.[摸索]多方面探求,寻找：工作经验靠大家～～.

谟 mó ㄇㄛ 计谋,计划：宏～

馍(*饝) mó ㄇㄛ 〈方〉面制食品,通常指馒头(叠).

嫫 mó ㄇㄛ [嫫母]传说中的丑妇.

摹 mó ㄇㄛ 仿效,照着样子做：临～.把这个字～下来.

模 ㊀ mó ㄇㄛ ❶法式,规范：楷～.[模型]依照原物或计划中的事物(如建筑)的形式做成的物品.[模特儿](外)写生、雕塑时的描摹对象或参考对象,有时也指某些示范表演者：时装～～

~. ❷仿效(通一仿)：儿童常～仿成人的举止动作. ❸模范：劳～.英～.

[模糊](—hu)不分明,不清楚.

[模棱](—léng)意见或语言含糊,不肯定：～～两可.

㊁ mú 见 350 页。

膜 mó ㄇㄛ ❶(—儿)动植物体内像薄皮的组织：肋～.耳～.横膈～.苇～. ❷(—儿)像膜的薄皮：橡皮～儿.

麼 ㊀ mó ㄇㄛ [幺麼](yāo—)微小：～～小丑.
㊁ me 见 333 页"么".

嬷 mó ㄇㄛ [嬷嬷](—mo)1.旧时称奶妈为嬷嬷. 2.〈方〉称呼年老妇女.

摩 ㊀ mó ㄇㄛ ❶摩擦,蹭(cèng)：～拳擦掌.[摩挲](—suō)用手抚摩. ❷抚摩,摸：～弄.按～. ❸研究切磋.[观摩]观察之后,加以研究,吸收别人的优点：～～教学.

[摩托](外)用汽油、柴油等发动的机器：～～车.～～船.～～化部队.

㊁ mā 见 326 页。

磨 ㊀ mó ㄇㄛ ❶摩擦：～刀.～墨.[磨合]新组装

的机器经过一定时期的使用,把摩擦面上的加工痕迹磨光而变得更加密合。[磨炼][磨练]锻炼,下工夫。❷阻碍,困难(遥—难、折—):好(hǎo)事多~。❸纠缠:小孩子~人。❸拖延,耗时间:~工夫。❹逐渐消失,消灭:百世不~。这是永不—灭的真理。[消磨]1.使精力等逐渐消失:~~志气。2.消耗:大好光阴不能白白~~掉。

㊀ mò 见350页。

蘑 mó ㄇㄛˊ 蘑菇,食用蕈(xùn)类,如口蘑、松蘑。

魔 mó ㄇㄛˊ ❶迷信传说指害人性命、迷惑人的恶鬼:妖~鬼怪。恶~。[入魔]嗜好成癖,入迷:他搞无线电搞得~~了。❷不平常,奇异的:~力。~术。

劘 mó ㄇㄛˊ 切削。

抹 ㊀ mǒ ㄇㄛˇ ❶涂(遥涂—):伤口上~上点药。~上石灰。❷揩,擦:~眼泪。一~一手黑。❸除去:~零儿(不计算尾数)。~掉几个字。[抹杀][抹煞]一概不计,勾销:一笔~~。

㊁ mò 见本页。

万 ㊀ mò ㄇㄛˋ [万俟](—qí)复姓。

㊁ wàn 见506页。

末 mò ㄇㄛˋ ❶梢,尖端,跟"本"相反:~梢。本倒置。秋毫之~。细枝~节(比喻事情不重要的部分)。❷最后,终了(liǎo),跟"始"相反(遥—尾):十二月三十一日是一年的最一天。❸(—子、—儿)碎屑(遥粉—):粉笔~儿。茶叶~儿。把药材研成~儿。❹传统戏曲里扮演中年男子的角色。

抹 ㊀ mò ㄇㄛˋ 涂抹,泥(nì):他正在往墙上~石灰。

㊁ mǒ 见本页。

㊂ mā 见326页。

茉 mò ㄇㄛˋ [茉莉](—li)常绿灌木,花白色,很香,常用来熏制茶叶。2.紫茉莉,又叫"草茉莉"。一年生或多年生草本植物,花有红、白、黄、紫各色。胚乳粉质,可作化妆粉用。

沫 mò ㄇㄛˋ (—子、—儿)液体形成的许多细泡(遥泡—):肥皂~儿。唾~(tuò-mo)。

㊁ mā 见326页。

妹 mò ㄇㄛˋ 古人名用字。

秣 mò ㄇㄛˋ ❶牲口的饲料：粮～. ❷喂牲口：～马厉兵（喂马、磨兵器）.

鞳 mò ㄇㄛˋ [鞨鞳]（－hé）我国古代东北方的民族。

没 ㊀ mò ㄇㄛˋ ❶隐在水中：～入水中。㊁隐藏：深山有猛虎出～. [没落]衰落，趋向灭亡：～阶级. ❷漫过，高过：水～了头顶。庄稼都长得～人了. ❸把财物扣下：收赃款. ❹终，尽：～世（指终身，一辈子）. ❺同"殁"。

㊁ méi 见 334 页。

殁 mò ㄇㄛˋ 死。也作"没"。

陌 mò ㄇㄛˋ 田间的小路（阡陌）：～头杨柳。[陌生]生疏，不熟悉。

貉 mò ㄇㄛˋ 我国古代称东北方的民族。

冒 ㊀ mò ㄇㄛˋ [冒顿]（－dú）汉初匈奴族的一个君主名。

㊁ mào 见 333 页。

脉（*脈、**脉） ㊀ mò ㄇㄛˋ [脉脉]形容用眼神表达爱慕的情意：～～含情.

㊁ mài 见 329 页。

莫 mò ㄇㄛˋ ❶不要：闲人～入. ❷没有，无：～不欣喜. ～大的光荣. [莫非]难道：～～是他回来了吗？[莫逆]朋友之间感情非常好：～～之交. [莫须有]也许有。后用来表示凭空捏造。❸不：变化～测. ❹[莫邪]（－yé）古宝剑名。

〈古〉又同"暮"。

蓦 mò ㄇㄛˋ 突然，忽然：他～地站起来.

漠 mò ㄇㄛˋ ❶地面为沙石覆盖，缺乏流水，气候干燥，植物稀少的地区。[广漠]广大看不到边际。❷冷淡地，不经心地：～视. ～不关心.

寞 mò ㄇㄛˋ 寂静，清静（寂寞）：～. ～然.

镆 mò ㄇㄛˋ [镆铘]（－yé）同"莫邪"。

瘼 mò ㄇㄛˋ 病：民～（人民的痛苦）.

貘 mò ㄇㄛˋ 哺乳类动物。像猪而略大，鼻子圆而长，能伸缩。产于热带，善游泳。

嘿 ㊀ mò ㄇㄛˋ 闭口不说话。同"默"。

㊁ hēi 见 186 页。

墨 mò ㄇㄛ ❶写字绘画用的黑色颜料:一锭~.~汁.❷写字、绘画或印刷用的各色颜料:红~.蓝~.❸名家写的字或画的画:~宝.❹黑色或近于黑色的:~晶(黑色的水晶).~菊.❺贪墨,贪污:~吏.❻古代的一种刑罚,在脸上刺刻涂墨.

默 mò ㄇㄛ 不说话,不出声(叠):沉~.~~不语.~读.~写(凭记忆写出).~认(心里承认).

磨 ⊖ mò ㄇㄛ ❶把粮食弄碎的工具:石~.电~.❷用磨把粮食弄碎:~豆腐.~面.❸掉转:小胡同不能~车.
⊖ mó 见347页.

磨 mò ㄇㄛ [磨石渠]地名,在山西省.

糖 mò ㄇㄛ 耢(lào).

MOU ㄇㄡ

哞 mōu ㄇㄡ 拟声词,牛叫的声音.

牟 ⊖ móu ㄇㄡ 贪取:投机商哄抬物价,借机~利.
⊜ mù 见352页.

侔 móu ㄇㄡ 相等,齐.

眸 móu ㄇㄡ (一子)眼中瞳人,泛指眼睛:凝~远望.

蛑 móu ㄇㄡ 见593页"蝤"字条"蝤蛑"(yóu—).

谋 móu ㄇㄡ ❶计划,计策,主意(圉—略、计—):有勇无~.❷设法寻求:~职.为人民~幸福.❸商议:不~而合.

缪 ⊖ móu ㄇㄡ [绸缪](chóu—)1.修缮:未雨~~(喻事先做好准备).2.缠绵:情意~~.
⊜ miào 见343页.
⊜ miù 见346页.

鍪 móu ㄇㄡ 古代的一种锅.[兜鍪]古代打仗时戴的盔.

某 mǒu ㄇㄡ 代替不明确指出的人、地、事、物等用的词:~人.~国.~天.张~.~~学校.

MU ㄇㄨ

毪 mú ㄇㄨ 毪子,西藏产的一种氆氇(pǔlu).

模 ⊖ mú ㄇㄨ (一儿)模子:字~儿.铜~儿.[模子](—zi)用压制或浇灌的方

法制造物品的工具。[模样]形状，容貌。

㊀见347页。

母 mó ㄇㄛˊ ❶母亲，妈妈，娘：～系．～性．❷对女性长辈的称呼：姑～．舅～．姨～．❸雌性的：～鸡．这口猪是～的．❹事物所从产生出来的：～校．～株．工作机．失败为成功之～．❺一套东西中间可以包含其他部分的：子～环．子～扣．螺丝～．[母音]见602页"元"字条"元音"。

拇 mǔ ㄇㄨˇ 拇指，手脚的大指。

姆 mǔ ㄇㄨˇ 保姆，负责照管儿童或料理家务的女工。

牳 mǔ ㄇㄨˇ 牛名。

牡 mǔ ㄇㄨˇ 雄性的鸟、兽，跟"牝"相对。又指植物的雄株：～麻．

亩（畝） mǔ ㄇㄨˇ 土地面积单位，一般以60平方丈为1市亩。

姥 ㊀mǔ ㄇㄨˇ 年老的妇人。
㊁lǎo 见286页。

木 mù ㄇㄨˋ ❶树木，树类植物的通称。[木本植物]具有木质茎的植物，如松柏等。❷木头，供制器物或建筑用的木料：～材．枣～．杉～．❸用木料制成的：～器．～犁．❹棺材：棺～．行将就～．❺感觉不灵敏，失去知觉（遥麻一）：手脚麻～．舌头发～．

沐 mù ㄇㄨˋ 洗头：栉(zhì)风～雨（喻奔波辛苦）。[沐浴]洗澡。

霂 mù ㄇㄨˋ 见329页"霡"字条"霡霂"(mài—)。

目 mù ㄇㄨˋ ❶眼睛：～瞪口呆．～空一切（自高自大）．[目标]1.射击、攻击或寻求的对象：对准～～射击．不要暴露～～．2.想达到的境地：实现四个现代化是我们奋斗的～～．[目前][目下]眼前，现在。❷看：一～了然．❸大项中再分的小项：大纲细～．❹项：剧～．书～．❺计算围棋比赛输赢的单位。

苜 mù ㄇㄨˋ [苜蓿](—xu)多年生草本植物，叶子长圆形，花紫色，果实为荚果。可以喂牲口、做肥料。

钼 mù ㄇㄨˋ 一种金属元素，符号 Mo，银白色，在空气中不易变化。可与铝、铜、铁等制成合金。为电子工业重要材料。

仫 mù ㄇㄨ [仫佬族](—lǎo—)我国少数民族，参看附表。

牟 (一) mù ㄇㄨ [牟平]地名，在山东省。
(一) móu 见 350 页。

牧 mù ㄇㄨ 放养牲口：～羊.～童.～场.畜～业.游～.[牧师]基督教的教士，管理教堂及礼拜等事务。

募 mù ㄇㄨ 广泛征求：～捐.～了一笔款。

墓 mù ㄇㄨ ❶埋死人的地方(逾坟一)：公～.烈士～. ❷与墓相关的：～碑.～地.～道.

幕 mù ㄇㄨ ❶帐。1.覆盖在上面的(逾帐一). 2.垂挂着的：银～.开～. [内幕]内部的实际情形(多指隐秘的事)。[黑幕]暗中作弊捣鬼的事情。 ❷古代将帅办公的地方：～府. ❸话剧或歌剧的较完整的段落：独～剧.
〈古〉同沙漠的"漠"(mò)。

暮 mù ㄇㄨ ❶傍晚，太阳落的时候：朝(zhāo)～.
[暮气]逾精神衰颓，不振作。 ❷晚，将尽：～春.～年.天寒岁～.

慕 mù ㄇㄨ ❶羡慕，仰慕：～名. ❷思念：思～.

睦 mù ㄇㄨ 和好，亲近(逾和一)：～邻(同邻家或邻国和好相处).

穆 mù ㄇㄨ ❶温和。 ❷恭敬(逾肃一)(叠).

N ㄋ

N ㄋ

唔 (一) ń ㄋ (又)同"嗯(一)"。
(一) wú 见 518 页。
(一) ńg 见 358 页。

嗯 (一) ń ㄋ (又)见 358 页 ńg.

嗯 (**唔) (一) ň ㄋ (又)见 358 页 ňg.

嗯 (**呢) (一) ǹ ㄋ (又)见 358 页 ǹg.

NA ㄋㄚ

那 (一) nā ㄋㄚ 姓。
(一) nà 见 353 页。
(一) nèi 见 358 页。

拿(*挐) ná ㄋㄚˊ ❶用手取，握在手里：～笔．～枪．～张纸来．～着镰刀割麦子．❷掌握，把握：～主意．做好做不好，我可一不稳．[拿手]擅长：～好戏．做这样的事，他很～．❸拿捏，挟(xié)制：这样的事～不住人．❹侵蚀，侵害：这块木头让药水～白了．❺逮捕，捉(逮捉一)：～获．猫～老鼠．❻把：我～你当朋友看待．❼用：～这笔钱做身制服．

镎 ná ㄋㄚˊ 一种放射性元素，符号 Np．

哪 ㊀ nǎ ㄋㄚˇ 代词．1. 表示疑问，后面跟量词或数量词，要求在所范围中有所确定：你喜欢读一种书？[哪儿][哪里]什么地方：你在～～住？～～有困难，就到～～去．㊯用于反问句：我～～知道？(我不知道)他～～笨啊？(他不笨)这项工作一个人～～能做好？(一个人做不好) 2. 表示反问：没有耕耘，～有收获．

㊁ něi 见 357 页．

㊂ na 见 354 页．

㊃ né 见 357 页．

那 ㊀ nà ㄋㄚˋ 代词，指较远的时间、地方或事物，跟"这"相反：～时．～里．～个．～样．～些．[那么][那末] (一me)1. 那样：就～～办吧．要不了～～多．～～大．～个脾气．2. 承接连词，跟前面"如果""若是"等相应：如果敌人不投降，～～就消灭他．

㊁ nèi 见 358 页．

㊂ nā 见 352 页．

娜 ㊀ nà ㄋㄚˋ 用于人名．

㊁ nuó 见 366 页．

呐 nà ㄋㄚˋ [呐喊]大声喊：摇旗～．

纳 nà ㄋㄚˋ ❶收入，放进：出～．吐故～新．㊄1. 接受：采～建议．2. 享受：～凉．❷缴付：～税．缴～公粮．❸补缀，缝补，现在多指密密地缝：～鞋底．

[纳西族]我国少数民族，参看附表．

肭 nà ㄋㄚˋ 见 504 页"腽"字条"腽肭"(wà一)．

钠 nà ㄋㄚˋ 一种金属元素，符号 Na，质地软，能使水分解放出氢，平时把它贮藏在煤油里．钠的化合物很多，如食盐(氯化钠)、智利硝石（硝酸钠）、纯碱（碳酸钠）等。

衲 nà ㄋㄚˋ ❶僧衣。⑱僧人：老～. ❷同"纳❸"：百～衣.

捺 nà ㄋㄚˋ ❶用手按。❷（一儿）汉字从上向右斜下的笔画（丶）："人"字是一撇一～.

哪 ㊄ na・ㄋㄚ 助词，"啊"受到前一字韵母 n 收音的影响而发生的变音：同志们，加油干～！

㊀ nǎ 见 353 页.
㊁ něi 见 357 页.
㊃ né 见 357 页.

NAI ㄋㄞ

乃（*迺、*廼） nǎi ㄋㄞˇ ❶你，你的：～父．～兄. ❷才：吾求之久矣，今～得之. ❸竟：～至如此. ❹是，为：失败～成功之母. ❺就，于是：老师走进教室，同学起立致敬后～就坐.

芗 nǎi ㄋㄞˇ [芋芗]就是芋头，也作"芋奶".

奶（*嬭） nǎi ㄋㄞˇ ❶乳房，哺乳的器官. ❷乳汁：牛～. ～油. ～粉. ❸用自己的乳汁喂孩子：～孩子.
[奶奶]1.祖母. 2.对老年妇人的尊称：老～～.

氖 nǎi ㄋㄞˇ 一种化学元素，在通常条件下为气体，符号 Ne，无色无臭，不易与其他元素化合。真空管中放入少量的氖气，通过电流，能发出红色的光，可做霓虹灯.

奈 nài ㄋㄞˋ 奈何，怎样，如何：无～. 怎～. 无～何（无可如何，没有办法可想）.

柰 nài ㄋㄞˋ （一子）落叶小乔木，花白色，果小，可做苹果砧木.

萘 nài ㄋㄞˋ 一种有机化合物，分子式 $C_{10}H_8$，无色晶体，有特殊气味，容易挥发。过去用的卫生球就是萘制成的.

佴 ㊀ nài ㄋㄞˋ 姓.
㊁ èr 见 120 页.

耐 nài ㄋㄞˋ 受得住，禁(jīn)得起：～劳. ～用. ～火砖. [耐心]不急躁，不厌烦：～说服.

鼐 nài ㄋㄞˋ 大鼎.

褦 nài ㄋㄞˋ [褦襶]（一dài）不晓事，不懂事.

NAN ㄋㄢ

囝 ㊀ nān ㄋㄢ〈方〉同"囡".
㊁ jiǎn 见 224 页.

囡 nān ㄋㄢ〈方〉小孩儿.

男 nán ㄋㄢ ❶男子,男人:
～女平等.～学生.❷儿
子:长(zhǎng)～.❸我国古
代五等爵位的第五等:～爵.

南 nán ㄋㄢ 方向,早晨面
对太阳右手的一边,跟
"北"相对:～方.指～针.

喃 nán ㄋㄢ [喃喃]小声叨
唠:～～自语.

楠(*柟、*枏) nán
ㄋㄢ 楠
木,常绿乔木,木材坚固,是
贵重的建筑材料.又可做船
只、器物等.

难(難) ㊀ nán ㄋㄢ ❶
不容易(龚艰
一):～事.～题.～写.～产.
～得.❷不大可能:～免.～
保.[难道]副词,加强反问语
气:河水～～会倒流吗?他们
能完成任务,～～我们就不
能吗?❸使人不好办:这可真
～住他了.[难为](－wei)1.
令人为难:他不会跳舞,就别

～～他了.2.亏得,表示感
谢:这么冷天～～你还来看
我.～～你把机器修好了.❹
不好:～听.～看.
〈古〉又同"傩"(nuó).
㊁ nàn 见本页.

赧 nǎn ㄋㄢ 因羞惭而脸
红:～然.～颜.

腩 nǎn ㄋㄢ〈方〉牛肚子上
的肥肉.

蝻 nǎn ㄋㄢ（－子、－儿）
仅有翅芽还没生成翅膀
的蝗虫.

难(難) ㊁ nàn ㄋㄢ ❶灾
患,困苦(龚灾
一、患一):～民.遭～.逃～.
❷诘责:非～.责～.
㊀ nán 见本页.

NANG ㄋㄤ

囊 ㊀ nāng ㄋㄤ [囊膪]
(－chuài)见 67 页"膪"字
条.
㊁ náng 见本页.

囔 nāng ㄋㄤ [囔囔](－
nang)小声说话.

囊 ㊀ náng ㄋㄤ 口袋:探
取物(喻极容易).[囊
括]全部包罗:～～四海.
～本次比赛全部金牌.
㊁ nāng 见本页.

馕 ㊀náng ㄋㄤ (维)一种烤制成的面饼。
㊁nǎng 见本页。

曩 nǎng ㄋㄤ 从前的,过去的:～日。～者(从前).

攮 nǎng ㄋㄤ 用刀刺:用刺刀～死了敌人。[攮子](-zi)短而尖的刀.

馕 ㊀nǎng ㄋㄤ 拚命地往嘴里塞食物.
㊁náng 见本页。

齉 (**儾) nàng ㄋㄤ 鼻子堵住,发音不清:～鼻儿.

NAO ㄋㄠ

孬 nāo ㄋㄠ 〈方〉❶不好,坏:人品～。❷怯懦,没有勇气:这人太～.～种.

呶 náo ㄋㄠ 喧哗(叠):～～不休.

挠(撓) náo ㄋㄠ ❶扰乱,搅:阻～.❷弯曲:不屈不～(喻不屈服).百折不～(喻有毅力).❸搔,抓:～痒痒.

铙(鐃) náo ㄋㄠ ❶铜质圆形的打击乐器,比钹大。❷古代军中乐器,像铃铛,但没有中间的锤。

蛲(蟯) náo ㄋㄠ 蛲虫,大肠里的一种寄生虫,长约1厘米,白色线状;雌虫在夜里爬到肛门处产卵,多由手、水或食物传染.

恼(憹) náo ㄋㄠ 懊恼,痛悔.

猫(**嶩) náo ㄋㄠ 古山名,在今山东省临淄附近.

硇(**硇、**碯) náo ㄋㄠ

[硇砂]一种矿物,黄白色粉末或块状,味辛咸,是氯化铵的天然产物。工业上用来制干电池,焊接金属。医药上可做祛痰剂。[硇洲]岛名,在广东省湛江附近海中。

猱 náo ㄋㄠ 古书上说的一种猴.

嶩 náo ㄋㄠ 同"猫".用于人名.

垴 náo ㄋㄠ 〈方〉山岗、丘陵较平的顶部,多用于地名.

恼(惱) nǎo ㄋㄠ ❶发怒,怂恨:羞成怒.你别～我.❷烦闷,苦闷(逮烦—、苦—)。

脑(腦) nǎo ㄋㄠˊ ❶(一子)人和高等动物神经系统的主要部分,在颅腔里,分大脑、小脑、中脑、间脑、延髓等部分,主管感觉和运动。人的脑子又是主管思想、记忆等心理活动的器官。[脑筋][脑子]⑭指思考、记忆等能力:开动～～.❷(一儿)形状或颜色像脑子的东西:豆腐～儿.

瑙 nǎo ㄋㄠˊ 见 327 页"玛"字条"玛瑙"(mǎ一).

闹(鬧) nào ㄋㄠˋ ❶不安静。1.人多声音杂:～市.2.喧哗,搅扰:不要～了! ⑨戏耍,耍笑:～着玩儿.❷发生(疾病或灾害):～病.～嗓子～水灾.～蝗虫.❸发泄,发作:～情绪.～脾气.❹搞,弄:～生产.～革命.把问题～清楚.

淖 nào ㄋㄠˋ 烂泥.

淖尔(蒙)湖泊:达里～～(就是达里泊,在内蒙古自治区).库库～～(就是青海湖).罗布～～(就是罗布泊,在新疆维吾尔自治区).

臑 nào ㄋㄠˋ 牲畜前肢的下半截。

NE ㄋㄜ

哪 ㈣ né ㄋㄜˊ [哪吒](一zhā)神话里的神名.
㈠ nǎ 见 353 页.
㈢ něi 见本页.
㈤ na 见 354 页.

讷 nè ㄋㄜˋ 语言迟钝,不善讲话.

呢 ne·ㄋㄜ 助词。1.表示疑问(句中含有疑问词):你到哪儿去～? 怎么办～? 2.表示确定的语气:早着～.还没有来～.3.表示动作正在进行:他睡觉～.4.用在句中表示略停一下:喜欢～,就买下;不喜欢～,就不买.
㈠ ní 见 359 页.

NEI ㄋㄟ

哪 ㈢ něi ㄋㄟˇ "哪"(nǎ)和"一"的合音,但指数量时不限于一:～个.～些.～年.～几年.
㈠ nǎ 见 353 页.
㈤ na 见 354 页.
㈣ né 见本页.

馁 něi ㄋㄟˇ ❶饥饿:冻～.⑭没有勇气:气～.胜不骄,败不～.❷古称鱼腐烂为馁.

内 nèi ㄋㄟˋ ❶里面,跟"外"相反:～室.～衣.～科.～情.国～.党～.[内行](—háng)对于某种事情有经验.[内务]1.集体生活中室内的日常事务:整理～～.2.指国内事务(多指民政):～～部.❷指妻子或妻子的亲属:～人.～兄.～弟.
〈古〉又同"纳"(nà).

那 ㊀ nèi ㄋㄟˋ "那"(nà)和"一"的合音,但指数量时不限于一:～个.～些.～年.～三年.
㊁ nà 见353页.
㊂ nā 见352页.

NEN ㄋㄣ

恁 nèn ㄋㄣˋ〈方〉❶那么:～大.～高.要不了～些.
❷那:～时.～时节.

嫩 nèn ㄋㄣˋ ❶初生而柔弱,娇嫩,跟"老"相反:～芽.肉皮～.⑰1.经火力烧制的时间短:鸡蛋煮得～. 2.阅历浅,不老练:他担任主编还～了点儿.❷淡,浅:～黄.～绿.

NENG ㄋㄥ

能 néng ㄋㄥˊ ❶能力,才干,本事:各尽其～.他很有才～.[能耐](—nai)技能,能力.❷有才干的:～人.～者多劳.～手.❸能够,胜任:～耕地.～完成任务.[能动]自觉努力,积极活动的:主观～～性.～～地争取胜利.❹会(表示可能性):他还～不去吗?❺应,该:～这样不负责任.❻能量,度量物质运动的一种物理量:电～.原子～.核～.

NG ㄫ

唔 ㊀ ńg ㄫˊ ň ㄫˇ(又)同"嗯㊀".
㊁ wú 见518页.
㊂ 见352页.

嗯 ㊀ńg ㄫˊ ň ㄫˇ(又)叹词,表示疑问:～!你说什么?

嗯(**吺**)㊁ňg ㄫˇ ň ㄫˇ(又)叹词,表示不以为然或出乎意外:～!我看不一定是那么回事.～!怎么还没去?

嗯(**吪**)㊂ǹg ㄫˋ ǹ ㄫˋ(又)叹词,表示答应:～,就这么办吧.

NI ㄋㄧ

妮 nī ㄋㄧ(一子、一儿)孩子.

尼 ní ㄋㄧˊ 梵语"比丘尼"的省称。佛教指出家修行的女子。通常叫"尼姑"。

坭 ní ㄋㄧˊ ❶同"泥"。[红毛坭]〈方〉水泥。❷地名用字，如：白坭，在广东省。

呢 ㊀ ní ㄋㄧˊ （一子）一种毛织物。
[呢喃](—nán)形容燕子的叫声。
㊁ ne 见357页。

泥 ㊀ ní ㄋㄧˊ ❶土和水合成的东西。❷像泥的东西：印~(印色)．枣~．山药~.
㊁ nì 见本页。

怩 ní ㄋㄧˊ 见364页"忸"字条"忸怩"(niǔ—)。

铌 ní ㄋㄧˊ 一种金属元素，符号Nb，有光泽，主要用于制造耐高温的合金钢和电子管。旧名"钶"(kē)。

倪 ní ㄋㄧˊ 端，边际。[端倪]头绪：已略有~~.

猊 ní ㄋㄧˊ 见469页"狻"字条"狻猊"(suān—)。

霓 ní ㄋㄧˊ 副虹(参看188页"虹")。[霓虹灯]在长形真空管里装氖、水银蒸气等气体，通电时产生各种颜色的光，这种灯叫霓虹灯。多用做广告或信号。

鲵 ní ㄋㄧˊ 两栖动物，有大鲵和小鲵两种。大鲵俗称娃娃鱼，眼小，口大，四肢短，尾巴扁。生活在淡水中，肉可以吃。

麂 ní ㄋㄧˊ 小鹿。

拟(擬) nǐ ㄋㄧˇ ❶打算：~往上海．❷初步设计编制，起草：~稿．~议．~定计划．❸仿照：~作．[拟声词]摹拟事物声音的词，如"咚，砰、丁当、哐啷"等。

你 nǐ ㄋㄧˇ 代词，指称对方。

旎 nǐ ㄋㄧˇ [旖旎](yǐ—)柔和美丽：风光~~.

泥 ㊀ nì ㄋㄧˋ ❶涂抹：~墙．~炉子．❷固执，死板：拘~.
㊁ ní 见本页。

昵(*暱) nì ㄋㄧˋ 亲近(⊛亲—)。

逆 nì ㄋㄧˋ ❶方向相反，跟"顺"相反：~风．~境．~水行舟．倒行~施．❷抵触，不顺从：忠言~耳．❸背叛者或背叛者的：~产．❹迎接：~战．❺预先：~料.

匿 nì ㄋ丨ˋ 隐藏,躲避(④隐
一、藏一):～名信.

睨 nì ㄋ丨ˋ 见 379 页"睥"字
条"睥睨"(pì一).

腻 nì ㄋ丨ˋ ❶食物油脂过
多:油～.肥～.[细腻]
1.光滑.2.细致.❷腻烦,因
过多而厌烦:玩～了.听～
了.❸积污,污垢:尘～.

溺 ㊀ nì ㄋ丨ˋ ❶淹没:～死.
❷沉迷不悟,过分:～
信.～爱.
㊁ niào 见 362 页.

NIA ㄋ丨ㄚ

嗯 niā ㄋ丨ㄚ 〈方〉助词,表
示希望:来～.

NIAN ㄋ丨ㄢ

拈 niān ㄋ丨ㄢ 用手指搓捏
或拿东西:～须.花.
～阄(抓阄儿).

蔫 niān ㄋ丨ㄢ 植物因失去
水分而萎缩:花～了.菜
～了.⑨精神不振,不活泼.

年(＊秊) nián ㄋ丨ㄢ ❶
地球绕太阳一
周的时间.现行历法规定平
年 365 日,闰年 366 日.⑨1.
年节,一年的开始:过～.～
画.2.时期:光绪～间.民国

初～.[年头儿]1.全年的时
间:看看已是三个～～了.2.
时代:那～～～穷人可真苦
哇.3.庄稼的收成:今年～～
～真好,比去年多收一倍～
每年的～会.～产量.❸年
纪,岁数(④一龄、一岁):～
老.～轻.⑨人一生所经年岁
的分期:青～.壮～.❹年景,
年成,收成:丰～.

粘 ㊀ nián ㄋ丨ㄢ ❶同
"黏".❷姓.
㊀ zhān 见 620 页.

鲇 nián ㄋ丨ㄢ 鲇鱼,鱼名.
头大,口宽,尾侧扁,皮
有黏质,无鳞,可吃.

鲶 nián ㄋ丨ㄢ 鲶鱼,即鲇
鱼.

黏 nián ㄋ丨ㄢ 像胶水或糨
糊所具有的能使物体粘
(zhān)合的性质:～液.这江
米很～.

捻(＊撚) niǎn ㄋ丨ㄢ ❶
用手指搓转
(zhuàn):～线.～麻绳.❷
(一子、一儿)用纸、布条等搓
成的像线绳样的东西:纸
儿.药～儿.灯～儿.

辇 niǎn ㄋ丨ㄢ (旧读 liǎn)
古时用人拉着走的车
子,后来多指皇帝、皇后坐的

车子。

撵 niǎn ㄋㄧㄢˇ ❶驱逐,赶走:～走.～出去.❷追赶:他～不上我.

碾 niǎn ㄋㄧㄢˇ ❶(一子)把东西轧碎或压平的器具:石～.汽～.❷轧(yà),滚压:～米.～药.

蹍 niǎn ㄋㄧㄢˇ 〈方〉踩。

廿 niàn ㄋㄧㄢˋ 二十:～四史.

念(❷*唸) niàn ㄋㄧㄢˋ ❶惦记,常常地想(叠惦一):不～旧恶.深切怀～已故的老一辈无产阶级革命家.[念头](一tou)思想,想法:不该有这种～～.❷诵读:～书.～诗.❸"廿"的大写。

埝 niàn ㄋㄧㄢˋ 用土筑成的小堤或副堤。

NIANG ㄋㄧㄤ

娘(*孃) niáng ㄋㄧㄤˊ ❶对年轻女子的称呼:渔～.新～.[姑娘](一niang)1.未婚女子的通称.2.女儿.[娘子]1.尊称青年或中年妇女(多见于早期白话).2.旧称妻.❷母亲.❸称长(zhǎng)一辈或年长的已婚妇女:大～.婶～.

酿(釀) niàng ㄋㄧㄤˋ ❶利用发酵作用制造:～酒.～造.⑨1.蜜蜂做蜜:～蜜.2.逐渐形成:～成水灾.❷指酒:佳～.

NIAO ㄋㄧㄠ

鸟(鳥) niǎo ㄋㄧㄠˇ 脊椎动物的一类,温血卵生,用肺呼吸,全身有羽毛,后肢能行走,一般前肢变为翅能飞。

茑 niǎo ㄋㄧㄠˇ 一种小灌木,茎能攀绕其他树木。[茑萝]一年生蔓草,开红色小花。

袅(*嫋、嬝) niǎo ㄋㄧㄠˇ [袅袅]1.烟气缭绕上腾的样子:炊烟～～.2.细长柔软的东西随风摆动的样子:垂杨～～.3.声音绵延不绝:余音～～.[袅娜](一nuó)1.形容草木柔软细长.2.形容女子姿态美。

嬲 niǎo ㄋㄧㄠˇ 戏弄,纠缠。

尿 ㊀ niào ㄋㄧㄠˋ ❶小便,从肾脏滤出由尿道排泄出来的液体。❷排泄小便。
　㊀ suī 见 469 页。

脲 niào ㄋㄧㄠˋ 尿素，有机化合物，分子式$CO(NH_2)_2$，无色晶体。广泛用在塑料、药剂和农业等生产中。

溺 ㊀ niào ㄋㄧㄠˋ 同"尿"。
　㊁ nì 见 360 页。

NIE ㄋㄧㄝ

捏(*揑) niē ㄋㄧㄝ ❶用拇指和其他手指夹住：～着一粒豆。❷用手指把软的东西做成一定的形状：～饺子。～泥人儿。❸假造，虚构：～造。～报。

苶 niě ㄋㄧㄝ〈方〉疲倦，精神不振：发～。～呆呆的。

乜 ㊀ niè ㄋㄧㄝ 姓。
　㊁ miē 见 343 页。

陧 niè ㄋㄧㄝ 见 519 页"杌"字条"杌陧"(wù—)。

涅 niè ㄋㄧㄝ ❶可做黑色染料的矾石。❷染黑：～齿。[涅白]不透明的白色。

聂(聶) niè ㄋㄧㄝ 姓。

嗫(囁) niè ㄋㄧㄝ [嗫嚅](—rú)口动，吞吞吐吐，想说又停止。

镊(鑷) niè ㄋㄧㄝ 镊子，夹取毛发、细刺及其他细小东西的器具。

颞(顳) niè ㄋㄧㄝ [颞颥](—rú)头颅两侧靠近耳朵上方的部分。也省称"颞"。

蹑(躡) niè ㄋㄧㄝ ❶踩：～足其间(指参加到里面去)。[蹑手蹑脚]行动很轻的样子。❷追随：～踪。

臬 niè ㄋㄧㄝ ❶箭靶子。❷古代测日影的标杆。❸标准，法式：圭～.

嵲 niè ㄋㄧㄝ 见 101 页"嵽"字条"嵽嵲"(dié—).

镍(鎳) niè ㄋㄧㄝ 一种金属元素，符号 Ni，银白色，有光泽，有延展性。可用来制造器具、货币等，镀在其他金属上可以防止生锈，是制造不锈钢的重要原料。

啮(*齧、嚙) niè ㄋㄧㄝ 咬：虫咬鼠～.

孽(*孼) niè ㄋㄧㄝ 恶因，恶事：造～.罪～.

蘖(**櫱) niè ㄋㄧㄝ 树木砍去后又

长出来的芽子:萌~.[分蘖]稻、麦等农作物的种子生出幼苗后在接近地面主茎的地方分枝.

蘖(**櫱) niè ㄋㄧㄝˊ 酒曲.

NIN ㄋㄧㄣ

您 nín ㄋㄧㄣˊ 代词,"你"的敬称.

NING ㄋㄧㄥ

宁(寧、*甯) ⊖ níng ㄋㄧㄥˊ ❶安宁.[归宁]旧时女子出嫁后回娘家看望父母. ❷使安宁:息事~人. ❸南京的别称.
⊜ nìng 见 364 页.

拧(擰) ⊖ níng ㄋㄧㄥˊ 握住物体的两端向相反的方向用力:~手巾.~绳子.
⊜ nǐng 见本页.
⊜ nìng 见 364 页.

苧(薴) ⊖ níng ㄋㄧㄥˊ 有机化合物,分子式 $C_{10}H_{16}$,是一种有香味的液体.存在于柑橘类的果皮中,供制香料.

⊜ zhù 见 648 页"苎".

咛(嚀) níng ㄋㄧㄥˊ 见 102 页"叮"字条"叮咛".

狞(獰) níng ㄋㄧㄥˊ 凶恶.见 632 页"狰"字条"狰狞"(zhēng—).

柠(檸) níng ㄋㄧㄥˊ [柠檬](—méng)常绿小乔木,产在热带、亚热带.果实也叫柠檬,椭圆形,两端尖,淡黄色,味酸,可制饮料.

聍(聹) níng ㄋㄧㄥˊ [耵聍](dīng—)耳垢,耳屎.

凝 níng ㄋㄧㄥˊ ❶凝结,液体遇冷变成固体,气体因温度降低或压力增加变成液体:油还没有~住. ❷聚集,集中:~神.~视.独坐~思.

拧(擰) ⊖ nǐng ㄋㄧㄥˇ ❶扭转,控制住东西的一部分而绞转(zhuàn):~螺丝钉.~墨水瓶盖. ❷〈方〉相反,不顺:我弄~了.别让他俩闹~了.
⊖ níng 见本页.
⊜ nìng 见 364 页.

宁(寧、*甯) ㊀ nìng ㄋㄧㄥ ❶ 连词,宁可,表示比较后做出的选择,情愿:～死不屈.～缺毋滥.❷姓.
㊁ níng 见 363 页.

拧(擰) ㊁ nìng ㄋㄧㄥ 倔强,别扭,不驯服:～脾气.
㊀ níng 见 363 页.
㊂ nǐng 见 363 页.

泞(濘) nìng ㄋㄧㄥ 烂泥.[泥泞]1. 有烂泥难走:道路～～.2. 淤积的烂泥:陷入～～.

佞 nìng ㄋㄧㄥ ❶有才智:不～(旧时的谦称).❷善辩,巧言谄媚:～口.～人(有口才而不正派的人).

NIU ㄋㄧㄡ

妞 niū ㄋㄧㄡ (一儿)女孩子.

牛 niú ㄋㄧㄡ ❶家畜名,我国产的以黄牛、水牛为主.力量很大,能耕田、拉车.肉和奶可吃.角、皮、骨可作器物.❷星宿名,二十八宿之一.

扭 niǔ ㄋㄧㄡ 转动一部分:～过脸来.～转身子.① 1. 走路时身体摇摆转动:～秧歌.一～一～地走.2. 拧伤筋骨:～了筋.～了腰. 3. 扳转,转变情势:～转局面.

狃 niǔ ㄋㄧㄡ 因袭,拘泥:～于习俗.～于成见.

忸 niǔ ㄋㄧㄡ [忸怩](—ní)不好意思,不大方的样子.

纽 niǔ ㄋㄧㄡ ❶器物上可以提起或系挂的部分:秤～.印～.(一子)纽扣,可以扣合衣物的球状物或片状物.❸枢纽:～带.

杻 ㊁ niǔ ㄋㄧㄡ 古书上说的一种树.
㊀ chǒu 见 64 页.

钮 niǔ ㄋㄧㄡ 同"纽❷".

拗(*抝) ㊂ niù ㄋㄧㄡ 固执,不驯顺:～脾气很～.
㊀ ǎo 见 7 页.
㊁ ào 见 7 页.

NONG ㄋㄨㄥ

农(農、*辳) nóng ㄋㄨㄥ ❶ 种庄稼,属于种庄稼的:送子务.～业.❷农民:菜～.老～.工～联盟.

侬(儂) nóng ㄋㄨㄥˊ ❶〈方〉你。❷我(多见于旧诗文)。

哝(噥) nóng ㄋㄨㄥˊ [哝哝](-nong)小声说话。

浓(濃) nóng ㄋㄨㄥˊ ❶含某种成分多,跟"淡"相反:～茶.～烟。❷深厚,不淡薄:兴趣正～.感情～厚.

脓(膿) nóng ㄋㄨㄥˊ 化脓性炎症病变所形成的黄白色汁液,是死亡的白细胞、细菌及脂肪等的混合物。

秾(穠) nóng ㄋㄨㄥˊ 花木繁盛。

弄 ㊀ nòng ㄋㄨㄥˋ (旧读 lòng) ❶拿着玩,戏耍(逾玩一、戏一):不要～火。❷搞,做:～好.～点水喝.～饭。❸搅扰:这消息～得人心不安。❹耍,炫耀:～手段.舞文～墨.

㊁ lòng 见 314 页。

耨(**鎒) nòu ㄋㄡˋ ❶古代锄草的器具。❷锄草:深耕易～.

奴 nú ㄋㄨˊ 旧社会中受剥削阶级压迫、剥削、役使的没有自由的人:农～.家～.[奴隶]受奴隶主奴役而没有人身自由的人。[奴役]把人当做奴隶使用。[奴才]1.旧时婢仆对主人的自称。2.指甘心供人驱使、帮助作恶的坏人。

孥 nú ㄋㄨˊ 儿子,或指妻和子:妻～.

驽(駑) nú ㄋㄨˊ 驽马,劣马,走不快的马。⑩愚钝无能:～钝.

努 (❷**抝) nǔ ㄋㄨˇ ❶尽量地使出(力量):～力。❷突出:～嘴。❸〈方〉因用力太过,身体内部受伤:箱子太重,你别扛,看～着.

弩 nǔ ㄋㄨˇ 一种利用机械力量射箭的弓。

砮 nǔ ㄋㄨˇ ❶可做箭镞的石头。❷石制箭头。

胬 nǔ ㄋㄨˇ [胬肉]一种眼病,即翼状胬肉。

怒 nù ㄋㄨˋ ❶生气,气愤:发～.～发(fà)冲冠(形容盛怒).～容满面。❷气势盛

～涛．～潮．草木～生．

[怒族]我国少数民族，参看附表．

NÜ ㄋㄩ

女 nǚ ㄋㄩ ❶女子，女人，妇女：～士．～工．男～平等．❷女儿：一儿一～．❸星宿名，二十八宿之一．

〈古〉又同"汝"(rǔ)．

钕 nǚ ㄋㄩ 一种金属元素，符号 Nd，色微黄．

恧 nǜ ㄋㄩ 惭愧．

衄(＊衂、䶊) nǜ ㄋㄩ 鼻衄，鼻子流血．

朒 nǜ ㄋㄩ 亏缺，不足．

NUAN ㄋㄨㄢ

暖(＊煖) nuǎn ㄋㄨㄢ 暖和(huo)，不冷(連温一)：风和日～．⑨使温和：～一～手．

NÜE ㄋㄩㄝ

疟(瘧) ㊀ nüè ㄋㄩㄝ 疟疾(ji)，又叫"疟子"(yàozi)．一种周期性发冷发烧的传染病．病原体是疟原虫，由疟蚊传染到人体血液中．发疟子，有的地区叫"打摆子"．

㊁ yào 见 570 页．

虐 nüè ㄋㄩㄝ 残暴(連暴一)：～待．

NUO ㄋㄨㄛ

挪 nuó ㄋㄨㄛ 移动：把桌子～一～．～用款项．

娜 ㊀ nuó ㄋㄨㄛ 见 361 页"袅"字条"袅娜"(niǎo—)．

㊁ nà 见 353 页．

傩(儺) nuó ㄋㄨㄛ 旧指驱逐瘟疫的迎神赛会．

诺(諾) nuò ㄋㄨㄛ ❶答应的声音，表示同意(叠)：唯唯～～．❷应允：～言．慨～．

喏 ㊀ nuò ㄋㄨㄛ ❶叹词，表示让人注意自己所指示的事物：～，这不就是你的那把伞？❷同"诺"．

㊁ rě 见 421 页．

锘(鍩) nuò ㄋㄨㄛ 一种人造的放射性元素，符号 No．

搦 nuò ㄋㄨㄛ 握，持，拿着：～管(执笔)．

懦 nuò ㄋㄨㄛ 怯懦，软弱无能(連—弱)：～夫．

糯（*穤、*稬） nuò ㄋㄨㄛˋ 糯稻,稻的一种,米富于黏性:～米.

O ㄛ

O ㄛ

噢 ō ㄛ 叹词,表示了解:～,就是他!,我懂了.
[噢唷][噢哟](—yō)叹词,表示惊异,痛苦:～~,这么大的西瓜!～~,好痛!

哦 ㊀ ó ㄛˊ 叹词,表示疑问、惊奇等:～,是这样的吗?～,是那么一回事.
㊁ ò 见本页.
㊂ é 见116页.

嚄 ㊀ ǒ ㄛˇ 叹词,表示惊讶:～,这是怎么搞的?
㊁ huō 见206页.

哦 ㊀ ò ㄛˋ 叹词,表示领会、醒悟:～,我明白了.
㊁ ó 见本页.
㊂ é 见116页.

OU ㄡ

区（區） ㊀ ōu ㄡ 姓.
㊁ qū 见412页.

讴（謳） ōu ㄡ 歌唱.[讴歌]歌颂,赞美.

沤（漚） ㊁ ōu ㄡ 又 水泡,浮～.
㊀ òu 见368页.

瓯（甌） ōu ㄡ 又 ❶小盆.❷杯:茶～.❸瓯江,水名,在浙江省.❹浙江省温州的别称.

欧（歐） ōu ㄡ 又 ❶姓.❷(外)指欧洲,世界七大洲之一.

殴（毆） ōu ㄡ 又 打人(逾—打):～伤.

鸥（鷗） ōu ㄡ 又 水鸟名.羽毛多为白色,生活在湖海上,捕食鱼、螺等.

呕（嘔） ǒu ㄡˇ 吐(tù)(逾—吐):～血(xuè).[作呕](zuò—)恶心,比喻非常厌恶(wù).

偶 ǒu ㄡˇ ❶偶像,用木头或泥土等制成的人形.❷双,对,成双或成对,跟"奇"(jī)相反:～数.无独有～.[对偶]文字作品中音调谐和,意义相对,字数相等的语句,骈体文的基本形式.❸偶然:～发事件.[偶然]不经常,不是必然的:～~去一次,这些成就的取得绝不是

耦 ǒu ㄡˇ ❶两个人在一起耕地.❷同"偶❷".

藕 ǒu ㄡˇ 莲的地下茎,肥大有节,中间有许多管状小孔,可以吃。(图见297页"莲")[藕荷][藕合]淡紫色。

沤(漚) ⊖ òu ㄡˋ 长时间地浸泡:~麻.

⊜ ōu 见367页。

怄(慪) òu ㄡˋ 故意惹人恼怒,或使人发笑,逗弄:你别~人了.∣得他直冒火.[怄气]闹别扭,生闷气:不要~~.

P ㄆ

PA ㄆㄚ

趴 pā ㄆㄚ ❶肚子向下卧倒:~下放枪.❷身体向前靠在东西上:~在桌子上写字.

啪 pā ㄆㄚ 拟声词,放枪、拍掌或东西撞击等的声音。

葩 pā ㄆㄚ 花:奇~.

扒 ⊖ pá ㄆㄚˊ ❶用耙(pá)搂(lōu),聚拢:~草.~土.❷扒窃:~手(小偷).❸炖烂,煨烂:~猪头.

⊖ bā 见8页。

杷 pá ㄆㄚˊ 见378页"枇"字条"枇杷"(pípa)。

爬 pá ㄆㄚˊ ❶手和脚一齐着地前行,虫类向前移动:~行.小孩子会~了.不要吃苍蝇~过的东西.[爬虫]爬行动物的旧称,行走时多用腹面贴地,如龟、鳖、蛇等。❷攀登:~山.~树.猴子~竿.

钯 ⊖ pá ㄆㄚˊ 同"耙"(pá)。

⊜ bǎ 见10页。

耙 ⊖ pá ㄆㄚˊ ❶(一子)聚拢谷物或平土地的用具。❷用耙子聚拢谷物或平土地:~地.

⊖ bà 见10页。

筢 pá ㄆㄚˊ (一子)搂(lōu)柴草的竹制器具。

琶 pá ㄆㄚˊ 见378页"琵"字条"琵琶"(pípa)。

潖 pá ㄆㄚˊ [潖江口]地名,在广东省清远。

掱 pá ㄆㄚˊ [掱手]从别人身上窃取财物的小偷儿。现通常作"扒手"。

帕 pà ㄆㄚˋ ❶(一子)包头或擦手脸用的布或绸:首~.手~.❷压强单位名称,符号Pa。

怕 pà ㄆㄚˋ ❶害怕:老鼠～猫. ❷恐怕,或许,表示疑虑或猜想:他～不来了.～他别有用意.

PAI ㄆㄞ

拍 pāi ㄆㄞ ❶用手掌轻轻地打:～球.～手.⑩(一子)乐曲的节奏(⑱节一):这首歌每节有四～. ❷(一子、一儿)拍打东西的用具:蝇～儿.球～子. ❸拍马屁:吹吹～～. ❹摄影:～照片. ❺发:～电报.

俳 pái ㄆㄞˊ 古代指杂戏、滑稽戏,也指演这种戏的人.⑭诙谐,玩笑.

排 ⊖ pái ㄆㄞˊ ❶摆成行(háng)列(⑱一列):～队.[排行](一háng)兄弟姊妹的长幼次序.[排场](一chang)铺张的场面:不讲～. ❷排成的行列:我坐在前～. ❸同"簰". ❹军队的编制单位,是班的上一级. ❺量词,用于成行列的:一～椅子. ❻除去,推开:～水.～山倒海(喻力量大).～难(nàn).[排泄]生物把体内的废物如汗、尿、屎等排出体外. ❼排演,练习演戏:～戏.彩～.
⊜ pǎi 见本页.

徘 pái ㄆㄞˊ [徘徊](一huái)来回地走:他在那里～～了很久.⑩犹疑不决:左右～～.

排 pái ㄆㄞˊ 同"簰".

牌 pái ㄆㄞˊ ❶(一子、一儿)用木板或其他材料做的标志或凭信物:招～.指路～.存车～儿.⑩商标:解放～汽车.[牌楼](一lou)用以装点或庆贺的建筑物.[牌价]市场上用牌告方式公布的标准价格. ❷古代兵士战争时用来遮护身体的东西:挡箭～.藤～. ❸娱乐或赌博用的东西:扑克～. ❹词或曲的曲调的名称:词～.曲～.

簰(**簿) pái ㄆㄞˊ 筏子,竹子或木材平摆着编扎成的交通工具,多用于江河上游水浅处.也指成捆的在水上漂浮、运送的木材或竹材.也作"排"、"簰".

迫(*廹) ⊖ pǎi ㄆㄞˇ [迫击炮]从炮口装弹,以曲射为主的火炮.
⊜ pò 见386页.

排 ⊖ pǎi ㄆㄞˇ [排子车]〈方〉用人拉的搬运东西

的一种车。

⊖ pái 见 369 页。

哌 pài ㄆㄞˋ [哌嗪] (-qín) 有机化合物，分子式 $NHCH_2CH_2NHCH_2CH_2$，白色结晶，易溶于水。有溶解尿盐酸、驱除蛔虫等药理作用。

派 pài ㄆㄞˋ ❶水的支流。❷一个系统的分支(遾-系)：流~。~生。❸派别。政党和学术、宗教团体等内部因主张不同而形成的分支。❹作风，风度：正~。气~。❺分配，指定：分~。~人去办。

蒎 pài ㄆㄞˋ 有机化合物，分子式 $C_{10}H_{18}$，化学性质稳定，不易被无机酸和氧化剂分解。

湃 pài ㄆㄞˋ [澎湃] (péng-)大浪相激。

PAN ㄆㄢ

番 ⊖ pān ㄆㄢ [番禺] (-yú)地名，在广东省。

⊖ fān 见 122 页。

潘 pān ㄆㄢ ❶淘米汁。❷姓。

攀 pān ㄆㄢ ❶抓住别的东西向上爬：~登。~树。❷拉拢，拉扯(遾-扯)：~谈。

~亲道故。

爿 pán ㄆㄢˊ ❶劈开的成片的木柴。❷〈方〉量词，用于商店等：一~水果店。

胖 ⊖ pán ㄆㄢˊ 安泰舒适：心广体~。

⊖ pàng 见 372 页。

盘(盤) pán ㄆㄢˊ ❶(-子、-儿)盛放物品的扁而浅的用具，多为圆形：托~。茶~儿。和~托出(喻全部说出)。[通盘]全面：~~打算。❷(-儿)形状像盘或有盘的功用的物品：脸~儿。磨(mò)~。棋~。字~。❸回旋地绕：~香。杠子(在杠子上旋转运动)。把绳子~起来。~山公路。~根错节。[盘剥]利上加利地剥削。[盘旋]绕着圈地走或飞。❹垒，砌(炕、灶)：~灶。❺盘查，仔细查究：~账。~货。~问。~算(细心打算)。❻(-儿)指市场上成交的价格：开~儿。收~儿。平~儿。❼量词：一~机器。一~磨(mò)。一~棋。

[盘费] (-fei) [盘缠] (-chan)旅途上的费用。

[盘桓] (-huán)留恋在一个地方，逗留。

槃 pán ㄆㄢ 同"盘❶❸"。

磐 pán ㄆㄢ 大石头：安如~石.

磻 pán ㄆㄢ [磻溪]古水名，在今陕西省宝鸡东南.

蟠 pán ㄆㄢ 屈曲，环绕：虎踞龙~.

蹒(蹣) pán ㄆㄢ [蹒跚](—shān)1.走路一瘸(qué)一拐。2.走路缓慢、摇摆。也作"盘跚"。

判 pàn ㄆㄢ ❶分辨，断定(选—断)：~别是非.[批判]分析，批驳错误的思想、观点和行为：～腐朽的思想、剥削阶级思想.❷分开.圈截然不同：～若两人.❸判决，司法机关对案件的决定：～案.～处徒刑.

泮 pàn ㄆㄢ ❶融解，分散.❷泮池，旧时学官前的水池.

叛 pàn ㄆㄢ 背叛，违背本阶级或集团的利益投到敌对方面去：～国分子.

畔 pàn ㄆㄢ 田地的界限.圈边：河～.篱～.
〈古〉又同"叛"。

袢 pàn ㄆㄢ 同"襻"。

拚 ⊖ pàn ㄆㄢ 舍弃，豁出去：～命.
⊜ pīn 见383页.

盼 pàn ㄆㄢ ❶盼望，想望~.❷看(选顾—)：左顾右

鋬 pàn ㄆㄢ 〈古〉器物上的提梁.

襻 pàn ㄆㄢ ❶(—儿)扣襻，扣住纽扣的套.❷(—儿)功用或形状像襻的东西：鞋～儿.❸扣住，使分开的东西连在一起：～上几针(缝住).

PANG ㄆㄤ

乓 pāng ㄆㄤ 拟声词：～的一声.

雱 pāng ㄆㄤ 雪下得很大.

滂 pāng ㄆㄤ 水涌出的样子.[滂湃](—pài)水势盛大.[滂沱](—tuó)雨下得很大：大雨～～.圈泪流得多：涕泗～～.

膀(**髈) ⊖ pāng ㄆㄤ 浮肿：他肾脏有病，脸有点～.
⊜ bǎng 见15页.

㈢ páng 见本页。

彷（**徬）㈠ páng 夂尤 [彷徨] (一huáng) 游移不定, 不知道往哪里走好。也作"旁皇"。

㈡ fǎng 见 126 页。

庞（龐、**龐）páng 夂尤 ❶大(指形体或数量); 数字~大。~然大物。❷杂乱(叠一杂)。❸面庞, 脸盘。

逢 páng 夂尤 姓。

旁 páng 夂尤 ❶旁边, 左右两侧: ~观。~若无人。两~都是大楼。❷其他, 另外: ~人。~的话。

〈古〉又同"傍"(bàng)。

膀 ㈢ páng 夂尤 [膀胱] (一guāng) 俗叫"尿脬" (suīpāo)。暂存尿液的囊状体, 在骨盆腔的前方。(图见612页"脏")

㈠ bǎng 见 15 页。

㈡ pāng 见 371 页。

磅 ㈠ páng 夂尤 [磅礴] (一bó)1.广大无边际: 大气~~。2.扩展, 充满: 正义之气, ~~宇内。

㈡ bàng 见 15 页。

螃 páng 夂尤 [螃蟹] (一xiè) 见 542 页"蟹"。

鳑 páng 夂尤 [鳑鲏] (一pí)鱼名。形状像鲫鱼, 体长二三寸, 生活在淡水中, 卵产在蚌壳里。

嗙 pǎng 夂尤 〈方〉夸大, 吹牛, 信口开河: 你别听他瞎~. 他一向是好(hào)胡吹乱~的。

耪 pǎng 夂尤 用锄翻松地, 锄: ~地。

胖（**肨）㈠ pàng 夂尤 人体内含脂肪多, 跟"瘦"相反: 他长得很~.

㈡ pán 见 370 页。

PAO 夂幺

抛（**拋）pāo 夂幺 ❶扔, 投: ~球。[抛锚] 把锚投入水底, 使船停稳。⑯1.汽车等因发生毛病, 中途停止。2.进行中的事情因故停止。[抛售] 为争市场牟取利润, 压价出卖大批商品。❷舍弃(叠一弃)。

泡 ㈠ pāo 夂幺 ❶(一儿) 虚起而松软的东西: 豆腐~儿。❷虚而松软, 不坚硬: 这块木料发~。❸量词, 同"脬"。

㈡ pào 见 373 页。

脬 pāo ㄆㄠ ❶尿（suī）脬,膀胱（pángguāng）。❷量词,用于屎尿:一～屎.

刨 ㊀ páo ㄆㄠ ❶挖掘.花生.～坑.❷减,除去:～去他还有两人.十五天去五天,只剩下十天了.

㊁ bào 见 18 页.

咆 páo ㄆㄠ [咆哮](－xiāo)猛兽怒吼.⑨江河奔腾轰鸣或人暴躁叫喊:黄河在～～.～～如雷.

狍(＊＊麅) páo ㄆㄠ (－子)鹿一类的动物,毛夏季栗红色,冬季棕褐色,雄的有分枝状的角.肉可以吃.毛皮可做褥、垫或制革.

庖 páo ㄆㄠ 庖厨,厨房:～人(古代称厨师).[庖代][代庖]转替人处理事务或代做别人的工作.

炮 ㊀ páo ㄆㄠ 烧.[炮烙](－luò,旧读－gé)[炮烙]古代的一种酷刑.[炮制]用烘、炒等方法把原料加工制成中药:如法～～(喻照样做).

㊁ bāo 见 16 页.

㊂ pào 见本页.

匏 páo ㄆㄠ (－子、－儿)长衣:棉～儿.～笏登场

（登台演戏,比喻上台做官）.

匏 páo ㄆㄠ 匏瓜,俗叫"瓢葫芦".葫芦的一种,果实比葫芦大,对半剖开可以做水瓢.

跑 ㊀ páo ㄆㄠ 走兽用脚刨地:～槽(牲口刨槽根).虎～泉(在杭州).

㊁ pǎo 见本页.

跑 ㊀ pǎo ㄆㄠ ❶奔,两只脚或四条腿交互向前跃进:赛～.～步.⑨很快地移动:汽车在公路上飞～.❷逃跑,逃走:鸟儿关在笼里～不了.⑩漏出:～电.～油.❸为某种事务而奔走:～外的.买卖.～材料.

㊁ páo 见本页.

奅 pào ㄆㄠ 虚大.

泡 ㊀ pào ㄆㄠ ❶(－儿)气体在液体内使液体鼓起来形成的球状或半球状体(逋一沫):冒～儿.❷(－儿)像泡一样的东西:脚上起了一个.电灯～儿.❸用液体浸物品:～茶.～饭.

㊁ pāo 见 372 页.

炮(＊砲、＊礮) ㊂ pào ㄆㄠ ❶重型武器的一类,有迫击炮、

高射炮、火箭炮等。❷爆竹：鞭～.～仗(zhang).

⊖ páo 见 373 页.

⊜ bāo 见 16 页.

疱(*皰) pào ㄆㄠˋ 皮肤上长的像水泡的小疙瘩。也作"泡"。

PEI ㄆㄟ

呸 pēi ㄆㄟ 叹词，表示斥责或唾弃：～! 胡说八道.

胚 pēi ㄆㄟ 初期发育的生物体。[胚胎]初期发育的动物体。喻事情的开始。

衃 pēi ㄆㄟ 凝聚的血.

醅 pēi ㄆㄟ 没过滤的酒.

陪 péi ㄆㄟˊ 随同，在旁边做伴(连一伴)：～同. 我～你去.～客人.[陪衬]从旁衬托.

培 péi ㄆㄟˊ 为保护植物或墙堤等，在根基部分加土。[培养]1.训练教育：～～干部. 2.使繁殖：～～真菌. [培育]培养幼小的生物，使它发育成长：～～树苗.

赔 péi ㄆㄟˊ ❶补还损失(连一偿)：～款.～礼(道歉). 照价～偿. ❷亏损：～

钱.～本.

锫 péi ㄆㄟˊ 一种人造的放射性元素，符号 Bk.

裴 péi ㄆㄟˊ 姓.

沛 pèi ㄆㄟˋ 盛(shèng)，大，精力充～.

旆 pèi ㄆㄟˋ 旗子上镶的边。泛指旌旗.

霈 pèi ㄆㄟˋ ❶大雨。❷雨多的样子.

帔 pèi ㄆㄟˋ 古代披在肩上的服饰.

佩(❸**珮) pèi ㄆㄟˋ ❶佩带，挂：～带勋章.腰间～着一支手枪. ❷佩服，心悦诚服：可敬～. 劳动模范人人～服。❸古代衣带上佩带的玉饰：环～.

配 pèi ㄆㄟˋ ❶两性结合。1.男女结婚：婚～. 2.使牲畜交合：～种.～猪.[配偶]指夫或妻. ❷用适当的标准加以调和：～颜色.～药. 有计划地分派，安排：分～.～备人力. ❹流放：发～. 把缺少的补足：～零件.～钥匙.～一块玻璃.[配套]若干相关的事物组合成一套。❻衬托,陪衬:红花～绿叶。～角(jué)。❼够得上:他～称为先进工作者.

辔(轡) pèi ㄆㄟˋ 驾驭牲口的嚼子和缰绳:鞍～.[辔头]辔.

PEN ㄆㄣ

喷 ㊀ pēn ㄆㄣ 散着射出:～壶.～泉.～气式飞机.火山～火.[喷嚏](-tì)嚏喷(tǐpen).
㊁ pèn 见本页.

盆 pén ㄆㄣˊ (-子、-儿)盛放或洗涤东西的用具,通常是圆形,口大,底小,不太深:花～.脸～.[盆地]被山或高地围绕着的平地:四川～～.塔里木～～.

溢 pén ㄆㄣˊ 溢水,水名,在江西省.

喷 ㊁ pèn ㄆㄣˋ ❶香气扑鼻:～鼻儿香.香～～.❷(-儿)蔬菜、鱼虾、瓜果等上市正盛的时期:西瓜～儿.对虾正在～儿上.❸(-儿)开花结实的次数或成熟收割的次数:头～棉花.二～棉花.麦子开头～花儿了.绿豆结二～角了.

㊀ pēn 见本页.

PENG ㄆㄥ

抨 pēng ㄆㄥ 抨击,攻击对方的短处.

怦 pēng ㄆㄥ 形容心跳(叠).

砰 pēng ㄆㄥ 拟声词:～的一声,枪响了.

烹 pēng ㄆㄥ ❶煮:～调(tiáo).❷一种做菜的方法,用热油略炒之后,再加入液体调味品,迅速搅拌:～对虾.

嘭 pēng ㄆㄥ 拟声词:～～的敲门声.

澎 ㊀ pēng ㄆㄥ 〈方〉溅:～了一身水.
㊁ 见 376 页 péng.

芃 péng ㄆㄥˊ [芃芃]形容草木茂盛.

朋 péng ㄆㄥˊ 彼此友好的人(邋一友):亲～好友.宾～满座.

堋 péng ㄆㄥˊ 我国战国时代科学家李冰在修建都江堰时所创造的一种分水堤.

棚 péng ㄆㄥˊ (-子、-儿)把席、布等搭架支张起来遮蔽风雨或日光的东西:天～.凉～.牲口～.窝～.帐～.

硼 péng ㄆㄥ 一种非金属元素,符号 B,有结晶与非结晶两种形态。结晶硼是有光泽的灰色晶体,很坚硬;非结晶硼是暗棕色的粉末。用于制合金钢,也可用作原子反应堆的材料。硼酸可以做消毒防腐剂;硼砂是制造珐琅、玻璃等的原料。

鹏 péng ㄆㄥ 传说中最大的鸟。[鹏程]喻远大的前途。

鬅 péng ㄆㄥ 头发松散。

彭 péng ㄆㄥ 姓。

澎 ㊀péng ㄆㄥ [澎湃](—pài)大浪相激。
㊀pēng 见 375 页。
[澎湖](—hú)我国岛屿,在台湾省和福建省之间,与其附近岛屿共有 64 个,总称"澎湖列岛"。

膨 péng ㄆㄥ 胀大。[膨脝](—hēng)肚子胀的样子。[膨胀](—zhàng)物体的体积或长度增大:空气遇热~~。⑨数量增加:通货~~。

蟛 péng ㄆㄥ [蟛蜞](—qí)螃蟹的一种,身体小,生长在水边,对农作物有害。

搒 ㊀péng ㄆㄥ 用棍子或竹板子打。
㊀bàng 见 15 页。

蓬 péng ㄆㄥ ❶飞蓬,多年生草本植物,开白花,叶子像柳叶,子实有毛。❷散乱(叠):~头散发.乱~~的茅草.[蓬松]松散(指毛发及茅草)。
[蓬勃](—bó)旺盛:~~发展.朝气~~。

篷 péng ㄆㄥ ❶张盖在上面,遮蔽日光、风、雨的东西,用竹篾、苇席、布等做成:船~.❷船帆:扯起~来。

捧 pěng ㄆㄥˇ ❶两手托着:~着一个坛子.[捧腹]捧着肚子。形容大笑:令人~~.❷奉承或代人吹嘘:用好话~他.~场(chǎng).❸量词,用于两手能捧起的东西:一~花生。

碰(*掽) pèng ㄆㄥˋ ❶撞击:~杯(表示祝贺).~破了皮.~钉子.~壁(喻事情做不通).❷相遇:我在半路上~见他.❸没有把握地试探:~~机会。

PI ㄆㄧ

丕 pī ㄆㄧ 大:～业.～变.

伾 pī ㄆㄧ [伾伾]有力的样子.

邳 pī ㄆㄧ [邳州]地名,在江苏省.

坯 pī ㄆㄧ ❶没有烧过的砖瓦、陶器等.特指砌墙用的土坯:打～.脱～.土～墙.❷(一子、一儿)半制成品:酱～子.面～儿.

狉 pī ㄆㄧ 野兽蠢动的样子(叠):鹿豕～～.

批 pī ㄆㄧ ❶用手掌打.❷写上字句,判定是非、优劣、可否:～示.～准.～驳.～改作文.❸(一儿)附注的意见或注意之点:眉～(写在书头上的批).在文后加了一条小～儿.❹批评,批判:挨了一通～.❺量词:一～货.一～人.[批发]大宗发售货物.

纰 pī ㄆㄧ 布帛、丝缕等破坏散开.[纰缪](－miù)错误.[纰漏]因疏忽而引起的错误.

砒 pī ㄆㄧ ❶"砷"(shēn)的旧称.❷指砒霜.[砒霜]砷的氧化物,性极毒,可做杀虫剂.

铍 pī ㄆㄧ 铍箭,古代箭的一种.

披 pī ㄆㄧ ❶覆盖在肩背上:～红.～着大衣.～星戴月(喻晚上赶路或劳动).❷打开:～襟.～卷(juàn).～肝沥胆(喻竭诚效忠).[披靡](－mǐ)草木随风散倒.⑩敌军溃散:所向～.[披露](－lù)发表.❸裂开:竹竿～了.指甲～了.❹劈开,劈去:荆斩棘(喻开创事业的艰难).

劈 ⊖ pī ㄆㄧ ❶用刀斧等破开:～木头.❷冲着,正对着:～脸.大雨～头浇下来.❸雷电毁坏或击毙:大树让雷～了.❹尖劈,物理学上两斜面合成的助力器械,刀、斧等都属于这一类.❺[劈啪]拟声词.
⊜ pǐ 见379页.

噼 pī ㄆㄧ [噼啪]同"劈啪".

霹 pī ㄆㄧ [霹雳](－lì)响声很大的雷,是云和地面之间强烈的雷电现象.

皮 pí ㄆㄧ ❶人和动植物体表面的一层组织:牛～.树～.荞麦～.碰破了点儿～.❷皮革:～包.～箱.～

鞋。❸表面:地～。水～儿。❹包在外面的东西:书～。封～。❺薄片状的东西:铅～。粉～。海蜇～。❻韧性大,不松脆:～糖。饼～了。❼顽皮,不老实,淘气:这孩子真～。❽指橡胶:橡～。～筋。

陂 ⊖(陂陁) pí ㄆㄧ [黄陂]地名,在湖北省。
⊜ bēi 见19页。
⊜ pō 见385页。

铍 pí ㄆㄧ 一种金属元素,符号Be,银白色,六角形的晶体。合金质坚而轻,可用来制造飞机机件。在原子能研究及制造X光管中,都有重要用途。

疲 pí ㄆㄧ 身体感觉劳累(逾一乏、一倦):精～力尽。～于奔命。[疲塌][疲沓](-ta)懈怠,不起劲:消除工作中的～～现象。[疲癃](-lóng)衰老多病。

鲅 pí ㄆㄧ 见372页"鳑"字条"鳑鲅"(páng-)。

枇 pí ㄆㄧ [枇杷](-pa)常绿乔木,叶大,长椭圆形,有锯齿,开白花。果实也叫枇杷,圆球形,黄色,味甜。叶可入药。

毗(*毘) pí ㄆㄧ ❶辅佐。❷接连:～连。～邻。

蚍 pí ㄆㄧ [蚍蜉](-fú)大蚂蚁。

琵 pí ㄆㄧ [琵琶](-pa)弦乐器,用木做成,下部长圆形,上有长柄,有四根弦。是民间流行的乐器。

貔 pí ㄆㄧ 传说中的一种野兽,似熊。[貔貅](-xiū)传说中的一种猛兽。喻勇猛的军队。[貔子](-zi)〈方〉黄鼠狼。[貔子窝]渔港名,在辽宁省新金县,今名"皮口"。

郫 pí ㄆㄧ 郫县,地名,在四川省。

陴 pí ㄆㄧ 城垛子。

埤 pí ㄆㄧ 增加:～益。

啤 pí ㄆㄧ [啤酒]用大麦主要原料制成的酒。

脾 pí ㄆㄧ 脾脏,人和高等动物的内脏之一,在胃的左下方,椭圆形,赤褐色,是个淋巴器官,也是血库。(图见612页"脏")[脾气](-qi)1.性情:～～好。2.容易激动的感情:有～～。发～～。[脾胃]喻对事物的喜好:不合他的～～。两人～～相投。

裨 ㊀ pí ㄆㄧˊ 副,辅佐的(连偏一):~将.
㊁ bì 见 26 页.

蜱 pí ㄆㄧˊ 蜘蛛一类的动物,体形扁平,种类很多,对人、畜及农作物有害.

鼙 pí ㄆㄧˊ 古代军中用的一种鼓:~鼓(古代军队中用的小鼓).

羆(羆) pí ㄆㄧˊ 熊的一种,毛棕褐色,能爬树、游水,胆入药。也叫"马熊"或"人熊".

匹(❶*疋) pǐ ㄆㄧˇ ❶量词. 1. 用于骡、马等:三~马. 2. 用于整卷的布或绸缎等:一~红布. ❷相当,相敌,比得上.[匹配]1. 婚配. 2.(元器件等)配合.[匹敌]彼此相等.

芘 pǐ ㄆㄧˇ 存在于煤焦油中的一种有机化合物.

庀 pǐ ㄆㄧˇ ❶具备. ❷治理.

圮 pǐ ㄆㄧˇ 坍塌,倒塌.

仳 pǐ ㄆㄧˇ [仳离]夫妻离散.

否 ㊁ pǐ ㄆㄧˇ 恶,坏:~极泰来(坏到了尽头,好的就来了。否和泰都是《周易》六十四卦中的卦名,分别代表坏和好的事情).
㊀ fǒu 见 135 页.

痞 pǐ ㄆㄧˇ ❶痞块,痞积,肚子里可以摸得到的硬块,这是因为脾脏肿大的缘故。伤寒病、败血病、慢性疟疾、黑热病等都会发生这种症状. ❷流氓,无赖:地~.~棍.

嚭(**㕧) pǐ ㄆㄧˇ 大.

劈 ㊀ pǐ ㄆㄧˇ 分开:~柴.~成两份儿.~一半给你.
㊁ pī 见 377 页.

擗 pǐ ㄆㄧˇ 分裂,使从原物体上分开:~棒子(玉米).

癖 pǐ ㄆㄧˇ 对事物的偏爱成为习惯:烟~.酒~.洁~.

屁 pì ㄆㄧˋ 从肛门排出的臭气.

媲 pì ㄆㄧˋ 并,比:~美.

淠 pì ㄆㄧˋ 淠河,水名,在安徽省.

睥 pì ㄆㄧˋ bì ㄅㄧˋ (又)[睥睨](—nì)眼睛斜着看。⑨看不起:~~一切.

辟(①②③闢) ㊀pì ㄆㄧˋ ❶开辟,从无到有地开发建设:开天～地.在那里开～一片新园地.❷驳斥,排除:～谣.～邪说.❸透彻:精～.❹法,法律.[大辟]古代指死刑.

㊁bì 见27页.

僻 pì ㄆㄧˋ ❶偏僻,距离中心地区远的:～静.穷乡～壤.❷不常见的:冷～.生～字.❸性情古怪,不合群(逢乖—):孤～.怪～.

澼 pì ㄆㄧˋ 见385页"洴"字条"洴澼"(píng—).

甓 pì ㄆㄧˋ 砖.

鷿 pì ㄆㄧˋ [鷿鷈](—tī)水鸟名.形状略像鸭而小,羽毛黄褐色.

譬 pì ㄆㄧˋ 打比方(逢—喻):～如游泳,不是光看看讲游泳术的书就会的.

PIAN ㄆㄧㄢ

片 ㊀piān ㄆㄧㄢ (一子一儿)同"片㊀❶",用于"相片儿、画片儿、唱片儿、电影片儿"等.

㊁piàn 见381页.

扁 ㊀piān ㄆㄧㄢ [扁舟]小船:一叶～.

㊁biǎn 见28页.

偏 piān ㄆㄧㄢ ❶歪,不在中间:镜子挂～了.太阳～西了.⑨不全面,不正确:～于一端.～听～信.[偏向]1.不公正,袒护.2.执行政策有所侧重,不全面:纠正～～.[偏差](—chā)工作上产生的过分或不及的差错:掌握政策不出～～.❷表示跟愿望、预料或一般情况不相同(叠):～～不凑巧.

犏 piān ㄆㄧㄢ 犏牛,牦牛和黄牛杂交生成的牛.

篇 piān ㄆㄧㄢ ❶首尾完整的文章,一部书可以分开的大段落:《孙子》十三～.❷(一儿)量词.1.指文章:一～论文.2.指纸张、书页(一篇是两页).[篇幅]文章的长短,书籍报刊篇页的数量.

翩 piān ㄆㄧㄢ 很快地飞.[翩翩]轻快地飞舞的样子.⑨风流潇洒:风度～～.[翩跹](—xiān)形容轻快地跳舞.

便 ㊀pián ㄆㄧㄢ [便便]肚子肥大的样子:大腹～～.[便宜](—yi)物价较低:这些花布都很～～.⑨小利,私利:不要占～～.(另biànyí见"便"biàn)

㊀ biàn 见 29 页.

骈 pián ㄆㄧㄢˊ 两物并列成双的,对偶的(働一俪):~句.[骈文]旧时的一种文体,文中用对偶的句子,跟散文不同.

胼 pián ㄆㄧㄢˊ [胼胝](—zhī)俗叫"膙(jiǎng)子",手上、脚上因为劳动或运动被摩擦变硬了的皮肤.

蹁 pián ㄆㄧㄢˊ [蹁跹](—xiān)形容旋转舞动.

谝 piǎn ㄆㄧㄢˇ 显示,夸耀:~能.

片 ㊀ piàn ㄆㄧㄢˋ ❶(—子、—儿)平而薄的物体:明信~.铁~子.❷切削成薄片:~肉片.把豆腐干一~.❸少,零星:~言(几句话)~纸只字.~刻(短时间).[片面]不全面,偏于一面的:观点~~.不要~~看问题.❹指较大地区内划分的较小地区:分~儿开会.❺量词,用于地面、水面、景色或成片的东西:一大~绿油油的庄稼.一~草地.两~儿药.

㊁ piān 见 380 页.

骗 piàn ㄆㄧㄢˋ ❶欺蒙(働欺—):~人.❷用欺骗的手段谋得(働诓—):~钱.~取信任.[骗子](—zi)骗取财物的人.❸侧身抬腿跨上:一~腿上了车.

PIAO ㄆㄧㄠ

剽 (❷**嫖) piāo ㄆㄧㄠ ❶抢劫,掠夺(働一掠).[剽窃]抄袭他人著作.❷轻捷而勇猛:性情~悍.

漂 ㊀ piāo ㄆㄧㄠ 浮在液体上面不沉下去:树叶在水上~着.[漂泊](—bó)働为了生活、职业而流浪奔走:~~在外.

㊁ piǎo 见 382 页.

㊂ piào 见 382 页.

缥 ㊀ piāo ㄆㄧㄠ [缥缈](飘渺)(—miǎo)形容隐隐约约,若有若无:山在虚无~~间.

㊁ piǎo 见 382 页.

飘 (飘、*飃) piāo ㄆㄧㄠ 随风飞动:~雪花.~起了炊烟.五星红旗迎风~扬.[飘零]花、树叶等坠落.働无依无靠.[飘摇][飘飖](—yáo)随风摆动:烟云~~上升.

薸 piāo ㄆㄧㄠ (又)见 382 页 piáo.

蟆 piāo ㄆㄧㄠ [螵蛸](－xiāo)螳螂的卵块。

朴 ㉔ piáo ㄆㄧㄠ 姓。

㊀ pò 见 386 页。

㊁ pǔ 见 388 页。

㊂ pō 见 385 页。

嫖(**闝) piáo ㄆㄧㄠ 指玩弄妓女的堕落行为。

瓢 piáo ㄆㄧㄠ （一儿）舀(yǎo)水或取东西的用具,多用瓢葫芦或木头制成。

薸 piáo ㄆㄧㄠ （又）[大薸]多年生水草,叶子可以做猪饲料。也叫"水浮莲"。

莩 ㊀ piǎo ㄆㄧㄠ 同"殍"。

㊁ fú 见 138 页。

殍 piǎo ㄆㄧㄠ 饿死的人。也作"莩"。

漂 ㊀ piǎo ㄆㄧㄠ ❶用水加药品使东西退去颜色或变白:～白. ❷用水淘去杂质:用水～一～. ～硃砂.

㊁ piāo 见 381 页。

㊂ piào 见本页。

缥 ㊀ piǎo ㄆㄧㄠ ❶青白色。❷青白色丝织品。

㊁ piāo 见 381 页。

瞟 piǎo ㄆㄧㄠ 斜着眼看一下:～了他一眼。

票 piào ㄆㄧㄠ ❶（一子、一儿）钞票,纸币。❷印的或写的凭证:车～.股～.选～.❸称非职业的演戏:～友.玩儿～.❹强盗抢来作抵押的人:绑～儿.

嘌 piào ㄆㄧㄠ [嘌呤](－lìng)有机化合物,分子式 $C_5H_4N_4$,无色结晶,易溶于水,在人体内嘌呤氧化而变成尿酸。

漂 ㊂ piào ㄆㄧㄠ [漂亮](－liang)1.美,好看。2.出色。

㊀ piāo 见 381 页。

㊁ piǎo 见本页。

骠 ㊀ piào ㄆㄧㄠ ❶勇猛:～勇.❷马快跑的样子。[骠骑]古代将军的名号:～～将军.

㊁ biāo 见 30 页。

PIE ㄆㄧㄝ

气 piē ㄆㄧㄝ 氢的同位素之一,符号 ^1H,质量数 1,是氢的主要成分。

撇 ㊀ piē ㄆㄧㄝ ❶丢开,抛弃:～开.～弃.[撇脱]〈方〉1.简便。2.爽快,洒脱。❷由液体表面舀取:～油.

㊁ piě 见 383 页。

瞥 piē ㄆㄧㄝ 很快地大略看一下：只是~了一眼.

苤 piě ㄆㄧㄝ [苤蓝](—lan)二年生草本植物，叶有长柄．茎扁球形，可吃．

撇 ○ piě ㄆㄧㄝ ❶平着向前扔：~砖头．~球．❷(一儿)汉字向左写的一种笔形(丿)：八字先写一~儿．❸(一儿)像汉字的撇形的：两~儿胡子．

○ piē 见382页．

锹 piě ㄆㄧㄝ 地名用字．曹锹，在江苏省东台．

PIN ㄆㄧㄣ

拚 ○ pīn ㄆㄧㄣ 同"拼"．

○ pàn 见371页．

拼 pīn ㄆㄧㄣ ❶连合，凑合(遷—凑)：~音．东~西凑．把两块板子~起来．❷不顾一切地干，豁(huō)出去：~命．~到底．

姘 pīn ㄆㄧㄣ 非夫妻而同居的不正当的男女关系：~居．

玭 pín ㄆㄧㄣ 珍珠．

贫 pín ㄆㄧㄣ ❶穷，收入少，生活困难，跟"富"相反(遷—穷)：~困．清~．❷缺乏，不足：~血．[贫乏]少，不丰富：经验~~．❸絮烦可厌：耍~嘴．他的嘴太~．

频 pín ㄆㄧㄣ 屡次，连次(遷—繁)(叠)：~~招手．捷报~传．[频率](—lǜ)在一定的时间或范围内事物重复出现的次数．

蘋(蘋) pín ㄆㄧㄣ 多年生水生蕨类植物，茎横卧在浅水的泥中，四片小叶，像"田"字．也叫"田字草"．

"蘋"又 píng 见384页"苹"．

颦(顰) pín ㄆㄧㄣ 皱眉头．[效颦](转)模仿他人而不得当．

嫔(嬪) pín ㄆㄧㄣ 封建时代皇宫里的女官．

品 pǐn ㄆㄧㄣ ❶物品，物件：~名．商~．赠~．非卖~．❷等级，种类：上~．下~．精~．❸性质：人~．质．❹体察出来好坏、优劣等：~茶．我~出他的为人来了．

榀 pǐn ㄆㄧㄣ 量词，房架一个叫一榀．

牝 pìn ㄆㄧㄣ 雌性的鸟兽，跟"牡"相对：～马.～鸡.

聘 pìn ㄆㄧㄣ ❶请人担任工作：～书.～请. ❷指女子出嫁：行～.出～.

PING　ㄆㄧㄥ

乒 pīng ㄆㄧㄥ ❶拟声词. ❷指乒乓球：～队.～坛. [乒乓](-pāng)1.拟声词. 2.指乒乓球.

俜 pīng ㄆㄧㄥ [伶俜](líng-)形容孤独.

娉 pīng ㄆㄧㄥ [娉婷](-tíng)形容女子姿态美好的样子.

平 píng ㄆㄧㄥ ❶不倾斜，无凹凸，像静止的水面那样：～地.像水面一样～.把纸铺～了. ㉫均等：～分.公～合理. [平行]1.两个平面或在一个平面内的两条直线永远不相交：～线. ～面. 2.地位相等，互不隶属：～机关. [天平]一种精确度高的称重量的器具。横杆两头各悬一小盘，称时，一头放物品，一头放砝码. ❷使平：把地～一～. ❸安定，安静：～心静气. 风～浪静. ❹经常的，一般的：～日.～淡无奇. ❺平声，汉语四声之

一。普通话的平声分阴平和阳平两类：阴平调子高而平，符号作"一"；阳平调子向上扬起，符号作"ノ".

评 píng ㄆㄧㄥ 议论或评判(㪔一论、一议)：书～. 语.～理.～比. [评价]对事物估定价值：客观～～. 予以新的～～. [批评]1.指出工作、思想、作风上的错误或缺点：～～与自我～～. 2.保守思想. 2.评论：文学～. [评介]评论介绍. [评判]判定胜负或优劣. [评阅]览并评定(试卷、作品). [评剧]戏曲的一种，流行于华北、东北等地区。也叫"评戏".

坪 píng ㄆㄧㄥ 平坦的场地：草～.～坝.

苹(蘋) píng ㄆㄧㄥ [苹果]落叶乔木，叶椭圆形，有锯齿，开白花。果实也叫苹果，球形，红色或黄色，味甜.

"蘋"又 pín 见 383 页"蘋".

枰 píng ㄆㄧㄥ 棋盘.

萍 píng ㄆㄧㄥ 浮萍，在水面浮生的草，茎扁平，叶子，根垂在水里，有青绿

紫萍等：～踪(喻行踪不定).
～水相逢(喻偶然遇见).

鲆 píng ㄆㄧㄥ 鱼名。体形侧扁，两眼都在身体的左侧，有眼的一侧灰褐色或深褐色，无眼的一侧白色，常见的有牙鲆、斑鲆等。

凭(憑,*凴) píng ㄆㄧㄥ ❶靠着：～栏.～几(jī). ❷依靠,仗恃：劳动人民～着双手创造世界.光～武器不能打胜仗. ❸证据(遥—证、—据)：真～实据. ❹介词,根据：～票入场.～大家的意见作出决定. ❺连词,任凭,无论：～你怎么说,我也不信.

帡 píng ㄆㄧㄥ [帡幪](—méng)古代称覆盖用的东西,指帐幕等.

洴 píng ㄆㄧㄥ [洴澼](—pì)漂洗(丝绵).

屏 ㊀ píng ㄆㄧㄥ ❶遮挡,遮挡物：～藩.～蔽.～风(挡风用的家具).围～. [屏障]像屏风那样遮挡着的东西(多指山岭、岛屿)：天然～～. ❷字画的条幅,通常以四幅或八幅为一组：四扇～.
㊁ bǐng 见34页.

瓶(*缾) píng ㄆㄧㄥ (—子、—儿) 口小腹大的器皿,多为瓷或玻璃做成,通常用来盛液体：酒～子.花～儿.一～子油.

幈 píng ㄆㄧㄥ 同"屏"(píng).

PO ㄆㄛ

朴 ㊀ pō ㄆㄛ [朴刀]旧式武器,一种窄长有短把的刀.
㊁ pò 见386页.
㊂ pǔ 见388页.
㊃ piáo 见382页.

钋 pō ㄆㄛ 一种放射性元素,符号Po.

陂 ㊀ pō ㄆㄛ [陂陀](—tuó)不平坦.
㊀ bēi 见19页.
㊁ pí 见378页.

坡 pō ㄆㄛ (—子、—儿)倾斜的地方：山～.高～.上～.下～. [坡度]斜面与地平面所成的角度.

颇 pō ㄆㄛ ❶偏,不正：偏～. ❷很,相当地：～久.～不易.

泊 ㊀ pō ㄆㄛ 湖：湖～.血～(一大滩血). [泊儿]地名,在山东省. [梁山泊]古湖泊名,在今山东省.
㊁ bó 见36页.

濼(濼) ㊀ pō ㄆㄛ 湖泊.同"泊"(pō).

㊀ luò 见 324 页。

泼(潑) pō ㄆㄛ ❶猛力倒水使散开:～水.～街.❷野蛮,不讲理:撒(sā)～.[泼辣]凶悍.㉃有魄力,不怕困难:他做事很～.

钹(鏺) pō ㄆㄛ ❶〈方〉用镰刀、钐(shàn)刀等抡开来割(草、谷物等).❷一种镰刀。

酦(醱) pō ㄆㄛ 酿(酒)。

婆 pó ㄆㄛ 年老的妇人:老太～.苦口～心.㉙1.丈夫的母亲(叠).2.祖母(叠).[老婆]1.(一子、一儿)年老的妇人.2.(一po)妻子.

[婆娑](一suō)盘旋舞蹈的样子:～～起舞.

鄱 pó ㄆㄛ [鄱阳]湖名,又地名,在江西省.今作"波阳"。

皤 pó ㄆㄛ 形容白色:白发～然。

繁 ㊁ pó ㄆㄛ 姓。
㊀ fán 见 124 页。

叵 pǒ ㄆㄛ 不可:～信.居心～测。

钷 pǒ ㄆㄛ 一种人造的放射性元素,符号 Pm。

笸 pǒ ㄆㄛ [笸箩](一luo)盛(chéng)谷物等的一种器具,用柳条或篾条编成。

朴 ㊀ pò ㄆㄛ 朴树,落叶乔木,花淡黄色,果实黑色.木材供制家具.[厚朴]落叶乔木,花大,白色,树皮可入药。
㊁ pǔ 见 388 页。
㊂ pō 见 385 页。
㊃ piáo 见 382 页。

迫(*廹) ㊀ pò ㄆㄛ ❶用强力压制,硬逼(迫逼一):～害.饥寒交～.～使对方同意.❷急促(迫急一):～切需要.从容不～.～不及待.❸接近:～近。
㊁ pǎi 见 369 页。

珀 pò ㄆㄛ 见 193 页"琥"字条"琥珀"(hǔ一)。

粕 pò ㄆㄛ 米渣滓.参看 613 页"糟(zāo)❶[糟粕]"。

魄 ㊀ pò ㄆㄛ ❶迷信指依附形体而存在的精神(魄魂一).[落魄]1.潦倒失意:～～江湖.2.豪迈,不拘束.❷精神,精力:气～.体～健全.做工作要有～力。
㊁ tuò 见 503 页。
㊂ bó 见 36 页。

破 pò ㄆㄛ ❶碎,不完整:碗打~了.衣服~了.手~了.牢不可~.[破绽](一zhàn)衣服裂开.⑩事情或说话的漏洞,矛盾:他话里有~.❷分裂(鐀一裂):势如破竹.~两半.⑨化整为零:一元的票子~成两张五角的.❸使损坏(鐀一坏):~釜沉舟.⑩破除,批判:~旧立新.不~不立.❹超出:~例.~格.打~纪录.突~定额.❺冲开,打败:~阵.大~敌军.❻揭穿:~案.说~.~除迷信.❼花费,耗费:~费.~工夫.[破产]债务人不能偿还债务时,经法院裁定,把他的全部财产变价偿还债主.⑨丧失全部财产.⑩失败,破灭:敌人的阴谋~~了.❽表鄙视的形容词:~戏.~货.这样的~差事谁也不愿意干.

梣 po・ㄆㄛ 见 513 页"榅"字条"榅梣"(wēn一).

POU ㄆㄡ

剖 pōu ㄆㄡ ❶破开(鐀解一):把瓜~开.[剖面]东西切开后现出的平面:横~~.纵~~.❷分析,分辨:~析.~明事理.

抔 póu ㄆㄡ ❶用手捧东西:~饮(两手捧起而饮).❷量词:一~土(即一捧土).

裒 póu ㄆㄡ ❶聚.❷减少:~多益寡(减有余补不足).

掊 pǒu ㄆㄡ 掊击,抨击.

PU ㄆㄨ

仆 ㊀ pū ㄆㄨ 向前跌倒:前~后继.
㊁ pú 见 388 页.

扑(撲) pū ㄆㄨ ❶轻打,拍:~粉.~打衣服上的土.❷冲:向敌人猛~.香气~鼻.

铺 ㊀ pū ㄆㄨ 把东西散开放置,平摆:~轨.平直叙(说话作文没有精彩处).为实现共产主义社会~平道路.[铺张]了了在形式上好看而多用人力物力:反对~~浪费.
㊁ pù 见 389 页.

噗 pū ㄆㄨ 拟声词.[噗嗤](一chī)拟声词,笑声或水、气挤出来的声音.也作"扑哧".

潽 pū ㄆㄨ 液体沸腾溢出:牛奶~了.

仆(僕) ⊖ pú ㄆㄨˊ ❶被雇到家里做杂事,供役使的人:～人.女～.[仆从]旧时指跟随在身边的仆人.⑰受人控制并追随别人的:～～国.❷旧时谦称自己.

⊖ pū 见387页.

匍 pú ㄆㄨˊ [匍匐](一fú)爬,手足并行,也作"匍伏":～～前进.

葡 pú ㄆㄨˊ [葡萄](一tao)藤本植物,茎有卷须能缠绕他物,叶子像手掌.花小,黄绿色.果实也叫葡萄,圆形或椭圆形,可以吃,也可以酿酒.

莆 pú ㄆㄨˊ [莆田]地名,在福建省.

脯 ⊖ pú ㄆㄨˊ (一子、一儿)胸脯,胸部:挺着胸～子.

⊖ fǔ 见140页.

蒲 pú ㄆㄨˊ 香蒲,多年生草本植物,生于浅水或池沼中,叶长而尖,可以编席、蒲包和扇子.根茎可以吃.

醨 pú ㄆㄨˊ 〈古〉聚会饮酒.

菩 pú ㄆㄨˊ [菩萨](一sà)梵语"菩提萨埵(duǒ)"

的省称.佛教中指地位仅次于佛的人.泛指佛和某些神.

璞 pú ㄆㄨˊ 含玉的石头或没有雕琢过的玉石:～玉浑金(喻品质好).

镤 pú ㄆㄨˊ 一种放射性元素,符号Pa.

濮 pú ㄆㄨˊ [濮阳]地名,在河南省.

朴(樸) ⊖ pǔ ㄆㄨˇ 没有细加工的木料.⑰朴实,朴素.

⊜ pò 见386页.

⊜ pō 见385页.

㉔ piáo 见382页.

埔 ⊖ pǔ ㄆㄨˇ [黄埔]地名,在广东省广州.

⊜ bù 见40页.

圃 pǔ ㄆㄨˇ 种植菜蔬、花草、瓜果的园子:花～.

浦 pǔ ㄆㄨˇ 水边或河流入海的地区.

溥 pǔ ㄆㄨˇ ❶广大.❷普遍.

普 pǔ ㄆㄨˇ 普遍,全,全面:～天同庆.～查.[普通]通常,一般:～～人.～～读物.[普及]传布和推广到各方面:～～教育.

[普米族]我国少数民族,参看附表.

谱 pǔ ㄆㄨˇ ❶依照事物的类别、系统编制的表册：年~.家~（封建家族记载本族世系的表册）.食~. ❷记录音乐、棋局等的符号或图形：歌~.乐(yuè)~.棋~. ❸编写歌谱：~曲. ❹(一儿)大致的准则，把握：他做事有~儿.

氆 pǔ ㄆㄨˇ [氆氇](—lu)(藏)藏族地区出产的一种毛织品。

镨 pǔ ㄆㄨˇ 一种金属元素，符号Pr，黄绿色。它的化合物多呈绿色，可作陶器的颜料。

蹼 pǔ ㄆㄨˇ 青蛙、乌龟、鸭子、水獭等动物脚趾中间的膜。

铺(*舖) ㊀ pù ㄆㄨˋ ❶(一子、一儿)商店：饭~.杂货~. ❷床(连床一)：上下~.临时搭~. ❸旧时的驿站，现在用于地名：三十里~.

㊁ pū 见 387 页。

堡 ㊀ pù ㄆㄨˋ 地名用字：十里~.

㊁ bǎo 见 17 页。

㊂ bǔ 见 39 页。

暴 ㊀ pù ㄆㄨˋ 晒，晒干。后作"曝"(pù)。

㊁ bào 见 18 页。

瀑 ㊀ pù ㄆㄨˋ 瀑布，水从高山上陡直地流下来，远看好像垂挂着的白布。

㊁ bào 见 18 页。

曝 ㊀ pù ㄆㄨˋ 晒：一~十寒(喻没有恒心).

㊁ bào 见 18 页。

Q ㄑ

QI ㄑㄧ

七 qī ㄑㄧ 数目字。

柒 qī ㄑㄧ "七"字的大写。

沏 qī ㄑㄧ 用开水冲茶叶或其他东西：~茶.

妻 ㊀ qī ㄑㄧ (一子)男子的配偶，跟"夫"相对。

㊁ qì 见 395 页。

凄(❶❸*淒、❷*悽) qī ㄑㄧ ❶寒凉：~风苦雨. ❷悲伤(连一惨)：~惨. ❸冷落寂静：~清~凉.

郪 qī ㄑㄧ 郪江，水名，在四川省。

萋 qī くㄧ [萋萋]形容草生长得茂盛。

栖(＊棲) ㊀ qī くㄧ 鸟停留在树上。㊅居住、停留：两～．～身之处．[栖霞]地名,在山东省。 ㊁ xī 见 521 页。

桤(榿) qī くㄧ 桤木,落叶乔木。木材质较软。嫩叶可作茶的代用品。

戚(㊁＊慼) qī くㄧ ❶亲戚,因婚姻联成的关系。❷忧愁,悲哀：休～相关。

嘁 qī くㄧ [嘁嘁]拟声词：～～喳喳(chāchā)地说话。

期 ㊀ qī くㄧ ❶规定的时间或一段时间：定～举行．分～付款．过～作废．如～完成任务．㊅刊物出版的号数。❷约定时间：失～．不～而遇．❸盼望,希望(逾—望)：决不辜负大家的～望．～待．～盼．以～得到良好的效果． ㊁ jī 见 211 页。

欺 qī くㄧ ❶欺骗,蒙混：自～～人．❷欺负,压迫,侮辱(逾—侮)：仗势～人．[欺世盗名]欺骗世人,窃取名誉。

颀 qī くㄧ [颀头]古时打鬼驱疫时用的假面具。

攲 qī くㄧ 倾斜,歪向一边：～侧．～倾.

缉 ㊁ qī くㄧ 一针对一针地缝：～鞋口。 ㊀ jī 见 211 页。

蹊 ㊀ qī くㄧ [蹊跷](－qiāo)奇怪,跷蹊。 ㊁ xī 见 523 页。

漆 qī くㄧ ❶各种黏液状涂料的统称。可分为天然漆和人造漆两大类。[漆树]落叶乔木,用树皮里的黏计制成的涂料就是漆。❷用漆涂。

曝 qī くㄧ 〈方〉❶东西湿了之后要干未干：雨过了,太阳出来一晒,路上就渐渐～了．❷用沙土等吸收水分：地上有水,铺上点儿沙子～一～.

亓 qí くㄧ 姓。

齐(齊) qí くㄧ ❶整齐,东西一头平或排成一条直线：庄稼长得很～．队形整～．纸叠得很～．[齐截](－jie)〈方〉1. 整齐：字写得～～。2. 全备：东西都预备～～了．[齐齿呼]i 韵母和以

i 开头的韵母。[看齐]站队的时候,以排头为准把队形排齐。⑳争取与模范人物一样:大家向劳动模范～～.❷达到,跟什么一般平:河水～腰深.❸同时,同样,一起:~心.~声高唱.百花~放,推陈出新.❹都,完全(迭—全):材料都预备~了.代表都到~了.❺周代诸侯国名,在今山东省北部、西部和河北省东南角。❻朝代名。1.南朝之一,萧道成所建立(公元479—502年)。2.北朝之一,高洋所建立(公元550—577年)。

〈古〉又同斋戒的"斋"(zhāi)。

脐(臍) qí ㄑㄧˊ ❶肚脐,胎儿肚子中间有一条管子,跟母体的胎盘连着,这个管子叫脐带,出生以后,脐带脱落的地方叫"脐"。❷螃蟹腹部下面的甲壳:尖～.团～.

蛴(蠐) qí ㄑㄧˊ [蛴螬](－cáo)金龟子的幼虫,1寸多长,圆筒形,白色,身上有褐色毛,生活在土里,吃农作物的根和茎。

祁 qí ㄑㄧˊ 盛大:～寒(严寒,极冷).

圻 qí ㄑㄧˊ 地的界限。〈古〉又同"垠"(yín)。

祈 qí ㄑㄧˊ 迷信的人向神求福(迭—祷)。⑳请求;敬~照准.

颀 qí ㄑㄧˊ 身子高(叠)。

蕲(蘄) qí ㄑㄧˊ ❶求。❷地名用字。[蕲春]地名,在湖北省。

芪 qí ㄑㄧˊ 黄芪,多年生草本植物,茎横卧在地面上,开淡黄色的花,根入药。

祇 ㊀ qí ㄑㄧˊ 古代称地神。㊁ zhǐ 见637页"只"。

岐 qí ㄑㄧˊ ❶岐山,山名,在陕西省。❷同"歧"。

歧 qí ㄑㄧˊ ❶岔道,大路分出的小路:～路亡羊.[歧途]错误的道路:误入～~.❷不相同,不一致:~视.~义.

跂 ㊀ qí ㄑㄧˊ 多生出的脚趾。㊁ qì 见395页。

其 qí ㄑㄧˊ ❶代词.1.他,他们:不能任~自流.劝~努力学习.2.他的,他们的:各得～所.人尽～才.物尽～用.❷那,那个,那些:~他.~次.本无~事.~中有个原因.[其实]实在的,事实上:他故意说不懂,~~他懂得.❸文言助词.1.表示揣测、反诘:岂~然乎? ~奈我何? 2.表示命令、劝勉:子~勉之!❹词尾,在副词后:极~快乐.尤~伟大.

其 qí ㄑㄧˊ 〈方〉豆茎.

淇 qí ㄑㄧˊ 淇水,源出河南省林州,流入卫河.

骐 qí ㄑㄧˊ 有青黑色纹理的马.

琪 qí ㄑㄧˊ ❶一种玉.❷珍异:~花瑶草.

棋(*碁、*碁) qí ㄑㄧˊ 文娱用品名,有象棋、围棋等.

祺 qí ㄑㄧˊ 旧指吉祥,福气.

綦 qí ㄑㄧˊ ❶青黑色:~巾.❷极:~难.

蜞 qí ㄑㄧˊ 见376页"蟛"字条"蟛蜞"(péng—).

旗(❶△*旂) qí ㄑㄧˊ ❶(一子、一儿)用布、纸、绸子或其他材料做成的标识(zhì),多半是长方形或方形:国~. 校~.❷清代满族的军队编制和户口编制,共分八旗.后又建立蒙古八旗、汉军八旗.❸属于八旗的,特指属于满族的:~人.~袍.~装.❸内蒙古自治区的行政区划单位,相当于县.

鳍 qí ㄑㄧˊ [鲯鳅]鱼名.黑褐色,体长而侧扁,头大眼小,生活在海洋中.

麒 qí ㄑㄧˊ [麒麟]见306页"麟".

奇 ㊀ qí ㄑㄧˊ ❶特殊的,稀罕,不常见的:~事.~闻.❸出人意料的,令人惊奇的:~兵.~计.~袭.出~制胜.❷惊异,引以为奇:世人~之.❸姓.

㊁ jī 见210页.

埼(**碕) qí ㄑㄧˊ 弯曲的岸.

萁 qí ㄑㄧˊ [萁莱主山]山名,在台湾省.

崎 qí ㄑㄧˊ [崎岖](—qū)形容山路不平.

骑 qí ㄑㄧˊ ❶跨坐在牲畜或其他东西上:~马.~行车.❸兼跨两边:~缝盖章❷(旧读jì)骑兵,也泛指骑马的人:车~.轻~.铁~.❸骑的马:坐~.

琦 qí ㄑㄧˊ 美玉.⑯珍奇.

锜 qí ㄑㄧˊ ❶古代一种带三足的锅。❷古代的一种凿子。

俟 ⊖ qí ㄑㄧˊ [万俟](mò一)姓。
⊖ sì 见464页。

耆 qí ㄑㄧˊ 年老，六十岁以上的人：～年.

鳍 qí ㄑㄧˊ 鱼类和其他水生脊椎动物的运动器官，由薄膜、柔软分节的鳍条和坚硬不分节的鳍棘组成。

鬐
鬣 qí ㄑㄧˊ 马脖子上部的长毛，也叫"马鬃"、"马鬣"。

旗 qí ㄑㄧˊ ❶古代指有铃铛的旗子。❷同"旗❶"。

畦 qí ㄑㄧˊ 田园中分成的小区：种一～菜。

乞 qǐ ㄑㄧˇ 乞求，向人讨、要、求：～怜.～恕.～食.行～.

芑 qǐ ㄑㄧˇ 古书上说的一种植物。

屺 qǐ ㄑㄧˇ 没有草木的山。

岂(豈) qǐ ㄑㄧˇ 副词，表示反诘。1.哪里，怎么：～敢！～有此理？2.难道：～非怪事？
〈古〉又同"恺"、"凯"(kǎi)。

玘 qǐ ㄑㄧˇ 古代佩带的玉。

杞 qǐ ㄑㄧˇ ❶植物名。1.就是枸(gǒu)杞。2.杞柳，落叶灌木，生在水边，枝条可以编箱、笼、筐、篮等物。❷周代诸侯国名，在今河南省杞县：～人忧天(喻不必要的忧虑)。

起 qǐ ㄑㄧˇ ❶由躺而坐或由坐而立等：～床．～立致敬．㉠离开原来的位置。1.移开，搬开：～身．～运.2.拔出，取出：～钉子．～货.[起居]日常生活：～～有恒。❷由下向上升，由小往大里涨：一～一落.～劲.面～了.[起色]好转的形势，转机：病有～～.❸长出：～燎泡．～痱子.❹开始：～笔．～点.[起码]最低限度，最低的：～～要十天才能完工。❺发生：～疑．～意．～火．～风.[起义]发动武装革命，也指脱离反革命集团投入革命阵营。❻拟定：～草.❼建造，建立：～房子.白手～家.❽(从哪里)开始。1.在名词后：今天～.

从这里～.2.在名词前:～南到北.～这里剪开.❾量词.1.批,群:一～人走了,又来一～.2.件,宗:三～案件.两～事故.❿在动词后,表示动作的趋向:抱～.拿～.扛大旗.提～精神.引～大家注意.想不～什么地方见过他.❶在动词后,跟"来"连用,表示动作开始:大声念～来.唱～歌来.❷在动词后,常跟"不""得"连用.1.表示胜任,能担得住:买不～.经得～考验.2.表示够格,达到某一种标准:看不～.瞧得～.

企 qǐ ㄑㄧˇ 踮着脚看,希望,盼望:～望.～待.～盼.[企图]图谋.

[企业]从事生产、运输、贸易等经济活动的部门,如工厂、矿山、铁路、贸易公司等.

启(啓、*啟) qǐ ㄑㄧˇ ❶打开:～封.～门.㉠开导:～蒙(méng).[启发]阐明事例,使对方因联想而领悟:～～教育.～～他的政治觉悟.[启示]启发指点,使有所认识.❷开始:～用.❸陈述;敬者:某某～(书信用语).[启事]向群众说明事情的文字,

现在多登在报纸上.❹书信:书～.小～.

桼 qǐ ㄑㄧˇ 古时用木头做的一种通行证,略如戟形.[桼戟]古时官吏出行的一种仪仗,用木头做成,状如戟.

膍 qǐ ㄑㄧˇ〈古〉腓肠肌(小腿肚子).

绮 qǐ ㄑㄧˇ ❶有文彩的丝织品:～罗.❷美丽:～丽.～思.

稽 ㊀ qǐ ㄑㄧˇ 稽首,古时跪下叩头的礼节.
㊁ jī 见211页.

气(氣) qì ㄑㄧˋ ❶没有一定的形状、体积,能自由流动的物体:煤～.蒸～.特指空气:～压.给自行车打～.❷(一儿)气息,呼吸:没～了.上～不接下～.❸自然界寒、暖、阴、晴等等现象:天～.节～.❹(一儿)鼻子闻到的味:香～.臭～.烟～.❺人的精神状态:朝～.朝～蓬勃.[气势]力量和形势.❻作风,习气:官～.俗～.骄娇二～.❼怒或使人发怒:他生～了.别～我了.❽欺压:受～.❾中医指能使人体器官正常发挥机能的原动力:～血.～虚.元～.❿中医

指某种症象：湿～．脚～．痰
～．

汽 qì ㄑㄧˋ 蒸气，液体或固体变成的气体。特指水蒸气：～船．

讫 qì ㄑㄧˋ ❶完结，了了：收～．付～．验～．❷截止：起～．

迄 qì ㄑㄧˋ ❶到：～今未至．❷始终：～未成功．

汔 qì ㄑㄧˋ 庶几，差不多．

弃(*棄) qì ㄑㄧˋ 舍(shě)去，扔掉：抛～．遗～．～权．～置不顾．

妻 ㊀ qì ㄑㄧˋ〈古〉以女嫁人。
㊁ qī 见 389 页。

炁 qì ㄑㄧˋ 同"气"。

泣 qì ㄑㄧˋ ❶小声哭：～不成声．❷眼泪：～下如雨．

亟 ㊀ qì ㄑㄧˋ 屡次：～来问讯．
㊁ jí 见 212 页。

契(**栔) ㊀ qì ㄑㄧˋ ❶用刀雕刻．❷刻的文字：书～．❸契约，证明买卖、抵押、租赁等关系

的合同、文书、字据：地～．房～．卖身～．❹相合，情意相投：默～．相～．～友．
[契丹]我国古代东北地区的一个民族，曾建立辽国。
㊁ xiè 见 541 页。

碛 qì ㄑㄧˋ 用石头砌的水闸。

砌 qì ㄑㄧˋ 建筑时垒(lěi)砖石，用泥灰粘合：～墙．～炕．

跂 ㊀ qì ㄑㄧˋ 踮着脚站着：～望．
㊁ qí 见 391 页。

葺 qì ㄑㄧˋ 用茅草覆盖房子：修～(修补)房屋．

碛 qì ㄑㄧˋ 水中沙堆。[沙碛]沙漠．

槭 qì ㄑㄧˋ 落叶小乔木，花黄绿色，叶子掌状分裂，秋季变成红色或黄色．

器(**噐) qì ㄑㄧˋ ❶用具的总称：武～．容～．[器官]生物体中具有某种独立生理机能的部分，如耳、眼、花、叶等，也省称"器"：消化～．生殖～．❷人的度量，才干：～量．成～．❸器重，看重，看得起．

憩(*憇) qì ㄑㄧˋ 休息：小～．

荠(薺) 〇qí ㄑ一 见23页"荸"字条"荸荠"(bí—)。

〇jì 见216页。

QIA ㄑㄧㄚ

掐 qiā ㄑㄧㄚ ❶用手指用力夹,用指甲按或截断。㉑割断,截去:~电线。❷用手的虎口及手指紧紧握住:一把~住。❸(一子,一儿)量词,拇指和食指或中指相对握着的数量:一小~儿韭菜。一大~子青菜.

袷 qiā ㄑㄧㄚ [袷袢](一pàn)(维)上衣。

〇jiá 见220页"夹"。

葜 qiā ㄑㄧㄚ 见9页"菝"字条"菝葜"(bá一)。

拊 qiá ㄑㄧㄚ 用两手拊着。

卡 〇qiǎ ㄑㄧㄚ ❶(一子)在交通要道设置的检查或收税的地方:关~。❷(一子)夹东西的器具:头发~子.❸夹在中间,堵塞:鱼刺~在嗓子里。~在里边拿不出来了.

〇kǎ 见260页。

洽 qià ㄑㄧㄚ ❶跟人联系,商量(事情):接~事情。和他商~。❷谐和:感情融~.

恰 qià ㄑㄧㄚ ❶正巧,刚刚:~巧.~到好处。~如其分(fèn)。~好他来了.❷合适,适当:这里有几个字不~当.

髂 qià ㄑㄧㄚ 髂骨,腰部下面腹部两侧的骨,下缘与耻骨、坐骨联成髋(kuān)骨。(图见163页"骨")

QIAN ㄑㄧㄢ

千(❸韆) qiān ㄑㄧㄢ ❶数目,十个一百。❷表示极多,常跟"万"、"百"连用:~言万语。~军万马。~锤百炼。[千万]务必:~~不要铺张浪费。❸见411页"秋"字条"秋千"。

仟 qiān ㄑㄧㄢ "千"字的大写。

阡 qiān ㄑㄧㄢ ❶田间的小路(迮—陌mò)。❷通往坟墓的道路。

扦 qiān ㄑㄧㄢ ❶(一子,一儿)用金属或竹、木制成的像针的东西。❷(方)插进去:~花。用针~住.

芊 qiān ㄑㄧㄢ 草木茂盛(叠):郁郁~~。[芊绵][芊眠]草木茂密繁盛。

迁(遷) qiān ㄑㄧㄢ ❶机关、住所等另换地点(遷一移):~都(dū). ~居. [迁就]不坚持自己的意见,凑合别人:不能～～. ～～应该是有原则的. [迁延]拖延:已经～～了一个多月了. ❷变动,改变(遷变一):事过境~.

㠯 qiānwǎ ㄑㄧㄢㄨㄚˇ 电的功率单位,1㠯等于1000瓦特. 现写作"千瓦".

钎 qiān ㄑㄧㄢ (一子)一头尖的长钢棍,多用来在矿石上打洞.

岍 qiān ㄑㄧㄢ 岍山,山名,在陕西省.

汧 qiān ㄑㄧㄢ [汧阳]地名,在陕西省. 今作"千阳".

佥(僉) qiān ㄑㄧㄢ 〈古〉全,都.

签(簽、❸-❻籤) qiān ㄑㄧㄢ ❶亲自写上姓名或画上符号:~名. 请你~个字. ❷简要地写出(意见):~注. ❸(一子、一儿)用竹木等物做成的细棍或片状物:牙~儿. 竹～儿. ❹(一儿)书册里作标志的纸片或其他物件上作标志的东西:书~. 标~. 浮~.❺粗粗地缝合起来. ❻旧时用于占卜或赌博的细长竹片或细棍.

牵(牽) qiān ㄑㄧㄢ ❶拉,引领向前:~着一条牛. ~牲口. 手~着手. ❷连带,带累:不要~扯别的问题. 受～累. 互相～制. [牵强](一qiǎng)硬拉硬扯,勉强,理由不足:这话太～～. ～～附会. ❸缠连:意惹情～.

铅 ⊖ qiān ㄑㄧㄢ ❶一种金属元素,符号 Pb,青灰色,质地软,熔点低. 可用来制煤气管等. [铅铁]指镀锌铁. [铅字]印刷用的铅、锑、锡等合金铸成的活字. ❷石墨:~笔.

⊜ yán 见563页.

悭(慳) qiān ㄑㄧㄢ 吝啬(遷一吝).

谦 qiān ㄑㄧㄢ 虚心,不自高自大:~虚. ~让. 满招损,~受益.

愆 qiān ㄑㄧㄢ ❶罪过,过失. ❷错过,耽误过去:~期.

鹐 qiān ㄑㄧㄢ 尖嘴的家禽或鸟啄东西:乌鸦把瓜～了.

搴 qiān ㄑㄧㄢ 高举。多用于人名，如西汉有张骞。

搴 qiān ㄑㄧㄢ ❶拔取：斩将～旗. ❷同"褰".

褰 qiān ㄑㄧㄢ 把衣服提起来：～裳.

荨(蕁、蕁)** ㊀ qián ㄑㄧㄢ

[荨麻]多年生草本植物，茎叶生细毛，皮肤接触时会引起刺痛。茎皮纤维可以做纺织原料。

㊁ xún 见 556 页。

钤 qián ㄑㄧㄢ ❶印章。❷盖印章：～印.～章. [钤记]旧时印的一种。

黔 qián ㄑㄧㄢ ❶黑色：～首(古代称老百姓). ❷贵州省的别称。

前 qián ㄑㄧㄢ ❶跟"后"相反. 1.指空间，人脸所向的一面，房屋等正门所向的一面，家具等靠外的一面：天安门～.大楼～面.床～.在～面.向～走. 2.指时间，往日的、过去的：～天.史无～例. 3.指次序：～五名. ❷向前行进：勇往直～.畏缩不～. ❸未来的(用于展望)：～景.向～看.

虔 qián ㄑㄧㄢ 恭敬：～诚.～心.

钱(錢) qián ㄑㄧㄢ ❶货币：铜～. ⑪费用：车～.饭～. ❷圆形像钱的东西：纸～.榆～儿. ❸财物：有～有势. ❹旧制或市制重量单位，一两的十分之一。

钳(箝、❶**拑)** qián ㄑㄧㄢ

❶用东西夹住. [钳制]用强力限制. ❷(一子)夹东西的用具：老虎～.

掮 qián ㄑㄧㄢ 用肩扛(káng)东西。[掮客]〈方〉指替买卖货物的双方介绍交易，从中取得佣钱的人。

乾 ㊀ qián ㄑㄧㄢ ❶八卦之一，符号是☰，代表天。❷乾县，在陕西省。

㊁ gān 见 145 页"干".

犍 ㊀ qián ㄑㄧㄢ [犍为(—wéi)地名，在四川省。

㊁ jiān 见 224 页。

潜(*潛) qián ㄑㄧㄢ ❶隐在水面下活动：～水艇.鱼～鸟飞. ❷隐藏的：～伏.挖掘～在力量. [潜心]心静而专：～～研究.

❸秘密地，不声张：～行．～逃．

肷（**膁）qiǎn ㄑㄧㄢˇ 身体两旁肋骨和胯骨之间的部分（多指兽类的）：～窝．

浅（淺）㊀ qiǎn ㄑㄧㄢˇ
❶从表面到底或从外面到里面距离小，跟"深"相反：这条河很～．这个院子太～．❷不久，时间短：年代～．相处的日子还～．❸程度不深的：～见．阅历～．交情～．这篇文章很～．～近的理论．❹颜色淡薄：～红．～绿．

㊁ jiān 见222页．

遣 qiǎn ㄑㄧㄢˇ ❶派，差（chāi），打发（龙派一）：特～．～送．❷排解，发泄：～闷（mèn）．消～．

谴 qiǎn ㄑㄧㄢˇ 责备（龙—责）．

缱 qiǎn ㄑㄧㄢˇ [缱绻]（一quǎn）情意缠绵，感情好得离不开．

嗛 qiǎn ㄑㄧㄢˇ 就是颊囊．猴嘴里两腮上暂时贮存食物的地方．

〈古〉又同"谦"(qiān)、

"歉"(qiàn)．

欠 qiàn ㄑㄧㄢˋ ❶借别人的财物还（hái）没归还（huán）：我～他十块钱．❷缺乏，不够：文章～通．身体～安．❸身体稍稍向上移动：～身．～脚．❹哈欠(qiɑn)，疲倦时张口出气：～伸．打哈～．

芡 qiàn ㄑㄧㄢˋ ❶一年生水草，茎叶都有刺，开紫花．果实叫芡实，外皮有刺．种子的仁可以吃，可以制淀粉．也叫"鸡头"．❷烹饪时用淀粉调成的浓汁：勾～．汤里加点～．

嵌 qiàn ㄑㄧㄢˋ 把东西卡在空隙里：镶～．～入．匣子上～着象牙雕的花．

纤（縴）㊀ qiàn ㄑㄧㄢˋ 拉船的绳．[纤手]给人介绍买卖产业的人．[拉纤]1.拉着纤绳使船前进．2.给人介绍买卖产业从中取利．

㊁ xiān 见529页．

茜（**蒨）㊀ qiàn ㄑㄧㄢˋ ❶茜草，多年生蔓草，茎有刺毛，初秋开花，黄色．根红色，可做染料．

也可入药。❷红色。

㊀ xī 见 521 页。

倩 qiàn ㄑㄧㄢ ❶美好。❷请人代做：～人代笔。

堑 qiàn ㄑㄧㄢ 做防御用的壕沟：长江天～(喻险要)。㊂挫折：吃一～，长一智。

椠 qiàn ㄑㄧㄢ ❶古代记事用的木板。❷书的版本：古～. 宋～.

慊 ㊀ qiàn ㄑㄧㄢ 不满，怨恨。

㊁ qiè 见 406 页。

歉 qiàn ㄑㄧㄢ ❶觉得对不住人：抱～. 道～. 深致～意。❷收成不好：～收.～年.

QIANG ㄑㄧㄤ

抢(搶) ㊀ qiāng ㄑㄧㄤ 同"戗(qiāng)❶"。

㊁ qiǎng 见 401 页。

呛(嗆) ㊀ qiāng ㄑㄧㄤ ❶水或食物进入气管而引起不适或咳嗽：喝水～着了. 吃饭吃～了. ❷〈方〉咳嗽。

㊁ qiàng 见 402 页。

玱(瑲) qiāng ㄑㄧㄤ 玉相击声。

枪(槍、*鎗) qiāng ㄑㄧㄤ ❶刺击用的长矛：长～. 红缨～. ❷发射子弹的武器：手～. 机关～. ❸形状或性能像枪的器具：焊～. 水～.

戗(戧) ㊀ qiāng ㄑㄧㄤ ❶逆，反方向：～风.～水. ❷(言语)冲突：说～了.

㊁ qiàng 见 402 页。

羌 qiāng ㄑㄧㄤ 我国古代西部的民族。

[羌族]我国少数民族，参看附表。

蜣 qiāng ㄑㄧㄤ [蜣螂](—láng)俗叫"屎壳郎"(shǐkelàng)。昆虫，全身黑色，有光泽，会飞，吃粪、尿及动物的尸体。

戕 qiāng ㄑㄧㄤ 杀害：自～.

[戕贼]伤害，损害。

斨 qiāng ㄑㄧㄤ 古代一种斧子。

腔 qiāng ㄑㄧㄤ ❶(一子)动物身体中空的部分：胸～. 口～. ㊂器物中空的部分：炉～. 锅台～子. ❷(一儿)腔调，乐曲的调子：离～走板. 梆子～. ㊂说话的声音：开～(说话). 南～北调. [京腔]北京语音：一口～～.

锖 qiāng ㄑㄧㄤ [锖色]某些矿物表面因氧化作用而形成的薄膜所呈现的色彩,常常不同于矿物固有的颜色。

锵(鏘) qiāng ㄑㄧㄤ 拟声词(叠):锣声~~.

镪 ㊀ qiāng ㄑㄧㄤ [镪水]就是强酸:硝~~.
㊁ qiǎng 见本页.

强(*強、*彊) ㊀ qiáng ㄑㄧㄤ ❶健壮,有力,跟"弱"相反(籤—壮、—健):~大.身～力壮.⑤有余:四分之一～.[强调]特别着重某种事或某项任务,用坚决的口气提出。[强梁]强横不讲理。❷程度高;责任心很。❸要~.庄稼长～.他写的字比你的~.❹使用强力:～制.～占.～索财物.❺使强大或强壮:~身之道.富国～兵.❻姓.
㊁ qiǎng 见本页.
㊂ jiàng 见230页.

墙(墙、*牆) qiáng ㄑㄧㄤ 用砖石等砌成承架房顶或隔开内外的建筑物(籤—壁):砖～.城～.院～.

蔷(薔) qiáng ㄑㄧㄤ [蔷薇](—wēi)落叶灌木,茎上多刺,夏初开花,有红、黄、白等色,可制香料,也可入药。

嫱(嬙) qiáng ㄑㄧㄤ 古时宫廷里的女官名:妃～.

樯(檣、*艢) qiáng ㄑㄧㄤ 帆船上挂风帆的桅杆.

抢(搶) ㊀ qiǎng ㄑㄧㄤ ❶夺,硬拿(籤—夺):～球.～劫.他把我的信～去了.❷赶快,赶紧,争先:～着把活做了.～修河堤.刮,擦(去掉表面的一层):磨剪子～菜刀.摔了一跤,把肉皮～去一大块.
㊁ qiāng 见400页.

羟(羥) qiǎng ㄑㄧㄤ [羟基],就是氢氧基(—OH).

强(*強、*彊) ㊁ qiǎng ㄑㄧㄤ 硬要,迫使:～迫.牵～.～词夺理.不能～人所难.
㊀ qiáng 见本页.
㊂ jiàng 见230页.

镪 ㊁ qiǎng ㄑㄧㄤ 〈古〉指成串的钱。[白镪]银子.

襁(*繦) qiǎng ㄑㄧㄤ [襁褓](一bǎo)包婴儿的被、毯等；在～～中．

呛(嗆) ㊀qiàng ㄑㄧㄤ 有刺激性的气体使鼻子、嗓子等器官感到不舒服：烟～嗓子．辣椒味～得难受．
㊁qiāng 见400页。

戗(戧) ㊀qiàng ㄑㄧㄤ 支持，支撑：墙要倒，拿杠子～住．[够戗]形容十分厉害，很难支持：他忙得真～～．他病得～～．
㊁qiāng 见400页。

炝(熗) qiàng ㄑㄧㄤ 烹饪法的一种，将菜肴放在沸水或热油中略煮后取出加作料拌：～锅．

跄(蹌、**蹡) qiàng ㄑㄧㄤ [踉跄](liàng－)走路不稳。

QIAO ㄑㄧㄠ

悄 ㊀qiāo ㄑㄧㄠ 没有声音或声音很低(叠)：静～～．部队～～地出动．
㊁qiǎo 见403页。

硗(磽) qiāo ㄑㄧㄠ 地坚硬不肥沃(叠一

薄、一瘠、一确)：肥～.

跷(蹺、*蹻) qiāo ㄑㄧㄠ ❶脚向上抬：～脚．～腿．[高跷]踩着有踏脚装置的木棍表演的一种游艺．❷竖起大拇指：～起大拇指称赞．
[蹊跷](一qi)奇怪，违反常理，让人怀疑：这事有点～～．也说"蹺蹊"(qī一)．
"蹻"又 jué 见256页"屩"．

雀 ㊀qiāo ㄑㄧㄠ 雀子，雀(què)斑．
㊁què 见418页。
㊂qiǎo 见404页。

锹(*鍫) qiāo ㄑㄧㄠ 挖土或铲其他东西的器具．

劁 qiāo ㄑㄧㄠ 骟(shàn)，割去牲畜的睾丸或卵巢：～猪．～羊．

敲 qiāo ㄑㄧㄠ ❶打，击：～锣．～边鼓(比喻从旁替人说话)．❷敲竹杠，讹诈财物或抬高价格．

橇 qiāo ㄑㄧㄠ ❶古代在泥路上行走所乘的东西．❷在冰雪上滑行的工具．

缲(**繰) ㊀qiāo ㄑㄧㄠ 做衣服边儿或带子时藏着针脚的缝法

～一根带子.～边.

㊁ sāo 见431页.

乔(喬) qiáo ㄑㄧㄠ ❶高.[乔木]树干和树枝有明显区别的大树,如松、柏、杨、柳等.[乔迁]称人迁居的客气话.❷做假,装.[乔装][乔妆]改变服装面貌,掩蔽身份:～～打扮.

侨(僑) qiáo ㄑㄧㄠ ❶寄居在国外(从前也指寄居在外乡):～居.❷寄居在祖国以外的人:华～.

荞(蕎、△*荍) qiáo ㄑㄧㄠ 荞麦,一年生草本植物,茎紫红色,叶子三角形,开小白花.子实黑色,磨成面粉供食用.

峤(嶠) ㊀ qiáo ㄑㄧㄠ 山尖而高.

㊁ jiào 见234页.

桥(橋) qiáo ㄑㄧㄠ 架在水上(或空中)便于通行的建筑物:拱～.天～.独木～.立交～.长江大～.

硚(礄) qiáo ㄑㄧㄠ [硚头]地名,在四川省.

鞒(鞽) qiáo ㄑㄧㄠ 马鞍拱起的地方.

荍 qiáo ㄑㄧㄠ ❶古书上指锦葵,二年或多年生草本植物,夏季开花,花紫色或白色,可供观赏.❷同"荞".

翘(翹) qiáo ㄑㄧㄠ ❶举起,抬起,向上:～首.～望.❷翘棱(leng),板状物体因为湿变干而弯曲不平:桌面～棱了.

㊁ qiào 见404页.

谯 qiáo ㄑㄧㄠ 谯楼,古代城门上建筑的楼,可以瞭望.

憔(*顦) qiáo ㄑㄧㄠ [憔悴](—cuì)黄瘦,脸色不好:面容～.

樵 qiáo ㄑㄧㄠ ❶〈方〉柴.❷打柴:～夫.

瞧 qiáo ㄑㄧㄠ 看:～见.～得起.～不起.

巧 qiǎo ㄑㄧㄠ ❶技巧,技术.❷灵巧,灵敏,手的技能好:心灵手～.他很～.❸虚浮不实(指话):花言～语.❹恰好,正遇在某种机会上:凑～.碰～.赶～.

悄 ㊀ qiǎo ㄑㄧㄠ ❶忧愁.❷寂静无声:低声～语.～然无声.

㊁ qiāo 见402页.

雀 〇 qiǎo ㄑㄧㄠˇ 义同"雀〇",用于"家雀儿"等口语词.
〇 què 见 418 页.
〇 qiāo 见 402 页.

愀 qiǎo ㄑㄧㄠˇ 脸色改变:～然作色.

壳(殻) 〇 qiào ㄑㄧㄠˋ 坚硬的外皮:甲～.地～.
〇 ké 见 266 页.

俏 qiào ㄑㄧㄠˋ ❶漂亮,相貌美好:俊～. ❷货物的销路好:～货. ❸〈方〉烹调时为增加滋味、色泽,加上少量的青蒜、香菜、木耳之类.

诮 qiào ㄑㄧㄠˋ 责备:讥～.

峭(*陗) qiào ㄑㄧㄠˋ 山又高又陡:～壁. 喻严峻:～直.

鞘 〇 qiào ㄑㄧㄠˋ 装刀、剑的套子:刀～.
〇 shāo 见 439 页.

窍(竅) qiào ㄑㄧㄠˋ ❶窟窿,孔洞:七～(耳、目、口、鼻).一～不通(喻一点也不懂). ❷(一儿)事情的关键:诀～儿. ～门儿.

翘(翹、蹺)** 〇 qiào ㄑㄧㄠˋ 一头向上仰起:板凳一～起来了. [翘尾巴]比喻傲慢或自鸣得意.
〇 qiáo 见 403 页.

撬 qiào ㄑㄧㄠˋ 用棍、棒等拨、挑东西:把门一～开.

QIE ㄑㄧㄝ

切 〇 qiē ㄑㄧㄝ ❶用刀从上往下割:～成片. 把瓜～开. [切磋](-cuō)喻在业务、思想等方面互相研究讨论,取长补短. ❷几何学上直线与弧线或两个弧线相接于一点:～线. ～点. 两圆相～.
〇 qiè 见 405 页.

伽 〇 qié ㄑㄧㄝˊ [伽南香]沉香,一种常绿乔木,木材重而坚硬,有香味,可入药. [伽蓝]梵语"僧伽蓝摩"的省称,指僧众所住的园林,后指佛寺.
〇 jiā 见 218 页.
〇 gā 见 143 页.

茄 〇 qié ㄑㄧㄝˊ (一子)一年生草本植物,花紫色. 果实也叫茄子,紫色,也有白色或绿色的,可以吃. [番茄]

一年生草本植物，花黄色。果实也叫番茄，圆形，熟时红色或黄色，可以吃。也叫"西红柿"。

㊀ jiā 见218页。

且 ㊀ qiě ㄑ丨ㄝˇ ❶连词，表示进一层：既高～大。❷连词，尚，还：然～不可。❸副词，表示暂时：～慢．～住。❹副词，将要：年～九十。❺且…且…，表示一面这样，一面那样：～走～说．～行～想。❻且…呢，表示经久：这双鞋～穿呢。❼姓。

㊁ jū 见250页。

切 ㊀ qiè ㄑ丨ㄝˋ ❶密合，贴近：～身利害．不～实际．[切齿]咬牙作痛恨。❷紧要：急～．迫～需要．回国心～．❸切实，实在，着实：～记．～忌．言辞恳～．❹旧时汉语标音的一种方法，取上一字的声母与下一字的韵母和声调，拼成一个音，也叫"反切"。如"同"字是徒红切。[一切]所有的，全部。

㊁ qiē 见404页。

窃（竊） qiè ㄑ丨ㄝˋ ❶偷盗：～案．❷用不合法不合理的手段取得：～

位．～国。❷私自，暗中：～笑。旧谦辞：～谓．～以为。

郄 qiè ㄑ丨ㄝˋ 姓。〈古〉又同郤(xì)。

妾 qiè ㄑ丨ㄝˋ ❶旧社会男子在妻子以外娶的女子。❷谦辞，旧时女人自称。

怯 qiè ㄑ丨ㄝˋ ❶胆小，没勇气(連一懦)：胆～．～场。❷〈方〉俗气，见识不广，不合时宜：露～．衣服的颜色有点～.

朅 qiè ㄑ丨ㄝˋ ❶离去。❷勇武。

挈 qiè ㄑ丨ㄝˋ ❶用手提着：提纲～领(喻简明扼要地把问题提示出来)。❷带，领：～眷。

锲（鍥） qiè ㄑ丨ㄝˋ 用刀子刻：～金玉．～而不舍(喻有恒心，有毅力)。

惬（愜、*愜） qiè ㄑ丨ㄝˋ 满足，畅快：～意．～心。[惬当](—dàng)恰当。

箧（篋） qiè ㄑ丨ㄝˋ 箱子一类的东西。

趄 ㊀ qiè ㄑ丨ㄝˋ 倾斜：～坡儿．～着身子．

㊁ jū 见250页。

慊 ⊖ qiè ㄑㄧㄝˋ 满足，满意：不～(不满)。
⊜ qiàn 见 400 页。

QIN ㄑㄧㄣ

钦 qīn ㄑㄧㄣ ❶恭敬：～佩.～仰.❷封建时代指有关皇帝的：～定.～赐.～差(chāi)大臣.

嵚 qīn ㄑㄧㄣ [嵚崟](-yín)山高的样子。

侵 qīn ㄑㄧㄣ ❶侵犯，夺取别人的权利：～害.～吞.[侵略]侵犯别国领土、主权，掠夺别国财富，奴役别国人民，以及干涉别国内政等行动：我们热爱和平，反对～.❷渐近：～晨.

骎 qīn ㄑㄧㄣ [骎骎]马跑得很快的样子。喻进行得快：～～日上.

亲(親) ⊖ qīn ㄑㄧㄣ ❶亲属，有血统或夫妻关系的：～人.～兄弟.特指父母：双～.养～.❷婚姻：定～.～事.❸特指新妇：婆～.❹亲戚，因婚姻联成的亲属关系：姑表～.❺本身，自己的：～笔信.～眼见.～手做的.❻感情好，关系密切：他们很～.～密.兄弟相～.

❼用嘴唇接触，表示喜爱：他～了～孩子的小脸蛋.
⊜ qìng 见 410 页。

衾 qīn ㄑㄧㄣ 被子：～枕.

芹 qín ㄑㄧㄣ 芹菜，一年或二年生草本植物，夏天开花，白色，茎、叶可以吃。

芩 qín ㄑㄧㄣ 植物名。1.古书上指芦苇一类的植物。2.黄芩，多年生草本植物，开淡紫色花，根可入药。

矜 (**穜) ⊖ qín ㄑㄧㄣ 〈古〉矛柄。
⊜ jīn 见 240 页。
⊜ guān 见 168 页。

琴 qín ㄑㄧㄣ ❶古琴，一种弦乐器，用梧桐等木料做成，有五根弦，后来增加为七根。❷某些乐器的统称，如风琴、钢琴、胡琴等。

秦 qín ㄑㄧㄣ ❶周代诸侯国名，在今陕西省和甘肃省一带。❷朝代名。秦始皇嬴政所建立(公元前 221—公元前 206 年)，建都咸阳(在今陕西省咸阳东)。秦是我国历史上第一个统一的中央集权的封建王朝。❸陕西省的别称。

嗪 qín ㄑㄧㄣ 见 370 页"哌"字条"哌嗪"(pài—)。

溱 ⊖ qín ㄑㄧㄣ [溱潼](—tóng)地名,在江苏省泰州。
⊜ zhēn 见 630 页。

蝼 qín ㄑㄧㄣ 古书上说的一种昆虫,像蝉比蝉小。

覃 ⊖ qín ㄑㄧㄣ 姓。
⊜ tán 见 478 页。

禽 qín ㄑㄧㄣ ❶鸟类的总称:家～.飞～.❷〈古〉鸟兽的总称。
〈古〉又同"擒"。

擒 qín ㄑㄧㄣ 捕捉:～贼先～王。

噙 qín ㄑㄧㄣ 含在里面:嘴里～了一口水.眼里～着眼泪.

檎 qín ㄑㄧㄣ 见 305 页"林"字条"林檎"。

勤(❶**廑**、*懃) qín ㄑㄧㄣ
❶做事尽力,不偷懒:～快.～劳.～学苦练.⑪经常,次数多:～洗澡.夏天雨～.房子要～打扫.❷按规定时间上班的工作:出～.缺～.考～.[后勤]1.军事组织在后方担任兵工、军需供给、医疗、运输等的任务.2.泛指总务工作.❸勤务:内～外～.❹见583页"殷"字条"殷勤"。
"廑"又 jǐn 见 241 页"仅"。

梫 qín ㄑㄧㄣ 古书上指肉桂,参看173页"桂"。

锓 qín ㄑㄧㄣ 雕刻:～版.

寝(寢) qín ㄑㄧㄣ ❶睡觉:废～忘食.❷睡觉的地方:就～.寿终正～.❸停止进行:事～.❹面貌难看:貌～.

吣(**吢、**唚) qìn ㄑㄧㄣ 猫狗呕吐.

沁 qìn ㄑㄧㄣ ❶渗入,浸润:香气～人心脾.❷〈方〉纳入水中.❸〈方〉头向下垂:～着头.❹沁水,源出山西省沁源,东南流至河南省注入黄河.

揿(*搇) qìn ㄑㄧㄣ 〈方〉用手按:～电铃.

QING ㄑㄧㄥ

青 qīng ㄑㄧㄥ ❶颜色.1.绿色:～草.2.蓝色:

天. 3. 黑色：～布. ～线. ❷绿色的东西（多指绿苗、叶的庄稼、花草等）：看(kān)～. ～黄不接(陈粮已经吃完了,新庄稼还没有成熟). ❸青年：共～团. 老中～相结合.

[青史]原指竹简上的记事,后指史书：～～留名.

圊 qīng ㄑㄧㄥ 厕所：～土. ～肥.

清 qīng ㄑㄧㄥ ❶纯净透明,没有混杂的东西,跟"浊"相反：～水. 天朗气～. ❺1. 单纯地：～唱. 2. 安静(逿一静)：～夜. ❷明白,不混乱：分～. ～楚. 说不～. ❸一点不留,净尽：～除. ❹清除不纯成分以纯洁组织：～党. ❺查点(清楚)：～仓. ❻公正廉明：～官. ❼朝代名(公元1644—1911年). 公元1616年,满族爱新觉罗·努尔哈赤建立后金. 1636年国号改为清. 1644年建都北京.

蜻 qīng ㄑㄧㄥ [蜻蜓](一tíng)昆虫名,俗叫"蚂螂"(mālang). 胸部有翅两对,腹部细长,常在水边捕食蚊子等小飞虫,是益虫.

鲭 qīng ㄑㄧㄥ 鱼类的一科,身体呈梭形,头尖口大. 如鲐(tái)鱼就属于鲭科.

轻(輕) qīng ㄑㄧㄥ ❶分量小,跟"重"相反：这块木头很～. [轻工业]制造生活资料的工业,如纺织工业、食品工业等. ❷程度浅：口～(味淡). ～伤不下火线. ❸数量少：年纪～. 他的工作很～. ❹用力小：注意～放. 手～一点儿. ❺认为没价值,不以为重要：～视. ～敌. 人皆～之. ❻随便,不庄重：～薄(bó). ～率(shuài). ～举妄动. [轻易](一yì)随便：他不～～下结论.

[轻音乐]指轻松活泼、以抒情为主的乐曲,包括器乐曲、舞曲等.

氢(氫) qīng ㄑㄧㄥ 一种化学元素,在通常条件下为气体,符号 H,是现在所知道的元素中最轻的,无色、无味、无臭,跟氧化合成水. 工业上用途很广.

倾(傾) qīng ㄑㄧㄥ ❶歪,斜(逿一斜)：身体稍向前～. ❷倾向,趋向：～心(一心向往,爱慕). [左倾]思想较激进的或倾向革命的. ["左"倾]超越革命发展的阶段,离开了当前大多数人的实践离开了当前的现实性,在斗争中表现为冒险和盲动的。[右倾]思想保守的或向反动势力妥协的。❸倒塌:～颓.[倾轧](一yà)互相排挤。❹使器物反转或歪斜,倒(dào)出里面的东西:～盆大雨.～箱倒箧.㋙尽数拿出,毫无保留:～吐(tǔ).[倾销]指把商品减价大量出售.

卿 qīng ㄑㄧㄥ ❶古时高级官名:上～.三公九～.❷古代用做称呼,君称臣,夫称妻或夫妻对称.

勍 qīng ㄑㄧㄥ 强:～敌.

黥(**剠) qīng ㄑㄧㄥ 古代在犯人脸上刺刻涂墨的刑罚。也叫"墨刑".

情 qīng ㄑㄧㄥ ❶感情,情绪,外界事物所引起的爱、憎、愉快、不愉快、惧怕等的心理状态。❷爱情:谈～说爱. ❸情面,情分:说～.求～. ❹状况:实～.真～.军～. [情报]关于各种情况的报告(多带机密性质).[情况]事情在进行中的状况:报告大会～～.[情形]事物的情况和形势:根据实际～～.逐步解决。

晴 qíng ㄑㄧㄥ 天空中没有云或云量很少,跟"阴"相反:～天.天～了.

婧 qíng ㄑㄧㄥ 承受财产等(㾾一受).

氰 qíng ㄑㄧㄥ 一种碳与氮的化合物,分子式$(CN)_2$,无色气体,有杏仁味.性很毒,燃烧时发红紫色火焰.

檠(**橃) qíng ㄑㄧㄥ ❶灯架。也指灯。❷矫正弓弩的器具。

擎 qíng ㄑㄧㄥ 向上托,举:～天柱.众～易举.

苘(**蔡、**蔨) qǐng ㄑㄧㄥ 苘麻,一年生草本植物,茎直立,开黄花,茎皮的纤维可以做绳子.

顷 qǐng ㄑㄧㄥ ❶土地面积单位,1顷等于100亩.❷短时间:有～.俄～即去.～刻之间大雨倾盆.㋙刚才,不久以前:～闻.～接来信.〈古〉又同"倾"(qīng).

庼(**嵓) qǐng ㄑㄧㄥ 小厅堂.

请 qǐng ㄑㄧㄥ ❶求(魎一求)：～假．～示．敬辞(放在动词前面)：～坐．～教．～问．～进来．❷延聘，邀，约人来：～医生．～专家作报告．

謦 qǐng ㄑㄧㄥ 咳嗽．[謦欬](-kài)指谈笑：亲聆～～．

庆(慶) qìng ㄑㄧㄥ ❶祝贺(魎一贺)：～功大会．～祝五一劳动节．❷可祝贺的事：国～．大～．

亲(親) ⊜ qìng ㄑㄧㄥ [亲家]夫妻双方的父母彼此的关系或称呼．
⊖ qīn 见 406 页。

箐 qìng ㄑㄧㄥ 〈方〉山间的大竹林，泛指树木丛生的山谷．

綮 qìng ㄑㄧㄥ 相结合的地方．参看 268 页"肯❷[肯綮]"．

磬 qìng ㄑㄧㄥ ❶古代打击乐器，用玉或石做成，悬在架上，形略如曲尺．❷和尚敲的铜铁铸的钵状物．

罄 qìng ㄑㄧㄥ 器皿已空，尽，用尽：告～．售～．

竹难书(诉说不完，多指罪恶)．

QIONG　ㄑㄩㄥ

邛 qióng ㄑㄩㄥ [邛崃](-lái)山名，在四川省。也叫"崃山"．

筇 qióng ㄑㄩㄥ 古书上说的一种竹子，可以做手杖．

穷(窮) qióng ㄑㄩㄥ ❶缺乏财物(魎贫一)：～人．他过去很～．❷环境恶劣，没有出路：～愁．～困．❸达到极点：～凶极恶．❹尽，完：理屈辞～．无～无尽．日暮途～．❺推究到极限：～物之理．

劳(藭) qióng ㄑㄩㄥ 见547 页"芎"字条"芎劳"(xiōng一)．

茕(煢，**惸) qióng ㄑㄩㄥ ❶没有弟兄，孤独．❷忧愁．

穹 qióng ㄑㄩㄥ 高起成拱形的，隆起：～苍(苍天)．

琼(瓊) qióng ㄑㄩㄥ 美玉。⑪美好，精

美：～浆(美酒).

蛩 qióng ㄑㄩㄥ 〈古〉❶蟋蟀。❷蝗虫。

銎 qióng ㄑㄩㄥ 脚踏地的声音：足音～然。

銎 qióng ㄑㄩㄥ 斧子上安柄的孔。

QIU ㄑㄧㄡ

丘(❸*坵) qiū ㄑㄧㄡ ❶土山：土～．～陵地带。❷坟墓(選一墓)。❸〈方〉量词，用于水田分隔开的块：一～五亩大的稻田。❹用砖石封闭有尸体的棺材，浮厝(cuò)。

邱 qiū ㄑㄧㄡ ❶同"丘❶"。❷姓。古也作"丘"。

蚯 qiū ㄑㄧㄡ [蚯蚓](－yǐn)一种生长在土里的虫子，身体由许多环节构成。它能翻松土壤，对农作物有益。也省称"蚓"。

龟(龜) 〇 qiū ㄑㄧㄡ (—cí)[龟兹]汉代西域国名，在今新疆维吾尔自治区库车一带。

〇 guī 见 171 页。
〇 jūn 见 259 页。

秋(❺鞦、❶-❹*秌) qiū ㄑㄧㄡ
❶四季中的第三季。[三秋]

1.指秋收、秋耕、秋播。2.指三年。❷庄稼成熟的时期：麦～。❸年：千～万岁。❹指某个时期(多指不好的)：多事之～．❺[秋千](－qiān)运动和游戏用具，架子上系(jì)两根长绳，绳端拴一块板，人在板上前后摆动。

萩 qiū ㄑㄧㄡ 古书上说的一种蒿类植物。

湫 〇 qiū ㄑㄧㄡ 水池。[大龙湫]瀑布名，在浙江省北雁荡山。
〇 jiǎo 见 233 页。

楸 qiū ㄑㄧㄡ 落叶乔木，干高叶大，夏天开花，木材质地致密，可造船、可做器具。

鹙 qiū ㄑㄧㄡ 秃鹙，古书上说的一种水鸟，头颈上没有毛，性贪暴，好吃蛇。

鳅 qiū ㄑㄧㄡ 泥鳅，一种鱼，口小，有须，体圆，尾侧扁，背青黑色，皮上有黏液，常钻在泥里，肉可吃。

鰌 qiū ㄑㄧㄡ 同"鳅"。

鞧(**鞦) qiū ㄑㄧㄡ ❶后鞧，套车时拴在驾辕牲口屁股上的皮带子。❷〈方〉收缩：大辕马～着屁股向后退。

仇 ⊖ qiú ㄑㄧㄡ 姓。
　　⊜ chóu 见 63 页。

犰 qiú ㄑㄧㄡ [犰狳](一yú)一种哺乳动物，头尾及胸部都有鳞片，腹部有毛，穴居土中，吃杂食，产于南美洲等地，肉可吃，鳞甲可制提篮等。

訄 qiú ㄑㄧㄡ 逼迫。

囚 qiú ㄑㄧㄡ ❶拘禁。❷被拘禁的人。

泅 qiú ㄑㄧㄡ 游泳。

求 qiú ㄑㄧㄡ ❶设法得到：不～名，不～利. 供～相应. ～学. ～出百分比. ❷恳请，乞助：～教(jiào). ～人.

俅 qiú ㄑㄧㄡ ❶恭顺的样子(叠)。❷俅人，我国少数民族"独龙族"的旧称。

逑 qiú ㄑㄧㄡ 匹配，配偶。

球(❷*毬) qiú ㄑㄧㄡ (一儿)❶圆形的立体物：～体. ❷指某些球形的体育用品：足～. 乒乓～儿. ❸指地球，也泛指星体：全～. 北半～. 星～. 月～.

赇 qiú ㄑㄧㄡ 贿赂。

裘 qiú ㄑㄧㄡ 皮衣：集腋成～(比喻积少成多)。

虬(*虯) qiú ㄑㄧㄡ 虬龙，传说中的一种龙。

酋 qiú ㄑㄧㄡ ❶酋长，部落的首领。❷(盗匪、侵略者的)头子：匪～. 敌～.

遒 qiú ㄑㄧㄡ 强健，有力(鱼一劲、一健)。

蝤 ⊖ qiú ㄑㄧㄡ [蝤蛴](一qí)金龟子的幼虫，身长足短，白色。
　　⊜ yóu 见 593 页。

巯(巰) qiú ㄑㄧㄡ 有机化合物中含硫和氢的基，通式为-SH。

璆 qiú ㄑㄧㄡ 美玉。

糗 qiǔ ㄑㄧㄡ ❶干粮，炒米粉或炒面。❷饭或面食粘(zhān)连成块状或糊状。

QU ㄑㄩ

区(區) ⊖ qū ㄑㄩ ❶分别(鱼一别、一分)。❷地域：工业～. 开发～. 自然保护～. ❸行政区划单位，有跟省平行的自治区和比市低一级的市辖区等。[区区]小,细微。

（三）ōu 见 367 页。

岖（嶇）qū ㄑㄩ [崎岖] (qí—)山路不平。

驱（驅、＊歐）qū ㄑㄩ ❶赶牲口:～马前进。⑤赶走(逐—):～逐出境。[驱使]差遣,支使别人为自己奔走。❷快跑(逐驰—):前～.并驾齐～.

躯（軀）qū ㄑㄩ 身体(逐身—):七尺之～.为国捐～.

曲（❹❺麯、❹△＊麴）qū ㄑㄩ ❶弯,跟"直"相反(逐弯—):～线.～径通幽.山间小路～～弯弯.⑥不公正,不合理:～解.是非～直.❷弯曲的地方:河～.❸偏僻的地方:乡～.❹酿酒或制酱时引起发酵的块状物,用某种霉菌和大麦、大豆、麸皮等制成:酒～.中～.❺发酵饲料。❺姓。

（二）qǔ 见 414 页。

"麯"又见 414 页"麴"。

蛐 qū ㄑㄩ ❶[蛐蛐儿](—qur)蟋蟀。❷[蛐蟮](—shàn)蚯蚓。

诎 qū ㄑㄩ ❶短缩。❷嘴笨。❸屈服,折服。

屈 qū ㄑㄩ ❶使弯曲,跟"伸"相反:～指可数。[屈戌](—xū)[屈戌儿](—qur)门窗箱柜等上面两个脚的小环儿,多用来挂锁、钉铞等。❷低头,使屈服:威武不能～.宁死不～.❸委屈:受～.⑤冤枉(逐冤—):叫～.

胠 qū ㄑㄩ ❶从旁边撬开:～箧(偷东西)。❷腋下。

袪 qū ㄑㄩ 除去,驱逐:～疑.～暑.～痰剂.

祛 qū ㄑㄩ ❶袖口。❷同"袪"。

蛆 qū ㄑㄩ 苍蝇的幼虫,白色,身体柔软,有环节,多生在不洁净的地方。

焌 （一）qū ㄑㄩ ❶把燃烧着的东西弄灭。❷用不带火苗的火烧烫。❸烹饪法,在热锅里加油,油热后先放作料,然后放菜:～锅儿。

（二）jùn 见 259 页。

駿 qū ㄑㄩ 形容黑:～黑的头发.屋子里黑～～的什么也看不见.

趋（趨）qū ㄑㄩ ❶快走:～而迎之。❷情势向着某方面发展、进行:～势.大势所～.意见～于一致.❸鹅或蛇伸头咬人.〈古〉又同"促"(cù).

麹(麴) qū ㄑㄩ ❶同"曲⊖❹".❷姓.

䠞 qú ㄑㄩ 劳累(叠—劳).

朐 qú ㄑㄩ [临朐]地名,在山东省.

鸲 qú ㄑㄩ 鸟名.身体小,尾巴长,嘴短而尖,羽毛美丽.[鸲鹆](—yù)鸟名,又叫"八哥儿".全身黑色,头及背部微呈绿色光泽,能模仿人说话.

䶆 qú ㄑㄩ [麝䶆]又叫"麝香鼠".食虫动物,通常被误认为鼠类.雄的有分泌芳香物质的腺体,生活在近水的地方.皮毛珍贵.

渠(❸㱯)** qú ㄑㄩ ❶水道.特指人工开的河道,水沟:红旗～.沟～.水到～成.❷大:～帅.～魁.❸〈方〉他:不知～为何人.

蕖 qú ㄑㄩ 见136页"芙"字条"芙蕖".

磲 qú ㄑㄩ 见54页"砗"字条"砗磲"(chē—).

璩 qú ㄑㄩ 〈古〉耳环.

蘧 qú ㄑㄩ ❶[蘧麦]多年生草本植物,叶子对生,狭披针形,夏季开淡红或白花,可供观赏.全草入药.❷[蘧然]惊喜的样子.❸姓.

籧 qú ㄑㄩ [籧篨](—chú)古代指用竹子或苇子编的粗席.

瞿 qú ㄑㄩ 姓.

氍 qú ㄑㄩ [氍毹](—shū)毛织的地毯.古代演剧多在地毯上,因此用氍毹代表舞台.

臞 qú ㄑㄩ 同"癯".

癯 qú ㄑㄩ 瘦:清～.

衢 qú ㄑㄩ 大路,四通八达的道路:通～.

蠷(㻃蠼)** qú ㄑㄩ [蠷蝼](—sōu)昆虫名.黑褐色,体扁平狭长,腹端有铗状尾须一对,生活在潮湿地方,危害家蚕等.

曲 ⊜ qǔ ㄑㄩ (—子、—儿)❶歌,能唱的文词(叠—儿):戏～.小～儿.唱～儿.❷歌的乐调(yuèdiào):这歌是他作的～.

⊖ qū 见413页.

苣 ⊖ qǔ ㄑㄩ [苣荬菜] （—mai—）多年生草本植物，花黄色。茎叶嫩时可以吃。

⊝ jù 见253页。

取 qǔ ㄑㄩ ❶拿：～书。到银行～款。[取消]废除，撤销。❷从中拿出合乎需要的。1.挑选：录～。～个小名儿。～道天津。2.寻求：～暖。～笑（开玩笑）。3.接受，采用：听～群众的意见。吸～经验。❸依照一定的根据或条件做：～决。～齐。

娶 qǔ ㄑㄩ 把女子接过来成亲：～妻。

龋 qǔ ㄑㄩ [龋齿]因口腔不清洁，食物渣滓发酵，产生酸类，侵蚀牙齿的釉质而形成空洞。这样的牙齿叫做龋齿。俗叫"虫牙"或"虫吃牙"。

去 qù ㄑㄩ ❶离开所在的地方到别处，由自己一方到另一方，跟"来"相反：我要～工厂。马上就～。给他～封信。已经～了一个电报。❷距离，差别：相～不远。❸已过的，特指刚过去的一年：～年。❹除掉，减掉：～皮。

～病。太长了，～一段。❺扮演（戏曲里的角色）。❻在动词后，表示趋向：上～。进～。❼在动词后，表示持续：信步走～。让他说～。❽去声，汉语四声之一。普通话去声的调子是下降的，符号作"ヽ"。

阒 qù ㄑㄩ 形容寂静：～无一人。

趣 qù ㄑㄩ ❶意向：旨～。志～。❷兴味，使人感到愉快：有～。～事。讨没～（自寻不愉快，没意思）。〈古〉又同"促"（cù）。

觑 (**＊＊覷**、**＊＊覰**) qù ㄑㄩ 看，窥探：偷～。面面相～。[小觑]小看，轻视。

QUAN ㄑㄩㄢ

悛 quān ㄑㄩㄢ 悔改：怙（hù）恶不～（坚持作恶，不肯悔改）。

圈 ⊖ quān ㄑㄩㄢ ❶（—子、—儿）环形，环形的东西：画一个～儿。铁～。❶1.周，周遭：跑了一～儿。兜了个大～子。2.范围：这话说得出～儿了。❷画环形：～个红圈作记号。❸包围：

打一道墙把这块地～起来.

（二）juǎn 见255页。

（三）juān 见255页。

棬 quān ㄑㄩㄢ 曲木制成的饮器。

权（權） quán ㄑㄩㄢ ❶权力,权柄,职责范围内支配和指挥的力量：政～. 有～处理这件事. ❷权利：选举～. ❸势力,有利形势：主动～. 制海～. ❹变通,不依常规：～且如此. ❺衡量,估计：～其轻重. ❻〈古〉秤锤。

全 quán ㄑㄩㄢ ❶完备,齐备,完整,不缺少（㊀齐一）：百货公司的货很～. 这部书不～了. ❷整个,遍：～国. ～校. ～力以赴. ［全面］顾到各方面的,不片面：～～规划. 看问题要～～. ❸保全,成全,使不受损伤：两～其美. ❹都：代表们～来了.

佺 quán ㄑㄩㄢ 用于人名。

诠 quán ㄑㄩㄢ ❶解释（㊀一释）。❷事物的理：真～.

荃 quán ㄑㄩㄢ 古书上说的一种香草。

辁 quán ㄑㄩㄢ ❶没有辐的车轮。❷浅薄：～才。

牷 quán ㄑㄩㄢ 古指供祭祀用的纯色毛的或体壮的牛。

铨 quán ㄑㄩㄢ ❶衡量轻重。❷旧时称量才授官,选拔官吏：～选. ［铨叙］旧时称议定官吏的等级。

痊 quán ㄑㄩㄢ 病好了,恢复健康（㊀一愈）。

筌 quán ㄑㄩㄢ 捕鱼的竹器：得鱼忘～（喻达到目的后就忘了原来的凭借）。

醛 quán ㄑㄩㄢ 有机化合物的一类,通式 R—CHO。醛类中的乙醛（CH_3—CHO）,省称"醛",医药上用来做催眠、镇痛剂。

泉 quán ㄑㄩㄢ ❶泉水：清～. 甘～. ❷水源（㊀一源）。［黄泉］［九泉］称人死后所在的地方。❸钱币的古称。

鳈 quán ㄑㄩㄢ 鱼名。体长半尺左右,深棕色,有暗纹,口小,生活在淡水中,肉可吃。

拳 quán ㄑㄩㄢ ❶（一头）指卷握起来的手：双手握～. ❷拳术,一种徒手的武术：打～. 太极～. ❸肢体弯曲：～起腿来.

[拳拳]形容恳切：情意～～.

惓 quán ㄑㄩㄢ [惓惓]恳挚，也作"拳拳"：～～之忧.

蜷（**踡） quán ㄑㄩㄢ 身体弯曲.

[蜷局]拳曲不伸展.

鬈 quán ㄑㄩㄢ ❶头发美好. ❷头发卷曲.

颧 quán ㄑㄩㄢ 颧骨，眼睛下面、两腮上面突出的部分.（图见 496 页"头"）

犬 quǎn ㄑㄩㄢ 狗. [犬齿]指人的门齿两旁的牙，上下各有两枚.

畎 quǎn ㄑㄩㄢ 田地中间的沟. [畎亩]田间.

绻 quǎn ㄑㄩㄢ 见 399 页"缱"字条"缱绻"（qiǎn—）.

劝（勸） quàn ㄑㄩㄢ ❶劝说，讲明事理使人听从：规～. ～他不要喝酒. ❷勉励（@一勉）：～勉一番.

券 ⊖quàn ㄑㄩㄢ ❶票据或作凭证的纸片：公债～. 入场～. ❷"拱券"的"券"

（xuàn）的又音.

⊜ xuàn 见 553 页.

QUE ㄑㄩㄝ

炔 quē ㄑㄩㄝ 有机化学中分子式可以用 C_nH_{2n-2} 表示的一系列化合物. 乙炔是烧焊及制作有机玻璃、聚氯乙烯、合成橡胶、合成纤维的重要原料.

缺 quē ㄑㄩㄝ ❶短少，不够（@一乏）：东西准备齐全，什么也不～了. ❷残破（@残一）：～口. 完整无～. [缺点]工作或行为中不完美、不完备的地方. [缺陷]残损或不圆满的地方. ❸该到未到：～席. ～勤. ❹空额（指职位）：补～.

阙 ⊜ quē ㄑㄩㄝ ❶古代用作"缺"字. [阙疑]有怀疑的事情暂时不下断语，留待查考. [阙如]空缺：尚付～～. ❷过错：～失. ❸姓.

⊖ què 见 418 页.

瘸 qué ㄑㄩㄝ 腿脚有毛病，走路时身体不平衡：一～一拐. 他是摔～的.

却（*卻） què ㄑㄩㄝ ❶退（@退一）：望而～步. 打得敌人连夜退～.

❷退还,不受:盛情难～. ❸和"去"、"掉"用法相近:失～|力量.了～一件心事. ❹副词,表示转折:这个道理大家都明白,他～不知道.

埆 què ㄑㄩㄝ 土地不肥沃.

确(❶❷确、❶❷**搞、❶❷**碻) què ㄑㄩㄝ ❶真实,实在(遷一实):千真万～.正～.他～是进步很快.[确切]1.准确,恰当. 2.真实可靠. ❷坚固,固定:～定不移.～保丰收. ❸同"埆".

悫(愨、**愨**) què ㄑㄩㄝ 诚实,谨慎.

雀 ㊀ què ㄑㄩㄝ 鸟的一类,身体小,翅膀长,雌雄羽毛颜色多不相同,吃粮食粒和昆虫.特指麻雀,泛指小鸟.[雀斑]脸上密集的褐色斑点.[雀盲]夜盲.也说"雀盲眼"(qiǎomangyǎn).[雀跃]喻高兴得像麻雀那样跳跃.

㊁ qiāo 见 402 页.

㊂ qiǎo 见 404 页.

闋 què ㄑㄩㄝ ❶停止,终了:乐～(奏乐终了). ❷量词,指词或歌曲.

阙 ㊀ què ㄑㄩㄝ〈古〉❶皇宫门前面两边的楼:宫～. ❷墓道外所立的石牌坊.

㊁ quē 见 417 页.

搉 què ㄑㄩㄝ ❶敲击. ❷同"榷".商讨:商～.

榷(❷△*搉) què ㄑㄩㄝ ❶专利,专卖. ❷商讨(遷商一).

鹊 què ㄑㄩㄝ 喜鹊,鸟名.背黑褐色,肩、颈、腹等部白色,翅有大白斑,尾较长.常栖息于园林树木间.

QUN ㄑㄩㄣ

囷 qūn ㄑㄩㄣ 古代一种圆形的谷仓.

逡 qūn ㄑㄩㄣ 退.[逡巡]有所顾虑而徘徊或退却.

裙(*帬) qún ㄑㄩㄣ(一子、一儿)一种围在下身的服装:连衣～.

群(*羣) qún ㄑㄩㄣ ❶相聚成伙的,聚集在一起的:～岛.人～|羊～. ❷众人:～策～力.起而攻之. ❸量词,用于成群

的人或东西：一～娃娃. 一～牛.

麇(**麕) ⊖ qún ㄑㄩㄣˊ 成群. [麇集] 许多人或物聚集在一起.
⊜ jūn 见 259 页.

R ㄖ

RAN ㄖㄢ

蚺 rán ㄖㄢˊ [蚺蛇]就是蟒蛇.

髯 rán ㄖㄢˊ 两颊上的胡子. 泛指胡子.

然 rán ㄖㄢˊ ❶是，对：不以为～. ❷这样，如此：当～. 所以～. 快走吧，不～就迟到了. [然后]连词. 如此以后，这样以后(表示承接)：先通知他，～～再去请他. [然则]连词. 既然这样，那么～：～～如之何而后可？[然而]连词. 但是，可是(表示转折)：他虽然失败了多次，～～并不灰心. ❸词尾，表示状态：突～. 忽～. 显～. 欣～.
〈古〉又同"燃".

燃 rán ㄖㄢˊ ❶烧起火焰(逾一烧)：～料. 自～. ❷引

火点着(zháo)：～灯. ～放花炮.

冉(*冄) rǎn ㄖㄢˇ 姓.
[冉冉]慢慢地：红旗～～上升.

苒 rǎn ㄖㄢˇ [荏苒](rěn—)时间不知不觉地过去：光阴～～.

染 rǎn ㄖㄢˇ ❶把东西放在颜料里使着色：～布. ❷感受疾病或沾上坏习惯：传～. ～病. 一尘不～. [染指]喻从中分取非分的利益.

RANG ㄖㄤ

嚷 ⊖ rāng ㄖㄤ [嚷嚷](—rang) 1. 吵闹：大家别乱～～. 2. 声张：这事先别～～出去.
⊜ rǎng 见 420 页.

勷 ráng ㄖㄤˊ 见 274 页"劻"字条"劻勷"(kuāng—).

蘘 ráng ㄖㄤˊ [蘘荷]多年生草本植物，花白色或淡黄色，结蒴果. 根可入药.

禳 ráng ㄖㄤˊ 迷信的人祈祷消除灾殃.

穰 ráng ㄖㄤˊ ❶禾茎，庄稼秆. ❷丰盛(叠)：五谷蕃熟，～～满家. ❸同"瓤".

瓤 ráng ⽇尢 ❶（一子、一儿）瓜、橘等内部包着种子的肉、瓣：西瓜~儿. 橘子~儿. ⑪东西的内部：棉桔~儿. 信~儿. ❷〈方〉身体软弱，技术差：病了一场，身子骨~了. 你锄地的技术真不~.

禳 ráng ⽇尢 衣服脏.

壤 rǎng ⽇尢 ❶松软的土. [土壤]农学上或地质学上指泥土. ❷地：天~之别.

攘 rǎng ⽇尢 ❶侵夺（迀一夺）. ❷排斥：~除. ❸窃取. [攘攘]纷乱的样子.

嚷 ⊖ rǎng ⽇尢 大声喊叫：大~大叫. 你别~了，大家都睡觉了.
⊜ rāng 见419页.

让（讓） ràng ⽇尢 ❶不争，尽（jǐn）着旁人：~步. 谦~. ⑪1.请：把他~进屋里来. 2.避让：~开. ~路. ❷索取一定代价，把东西给人：出~. 转~. ❸许，使：不~他来. 他去取. ⑪任凭：~他闹去. ❹介词，被：那个碗~他摔了. 笔~他给弄坏了.

RAO ⽇幺

荛（蕘） ráo ⽇幺 柴草.

饶（饒） ráo ⽇幺 ❶富足，多：物产丰~. ~舌（多话）. ❷添：~上一个. ❸宽恕，免除处罚（迀一恕）：~了他吧. 不能轻~. ❹〈方〉尽管：~这么检查还有漏洞呢.

娆（嬈） ⊖ ráo ⽇幺 [妖娆][娇娆]娇艳，美好.
⊜ rǎo 见本页.

桡（橈） ráo ⽇幺 〈方〉船桨. [桡骨]前臂大指一侧的骨头.（图见16?页"骨"）

扰（擾） rǎo ⽇幺 扰乱，扰搅（迀搅一）.

娆（嬈） ⊖ rǎo ⽇幺 扰，扰乱.
⊜ ráo 见本页.

绕（繞，❷❸*遶） rào ⽇幺 ❶缠：~线. ⑪纠缠，弄迷糊：这句话一下子把他~住了. ❷走弯曲、迂回的路：~远. ~过暗礁. ~了一个大圈子. ❸围着转：鸟~着树飞. 运?

员~场一周.

RE ㄖㄜ

若 ㊀ rě ㄖㄜ 古代表示敬意的呼喊：唱~（旧小说中常用，对人作揖，同时出声致敬）.

㊁ nuò 见 366 页.

惹 rě ㄖㄜ 招引，挑逗：~事. ~人注意.

热(熱) rè ㄖㄜ ❶ 物理学上称能使物体的温度升高的那种"能"叫"热"。❷ 温度高。跟"冷"相对：炎~. 天~. ~水. ❸ 使热，使温度升高：把菜~一~. ❹ 情意深：亲~. ~情. ❺ 衷心羡慕：眼~. ❻ 受欢迎：~门儿. ~货. ❼ 指某种事物风行，形成热潮：旅游~. 集邮~.

REN ㄖㄣ

人 rén ㄖㄣ ❶ 能制造工具并能使用工具进行劳动的高等动物。人是由古类人进化而成的。[人口] 1. 人数目：~~普查. 2. 泛指拐卖~~. [人类]人的总称：~造福~~. [人事] 1. 事理人情：不懂~~. 2. 关于工作人员的录用、培养、调配、奖惩等工作：~~变动. [人手]指参加某项工作的人：缺~. ~~齐全. [人次]若干次人数的总和. ❷ 指某种人：工~. 客~. 商~. ❸ 别人：助~为乐. ❹ 指人的品质、性情：这位同志~不错. ❺ 指人格或面子：丢~. ❺ 指人的身体：我今天~不大舒服.

壬 rén ㄖㄣ 天干的第九位，用作顺序的第九。

任 ㊀ rén ㄖㄣ ❶ 姓。❷ [任县][任丘] 地名，都在河北省.

㊁ rèn 见 422 页.

仁 rén ㄖㄣ ❶ 同情，友爱：~心. 至~义尽. ❷ 敬辞，用于对对方的尊称：~兄. ~弟. ❸ 果核的最内部分：杏~儿. [不仁] 1. 不仁慈，无仁德：~~不义. 2. 手足痿痹，不能运动：麻木~~. 四体~~.

忍 rěn ㄖㄣ ❶ 耐，把感觉或感情压住不表现出来（逨一耐）：~痛. ~受. 实在不能容~. [忍俊不禁]（———jīn）忍不住笑。❷ 狠心，残酷（逨残—）：~心.

荏 rěn ㄖㄣ ❶ 就是白苏，一年生草本植物，叶有锯齿，开白色小花。种子可以榨

油.❷软弱:色厉内~(外貌
刚强,内心懦弱).

稔 rěn ㄖㄣˇ ❶庄稼成熟。❷
年:凡五~.❷熟悉:~
知.素~.

刃 rèn ㄖㄣˋ ❶(一儿)刀剑
等锋利的部分:这刀
儿有缺口了.❷刀:手持利
~.白~战.❸用刀杀:若遇
此贼,必手~之.

仞 rèn ㄖㄣˋ 古时以八尺或
七尺为一仞.

纫 rèn ㄖㄣˋ ❶引线穿针:~
针.❷缝缀:缝~.

韧(靭、*靱) rèn ㄖㄣˋ
又柔软又
结实,不易折断,跟"脆"相
反:~性.坚~.

轫 rèn ㄖㄣˋ 支住车轮不让
它旋转的木头。[发轫]
⓰事业开始:根治黄河的伟大
事业已经~~.

牣 rèn ㄖㄣˋ 充满(⓰充一).

认(認) rèn ㄖㄣˋ ❶分辨,
识别(⓰一识):
~字.~明.不出.[认真]
仔细,不马虎.❷承认,表示
同意:~可.~错.公~.否
~.❸和没有关系的人建立
某种关系:~师.~干亲.

任 ㊀ rèn ㄖㄣˋ ❶相信,依赖
(⓰信一).❷任命,使
用,给予职务:~用.❸负担
或担当(⓰担一):~课.连选
连~.~劳~怨.❹职务:到
~.接受重~.一身而二~.
❺由着,听凭:~意.~性.放
~.不能~其自然发展.❻随
便,不论:~谁说也不听.~
什么都不懂.⓰任何,无论什
么:~人皆知.

㊁ rén 见 421 页.

饪(*餁) rèn ㄖㄣˋ 烹饪
做饭做菜.

妊(*姙) rèn ㄖㄣˋ 妊娠
(shēn),怀孕:
~妇.

纴(**紝) rèn ㄖㄣˋ〈古〉
❶织布帛的
丝缕.❷纺织.

衽(*袵) rèn ㄖㄣˋ〈古〉
❶衣襟.❷卧
席,睡觉时用的席子.

葚 ㊀ rèn ㄖㄣˋ [桑葚儿]
树结的果实,用于口语
㊁ shèn 见 444 页.

RENG ㄖㄥ

扔 rēng ㄖㄥ ❶抛,投掷:
~球.~砖.❷丢弃,
(shě)弃:把这些破烂东西

仍 réng ㄖㄥˊ 仍然，依然，还，照旧：～然努力．他虽然有病，～不肯放下工作．

礽 réng ㄖㄥˊ 福．

RI ㄖ

日 rì ㄖˋ ❶太阳．[日食]月亮运行到太阳和地球中间成直线的时候，遮住射到地球上的太阳光，这种现象叫做日食．也作"日蚀"．❷白天，跟"夜"相反：～班．一场～．❸天，一昼夜：阳历平年一年三百六十五～．⑤某一天：纪念～．生～．[日子](－zi)1.天：这些～～工作很忙．2.指某一天：今天是过节的～～．3.生活：美好的～～万年长．[工作日]计算工作时间的单位．通常以八小时为一个工作日．❹时候：春～．往～．来～方长．❺指日本国．

RONG ㄖㄨㄥ

戎 róng ㄖㄨㄥˊ ❶武器．❷军队，军事：从～．～装．❸我国古代称西部的民族．

狨 róng ㄖㄨㄥˊ 古书上指金丝猴．

绒（*羢、*毧）róng ㄖㄨㄥˊ ❶柔软细小的毛：～毛．驼～．鸭～被．❷带绒毛的纺织品．

茸 róng ㄖㄨㄥˊ ❶草初生的样子：绿～～（róngróng）的草地．❷鹿茸，带细毛的才生出来的鹿角，可以入药．

荣（榮）róng ㄖㄨㄥˊ ❶草木茂盛：欣欣向～．⑤兴盛．❷光荣：～誉．～军．

嵘（嶸）róng ㄖㄨㄥˊ 见632页"峥"字条"峥嵘"（zhēng－）．

蝾（蠑）róng ㄖㄨㄥˊ [蝾螈]（－yuán）一种两栖动物，形状像蜥蜴．

容 róng ㄖㄨㄥˊ ❶容纳，包含，盛（chéng）：～器．～量．屋子小，～不下．❷对人度量大：～忍．不能宽～．❸让，允许：～许．不～人说话．决不能～他这样做．❹相貌，仪表（働一貌）：笑～．满面红～．⑤样子（働一一）：市～．❺也许，允许（働一或）：～或有之．

蓉 róng ㄖㄨㄥˊ ❶见136页"芙"字条"芙蓉"（fú－）、73页"苁"字条"苁蓉"（cōng

一)。❷四川省成都的别称。

溶 róng ㄖㄨㄥˊ 在水或其他液体中化开(働—化):樟脑～于酒精而不～于水.

瑢 róng ㄖㄨㄥˊ 见73页[玜瑢](cōng—).

榕 róng ㄖㄨㄥˊ ❶榕树,常绿乔木,树枝有气根,生长在热带和亚热带,木材可制器具。❷福建省福州的别称.

熔 róng ㄖㄨㄥˊ 固体受热到一定温度时变成液体(働—化)~炼.

镕 róng ㄖㄨㄥˊ ❶铸造用的模型。働陶冶(思想品质).❷同"熔".

融 róng ㄖㄨㄥˊ ❶固体受热变软或变为流体(働—化):太阳一晒,雪就～了.蜡烛遇热就要～化。❷融合,调和:～洽.水乳交～.[融会贯通]参合多方面的道理而得到全面透彻的领悟。❸流通。[金融]货币的流通,即汇兑、借贷、储蓄等经济活动的总称.

冗(*宂) rǒng ㄖㄨㄥˇ ❶闲散的,多余无用的:～员.文词～长。❷繁忙,繁忙的事:～务缠身。

拨～.❸繁琐:～杂.

毪(**毧) rǒng ㄖㄨㄥˇ 鸟兽细软的毛.

ROU ㄖㄡ

柔 róu ㄖㄡˊ ❶软,不硬(働—软):～枝.～嫩。❷柔和,跟"刚"相反:性情温～.刚～相济.

揉 róu ㄖㄡˊ ❶回旋地按、抚摩:～一～腿.砂子到眼里可别~。❷团弄:～面.～馒头。❸使东西弯曲:～以为轮.

輮 róu ㄖㄡˊ ❶车轮的外周。❷使弯曲.

煣 róu ㄖㄡˊ 用火烤木材使弯曲.

糅 róu ㄖㄡˊ 混杂:～合.真伪杂～.

蹂 róu ㄖㄡˊ [蹂躏](一lìn)践踏,踩.働用暴力欺压、侮辱、侵害:惨遭～.

鞣 róu ㄖㄡˊ 制造皮革时,用栲胶、鱼油等使兽皮柔软:～皮子.这皮子～得不够熟.

肉 ròu ㄖㄡˋ ❶人或动物体内红色、柔软的物质.某些动物的肉可以吃。[肉搏]徒手或用短兵器搏斗:跟敌人～～.❷果肉,果实中可以吃的部分:桂圆～.❸〈方〉果实不脆,不酥:～瓤西瓜.❹〈方〉行动迟缓,性子慢:做事真～.～脾气.

RU ㄖㄨ

如 rú ㄖㄨ ❶依照:～法炮(páo)制.～期完成.❷像,相似,同什么一样:～此.坚强～钢.整旧～新.[如今]现在,现代.❸及,比得上:我不～他.自以为不～.与其这样,不～那样.❹到,往:纵(听任)舟之所～.❺连词,如果,假使:～不同意,可提意见.❻词尾,表示状态:空空～也.突～其来.❼表示举列:在生产斗争中涌现了许多模范人物:～焦裕禄、王进喜等.

茹 rú ㄖㄨ 吃:～素.～毛饮血.⑩忍:～痛.含辛～苦.

铷 rú ㄖㄨ 一种金属元素,符号 Rb,银白色,质软而轻.是制造光电管的材料,它的碘化物可供药用.

儒 rú ㄖㄨ ❶旧时指读书的人:～生.腐～.❷儒家,春秋战国时代以孔子、孟子为代表的一个学派.提倡以仁为中心的道德观念,主张德治.

薷 rú ㄖㄨ [香薷]一年生草本植物,茎呈方形,紫色,叶子卵形,花粉红色,果实棕色.茎和叶可以提取芳香油.

嚅 rú ㄖㄨ 见362页"嗫"字条"嗫嚅"(niè—).

濡 rú ㄖㄨ ❶沾湿,润泽:～笔.耳～目染(喻听得多、看得多,无形中受到影响).❷停留,迟滞.❸容忍:～忍.

孺 rú ㄖㄨ 小孩子,幼儿:～子.～妇.

襦 rú ㄖㄨ 短衣,短袄.

颥 rú ㄖㄨ 见362页"颞"字条"颞颥"(niè—).

蠕(*蝡) rú ㄖㄨ (旧读ruǎn)像蚯蚓那样慢慢地行动:～动.[蠕形动物]旧时动物分类中的一大类.体长而柔软,如蛔虫、绦虫等.

汝 rǔ ㄖㄨ 你:～等.～将何往?

乳 rǔ ㄖㄨˇ ❶乳房,分泌奶汁的器官。❷乳房中分泌出来的白色奶汁。❸像乳汁的东西。1.像乳汁的:豆~.2.像乳头的:钟~(钟上可敲打的突出物).❹生,繁殖:孳(zī)~.❺初生的,幼小的:~燕.~鸭.

辱 rǔ ㄖㄨˇ ❶羞耻:奇耻大~.❷使受到羞耻:中国人民不可~.❸玷辱:~命.❹谦辞:~承.~赐.

擩 rǔ ㄖㄨˇ 〈方〉插,塞:把棍子~在草堆里.

入 rù ㄖㄨˋ ❶跟"出"相反。1.从外面进到里面:~场.~夜.纳~轨道.2.收进,进款:量~为出.~不敷出.❷参加:~学.~会.❸合乎,合于:~时.~情~理.❹入声,古汉语四声之一.普通话没有入声.有的方言有入声,发音一般比较短促.

洳 rù ㄖㄨˋ [沮洳](jù—)低湿的地肪。

蓐 rù ㄖㄨˋ 草席,草垫子。[坐蓐]临产.

溽 rù ㄖㄨˋ 湿:~暑.

缛 rù ㄖㄨˋ 繁多,繁琐:~礼.繁文~节.

褥 rù ㄖㄨˋ (一子)装着棉絮铺在床上的东西:被~.

RUAN ㄖㄨㄢ

阮 ruǎn ㄖㄨㄢˇ ❶一种弦乐器,四根弦.西晋阮咸善弹此乐器,故名阮咸,简称"阮".❷姓.

朊 ruǎn ㄖㄨㄢˇ 蛋白质.

软(*輭) ruǎn ㄖㄨㄢˇ ❶柔,跟"硬"相反(龗柔):绸子比布~.❷柔和:~风.~语.❸懦弱(龗-弱):~弱无能.不要欺怕硬.⑪1.容易被感动或动摇:心~.耳朵~.2.不用强硬的手段进行:~磨(mó)求.❹没有气力:两腿发~.❺质量差的,不高明的:工夫~.

RUI ㄖㄨㄟ

蕤 ruí ㄖㄨㄟˊ 见508页"葳"字条"葳蕤"(wēi—).

蕊(*蕋、蘂) ruǐ ㄖㄨㄟˇ 花蕊,种子植物有生殖器官的一部分.分雄蕊和雌蕊两种。

芮 ruì ㄖㄨㄟˋ 周代诸侯国名,在今陕西省大荔

南

汭 ruì ㄖㄨㄟ 河流会合的地方,河流弯曲的地方。

枘 ruì ㄖㄨㄟ〈古〉榫(sǔn)。
[枘凿](—záo)方枘圆凿,比喻意见不合。

蜹 ruì ㄖㄨㄟ 蚊子一类的昆虫,头小,色黑,胸背隆起,吸人畜的血液,能传播疾病。

锐 ruì ㄖㄨㄟ ❶快或尖(指刀枪的锋刃),跟"钝"相反(働—利、尖—):其锋甚~。❷感觉灵敏:感觉敏~。眼光~利。❸锐气,勇往直前的气势:养精蓄~。❹骤,急剧~减.~增.

瑞 ruì ㄖㄨㄟ 吉祥,好预兆:~雪兆丰年。

睿(*叡) ruì ㄖㄨㄟ 通达,看得深远:聪明~智.

RUN ㄖㄨㄣ

闰 rùn ㄖㄨㄣ 地球公转一周的时间为365天5时48分46秒。阳历把一年定为365天,所余的时间约每四年积累成一天,加在二月里。夏历把一年定为354天或355天,所余的时间约每三年积累成一个月,加在某一年里。这样的办法在历法上叫做闰:~年.~月.

润 rùn ㄖㄨㄣ ❶不干枯,湿燥适中:湿~.~泽.❷加油或水,使不干枯:~肠.~~嗓子.❸细腻光滑:珠圆玉~.他脸上很有光~.❹使有光彩,修饰(働—饰):~色.❺利益:分~.利~.

RUO ㄖㄨㄛ

挼 ruó ㄖㄨㄛ ❶揉搓:把纸条~成团.❷皱缩:纸张~了.

若 ruò ㄖㄨㄛ ❶连词,若是,如果,假如:~不努力学习,就要落后.❷如,像:年相~.~有~无.❸汝,你:~辈.
[若干](—gān)多少(问数量或指不定量)

偌 ruò ㄖㄨㄛ 这么,那么:~大年纪.

婼 ruò ㄖㄨㄛ [婼羌](—qiāng)地名,在新疆维吾尔自治区。今作"若羌"。

箬(*篛) ruò ㄖㄨㄛ ❶箬竹,竹子的一种,叶大而宽,可编竹笠,又可用来包粽子。❷箬竹的叶子.

弱 ruò ㄖㄨㄛˋ ❶力气小,势力差.跟"强"相反:身体～.小.⑨不够,差一点:三分之二～.❷年纪小:老～病残.❸丧失(指人死):又～一个.

蒻 ruò ㄖㄨㄛˋ 古书上指嫩的香蒲.

爇 ruò ㄖㄨㄛˋ 点燃,焚烧.

S ㄙ

SA ㄙㄚ

仨 sā ㄙㄚ 三个(本字后面不能再用"个"字或其他的量词):他们哥儿～.

撒 ㊀ sā ㄙㄚ ❶放,放开:～网.～手.～腿跑.❷尽量施展或表现出来:～娇.
[撒拉族]我国少数民族,参看附表.

㊁ sǎ 见本页.

洒(灑) sǎ ㄙㄚˇ ❶把水散布在地上:扫地先～些水.❷东西散落:～了一地粮食.
[洒家]指说话者自己(宋元时方言,用于男性).

[洒脱](—tuo)言谈、举止自然,不拘束:这个人很～.

靸 sǎ ㄙㄚˇ〈方〉把布鞋后帮踩在脚后跟下,穿:～鞋.[靸鞋]1.一种草制的拖鞋.2.一种鞋帮纳得很密,前面有皮脸的布鞋.

撒 ㊀ sǎ ㄙㄚˇ ❶散播,散布:～种.❷散落,洒:小心点,别把汤～了.
㊁ sā 见本页.

澈 sǎ ㄙㄚˇ 澈河,水名,在河北省迁西境内.

卅 sà ㄙㄚˋ 三十.

挲(挱) sà ㄙㄚˋ 侧手击.

脎 sà ㄙㄚˋ 有机化合物的一类,通式是

$$R-C=N-NHC_6H_5$$
$$|$$
$$R-C=N-NHC_6H_5$$

由同一个分子内的两个羰基和两个分子的苯肼缩合而成.

飒 sà ㄙㄚˋ 形容风声(叠):秋风～～.[飒爽]豪迈而矫健:～～英姿.

萨(薩) sà ㄙㄚˋ 姓.

挲(*挱) 〇 sa ·ㄙㄚ 见 326 页"摩"字条"摩挲"(mā—)。
〇 suō 见 471 页。
〇 sha 见 433 页。

SAI ㄙㄞ

揌(**攓) sāi ㄙㄞ 同"塞〇❶"。

腮(*顋) sāi ㄙㄞ 面颊的下半部。也叫"腮帮子"。

鳃 sāi ㄙㄞ 鱼的呼吸器官,在头部两边。

塞 〇 sāi ㄙㄞ ❶堵,填入:把窟窿～住.堵～漏洞.❷(一子、一儿)堵住器物口的东西:瓶子～儿.软木～儿.
〇 sè 见 432 页。
〇 sài 见本页。

噻 sāi ㄙㄞ [噻唑](—zuò) 一种有机化合物,无色液体,容易挥发。供制药物和染料用。

塞 〇 sài ㄙㄞ 边界上的险要地方:要～.～外.
〇 sāi 见本页。
〇 sè 见 432 页。

僿 sài ㄙㄞ 不诚恳。

赛 sài ㄙㄞ ❶比较好坏、强弱:～跑.～歌会.田径～.❷胜似:一个～一个.(转)比得上:～真的。❸旧时为酬报神灵而举行的祭典:～神.～会.
[赛璐玢](—lùfēn) (外)玻璃纸的一种,可染成各种颜色,多用于包装。
[赛璐珞](—lùluò) (外)一种化学工业制品,无色透明的固体,质轻,易燃,可制胶卷、玩具、日用品等。

SAN ㄙㄢ

三 sān ㄙㄢ ❶数目字。❷再三,多次:～令五申.～番五次.

叁(**弎) sān ㄙㄢ "三"字的大写。

毵(毵) sān ㄙㄢ [毵毵]形容毛发细长。

伞(傘、*繖) sān ㄙㄢ ❶挡雨或遮太阳的用具,可张可收:雨～.❷像伞的东西:降落～.

散 〇 sǎn ㄙㄢ ❶没有约束,松开:披～着头发.绳子～了.〔散分散(sàn):～居.把队伍～开.[散漫]随随便便,不守纪律;自由～～.生活～～.[散文]文体的名称,对"韵文"而言,不用韵,字句不求整齐.现多指杂文、随笔、特写等文学作品.❷零碎的:～装.零零～～.❸药末(多用于中药名):丸～.青丹.健胃～.

㊀ sàn 见本页.

馓 săn ㄙㄢ 馓子,一种油炸(zhá)食品.

糁(糝) ㊁ săn ㄙㄢ〈方〉米粒(指煮熟的).

㊀ shēn 见 443 页.

散 ㊁ sàn ㄙㄢ ❶分开,由聚集而分离:～会.云彩～了.❷分布,分给:～传单.撒种(zhǒng)～粪.❸排遣:～心.～闷.❹〈方〉解雇:过去资本家随便～工人.

㊀ săn 见 429 页.

SANG ㄙㄤ

丧(喪、**丧) ㊀ sāng ㄙㄤ 跟死了人有关的事:～事.治～委员会.

㊁ sàng 见本页.

桑 sāng ㄙㄤ 落叶乔木,开黄绿色小花,叶子可以喂蚕.果实叫桑葚,味甜可吃.木材可以制器具,皮可以造纸.

搡 săng ㄙㄤ 猛推;用力一～,把他～一个跟头.

嗓 săng ㄙㄤ ❶(一子)喉咙.❷(一儿)发音器官的声带及发出的声音:哑～儿.

磉 săng ㄙㄤ 柱子底下的石礅.

颡 săng ㄙㄤ 额,脑门子.

丧(喪、**丧) ㊁ sàng ㄙㄤ 丢掉,失去(逾一失):～命.～失立场.[丧气]1.情绪低落;灰心～～.2.(—qi)不吉利(迷信),倒霉.

㊀ sāng 见本页.

SAO ㄙㄠ

搔 sāo ㄙㄠ 挠,用手指甲轻刮:～痒.

骚 sāo ㄙㄠ ❶扰乱,不安定(逾一扰):～动.❷同"臊㊀".❸指屈原著的《离骚》.[骚人]诗人.[骚体]文体名,因模仿屈原所作《离骚》的形式而得名.[风骚]1.泛指文学.2.妇女举止轻佻.

缫 sāo ㄙㄠ 把蚕茧浸在滚水里抽丝：～丝.～车（缫丝用的器具）.

缲 ⊖ sāo ㄙㄠ 同"缫".
⊜ qiāo 见 402 页.

臊 sāo ㄙㄠ 像尿那样难闻的气味：尿～气.狐～.
⊜ sào 见本页.

扫(掃) ⊖ sǎo ㄙㄠ ❶拿笤帚等除去尘土：～地.❷像扫一样的动作或作用. 1. 消除：～兴(xìng).～除文盲. 2.动作达到各方面：～射.眼睛四下里一～. 3.全,所有的：～数归还.
⊜ sào 见本页.

嫂 sǎo ㄙㄠ (一子)哥哥的妻子(叠).

扫(掃) ⊜ sào ㄙㄠ [扫帚](—zhou),一种用竹枝等做成的扫地用具.
⊖ sǎo 见本页.

埽 sào ㄙㄠ ❶河工上用的材料,以竹木为框架,用树枝、石子、土填实其中.做成柱形,用以堵水.❷用埽修成的堤坝或护堤.

瘙 sào ㄙㄠ 皮肤发痒的病.

臊 ⊖ sào ㄙㄠ 害羞：～得脸通红.不知羞～.
⊜ sāo 见本页.

SE ㄙㄜ

色 ⊖ sè ㄙㄜ ❶颜色,由物体发射、反射的光通过视觉而产生的印象：日光有七～.红～.❷脸色,脸上表现出的神气、样子：和颜悦～.喜形于～.❸情景,景象：行～匆匆.❹种类：各～用品.货～齐全.❺成色,品质,质量：足～纹银.这货成～很好.❻妇女容貌：姿～.❼情欲：～情.
⊜ shǎi 见 434 页.

铯 sè ㄙㄜ 一种金属元素,符号 Cs,色白质软,在空气中很容易氧化.铯可做真空管中的去氧剂,化学上可做催化剂.

涩(澀、*澁) sè ㄙㄜ ❶不光滑,不滑溜：轮轴发～,该上点油了.❷一种使舌头感到不滑润不好受的滋味：这柿子很～.❸文章难读难懂：文字艰～.

啬(嗇) sè ㄙㄜ 小气,当用的财物舍不得

用(逜音一):不浪费也不吝
~.

穑(穡) sè ㄙㄜˋ 收割庄
稼.

瑟 sè ㄙㄜˋ 一种弦乐器.[瑟
瑟]1.形容轻微的声音:
秋风~~. 2.形容颤抖:~
~发抖.

塞 ㊀sè ㄙㄜˋ 同"塞㊀❶",
用于若干合成词,如"闭
塞、堵塞、阻塞、塞责"等.
㊁sāi 见429页.
㊂sài 见429页.

SEN ㄙㄣ

森 sēn ㄙㄣ 树木众多:~
林(大片生长的树林).
[森森]众多,深密:林木~
~.㊀气氛寂静可怕:阴~~
的.
[森严]整齐严肃,防备严密:
戒备~~.

SENG ㄙㄥ

僧 sēng ㄙㄥ 梵语"僧伽"
的省称,佛教指出家修
行的男人.

SHA ㄕㄚ

杀(殺) shā ㄕㄚ ❶使人
或动物失去生

命:~敌立功.~虫药.~鸡
焉用牛刀.❷战斗:~出重
(chóng)围.❸消减:~价.❹
暑气.拿别人~气.❹〈方〉药
物等刺激身体感觉疼痛:
药上在疮口上一~得慌.❺约
束:~尾.~账.❻勒紧,扣
紧:~车(把车上装载的东西
用绳勒紧).~一~腰带.❼
在动词后,表示程度深:气~
人.笑~人.

刹 ㊀shā ㄕㄚ 止住(车、机
器等):~车.
㊀chà 见47页.

铩(鎩) shā ㄕㄚ ❶古代
一种长矛.❷摧
残,伤害:~羽之鸟(伤了翅
膀的鸟,喻失意的人).

杉 ㊀shā ㄕㄚ 义同"杉
㊀",用于"杉木、杉篙"
等.
㊁shān 见434页.

沙 ㊀shā ㄕㄚ ❶(一子)非
常细碎的石粒:~土.~
滩.❷像沙子的:~糖.豆~.
~瓤西瓜.❸声音不清脆不
响亮:~哑.❹姓.
㊁shà 见433页.

莎 ㊀shā ㄕㄚ 多用于人
名、地名.[莎车]地名,
在新疆维吾尔自治区.

痧 ⊖ suō 见 471 页。

shā ㄕㄚ 中医病名,指霍乱、中暑、肠炎等急性病。

裟 shā ㄕㄚ 见 218 页"袈"字条"袈裟"(jiāshā)。

鲨 shā ㄕㄚ 鲨鱼,又叫"鲛"。生活在海洋中,种类很多,性凶猛,捕食其他鱼类。鳍叫鱼翅,是珍贵的食品。肝可制鱼肝油。皮可以制革。

纱 shā ㄕㄚ ❶用棉花、麻等纺成的细缕,用它可以捻成线或织成布。❷经纬线稀疏或有小孔的织品:羽~.~布.❸像纱布的:铁~.塑料窗~.

砂 shā ㄕㄚ 同"沙⊖❶❷"。

煞 ⊖ shā ㄕㄚ ❶同"杀❸❺❻❼"。❷同"刹⊖"。
⊜ shà 见本页。

啥 shá ㄕㄚ 〈方〉什么:你姓~?他是~地方人?

傻(**傻) shǎ ㄕㄚ ❶愚蠢,糊涂:说~话.吓~了.❷死心眼:这样好的事你都不干,真有点犯~.

沙 ⊖ shà ㄕㄚ 经过摇动把东西里的杂物集中,以便清除:把小米里的沙子~一~.
⊖ shā 见 432 页。

嗏 shà ㄕㄚ [嗏喋](—zhá)形容鱼、鸟等吃东西的声音。

厦(*廈) ⊖ shà ㄕㄚ ❶大屋子:广~千万间.高楼大~.❷房子后面突出的部分:前廊后~.
⊜ xià 见 529 页。

嗄 ⊖ shà ㄕㄚ 嗓音嘶哑。
⊜ á 见 1 页。

歃 shà ㄕㄚ 用嘴吸取。[歃血]古人盟会时,嘴唇涂上牲畜的血,表示诚意。

煞 ⊖ shà ㄕㄚ ❶极,很:~费苦心.脸色~白.❷迷信的人指凶神:~气.凶~.
⊜ shā 见本页。

箑 shà ㄕㄚ 扇子。

霎 shà ㄕㄚ 小雨。也指轻微的风雨声。[霎时]极短的时间,一会儿。

挲(*挱) ⊜ sha ・ㄕㄚ 见 617 页"挓"字条"挓挲"(zhā—)。
⊖ suō 见 471 页。

㊁ sa 见 429 页。

SHAI 尸历

筛（篩） shāi 尸历 ❶（一子）用竹子等做成的一种有孔的器具，可以把细东西漏下去，粗的留下。❷用筛子过东西：～米．～煤．❸敲（锣）：～了三下锣．[筛酒]1. 斟酒．2. 把酒弄热。

酾（釃） shāi 尸历 448 页 shī．

色 ㊀ shǎi 尸历（一儿）同"色㊀"，用于一些口语词：落(lào)～儿．掉～．不变～儿．
㊁ sè 见 431 页。

晒（曬） shài 尸历 把东西放在太阳光下使它干燥，人或物在阳光下吸收光和热：～衣服．～太阳．

SHAN 尸马

山 shān 尸马 ❶地面上由土石构成的高起的部分：深～．～高水深．人～人海(喻人多)．❷蚕簇：蚕上～了．❸山墙，房屋两头的墙：房～．

舢 shān 尸马 [舢板][舢版]一种小船。也叫"三板"。

芟 shān 尸马 割草。⑨除去。

杉 ㊀ shān 尸马 常绿乔木，树干高而直，叶子细小，呈针状，果实球形。木材供建筑和制器具用。[水杉]落叶乔木，叶披针形。我国特产，是世界现存的稀有植物之一。木材轻软，供建筑、制器具等用。
㊁ shā 见 432 页。

钐 ㊀ shān 尸马 一种金属元素，符号 Sm，灰白色，有放射性。钐的氧化物是原子反应堆上陶瓷保护层的重要成分。
㊁ shàn 见 435 页。

衫 shān 尸马 上衣，单褂：长～．衬～．

删（*刪） shān 尸马 除去，去掉文字中不妥当的部分：～改．～除．这个字应～去．

姗 shān 尸马 形容走路缓慢从容的样子(叠)：～～来迟。

珊 shān 尸马 [珊瑚]一种腔肠动物所分泌的石灰质的东西，形状像树枝，有红、白各色，可以做装饰品。这种腔肠动物叫"珊瑚虫"。

栅 ㊀ shān 尸马 [栅极]电子管靠阴极的一个电

极。

㈡ zhà 见 619 页。

蹒 shān ㄕㄢ 见 371 页"蹒"字条"蹒跚"(pán—）。

苫 ㈠ shān ㄕㄢ 草帘子，草垫子：草~子。
㈡ shàn 见本页。

疝 shān ㄕㄢ 〈古〉疝疾。

埏 ㈠ shān ㄕㄢ 用水和(huó)泥。
㈡ yán 见 561 页。

扇(❶❷**搧**) ㈡ shān ㄕㄢ ❶摇动扇子或其他东西，使空气加速流动生风：用扇子~。❷用手掌打：~了他一耳光。❸同"煽❷"。
㈠ shàn 见 436 页。

煽 shān ㄕㄢ ❶同"扇❶"。❷鼓动(别人做不应该做的事)：~动。~惑。

潸(**潸**) shān ㄕㄢ 流泪的样子：不禁(jīn)~~。~然泪下。

膻(*羶) shān ㄕㄢ 像羊肉的气味：~气。~味儿。

闪 shǎn ㄕㄢ ❶天空的电光：打~。❷光亮突然显现或忽明忽暗：灯光一~。~得眼发花。❸光辉闪耀：~金

光。电~雷鸣。❹侧转身体躲避：~开。❺因动作过猛，筋肉疼痛：~了腰。

陕(陝) shǎn ㄕㄢ 陕西省，我国的一省。

睒(**睒**) shǎn ㄕㄢ 眨巴眼，眼睛很快地开闭：那飞机飞得很快，一~眼就看不见了。

讪(❷**赸**) shàn ㄕㄢ ❶讥笑：~笑。❷难为情的样子：脸上发~。他~~地走了。❸[搭讪]为了想跟人接近或把尴尬的局面敷衍过去而找话说。

汕 shàn ㄕㄢ [汕头]地名，在广东省。

疝 shàn ㄕㄢ 疝气，病名，种类很多，通常指阴囊胀大的病。也叫"小肠串气"。

苫 ㈡ shàn ㄕㄢ 用席、布等遮盖：拿席~上点。
㈠ shān 见本页。

钐 ㈡ shàn ㄕㄢ 抡开镰刀或钐镰割：~草。~麦。[钐镰][钐刀]一种把儿很长的大镰刀。
㈠ shān 见 434 页。

单(單) ㈡ shàn ㄕㄢ ❶姓。❷单县，在山东省。

㊀ dān 见 84 页。

㊂ chán 见 48 页。

埤(墠) shàn ㄕㄢˋ 古代祭祀用的平地。

掸(撣) ㊀ shàn ㄕㄢˋ ❶我国史书上对傣族的一种称呼。❷掸族,缅甸民族之一,大部分居住在掸邦。[掸邦]缅甸自治邦之一。

㊁ dǎn 见 85 页。

禅(禪) ㊀ shàn ㄕㄢˋ 禅让,指古代帝王让位给别人,如尧让位给舜,舜让位给禹。

㊁ chán 见 49 页。

剡 ㊀ shàn ㄕㄢˋ 剡溪,水名,在浙江省。

㊁ yǎn 见 563 页。

掞 shàn ㄕㄢˋ 发抒,铺张。

扇 ㊀ shàn ㄕㄢˋ ❶(一子)摇动生风取凉的用具:折~.蒲~.❷量词:一~门.两~窗子.一~磨(mò).

㊁ shān 见 435 页。

骟 shàn ㄕㄢˋ 割掉牲畜的睾丸或卵巢:~马.~猪.

镉 shàn ㄕㄢˋ 同"钐㊁"。

善 shàn ㄕㄢˋ ❶善良,品质或言行好:心~.~举.~事.❷好的行为、品质,跟"恶"相反:行~.劝~规过.❸交好,和好:友~.相~.㊃熟习:面~.❹高明的,良好的:~策.[善后]妥善地料理和解决事故、事件发生以后的问题。❺长于,能做好:勇敢~战.~辞令(长于讲话).㊆好好地:~为说辞.❻爱,容易:~变.~疑.

鄯 shàn ㄕㄢˋ [鄯善]1.古代西域国名。2.地名,在新疆维吾尔自治区。

墡 shàn ㄕㄢˋ 白色黏土。

缮 shàn ㄕㄢˋ ❶修缮,修补,整治。❷抄写:~写.

膳(*饍) shàn ㄕㄢˋ 饭食:晚~.~费.

鳝 shàn ㄕㄢˋ 同"钐㊁"。

鳝(*鱔) shàn ㄕㄢˋ 鳝鱼,鱼名。通常指黄鳝,形状像蛇,身体黄色有黑斑,肉可以吃。

擅 shàn ㄕㄢˋ ❶超越职权,独断独行:专~.~自处理.❷专于某种学术或技能:

～长数学.

嬗 shàn ㄕㄢˋ 更替，变迁：～变.

赡 shàn ㄕㄢˋ ❶供给人财物：～养亲属. ❷富足，足够.

蟮 shan ·ㄕㄢ [蛐蟮](qū—)蚯蚓.

SHANG ㄕㄤ

伤(傷) shāng ㄕㄤ ❶身体受损坏的地方：腿上有块～.轻～不下火线. ❷损害：～了筋骨.～脑筋(费思索). ❸因某种致病因素而得病：～风.～寒. ❹因过度而感到厌烦：吃糖吃～了. ❺妨碍：无～大雅. ❻悲哀(笾悲一)：～感.～心. ❼得罪：～众.开口～人.

汤(湯) shāng ㄕㄤ [汤汤]水流大而急：浩浩～～，横无际涯.
⊖ tāng 见479页.

殇(殤) shāng ㄕㄤ 还没到成年就死了.

觞(觴) shāng ㄕㄤ 古代喝酒用的器物：举～称贺.

商 shāng ㄕㄤ ❶商量，两个以上的人在一起计划，讨论：面～.有要事相～.

❷生意，买卖：～业.通～.经～.[商品]为出卖而生产的产品。❸商人，做买卖的人：布～.富～.❹除法中的得数：八被二除～数是四.❺用某数做商：二除八～四.❻商朝，成汤所建立(约公元前16世纪—约公元前1066年)，从盘庚起，又称殷朝(约公元前1324—约公元前1066年)。❼古代五音"宫、商、角(jué)、徵(zhǐ)、羽"之一。❽星宿名，二十八宿之一，就是心宿。

墒(**墒) shāng ㄕㄤ 田地里土壤的湿度：够～.验～.抢～.保～.～情.

熵 shāng ㄕㄤ 为了衡量热力体系中不能利用的热能，用温度除热能所得的商。

上 shǎng ㄕㄤˇ "上声"(shàng—)的"上"的又音。见438页"上(shàng)❶"。

垧 shǎng ㄕㄤˇ 量词，计算地亩的单位，各地不同。在东北一般合15亩。

晌 shǎng ㄕㄤˇ ❶一天内的一段时间，一会儿：工作了半～.停了一～. ❷晌午

(wǔ),正午:睡～觉.歇～.

赏 shǎng ㄕㄤ ❶指地位高的人或长辈给地位低的人或晚辈给财物:～给他一匹马. ❷敬辞:～光(请对方接受自己的邀请). ❸奖励:～罚分明. ❹奖赏的东西:领～.悬～. ❺玩赏,因爱好(hào)某种东西而观看:欣～.鉴～. [赏识]认识到别人的才能或作品的价值而予以重视或赞扬.

上 shàng ㄕㄤ ❶位置在高处的,跟"下"相反:山～.～面.⑪1.次序在前的:～篇.～卷.～星期. 2.等级高的:～等.～级. 3.质量高的,好的:～策.～等货. ❷由低处到高处:～山.～楼.⑪1.去,到:你～哪儿?～北京.～街去. 2.向前进:同志们快～啊!.进呈:～书.谨～. ❸增加. 1.添补:～水.～货. 2.安装:～刺刀.～螺丝. 3.涂上:～颜色.～药. 4.登载,记上:～报.～光荣榜.～账. ❹按规定时间进行某种活动:～课.～班. ❺拧紧发条:～弦.表该～了. ❻放在名词后. 1.表示在中间:半路～.心～. 2.表示方面:领导～.理论

～. 3.表示在某一物体的表面:车～.墙～.桌子～. 4.表示在某一事物的范围内:会～.书～. ❼在动词后,表示完成:选～代表.排～队. ❽在动词后. 1.跟"来"、"去"连用,表示趋向:骑～去.爬～来. 2.表示要求达到的目标或已达到目标:锁～锁.沏～茶.考～大学. ❾达到一定程度或数量:成千～万. ❿旧时乐谱记音符号的一个,相当于简谱的"1". ⓫(又shǎng)上声,汉语四声之一.普通话上声的调子是拐弯的,先降低再升高,符号作"ˇ".

尚 shàng ㄕㄤ ❶还(hái):年纪～小.～不可知. [尚且]连词,表示进一层的意思,跟"何况"连用:你～～不行,何况是我.他～～难免出错,何况粗枝大叶. ❷尊崇,注重:崇～. [高尚]崇高.

绱(＊＊鞝) shàng ㄕㄤ 把鞋帮、鞋底缝合成鞋:～鞋.

裳 ㊀ shang ·ㄕㄤ [衣裳] 衣服.
㊁ cháng 见 52 页.

SHAO 尸幺

捎 shāo 尸幺 捎带，顺便给别人带东西：～封信去.

梢 shāo 尸幺 (～儿)树枝的末端：树～. 囫末尾：眉～.

稍 (一) shāo 尸幺 略微(儿一微)：～有不同.～等一下.
(二) shào 见440页.

蛸 (一) shāo 尸幺 [螵蛸] (xiāo—)就是螳子.
(二) xiāo 见537页.

筲 shāo 尸幺 ❶一种竹器。[筲箕](一jī)淘米用的竹器。❷桶：水～.一～水.

艄 shāo 尸幺 船尾。[艄公]掌舵的人，泛指船夫。

鞘 (一) shāo 尸幺 鞭鞘，拴在鞭子头上的细皮条。[乌鞘岭]岭名，在甘肃省.
(二) qiào 见404页.

烧(燒) shāo 尸幺 ❶使东西着火(儿燃一)。❷用火或发热的东西使物品受热起变化：～水.～砖.～炭.❸烹饪法的一种：～茄子.❹发烧，体温增高：不～了.❺比正常体温高的体温：～退了.❻施肥过多，使植物枯萎、死亡。

勺 sháo 尸幺 ❶(一子、一儿)一种有柄的可以舀(yǎo)取东西的器具：饭～.铁～.❷容量单位，一升的百分之一。

芍 sháo 尸幺 [芍药](一yao)多年生草本植物，根可入药，花像牡丹，供观赏。

杓 (一) sháo 尸幺 同"勺❶"。
(二) biāo 见30页.

苕 (一) sháo 尸幺 〈方〉红苕，就是甘薯。通称红薯或白薯。
(二) tiáo 见489页.

韶 sháo 尸幺 ❶古代的乐曲名。❷美：～光.～华(指青年时代).

少 (一) shǎo 尸幺 ❶跟"多"相反。1.数量小的：～数服从多数. 2.缺(儿缺一)：文娱活动～不了他. 3.不经常的：～有.～见多怪。❷短时间：～等.～待。❸丢，遗失：屋里～了东西。
(二) shào 见本页.

少 (二) shào 尸幺 年纪轻，跟"老"相反：～年人.～女.男女老～.
(一) shǎo 见本页.

召 ㊀ shào ㄕㄠˋ ❶ 周朝国名,在陕西省凤翔一带。❷姓。

㊁ zhào 见 625 页。

邵 shào ㄕㄠˋ 姓。

劭 (❷**邵) shào ㄕㄠˋ ❶劝勉。❷美好。

绍 shào ㄕㄠˋ 接续,继续。

哨 shào ㄕㄠˋ ❶巡逻,侦察:~探。❷警戒防守的岗位:放~.~兵.前~.❸(一子、一儿)一种小笛:吹~集合.[呼哨][嗯哨]把手指放在嘴里吹出的高尖音:打~~.❹鸟叫。

稍 ㊀ shào ㄕㄠˋ [稍息]军事或体操的口令,命令队伍从立正姿势变为休息的姿势。

㊁ shāo 见 439 页。

潲 shào ㄕㄠˋ ❶雨点被风吹得斜洒:雨往南~.⑨洒水:马路上~些水.❷〈方〉泔水:~水.猪~.

SHE ㄕㄜ

� shē ㄕㄜ 同"畬",多用于地名。

奢 shē ㄕㄜ ❶挥霍财物,过分享受(龘一侈):~华.~侈品.❷过分的:~望.

赊 shē ㄕㄜ ❶买卖货物时延期付款或延期收款:~账.~购.❷远:江山蜀道~.❸古同"奢❶"。

畲 shē ㄕㄜ [畲族]我国少数民族,参看附表。

畬 ㊀ shē ㄕㄜ 焚烧田地里的草木,用草木灰做肥料耕种。

㊁ yú 见 596 页。

猞 shē ㄕㄜ [猞猁](一lì)哺乳动物,像狸猫,毛彩淡黄色,有黑斑,四肢粗长,皮毛珍贵。

舌 shé ㄕㄜˊ ❶[一头](一tou)人和动物嘴里辨别滋味、帮助咀嚼和发音的器官。[舌锋]⑩尖锐流利的话。❷铃或铎中的锤。

折 ㊀ shé ㄕㄜˊ ❶断:绳子~了.棍子~了.❷亏损:~本.[折耗]亏耗,损失:青菜~~太大.❸姓。

㊁ zhé 见 626 页。

㊂ zhē 见 626 页。

佘 shé ㄕㄜˊ 姓。

蛇 (*虵) ㊀ shé ㄕㄜˊ 爬行动物,俗叫

"长虫"。身体细长，有鳞，没有四肢，种类很多，有的有毒，捕食蛙等小动物。

㊁ yí 见 576 页。

阇 ㊀ shé ㄕㄜˊ ［阇梨］高僧，泛指僧。

㊁ dū 见 108 页。

舍(捨) ㊀ shě ㄕㄜˇ ❶放弃，不要了：～己为人。～近求远。四～五入。❷施舍。

㊁ shè 见本页。

厍 shè ㄕㄜˋ 〈方〉村庄（多用于村庄名）。

设 shè ㄕㄜˋ ❶布置，安排：～立学校.［设备］为某一目的而配置的建筑与器物等：这个工厂～～很完善.［设计］根据一定的目的要求预先制定方法、程序、图样等。❷假设：～x＝a.❸假使（龟—若）。

社 shè ㄕㄜˋ ❶古代指祭祀土地神的地方。［社火］民间在节日扮演的各种杂戏。❷指某些团体或机构：合作～.通讯～.集会结～.［社会］1.指由一定的经济基础和上层建筑构成的整体：封建～～.社会主义～～. 2.指由于共同的物质条件而生活方式而联系起来的人群：上层～～.［社交］指社会上人与人的交际往来。

舍 ㊀ shè ㄕㄜˋ ❶居住的房子：旅～.宿～.❷养家畜的圈：猪～.牛～.❸古代行军三十里叫一舍：退避三～（喻对人让步）.❹谦辞。用于对别人称自己的亲戚或年纪小辈分低的亲属：～亲.～弟.～侄.❺姓。

㊁ shě 见本页。

射 shè ㄕㄜˋ ❶放箭，用推力或弹(tán)力送出子弹等：～箭.扫～.高～炮.❷液体受到压力迅速挤出：喷～.注～.❸放出光、热等：反～.光芒四～.❹有所指：暗～.影～。

麝 shè ㄕㄜˋ 野兽名，又叫"香獐子"。有獠牙，没有角，雄的脐部有香腺，能分泌麝香。麝香可做香料或药材。

涉 shè ㄕㄜˋ ❶趟(tāng)着水走：跋山～水.❷经历：～险.～世.❸牵连，关连：这件事牵～到很多方面.不要～及其他问题。

赦 shè ㄕㄜˋ 免除刑罚：大～.～罪。

摄（攝） shè ㄕㄜˋ ❶拿，取：～影（照相）．～取养分．❷保养：珍～．❸旧指代理（多指统治权）：～政．～位．

滠（灄） shè ㄕㄜˋ 滠水，水名，在湖北省．

慑（懾，＊慴） shè ㄕㄜˋ 恐惧，害怕：～服．[威慑]用武力或威势使对方感到恐惧．

歙 ㊀ shè ㄕㄜˋ 歙县，在安徽省．
㊀ xī 见 524 页．

SHEI ㄕㄟ

谁 shéi ㄕㄟˊ （又）shuí ㄕㄨㄟˊ 代词．❶表示疑问：～来啦？❷任指，表示任何人，无论什么人：～都可以做．

SHEN ㄕㄣ

申 shēn ㄕㄣ ❶地支的第九位．❷申时，指下午三点到五点．❸陈述，说明：～请．～明理由．～辩．[申斥]斥责．❹上海的别称．

伸 shēn ㄕㄣ ❶舒展开：～手．～缩．❷表白：～冤．

呻 shēn ㄕㄣ 吟诵．[呻吟]（－yín）哼哼，病痛时发出声音：无病～～．

绅 shēn ㄕㄣ ❶古代士大夫束在腰间的大带子．❷绅士，旧称地方上有势力，有地位的人，一般是地主或退职官僚：乡～．土豪劣～．开明士～．

珅 shēn ㄕㄣ 一种玉．

砷 shēn ㄕㄣ 一种非金属元素，符号 As，旧称"砒"（pī）．灰白色，是有金属光泽的结晶块，质脆有毒．化合物可做杀菌剂和杀虫剂．

身 shēn ㄕㄣ ❶人，动物的躯体（�敏－躯，－躯）：全～．上～．～体健康．人～自由．[身子] 1. 身体：～～不舒服． 2. 身孕：有了～～．㊀物体的主要部分：船～．河～．树～．❷指生命：以～殉职．舍～炸碉堡．❸亲身，亲自，本人：～临其境．～体力行（亲身努力去做）．以～作则．❹指人的地位：～败名裂．[身份][身分]（－fen）在社会上及法律上的地位．❺（－儿）量词，用于衣服：我做了一～儿新衣服．

诜 shēn ㄕㄣ [诜诜]形容众多的样子.

参(参、②*葠、②*蓡) ㊀ shēn ㄕㄣ ❶星宿名,二十八宿之一.[参商]参和商都是二十八宿之一,两者常不同时在天空出现.⑩1.分离不得相见.2.不和睦.❷人参,多年生草本植物.根肥大,略像人形,可入药.
㊁ cān 见 42 页.
㊂ cēn 见 45 页.

糁(糁、**粖) ㊀ shēn ㄕㄣ (一儿)谷类制成的小渣:玉米~儿.
㊁ sǎn 见 430 页.

鯵(鰺) shēn ㄕㄣ 鱼名.身体侧扁,侧面呈卵圆形,鳞细,生活在海中.

莘 ㊀ shēn ㄕㄣ ❶莘县,在山东省.❷姓.
[莘莘]众多.
㊁ xīn 见 543 页.

娠 shēn ㄕㄣ 胎儿在母体中微动.泛指怀孕.

深 shēn ㄕㄣ ❶从表面到底或从外面到里面距离大的,跟"浅"相反:~水.~山.这条河很~.这个院子很~.❷深浅 1.深度.2.说话的分寸:他说话不知道~~.❷从表面到底的距离:这口井两丈~.❸久,时间长:~夜.~更半夜.年~日久.❹程度高的:~信.~知.~谋远虑.情谊很~.这本书内容太~.讲理论应该~入浅出.❺颜色重:~红.颜色太~.

燊 shēn ㄕㄣ 旺盛.

什 ㊀ shén ㄕㄣ [什么](-me)代词1.表示疑问:想~~?~~人?2.指不确定的或任何事物:我想吃点儿~~.~~事都难不住他.3.表示惊讶或不满:~~!明天就走?这是~~破东西!
㊁ shí 见 448 页.

甚 ㊀ shén ㄕㄣ 同"什"(shén).
㊁ shèn 见 444 页.

神 shén ㄕㄣ ❶迷信的人称天地万物的"创造者"和被他们崇拜的人死后的所谓精灵:无~论.不信鬼~.⑩1.不平凡的,特别高超的:~力.~医.2.不可思议的,特别希奇的(迭一秘):这事真是越说越~了.[神话]远古人们集体创作的神异故事.⑩

荒诞，夸张，不能实现的话。[神通]特殊的手段或本领：大显～～.～～广大。❷心力，心思，注意力：劳～.留～.看得出了～.聚精会～.[神经]人和动物体内传达知觉和运动的组织。❸（一儿）神气，表情：你瞧他这个～儿.～色.

沈（❷❸瀋）⊖ shěn ㄕㄣ ❶姓。❷汁：墨～未干。❸[沈阳]地名，在辽宁省。

⊜ chén 见 55 页。

审（審）shěn ㄕㄣ ❶详细，周密：～慎.精～.❷❶仔细思考，反复分析、推究：～查.～核.这份稿子～完了.[审定]对文字著作、艺术创造、学术发明等详细考究、评定。❷审问，讯问案件：～案.～判.公～.❸知道，也作"谂"、"谂"：不～近况何如？❹一定地，果然：～如其言。

谉（諗）shěn ㄕㄣ 同"审❸"。

婶（嬸）shěn ㄕㄣ ❶（一子、一儿）叔叔的妻子(叠)。❷称呼与母亲辈分相同而年轻的已婚妇女：

张大～儿.

哂 shěn ㄕㄣ 微笑：～存.～纳.聊博一～.

矧 shěn ㄕㄣ 况，况且。

谂（諗）shěn ㄕㄣ ❶同"审❸"。❷劝告。

肾（腎）shèn ㄕㄣ 肾脏，俗叫"腰子"。人和动物的内脏之一，是滤出尿液的主要器官。

甚 ⊖ shèn ㄕㄣ ❶很，极：进步～快.他说得未免这～.[甚至][甚至于]连词，表示更进一层：不学习就会落后，～～会犯错误.旧社会劳动人民生活极端困难，～～连糠菜都吃不上。❷超过，胜过：更有～者.日～一日.❸同"什么"：要它作～？姓名谁？

⊜ shén 见 443 页。

葚 ⊖ shèn ㄕㄣ [桑葚]桑树结的果实。

⊜ rèn 见 422 页。

椹 ⊖ shèn ㄕㄣ 同"葚❶"。

⊜ zhēn 见 630 页。

胂 shèn ㄕㄣ 有机化合物的一类，通式 $RAsH_2$，是砷化氢分子中的氢被羟基替换后生成的化合物。胖类化合物大多有剧毒。

渗(滲) shèn ㄕㄣˋ 液体慢慢地透入或漏出：水～到土里去了。天很热,汗～透了衣服.

瘆(瘮) shèn ㄕㄣˋ 使人害怕：～人.～得慌.

蜃 shèn ㄕㄣˋ 蛤蜊.[蜃景]由于不同密度的大气层对于光线的折射作用,把远处景物反映在天空或地面而形成的幻景,在沿海或沙漠地带有时能看到。古人误认为是大蜃吐气而成。也叫"海市蜃楼".

慎 shèn ㄕㄣˋ 小心,加小心(迭谨－)：不～.办事要～重.谦虚谨～.

SHENG ㄕㄥ

升(❸❹*昇、❹*陞) shēng ㄕㄥ ❶容量单位,市制跟公制相同,1升等于1000毫升.❷量粮食的器具,容量为斗的十分之一.❸向上,高起：～旗.东方红,太阳～.❹提高：～级.

生 shēng ㄕㄥ ❶出生,诞生：～辰.孙中山～于公元1866年.❷可以发育的物体在一定的条件下发展长大：种子～芽.～根.⑪发生,产生：～病.～疮.～事.[生产]1.人们使用工具来创造各种生产资料和生活资料.2.生小孩儿.❸活着：～擒.～龙活虎.⑪1.生计：谋～.2.生命：杀～.丧～.3.生物,有生命的东西：众～.4.整个生活阶段：平～.一～.❹使柴、煤等燃烧起来：～火.～炉子.❺没有经过烧煮的或烧煮没有熟的：夹～饭.～肉.不喝～水.❻植物果实没有成长到熟的程度：～瓜.⑪不常见的,不熟悉的(迭－疏)：陌～.～人.～字.❽不熟练：～手.❾没有经过炼制的：～皮子.～药.❿生硬,硬,强(qiǎng)：～拉硬拽.～不承认.⓫表示程度深：～疼.～怕.⓬指正在学习的人：学～.师～.练习～.旧时又指读书的人：书～.⓭传统戏曲里扮演男子的一种角色：老～.小～.⓮词尾：好～.怎～是好？

牲 shēng ㄕㄥ 牲口,普通指牛、马、驴、骡等家畜。古代特指供宴飨祭祀用的牛、羊、猪。

胜 ⊖ shēng ㄕㄥ 一种有机化合物，由氨基酸脱水而成，含有羧基和氨基，是一种两性化合物。也叫"肽"。

⊜ shèng 见本页。

笙 shēng ㄕㄥ 管乐器名，用若干根长短不同的簧管制成，用口吹奏。

甥 shēng ㄕㄥ ❶外甥，姊妹的儿子。❷外甥，称女儿的儿子。

声（聲） shēng ㄕㄥ ❶声音，物体振动时所产生的能引起听觉的波：～如洪钟．大～说话．[声气]消息：不通～～．❷声母，字音开头的辅音，如"报(bào)告(gào)"、"丰(fēng)收(shōu)"里的 b,g,f,sh 都是声母。❸声调(diào)，字音的高低升降。参看"调⊜❹"。❹说出来使人知道，扬言：～明．～讨．～张．～东击西．❺名誉：～望．

渑（澠） ⊜ shéng ㄕㄥ 古水名，在今山东省临淄附近。

⊖ miǎn 见 342 页。

绳（繩） shéng ㄕㄥ ❶（一子）用两股以上的棉、麻纤维或棕、草等拧成的条状物。[绳墨]木工取直用的器具。⑨规矩，法度。❷约束，制裁：～之以法．

省 ⊖ shěng ㄕㄥ ❶中国第一级地方行政区划单位。❷节约，不费：～钱．～时间．～事．❸简略(途—略)：～称．～写．

⊜ xǐng 见 546 页。

眚 shěng ㄕㄥ ❶眼睛生翳(yì)．❷灾祸．❸过错．

圣（聖） shèng ㄕㄥ ❶最崇高的：革命～地．[圣人]旧时称具有最高智慧和道德的人。❷称学问、技术有特殊成就的人：～手．❸封建时代尊称帝王：～上．～旨．

胜（勝） ⊖ shèng ㄕㄥ ❶赢，胜利，跟"败"相反：打～仗．得～．❷打败(对方)：以少～多．❸超过：今～于昔．一个～似一个．❹优美的：～地．～景．❺(旧读shēng)能担任，能承受：～任．不～其烦．❻(旧读shēng)尽：不～感激．不～枚举．

⊜ shēng 见本页。

晟 shèng ㄕㄥ ❶光明．❷旺盛，兴盛．

盛 ⊖ shèng ㄕㄥˋ ❶兴旺，旺~.茂~.繁荣昌~.梅花~开.❷炽烈：年轻气~.火势很~.❸丰富，华美：~宴.~装.❹热烈，大规模的：~会.~况.❺深厚：~意.~情.❻姓.

⊜ chéng 见57页。

乘 ⊜ shèng ㄕㄥˋ ❶春秋时晋国的史书叫乘，后因称一般的史书为乘：史~.❷量词(指古代四匹马拉的兵车)：千~之国.

⊖ chéng 见58页。

剩(*賸) shèng ㄕㄥˋ 多余，余留下来的(遥一余)：~饭.~货.

嵊 shèng ㄕㄥˋ [嵊州]地名，在浙江省。

SHI ㄕ

尸(❶*屍) shī ㄕ ❶尸首，死人的身体。❷古代祭祀时代表死者受祭的人。❸不做事情，空占职位：~位.

鸤 shī ㄕ [鸤鸠](-jiū)古书上指布谷鸟。

失 shī ㄕ ❶丢(遥遗一)：~物招领.机不可~.⊜1.违背：~信.~约.2.找不着：~群之雁.迷~.❷没有掌握住：~足.~言.~火.❸没有达到目的：~意.~望.~策.[失败]计划或希望没能达到。❹错误，疏忽：千虑一~.❺改变常态：~色.~声痛哭.

师(師) shī ㄕ ❶老师，传授知识技能的人。⊜榜样：前事不忘，后事之~.[师傅]传授技艺的老师和对有实践经验的工人的尊称。❷由师徒关系而产生的：~兄.❸对擅长某种技术的人的称呼：工程~.医~.理发~.❹仿效：~法.❺军队：誓~.百万雄~.❻军队的编制单位，是团的上一级。

狮(獅) shī ㄕ 狮子，古书中也作"师子"。一种凶猛的野兽，毛黄褐色，雄的脖子上有长鬣，生活在山林里，捕食其他动物，多产于非洲及印度西北部。

浉(溮) shī ㄕ 浉河，在河南省，入淮河。

鸤(鳲) shī ㄕ 鸟名。背青灰色，腹淡褐色，嘴长而尖，脚短爪强，捕食树林中的害虫。

诗 shī ㄕ 一种文体，形式很多，多用韵，可以歌咏朗诵。

虱(*蝨) shī ㄕ（—子）寄生在人、畜身上的一种昆虫，吸食血液，能传染疾病。

鯴 shī ㄕ 节肢动物，身体扁圆形，跟臭虫相似，头上有一对吸盘。寄生在鱼类身体的表面。

绝 shī ㄕ 古时一种粗绸子。

施 shī ㄕ ❶实行：～工．无计可～．倒行逆～．[施展]发挥能力。❷用上，加上：～肥．～粉．❸给予：～礼．～恩．❹施舍，把财物送给穷人或出家人。

湿(濕、*溼) shī ㄕ 沾了水或是含的水分多，跟"干"相反：地很～．手～了．

蓍 shī ㄕ 蓍草，俗称"蚰蜒草"或"锯齿草"。多年生草本植物，茎直立，花白色。可以入药，又供制香料。

醯(醯) (又) shī ㄕ ❶滤酒。❷斟酒。❸疏导河渠。

嘘 ㊀ shī ㄕ 叹词，表示反对、制止、驱逐等。
㊁ xū 见 550 页。

十 shí ㄕ ❶数目。❷表示达到顶点：～足．～分．～全～美．

什 ㊀ shí ㄕ ❶同"十❶"（多用于分数或倍数）：～一（十分之一）．～百（十倍或百倍）．❷各种的，杂样的：～物．家～（家用杂物）．[什锦]各种各样东西凑成的（多指食品）：～～糖．素～～．
㊁ shén 见 443 页。

石 ㊀ shí ㄕ ❶（—头）构成地壳的坚硬物质，是由矿物集合而成的。❷用石制成的：～砚．～磨．❸指石刻：金～．❹古代容量单位，一石合十斗。❺古代重量单位，一石合一百二十斤。❻姓。
㊁ dàn 见 85 页。

炻 shí ㄕ [炻器]介于陶器和瓷器之间的陶瓷制品，如水缸、沙锅。

祏 shí ㄕ 古时宗庙中藏神主的石室。

鼫 shí ㄕ 古书上指鼫（wú）鼠一类的动物。

时(時、*旹) shí ㄕ ❶时间，一切物质不断变化或发展所经历的过程。❷时间的一段。1.比较长期的（逾—代）：古～．唐～．盛极一～．2.一年中的一季:四~.3.时辰,一昼夜的十二分之一:子~时.4.小时,一昼夜的二十四分之一.5.时候:平~.到~叫我一声.6.钟点:八~上班.[不时]1.非定时,不定时:~~之需.2.常常:~~照顾.❸时机:待~而动.❹规定的时间:准~起飞.❺现在的,当时的:~髦.~事.[时装]式样最新的服装,当代流行的服装.❻时常,常常(叠):学而~习之.~~发生困难.❼有时候:天气~阴~晴.身体~好~坏.

埘(塒) shí ㄕ 古代称在墙壁上挖洞做成的鸡窝.

鲥(鰣) shí ㄕ 鲥鱼,鱼名.背黑绿色,腹银白色,鳞下多脂肪.肉味鲜美.

识(識) ㊀ shí ㄕ ❶知道,认得,能辨别:~货.~字.~别真假.❷知识,所知道的道理:常~.知~(shi)丰富.❸见识,辨别是非的能力:卓~.

㊁ zhì 见640页.

实(實、△＊寔) shí ㄕ ❶充

满:虚.~心的铁球.~足年龄.❷真,真诚,跟"虚"相反:~心~意.~话~说.~事求是.[实际]真实情况,也指实践:联系~~.~~调查.[实践]1.实行(自己的主张),履行(自己的诺言).2.人们改造自然和改造社会的有意识的活动.[实在]1.真,的确:~~好.2.(-zai)不虚:他的学问很~~.话说得挺~~.[实词]能够单独用来回答问题,有比较实在意义的词,如名词、动词等.[老实](-shi)诚实,不狡猾:~人说~~话.❸种子,果子:开花结~.

拾 shí ㄕ ❶捡,从地下拿起来:~麦子.~了一枝笔.❷"十"字的大写.
[拾掇](-duo)1.整理:把屋子~~一下.把书架~~~~.2.修理:~~钟表.~~机器.~~房子.

食 ㊀ shí ㄕ ❶吃:~肉.[食言]指失信:决不~.[食指]手的第二指.喻家庭人口:~~众多.❷吃的东西:素~.零~.面~.丰衣足~.❸日月亏缺或完全不见的现象:日~.月~.全~.

㊁ sì 见464页.

蚀 shí ㄕ ❶损伤,亏缺:侵～.腐～.❷同"食❸".

湜 shí ㄕ 形容水清见底(叠).

寔 shí ㄕ ❶放置.❷同"实".

史 shǐ ㄕ ❶历史,自然或社会以往发展的过程.也指记载历史的文字和研究历史的学科.❷古代掌管记载史事的官.

驶 shǐ ㄕ ❶车马快跑.❷驾驶,开动交通工具(多指有发动机的),使行动:驾～拖拉机.轮船～入港口.

矢 shǐ ㄕ ❶箭:有的(dì)放～.❷发誓:～口抵赖.❸古代用做"屎":遗～.

豕 shǐ ㄕ 猪.

使 shǐ ㄕ ❶用:～劲.～拖拉机耕种.这支笔很好～.❷派,差(chāi)遣:支～.～人前往.❸让,令,叫:～人高兴.迫～敌人放下武器.❹假若,假使.❺驻外国的外交长官:大～.公～.[使命]奉命去完成的某种任务.泛指重大的任务:历史～～.肩负着建设祖国的～～.

始 shǐ ㄕ ❶开始,起头,最初,跟"末"相反:～祖.开～报告.自～至终.原～社会.[未始]未尝,本来没有:～～不可.❷才:参观至下午五时～毕.

屎 shǐ ㄕ 大便,粪.引眼、耳所分泌的东西:眼～.耳～.

士 shì ㄕ ❶古代介于卿大夫和庶民之间的一个阶层.❷古代指未婚的男子,泛指男子:～女.❸指读书人:学～.～农工商.❹对人的美称:志～.壮～.烈～.❺军人的一级,在尉以下,也泛指军人:上～.中～.～气.❻称某些专业人员:护～.助产～.

仕 shì ㄕ 旧称做官:出～.～途.

氏 ㊀ shì ㄕ ❶姓.古代和氏有区别,氏从姓出,后来姓和氏不分了,姓、氏可以混用.[氏族]原始社会中由血统关系联系起来的人的集体,集体占有生产资料,集体生产,集体消费.❷旧习惯对已婚的妇女,通常在夫姓后再加父姓,父姓加"氏",作为称呼:张王～(夫姓张,父姓王).❸后世对有影响的人的称呼:神农~.太史~.摄~表.

㊁ zhī 见 635 页.

舐 shì ㄕ 舐:老牛~犊(比喻人疼爱儿女).

示 shì ㄕ 表明,把事物拿出来或指出来使别人知道:~众.~威.表~意见.~范作用.以目~意.[暗示]不正面说出自己的意见,用神气、手势等提示,或用不直接相关的语言表示.

眎 shì ㄕ 有机化合物,溶于水,遇热不凝固,是食物蛋白和蛋白胨的中间产物.

世(****丗)** shì ㄕ ❶一个时代:近~.❷一辈一辈相传的:~袭.~医.❸人的一生:~为人.❹指从先辈起就有交往,友谊的:~伯.~兄.❺世界,宇宙,全球:~上.~人.

贳 shì ㄕ ❶出赁,出借.❷赊欠.❸宽纵,赦免.

市 shì ㄕ ❶做买卖或做卖卖的地方:开~.菜~.牲口~.❷买:~恩.沽酒~脯(fǔ).❸卖:转以~人.❹人口密集的行政中心或工商业、文化发达的地方:城~.都~.❺一种行政区划,有直辖市和省(或自治区)辖市等:北京~.唐山~.❻属于我国度量衡所用制的:~尺.~升.~斤.

柿 shì ㄕ 柿树,落叶乔木,开黄白色花.果实叫柿子,可以吃.木材可以制器具.

铈 shì ㄕ 一种金属元素,符号 Ce,灰色结晶,质地软,有延展性,能导热,不易导电,可用来制造合金.

式 shì ㄕ ❶物体外形的样子:新~.[形式]事物的外表.❷特定的规格:格~.程~.❸仪式,典礼:开幕~.阅兵~.❹自然科学中表明某些规律的一组符号:方程~.分子~.[公式]依照科学上已经发现的法则定出来的可以通用于同类关系的基本格式:代数~~.经济学上的~~.

试 shì ㄕ ❶按照预定想法非正式地做:~用.~一~看.❷考,测验(迿考一):~题.口~.

拭 shì ㄕ 擦:~泪.~目以待(形容殷切期待).

轼 shì ㄕ 古代车厢前面用做扶手的横木。

弑 shì ㄕ 古时候指臣杀君、子杀父母等行为：~君。~父。

似 ㊀ shì ㄕ [似的][是的](-de)助词，跟某种事物或情况相似：雪~~那么白。飘泼~~大雨。
㊁ sì 见464页。

势(勢) shì ㄕ ❶势力，权力，威力：倚~欺人。❷表现出来的情况，样子。1.属于自然界的：地~.山~险峻。2.属于动作的：姿~.手~。3.属于政治、军事或其他方面的：时~.大~所趋.乘~追击。❸雄性生殖器：去~。

事 shì ㄕ ❶(一儿)事情，自然界和社会中的一切现象和活动。[事变]突然发生的重大政治、军事性事件：七七~~.[事态]形势或局面：~~严重。❷职业：谋~.他现在做什么~？❸关系或责任：你回去吧，没有你的~.这件案子里还有他的~呢。❹变故，事故：出~.平安无~.[事故]出于某种原因而发生的不幸事情，如工作中的死伤等。❺做，治：大~宣扬.不~生产。❻旧指侍奉。

侍 shì ㄕ 服侍，伺候，在旁边陪着：~立.服~病人。

峙 ㊀ shì ㄕ [繁峙]地名，在山西省。
㊁ zhì 见641页。

恃 shì ㄕ 依赖，仗着：有~无恐。

饰 shì ㄕ ❶修饰，装饰，装点得好看：油~门窗.假托，遮掩：~辞.文过~非。❷装饰用的东西：首~.窗~。❸装扮，扮演角色。

视(＊眎) shì ㄕ ❶看：近~眼.~而不见。❷视察，观察：巡~一周.监~。❸看待：重~.~死如归.一~同仁。❹活，生存：莫不欲长生久~。

是 shì ㄕ ❶表示解释和分类：他~工人.这朵花~红的。❷表示存在：满身~汗.山上全~树。❸表示承认所说的，再转入正意：东西~旧~旧，可是还能用.话~说得很对，可是得(děi)认真去做。❹表示适合：来的~时候.的~地方。❺表示凡是，任何:～重活儿他都抢着干. ⑥用于问句:你～坐轮船～坐火车? ⑦加重语气:～谁告诉你的? 天气～冷. ⑧对,合理,跟"非"相反:懂得～非. 他说的～. ⑨认为对:～其所是. [是非]口舌,争执:挑拨～～. 惹～～. ⑨这,此,如:如今. ⑪日天气晴朗. [国是]国家大计:共商～～.

舌(適) ⊖ shì ㄕ ❶切合,相合(⑱一合):～宜. ～意. ～用. ❷舒服,稍觉不～. ❸刚巧,～逢其会. ❹刚才,方才:～从何处来? ❺往,到:无所～从. ⑨旧指女子出嫁。

⊜ kuò 见 278 页。

室 shì ㄕ ❶屋子:～内. 教～. ⑨旧1. 妻:妻～. 继～. 2. 家,家族:皇～. 宗室. ❷机关团体内的工作单位:会计～. ❸星宿名,二十八宿之一。

逝 shì ㄕ ❶过去:光阴易～. ❷死,多用于表示对死者的敬意:～世. 不幸病～.

誓 shì ㄕ ❶当众或共同表示决心,依照说的话实行:～为共产主义奋斗终身.

❷表示决心的话:宣～.

莳(蒔) shì ㄕ 移栽植物:～秧.

释(釋) shì ㄕ ❶说明,解说(⑱解一,注一):～字句. 古诗浅～. ❷消散:冰～(喻怀疑、误会等完全消除):～疑. ❸放开,放下:～放. 手不～卷. 如～重负. ❹把坐监服刑的人释放:保～. 开～. ❺佛教创始人"释迦牟尼"的省称. 泛指关于佛教的:～氏(佛家). ～子(和尚). ～教.

谥(*諡) shì ㄕ 我国古代,在最高统治者或其他有地位的人死后,给他另起的称号,如"武"帝、"哀"公等. 也叫"谥号".

嗜 shì ㄕ 喜爱,爱好:～学. ～睡. [嗜好](—hào)对于某种东西特别爱好或爱好成癖.

筮 shì ㄕ 古代用蓍草占卦(迷信).

噬 shì ㄕ 咬:吞～. ～脐莫及(喻后悔无及).

奭 shì ㄕ 盛大.

襫 shì ㄕ 见 37 页"袯"字条"袯襫"(bó—).

螫 ㊀ shì ㄕ　同"蜇㊀❶"。有毒腺的虫子刺人或牲畜。

㊁ zhē 见626页。

匙 ㊀ shi ・ㄕ [钥匙](yào—)开锁的东西。

㊁ chí 见60页。

殖 ㊀ shi ・ㄕ [骨殖](gǔ—)尸骨。

㊁ zhí 见636页。

SHOU ㄕㄡ

收(**収) shōu ㄕㄡ ❶接到，接受，跟"发"相反：～发。～信。～到。～条。接～物资。招～新生。～账(受款记账)。❷藏或放置妥当：这是重要东西，要～好了。❸割取成熟的农作物：秋～。～麦子。❹获得(经济利益)：～益。～支相抵。❺招回：～兵。❻聚，合拢：疮口了。❼结束：～尾。～工。～场。❽收心，收敛：心似平原野马易放难～。❾逮捕拘禁：～监。

熟 ㊀ shóu ㄕㄡ 义同"熟"(shú)，用于口语。

㊁ shú 见456页。

手 shǒu ㄕㄡ ❶人体上肢前端拿东西的部分。(图见486页"体")[手足]喻兄弟。❷拿着：人～一册。❸(一儿)技能，本领：有两～儿。❹亲手：～书。～植。❺做某种事情或擅长某种技能的人：选～。生产能～。水～。神枪～。❻小巧拿的：～册。[手段]处理事情所用的方法。

守 shǒu ㄕㄡ ❶保持，卫护：～城。坚～阵地。[墨守]喻依照老法子不肯改进：～成规。❷看守，看护：～门。～着病人。❸遵守，依照：反～因循～旧。～时间。～纪律。爱国～法。❹靠近，依傍：～着水的地方，要多种稻子。

首 shǒu ㄕㄡ ❶头，脑袋：昂～。～饰。[首领]喻某些团体的领导人。❷领导的，带头的：～长。❸第一，最高的：～要任务。～席代表。❹最先，最早：～次。～创。❺告发：自～。出～。❻量词，用于诗歌：一～诗。

寿(壽) shòu ㄕㄡ ❶得岁数大：人～年丰。❷岁数，生命：～命。寿辰，生日。❹装殓死人的：～材。～衣。

受 shòu ㄕㄡ ❶接纳别给的东西：～贿。接人的意见.❷忍耐某种遭遇(叠忍一):~不了.~罪.忍~痛苦.❸遭到:~批评.~害.~风.~暑.❹适合:他这话倒是很~听.

授 shòu ㄕㄡ ❶给,与:~旗.~奖.~意(把自己的意思告诉别人让别人照着办).❷传授:~课.

绶 shòu ㄕㄡ 一种丝质带子,古代常用来拴在印纽上:~带.印~.

狩 shòu ㄕㄡ 打猎.古代指冬天打猎:~猎.

售 shòu ㄕㄡ 卖:~票.零~.销.❸施展:以~其奸.

兽(獸) shòu ㄕㄡ ❶有四条腿、全身生毛的哺乳动物.❷比喻野蛮,下流:~欲.~行.

廋 shòu ㄕㄡ ❶含脂肪少,跟"胖"、"肥"相反:~肉.身体很~.❷衣服鞋袜等窄小:这件衣裳穿着~了.❸土地瘠薄:~田.❹笔划细:~硬.钟书体~.

SHU ㄕㄨ

殳 shū ㄕㄨ 古代的一种兵器,用竹子做成,有棱无刃。

书(書) shū ㄕㄨ ❶成本的著作.❷信(叠一信):家~.~札.来~已悉.❸文件:证明~.申请~.❹写字(叠一写):~法.转字体:楷~.隶~.

抒 shū ㄕㄨ 抒发,尽量表达:~情诗.各~己见.

纾 shū ㄕㄨ 缓和,解除:~难(nàn).

舒 shū ㄕㄨ ❶展开,伸展:~眉展眼.[舒服][舒坦]身心愉快.❷从容,缓慢.

枢(樞) shū ㄕㄨ 门上的转轴:户~不蠹.[枢纽]重要的部分,事物相互联系的中心环节:运输的~~.[中枢]中心,中央:神经~~.

叔 shū ㄕㄨ ❶兄弟排行,常用伯、仲、叔、季为次序,叔是老三.❷叔父,父亲的弟弟.又称跟父亲同辈而年纪较小的男子(叠):大~.❸(一子)丈夫的弟弟:小~子.

菽(叔**豆)** shū ㄕㄨ 豆类的总称。

淑 shū ㄕㄨ 善,美,过去多指女人的品德好。

姝 shū ㄕㄨ 美丽，美好。

殊 shū ㄕㄨ ❶不同；特～情况。～途同归。❷特殊：～荣.～勋。❸极，很：～佳.～可钦佩。❹断，绝。[殊死]1.古代指斩首的死刑。2.拼着性命：～～战斗。

倏（*倐、儵） shū ㄕㄨ 极快地，忽然：～忽.～尔而逝.

梳 shū ㄕㄨ ❶（一子）整理头发的用具。也叫"拢子"。❷用梳子整理头发：～头.

疏（❶-❹ 疎） shū ㄕㄨ ❶去掉阻塞使畅通（逶—通）：～导.❷分散：～散。❸事物间距离大，空隙大，跟"密"相反（逶稀—）：～林.～密不均。稀～的枪声.⑤1.不亲密，关系远的：亲～远近.他们一向很～.2.不细密，粗心：～神.这人太～忽了.❹空虚：志大才～.❺粗：～食.❻不熟practiced：生～.人生地～.❼分条说明的文字：注～.奏～（封建时代臣下向皇帝陈述事情的文章）.

蔬 shū ㄕㄨ 蔬菜，可以做菜的植物（多属草本）：～食.

攄（攄） shū ㄕㄨ 发表或表示出来：各～己见.

输 shū ㄕㄨ ❶从一个地方运送到另一个地方（逶运—）：～出.～血。❷送给，献：捐～.❸败，负：～了两个球.

毹 shū ㄕㄨ 见414页"氍"字条"氍毹"(qú一)。

秫 shú ㄕㄨ 黏高粱，可以做烧酒。有的地区就指高粱：～米.～秸（高粱秆）.

孰 shú ㄕㄨ ❶谁：～谓不可？❷什么：是（这个）可忍，～不可忍？❸哪个：～胜～负.

塾 shú ㄕㄨ 旧时私人设立的教学的地方：私～.村～.

熟 ㊀ shú ㄕㄨ ❶食物烧煮到可吃的程度：饭～了.～菜.❷成熟，植物的果实等长成：麦子～了.❸程深：深思～虑.～睡.❹习惯常见，知道清楚：～悉.～人.这条路我～.❺熟练，做某种工作时间久了，精通而有经验：～手.～能生巧.❻经过加工或炼制的：～铁．～皮子．

（三）shóu 见 454 页．

赎（贖） shú ㄕㄨ ❶用财物换回抵押品：～当(dàng)．把东西～回来．❷用行动抵消、弥补罪过(旧时特指用财物减免刑罚)：立功～罪．

暑 shǔ ㄕㄨ 热：中(zhòng)～．～天．

署 shǔ ㄕㄨ ❶办公的处所：海关总～．❷布置：部～．❸签名，题字：签～名．❹暂代：～理．

薯（*藷） shǔ ㄕㄨ 植物名．1.甘薯，又叫"白薯"、"红薯"或"番薯"．草本植物，茎细长，块根可以吃．2.马铃薯，又叫"土豆"或"山药蛋"．草本植物，块茎可以吃．[薯蓣](—yù)又叫"山药"．草本植物，开白花，块根可以吃，也可入药．

曙 shǔ ㄕㄨ 天刚亮：～色．～光．

黍 shǔ ㄕㄨ 一年生草本植物，子实叫黍子，碾成米叫黄米，性黏，可酿酒．[蜀黍]高粱．[玉蜀黍]一年生草本植物，也叫"玉米"、"棒子"

或"包谷"．叶长而大，子实可做食粮．

属（屬） （一）shǔ ㄕㄨ ❶同一家族的：家～．❷类别：金～．❸有管辖关系的(②隶一)：直～．～局．～员．❹归类：～于自然科学．❺为某人或某方所有：这本书～你．❻是：查明～实．❼用干支纪年，十二支配合十二种动物，人生在哪年，就属哪种动物叫"属相"：甲子、丙子等子年生的都属鼠．

（二）zhǔ 见 648 页．

蜀 shǔ ㄕㄨ ❶国名，三国之一，刘备所建立(公元221—263 年)，在今四川省，后来扩展到贵州省、云南省和陕西省汉中一带．❷四川省的别称．

鼠 shǔ ㄕㄨ 老鼠，哺乳动物，俗叫"耗子"．体小尾长，门齿发达，常咬衣物，又能传染疾病．[鼠疫]一种急性传染病，又叫"黑死病"．病原体是鼠疫杆菌．消灭老鼠和预防注射是主要的预防方法．

数（數） （一）shǔ ㄕㄨ ❶一个一个地计算：～一～．❾比较起来最突出:就～他有本领.❷责备,列举过错:～落(luo).～说.

㊁ shù 见本页.

㊂ shuò 见462页.

术(術) ㊀ shù ㄕㄨ ❶技艺:武～.技～.美～.[术语]学术和各种工艺上的专门用语.❷方法:战～.防御之～.

㊁ zhú 见647页.

述 shù ㄕㄨ 讲说,陈说(圈叙-、陈-):口～.

沭 shù ㄕㄨ 沭河,发源于山东省,流经江苏省入新沂河.

鉥 shù ㄕㄨ ❶长针.❷刺.❸引导.

戍 shù ㄕㄨ 军队防守:卫～.～边.

束 shù ㄕㄨ ❶捆住:～发(fà).～手～脚.[束缚](一fù)捆绑.⑩使受到限制:不要～～群众的创造性.捆儿:一～鲜花.❸控制(圈约-):拘～.～身自爱.

树(樹) shù ㄕㄨ ❶木本植物的总称.❷种植,栽培.❸立,建立(圈-立):～雄心,立壮志.

竖(竪、*豎) shù ㄕㄨ ❶直立.

把棍子～起来.❷上下的或前后的方向:～着写.～着挖道沟.❸直,汉字自上往下的笔形(丨):十字是一横一～.❹竖子,古时指年轻仆人,也用于对人的一种蔑称.

㊀ shù ㄕㄨ 同"腧".

㊁ yú 见597页.

腧 shù ㄕㄨ 腧穴,人体上的穴道:肺～.胃～.

恕 shù ㄕㄨ 宽恕,原谅:饶～.

庶 shù ㄕㄨ ❶众多:～民(旧指老百姓).富～.❷庶几(jī),将近,差不多:～乎可行.❸宗法制度下指家庭的旁支:～出.

裋 shù ㄕㄨ 古代仆役穿的一种衣服.

数(數) ㊀ shù ㄕㄨ ❶数目,划分或计算出来的量:基～.序～.～次.人～太多,坐不下.[数词]表示数目的词,如一、九、千、万等.❷几,几个:～次.～日.～人.❸(迷信)数:在～难逃.

㊁ shǔ 见457页.

㊂ shuò 见462页.

墅 shù ㄕㄨ 别墅,住宅以外供游玩休养的园林房屋

漱 shù ㄕㄨ 含水荡洗口
腔：～口.

涑 shù ㄕㄨ 及时的雨.

SHUA ㄕㄨㄚ

刷 ⊝ shuā ㄕㄨㄚ ❶（－
子、－儿）用成束的毛、
棕等制成的清除东西或涂抹
东西的用具.❷用刷子或类
似刷子的用具来清除或涂
抹：～牙.～鞋.～锅.用石灰
～墙.㊂淘汰：第一轮比赛就
被～掉了.❸同"唰".
　⊜ shuà 见本页.

唰 shuā ㄕㄨㄚ 拟声词,形
容迅速擦过去的声音：
小雨～～地下起来了.

耍 shuǎ ㄕㄨㄚˇ ❶〈方〉玩（逹
玩－）：孩子们在院子里
～.❷玩弄,表演：～猴.～大
刀.❸戏弄：别～人.❹弄,施
展：～手艺.～威风.～手腕
（喻使用不正当的方法）.

刷 ⊝ shuà ㄕㄨㄚˋ ［刷白］
色白而略微发青.
　⊜ shuā 见本页.

SHUAI ㄕㄨㄞ

衰 ⊝ shuāi ㄕㄨㄞ 事物发
展转向微弱（逹－微）：～

败.～老.神经～弱.［衰变］
化学上指放射性元素放射出
粒子后变成另一种元素.
　⊜ cuī 见 76 页.

摔（❹＊＊踤）shuāi ㄕㄨㄞ ❶用力往
下扔：把帽子往床上一～.❷
很快地掉下：上树要小心,别
～下来.❸因掉下而毁坏：把
碗～了.❹跌跤：他～倒了.
～了一跤.

甩 shuǎi ㄕㄨㄞˇ ❶抢,扔：
～袖子.～手榴弹.❷
抛开,抛弃：～车.被～在后
面.

帅（帥）shuài ㄕㄨㄞˋ ❶
军队中最高级的
指挥官：元～.统～.❷英俊,
潇洒,漂亮：这个小伙儿很
～.他的动作～极了.字写得
～.

率 ⊝ shuài ㄕㄨㄞˋ ❶带领,
统领（逹－领）：～队.
～师.❷轻易地,不细想,不慎
重（逹轻－,草－）：不要轻
～地处理问题.❸爽直坦白（逹
直－）：～直.❹大率,大概,大略：
～皆如此.❺遵循：～由旧
章.❻模范：一方表～.❼同
"帅❷".
　⊜ lǜ 见 320 页.

蟀 shuài ㄕㄨㄞˋ 见 523 页
"蟋"字条"蟋蟀"(xī—)。

SHUAN ㄕㄨㄢ

闩(**橝) shuān ㄕㄨㄢ
❶门闩,横插
在门后使门推不开的棍子。
❷用闩插上门:把门～上。

拴 shuān ㄕㄨㄢ 用绳子系
(jì)上:～马.～车.喻被
事物缠住而不能自由行动:
被琐事～住了.一项紧急任
务又把几个老搭档～在一起
了.

栓 shuān ㄕㄨㄢ ❶器物上
可以开关的机件:枪～.
消火～.❷塞子或作用跟塞
子相仿的东西:～塞.～剂.
血～.

涮 shuàn ㄕㄨㄢˋ ❶摇动着
冲刷,略微洗洗:～一
手.把衣服～一～.❷把水放
在器物中摇动,冲洗:～瓶
子.❸把肉片等在滚水里放
一下就取出来(蘸作料吃):
～锅子.～羊肉.

SHUANG ㄕㄨㄤ

双(雙、**隻) shuāng
ㄕㄨㄤ ❶
两个,一对:一～鞋.～管齐
下.取得～方同意.[双簧]曲
艺的一种,一人蹲在后面说
话,另一人在前面配合着做
手势和表情.[双生儿]孪生
子,一胎生的两个小孩.❷偶
数的:～数(二、四、六、八等,
跟单数相对).❸加倍的:～
份.～料.

泷(瀧) ㊀ shuāng ㄕㄨㄤ
泷水,水名,在广
东省.
㊁ lóng 见 312 页。

霜 shuāng ㄕㄨㄤ ❶附着在
地面或靠近地面的物体
上的微细冰粒,是接近地面
的水蒸气冷至零摄氏度以下
凝结而成的.喻白色:～鬓.
❷像霜的东西:柿～.盐～.

孀 shuāng ㄕㄨㄤ 寡妇,死
了丈夫的妇人:遗～.～
居.

骦 shuāng ㄕㄨㄤ 见 467 页
"骕"字条"骕骦"(sù
—)。

礵 shuāng ㄕㄨㄤ [北礵]岛
名,在福建省霞浦.

鹴 shuāng ㄕㄨㄤ 见 468 页
"鹔"字条"鹔鹴"(sù
—)。

爽 shuǎng ㄕㄨㄤ ❶明朗,
清亮:秋高气～.～目.
❷清凉,清洁:清～.凉～.❸

痛快,率直:豪~.直~.这人很~快.[爽性]索性,干脆:既然晚了,~~不去吧.❹不合,违背:~约.毫厘不~.

SHUI ㄕㄨㄟ

谁 shuí ㄕㄨㄟ (又)见442页shéi.

水 shuǐ ㄕㄨㄟ ❶一种无色无臭透明的液体,一个水分子的化学成分是氢二氧一.❷河流:湘~.汉~.❸江、河、湖、海的通称:~陆交通.•旱码头.[水平]1.静水的平面.2.达到的程度:文化~~.❹汁液:药~.橘子~.❺额外附加的费用:贴~.❻衣服洗的次数:这衣服不禁(jīn)穿,洗了两~就破了.
[水族]我国少数民族,参看附表.

说 ㊀ shuì ㄕㄨㄟ 用话劝说别人,使他听从自己的意见:游~.
㊁ shuō 见462页.
㊂ yuè 见605页.

帨 shuì ㄕㄨㄟ 古代的佩巾,像现在的毛巾.

税 shuì ㄕㄨㄟ 国家向企业、集体或个人征收的货币

或实物:纳~.营业~.

睡 shuì ㄕㄨㄟ 闭目安息,大脑皮质处于休息状态(運一眠):~着(zháo)了.~午觉.

SHUN ㄕㄨㄣ

吮 shǔn ㄕㄨㄣ 聚拢嘴唇来吸:~乳.

楯 ㊀ shǔn ㄕㄨㄣ 阑干.
㊁ dùn 见114页.

顺 shùn ㄕㄨㄣ ❶趋向同一个方向,跟"逆"相反:~风.~水.通~.❷沿,循:~河边走.㊉依次往上往下或依次往后:~楼梯.~着台阶.~着坡.遇雨~延.❸随,趁便:~手关门.~口说出来.❹整理,理顺:~一~头发.文章太乱,得~一~.❺服从,不违背:~从.归~.❻适合,不别扭:~心.~眼.

眴 shùn ㄕㄨㄣ 眼跳.

舜 shùn ㄕㄨㄣ 传说中上古帝王名.

瞬 shùn ㄕㄨㄣ 一眨(zhǎ)眼,转眼:~息万变(喻极短时间内变化极多).转~即逝.

SHUO ㄕㄨㄛ

说（說） ㊀ shuō ㄕㄨㄛ ❶用话来表达自己的意思. ❷说合,介绍. ❸言论,主张:学～.著书立～. ❹责备:他挨～了.～了他一顿.
㊁ shuì 见461页.
㊃ yuè 见605页.

妁 shuò ㄕㄨㄛ 旧指媒人.

烁（爍） shuò ㄕㄨㄛ 光亮的样子:闪～.

铄（鑠） shuò ㄕㄨㄛ ❶熔化金属:～金.～石流金(喻天气极热). ❷销毁,消损. ❸同"烁".

朔 shuò ㄕㄨㄛ ❶夏历每月初一日. ❷北:～风.～方.

搠 shuò ㄕㄨㄛ 扎,刺.

蒴 shuò ㄕㄨㄛ 蒴果,干果的一种,由两个以上的心皮构成,成熟后自己裂开,内含许多种子,如芝麻、棉花、百合等的果实.

槊 shuò ㄕㄨㄛ 长矛,古代的一种兵器.

硕 shuò ㄕㄨㄛ 大:～果.～大无朋(喻无比的大).

[硕士]学位名.

数（數） ㊂ shuò ㄕㄨㄛ 屡次(叠频—):～见不鲜(xiān).
㊀ shù 见458页.
㊁ shǔ 见457页.

SI ㄙ

厶 sī ㄙ "私"的古字.

私 sī ㄙ ❶个人的,跟"公"相反:～事.～信.㉠为自己的:～心.自～.假公济～.大公无～. ❷秘密而不公开,不合法:～货.～自拿走了. ❸暗地里,偷偷地:～语.

司 sī ㄙ ❶主管:～账.～令.～法. ❷中央各部中所设立的分工办事的单位:外交部礼宾～.～长.

丝（絲） sī ㄙ ❶蚕吐出的像线的东西,是织绸缎等的原料. ㊀细微,极少:纹～不动.脸上没有一～笑容. ❷(一儿)像丝的东西:铁～.萝卜～儿. ❸长度单位,10忽等于1丝,10丝等于1毫.[丝毫]㊀极少,极小,一点(多和否定词连用):～～不错.

咝（噝） sī ㄙ 拟声词,形容枪弹等很快地在空中飞过的声音(叠):子弹～～地从身旁飞过.

鸶(鷥) sī ㄙ 见 318 页 "鹭"字条"鹭鸶"(lù—)

思 sī ㄙ ❶想,考虑,动脑筋:事要三～.不加～索.～前想后.[思想]1.即理性认识.正确的思想来自社会实践,是经过由实践到认识,由认识到实践多次的反复而形成的.2.某一阶级或某一政党所持的一定的观点、概念、观念的体系:工人阶级的～～.3.思考.4.想法,念头.[思维]在表象、概念的基础上进行分析、综合、判断、推理等认识活动的过程.❷想念,挂念:～念战友.❸思路,想法:文～.构～.

偲 ㊀ sī ㄙ [偲偲]互相切磋,互相督促.
㊁ cāi 见 41 页.

缌 sī ㄙ 细的麻布.

飔 sī ㄙ 凉风.

罳 sī ㄙ 见 137 页 "罘"字条 "罘罳"(fú—).

锶 sī ㄙ 一种金属元素,符号 Sr,银白色晶体.硝酸锶可制红色烟火.溴化锶是健胃剂.乳酸锶可治抽风.

厮 sī ㄙ [厮亭]地名,在山西省襄垣.

斯 sī ㄙ ❶这,这个,这里:～人.～时.生于～,长于～.❷乃,就:有备～可以无患矣.

厮 sī ㄙ ❶旧时对服杂役的男子的蔑称:小～.㉇对人轻慢的称呼(宋以来的小说中常用):这～.那～.❷互相:～守.～打.～混(hùn).

澌 sī ㄙ 随水流动的冰.

撕 sī ㄙ 扯开,用手分裂:把布～成两块.

嘶 sī ㄙ ❶马叫:人喊马～.❷声音哑:～哑.声～力竭.

澌 sī ㄙ 尽:～灭.

蛳(螄) sī ㄙ [螺蛳](luó—)螺的通称.

死 sǐ ㄙ ❶生物失去生命,跟"活"相反(叠)(－亡).㉇1.不顾性命,拼命:～守.～战.2.至死,表示坚决:～不认账.3.表示达到极点:乐～了.笑～人.❷不可调和的；～敌。❸不活动，不灵活：～水。～心眼。把门钉～了。⑭不通的：～胡同。把洞堵～了。

巳（****㠯**） sì ㄙ ❶地支的第六位。❷巳时，指上午九点到十一点。

汜 sì ㄙ 汜水，水名，在河南省。

祀（*禩） sì ㄙ ❶祭祀。❷〈古〉殷代人指年：十有三～。

四 sì ㄙ ❶数目字。❷旧时乐谱记音符号的一个，相当于简谱的低音的"6"。

泗 sì ㄙ ❶鼻涕：涕～（眼泪和鼻涕）。❷泗河，水名，在山东省。

驷 sì ㄙ 古代同驾一辆车的四匹马，或者套着四匹马的车：一言既出，～马难追（喻话说出后无法再收回）。

寺 sì ㄙ ❶古代官署名：太常。❷寺院，佛教出家人居住的地方。[清真寺]伊斯兰教徒做礼拜的地方。

似 sì ㄙ ㊀ sì ㄙ ❶像，相类（龜类一）：相～。～是而非。

❷似乎，好像，表示不确定：～应再行研究。这个建议～欠妥当。❸表示比较，有超过的意思：一个高～一个。人民生活一天好～一天。

㊁ shì 见 452 页。

姒 sì ㄙ 古代称丈夫的嫂子：娣～（妯娌）。

兕 sì ㄙ 古书上指雌的犀牛。

伺 sì ㄙ ㊀ sì ㄙ 守候，观察：～敌。～隙进击敌人。

㊁ cì 见 72 页。

饲 sì ㄙ 喂养：～鸡。～蚕。[饲料]喂家畜或家禽的食物。

觇 sì ㄙ 窥视。

笥 sì ㄙ 盛饭或盛衣物的方形竹器。

嗣 sì ㄙ ❶接续，继承。❷子孙：后～。

俟（*竢） sì ㄙ ㊀ sì ㄙ 等待：～机。～该书出版后即寄去。

㊁ qí 见 393 页。

涘 sì ㄙ 水边。

食 sì ㄙ ㊀ sì ㄙ 拿东西给人吃。

㊁ shí 见 449 页。

耜(**梠) sì ㄙˋ ❶古代的一种农具。❷古代跟犁上的铧相似的东西。

肆 sì ㄙˋ ❶不顾一切，任意去做：～无忌惮．～意妄为．❷旧时指铺子，商店：茶坊酒～．❸"四"字的大写。

SONG ㄙㄨㄥ

松 〇 sōng ㄙㄨㄥ 见 544 页"惺"字条"惺松"(xīng－)．
〇 zhōng 见 642 页。

松(❷-❺鬆) sōng ㄙㄨㄥ ❶常绿乔木，种类很多，叶子针形，木材用途很广。❷松散，不紧密，不靠拢，跟"紧"相反：捆得太～．土质～．❸宽，不紧张，不严格：规矩太～．决不～懈．❹放开，使松散：～手．～绑．一～马肚带．❺用瘦肉做成的茸毛或碎末形的食品：肉～．鱼～．

淞 sōng ㄙㄨㄥ [雾凇]寒冷天水气在树枝上结成的冰花。通称树挂。

菘 sōng ㄙㄨㄥ 〈方〉菘菜，白菜，二年生草本植物，开黄花，叶可以吃。

淞 sōng ㄙㄨㄥ 吴淞江，发源于太湖，到上海市与黄浦江汇合流入长江。

嵩(**崧) sōng ㄙㄨㄥ ❶嵩山，又叫"嵩高"，五岳中的中岳，在河南省登封北。❷高。

扨(擻) sǒng ㄙㄨㄥ ❶挺立。❷〈方〉推。

怂(慫) sǒng ㄙㄨㄥ 惊惧。[怂恿](－yǒng)鼓动别人去做。

耸(聳) sǒng ㄙㄨㄥ ❶高起，直立：高～．～立。❷耸动，惊动：～人听闻(故意说夸大或吓人的话使人震惊)。

悚 sǒng ㄙㄨㄥ 害怕，恐惧：毛骨～然．

竦 sǒng ㄙㄨㄥ ❶恭敬，肃敬。❷同"悚"。

讼(訟) sòng ㄙㄨㄥ ❶在法庭争辩是非曲直，打官司：诉～．～事。❷争辩是非：聚～纷纭．

颂(頌) sòng ㄙㄨㄥ ❶颂扬，赞扬别人的好处：歌～．❷祝颂，祝愿：敬～时绥。❸古代祭祀时用的舞曲：周～．鲁～．❹以颂扬为内容的文章或诗歌。

宋 sòng ㄙㄨㄥˋ ❶周代诸侯国名,在今河南省商丘一带。❷朝代名。1.南朝之一,刘裕所建立(公元420—479年)。2.赵匡胤所建立(公元960—1279年)。❸指宋刊本或宋体字:影~.老~.仿~.

送 sòng ㄙㄨㄥˋ ❶把东西从甲地运到乙地去:~信.~公粮.❷赠给:他~了我一支钢笔.❸送行,陪伴人到某一地点:~孩子上学去.把客人~到门口.开欢~会.

诵 sòng ㄙㄨㄥˋ ❶用有高低抑扬的腔调念:朗~.~诗.❷背诵,凭记忆读出:熟读成~.❸称述,述说:传~.

SOU ㄙㄡ

郰 sōu ㄙㄡ [郰瞞]春秋时小国,也称"长狄"。在今山东省济南北。一说在今山东省高青。

搜(❶*蒐) sōu ㄙㄡ ❶寻求,寻找:~集.~罗.❷搜索检查:~身.

嗖 sōu ㄙㄡ 拟声词,形容迅速通过的声音:汽车~的一声过去了.子弹~~

馊 sōu ㄙㄡ 食物等因受潮热引起质变而发出酸臭味:饭~了.

廋 sōu ㄙㄡ 隐藏,藏匿。

溲 sōu ㄙㄡ ❶排泄大小便。特指排泄小便。❷浸,泡。

飕 sōu ㄙㄡ ❶风吹(使变干或变冷):洗的衣服被风~干了.❷同"嗖"。

锼 sōu ㄙㄡ 用钢丝锯挖刻木头:椅背的花是~出来的.

螋 sōu ㄙㄡ 见 414 页"蠼"字条"蠼螋"(qú一)。

艘 sōu ㄙㄡ 量词,用于船只:大船五~.军舰十~.

叟 sǒu ㄙㄡˇ 老头儿.

瞍 sǒu ㄙㄡˇ ❶眼睛没有瞳人。❷瞎子.

嗾 sǒu ㄙㄡˇ ❶指使狗时发出的声音。❷嗾使,教唆指使.

擞(擻) ⊝ sǒu ㄙㄡˇ [抖擞](dǒu一)作,振奋:~~精神.精神

~.
㊀ sòu 见本页.

薮（**藪**） sǒu ㄙㄡ ❶生长着很多草的湖泽。❷人或物聚集的地方：渊~.

嗽 sòu ㄙㄡ 咳嗽。参看 266 页"咳(ké)㊀".

擞（**擻**） ㊀ sòu ㄙㄡ 用通条插进火炉里，把灰抖掉：把炉子~一~.
㊁ sǒu 见 466 页.

SU ㄙㄨ

苏（蘇、❺囌、❷*甦） sū ㄙㄨ ❶植物名。1.紫苏，一年生草本植物，叶紫黑色，花紫色，叶和种子可入药。2.白苏，一年生草本植物，茎方形，花白色，种子可以榨油。❷假死后再活过来：~醒。死而复~。❸指江苏或江苏苏州：~剧。~绣。❹（外）苏维埃，前苏联国家权力机关。我国第二次国内革命战争时期曾把工农民主政权也叫苏维埃：~区。❺见 315 页"噜"字条"噜苏(lū—)".

酥 sū ㄙㄨ ❶酪，用牛羊奶凝成的薄皮制成的食

物。❷松脆，多指食物：~糖. ❸含油多而松脆的点心：桃~.❹软弱无力：~软.

稣 sū ㄙㄨ 同"苏❷".

窣 sū ㄙㄨ [窸窣](xī—) 拟声词，细小的摩擦声.

俗 sú ㄙㄨ ❶风俗：移风易~.❷大众化的，最通行的，习见的：~语。通~读物。❸趣味不高的，令人讨厌的：这张画画得太~.[庸俗]肤浅的，鄙俗的。❹指没出家的人，区别于出家的佛教徒等：僧~.

夙 sù ㄙㄨ ❶早：~兴夜寐（早起晚睡）.❷一向有的，旧有的：~愿。~志.

诉（*愬） sù ㄙㄨ ❶叙说：告~。~苦.❷控告：~讼。起~。上~。控~.

肃（肅） sù ㄙㄨ ❶恭敬：~立。~然起敬。❷严正，认真：严~。~穆。[肃清]清除：~流毒。~土匪.

骕（驌） sù ㄙㄨ [骕骦](—shuāng)古书上说的一种良马.

鷫(鷫) sù ㄙㄨ [鷫鷞] (—shuāng)古书上说的一种水鸟。

素 sù ㄙㄨ ❶本色,白色:~服.~丝.❷颜色单纯,不艳丽:这块布很~净.❷本来的:~质.~性.❹事物的基本成分:色~.毒~.因~.❸蔬菜类的食品(对荤菜说来):~食.吃~.❹平素,向来:~日.~不相识.❺古代指洁白的生绢:尺~(用绸子写的信).

嗉(❶❷膆) sù ㄙㄨ ❶(—子)嗉囊,鸟类喉咙下装食物的地方:鸡~子.❷(—子)装酒的小壶.

愫 sù ㄙㄨ 情愫,真实的心情。

速 sù ㄙㄨ ❶快(鲁迅—):~成.火~.[速度]运动的物体在单位时间内所通过的距离.[速记]用便于速写的符号记录口语.❷邀请:不~之客.

涑 sù ㄙㄨ 涑水,水名,在山西省。

觫 sù ㄙㄨ 见 193 页"觳"字条"觳觫"(hú—)。

宿 ⊖ sù ㄙㄨ ❶住,过夜,夜里睡觉:住~.~营.❷年老的,长久从事某种工作的:~将(经历多,老练的指挥官).❸平素,素有的:~愿得偿.❹姓。
⊜ xiǔ 见 548 页。
⊝ xiù 见 549 页。

缩 ⊖ sù ㄙㄨ [缩砂密]多年生草本植物,种子可入药,叫砂仁.
⊖ suō 见 472 页。

蹜 sù ㄙㄨ [蹜蹜]小步走。

粟 sù ㄙㄨ 谷子,一年生草本植物,花小而密集,子实去皮后就是小米.旧时泛称谷类。

傈 sù ㄙㄨ 见 296 页"傈"字条"傈僳"(lì—)。

谡 sù ㄙㄨ 起,起来。

塑 sù ㄙㄨ 用泥土等做成人物的形象:~像.泥~木雕.[塑料]具有可塑性的高分子化合物的统称,种类很多,用途很广。

溯(*泝、*遡) sù ㄙㄨ ❶逆着水流的方向走:~河而上.❷追求根源或回想:推本~源.

~.追~.

蔌 sù ㄙㄨ 菜肴，野菜：山肴野~.

簌 sù ㄙㄨ [簌簌] 1.拟声词：忽然听见芦苇里~~地响. 2.纷纷落下的样子：泪珠~~地往下落.

SUAN ㄙㄨㄢ

狻 suān ㄙㄨㄢ [狻猊](-ní) 传说中的一种猛兽.

痠 suān ㄙㄨㄢ 同"酸❸".

酸 suān ㄙㄨㄢ ❶化学上称能在水溶液中产生氢离子(H^+)的物质，分无机酸、有机酸两大类：盐~.硝~.苹果~. ❷像醋的气味或味道：~菜.这个梨真~. ❸微痛无力：腰~腿痛.腰有点发~. ❹悲痛，伤心：心~.十分悲~. ❺旧时讥讽人的迂腐：~秀才.[寒酸]指文人的贫苦或不大方的样子.

蒜 suàn ㄙㄨㄢ 大蒜，多年生草本植物，开白花.地下茎通常分瓣，味辣，可供调味用.

筭 suàn ㄙㄨㄢ ❶计算时所用的筹码. ❷同"算".

算(**祘) suàn ㄙㄨㄢ ❶核计，打数：~~多少钱. ❷打算，计划：失~. ㉮推测：我~着他今天该来. ❸作为，当做：这个~我的. ㉮算数，承认：不能说了不~. ❹作罢，不再提起：~了，不要再啰唆了. ❺总算：今天~把问题弄清楚了.

SUI ㄙㄨㄟ

尿 ㊀ suī ㄙㄨㄟ 小便，从尿道排泄出来的液体.[尿脬](-pāo)膀胱.
㊁ niào 见 361 页.

虽(雖) suī ㄙㄨㄟ 连词.虽然，用在上半句，表示"即使"、"纵然"的意思，下半句多有"可是"、"但是"相应：为人民而死，~死犹生.工作~忙，可是学习决不能放松.

荽 suī ㄙㄨㄟ [胡荽]芫荽(yánsui)，俗称"香菜".

眭 suī ㄙㄨㄟ ❶〈古〉目光深注. ❷姓.

睢 suī ㄙㄨㄟ 睢县，在河南省.

濉 suī ㄙㄨㄟ 濉河，水名，在安徽省.

绥 suí ㄙㄨㄟ ❶安抚:～靖。❷平安:顺颂台～(书信用语)。

隋 suí ㄙㄨㄟ 朝代名,杨坚所建立(公元581—618年)。

随(隨) suí ㄙㄨㄟ ❶跟着:～说～记.我～着大家一起走.[随即]立刻。❷顺从,任凭,由:～意.～他的便.[随和](—he)和气而不固执己见。～便,就着:一手关门.❹〈方〉像:他长(zhǎng)得～他父亲。

遂 ㊀ suí ㄙㄨㄟ 义同"遂㊀❶",用于"半身不遂"(身体一侧发生瘫痪)。
㊁ suì 见本页。

髓 suí ㄙㄨㄟ ❶骨髓,骨头里的像脂肪样的东西:敲骨吸～(喻残酷地剥削).[精髓]事物精要的部分。❷像髓的东西:脑～.

岁(歲,＊歳,＊＊嵗) suì ㄙㄨㄟ ❶计算年龄的单位,一年为一岁:三～的孩子.❷年:去～.～月.❸年成:歉～.富～.

谇 suì ㄙㄨㄟ ❶责骂。❷问。❸直言规劝。

碎 suì ㄙㄨㄟ ❶完整的东西破坏成零片零块:粉～.碗打～了.❷零星,不完整:～布.事情琐～.❸说话唠叨:嘴～.

祟 suì ㄙㄨㄟ 迷信说法指鬼神带给人的灾祸。[鬼祟]行为不光明,常说"鬼鬼祟祟":行动～～.[作祟]暗中搞鬼:从中～～.

遂 ㊀ suì ㄙㄨㄟ ❶顺,如意:～心.～愿.❷于是,就:服药后腹痛～止.❸成功,实现:未～.所谋不～.
㊁ suí 见本页。

隧 suì ㄙㄨㄟ 隧道,凿通山石或在地下挖沟所成的通路。

燧 suì ㄙㄨㄟ ❶上古取火的器具。❷古代告警的烽火。

邃 suì ㄙㄨㄟ 深远.1.指空间(邃深一).2.指时间:～古.3.指程度:精～.

襚 suì ㄙㄨㄟ 古代指赠死者的衣被,也指赠生者的衣物。

繀 suì ㄙㄨㄟ 收丝,即缲丝。

穗(❷＊＊繐) suì ㄙㄨㄟ ❶(一儿

谷类植物聚生在一起的花或果实:高粱～儿. 麦～儿. ❷（一子、一儿）用丝线、布条或纸条等结扎成的装饰品:大红旗上满挂着金黄的～子. ❸广州市的别称.

SUN ㄙㄨㄣ

孙（孫） sūn ㄙㄨㄣ ❶（一子）儿子的儿子. [子孙]后代. ❷孙子以后的各代:玄～. ❸跟孙子同辈的亲属:外～. 侄～. ❹植物再生的:稻～. 〈古〉又同"逊"(xùn).

荪（蓀） sūn ㄙㄨㄣ 古书上说的一种香草.

狲（猻） sūn ㄙㄨㄣ 见192页"猕"字条"猕狲"(hú—).

飧（飱） sūn ㄙㄨㄣ 晚饭.

损 sǔn ㄙㄨㄣ ❶减少:～益. 增～. [损失]丧失财物、名誉等:避免意外～～. ❷使蒙受害处:～人利己是剥削阶级思想. [损坏]使失去原来的形状或使用效能. ❸用刻薄话挖苦人:别～人啦! ❹刻薄,毒辣:说话不要太～. 这法子真～.

笋（*筍） sǔn ㄙㄨㄣ 竹子初从土里长出的嫩芽,可以做菜吃.

隼 sǔn ㄙㄨㄣ 一种凶猛的鸟,又叫"鹘"(hú). 上嘴钩曲,背青黑色,尾尖白色,腹部黄色. 饲养驯熟后,可以帮助打猎.

榫 sǔn ㄙㄨㄣ （一子、一儿、一头）器物两部分利用凹凸相接的凸出的部分.

SUO ㄙㄨㄛ

莎 ㊀ suō ㄙㄨㄛ 莎草,多年生草本植物,茎三棱形,开黄褐色小花. 地下的块茎叫香附子,可入药. ㊁ shā 见432页.

娑 suō ㄙㄨㄛ 见386页"婆"字条"婆娑"(pó—).

桫 suō ㄙㄨㄛ [桫椤](一luó)蕨类植物,木本,茎高而直,叶片大,羽状分裂. 茎含淀粉,可供食用.

挲（*抄） ㊀ suō ㄙㄨㄛ 见347页"摩"字条"摩挲"(mó—). ㊁ sa 见429页. ㊂ sha 见433页.

唆 suō ㄙㄨㄛ 调唆,挑动别人去做坏事:～使. 讼. 受人调～.

梭 suō ㄙㄨㄛ （－子）织布时牵引纬线（横线）的工具，两头尖，中间粗，像枣核形。

睃 suō ㄙㄨㄛ 斜着眼睛看。

羧 suō ㄙㄨㄛ 有机化合物中含碳、氧、氢（－COOH）的基叫羧基。

蓑（*簑） suō ㄙㄨㄛ 蓑衣，用草或棕毛制成的雨衣。

嗍 suō ㄙㄨㄛ 用唇舌裹食，吮吸。

趖 suō ㄙㄨㄛ 走得很快。

缩 ⊖ suō ㄙㄨㄛ ❶向后退：不要畏～．遇到困难决不退～．❷由大变小，由长变短：热胀冷～．～了半尺．～短战线．[缩影]比喻可以代表同一类型的具体而微的人或事物。
⊜ sù 见 468 页。

所（**所） suǒ ㄙㄨㄛ ❶处所，地方：住～．各得其～．❷机关或其他办事的地方：研究～．派出～．诊疗～．❸明代驻兵防边的地点，因大小不同有千户所、百户所．现在多用于地名：海阳～（在山东省）．❹量

词，用于房屋：两～房子．❺助词，放在动词前，代表接受动作的事物。1. 动词后不再用表事物的词：耳～闻，目～见．我们对人民要有～贡献．各尽～能，按劳分配．2. 动词后再用"者"或"的"字代表事物：吾家～寡有者．这是我们～反对的．3. 动词后再用表事物的词：他～提的意见．❻助词，放在动词前，跟前面"为"字相应，表示被动的意思：为人～笑．[所以] 1. 连词，表因果关系，常跟"因为"相应：他有要紧的事，～～不能等你了．他～～进步得这样快，是因为他能刻苦努力学习．2. 用来：～～自责者严，～～责人者宽．

索 suǒ ㄙㄨㄛ ❶（－子）大绳子：麻～．船～．铁～桥．❷搜寻，寻求（邇搜－）：按图～骥．遍～不得．[索引]把书籍或报刊里边的要项摘出来，分类或按字形、字音依次排列，标明页数，以便查检的资料．❸讨取，要：～钱．～价．～赔．❹尽，空：～然无味．❺单独：离群～居．
[索性]直截了当，干脆：～～走了．

唢 suǒ ㄙㄨㄛˇ [唢呐] (—nà) 管乐器，形状像喇叭。

琐 suǒ ㄙㄨㄛˇ ❶形容玉声。❷细小，零碎（靆—碎）：～事．繁～．这些事很～碎．❸卑微：猥～．❹镂玉为连环形。

锁 suǒ ㄙㄨㄛˇ ❶加在门、箱等上面使人不能随便打开的器具：门上上～．❷用锁关住：把门～上．拿锁～上箱子．❸链子：枷～．～镣．❹一种缝纫法，多用在衣物边沿上，针脚很密，线斜交或钩连：～扣眼．～边．

嗦 suo ・ㄙㄨㄛ 见 114 页"哆"字条"哆嗦"（duō—）、323 页"啰"字条"啰嗦"（luō—）。

Ｔ ㄊ

ＴＡ ㄊㄚ

他 tā ㄊㄚ 代词．❶称你、我以外的第三人，一般指男性，有时泛指，不分性别。❷别的：～人．～乡．[其他][其它]别的．❸虚指：睡一觉．干～一场．❹指另外的地方：久已～往．

她 tā ㄊㄚ 代词，称你、我外的女性第三人。出于敬慕，也用以代称祖国、国旗、党旗等事物。

它（*牠） tā ㄊㄚ 代词，他，专指事物。[其它]同"其他"。

铊 ㊀ tā ㄊㄚ 一种金属元素，符号 Tl，白色，质柔软。铊的化合物有毒。
㊁ tuó 见 502 页。

趿 tā ㄊㄚ 趿拉（·la），穿鞋只套上脚的前半部：～拉着一双旧布鞋．～拉着木板鞋．[趿拉儿]（—lar）拖鞋，只能套着脚的前半部没有后帮的鞋。

塌 tā ㄊㄚ ❶倒（dǎo），下陷：房顶子～了．墙～了．人瘦得两腮都～下去了．❷下垂：这棵花晒得～秧了．❸安定，镇定：～下心来．

溻 tā ㄊㄚ 出汗把衣服、被褥等弄湿：天太热，我的衣服都～了。

褟 tā ㄊㄚ 〈方〉在衣物上缝缀花边：～一道绦（tāo）子．[汗褟儿]贴身衬衣。

踏 ㊀ tā ㄊㄚ [踏实]（—shi）1. 切实，不浮躁：

工作很～～. 2.（情绪）安定,安稳:事情办完就～～了.

㈡ tà 见本页.

塔 tǎ ㄊㄚˇ ❶佛教特有的建筑物.❷像塔形的建筑物:水～.灯～.纪念～.

[塔塔尔族]我国少数民族,参看附表.

[塔吉克族] 1.我国少数民族,参看附表.2.塔吉克斯坦的主要民族.

溚 tǎ ㄊㄚˇ（外）用煤或木材制得的一种黏稠液体,颜色黑褐,是化学工业上的重要原料,通常用做涂料,有煤溚和木溚两种.通称"焦油".

獭 tǎ ㄊㄚˇ 水獭,一种生活在水边的兽,能游泳,捕鱼为食.皮毛棕色,很珍贵.另有旱獭,生活在陆地上.

鳎 tǎ ㄊㄚˇ 鱼名,又叫"鳎目鱼".种类很多,体形似舌头,两眼都在身体的一侧,有眼的一侧褐色.侧卧在海底泥沙中.

拓(＊搨) ㈠ tà ㄊㄚˋ 在刻铸文字、图像的器物上,蒙一层纸,捶打后使凹凸分明,涂上墨,显出文字、图像来.

㈡ tuò 见 502 页.

沓 ㈠ tà ㄊㄚˋ 多;重复:杂～.纷至～来.

㈡ dá 见 80 页.

踏 ㈠ tà ㄊㄚˋ 用脚踩:大～步地前进.⑤亲自到现场去:～看.～勘.

㈡ tā 见 473 页.

侂(儂) tà ㄊㄚˋ 见 488 页 "桃"字条"桃侂"(tiāo—).

挞(撻) tà ㄊㄚˋ 打,用鞭、棍等打人:鞭～.

闼(闥) tà ㄊㄚˋ 门,小门:排～直入(推开门就进去).

濌(濌) tà ㄊㄚˋ 滑.

嗒 ㈠ tà ㄊㄚˋ 失意的样子:～丧.～然若失.

㈡ dā 见 79 页.

遝 tà ㄊㄚˋ 相及.[杂遝]行人很多,拥挤纷乱.

阘 tà ㄊㄚˋ [阘茸](—róng)无能,卑贱.

榻 tà ㄊㄚˋ 狭长而低的床.[下榻]寄居,住宿.

蹋 tà ㄊㄚˋ ❶踏,踩.❷踢.

漯 ⊜ tà ㄊㄚˋ 漯河,古水名,在今山东省。

⊖ luò 见 325 页。

遢 ta ·ㄊㄚ 见 279 页"邋"字条"邋遢"(lā—)。

TAI ㄊㄞ

台 ⊜ tāi ㄊㄞ [天台] 山名,在浙江省。

⊖ tái 见本页。

苔 ⊜ tāi ㄊㄞ [舌苔] 舌头上面的垢腻,是由衰死的上皮细胞和黏液等形成的,观察它的颜色可以帮助诊断病症。

⊖ tái 见本页。

胎 tāi ㄊㄞ ❶人或其他哺乳动物母体内的幼体:怀~.~儿.~生.⑨事的开始,根源:祸~.❷器物的粗坯或衬在内部的东西:这个帽子是软~儿的.泥~.铜~(塑像、做漆器等用).❸轮胎:内~.外~.

台 ⊖tái ㄊㄞ (❶❸❻臺、❹檯、❺颱) ❶高平的建筑物:戏~.讲~.主席~.楼阁亭~.⑨1.(一儿)像台的东西:井~.窗~儿.2.器物的座子:灯~.蜡~.❷敬辞:~鉴.启~.兄~.❸量词:唱一~戏.

一~机器.❹桌子,案子:写字~.柜~.❺[台风]发生在太平洋西部热带海洋上的一种极猛烈的风暴,中心附近风力常达12级以上,同时有暴雨.❻台湾省的简称.

⊜ tāi 见本页。

邰 tái ㄊㄞ 姓.

抬 (**擡) tái ㄊㄞ ❶举,提高:~手.~脚.~起头来.⑨使上升:~价.[抬头]1.(一儿)函牍上另起一行或空格书写,表示尊敬.2.发票、收据上写的户头.❷共同用手或肩运东西:一个人搬不动两个人.把桌子~过来.[抬杠]⑭争辩.

苔 ⊖ tái ㄊㄞ 隐花植物的一类,根、茎、叶的区别不明显,绿色,常贴在阴湿的地方生长.

⊜ tāi 见本页.

骀 tái ㄊㄞ 劣马.[驽骀](nú—)劣马.⑭庸才.

炱 tái ㄊㄞ 烟气凝积而成的黑灰,俗叫"烟子"或"煤子":煤~.松~(松烟).

跆 tái ㄊㄞ 用脚踩踏.[跆拳道]一种拳脚并用的

搏击运动。

鲐 tái ㄊㄞˊ 鲐鱼,鱼名,俗叫"鲐巴鱼"。生活在海水中,身体呈纺锤形,背青蓝色,腹淡黄色,肉可以吃。

薹 tái ㄊㄞˊ ❶多年生草本植物,生在水田里,茎扁三棱形,叶扁平而长,可制蓑衣。❷韭菜、油菜、蒜等蔬菜长出的花莛。

太 tài ㄊㄞˋ ❶副词,过于:~长.~热.❷副词,极端,最:~好.人民的事业~伟大了.[太古]最古的时代。[太平]太平安无事。❸对大两辈的尊长的称呼所加的字:~老伯.❹高,大:~空.~学.[太阳]1.银河系的恒星之一,是太阳系的中心天体。2.人头上眉梢后低凹的部分。也叫"太阳穴"。

汰 tài ㄊㄞˋ 淘汰,除去没有用的成分:优胜劣~.

态(態) tài ㄊㄞˋ 形状,样子(逾形一、状一、姿一):丑~.变~.㊍情况:事~扩大.[态度]1.指人的举止动作:~~大方.2.对于事情所采取的立场或看法:~~鲜明.表明~~.

肽 tài ㄊㄞˋ 就是胜(shēng)。

钛 tài ㄊㄞˋ 一种金属元素,符号 Ti,熔点高。纯钛和以钛为主的合金是新型的结构材料,主要用于飞机工业和航海工业。

酞 tài ㄊㄞˋ 有机化合物的一类,是由一个分子的邻苯二酸酐与两个分子的酚经缩合作用而生成的产物。酚酞就属于酞类。

泰 tài ㄊㄞˋ ❶平安,安定:国~民丰.~然处之.❷极:~西(旧指欧洲)。[泰山]1.五岳中的东岳,在山东省。2.㊗旧时称岳父。

TAN ㄊㄢ

坍 tān ㄊㄢ 崖岸、建筑物或堆起的东西倒塌,从基部崩坏(逾一塌):墙~了。

贪 tān ㄊㄢ ❶贪图,求多,不知足:~玩.~便(pián)宜.~得无厌.❷爱财:~财.~墨.[贪污]利用职权非法地取得财物。

怹 tān ㄊㄢ 〈方〉"他"的敬称。

啴(嘽) ㊀tān ㄊㄢ [啴啴]形容牲畜喘

息。

㊀ chǎn 见 50 页。

摊（攤） tān ㄊㄢ ❶摆开，展开：～场(cháng)(把庄稼晾在场上)。把问题～到桌上来。㊁烹饪法，把糊状物放在锅上使成薄片：～鸡蛋。～煎饼。❷(一子、一儿)摆在地上或用席、板摆设的售货处：水果～儿。❸量词，用于摊的糊状物：一～泥。❹分担财物：～派。每人～五元。❺遇到，碰上：他一向爱躲清静，这件事偏偏让他～上了。

滩（灘） tān ㄊㄢ ❶河海边淤积成的平地或水中的沙洲：～地。❷水浅多石而水流很急的地方：险～。

[滩簧]流行于江苏省南部、浙江省北部的一种唱腔。

瘫（癱） tān ㄊㄢ 瘫痪(huàn)，神经机能发生障碍，肢体不能活动。

坛（❶❷壇、❸罎、❸*墰、❸*罈） tán ㄊㄢ ❶古代举行祭祀、誓师等大典用的土、石等筑的高台：天～。先农～。㊉指文艺界、体育界或舆论阵地：文～。乒～。论～。❷用土堆成的平台，多在上面种花：花～。❸(一子)一种口小肚大的陶器。

昙（曇） tán ㄊㄢ 云彩密布，多云。

[昙花]常绿灌木，叶退化呈针状，花大，白色，开的时间很短。后常用"昙花一现"比喻事物一出现很快就消失。

倓 tán ㄊㄢ 安静。多用于人名。

郯 tán ㄊㄢ [郯城]地名，在山东省。

谈（談） tán ㄊㄢ ❶说，对话：面～。请你来～～。～天(闲谈)。❷言论：无稽之～。

锬 tán ㄊㄢ 长矛。

痰 tán ㄊㄢ 气管或支气管黏膜分泌的黏液。

弹（彈） ㊀ tán ㄊㄢ ❶被其他手指压住的手指用力伸开：用手指～他一下。把帽子上的土～下去。❷使弦振动：～弦子。～琵琶。～棉花。[弹词]曲艺的一种，流行于南方各省，有说有唱，用三弦伴奏。❸利用一个物体的弹性把另一个物体放射出去：～射。[弹性]物体因受外力暂被变形状，外力一去即恢复原状的性质。㊉事物的伸缩性。❹指检举违法失职的官吏(弹—劾)。

㈠dàn 见 86 页。

覃 ㈠tán ㄊㄢˊ ❶深：～思. ❷延伸：葛之～兮. ❸姓。

㈡qín 见 407 页。

谭 tán ㄊㄢˊ ❶同"谈"。❷姓。

潭 tán ㄊㄢˊ 深水池，深水坑：清～.泥～.㈩深：～渊.

罈 tán ㄊㄢˊ 〈方〉坑，水塘。多用做地名。

澹 ㈠tán ㄊㄢˊ [澹台](一tái)复姓。

㈠dàn 见 86 页。

檀 tán ㄊㄢˊ 植物名。1.檀树，落叶乔木，果实有翅，木质坚硬。2.檀香，常绿乔木，产在热带及亚热带。木材坚硬，有香气，可制器物或香料，又可入药。3.紫檀，豆科常绿乔木，产在热带及亚热带。木质坚硬，可做器具。

忐 tǎn ㄊㄢˇ [忐忑](一tè)心神不定：～～不安.

坦 tǎn ㄊㄢˇ ❶平坦，宽而平：～途. ❷心地平静：～然.[坦白]1.直爽，没有私隐：襟怀～～.2.如实地说出(自己的错误或罪行)。

钽 tǎn ㄊㄢˇ 一种金属元素，符号 Ta，银白色，可做电子管的电极，还可以做电解电容。碳化钽熔点高，极坚硬，可制切削刀具和钻头等。

袒 tǎn ㄊㄢˇ ❶脱去上衣，露出身体的一部分：～胸露臂. ❷袒护，不公正地维护一方面：左～.偏～.

菼 tǎn ㄊㄢˇ 古书上指荻。

毯 tǎn ㄊㄢˇ (一子)厚实有毛绒的织品：地～.毛～.

黮 tǎn ㄊㄢˇ 深黑色。

叹(嘆、*歎) tàn ㄊㄢˋ ❶吟咏：一唱三～. ❷因忧闷悲痛而呼出长气：～了一口气.仰天长～. ❸因高兴而发出长声：欢喜赞～.[叹词]表示喜、怒、哀、乐各种情感以及应答、招呼的词，如："嗯、喂、哎呀"等.

炭 tàn ㄊㄢˋ ❶木炭，把木材和空气隔绝，加高热烧成的一种黑色燃料。大部分是碳素。 ❷像炭的东西：山楂～. ❸煤炭，石炭，煤：阳泉大～.

碳 tàn ㄊㄢˋ 一种非金属元素,符号 C,无臭无味的固体。无定形碳有焦炭、木炭等,晶体碳有金刚石和石墨。碳是构成有机物的主要成分。炼铁需要焦炭。在工业上和医药上,碳和它的化合物用途极广。[碳水化合物]有机化学中,分子式可以用 $C_m(H_2O)_n$ 表示的一类化合物,像糖类和淀粉等都是。旧叫"醣"。

探 tàn ㄊㄢˋ ❶寻求,探索:～源。❷探测:～矿。❸侦察,暗中考察:～案子。～听消息。❹试探:先～一～口气。❺做侦察工作的人:密～.❻探望,访问:～亲。～视病人.❼头或上体伸出:～出头来.车行时不要～身车外.

TANG ㄊㄤ

汤(湯) ㊀ tāng ㄊㄤ ❶热水,赴～蹈火.❷煮东西的汁液:米～.药.❸烹调后汁特别多的副食:白菜～.

㊁ shāng 见 437 页。

铴(鐋) tāng ㄊㄤ 铴锣,小铜锣.

嘡 tāng ㄊㄤ (又)见 481 页 tǎng.

趟(*蹚,*蹚) ㊀ tāng ㄊㄤ ❶从有水、草的地方走过去:他～着水过去了.❷用犁、锄等把土翻开,把草锄去:～地.

㊁ tàng 见 481 页。

嘡 tāng ㄊㄤ 拟声词:～的一声,锣响了.

镗 ㊀ tāng ㄊㄤ 拟声词,钟鼓或敲锣的声音.

㊁ táng 见 480 页。

羰 tāng ㄊㄤ 羰基,有机化合物中含碳和氧的基(=CO).也叫"碳氧基".

唐 táng ㄊㄤ ❶夸大,虚夸:荒～之言.～大无验.❷空,徒然:～捐(白费).❸朝代名。1.李渊所建立(公元 618—907 年)。2.五代之一,李存勖所建立(公元 923—936 年)。

[唐突]冲撞;冒犯.

鄌 táng ㄊㄤ [鄌郚](一wú)地名,在山东省昌乐。

塘 táng ㄊㄤ ❶堤岸,堤防:河～.海～.❷水池(龟池一):荷～.苇～.❸浴池:洗澡～.

搪 táng ㄊㄤ ❶挡,抵拒:～饥.❷支吾:～差事

（敷衍了事）.［搪塞］（—sè）敷衍塞（sè）责：做事情要认真，不要~~.❸用泥土或涂料抹上或涂上：~炉子.［搪瓷］用石英、长石等制成的一种像釉子的物质涂在金属器物上，经过烧制形成的薄层，可防锈又可作装饰.❹加工切削机器零件的钻孔：~床.

溏 táng ㄊㄤ 泥浆.㋐不凝结半流动的：~心鸡蛋.

瑭 táng ㄊㄤ 古书上指一种玉。

螗 táng ㄊㄤ 古书上指蝉.

糖（❷**醣**） táng ㄊㄤ ❶从甘蔗、甜菜、米、麦等提制出来的甜的东西.❷碳水化合物.

醣 táng ㄊㄤ 赤色（指人的脸）：紫~脸.

堂 táng ㄊㄤ ❶正房，高大的屋子：~屋.礼~.［令堂］对对方母亲的尊称.❷专供某种用途的房屋：课~.❸过去官吏审案办事的地方：大~.过~.❹表示同祖父的亲属关系：~兄弟.~姐妹.

［堂皇］盛大，大方；冠冕~~.富丽~~.

［堂堂］仪容端正，有威严；相貌~~.

棠 táng ㄊㄤ 植物名.1.棠梨树，就是"杜树".2.海棠树，落叶小乔木，春天开花.果实叫海棠，可以吃.

樘 táng ㄊㄤ ❶门框或窗框：门~.窗~.❷量词，用于一套门（窗）框和门（窗）扇：一~玻璃门.

膛 táng ㄊㄤ ❶体腔：胸~.开~.❷（—儿）器物中空的部分：炉~.枪~.

镗 ㊀ táng ㄊㄤ 同"搪❹".
㊁ tāng 见479页.

螳 táng ㄊㄤ 螳螂：~臂当（dāng）车（喻做事不自量力必然失败）.［螳螂］俗叫"刀螂".一种食虫性昆虫，前脚很发达，好像镰刀，头为三角形，触角呈丝状.

帑 tǎng ㄊㄤ 古时指收藏财物的府库和府库里的钱财.

〈古〉又同"孥"（nú）.

倘（**＊＊儻**） ㊀ tǎng ㄊㄤ 假使，如果：~若努力，定能成功.
㊁ cháng 见52页.

淌 tǎng ㄊㄤ 流：~眼泪.汗珠直往下~.

惝 tǎng ㄊㄤ chǎng 彳ㄤ (又)失意.

耥 tǎng ㄊㄤ tāng ㄊㄤ (又)用耥耙弄平田地、清除杂草.[耥耙](—bà)清除杂草弄平田地的农具.

躺 tǎng ㄊㄤ 身体横倒,也指车辆、器具等倒在地上:～在床上.一棵大树～在路上.

傥(儻) tǎng ㄊㄤ ❶同"倜❸".❷见486页"倜"字条"倜傥"(tì—).

镋(钂) tǎng ㄊㄤ 古代一种兵器,跟叉相似.

烫(燙) tàng ㄊㄤ ❶温度高,皮肤接触温度高的物体感觉疼痛:开水很～.～手.小心～着!❷用热的物体使另外的物体起变化:～酒(使热).～衣服(使平).❸烫头发:电～.

趟 ⊖ tàng ㄊㄤ 量词.1. 来往的次数:他来了一～.这～火车去上海. 2. (—儿)用于成行的东西:屋里摆着两～桌子.用线把这件衣服缝上一～.
⊖ tāng 见479页.

TAO ㄊㄠ

叨 ⊖ tāo ㄊㄠ 承受:～光.～教(jiào).[叨扰]谢人款待的话.
⊖ dāo 见88页.

涛(濤) tāo ㄊㄠ 大波浪(連波—).

焘(燾) tāo ㄊㄠ (又)见89页(dào),多用于人名.

绦(縧、*絛、*縚) tāo ㄊㄠ (—子)用丝线编织成的花边或扁平的带子,可以装饰衣物.[绦虫]寄生在人或家畜肠子里的一种虫子,身体长而扁,像绦子.

掏(*搯) tāo ㄊㄠ ❶挖:在墙上～一个洞.❷伸进去取:把口袋里的钱～出来.～麻雀.

滔 tāo ㄊㄠ 漫,充满:波浪～天.罪恶～天.[滔滔] 1. 大水漫流:海水～～. 2. 连续不断:～～不绝.议论～～.

韬(韜、**弢) tāo ㄊㄠ ❶弓或剑的套子.[韬略]指六韬、三略,古代的兵书.⑨战斗用兵的计谋.❷隐藏,隐蔽(多指才能):～晦.

饕 tāo ㄊㄠ [饕餮](一tiè) 古代传说中的一种凶恶的兽,古代铜器上多刻它的头部形状作装饰.喻1.凶恶的人.2.贪吃的人.

逃(**迯) táo ㄊㄠ ❶逃跑,逃走:追奸～敌.❷逃避,避开:～荒.～难.

洮 táo ㄊㄠ 洮河,水名,在甘肃省.

桃 táo ㄊㄠ ❶桃树,落叶乔木,春天开花,白色或红色,果实叫桃子或桃儿,可以吃.❷(一儿)形状像桃子的东西:棉花～儿.❸核桃:～仁.～酥.

秫 táo ㄊㄠ [秫黍]〈方〉高粱.

陶 ⊖ táo ㄊㄠ ❶用黏土烧制的器物.[陶土]烧制陶器的黏土.❷制造陶器:～铸.～冶(制陶器和炼金属,喻给人的品格以有益的影响).❸陶然,快乐的样子:～醉.

⊜ yáo 见 569 页.

萄 táo ㄊㄠ 指葡萄:～糖.

啕(**咷) táo ㄊㄠ 见 180 页"号"字条"号啕"(háo一).

淘 táo ㄊㄠ ❶洗去杂质:～米.～金.[淘汰]去坏的留好的,去不合适的留合适的:自然～～.❷消除泥沙,渣滓等,挖治:～井.～缸.❸淘气,顽皮:这孩子真～.

绹 táo ㄊㄠ ❶绳索.❷〈方〉用绳索捆.

醄 táo ㄊㄠ [酕醄](máo一)大醉的样子.

梼(檮) táo ㄊㄠ [梼杌](一wù)1.古代传说中的恶兽,恶人.2.春秋时楚史名.

鼗 táo ㄊㄠ 长柄的摇鼓,俗叫"拨浪鼓".

讨 tǎo ㄊㄠ ❶查究,处治.转征伐,发动攻击:南征北～.[声讨]宣布罪行而加以抨击.❷研究,推求:仔细研～.[讨论]就某一问题交换意见或进行辩论.❸索取:～债.❹求,请求:～饶.～教(jiào).❺招惹:～厌.～人欢喜.

稻 tǎo ㄊㄠ [稻黍]〈方〉高粱.

套 tào ㄊㄠ ❶(一子、一儿)罩在外面的东西:褥～.外～儿.手～儿.书～.[河套]地域名,被黄河三面环绕.在内蒙古自治区和宁夏回族自治区境内.❷加罩:~鞋.~上一件毛背心.❸(一子、一儿)装在衣物里的棉絮:被~.袄~.棉花~子.❹量词,同类事物合成的一组:一~制服.一~茶具.他说话一大~.❺模拟,照做:这是从那篇文章上~下来的.[套语]1.客套话,如"劳驾、借光、慢走、留步"等.2.行文、说话中的一些不解决实际问题的俗套子.❻(一儿)用绳子等做成的环:双~结.用绳子做个活~儿.牲口~.大车~.[圈套]陷害人的诡计:他不小心,上了~~.那是敌人的~~.❼用套拴系:~车(把车上的套拴在牲口身上).⑨用计骗取:用话~他.~出他的话来.❽互相衔接或重叠:~耕.~种.❾拉拢,表示亲近:~交情.~近乎.

TE ㄊㄜ

忑 tè ㄊㄜ [忐忑](tǎn—)心神不定:~~不安.

忒 ㊀ tè ㄊㄜ 差错:差~.
㊁ tuī 见 499 页.

铽 tè ㄊㄜ 一种金属元素,符号 Tb,无色晶状的粉末.铽的化合物可做杀虫剂.

特 tè ㄊㄜ ❶特殊,不平常的,超出一般的:~色.~效.~产.[特别]1.特殊.2.尤其(多用于"是"字前).[特务]1.军队中指担任警卫、通讯、运输等特殊任务的~连.2.(—wu)参加国内或国外的反动组织,经过特殊训练,从事刺探情报、颠覆、破坏等活动的人,省称"特".❷专,单一:~为.~设.我~意来看你.❸只,但:不~此也.

慝 tè ㄊㄜ 奸邪,罪恶:隐~(别人不知道的罪恶).

肋 te ·ㄊㄜ (又)见 287 页"肋"字条"肋脦"(lēde).

TENG ㄊㄥ

熥 tēng ㄊㄥ 把熟的食物蒸热:~馒头.

鼟 tēng ㄊㄥ 拟声词,敲鼓声.

疼 téng ㄊㄥ ❶人、动物因病、刺激或创伤而引起的难受的感觉(⑯—痛):肚子~.腿摔~了.❷喜爱,爱惜:他奶奶最~他.

腾 téng ㄊㄥ ❶奔跑,跳跃(⑯奔—):万马奔~.~

众欢～.❷上升：～空.～云驾雾.[腾腾]形容气势旺盛：雾气～～.热气～～.❸空出来,挪移：～出两间房来.不出空来.❹(teng)词尾(在动词后,表示动作的反复连续)：倒～.翻～.折(zhē)～.闹～.

誊(謄) téng ㄊㄥ 照原稿抄写：～清.这稿子太乱,要～一遍.

滕 téng ㄊㄥ 周代诸侯国名,在今山东省滕州.

螣 téng ㄊㄥ 螣蛇,古书上说的一种能飞的蛇.

縢 téng ㄊㄥ ❶封闭,约束.❷绳子.

藤(*籐) téng ㄊㄥ ❶植物名.1.紫藤,藤本植物,花紫色.俗叫"藤萝".2.白藤,常绿木本植物,茎细长,柔软而坚韧,可以编篮、椅、箱等用具.俗叫"藤子".3.藤黄,常绿乔木,果实圆形.树脂可做黄色颜料,但有毒,不能染食品.❷蔓：葡萄～.顺～摸瓜.

䲢 téng ㄊㄥ 䲢鱼,鱼名.身体青灰色,有褐色网状斑纹,头大眼小,下颌突出,有一个或两个背鳍.常栖息

在海底.可食.

TI　ㄊl

体(體) ㊀ tī ㄊl [体己][梯己](—ji) 1.家庭成员个人积蓄的财物.2.亲近的：～～话.
㊁ tǐ 见486页.

剔 tī ㄊl ❶把肉从骨头上刮下来：～骨肉.把肉～得干干净净.❷从缝隙或孔洞里往外挑(tiǎo)拨东西：～牙.～指甲.❷把不好的挑(tiāo)出来(䢒—除)：把有伤的果子～出去.～庄(旧指挑出有缺点的货品廉价出卖).

踢 tī ㄊl 用脚触击：～球.～毽子.一脚～开.

梯 tī ㄊl ❶(—子)登高用的器具或设备：楼～.软～.❷像梯子的：～形.[梯田]在山坡上开辟的一层一层的田地.❸作用跟梯子相似的设备：电～.

睇 tī ㄊl 有机化合物,锑氢的特称.

锑 tī ㄊl 一种金属元素,符号Sb,银白色,有光泽,质硬而脆.锑、铅和锡的合金可制印刷用的铅字.锑化铟是一种重要的半导体材

料。

鷈 tī ㄊㄧ 见 380 页"鷉"字条"鸊鷈"(pì—)

荑 ㊀ tí ㄊㄧˊ ❶草木初生的叶芽。❷稗子一类的草。

㊁ yí 见 575 页。

绨 ㊀ tí ㄊㄧˊ 光滑厚实的丝织品。

㊁ tì 见 486 页。

鹈 tí ㄊㄧˊ [鹈鹕](—hú)水鸟名,俗叫"淘河"或"塘鹅"。体大嘴长,有皮囊可以伸缩,捕食鱼类。

提 ㊀ tí ㄊㄧˊ ❶垂手拿着(有环、柄或绳套的东西):~着一壶水。~着一个篮子。~心吊胆(喻害怕)。~纲挈(qiè)领(喻扼要)。❷使事物由低往高、由后往前移动:~升。~高。~前。❸把时间移前:~早。❹舀取油、酒等液体的工具:油~。醋~。❺说起,举出:经他一~,大家都想起来了。~意见。~供材料。[提醒]从旁促使别人注意或指点别人:幸亏你~~,不然我就忘了。[提倡]说明某种事物的优点,鼓励大家采用或实行:要~~顾全大局。[提议]说出意见,供人讨论或采纳。❻取出(叠—取):

把款~出来。~单(提取货物的凭单)。❼汉字的一种笔形(╱),即"挑"(tiǎo)。❽姓。

㊁ dī 见 93 页。

騠 tí ㄊㄧˊ 见 256 页"駃"字条"駃騠"(jué—)。

缇 tí ㄊㄧˊ 橘红色。

题 tí ㄊㄧˊ ❶古指额头:雕~。❷题目,写作或讲演内容的总名目:命~。出~。难~(喻不容易做的事情)。离~太远。⑨练习或考试时要求解答的题目:试~。算~。几何~。问答~。[题材]写作内容的主要材料。❸写上,签署:~名。~字。~词。

醍 tí ㄊㄧˊ [醍醐](—hú)精制的奶酪。

鳀 tí ㄊㄧˊ 鱼名。体长 3—4 寸,银灰色,侧扁,腹部呈圆柱形,眼和口都大。生活在海中。

啼 (*嗁) tí ㄊㄧˊ ❶哭,出声地哭(叠—~):悲~。用不着哭哭~~。❷某些鸟兽叫:鸡~。猿~。

蹄 (*蹏) tí ㄊㄧˊ [蹄子](—子—儿)马、牛、羊等生在趾端的角质保护物。又指有角质保护物的脚:

马不停～.

体(體) ㈠ tǐ ㄊㄧˇ ❶人、动物的全身(連身一):～重.～温(身体的温度).㉄身体的一部分:四、上～.肢～.[体面](—mian)1.身份.2.光彩,光荣.3.好看.[体育]指锻炼身体增强体质的教育:～～课.发展～～运动,增强人民体质.❷事物的本身或全部:物～.全～.个～.～积.❸形式,规格:文～.字～.得～(合宜).❹文章的体裁:骚～.骈～.

头
颈
肩
胸
背
臂
上臂
前臂
腕
手
腰
腿
膝
股
腘
踝
脚

人 体

古～.❺亲身的,设身处地的:～谅.～验.～味.[体贴]揣度别人的处境和心情,给予关心,照顾:～～入微.[体会]领会,个人的理解:我～

～到你的意思.对这个文件,我的～～还很肤浅.
㈡ tī 见 484 页.

屉(**屜) tì ㄊㄧˋ 器物中可以随时拿出的盛放东西的部分,常常是匣形或是分层的格架:抽～.笼～.

剃(*髢、△薙) tì ㄊㄧˋ 用刀刮去毛发:～头.～光.

涕 tì ㄊㄧˋ ❶眼泪.❷鼻涕,鼻子里分泌的液体.

悌 tì ㄊㄧˋ 指弟弟敬爱哥哥:孝～.

绨 ㈠ tì ㄊㄧˋ 比绸子厚实、粗糙的纺织品,用丝做经,棉线做纬.
㈡ tí 见 485 页.

倜 ㈠ tì ㄊㄧˋ [倜傥](—tǎng)同"俶傥".
㈡ chù 见 66 页.

俶 tì ㄊㄧˋ [俶傥](—tǎng)洒脱,不拘束.

逖(**逷) tì ㄊㄧˋ 远.

惕 tì ㄊㄧˋ 小心谨慎.[警惕]对可能发生的危险情况或错误倾向保持警觉:提高～～,保卫祖国.～～图享乐思想的侵蚀.

褓 ㈡ tì ㄊㄧˋ 婴儿的包被。
㈠ xī 见 524 页。

替 tì ㄊㄧˋ ❶代，代理（叠一代、代一）。❷班. 我～你洗衣服。❷介词，为（wèi）给：大家都～他高兴。❸衰废：兴～.隆～.

殢（殢） tì ㄊㄧˋ ❶困倦。❷滞留。❸困扰，纠缠。

薙 tì ㄊㄧˋ ❶除去野草。❷同"剃"。

嚏 tì ㄊㄧˋ [嚏喷]（—pen）因鼻黏膜受刺激而引起的一种猛烈带声的喷气现象。也叫"喷嚏"（pēn—）。

趯 tì ㄊㄧˋ ❶跳跃。❷汉字一种笔形（亅），今称"钩"。

TIAN　ㄊㄧㄢ

天 tiān ㄊㄧㄢ ❶在地面以上的高空。㊀1.在上的：～头（书页上部空白部分）.～桥（架在空中的高桥，桥下可以通行）.2.最，极：～好，也只能是这样。[天文]日月星辰等天体在宇宙间分布、运行等现象。❷自然的，天生的：～生.～性.～性。❸日，一昼夜，或专指昼间：今～.一整～.白～黑夜工作

忙.㊃一日之内的某一段时间：～不早了。❹气候：～冷.阴.[天气]1.冷、热、阴、晴等现象（天气）：～～好.～～要变.2.时间：～～不早了。❺季节，时节：春～.热～.❻迷信的人指神佛仙人或他们所住的地方：～堂.老～爷.[天子]封建时代指皇帝。

添 tiān ㄊㄧㄢ 增加（叠增添）：再～几台机器.锦上～花。

黇 tiān ㄊㄧㄢ [黇鹿]鹿的一种，角的上部扁平或呈掌状，尾略长，性温顺。

田 tián ㄊㄧㄢ ❶种植农作物的土地：水～.稻～.种～.㊀和农业有关的：～家.[田地]1.种"田"。2.地步，境遇（多指坏的）：怎么弄到这步～～了？[田赛]田径运动中各种跳跃、投掷项目比赛的总称。❷指可供开采的蕴藏矿物的地带：煤～.油～.气～.❸同"畋"。

佃 ㈠ tián ㄊㄧㄢ 佃作，耕种田地。
㈠ diàn 见 98 页。

畋 tián ㄊㄧㄢ 打猎。

畑 tián ㄊㄧㄢ （外）日本人姓名用字。

钿 ㊁ tián ㄊㄧㄢˊ 〈方〉钱，硬币：铜~.洋~.

㊀ diàn 见98页.

恬 tián ㄊㄧㄢˊ 安静（龜一静）.㈤安然，坦然：~不知耻.~不为怪.

甜 tián ㄊㄧㄢˊ 像糖或蜜的滋味，跟"苦"相反.㈤使人感觉舒服的：~言蜜语.睡得真~.

湉 tián ㄊㄧㄢˊ ［湉湉］形容水面平静.

菾 tián ㄊㄧㄢˊ ［菾菜］也作"甜菜".二年生草本植物，开黄绿色花，叶可吃，根可制糖.

填 tián ㄊㄧㄢˊ ❶把空缺的地方塞满或补满：~平洼地.❷填写，在空白表格上按照项目写：~志愿书.~表.

阗 tián ㄊㄧㄢˊ 充满，喧（鱼喧）.［和阗］地名，在新疆维吾尔自治区.今作"和田".

忝 tiǎn ㄊㄧㄢˇ 辱没.谦辞：~属知己.~列门墙.

舔 tiǎn ㄊㄧㄢˇ 用舌头接触东西或取东西.

殄 tiǎn ㄊㄧㄢˇ 尽，绝：暴~天物（任意糟蹋东西）.

忝 tiǎn ㄊㄧㄢˇ 惭愧.

觍 tiǎn ㄊㄧㄢˇ ❶表现惭愧：~颜.❷厚着脸皮：~着脸（不知羞）.❸ 见342页"靦"字条"靦觍"（miǎntiǎn）.

腆 tiǎn ㄊㄧㄢˇ ❶丰厚.❷胸部或腹部挺起：~胸脯.~着个大肚子.❸见342页"靦"字条"靦腆"（miǎntiǎn）.

靦 ㊀ tiǎn ㄊㄧㄢˇ ❶同"觍".❷〈古〉形容人脸的样子：~然人面.

㊁ miǎn 见342页.

掭 tiàn ㄊㄧㄢˋ 用毛笔蘸墨汁在砚台上弄匀均匀：~笔.

TIAO ㄊㄧㄠ

佻 tiāo ㄊㄧㄠ 轻薄，不庄重.［佻达］（一tà）轻佻.

挑 ㊀ tiāo ㄊㄧㄠ ❶用肩担着：~水.别人一~担，他~两担.❷（一子、一儿）挑、担的东西：挑着空~.子.❸选，拣（鱼一选、一拣）：~好的送给他.~错.~毛病.［挑剔］（一ti）严格地拣选，把不合规格的除去.㈤故意找错.

㊁ tiáo 见489页.

祧 tiāo ㄊㄧㄠ 古代称远祖的庙.在封建宗法制度中指承继先代：承~.

条(條) tiáo ㄊㄧㄠ ❶(一子、一儿)植物的细长枝:柳～儿.荆～. ❷(一子、一儿)狭长的东西:面～儿.布～儿.纸～儿. ❸细长的形状:～纹.花～儿布.～绒. ❹项目,分项目的:宪法第一～.～例.[条件]1.双方规定应遵守的事项.2.事物产生或存在的因素:自然～件.有利～件.一切事物都依着～、地点和时间起变化.[条约]国与国之间关于权利义务等约定的条文. ❺条理,秩序,层次:井井有～.有～不紊. ❻量词.1.用于长形的东西:一～河.两～大街.三～绳.四～鱼.两～腿. 2.用于分项目的事物:这一版上有五～新闻.

鲦(鰷) tiáo ㄊㄧㄠ 鱼名.身体小,侧线紧贴腹部,银白色,生活在淡水中.

苕 ⊖ tiáo ㄊㄧㄠ ❶古书上指凌霄花,也叫"紫葳". 落叶藤本植物,开红花. ❷苕子,一年生草本植物,花紫色.可以做绿肥. ❸苇子的花.
⊜ sháo 见 439 页.

岧 tiáo ㄊㄧㄠ [岧峣](一yáo)山高.

迢 tiáo ㄊㄧㄠ 远(叠):千里～～.

笤 tiáo ㄊㄧㄠ [笤帚](一zhou)扫除尘土的用具,用脱去子粒的高粱穗、黍子穗或棕等做成.

龆 tiáo ㄊㄧㄠ 儿童换牙:～年(童年).

髫 tiáo ㄊㄧㄠ 古时小孩子头上扎起来的下垂的短发:垂～.～年(指幼年).

调 ⊖ tiáo ㄊㄧㄠ ❶配合均匀:～色.～味.风～雨顺.⑨使和谐:～解.～整.[调停]使争端平息.[调剂]1.配药.2.(一ji)调(diào)配,使均匀:组与组之间人力可以互相～～. ❷挑拨:挑逗(逗一唆):～嘴弄舌.～笑.～戏.[调皮]好开玩笑,顽皮.
⊜ diào 见 100 页.

蜩 tiáo ㄊㄧㄠ 古书上指蝉.

蓨 tiáo ㄊㄧㄠ 即羊蹄草,多年生草本植物,叶子椭圆形,初夏开花.根茎叶浸出的汁液,可防治棉蚜、红蜘蛛、菜青虫等.

挑 ⊖ tiǎo ㄊㄧㄠ ❶用竿子等把东西举起或支

起:～起帘子来.把旗子～起来.❷用条状物或有尖的东西拨开或弄出:把火～开.～了～灯心.～刺.❸一种刺绣方法:～花.❹拨弄,引动(叠一拨):～衅.～拨是非.[挑战]1.激怒敌人出来打仗.2.刺激对方和自己较量.3.鼓动对方和自己竞赛:两个作业队互相～～.❺汉字由下斜着向上写的笔形(ノ)。

㊀ tiāo 见 488 页。

朓 tiǎo ㄊㄧㄠˇ 古代称夏历月底月亮在西方出现。多用于人名。

窕 tiǎo ㄊㄧㄠˇ 见 570 页"窈"字条"窈窕"(yǎo—)。

眺 tiào ㄊㄧㄠˋ 眺望,往远处看:登高远～。

跳 tiào ㄊㄧㄠˋ ❶蹦,跃,两脚离地全身向上或向前(叠一跃):～高.～远.～绳.❺越过:这一课书～过去不学.[跳板]1.一头搭在车、船上的长板,便于上下.❺通路.2.供游泳跳水的长板.❷一起一伏地动:心～.眼～。

粜(糶) tiào ㄊㄧㄠˋ 卖粮食。

TIE ㄊㄧㄝ

帖 ㊂ tiē ㄊㄧㄝ ❶妥适:妥～.安～.❷顺从,驯服:～伏.俯首～耳(含贬义)。

㊀ tiè 见 491 页。
㊁ tiě 见本页。

怗 tiē ㄊㄧㄝ 平定;安宁。

贴 tiē ㄊㄧㄝ ❶粘(zhān),把一种薄片状的东西粘在另一种东西上(叠粘一):～布告.～邮票.❷靠近,紧挨:～身衣服.～着墙走.[贴切]密合,恰当,确切.❸添补,补助(叠一补):煤～.每月～给他一些钱.❹适合,妥当,同"帖㊂❶"。

萜 tiē ㄊㄧㄝ 有机化合物的一类,多为有香味的液体。

帖 ㊁ tiě ㄊㄧㄝ ❶(一儿)便条:字～儿.❷(一子)邀请客人的纸片:请～.喜～.❸旧时写着生辰八字等内容的纸片:庚～.换～。

㊀ tiè 见 491 页。
㊂ tiē 见本页。

铁(鐵、**鈇**) tiě ㄊㄧㄝˇ 一种金属元素,符号 Fe,纯铁灰白色,质坚硬,有光泽,富延展性,在潮湿空气中易生锈.工业上的用途极大,可以炼钢,可以制造各种器械、用具.⑩1. 坚硬:～蚕豆.～拳.2. 意志坚定:～人.～姑娘队.3. 确定不移:～的纪律.～案如山.4. 残暴或精锐:～蹄.骑.5. 借指兵器:手无寸～.

帖 ⊖ tiè ㄊ一ㄝ 学习写字时摹仿的样本:碑～.字～.
⊜ tiě 见 490 页.
⊜ tiē 见 490 页.

餮 tiè ㄊ一ㄝ 见 482 页"饕"字条"饕餮"(tāo—).

TING ㄊ一ㄥ

厅(廳) tīng ㄊ一ㄥ ❶聚会或招待客人用的大房间:客～.餐～.❷政府机关的办事单位:办公～.

汀 tīng ㄊ一ㄥ 水边平地,小洲.[汀线]海岸被海水侵蚀而成的线状的痕迹.

听(聽) tīng ㄊ一ㄥ ❶用耳朵接受声音:～广播.你～～外面有什么响声.❷顺从,接受意见:行动～指挥.我告诉他了,他不～.❸(旧读 tìng)任凭,随:～其自然.～便.～凭你怎么办.❹治理,判断:～政(指封建帝王临朝处理政事).❺

(外)马口铁筒:一～烟.一～煤油.一～饼干.

烃(烴) tīng ㄊ一ㄥ 碳氢化合物的总称.

桯 tīng ㄊ一ㄥ ❶锥子等中间的杆子:锥～子.❷古代放在床前的小桌子.

鞓 tīng ㄊ一ㄥ 皮革制的腰带.

廷 tíng ㄊ一ㄥ 朝廷,封建时代君主受朝问政的地方.[宫廷]1. 帝王的住所.2. 由帝王及其大臣构成的统治集团.

莛 tíng ㄊ一ㄥ (一儿)草本植物的茎:麦～儿.油菜～儿.

庭 tíng ㄊ一ㄥ ❶院子:前～.[家庭]以婚姻和血统关系为基础的社会单位,包括父母、子女和其他共同生活的亲属.❷厅堂:大～广众.❸法庭,审判案件的处所或机构:开～.～长.

蜓 tíng ㄊ一ㄥ 见 408 页"蜻"字条"蜻蜓"(qīng—)、564 页"蝘"字条"蝘蜓"(yǎn—).

霆 tíng ㄊ一ㄥ 劈雷,霹雳.

亭 tíng ㄊ一ㄥ ❶(一子)顶无墙,供休息用的建筑物,多建筑在路旁或花园里.⑤建筑得比较简单的小房子:书～.邮～.❷适中,均匀:调配得很～匀.

[亭亭] 1. 形容高耸. 2. 美好:～～玉立.也作"婷婷".

[亭午] 正午,中午.

停 tíng ㄊㄧㄥ ❶止住,中止不动(働一顿、一止):一辆汽车～在门口.钟～了.❷停留:我去天津,在北京～了两天.❸妥当:停当(一dang)齐备,完毕.❹(一儿)总数分成几份,其中一份叫一停儿:三～儿中的两儿.十～儿有九～儿是好的.

葶 tíng ㄊㄧㄥ [葶苈](一lì)一年生草本植物,开黄色小花,种子黑褐色,可入药.

渟 tíng ㄊㄧㄥ 水停止不动:渊～.

婷 tíng ㄊㄧㄥ (叠)美好.

町 ㊀ tǐng ㄊㄧㄥ〈古〉❶田界.❷田地.
㊁ dīng 见102页.

侹 tǐng ㄊㄧㄥ 平直.

挺 tǐng ㄊㄧㄥ ❶笔直:笔～.～进(勇往直前).直

～～地躺着不动.[挺拔] 1. 直立而高耸. 2. 坚强有力:笔力～～.❷撑直或凸出:～起腰来.～胸抬头.～身而出.❸勉强支撑:他虽然受了伤,硬～着不下火线.❸很:～好.～和气.～爱学习.这花～香.❹量词,用于机枪:一～机关枪.

珽 tǐng ㄊㄧㄥ 玉笏(hù).

梃 ㊀ tǐng ㄊㄧㄥ 棍棒.
㊁ tǐng 见本页.

铤 tǐng ㄊㄧㄥ 快走的样子:～而走险(指走投无路而采取冒险行动).

颋 tǐng ㄊㄧㄥ 正直,直.

艇 tǐng ㄊㄧㄥ 轻便的小船:游～.汽～.[潜水艇]可以在水下潜行的战船.

梃 ㊀ tìng ㄊㄧㄥ ❶梃猪,杀猪后,在猪腿上割一个口子,用铁棍贴着腿皮往里捅.❷梃猪时用的铁棍.
㊀ tǐng 见本页.

TONG　ㄊㄨㄥ

通 ㊀ tōng ㄊㄨㄥ ❶没有阻碍,可以穿过,能够达到:～行.条条大路～北京.

四～八达.～车.～风. 卿 1.
顺,指文章合语法,合事理.
2. 彻底明了(liǎo),懂得:精
～业务. 他～三国文字. 3. 四
通八达的,不闭塞的:～都大
邑.[通过] 1. 穿过去,走过
去:火车～～南京长江大桥.
2. 经过:～～学习提高了认
识. 3. 提案经过讨论大家同
意:～～议决案.[通货]在
社会经济活动中作为流通手
段的货币:～～膨胀.[通融]
破例迁就. 卿适当互助,以有
易无:新式农具不够,大家～
～着用. ❷传达:～报.～告.
～信.[通知] 1. 传达使知道:
～～他一声. 2. 传达事项的
文件:发～～. 开会～. ❸
往来交接:～商. 互～情报.
❹普遍,全:～病.～共.～盘
计划.～力合作.[通俗]浅显
的,适合于一般文化程度的:
～～读物. ❺姓.

㊁ tòng 见 495 页.

哃 tōng ㄊㄨㄥ 拟声词:心
～～地跳.

樋 tōng ㄊㄨㄥ 树名.

痌 tōng ㄊㄨㄥ 病痛:～瘝
(guān)在抱(把人民的
疾苦放在心里).

仝 tóng ㄊㄨㄥ ❶同"同".
❷姓.

砼 tóng ㄊㄨㄥ 混凝土.

同(△*仝) ㊀tóng ㄊㄨㄥ
❶一样,没有
差异:～等.～岁.～感. 大～
小异.[同化] 1. 生物体将从
食物中摄取的养料转化成自
身细胞的成分并储存能量.
2. 使与本身不同的事物变成
跟本身相同的事物.[同情]
对于别人的遭遇在感情上发
生共鸣:我们～～并支持一
切反殖民主义的斗争.[同
时] 1. 在同一个时候. 2. 表示
进一层,并且:修好淮河可以
防止水灾,～～还可以防止
旱灾.[同志]一般指志同道
合的人,为共同的理想、事业
而奋斗的人. 特指同一个政
党的成员. ❷如同:他的相貌
～他哥哥一样. ❸相同:～
上.～前.“仝”“同”. ❹共,
在一起:～学.～事. ❺连词,
和,跟:我～你一起去.

㊁ tòng 见 495 页.

侗 ㊀tóng ㄊㄨㄥ 旧指童蒙
无知.

㊁ dòng 见 105 页.

㊂ tǒng 见 495 页.

垌 ⊖ tóng ㄊㄨㄥˊ [垌冢] (一zhǒng)地名，在湖北省汉川。

⊜ dòng 见105页。

蒿 tóng ㄊㄨㄥˊ [蒿蒿](一hāo)一年生或二年生草本植物，花黄色或白色，茎叶嫩时可吃。

峒 ⊖ tóng ㄊㄨㄥˊ 见269页"崆"字条"崆峒"(kōng一)。

⊜ dòng 见105页。

桐 tóng ㄊㄨㄥˊ 植物名。1. 泡(pāo)桐，落叶乔木，开白色或紫色花，生长快，是较好的固沙防风树木。木材可做琴、船、箱等物。2. 油桐，又叫"桐油树"，落叶乔木，花白色，有红色斑点，果实近球形，顶端尖。种子榨的油叫桐油，可做涂料。3. 梧桐。

烔 tóng ㄊㄨㄥˊ [烔炀镇](一yáng一)地名，在安徽省巢湖。

铜 tóng ㄊㄨㄥˊ 一种金属元素，符号Cu，赤色有光泽，富延展性，是热和电的良导体。在湿空气中易生铜绿，遇醋起化学作用生乙酸铜，有毒。铜可制各种合金、电业器材、器皿、机械等。

酮 tóng ㄊㄨㄥˊ 有机化合物的一类，通式R—CO—R'。酮类中的丙酮是工业上常用的溶剂。

鲖 tóng ㄊㄨㄥˊ [鲖城]地名，在安徽省临泉。

佟 tóng ㄊㄨㄥˊ 姓。

峂 tóng ㄊㄨㄥˊ [峂峪]地名，在北京市海淀。

彤 tóng ㄊㄨㄥˊ 红色。

童 tóng ㄊㄨㄥˊ ❶儿童，小孩子：～谣。⑨1. 未长成的，幼：～牛（没有生角的小牛）. 2. 未结婚的：～男. ～女. 3. 秃的：～山（没有草木的山）. [童话]专给儿童编写的故事。❷旧时指未成年的男仆：家～.

僮 ⊖ tóng ㄊㄨㄥˊ 封建时代受役使的未成年的人：书～.

〈古〉又同"童❶"。

⊜ zhuàng 见653页。

潼 tóng ㄊㄨㄥˊ [潼关]地名，在陕西省。

橦 tóng ㄊㄨㄥˊ 古书上指木棉树。

瞳 tóng ㄊㄨㄥˊ [瞳昽](一lóng)天将亮的样子。

瞳 tóng ㄊㄨㄥˊ 瞳孔，眼球中央的小孔，可以随着光线的强弱缩小或扩大。俗叫"瞳人"。(图见564页"眼")

侗 ㊀ tǒng ㄊㄨㄥˇ 同"统❸"。[优侗](lǒng—)同"笼统"。
㊁ dòng 见105页。
㊂ tóng 见493页。

统 tǒng ㄊㄨㄥˇ ❶总括，总起来说：～率．一、．～筹．❷事物的连续关系(连系一)：血～．传～．❸见314页"笼"字条"笼统"(lǒng—)。

捅(**㨄) tǒng ㄊㄨㄥˇ 戳、刺、碰：把窗户～破了．～马蜂窝(喻惹祸)．⑯揭露：把问题全～出来了．

桶 tǒng ㄊㄨㄥˇ 盛水或其他东西的器具，深度较大：水～．煤油～．[皮桶子]做皮衣用的成件的毛皮。

筒(*箇) tǒng ㄊㄨㄥˇ 粗大的竹管。㊋1.较粗的中空而高的器物：烟～(tong)．邮～．笔～．2.(一儿)衣服等的筒状部分：袖～．袜～．靴～．

同(*衕) ㊀ tòng ㄊㄨㄥˋ [胡同]巷，较窄的街道。
㊁ tóng 见493页。

恸(慟) tòng ㄊㄨㄥˋ ❶极悲哀。❷指痛哭。

通 ㊀ tòng ㄊㄨㄥˋ 量词：打了三～鼓．说了一～．
㊁ tōng 见492页。

痛 tòng ㄊㄨㄥˋ ❶疼(连疼一)：不～不痒．不～不痒．[痛定思～].[痛苦]身体或精神感到非常难受。❷悲伤(连悲一、哀一)：～心．❸极，尽情地，深切地，彻底地：～恨．～饮．～惜．～改前非．[痛快](一kuai)1.爽快，爽利：他是个～～人．2.尽情，舒畅，高兴：这活干得真～～．看他的样子好像有点不～～．

TOU ㄊㄡ

偷(❸*媮) tōu ㄊㄡ ❶窃取，趁人不知道拿人东西据为己有。[小偷(儿)]偷东西的人。❷行动瞒着人(叠)：～看．～～地走了．～懒(趁人不知道少做事)．❸苟且：～安．～生．❹抽出时间：～空(kòng)．

闲.

输 tōu ㄊㄡ 黄铜.

头(頭) tóu ㄊㄡ ❶脑袋,人身体的最上部分或动物身体的最前的部分(龜一颅).⑪头发:他不想留～了.[头脑]1.脑筋,思想:他～～清楚.不要被胜利冲昏～～.2.要领,门路:这事我摸不着～～.❷(一儿)事情的起点或终点:山～.从～儿说起.什么时候才是个～儿呀!❸物体的顶端:山～.笔～.⑪(一儿)物品的残余部分:烟卷～儿.蜡～儿.布～儿.[头绪]条理,处理事物的门径:我还不出～～来.❹以前,在前面的:～两年.我在～里走.❺次序在最前,第一:～等.～号.～班.❻接近,临:～睡觉最好洗洗脚.❼(一子,一儿)首领(多指坏的):特务～子.流氓～子.❽(一儿)方面:他们两个是一头儿的.❾量词.1.用于牛驴等牲畜:一～牛.两～驴.2.用于像头的物体:两～蒜.❿表示约计,不定数量的词:三～五百.十～八块.⓫(tou)名词词尾.1.放在名词词根后:木～.石～.拳～.2.

放在形容词词根后:甜～儿.苦～儿.3.放在动词词根后:有听～儿.没个看～儿.⓬(tou)方位词词尾:前～.上～.外～.

发—

眼—

耳—

—额

—眉 颞

—鼻

颊

口

头

投 tóu ㄊㄡ ❶抛,掷,扔(多指有目标的):～石.入江中.⑪跳进去:～河.～井.～火.[投票]选举或表决的一种方法.把自己的意见写在票上,投进票箱.[投资]把资金应用在生产等事业上.❷投射:影子～在窗户上.⑪走向,进入:～向～明.～入新战斗.[投奔](一bèn)归向,前去依靠:～亲友.～～祖国.❹寄,递送(龜一递):～书寄信.～稿.❺合.1.相合:情～意合.2.

迎合：～其所好(hào).[投机]1.意见相合：他俩一见就很～～.2.利用时机,谋取私利：～～取巧.～～分子.❻临近,在……以前：～明.～暮.

骰 tóu ㄊㄡ 骰子,一般叫"色(shǎi)子",一种赌具.

钭 tǒu ㄊㄡ dǒu ㄉㄡ(又)姓.

敨 tǒu ㄊㄡ〈方〉❶把包着或卷着的东西打开.❷抖搂(尘土等).

透 tòu ㄊㄡ ❶穿通,通过：钉～了这块厚纸.扎不～.～光.～气.～过现象看本质.⑱1.很通达,极明白：话说得十分～彻.理讲～了.2.泄漏：～露(lù)风声.3.暗地里告诉：～个信儿.[透支]支款超过存款的数目.❷极度：恨～了.❸显露：他～着很老实.这朵花白里～红.❹达到饱满的、充分的程度：雨下～了.

TU ㄊㄨ

凸 tū ㄊㄨ 高出,跟"凹"(āo)相反：～出.～透镜.

秃 tū ㄊㄨ ❶没有头发：～顶.❷(树木)没有枝叶,(山)没有树木：～树.山是～的.❸羽毛等脱落,物体失去尖端：～尾巴鸡.～针.❹表示不圆满,不周全：这篇文章写得有点～.

突 tū ㄊㄨ ❶忽然：～变.～然停止.[突击]战斗中出其不意地攻击敌人的要害.⑱集中力量在较短的时间内完成某种紧急的任务：～～队.～～工作.❷超出,冲破：这是个～出的例子.～破过去的纪录.❸烟突,烟囱,灶囱：曲～徙薪(喻防患未然).

葖 tū ㄊㄨ 见162页"菁"字条"菁葖(gū一).

图(圖) tú ㄊㄨ ❶用绘画表现出来的形象：～画.地～.蓝～.插～.[图解]画图或列表解释事物.❷画：画影～形.❸计谋,计划：良～.鸿～.❹谋取,希望得到(逴一谋)：唯利是～.[图腾](外)原始社会的人用动物、植物或其他自然物作为其氏族血统的标志,并把它当做祖先来崇拜,这种被崇拜的对象或符号叫图腾.

荼 tú ㄊㄨ ❶古书上说的一种苦菜。[荼毒]⑪毒害。❷古书上指茅草的白花：如火如～．

途 tú ㄊㄨ 道路(逾一径、道一、路一、一程)：坦～．道听～说．半～而废．[前途]⑪未来的境地，发展的前景。[途]用处。

涂(塗,⁵**涂) tú ㄊㄨ ❶使颜色、油漆等附着在物体上：～上一层油。❷乱写：～鸦．❸抹去：写错了可以～掉．～改．❹泥泞。[涂炭]⑪1.困苦。2.污浊。❺姓。❻同"途"。

酴 tú ㄊㄨ ❶酒曲。❷酴酒，重(chóng)酿的酒。

徒 tú ㄊㄨ ❶步行(不用车、马)：～行．❷空：～手．⑤1.徒然，白白地：～劳往返．～劳无益．❸只，仅仅：～托空言．～无益，反而有害．❹徒弟：学～．❺同一派系或信仰同一宗教的人：教～．❻人(多指坏人)：匪～．不法之～．❼徒刑，剥夺犯人自由的刑罚，分有期徒刑和无期徒刑两种。

菟 ⊖ tú ㄊㄨ [於菟](wū—)〈古〉老虎的别称。
⊜ tù 见 499 页。

屠 tú ㄊㄨ ❶宰杀牲畜(逾一宰)：～狗．～户．❷残杀人：～杀．～城．

脗 tú ㄊㄨ 肥(指猪)。

土 tǔ ㄊㄨ ❶地面上的沙、泥等混合物(逾一壤)：沙～．黏～．山～。❷土地：国～．领～。❸本地的：～产．～话。❹指民间生产的，出自民间的：～专家．～布。❺不通，不时兴：～里～气．～头～脑。
[土家族]我国少数民族，参看附表。
[土族]我国少数民族，参看附表。

吐 ⊖ tǔ ㄊㄨ 使东西从嘴里出来；不要随地～痰．⑤1.说出：～露(lù)实情．～不～实。2.露出，放出：高粱～穗了．蚕～丝。
⊜ tù 见本页。

钍 tǔ ㄊㄨ 一种放射性元素，符号 Th，银灰色，质地柔软，可作为原子能工业的核燃料。

吐 ⊜ tù ㄊㄨ 消化道或呼吸道里的东西从嘴里涌

（㳠呕一）上～下泻. ～血.

㈠ tǔ 见 498 页.

兔（*兎） tù ㄊㄨ（一子、一儿）哺乳动物，耳长，尾短，上唇中间裂开，后腿较长，跑得快.

堍 tù ㄊㄨ 桥两头靠近平地的地方：桥～.

菟 ㈠ tù ㄊㄨ 植物名.1.菟丝子，寄生的蔓草，茎细长，常缠绕在别的植物上，对农作物有害. 秋初开小花，果实可入药. 2.菟葵，多年生草本植物，花淡紫红色，多生在山地树丛里.

㈡ tú 见 498 页.

TUAN ㄊㄨㄢ

湍 tuān ㄊㄨㄢ 急流的水.

团（團、②糰）（叠） tuán ㄊㄨㄢ ❶圆形的：～扇. 雌蟹是～脐的. ❷（一子、一儿）成球形的东西：饭～儿. 菜～子. ㊳堆（专指抽象的事物）：一～和气. 一～糟. ❸会合在一起：～聚. ～圆.［团结］为了实现共同理想或完成共同任务而联合或结合：～～起来，争取胜利. ❹工作或活动的集体组

织：文工～. 代表～.［团体］有共同目的、志趣的人结合在一起的集体：工会、妇女联合会都是人民～～. ❺在我国特指共产主义青年团. ❻军队的编制单位，是营的上一级.

抟（摶） tuán ㄊㄨㄢ 把东西揉弄成球形：～饭团子. ～泥球. ～纸团.

疃 tuǎn ㄊㄨㄢ ❶禽兽践踏的地方. ❷村庄、屯，多用于地名.

彖 tuàn ㄊㄨㄢ 论断，推断：～凶吉.［彖辞］《易经》中总括一卦含义的言辞.

TUI ㄊㄨㄟ

忒 ㈠ tuī ㄊㄨㄟ〈方〉太：风～大. 路～滑.

㈡ tè 见 483 页.

推 tuī ㄊㄨㄟ ❶用力使物体顺着用力的方向移动：～车. ～了他一把. ～磨. ㊳使工具向前移动进行工作：用刨子～光. ～头（理发）.［推敲］（㊳）斟酌文章字句：仔细～～. 一字费～～. ❷使事情开展：～广. ～销. ～动. ❸进一步想，由已知推断其余：～求. ～测. ～理. ～算. ～类. ❹辞让，脱卸.1.辞退，让给：

～辞.～让. 2.脱卸责任,托辞:～委.～三阻四.～病不来.❺往后挪动(时间):再往后～几天.❻举荐,选举:公～一个人做代表.❼指出某人某物的优点:～许(称赞).～重(重视,钦佩).～崇.

颓(*隤) tuí ㄊㄨㄟˊ ❶崩坏,倒塌:～垣断壁.[颓废]1.建筑物倒坏. 2.精神委靡不振.❷败坏:～风败俗.[颓唐]精神不振,情绪低落.

魋 tuí ㄊㄨㄟˊ 古书上说的一种兽,像小熊.

腿 tuǐ ㄊㄨㄟˇ ❶人和动物用来支持身体和行走的部分:大～.前～.后～.(图见486页"体")[火腿]用盐腌制的猪腿.❷(一儿)器物上像腿的部分:桌子～儿.凳子～儿.

退 tuì ㄊㄨㄟˋ ❶向后移动或使之向后移动,跟"进"相反:～兵.败～.敌人已经～了.[退步]1.逐渐向下,落后:工作积极,学习努力,才能不～～. 2.后退的地步:话没有说死,留了～～.[退化]生物体的某一或某些器官在进化过程中,全然消失或部分残留而成为痕迹器官的现象.例如人的阑尾是退化器官.❷离开,辞去:～席.～职.❸送还,不接受,撤销:～货.～票.～钱.❹减退,下降:～色.～烧.

煺(**燭、**㷟) tuì ㄊㄨㄟˋ 已宰杀的猪、鸡等用滚水烫后去掉毛.

褪 ㊀ tuì ㄊㄨㄟˋ [褪色]退色,颜色变淡或消失.
㊁ tùn 见 501 页.

蜕 tuì ㄊㄨㄟˋ ❶蛇、蝉等脱下来的皮.❷蛇、蝉等动物脱皮.[蜕化]❸变质,腐化堕落.

TUN ㄊㄨㄣ

吞 tūn ㄊㄨㄣ 不经咀嚼,整个咽到肚子里:囫囵～枣.狼～虎咽.㊀1.忍受不敢作出来:忍气～声(不敢出声). 2.兼并,侵占:～没.～并.

暾 tūn ㄊㄨㄣ 刚出来的太阳:朝～.

黗 tūn ㄊㄨㄣ 黄色.

屯 ㊀ tún ㄊㄨㄣˊ ❶聚集,存:～粮.㊀(军队)驻扎

~兵.❷(一子、一儿)村庄：皇叔~.

㊁ zhūn 见 654 页。

囤 ㊀ tún ㄊㄨㄣ 囤积，积存，存储货物、粮食：~货.

㊁ dùn 见 113 页。

饨 tún ㄊㄨㄣ 见 205 页"馄"字条"馄饨"（hún-tun）.

豚 tún ㄊㄨㄣ 河豚，鱼名。种类很多，头圆形，口小，一般血液和内脏有剧毒。

豚 tún ㄊㄨㄣ 小猪，也泛指猪。

臀 tún ㄊㄨㄣ 屁股：~部.（图见 486 页"体"）

氽 tǔn ㄊㄨㄣ〈方〉❶漂浮：木头在水上~.❷用油炸：油~花生米.

褪 ㊀ tùn ㄊㄨㄣ 使穿着、套着的东西脱离。把袖子~下来.狗~了套跑了.⑪向内移动而藏起来：把手~在袖子里.袖子里~着一封信.

㊁ tuì 见 500 页。

TUO ㄊㄨㄛ

乇(❹-❻*託) tuō ㄊㄨㄛ ❶用手掌向上承受着东西：~着枪.❷衬，垫，烘云~月.❸（一儿）承托器物的东西：茶~儿.花~儿.❹寄，暂放：~儿所.❺请别人代办（働委一）：~你买本书.❻推托，借故推委或躲闪：~病.~故.❼旧压强单位，今改用"帕".

饦 tuō ㄊㄨㄛ [馎饦](bó一)古代食品名。

拖(*拕) tuō ㄊㄨㄛ ❶牵引，拉，拽：~车.~泥带水（喻做事不爽利）.~拉机.❷拖延，拉长时间：这件事应赶快结束，不能再~.

脱(❸**悦) tuō ㄊㄨㄛ ❶离开，落掉：~皮.~节.~逃.走~.⑬遗漏（文字）：~误.这中间~去了几个字.[脱离]断绝了关系，离开：一刻也不~~群众.❷取下，去掉：~衣裳.~帽.❸[通脱]放达，不拘小节.

驮 ㊀ tuó ㄊㄨㄛ 用背（多指牲口）负载人或物：那匹马~着两袋粮食.

㊁ duò 见 115 页。

佗 tuó ㄊㄨㄛ 负荷。[华佗]三国时名医。

陀 tuó ㄊㄨㄛˊ 山冈。[陀螺]（-luó）一种儿童玩具，呈圆锥形，用绳绕上然后拉或用鞭抽打，可以在地上旋转。

坨 tuó ㄊㄨㄛˊ ❶（-子、-儿）成块或成堆的：泥～子。❷露天盐堆。

沱 tuó ㄊㄨㄛˊ ❶〈方〉可以停放船的水湾，多用于地名。❷沱江，长江的支流，在四川省。

驼 tuó ㄊㄨㄛˊ ❶骆驼。❷身体向前曲，背脊突起：背．背都～了。

柁 ⊖ tuó ㄊㄨㄛˊ 房柁，房架前后两个柱子之间的大横梁。
⊜ duò 见116页。

砣 tuó ㄊㄨㄛˊ ❶秤锤。❷碾砣，碾子上的碌碡（liùzhou）。

铊 ⊖ tuó ㄊㄨㄛˊ 同“砣❶”。
⊖ tā 见473页。

鸵 tuó ㄊㄨㄛˊ 鸵鸟，现在鸟类中最大的鸟，颈长，翅膀小，不能飞，走得很快，生活在沙漠中。毛可做装饰品。

酡 tuó ㄊㄨㄛˊ 喝了酒，脸上发红：～颜．

跎 tuó ㄊㄨㄛˊ 见78页“蹉”字条“蹉跎”（cuō-）。

鼧 tuó ㄊㄨㄛˊ ［鼧鼥］（-bá）就是旱獭，俗叫“土拨鼠”。毛灰黄色，耳短，爪能掘地，毛皮可以做皮衣。

橐（**橐**） tuó ㄊㄨㄛˊ 一种口袋。
［橐驼］骆驼。

鼍（**鼉**） tuó ㄊㄨㄛˊ 鼍龙，俗叫“猪婆龙”。爬行动物，是鳄鱼的一种，皮可以蒙鼓。

妥 tuó ㄊㄨㄛˊ ❶适当，合适（逳-当）：已经商量好了．～为保存．这样做不～当．［妥协］在发生争执或斗争时，一方让步或双方让步：在原则性问题上决不能～．❷齐备，完毕：事已办～．

庹 tuǒ ㄊㄨㄛˇ 成人两臂左右伸直的长度（约5尺）。

椭（**橢**） tuǒ ㄊㄨㄛˊ 椭圆，长圆形。把一个圆柱体或正圆锥体斜着用一个平面截开，所成的截口就是椭圆形。

拓 ⊖ tuò ㄊㄨㄛˋ ❶开辟，扩充。❷姓。❸见325页“落”字条“落拓”（luò-）。

㈢ tà 见 474 页。

柝(**欜) tuò ㄊㄨㄛˋ 〈古〉打更用的梆子。

跅 tuò ㄊㄨㄛˋ [跅弛](—chí)放荡。

萚(蘀) tuò ㄊㄨㄛˋ 草木脱落的皮或叶。

箨(籜) tuò ㄊㄨㄛˋ 竹笋上一片一片的皮。

唾 tuò ㄊㄨㄛˋ ❶唾沫,唾液,口腔里的消化液,无色,无臭。❷啐,从嘴里吐(tǔ)出来:～手可得(喻容易得到).～弃(轻视、鄙弃).

魄 ㈠ tuò ㄊㄨㄛˋ "落魄"(luòpò)的"魄"的又音。
㈡ pò 见 386 页。
㈢ bó 见 36 页。

W ㄨ

WA ㄨㄚ

挖(**穵) wā ㄨㄚ 掘,掏:～个坑.～战壕.
[挖苦](—ku)用尖刻的话讥笑人:你别～～人.

哇 ㈠ wā ㄨㄚ 拟声词:哭得～～的.～的一声吐了一地.
㈡ wa 见 504 页。

洼(窪) wā ㄨㄚ ❶(一儿)凹陷的地方:水～儿.这里有个～儿.❷低凹,深陷:～地.这地太～.眼眶～进去.

蛙 wā ㄨㄚ 两栖动物,种类很多,卵孵化后为蝌蚪,逐渐变化成蛙。青蛙是常见的一种,捕食害虫,对农作物有益。

娲(媧) wā ㄨㄚ [女娲]神话中的女帝王,传说她曾经炼五色石补天。

娃 wá ㄨㄚˊ ❶(一子、一儿)小孩子:女～儿.胖～.❷旧称美女:娇～.❸〈方〉某些幼小的动物:猪～.鸡～.

瓦 ㈠ wǎ ㄨㄚˇ ❶用陶土烧成的:～盆.～器.❷用陶土烧成的覆盖房顶的东西:～房.[瓦解]⑯溃散:土崩～～.❸〈外〉电的功率单位名瓦特的简称,符号 W.
㈡ wà 见 504 页。

佤 wǎ ㄨㄚˇ [佤族]我国少数民族,参看附表。

瓦 ㊁wà ㄨㄚˋ 盖(瓦):～瓦(wǎ).[瓦刀]瓦工用来砍断砖瓦并涂抹泥灰的工具。

㊀wǎ 见503页。

袜(襪，＊韈) wà ㄨㄚˋ (一子)穿在脚上、不直接着地的东西，一般用布、纱线等制成。

腽 wà ㄨㄚˋ [腽肭](一nà)就是海熊，通称"海狗"。海里的一种哺乳动物，毛皮很美。阴茎和睾丸叫腽肭脐，可入药。

哇 ㊀wa ˙ㄨㄚ 助词(前面紧挨着的音一定是 u、ao、ou 等结尾的):你别哭～.多好～.快走～.

㊁wā 见503页。

WAI ㄨㄞ

歪 wāi ㄨㄞ ❶不正，偏斜:～着头.这张画挂～了.[歪曲]故意颠倒是非:～～事实. ❷不正当的，不正派的:～门邪道.～风.

喎(喎) wāi ㄨㄞ 嘴歪:口眼～斜.

崴 (❷＊＊跮) ㊀wǎi ㄨㄞˇ ❶〈方〉(一子)山、水弯曲处。多用于地名，如吉林有三道崴子。❷(脚)扭伤。❸山路不平。

㊁wēi 见508页。

外 wài ㄨㄞˋ ❶跟"内"、"里"相反:国～.～伤.[外行](一háng)对某种业务不通晓，缺乏经验。❷不是自己这方面的:～国.～乡.～人.❸指外国:对～贸易.古金中～.～宾.❹关系疏远的:这里没～人.不要见～.❺称母亲、姐妹或女儿方面的亲戚:～祖母.～甥.～孙.❻(除此)另外，以外:～加.此～.❼非正式的:～号.～史.❽旧时戏曲角色名，多演老年男子。

WAN ㄨㄢ

弯(彎) wān ㄨㄢ ❶屈曲不直，使屈曲(叠一曲):～路.～腰.❷(一子、一儿)曲折的部分:转～抹角.这根竹竿有个～儿.❸拉(弓):～弓.

塆(壪) wān ㄨㄢ 山沟里的小块平地，多用于地名。

湾(灣) wān ㄨㄢ ❶水流弯曲的地方:汾河～.❷海湾，海洋伸入陆地的部分:胶州～.港～.❸使船停住:把船～在那边.

剜 wān ㄨㄢ 用刀挖,挖去:～肉补疮(喻只顾眼前,不惜用有害的方法来救急).

䄂 wān ㄨㄢ 〈方〉(一子)裁衣服剩下的大片材料.

蜿 wān ㄨㄢ [蜿蜒](一yán)蛇爬行的样子.⑪弯弯曲曲的:一条～～的小路.

豌 wān ㄨㄢ [豌豆]一年或二年生草本植物,开白花,种子和嫩茎、叶都可吃.

丸 wán ㄨㄢ ❶(一子、一儿)小而圆的东西:弹～.药～儿.肉～子.❷专指丸药:～散膏丹.

芄 wán ㄨㄢ 芄兰,多年生蔓(màn)草.叶对生,心脏形.花白色,有紫红色斑点.茎、叶和种子可入药.

汍 wán ㄨㄢ [汍澜](一lán)流泪的样子.

纨 wán ㄨㄢ 细绢,很细的丝织品.[纨绔](一kù)古代贵族子弟的华美衣着:～～子弟(指专讲吃喝玩乐的子弟).

完 wán ㄨㄢ ❶齐全(逾一整):～美无缺.准备得很～善.❷尽,没有了:用～

了.卖～了.事情做～了.❸做成,了结:～成任务.～工.～婚.❹交纳:～粮.～税.

玩(❸—❺*翫) wán ㄨㄢ ❶(一儿)游戏,做某种游戏(逾一耍):出去～.～皮球.[玩弄]1.摆弄着玩:不要～～火柴.2.要弄:～～手段.[玩笑]玩和嬉笑,也指这样的行动或言语:开～～.[玩意儿]1.玩具.2.〈方〉指杂技、曲艺,如魔术、大鼓等.3.指东西、事物.❷(一儿)要弄,使用:～花招儿.❸观赏:游～.～物丧志.❹可供观赏,把玩的东西:古～.❺轻视,用不严肃的态度来对待(逾一忽):～世不恭.～视.(❸—❺旧读 wàn)

顽 wán ㄨㄢ ❶愚蠢无知:～石.愚～.❷固执,不容易变化:～梗.～癣.[顽固]1.思想保守,不愿意接受新鲜事物.2.坚持自己的错误观点或做法,不加改变.[顽强]坚强,不屈服:～～地工作着.他很～～,并没被困难吓倒.❸顽皮,小孩淘气:～童.❹同"玩❶❷".

烷 wán ㄨㄢ 有机化学中,分子式可以用 C_nH_{2n+2} 表示的一类化合物.烷系化合物是构成石油的主要成分。

宛 wǎn ㄨㄢˇ ❶曲折。[宛转]1.辗转。2.同"婉转"。❷宛然,仿佛:音容～在.

菀 wǎn ㄨㄢˇ ❶紫菀,多年生草本植物,叶子椭圆状披针形,花蓝紫色。根和根茎可入药。❷茂盛的样子。

惋 wǎn ㄨㄢˇ 叹惜:～惜.

婉 wǎn ㄨㄢˇ ❶和顺,温和:～言.委～.[婉转][宛转]说话温和而曲折,但不失本意:措词～～.❷美好.

琬 wǎn ㄨㄢˇ 美玉。[琬圭]没有棱角的圭。

碗(*盌、*椀) wǎn ㄨㄢˇ ❶盛(chéng)饮食的器皿。❷(一子、一儿)像碗的东西:橡子.轴～儿.

畹 wǎn ㄨㄢˇ 古代称三十亩为一畹。

[畹町](—dīng)地名,在云南省.

莞 ⊖ wǎn ㄨㄢˇ [莞尔]微笑的样子。
⊜ guǎn 见168页。

脘 wǎn ㄨㄢˇ 胃脘,中医指胃的内部。

皖 wǎn ㄨㄢˇ 安徽省的别称。

挽(❸*輓) wǎn ㄨㄢˇ ❶拉:～弓.手～着手.❷设法使局势好转或恢复原状:～救.力～狂澜.❸追悼死人:～歌.～联.❹同"绾".

晚 wǎn ㄨㄢˇ ❶太阳落了的时候:从早到～.吃～饭.开～会.⑩夜间:昨天～上没睡好。❷一个时期的后段,在一定时间以后:来～了.时间～了.赶快努力还不～.～年(老年).～秋.❸后来的:～辈.❹晚辈对长辈的自称.

绾 wǎn ㄨㄢˇ ❶把长条形的东西盘绕起来打成结:～结.～个扣.把头发～起来.❷卷:～起袖子.

万(萬) ⊖ wàn ㄨㄢˋ ❶数目,十个一千.⑩多:～物.气象～千.～能铣床.[万岁]千秋万代永远存在(祝颂语):人民～～.祖国～～.[万一]⑪意外,意外地:以防～～.⑫失败.❷

极，很，绝对：～难.～全.～不得已.❸姓.

㊁ mò 见 348 页.

腕 wàn ㄨㄢˋ 胳膊下端跟手掌相连的部分.（图见 486 页"体"）

蔓 ㊀ wàn ㄨㄢˋ（—儿）细长能缠绕的茎：瓜～儿.扁豆爬～儿了.

㊁ màn 见 330 页.

㊂ mán 见 329 页.

WANG ㄨㄤ

尪(**尩) wāng ㄨㄤ ❶胫、脊或胸部弯曲的病.❷瘦弱.

汪 wāng ㄨㄤ ❶深广：～洋大海.❷液体聚集在一个地方：地上～着水.[汪汪] 1. 充满水或眼泪的样子：泪～～.水～～.2. 拟声词，狗叫声.❸量词：一～水.

亡 ㊀ wáng ㄨㄤˊ ❶逃（龚逃—）：～命.流～.㊉失去：～羊补牢（喻事后补救）.唇～齿寒（喻利害相关）.❷死（龚死—）：伤～很少.㊉死去的：～弟.❸灭（龚灭—）：～国.

㊁ wú 见 518 页.

王 ㊀ wáng ㄨㄤˊ ❶古代指帝王或最高的爵位.❷一族或一类中的首领：兽～.蜂～.花中之～.❸大，辈分高：～父（祖父）.～母（祖母）.❹姓.

㊁ wàng 见 508 页.

网(網) wǎng ㄨㄤˇ ❶用绳线等结成的捕鱼捉鸟的器具：鱼～.[网罗] 搜求，设法招致：～人才.❷用网捕捉：～鱼.～鸟.❸像网的东西：～兜儿.铁丝～.❹像网样的组织或系统：通信～.宣传～.

罔 wǎng ㄨㄤˇ ❶蒙蔽，诬欺：欺～.❷无，没有：置若～闻（放在一边不管，好像没听见一样）.

惘 wǎng ㄨㄤˇ 不得意（龚怅—）：～然.

辋 wǎng ㄨㄤˇ 车轮周围的框子.（图见 322 页"轮"）

魍 wǎng ㄨㄤˇ [魍魉]（—liǎng）传说中山林中的一种怪物.

枉 wǎng ㄨㄤˇ ❶曲，不直：矫～过正.❷使歪曲：～法.❸受屈，冤屈（龚冤—、屈—）.❹徒然，白白地：～然.

～费心机.

往 wǎng ㄨㄤ ❶去，到：～返.此车开～上海.❷过去(逶一昔)：～年.～事.❸介词，朝、向：～东走.～前看.[往往]副词，常常：这些小事情～～被人忽略.

王 ㊀ wàng ㄨㄤ ❶统一天下：以德行仁者～.❷统治，君临：～此大邦.
㊁ wáng 见507页。

旺 wàng ㄨㄤ 盛，兴盛(逶—盛、兴—)：火很～.～季.

望 wàng ㄨㄤ ❶看，往远处看：登高远～.～尘莫及.❷拜访(逶看—)：❸希图，盼(逶盼—、希—)：喜出～外.丰收有～.❹怨恨，责怪。❺名望，声誉：德高～重.威～.❻夏历每月十五日。❼介词，向：～东走.～上瞧.

妄 wàng ㄨㄤ 乱，荒诞不合理：～动.～想.勿～言.

忘 wàng ㄨㄤ 忘记，不记得，遗漏：别～了拿书.喝水不～掘井人.

WEI ㄨㄟ

危 wēi ㄨㄟ ❶不安全，跟"安"相反(逶—险)：转～为安.[危言]使人惊奇的话：～～耸听.[临危]将死，面临生命危险。❷损害(逶—害)：～及家国.❸高的，陡的：～楼.❹端正：正襟～坐.❺星宿名，二十八宿之一。

委 ㊀ wēi ㄨㄟ [委蛇](—yí) 1.敷衍，应付：虚与～～. 2.同"逶迤"。
㊁ wěi 见511页。

逶 wēi ㄨㄟ [逶迤](—yí)道路、河道等弯曲而长：山路～～.

巍 wēi ㄨㄟ 高大(叠)：～峨.～～高山.

威 wēi ㄨㄟ ❶使人敬畏的气魄，声势：示～游行.～力.～望.权～.❷凭借力量或势力：～胁.～逼.

葳 wēi ㄨㄟ [葳蕤](—ruí)草木茂盛的样子。

嵬 wēi ㄨㄟ [嵬嵬](—wéi)山高的样子。
㊀ wěi 见504页。

偎 wēi ㄨㄟ 紧挨着，亲密地靠着：小孩儿～在母亲的怀里.

隈 wēi ㄨㄟ 山、水等弯曲的地方。

煨 wēi ㄨㄟ ❶在带火的灰里把东西烧熟：～白薯.❷用微火慢慢地煮：～鸡.

肉.

鳂 wēi ㄨㄟ 鱼名。身体多为红色，眼大，口大而斜。生活在热带海洋.

微 wēi ㄨㄟ ❶小，细小（働细一）：防～杜渐.❷轻微，稍（働稍一）（叠）：～感不适.～～一笑.❸衰落，低下：衰～.❹精深，精妙：～妙.❺主单位的百万分之一：～米.

溦 wēi ㄨㄟ 小雨.

薇 wēi ㄨㄟ 一年生或二年生草本植物，又叫"巢菜"或"野豌豆"。花紫红色，种子可吃.

韦（韋） wéi ㄨㄟ 熟皮子，去毛加工鞣制的兽皮.

违（違） wéi ㄨㄟ ❶背，反，不遵守（働一背、一反）：～法.阳奉阴～.❷不见面，离别：久～.

围（圍） wéi ㄨㄟ ❶环绕，四周拦挡来：～巾.～墙.包～敌人.❷四周：四～都是山.这块地方周～有多大？❸（一子）圈起来作拦阻或遮挡的东西：土～子.床～子.❹量词，两只手的拇指和食指合拢起来的

长度：腰大十～.又指两只胳膊合拢起来的长度：树大十～.

帏（幃） wéi ㄨㄟ ❶帐子，幔幕.❷古代佩带的香囊.

闱（闈） wéi ㄨㄟ ❶古代宫室的旁门：宫～（宫殿里边）.❷科举时代称考场：秋～.

涠（潿） wéi ㄨㄟ ［涠洲］岛名，在广西壮族自治区北海市以南.

为（爲、**為） ㊀ wéi ㄨㄟ ❶做，行：事在人～.所作所～.㋯作为，作事的能力：年轻有～.❷做，当：他被选～人大代表.拜他～师.❸成为，变成：一分～二.高岸～谷，深谷～陵.❹是：十二个～一打.❺介词，被：～人所笑.❻助词，常跟"何"相应，表疑问：何以家～？❼附于单音形容词后，表程度、范围：大～增色.广～传播.❽附于表程度的单音副词后，加强语气：极～重要.尤～出色.

㊁ wèi 见 512 页.

沩（潙、**溈） wéi ㄨㄟ 沩水，水

名，在湖南省。

圩 ㊀ wéi ㄨㄟˊ ❶江淮低洼地区周围防水的堤。❷有圩围住的地区：～田．盐～．❸(一子)围绕村落四周的障碍物，也作"围子"：土～子．树～子．
㊁ xū 见549页。

椳 wéi ㄨㄟˊ 椳杆，船上挂帆的杆子。

礵(礵) ㊀ wéi ㄨㄟˊ [礸礘]形容很高的样子。
㊁ wèi 见512页。

唯 wéi ㄨㄟˊ ❶同"惟❶"。❷答应的声音(叠)：～～诺诺．～～否否．

帷 wéi ㄨㄟˊ (一子)围在四周的帐幕：车～子．运筹～幄．

惟 wéi ㄨㄟˊ ❶单单，只：～有他因病不能去．～恐落后．❷但是：雨虽止，～路途仍甚泥泞．❸文言助词，用在年、月、日之前：～二月既望．❹思惟，想．"思惟"通常写作"思维"．

维 wéi ㄨㄟˊ ❶连结(连系)．[维护]保全，保护．[维持]设法使继续存在．❷文言助词：～妙～肖．

[维吾尔族]我国少数民族，参看附表。

潍 wéi ㄨㄟˊ 潍河，水名，在山东省。

巍 wéi ㄨㄟˊ 高大。

伟(偉) wěi ㄨㄟˇ 大(一大)：身体魁～．～大的祖国．～人(对人民有大功绩的人)．

苇(葦) wěi ㄨㄟˇ (一子)芦苇，见316页"芦"。

纬(緯) wěi ㄨㄟˇ ❶纬线，织布时用梭穿织的横纱，编织物的横线。❷地理学上假定跟赤道平行的线，以赤道为中点，向北称"北纬"，向南称"南纬"，到南北极各90°。❸指纬书(东汉神学迷信附会儒家经义的一类书)。

玮(瑋) wěi ㄨㄟˇ 玉名。

炜(煒) wěi ㄨㄟˇ 光明。

韡(韡) wěi ㄨㄟˇ (叠)盛，光明。

韪(韙) wěi ㄨㄟˇ 是，对(常和否定词连用)：冒天下之大不～．

伪(僞、**偽) wěi ㄨㄟˇ ❶假,不真实:去～存真.～造.～装.❷不合法的:～政府.

尾 ⊖ wěi ㄨㄟˇ ❶(一巴)鸟、兽、虫、鱼等身体末端突出的部分:猪～巴.[交尾]鸟兽等交配.❷末端:排～.❸尾随,在后面跟:～其后.❹量词,用于鱼.❺星宿名,二十八宿之一.
⊜ yǐ 见577页.

娓 wěi ㄨㄟˇ [娓娓]形容谈论不倦或说话动听:～～动听.

委 ⊖ wěi ㄨㄟˇ ❶任,派,把事交给人办(鄄一任):～以重任.❷抛弃,舍弃(鄄一弃):～之于地.❸推托,推卸:～过于人.推～.❹曲折,婉转:话说得～婉.[委屈](一qu)含冤受屈或心里苦闷:心里有～～,又不肯说.❺末,尾:原～.❻确实:～系实情.～实不错.❼委员或委员会的简称:编～.体～.市～.
[委靡][萎靡](一mǐ)颓丧,不振作:精神～～.
⊜ wēi 见508页.

诿 wěi ㄨㄟˇ 同"委❸":互相推～.

萎 wěi ㄨㄟˇ 干枯衰落:枯～.～谢.气～.[萎缩]1.体积缩小,表面变皱,退:经济～～.2.衰退:经济～～.

瘘 wěi ㄨㄟˇ 身体某部分萎缩或丧失机能的病.

洧 wěi ㄨㄟˇ [洧川]地名,在河南省尉氏.

痏 wěi ㄨㄟˇ ❶瘢痕.❷伤口.

鲔 wěi ㄨㄟˇ 古书上指鲟(xún)鱼.

隗 ⊖ wěi ㄨㄟˇ 姓.
⊜ kuí 见276页.

颓 wěi ㄨㄟˇ 安静.

猥 wěi ㄨㄟˇ ❶鄙陋,下流.[猥亵](一xiè)指关于淫秽的:言词～～.～～行为.❷杂,多.

卫(衛、**衞) wèi ㄨㄟˋ ❶保护,防护(鄄保一):保家～国.自～.[卫生]保护身体的健康,预防疾病:个人～～.环境～～.❷防护人员:警～.后～.❸文言指驴:策双～来迎.❹明代驻兵的地点:～所.❺周代诸侯国名,在今河南省北部和河北省南部一带.

为(爲、**為) ㄨㄟˋ ❶
介词,替,给:～人民服务. ❷
介词,表目的(可以和"了"连
用):～早日实现四化而斗争.
～了美好的明天而努力. ❸
介词,对,向:且～诸君言之.
❹帮助,卫护.

(一) wéi 见 509 页.

未 wèi ㄨㄟˋ ❶地支的第八
位. ❷未时,指下午一点
到三点. ❸表示否定.1.不,～
知可否. 2.没有,不曾:～成
年.此人～来. ❹放在句末,表
示疑问:君知其意～?

味 wèi ㄨㄟˋ ❶(一儿)味道,
滋味,舌头尝东西所得到
的感觉:五～.带甜～儿.[口
味]喻对事物的喜好:这件事
正合他的～～. ❷(一儿)气
味,鼻子闻东西所得到的感
觉:香～儿.臭～儿. ❸(一儿)
意味,情趣:趣～.意～深长.
❹体会,研究:细～其言.必须
细细体味,才能懂得其中的道
理. ❺量词,用于中药的种类:
这个方子一共七～药.

位 wèi ㄨㄟˋ ❶位置,所在的
地方:座～. ❷职位,地
位. ❸特指皇位:即～.在～.
篡～. ❹一个数中,每个数码

所占的位置:个～.十～. ❺量
词,用于人:诸～同志.三～客
人.

畏 wèi ㄨㄟˋ ❶怕(逾一惧):
大无～的精神. ～首
尾. ❷敬佩:后生可～.

喂(❷❸*餵、❷❸*餧)
wèi ㄨㄟˋ ❶叹词,打招呼时
用:～,是谁? ～,快来呀! ❷
把食物送进人嘴里:～小孩
儿. ❸给动物东西吃:～牲口.
畜(xù)养:～鸡.～猪.

硙 wèi ㄨㄟˋ〈方〉石磨(mò).

碨(礂) (二) wèi ㄨㄟˋ 同
"硙".

(一) wéi 见 510 页.

胃 wèi ㄨㄟˋ ❶胃脏,人和某
些动物消化器官的一部
分,能分泌胃液、消化食物.
(图见 612 页"脏") ❷星宿
名,二十八宿之一.

谓 wèi ㄨㄟˋ ❶告诉:人～
曰. ❷称,叫做:称～.何
～人工呼吸法? [所谓]所说
的:～～分析,就是分析事物
的矛盾. [无谓]没意义,说不
出道理:这种争论太～～了.

猬(*蝟) wèi ㄨㄟˋ 刺猬,
哺乳动物,身上

长着硬刺，嘴很尖，昼伏夜出，捕食昆虫和小动物等。

渭 wèi ㄨㄟˋ 渭河，发源于甘肃省，流入陕西省，会泾水入黄河。

尉 ㊀ wèi ㄨㄟˋ ❶古官名：太～。❷军衔名：上～。❸[尉氏]地名，在河南省。
㊁ yù 见601页。

蔚 ㊀ wèi ㄨㄟˋ ❶草木茂盛。㊋盛大：～为大观.[蔚蓝]晴天天空的颜色：～～的天空。❷文采华美：云蒸霞～.
㊁ yù 见601页。

慰 wèi ㄨㄟˋ ❶使人心里安适：安～.～问伤员。～劳前方战士。❷心安：欣～.甚～.

鳚 wèi ㄨㄟˋ 鱼名。体小，侧扁，无鳞，身体前端有侧线。生活在近海。

遗 ㊀ wèi ㄨㄟˋ 赠与：～之千金。
㊁ yí 见576页。

魏 wèi ㄨㄟˋ ❶古国名。1.战国国名，在今河南省北部，山西省西南部一带。2.三国之一，曹丕所建立（公元220—265年），在今黄河流域甘肃省以下各省和湖北、安徽、江苏三省北部和辽宁省南部。❷北魏，北朝之一，拓跋珪所建立（公元386—534年）。

WEN ㄨㄣ

温 wēn ㄨㄣ ❶不冷不热（叠—暖）：～水.[温饱]衣食充足。❷温度，冷热的程度：气～.低～.体～.❸性情柔和（叠—柔、－和）。❹使东西热：～酒.❺复习：时常～习学过的知识。❻中医指温热病：春～.冬～.❼同"瘟"。

榅 wēn ㄨㄣ [榅桲]（－po）落叶灌木或小乔木，叶椭圆形，背面密生绒毛，花淡红色或白色。果实也叫榅桲，有香气，味酸，可制蜜饯。

辒 wēn ㄨㄣ [辒辌]（－liáng）古代可以卧的车，也用做丧车。

瘟 wēn ㄨㄣ 瘟疫，流行性急性传染病：～疫.～病.猪～.

蕰 wēn ㄨㄣ [蕰草]〈方〉指水中生长的杂草，可作肥料。

鳁 wēn ㄨㄣ [鳁鲸]哺乳动物，外形像鱼，生活在海洋中，体长6—9米，背黑色，腹部白色，头上有喷水孔，无牙齿，有鲸须，背鳍小。脂肪可以炼油。

文 wén ㄨㄣˊ ❶事物错综所成的纹理或形象：天～.地～.❷刺画花纹：断发～身.❸文字，记录语言的符号：甲骨～.外～.扫除～盲.[文献]有历史价值或参考价值的图书资料.[文学]用语言、文字表现出来的艺术作品，如诗歌、小说、散文、戏曲等.[文言]旧时写文章常用的话，跟"白话"相对，也省称"文".[文章]把有组织的话用文字写成的篇章，也省称"文"：作～.古～.❹旧时指礼节仪式：虚～.繁～缛节.[文化]1.人类在社会历史发展过程中所创造的物质财富和精神财富的总和，特指精神财富，如哲学、科学、教育、文学、艺术等.2.考古学用语，指同一个历史时期的不依分布地点为转移的遗迹、遗物的综合体.同样的工具、用具，同样的制作技术等，是同一种文化的特征，如仰韶文化等.3.语文、科学等知识：～～水平高.学～～.[文明]社会发展到较高阶段表现出来的状态：中国是世界～～发达最早的国家之一.[文物]过去遗留下来的在文化发展史上有价值的东西.❺外表，容态：～质彬彬.❻指关于知识分子的，非军事的：～人，～臣武将.⑫柔和：～雅.～绉绉.[文火]不猛烈的火.❼量词，用于旧时的铜钱：一～钱.一～不值.❽(旧读 wèn)文饰，掩饰：～过饰非.

纹 ㊀ wén ㄨㄣˊ 条纹(邋—理)：水～.指～.这木头～理很好看.

㊁ wèn 见 515 页.

炆 wén ㄨㄣˊ 〈方〉用微火焖食物.

蚊 wén ㄨㄣˊ (～子)昆虫名.种类很多，幼虫叫孑孓，生活在水里.雌的吸人畜的血液，有的传染疟疾、流行性脑炎等.雄的吸植物汁液.

雯 wén ㄨㄣˊ 成花纹的云彩.

闻 wén ㄨㄣˊ ❶听见：耳～不如目见.❷听见的事情，消息：新～.奇～.❸(旧读 wèn)出名，有名望：～人.❹名声：令～.丑～.❺用鼻子嗅气味：你～～这是什么味？我～见香味了.

阌 wén ㄨㄣˊ [阌乡]地名，在河南省灵宝.

刎 wěn ㄨㄣˇ 割脖子：自～.

吻(*脗) wěn ㄨㄣ ❶嘴唇；接～.[吻合]相合. ❷用嘴唇接触表示喜爱.

抆 wěn ㄨㄣ 擦：～泪.

紊 wěn ㄨㄣ（旧读 wèn）乱（遙—乱）：有条不～.

稳(穩) wěn ㄨㄣ ❶稳当，安定，固定：站～.～步前进.（喻）沉着，不轻浮：～重. ❷使稳定：～住局势. ❸准确，可靠：十拿九～.

问 wèn ㄨㄣ ❶有不知道或不明白的请人解答：到～事处去～一～.[问题]1.要求回答或解释的题目.2.尚待解决或弄不明白的事. ❷慰问：～候. ❸审讯，追究：～口供.（引）问罪，惩办：胁从不～. ❹管，干预：概不过～.

汶 wèn ㄨㄣ 汶河，水名，在山东省.

纹 ㊀ wèn ㄨㄣ 同"璺".
㊁ wén 见 514 页.

揾 wèn ㄨㄣ ❶用手指按住. ❷擦.

璺 wèn ㄨㄣ 器物上的裂痕：这个碗有一道～.打破沙锅～(谐"问")到底.

WENG ㄨㄥ

翁 wēng ㄨㄥ ❶老头儿：渔～.老～. ❷父亲. ❸丈夫的父亲或妻子的父亲：～姑(公婆).～婿.

嗡 wēng ㄨㄥ 拟声词(叠)：飞机～～响.蜜蜂～～地飞.

滃 ㊀ wēng ㄨㄥ 滃江，水名，在广东省.
㊁ wěng 见本页.

鹟 wēng ㄨㄥ 鸟名.身体小，嘴稍扁平，吃害虫，是益鸟.

鞝 wēng ㄨㄥ〈方〉靴勒(yào).

蓊 wěng ㄨㄥ 形容草木茂盛：～郁.～茸.

滃 ㊀ wěng ㄨㄥ ❶形容水盛. ❷形容云起.
㊁ wēng 见本页.

瓮(*甕) wèng ㄨㄥ 一种盛水、酒等的陶器.[瓮城]围绕在城门外的小城.

蕹 wèng ㄨㄥ 蕹菜，俗称"空心菜".一年生草本植物，茎中空，叶心脏形，叶柄长，花白色，漏斗状.嫩茎叶可做菜吃。

齆 wèng ㄨㄥˋ 鼻子堵塞不通气。

OW ㄨㄛ

挝(撾) 〔一〕 wō ㄨㄛ ［老挝］国名，在印度支那半岛。

〔二〕 zhuā 见 650 页。

莴(萵) wō ㄨㄛ ［莴苣］（一jù）一年或二年生草本植物，叶多长形，花黄色，分叶用和茎用两种。叶用的叫莴苣菜或生菜，茎用的叫莴笋。

涡(渦) 〔一〕 wō ㄨㄛ 旋涡，水流旋转形成中间低洼的地方；卷入旋～（喻被牵入纠纷里）。

〔二〕 guō 见 174 页。

窝(窩) wō ㄨㄛ ❶（一儿）禽兽或其他动物的巢穴：鸡～.马蜂～.狼～.❷藏匿犯法的人或东西：～贼.～赃.～藏.❸坏人聚集之处：贼～.❹（一儿）洼陷的地方：酒～.❺弄弯：把铁丝～个圆圈.❻郁积不得发作或发挥：～火.～心.［窝工］因调配不好，工作人员没有充分发挥作用.❼量词：一～小猪.

蜗(蝸) wō ㄨㄛ 蜗牛，一种软体动物，有螺旋形扁圆的硬壳，头部有两对触角。吃嫩叶，对农作物有害。［蜗居］⑩窄小的住所。

倭 wō ㄨㄛ 古代称日本。

踒 wō ㄨㄛ （手、脚等）猛折而筋骨受伤：手～了。

喔 wō ㄨㄛ 拟声词，形容鸡叫声。

我 wǒ ㄨㄛ 代词，自称，自己：～国.自～批评.忘～精神.

肟 wò ㄨㄛ 有机化合物的一类，通式是 RC＝NOH。是羟胺（NH₂OH）与醛或酮缩合而成的化合物。

沃 wò ㄨㄛ ❶土地肥（叠肥一）：～土.～野.❷灌溉，浇：沃浇。

卧(**臥) wò ㄨㄛ ❶睡倒，躺或趴：仰～.～倒.～病.❷有关睡觉的：～室.～铺.❸趴伏（指动物）：鸡～在窝里.猫～在炉子旁边。

偓 wò ㄨㄛ 用于人名。

握 wò ㄨㄛ 攥(zuàn)，手指弯曲合拢来拿：～手.

幄 wò ㄨㄛˋ 帐幕。

渥 wò ㄨㄛˋ 沾湿，沾润。

[优渥] 优厚。

龌 wò ㄨㄛˋ [龌龊](—chuò) 肮脏，不干净。喻人的品质恶劣。

涴 wò ㄨㄛˋ 〈方〉弄脏，泥、油等沾在衣服、器物上。

硪 wò ㄨㄛˋ (—子) 一种砸地基的工具。

斡 wò ㄨㄛˋ 转，旋。[斡旋] 喻居中调停，把弄僵了的局面扭转过来；从中～～.

WU ㄨ

乌(烏) ㊀ wū ㄨ ❶乌鸦，鸟名，俗叫"老鸹"(gua)或"老鸦"。[乌合] 喻无组织地聚集：～～之众。❷黑色：～云。～木。❸〈古〉表示疑问，哪，何：～足道哉？❹[乌呼]同"呜呼"。
[乌孜别克族] 我国少数民族，参看附表。
㊁ wù 见520页。

邬(鄔) wū ㄨ 姓。

呜(嗚) wū ㄨ ❶拟声词(叠)：工厂汽笛～～地叫。❷[呜呼] 1.文言叹词。2.旧时祭文常用"呜呼"表示叹息，后借指死亡：一命～～.

钨(鎢) wū ㄨ 一种金属元素，符号W，灰黑色的晶体，质硬而脆，熔点很高，可以拉成很细的丝。钨丝可以做电灯泡中的细丝。钢里面加入少量的钨合成钨钢，可以制造机器、钢甲等。

圬(杇**)** wū ㄨ ❶泥瓦工人用的抹(mǒ)子。❷抹(mò)墙。

污(汚、汙**)** wū ㄨ 肮脏(叠—秽)。～泥。喻不廉洁：贪～.[污辱] 用无理的言行给人以难堪。

巫 wū ㄨ 专以祈祷求神骗取财物的人。

诬(誣) wū ㄨ 硬说别人做了某种坏事(叠—赖)：～告．～蔑．～陷.

於 ㊀ wū ㄨ 〈古〉叹词。[於乎][於戏](—hū)同"呜呼"。
[於菟](—tú)〈古〉老虎的别称。
㊁ yú 见596页。
㊂ yū 见595页。

屋 wū ㄨ ❶房(叠房—)．㊤〈方〉家。❷房间：他住

在东房的北～.

恶（惡） 〔四〕 wū ㄨ 〈古〉 ❶同"乌❸". ❷叹词：～,是何言也!

　　〔一〕è 见 117 页.

　　〔二〕wù 见 520 页.

　　〔三〕ě 见 117 页.

亡 〔二〕wú ㄨ 〈古〉同"无".

　　〔一〕wáng 见 507 页.

无（無） wú ㄨ ❶没有,跟"有"相反：～产阶级.从～到有. ❷不：～须乎这样.～妨试试.［无非］不过是,不外如此：他批评你,～～是想帮助你进步.［无论］连词,不拘,不管,常跟"都"连用：～～是谁都要遵守纪律.

芜（蕪） wú ㄨ ❶长满乱草（叠荒—）：～城. ❷〔喻〕杂乱：～杂.～词.

毋 wú ㄨ 不要,不可以：宁缺～滥.

吾 wú ㄨ 我,我的.

郚 wú ㄨ 见 479 页"鄌"字条"鄌郚"(táng—).

唔 〔一〕wú ㄨ 见 574 页"咿"字条"咿唔"(yī—).

　　〔二〕ńg 见 358 页.

　　〔三〕ń 见 352 页.

浯 wú ㄨ 浯水,水名,在山东省.

梧 wú ㄨ 梧桐,落叶乔木,树干很直,木质坚韧.

锫 wú ㄨ 见 277 页"锟"字条"锟锫"(kūn—).

鼯 wú ㄨ 鼯鼠,哺乳动物,尾巴很长,前后肢之间有薄膜,能从树上滑翔下来,住在树洞中,昼伏夜出.

吴 wú ㄨ 古国名. 1.周代诸侯国名,在今江苏省南部和浙江省北部,后来扩展到淮河下游一带. 2.三国之一,孙权所建立(公元 222－280 年),在今长江中下游和东南沿海一带.

蜈 wú ㄨ ［蜈蚣］(－gong)节肢动物,由许多环节构成,每节有脚一对,头部的脚像钩子,能分泌毒液,捕食小虫,可入药.

鹀 wú ㄨ 鸟名.大小和形状似麻雀.雄鸟羽毛颜色较鲜艳.吃种子和昆虫.

五 wǔ ㄨ ❶数目字. ❷旧时乐谱记音符号的一个,相当于简谱的"6".

伍 wǔ ㄨ ❶古代军队的编制,五个人为一伍. ❷军队：入～. ❷伙,相为伍～.

❸"五"字的大写。

午 wǔ ㄨˇ ❶地支的第七位。❷午时,指白天十一点到一点:~饭.特指白天十二点:~前.下一点开会.[午夜]半夜。

仵 wǔ ㄨˇ 姓。

[仵作]旧时官署检验死伤的人员。

迕 wǔ ㄨˇ ❶相遇。❷逆,违背:违~.

忤 wǔ ㄨˇ 逆,不顺从。

庑(廡) wǔ ㄨˇ 古代堂下周围的屋子。

沅(潕、**潕**) wǔ ㄨˇ 沅水,水名,在湖南省。

怃(憮) wǔ ㄨˇ ❶惊愕。❷怃然,失意的样子。

妩(嫵、**娬**) wǔ ㄨˇ [妩媚](女子)姿态美好。

武 wǔ ㄨˇ ❶关于军事或技击的:~装.~器.~术.❷勇猛;英~.[武断]只凭主观判断:你这种看法太~~.❸半步:行不数~.

鹉 wǔ ㄨˇ 见 586 页"鹦"字条"鹦鹉"(yīng—)。

侮 wǔ ㄨˇ 欺负,轻慢(鱼—辱、欺):中国人民是不可~的.抵御外~.

捂(**捂**) wǔ ㄨˇ 严密地遮盖住或封闭起来:用手~着嘴.放在罐子里~起来免得走味儿.

牾 wǔ ㄨˇ 抵触,冲突,不顺从:抵~.

舞 wǔ ㄨˇ ❶按一定的节奏转动身体表演各种姿势:手~足蹈.~剑.秧歌~.[鼓舞]激励,使人奋发振作:~~群众的热情.❷耍弄:~弊.~文弄墨。

兀 wù ㄨˋ ❶高而上平。❷高耸特出:突~.❸元曲中用为发语词。

阢 wù ㄨˋ [阢陧](—niè)同"杌陧"。

杌 wù ㄨˋ ❶杌凳,较矮的凳子:手~.❷[杌陧](—niè)(局势、心情等)不安。

靰 wù ㄨˋ [靰鞡](—la)东北地区冬天穿的一种用皮革做的鞋,里面垫着靰鞡草.也作"乌拉"。

勿 wù ㄨˋ 别,不要:请~动手!闻声~惊。

芴 wù ㄨˋ ❶ 一年生草本植物，产于我国北部和中部，可供观赏，也可当做蔬菜食用。❷ 有机化合物，化学式 $C_{13}H_{10}$。白色片状晶体，存在于煤焦油中。用来制染料、杀虫剂和药物等。

物 wù ㄨˋ ❶ 东西：～价。万～。新事～。❸⃝ 具体内容：言之有～。[物色]寻求（合适的人选或东西）。[物质]1. 独立存在于人们意识之外，能为人们的意识所反映的客观世界：～～不灭。～～是可以被认识的。2. 指金钱，供吃、穿、用的东西等。❷ "我"以外的人或环境，多指众人：～望所归。待人接～。

乌(烏) 〇 wù ㄨˋ [乌拉]见 519 页"靰"。
〇 wū 见 517 页。

坞(塢、*隖) wù ㄨˋ ❶ 小障蔽物，防卫用的小堡。❷ 四面高中间凹下的地方：山～。花～。[船坞]在水边建筑的停船或修造船只的地方。

戊 wù ㄨˋ 天干的第五位，用做顺序的第五。

务(務) wù ㄨˋ ❶ 事情（⃝事－）：任～。公～。医～工作者。❷ 从事，致力：～农。❸ 追求：不要好(hào)高～远。❹ 务必，必须，一定：～请准时出席。你～必去一趟。

雾(霧) wù ㄨˋ ❶ 接近地面的水蒸气，遇冷凝结后飘浮在空气中的小水点。❷ 像雾的东西：喷～器。

误(**悮) wù ㄨˋ ❶ 错（⃝错－）：～解。笔～。❷ 耽误，耽搁：～事。火车～点。生产学习两不～。❸ 因自己做错而使人受害：～人子弟。❹ 不是故意而有害于人：～伤。

恶(惡) 〇 wù ㄨˋ 讨厌，憎恨：可～。深～痛绝。
〇 è 见 117 页。
〇 ě 见 117 页。
〇 wū 见 518 页。

悟 wù ㄨˋ 理解，明白，觉醒（⃝醒－）：～出这个道理来。恍然大～。[觉悟]1. 由迷惑而明白。2. 指政治认识：提高～～。

晤 wù ㄨˋ 遇，见面：～面。～谈。会～。

焐 wù ㄨˋ 用热的东西接触凉的东西，使它变暖；用热水袋～一～手.

瘝(**瘀) wù ㄨ [瘝子]突起的痣。

寤 wù ㄨ 睡醒。

婺 wù ㄨ 婺水，水名，在江西省。

骛 wù ㄨ ❶乱跑。❷同"务❸"。

鹜 wù ㄨ 鸭子：趋之若～（像鸭子一样成群地跑过去，比喻很多人争着去，含贬义）。

鋈 wù ㄨ ❶白色金属。❷镀。

X T

XI Tì

夕 xī Tì ❶日落的时候：朝（zhāo）～. ～照.❷夜：前～.风雨之～.

汐 xī Tì 夜间的海潮。

矽 xī Tì 硅（guī）的旧称。

穸 xī Tì [窀穸]（zhūn—）墓穴。

兮 xī Tì 古汉语助词，相当于现代的"啊"或"呀"：大风起～云飞扬.

西 xī Tì ❶方向，太阳落的一边，跟"东"相对：由～往东. ～房. ～南角上. ❷事物的样式或方法属于西方（多指欧、美两洲）的：～餐. ～服.

茜 ㊀ xī Tì 多用于人名（人名中也有读 qiàn 的）。
㊁ qiàn 见 399 页。

栖 xī Tì [栖惶]（—huáng）惊慌烦恼的样子。

栖 ㊀ xī Tì [栖栖]心不安定的样子。
㊁ qī 见 390 页。

氙 xī Tì "氙"（xiān）的旧称。

牺(犧) xī Tì 古代称做祭品用的毛色纯一的牲畜：～牛. [牺牲]古代为祭祀宰杀的牲畜。㊀1.为人民、为正义事业而献出自己的生命. 2.泛指为某种目的舍弃权利或利益等。

硒 xī Tì 一种非金属元素，符号 Se，导电能力随光的照射强度的增减而改变。硒可用来制半导体晶体管和光电管等，又供玻璃等

522 xī

着色用。

舾 xī ㄒㄧ 船舶装备品。[舾装]1.船舶装置和舱室设备如锚、舵、缆、桅樯、救生设备、航行仪器、管路、电路等的总称。2.船体下水后，装备上述设备和刷油漆等项工作的总称。

粞 xī ㄒㄧ 碎米:糠~。

吸 xī ㄒㄧ ❶从口或鼻把气体引入体内，跟"呼"相反:~气.~烟.❷引取:药棉花能~水.~墨纸.~铁石.[吸收]摄取,采纳:植物由根~~养分.~~先进经验.

希 xī ㄒㄧ ❶少(④一罕):物以~为贵.❷盼望(④一望):~准时出席.望你快点回来.

郗 xī ㄒㄧ (旧读 chī)姓。

唏 xī ㄒㄧ 叹息。[唏嘘]同"欷歔"。

浠 xī ㄒㄧ 浠水,水名,在湖北省。

晞 xī ㄒㄧ ❶干,干燥:晨露未~.❷破晓,天亮:东方未~.

欷 xī ㄒㄧ [欷歔](-xū)抽搭,哭泣后不自主地急促呼吸。

烯 xī ㄒㄧ 有机化学中,分子式用 C_nH_{2n} 表示的一类化合物,如乙烯。

稀 xī ㄒㄧ ❶事物中间距离远、空隙大,跟"密"相反(④一疏):棉花种得太~了不好.~客.[稀松]1.懒散,松懈.2.差劲.3.平常,不关紧要.❷浓度小,含水分多的(④一薄):~饭.~硫酸.~泥.~释.❸少(④一少一罕):~有金属.

豨 xī ㄒㄧ 古书上指猪。
[豨莶](-xiān)豨莶草,一年生草本植物,茎上有灰白毛,花黄色。全草入药。

昔 xī ㄒㄧ 从前:~日.今~.

惜 xī ㄒㄧ ❶爱惜,重视,不随便丢弃:~阴(爱惜时间).爱~公物.[怜惜]爱惜,同情.❷舍不得(④吝一):~别.不~牺牲.~指失掌(喻因小失大).❸可惜,感到遗憾:~未成功.

腊 ㊀xī ㄒㄧ 干肉。
㊁là 见280页。

析 xī ㄒㄧ 分开:条分缕~.分崩离~.㊉解释:~义.分~.

蒵 xī ㄒㄧ [蒵薆](-mì)又名"遏蓝菜"。二年生草本植物，叶匙形，花白色，果实扁圆形。叶可作蔬菜，种子可榨油。全草可入药。

浙 xī ㄒㄧ　淅米。

[淅沥] (−lì) 拟声词，雨雪声或落叶声。

晰(*皙) xī ㄒㄧ　明白，清楚：看得清～。十分明～。

皙 xī ㄒㄧ　人的皮肤白：白～。

蜥 xī ㄒㄧ　[蜥蜴] (−yì) 一种爬行动物，俗叫"四脚蛇"。身上有细鳞，尾巴很长，脚上有钩爪，生活在草丛里。

胒 xī ㄒㄧ　多用于人名。

饻 xī ㄒㄧ　老解放区一种计算工资的单位，一饻等于几种实物价格的总和。

息 xī ㄒㄧ　❶呼吸时进出的气：鼻～。喘～。❷停止：歇～。怒不可遏。按时作～。❸消息：信～。❹利钱：年～。❺儿女：子～。❻繁殖，滋生：生～。灾～祸生。

熄 xī ㄒㄧ　火灭，灭火：～灯。炉火已～。

蟢 xī ㄒㄧ　[水螅] 一种腔肠动物，身体圆筒形，上端有小触手，附着在池沼、水沟中的水草上。

奚 xī ㄒㄧ　❶古代指被役使的人。❷〈古〉表示疑问。1. 为什么：～不去也？2. 什么：子将～先？3. 何处：水～自至？

[奚落] 讥诮，嘲笑。

徯 xī ㄒㄧ　[徯倖] (−xìng) 烦恼，焦躁。

蹊 xī ㄒㄧ　❶等待。❷同"蹊"。

溪(*谿) xī ㄒㄧ　山里的小河沟。

[溪卡] (−kǎ) 西藏民主改革以前官府、寺院和贵族的庄园。

蹊 ⊖ xī ㄒㄧ　小路 (连—径)。

⊜ qī 见 390 页。

鸂 xī ㄒㄧ　[鸂鶒] (−chì) 古书上指像鸳鸯的一种水鸟。

鼷 xī ㄒㄧ　[鼷鼠] 小家鼠。

悉 xī ㄒㄧ　❶知道：获～。熟～此事。❷尽，全：～心。～数捐献。

窸 xī ㄒㄧ　[窸窣] (−sū) 拟声词，形容细小的声音。

蟋 xī ㄒㄧ　[蟋蟀] (−shuài) 北方俗叫"蛐蛐

儿"。一种有害的昆虫,身体黑褐色,雄的好斗,两翅摩擦能发声.

翕 xī ㄒㄧ ❶合:～动.～张. ❷和顺.

噏 xī ㄒㄧ 同"吸".

歙 ㊀xī ㄒㄧ 吸气.
㊁shè 见442页.

犀 xī ㄒㄧ ❶犀牛,哺乳动物,形状略似牛,全身几乎没有毛,皮粗厚多皱纹.角生在鼻子上,印度一带产的只有一只角,非洲产的有两只角,前后排列.角坚硬,可做器物,又可以入药. ❷坚固:～利(锐利).

[木犀](—xi)桂花.

榍 xī ㄒㄧ [木榍]同"木犀",即桂花.

锡 xī ㄒㄧ ❶一种金属元素,符号 Sn,银白色,有光泽,质软,富延展性,在空气中不易起变化. ❷赏赐.

[锡伯族](—bó—)我国少数民族,参看附表.

裼 ㊀xī ㄒㄧ 敞开或脱去上衣,露出身体的一部分(逾袒—).
㊁tì 见487页.

熙 xī ㄒㄧ ❶光明. ❷和乐(叠):众人～～.

[熙攘](—rǎng)形容人来人往,非常热闹:熙熙攘攘.

僖 xī ㄒㄧ 快乐.

嘻 xī ㄒㄧ 喜笑的样子或声音(叠):笑～～.～皮笑脸.

嬉 xī ㄒㄧ 游戏,玩耍.

熹 xī ㄒㄧ 光明. [熹微]日光微明.

嶲 xī ㄒㄧ [越嶲]地名,在四川省.今作"越西".

膝 xī ㄒㄧ 大腿和小腿相连的关节的前部.(图见486页"体")

羲 xī ㄒㄧ 姓.

曦 xī ㄒㄧ 阳光:晨～.

爔 xī ㄒㄧ 同"曦".

醯 xī ㄒㄧ ❶醋. ❷酰(xiān)的旧称.

巇 xī ㄒㄧ [险巇]形容山险. ㊂道路艰难.

习(習) xí ㄒㄧˊ ❶学过后再温熟,反复地学使熟练:自～.复～.～字.～作. ❷对某事熟悉:～兵(熟于军事). ㊂常常地:～见.～闻. ❸习惯,长期重复地做,逐渐养成的不自觉的行为:积～.铲除不良～气.恶～.

嶍 xí Tí [嶍峨](－é)山名,在云南省.

鰼 xí Tí ❶古书上指泥鳅.❷[鰼水]地名,在贵州省.今作"习水".

席(❶*蓆) xí Tí ❶(一子、一儿)用草或苇子等编成的东西,通常用来铺(pū)床或炕.❷座位:出～(到场).缺～(不到场).入～.❸特指议会中的席位,表示当选的人数.❹酒席,成桌的饭菜:摆了两桌.

覡 xí Tí 男巫.

袭(襲) xí Tí ❶袭击,趁敌人不备给以攻击:夜～.空～.❷照样做,照样继续下去:因～.沿～.世～.❸量词,用于成套的衣服:衣一～.

媳 xí Tí 儿媳,儿子的妻子.[媳妇]儿子的妻子.[媳妇儿](一fur)1.妻子:兄弟～～.2.已婚的年轻妇女.

隰 xí Tí ❶低湿的地方.❷新开垦的田地.

檄 xí Tí 檄文,古代用于征召或声讨等的文书.

洗 ㊀ xǐ Tǐ ❶用水去掉污垢(逾一涤):～衣服.～脸.[洗礼]1.基督教接受人入教时所举行的一种仪式.2.指经受的锻炼和考验:战斗的～～.[洗手]比喻盗贼等不再偷抢.❷清除干净:清～.❸冲洗,照相的显影过程:～相片.❹洗雪:～冤.❺如水洗一样抢光,杀光:～城.～劫一空.
㊁ xiǎn 见531页.

铣 ㊀ xǐ Tǐ 用一种能旋转的多刃刀具切削金属工件:～床.～刀.～汽缸.
㊀ xiǎn 见531页.

枲 xǐ Tǐ 大麻的雄株,只开花,不结果实.

玺(璽) xǐ Tǐ 印,自秦朝以后专指皇帝的印.

徙 xǐ Tǐ 迁移(逾迁一).

蓰 xǐ Tǐ 五倍:倍～(数倍).

屣 xǐ Tǐ 鞋.

喜 xǐ ㄒㄧˇ ❶高兴,快乐(叠)～欢～欢）。～出望外。❷可庆贺的,特指关于结婚的;要节约办～事。❸妇女怀孕叫"有喜"。❹爱好:～闻乐见。❺适于:海带～荤.植物一般都～光。

禧 xǐ ㄒㄧˇ ❶(旧读 xī)福,吉祥。❷喜庆:新～。

蟢 xǐ ㄒㄧˇ (一子)又叫"喜蛛"或"蟏蛸"。一种长腿的小蜘蛛。也作"喜子"。

蒽 xǐ ㄒㄧˇ 害怕,畏惧:畏～不前。

戏(戲,*戱) ㊀ xì ㄒㄧˋ ❶玩耍:集体游～.不要当做儿～。❷嘲弄,开玩笑:～言。❸戏剧,也指杂技:看～.唱～.听～.马～.皮影～.

㊁ hū 见 191 页。

饩(餼) xì ㄒㄧˋ ❶古代祭祀或馈赠用的牲畜。❷赠送(谷物、饲料、牲畜等)。

系(❸❺係、❸❹❻❼繫) ㊀ xì ㄒㄧˋ ❶有联属关系的:～统. 一～列的事实. 水～. 世～。❷高等学校中按学科分的教学单位:中文～.化学～.❸关联:干～.❹联结,拴:～马.㊄牵挂:～念.[联系]联络,接头:时常和他～～.❺是:确～实情.❻把人或东西捆住往上提或向下送:从房上把东西～下来.❼拴:～马.❽地层系统分类的第二级,小于界,相当于地质年代的纪。

㊁ jì 见 216 页。

屃(屭)** xì ㄒㄧˋ 见 26 页"赑"字条"赑屃"(bì—)。

细 xì ㄒㄧˋ ❶跟"粗"相反。1. 颗粒小的:～沙.～末.2. 长条东西直径小的:竹竿.～铅丝.3. 工料精致的:江西～瓷.这块布真～.4. 声音小:嗓音～.5. 周密:胆大心～.精打～算.深耕～作.❷俭朴:他过日子很～.❸细小的,不重要的:～节.

盻 xì ㄒㄧˋ 怒视:瞋目～之。

咥 ㊀ xì ㄒㄧˋ 大笑。

㊁ dié 见 101 页。

郤 xì ㄒㄧˋ ❶同"隙"。❷姓。

绤 xì ㄒㄧˋ 粗葛布。

阋(鬩) xì ㄒㄧˋ 争吵。[阋墙]弟兄们在家里互相争吵。⑩内部不和。

舄 xì Tì ❶鞋。❷同"潟"。

潟 xì Tì 咸水浸渍的土地：～卤(盐碱地)。

隙 xì Tì ❶裂缝：墙～.门～.⑩1.感情上的裂痕：嫌～.2.空(kòng)子，机会：乘～.❷空(kòng)，没有东西的：～地.

禊 xì Tì 古代春秋两季在水边举行的除去所谓不祥的祭祀。

潝 xì Tì 水急流的声音。

XIA Tìㄚ

呷 xiā Tìㄚ 小口儿地喝：～茶.～一口酒.

虾(蝦) 〇 xiā Tìㄚ 节肢动物，身上有壳，腹部有很多环节。生活在水里，种类很多，可以吃。
〇 há 见176页。

瞎 xiā Tìㄚ ❶眼睛看不见东西。❷胡，乱，没来由：～忙.～说八道.❸〈方〉乱：把线弄～了.❹〈方〉农作物子粒不饱满：～穗.～高粱.

匣 xiá Tìㄚ (一子、一儿)收藏东西的器具，通常

指小型的，有盖可以开合。[话匣子]1.留声机的俗称。2.指话多的人(含讽刺义)。

狎 xiá Tìㄚ 亲近而态度不庄重：～昵.～侮.

柙 xiá Tìㄚ 关猛兽的木笼。也指押解犯人的囚笼或囚车。

侠(俠) xiá Tìㄚ 旧称依仗个人力量帮助被欺侮者的人或行为：武～.～客.～义.～骨.～肝义胆.

峡(峽) xiá Tìㄚ 两山夹着的水道：三～.[地峡]联结两部分陆地的狭长地带：马来半岛有克拉～～.[海峡]两旁有陆地夹着的形状狭长的海：台湾～～.

狭(狹,*陝) xiá Tìㄚ 窄，不宽阔(龛一窄、一隘)：地方太～.～隘的地方保护主义.～路相逢(指仇敌相遇)。

硖(硖) xiá Tìㄚ [硖石]地名，在浙江省海宁。

遐 xiá Tìㄚ ❶远：～迩(远近).～方.❷长久：～龄(高龄).

瑕 xiá ㄒㄧㄚˊ 玉上面的斑点。喻缺点(连—疵)：瑜互见。纯洁无~。

暇 xiá ㄒㄧㄚˊ 空(kòng)闲，没有事的时候：得~．无~．自顾不~(连自己都顾不过来)。

霞 xiá ㄒㄧㄚˊ 因受日光斜照而呈现红、橙、黄等颜色的云：朝(zhāo)~．晚~．

辖 (❶＊＊鎋、❶＊＊舝) xiá ㄒㄧㄚˊ ❶大车轴头上穿着的小铁棍，可使轮不脱落。(图见 322 页"轮")❷管理(连管—)：直~．统~．

黠 xiá ㄒㄧㄚˊ 聪明而狡猾：狡~．慧~．

下 xià ㄒㄧㄚˋ ❶位置在低处的，跟"上"相反：~面．楼~．山~．⑨1．次序靠后的：~篇．~卷．~月．2．级别低的：~级服从上级．谦辞：正中(zhòng)~怀．3．质量低的：~品．~策．❷由高处到低处：~山．~楼．⑨1．进去：~水．2．离开：~班．~课．3．往：~乡．~江南．4．投送，颁布：~书．~令．5．向下面：~达．权力~放．6．降落：~雨．~雪．❸方

面，方位：两~里都同意．向四~一看．❹清除：卸掉：~货．2．除去：~火．~泥．❺用：~工夫．❻攻克，攻陷：连~数城．攻~．❼退让：各不相~．❽用在名词后．1．表示在里面：言~之意．都~(京城之内)．2．表示当某个时节：年~．节~．❾用在动词后．1．表示关系：培养(之)~．指导(之)~．鼓舞~．2．表示完成或结果：打~基础．准备~材料．3．跟"来"，"去"连用表示趋向或继续：滑~去．慢慢停~来．念~去．❿(一子、一儿)量词，指动作的次数：打十~．把轮子转两~子．⓫(动物)生产：猫~小猫儿．鸡~蛋．⓬少于某数：不~三百人．

吓 (嚇) 〇 xià ㄒㄧㄚˋ 使害怕：困难~不倒英雄汉．[吓唬](—hu)使人害怕，威胁：你别~~人．
〇 hè 见 185 页。

夏 xià ㄒㄧㄚˋ ❶四季中的第二季，气候最热。❷华夏，中国的古名。❸夏朝，传说是禹(一说启)建立的(约公元前 21 世纪—约公元前 16 世纪)。[夏历]阴历，农历，旧历，这种历法的基本部

分是夏朝创始的。

厦（*廈）㊀ xià ㄒㄧㄚˋ
[厦门] 地名，
在福建省。
㊁ shà 见 433 页。

唬 ㊀ xià ㄒㄧㄚˋ 同"吓"。
㊁ hǔ 见 193 页。

罅 xià ㄒㄧㄚˋ 裂缝。

XIAN ㄒㄧㄢ

仙（*僊）xiān ㄒㄧㄢ 神
话中称有特殊
能力，可以长生不死的人。

氙 xiān ㄒㄧㄢ 一种化学元
素，在通常条件下为气
体，符号 Xe，无色无臭无味，
不易跟其他元素化合。空气
中只含有极少量的氙。把氙
装入真空管中通电，能发蓝
色的光。

籼（*秈）xiān ㄒㄧㄢ 籼
稻，水稻的一
种，米粒细而长。

先 xiān ㄒㄧㄢ ❶时间在前
的，次序在前的：占～.
首～.抢～一步.争～恐后.
[先天] 人或某些动物的胚胎
时期：～～不足.[先进] 水平
高，成绩好，走在前头，值得
推广和学习。[先生] （—
sheng) 1. 老师。2. 对一般人

的敬称。3. 称医生。❷祖先，
上代：～人.～辈.❸对死去
的人的尊称：革命～烈.

酰 xiān ㄒㄧㄢ 酰基，通式
可以用 R·CO—表示的
原子团。

纤（纖）㊀ xiān ㄒㄧㄢ
细小。[纤维] 细
长像丝的物质。一般分成两
大类：天然纤维，如棉、麻、羊
毛、石棉等；合成纤维是用高
分子化合物制成的，如锦纶、
维尼纶等。[纤尘] 细小的灰
尘：～～不染.
㊁ qiàn 见 399 页。

跹（躚）xiān ㄒㄧㄢ 见
381 页"蹁"字条
"蹁跹"（pián—）.

忴 xiān ㄒㄧㄢ 高兴，适意。

掀 xiān ㄒㄧㄢ 揭起，打开：
～锅盖.～帘子.⑨发动，
兴起：～起生产热潮.

锨（**枚、**楸）xiān
ㄒㄧㄢ
铲东西用的一种工具，用钢
铁或木头制成板状的头，后
面安把儿：木～.铁～.

祆 xiān ㄒㄧㄢ [祆教] 拜火
教，波斯人琐罗亚斯特
所创立，崇拜火，南北朝时传
入我国。

莶（薟）xiān ㄒㄧㄢ 见522页"豨"字条"豨莶"（xī—）。

铦 xiān ㄒㄧㄢ ❶古代一种兵器。❷锋利。

鲜 ㊀ xiān ㄒㄧㄢ ❶新的，不陈的，不干枯的（連新一）：～果.～花.～肉.～血. ❷滋味美好：这汤真～. ❸有光彩的：～红的旗帜.颜色十分～.❺姓。

[鲜卑族]（—bēi—）我国古代北方民族。

㊁ xiǎn 见532页。

暹 xiān ㄒㄧㄢ [暹罗]泰国的旧称。

闲（❶❷*閒）xián ㄒㄧㄢ ❶没有事情做（連—暇）：没有～工夫. ㉆放着，不使用：～房.机器别～着. ❷没有事情做的时候：农～.忙里偷～. ❸与正事无关的：～谈.～人免进. [闲话]与正事无关的话，背后不负责的议论：讲别人的～～. ❹栅栏. ❺防御：防～.

"閒"又 jiān 见223页"间"；又 jiàn 见226页"间"。

娴（*嫻）xián ㄒㄧㄢ ❶熟练（連—

熟）：～于辞令.技术～熟. ❷文雅。

痫（癇）xián ㄒㄧㄢ 癫痫，俗叫"羊痫风"或"羊角风"。一种时犯时愈的暂时性大脑机能紊乱的病症。病发时突然昏倒，口吐泡沫，手足痉挛。

鹇（鷳）xián ㄒㄧㄢ 白鹇，鸟名。尾巴长，雄的背为白色，有黑纹，腹部黑蓝色，雌的全身棕绿色。

贤（賢）xián ㄒㄧㄢ ❶有道德的，有才能的或有道德的有才能的人：～明.选～与能. ❷旧时敬辞，用于平辈或晚辈：～弟.～侄.

弦（*絃）xián ㄒㄧㄢ ❶弓上发箭的绳状物。❷月亮半圆：上～.下～.❸数学名词.1.连接圆上任意两点的线段。2.直角三角形中对着直角的边。❹（—儿）乐器上发声的线。[弦子]（—zi）[三弦]乐器名。❺钟表等的发条：表～断了。

舷 xián ㄒㄧㄢ 船、飞机等的左右两侧。

挦（撏）xián ㄒㄧㄢ 扯拔（毛发）：～

毛.

咸(②鹹) xián ㄒㄧㄢˊ ❶全，都：少长～集.～知其不可.❷像盐的味道，含盐分多的，跟"淡"相反.

涎 xián ㄒㄧㄢˊ 唾沫，口水：流～.垂～三尺(喻羡慕，想得到).

衔(②*啣) xián ㄒㄧㄢˊ ❶马嚼子.❷用嘴含，用嘴叼：燕子～泥.⑨1.心里怀着：～恨.2.奉，接受：～命.[衔接]互相连接.❸(一儿)职务和级别的名号：职～.军～.

嫌 xián ㄒㄧㄢˊ ❶嫌疑，可疑之点：避～.❷厌恶(wù)，不满意：讨人～.这种布置结实，就是～太厚.❸怨恨：前～.夙无仇～.

狝(獮) xián ㄒㄧㄢˊ 古代指秋天打猎.

冼 xián ㄒㄧㄢˊ 姓.

洗 ㊀ xián ㄒㄧㄢˊ 同"冼".
㊁ xǐ 见 525 页.

铣 ㊀ xián ㄒㄧㄢˊ 有光泽的金属.[铣铁]铸铁，生铁，质脆，适于铸造器物.
㊁ xǐ 见 525 页.

筅(**箲) xiǎn ㄒㄧㄢˇ 〔方〕筅帚，炊帚，用竹子等做成的刷锅、碗的用具.

跣 xiǎn ㄒㄧㄢˇ 光着脚：～足.

显(顯) xiǎn ㄒㄧㄢˇ ❶露在外面容易看出来：～而易见.这个道理是很～然的.❷表现，露出：～示.～微镜.没有高山，不～平地.❸旧称有名声、地位、权势的：～贵.～宦.❹敬辞(称先人)：～考.～妣.

险(險) xiǎn ㄒㄧㄢˇ ❶可能遭受的灾难(飽危一)：冒～.保～.脱～.❷可能发生灾难的：～症.～境.好～.❸要隘，不易通过的地方：天～.❹存心狠毒：阴～.～诈.❺几乎，差一点：～遭不幸.～些掉在河里.

猃(獫、**玁) xiǎn ㄒㄧㄢˇ 古指长(cháng)嘴的狗.[猃狁](一yǔn)我国古代北方的民族，战国后称匈奴.

蚬 xiǎn ㄒㄧㄢˇ 一种软体动物，介壳形状像心脏，有环状纹.生在淡水软泥里.肉可吃，壳可入药.

鲜(*尠、*尟)　㊁ xiǎn
ㄒㄧㄢˇ

少:～见.～有.

㊀ xiān 见530页.

藓 xiǎn ㄒㄧㄢˇ 隐花植物的一类,茎叶很小,没有真根,生在阴湿的地方.

燹 xiǎn ㄒㄧㄢˇ 火,野火:兵～.

槠 xiǎn ㄒㄧㄢˇ 常绿乔木,叶呈椭圆卵形,花白色,果实椭圆形,木材坚实细致,可用于建筑、造船等。是我国珍贵的树种。也叫"蚬木".

见(見)　㊁ xiǎn ㄒㄧㄢˇ 同"现❶❷".

㊀ jiàn 见225页.

苋 xiàn ㄒㄧㄢˇ 苋菜,一年生草本植物,开绿白色小花,茎叶都可以吃.

岘 xiàn ㄒㄧㄢˇ 岘山,山名,在湖北省.

现 xiàn ㄒㄧㄢˇ ❶显露:出～.～原形.[现象]事物的表面状态.[实现]成为事实或使成为事实:又一个五年计划～～了.～～理想.❷现在,目前:～况.～代化工业.⑪当时:～� ～卖.～成的.❸实有的,当时就有的:～金.～钱买～货.

县(縣) xiàn ㄒㄧㄢˇ 一种行政区划单位,由直辖市、地区、自治州领导.

〈古〉又同"悬"(xuán).

限 xiàn ㄒㄧㄢˇ ❶指定的范围:给你三天～.❷限制(范围):～三天完工.作文不～字数.[限制]规定范围,不许超过.❸〈古〉门槛:门～、户～.

线(綫、△*線)　xiàn ㄒㄧㄢˇ
❶用丝、金属、棉或麻等制成的细长的东西:棉～.电～.毛～.⑪细小的:一～希望.[线索]㊀事物发展的脉络或据以解决问题的头绪:那件事情有了～～.❷几何学上指只有长度而无宽度和厚度的图形:直～.曲～.❸像线的东西:光～.紫外～.航～.京广～.战～.生命～.❹边缘交界处:防～.国境～.

宪(憲) xiàn ㄒㄧㄢˇ ❶法令:～章.❷指宪法:立～.[宪法]国家的根本法.具有最高的法律效力,是其他立法工作的根据.通常规定一个国家的社会制度、国家制度、国家机构和公民的基本权利和义务等。

陷 xiàn ㄒㄧㄢ ❶掉进,坠入,沉下:～到泥里去了.地～下去了.[陷阱]为捉野兽或敌人而挖的坑.⑩害人的阴谋.❷凹进:两眼深～.❸设计害人:～害.诬～.❹被攻破,被占领:失～.～落.❺缺点:缺～.

馅(餡) xiàn ㄒㄧㄢ (一子、一儿)包在面食、点心等食品里面的肉、菜、糖等东西:饺子～儿.

羡 xiàn ㄒㄧㄢ ❶羡慕,因喜爱而希望得到.❷多余的:～余.

线(線) xiàn ㄒㄧㄢ ❶姓.❷同"线".

腺 xiàn ㄒㄧㄢ 生物体内由腺细胞组成的能分泌某些化学物质的组织:汗～.泪～.

锬 xiàn ㄒㄧㄢ 金属线.

献(獻) xiàn ㄒㄧㄢ 恭敬庄严地送给:～花.～礼.把青春～给祖国.⑪表现出来:～技.～殷勤.

霰 xiàn ㄒㄧㄢ 水蒸气在高空中遇到冷空气凝结成的小冰粒,在下雪花以前往

往先下霰.

XIANG ㄒㄧㄤ

乡(鄉) xiāng ㄒㄧㄤ ❶城市外的区域:他下～了.城～交流.❷自己生长的地方或祖籍:故～.还～.同～.背井离～.[老乡]生长在同一地方的人.❸行政区划的基层单位,属县或区领导.

芗(薌) xiāng ㄒㄧㄤ ❶古书上指用以调味的香草.❷同"香".

相 ㊀ xiāng ㄒㄧㄤ ❶交互,动作由双方来(叠互一):～助.～亲.～爱.言行～符.⑪动作由一方来而有一定对象,常加在动词前面:～信.～劝.[相当]1.对等,等于:年纪～～.2.副词,有一定程度的:这首诗写得～好.[相对]依靠一定条件而存在,随着一定条件而变化的,跟"绝对"相对.❷看:～亲.左～右看.

㊁ xiàng 见 535 页.

厢(*廂) xiāng ㄒㄧㄤ ❶厢房,在正房前面两旁的房屋:东～房.西～.⑪边,方面:这～.两～.❷靠近城的地区:城～.关

～.❸包厢,戏院里特设的单间座位.❹车厢,车里容纳人或东西的地方.

湘 xiāng ㄒㄧㄤ ❶湘江,源出广西壮族自治区,经过湖南省,流入洞庭湖.❷湖南省的别称.

缃 xiāng ㄒㄧㄤ 浅黄色.

箱 xiāng ㄒㄧㄤ ❶(一子)收藏衣物的方形器具,通常是上面有盖扣住.❷像箱子的东西:信～.风～.❸同"厢❹".

香 xiāng ㄒㄧㄤ ❶气味好闻,跟"臭"相反:～花.⑯1.舒服:睡得～.吃得真～.2.受欢迎:这种货物在农村～得很.❷味道好:饭～.❸称一些天然有香味的东西:檀～.特指用香料做成的细条:线～.蚊～.

襄 xiāng ㄒㄧㄤ 帮助:～办.～理.

骧 xiāng ㄒㄧㄤ 马抬着头快跑.

瓖 xiāng ㄒㄧㄤ 同"镶".

镶 xiāng ㄒㄧㄤ 把东西嵌进去或在外围加上边:～牙.在衣服上～一道红边.金～玉嵌.

详 xiáng ㄒㄧㄤ ❶细密,完备(叠一细):～谈.不知～情.❷清楚地知道:内容不～.❸说明,细说:余容再～.内～.

庠 xiáng ㄒㄧㄤ 庠序,古代乡学的名称.

祥 xiáng ㄒㄧㄤ ❶吉利的(叠吉一):～瑞.不～.❷指吉凶的预兆(迷信).

降 ⊖ xiáng ㄒㄧㄤ ❶投降,归顺,指军队放下武器投向对方:宁死不～.❷降服,使驯服:～龙伏虎.
⊖ jiàng 见229页.

翔 xiáng ㄒㄧㄤ 盘旋地飞而不扇动翅膀:滑～.
[翔实][详实]详细而确实.

享 xiǎng ㄒㄧㄤ 享受,受用:～福.每个公民都～有选举权.

响(響) xiǎng ㄒㄧㄤ ❶(一儿)声音:不见～儿了.❷发出声音:大炮一～了.钟一～了.一声不～.❸响亮,声音高,声音大:这个铃真～.声音～亮.❹回声:如～斯应(喻反应的迅速).[响应](一yìng)回声相应.⑯用言语行动表示赞同:～应祖国的号召.

饷（＊饟） xiǎng ㄒㄧㄤˇ ❶ 过去指军警的薪给(jǐ)：领～.关～.❷同"飨❶".

蚃（蠁） xiǎng ㄒㄧㄤˇ 知声虫也.也叫"地蛹".

飨（饗） xiǎng ㄒㄧㄤˇ ❶ 用酒食款待：以～读者(喻满足读者的需要).❷同"享".

想 xiǎng ㄒㄧㄤˇ ❶动脑筋，思索：我～出一个办法来了.❶推测，认为：我～他不会来了.我～这么做才好.2.希望，打算：他～去学习.要～学习好，就得努力.❷怀念，惦记：～家.时常～着前方的战士.

鲞（＊＊鮝） xiǎng ㄒㄧㄤˇ 剖开晾干的鱼.

向（❶❹❺嚮、❻＊曏）

xiàng ㄒㄧㄤˇ ❶对着，朝着：这间房子～东.[向导]引路的人.❷介词，表示动作的方向：～前看.～雷锋同志学习.❸方向：我转(zhuàn)～(认错了方向)了.⑪意志所趋：志～.意～.❹近，临：

晚.～晓雨停.❺偏袒，袒护：偏～.❻从前：～日.～者.⑪从开始到现在：本处～无此人.[向来][一向]副词，从来，从很早到现在：他～～不喝酒.

项 xiàng ㄒㄧㄤˇ ❶颈的后部.❷事物的种类或条目：三大纪律八～注意.事～.～目.圈钱，经费(@款一)：用～.进～.欠～.❸代数中不用加号、减号连接的单式，如 $4a^2b$, ax^3.

巷 ㊀ xiàng ㄒㄧㄤˇ 较窄的街道：大街小～.
㊁ hàng 见180页.

相 ㊀ xiàng ㄒㄧㄤˇ ❶(一儿)样子，容貌(@貌)：长(zhǎng)得很喜(xiang).狼狈～.照～.❷察看：～马.～机行事.人不可以貌～.❸辅助，也指辅佐的人，古代特指最高级的官：宰～.❹姓.
[相声](一sheng)曲艺的一种，盛行于华北地区.
㊀ xiāng 见533页.

象 xiàng ㄒㄧㄤˇ ❶哺乳动物，多产在印度、非洲等热带地方.鼻子圆筒形，可以伸卷.多有一对特长的门牙，突出唇外,可用来雕刻成器皿或艺术品。❷形状,样子(連形一):景～.万～更新.[象征]用具体的东西表现事物的某种意义,例如鸽子象征和平.

像 xiàng ㄒㄧㄤ ❶相似:他很～他母亲.[好像]似乎,仿佛:我～～见过他.❷比照人物做成的图形:画～.塑～.❸比如,比方:～这样的事是值得注意的.

橡 xiàng ㄒㄧㄤ ❶橡树,就是栎树.[橡子]橡树的果实.❷橡胶树,原产巴西,我国南方也有,树的乳状汁液可制橡胶.[橡皮]1.经过硫化的橡胶.2.擦去铅笔等痕迹的橡胶制品.[橡胶]用橡胶树一类植物的乳汁制成的胶质。用途很广。也叫"树胶".

蠈 xiàng ㄒㄧㄤ "蚕"的古名.

XIAO ㄒㄧㄠ

肖 ⊜ xiāo ㄒㄧㄠ "萧"(姓)俗作"肖".
⊖ xiào 见 538 页.

削 ⊖ xiāo ㄒㄧㄠ 用刀平着或斜着去掉外面的一层:～铅笔.把梨皮～掉.
⊜ xuē 见 554 页.

逍 xiāo ㄒㄧㄠ [逍遥](-yáo)自由自在,无拘无束:～～自在.

消 xiāo ㄒㄧㄠ ❶溶化,散失:冰～.烟～火灭.[消化]胃肠等器官把食物变成可以吸收的养料.❷理解,吸收所学的知识.❷灭掉,除去(連一灭):～毒.～炎.～灭敌人.[消费]为了满足生产、生活的需要而消耗物质财富.[消极]起反面作用的,不求进取的,跟"积极"相反:～因素.～～态度.[消息]音信,新闻.❸消遣,把时间度过去:～夜.～夏.❹〈方〉需要:不～说.

宵 xiāo ㄒㄧㄠ 夜:通～.[元宵]1.元宵节,夏历正月十五日晚上.2.一种江米(糯米)面做成的球形有馅食品,多在元宵节吃.

绡 xiāo ㄒㄧㄠ 生丝.又指用生丝织的东西.

硝 xiāo ㄒㄧㄠ ❶矿物名.1.硝石,一种无色晶体,成分是硝酸钾,可制火药.2.硭硝(别名朴硝、皮硝),一种无色透明的晶体,成分是硫酸钠,并含有食盐、硝酸钾等杂质,可以鞣皮子。❷用朴硝或硇硝加黄米面等处理毛皮,使皮板儿柔软:~一块皮子.

销 xiāo ㄒㄧㄠ ❶熔化金属。[销毁]毁灭,常指烧掉。❷去掉:~假(jià).报~.撤~.❸卖出(货物):一天~了不少的货.供~合作社.脱~.❹开支,花费:花~.开~.❺(一子)机器上像钉子的零件。[插销]1.联通电路的一种装置:电灯~~.2.关锁门窗的一种装置。❻把机器上的销子或门窗上的插销推上.

蛸 ⊖ xiāo ㄒㄧㄠ [螵蛸](piāo一)螳螂的卵块。
⊜ shāo 见 439 页。

霄 xiāo ㄒㄧㄠ ❶云(逾云一)。❷天空:重(chóng)~.九~.~壤(喻相去很远).

魈 xiāo ㄒㄧㄠ [山魈]1.猴的一种,尾巴很短,脸蓝色,鼻子红色,嘴上有白须,全身毛黑褐色,腹部白色。多群居,吃小鸟、野鼠等。2.传说中山里的鬼怪.

枭(梟) xiāo ㄒㄧㄠ ❶一种凶猛的鸟,羽毛棕褐色,有横纹,常在夜间飞出,捕食小动物。❷勇健(常有不驯顺的意思):~将.~雄.❸魁首,首领:毒~.❹〈古〉悬挂(砍下的人头):~首.~示.

枵 xiāo ㄒㄧㄠ ❶空虚:~腹从公.❷布的丝缕稀而薄:~薄.

鸮 xiāo ㄒㄧㄠ 见 59 页"鸱"字条"鸱鸮"(chī一).

哓(嘵) xiāo ㄒㄧㄠ [哓哓]因为害怕而乱嚷乱叫的声音.

骁(驍) xiāo ㄒㄧㄠ ❶好马。❷勇健(逾一勇):~将.

虓 xiāo ㄒㄧㄠ 猛虎怒吼.

猇 xiāo ㄒㄧㄠ 虎要吃人或其他动物时所发出的声音.

萧(蕭) xiāo ㄒㄧㄠ 冷落、没有生气的样子:~然.~瑟.~索.[萧条]寂寞冷落。喻不兴旺。
[萧萧]拟声词,马叫声或风声.

潇(瀟) xiāo ㄒㄧㄠ 水清而深。[潇洒](一sǎ)行动举止自然大方,不呆板,不拘束.

蠨（蠨） xiāo ㄒㄧㄠ [蠨蛸]（－shāo）见526页"蟰"字条。

箫（簫） xiāo ㄒㄧㄠ 管乐器名。古代的"排箫"是许多管子排在一起的，后世用一根管子做成，竖着吹的叫"洞箫"。

翛 xiāo ㄒㄧㄠ 〈古〉无拘无束，自由自在：～然。[翛翛]羽毛败坏的样子。

嚣 xiāo ㄒㄧㄠ 喧哗：叫～。[嚣张]放肆，邪恶势力上升：气焰～～.

浟 xiáo ㄒㄧㄠ 浟河，水名，在河北省。

崤 xiáo ㄒㄧㄠ 崤山，山名，在河南省。也叫"崤陵"。

淆（*殽） xiáo ㄒㄧㄠ 混淆，错杂，混乱：混～不清。

小 xiǎo ㄒㄧㄠ ❶跟"大"相反。1.面积小的，体积小的，空间少的，容量少的：～山.地方～. 2.数量少的：数目～.一～半. 3.程度浅的：学问～.～学. 4.声音低的：～声说话. 5.年幼，排行最末的：他比你～.他是我的～弟弟. 6.年幼的人：一家老～. 7.谦辞：～弟.～店.[小姐]对未婚女子的尊称。[小看]轻视，看不起：别～～人.[小说]描写人物故事的一种文学作品。❷时间短：～坐.～住. ❸稍微：牛刀～试. ❹略微少于，将近：这里离石家庄有～三百里.

晓（曉） xiǎo ㄒㄧㄠ ❶天刚亮的时候：～行夜宿.鸡鸣报～. ❷晓得，知道，懂得：家喻户～. ❸使人知道清楚：～以利害.

筱（**篠） xiǎo ㄒㄧㄠ ❶小竹子。❷同"小"，多用于人名。

孝 xiào ㄒㄧㄠ ❶旧指对父母无条件地顺从，现指尊敬、奉养父母：～子.❷指居丧的礼俗：守～. ❸丧服：戴～.

哮 xiào ㄒㄧㄠ 吼叫，咆～. [哮喘]呼吸急促困难的症状。

肖 ⊖ xiào ㄒㄧㄠ 像，相似：～子.其父.[肖像]画像，相片。
⊜ xiāo 见536页。

笑（*咲） xiào ㄒㄧㄠ ❶露出愉快的表情，发出欢喜的声音：逗～.眉开眼～.啼～皆非.[笑话]1.能使人发笑的话或事。2.

（－huɑ）轻视，讥讽：别～～人。❷讥笑，嘲笑：见～.耻～.别嘲～人.

校 ㊀ xiào ㄒㄧㄠ ❶学校。❷军衔名，在尉和将之间。

㊁ jiào 见 234 页。

效（❶＊傚，＊効） xiào ㄒㄧㄠ
❶摹仿（傚－法，仿－）：上行下～.❷效验，功用，成果：这药吃了很见～.～果良好.无～.[效率]1.物理学上指作出来有用的功跟所加上的功相比.2.单位时间内所完成的工作量：生产～～.工作～～.❸尽，献出：～力.～劳.

啸（嘯） xiào ㄒㄧㄠ ❶撮口作声，打口哨：长～一声，山鸣谷应。❷动物拉长声音叫：虎～.猿～.❸自然界发出的或飞机、子弹飞掠而过的声音：海～.子弹尖～着掠过头上.飞机尖～着飞向高空。

敩（斅） xiào ㄒㄧㄠ 教导，使觉悟。

XIE ㄒㄧㄝ

些 xiē ㄒㄧㄝ ❶量词，表示不定的数量：有～工人.炉子里要添～煤.看～书.长（zhǎng）～见识.❷跟"好"、"这么"连用表示很多：好～人.这么～天.制造出这么个机器.❸用在形容词后表示比较的程度：病轻～了.学习认真～了，了解就深刻～.[些微]略微.

揳 xiē ㄒㄧㄝ 捶、打.特指把钉、橛等捶打到其他东西里面去：在墙上～钉子.把桌子～一～.

楔 xiē ㄒㄧㄝ （－儿）填充器物的空隙使其牢固的木橛、木片等：这个板凳腿活动了，加个～儿吧.[楔子]（－zi）1.义同"楔".2.杂剧里加在第一折前头或插在两折中间的小段，小说的引子。

歇 xiē ㄒㄧㄝ ❶休息：坐下～一会儿.❷停止：～工.～业.[歇枝]果树在一定年限内停止结果或结果很少.❸〈方〉很短的一段时间，一会儿.过了一～.
[歇斯底里]（外）即癔（yì）病.⑯情绪激动，举止失常.

蝎（＊蠍） xiē ㄒㄧㄝ （－子）一种节肢动物，卵胎生.下腭长成钳子的样子，胸脚四对，后腹狭长，末端有毒钩，用来防敌和捕虫，干制后可入药。

叶 ⊖ xié ㄒㅣㄝˊ 和洽，合：～韵.
⊖ yè 见 573 页.

协（協） xié ㄒㅣㄝˊ ❶共同合作，辅佐：～商问题.～办.[协会]为促进某种共同事业的发展而组成的群众团体：对外友好～～.❷调和，和谐：～调.～和.

胁（脅，＊脇） xié ㄒㅣㄝˊ ❶从腋下到腰的部分：～下.❷逼迫恐吓：威～.～制.[胁从]被胁迫而随从别人做坏事：～从分子.❸收敛：～肩谄笑（谄媚人的丑态）.

邪 ⊖ xié ㄒㅣㄝˊ ❶不正当：歪风～气. 改～归正.⑤奇怪，不正常：～门.一股子～劲.❷中医指引起疾病的环境因素，又泛指侵害人体的因素：风～.寒～.㊩迷信的人指鬼神给人的灾祸：驱～.
⊖ yé 见 571 页.

挟（挾） xié ㄒㅣㄝˊ ❶夹在胳膊底下：～山跨海逞英雄.❷倚仗势力或抓住人的弱点强迫使服从：要（yāo）～.～制.❸心里怀着（怨恨等）：～嫌.～恨.

斜 xié ㄒㅣㄝˊ 不正，跟平面或直线既不平行也不垂直的：～坡. 纸裁～了.～对过.

偕 xié ㄒㅣㄝˊ（旧读 jiē）共同，在一块儿：～老.～行.～同贵宾参观.

谐 xié ㄒㅣㄝˊ ❶和，配合得适当（逸－谐）：音调和～.❷诙谐，滑稽：～谈.亦庄亦谐.

絜 xié ㄒㅣㄝˊ 量度物体周围的长度。
〈古〉又同"洁"（jié）。

颉 ⊖ xié ㄒㅣㄝˊ ❶鸟往上飞.[颉颃]（－háng）1.鸟向上向下飞. 2.不相上下：他的书法与名家相～～.㊓对抗：～～作用.❷姓.
⊖ jié 见 237 页.

撷 xié ㄒㅣㄝˊ ❶摘下，取下.❷用衣襟兜东西.

缬 xié ㄒㅣㄝˊ 有花纹的丝织品。

携（＊攜，＊携） xié ㄒㅣㄝˊ ❶带（逸－带）：～卷.～带武器.[携手]手拉着手.㊨合作.

鞋（＊鞵） xié ㄒㅣㄝˊ 穿在脚上走路时着地的东西：皮～.拖～.

勰 xié ㄒㅣㄝˊ 同"协"，多用于人名。

写(寫) xiě ㄒㄧㄝ ❶用笔在纸或其他东西上做字：～字．～对联．❷写作：～诗．～文章．❸描写：～景．～情．❹绘画：～生．

血 ㊀ xiě ㄒㄧㄝ 义同"血㊀"，用于口语。多单用，如"流了点儿血"。也用于口语常用词，如"鸡血"、"血块子"。

㊁ xuè 见 555 页。

炧(**烪) xiě ㄒㄧㄝ 蜡烛烧剩下的部分。

泄(*洩) xiě ㄒㄧㄝ ❶液体、气体排出：～洪道．㊍丧失希望、勇气：～气．～劲．❷透露：～漏秘密．～底（泄露内幕）．

绁(*絏) xiě ㄒㄧㄝ ❶绳索．❷系，拴．

渫 xiě ㄒㄧㄝ ❶除去．❷泄，疏通．

泻(瀉) xiě ㄒㄧㄝ ❶液体很快地流下：一～千里．❷拉稀屎：～肚．

契(**偰) ㊀ xiě ㄒㄧㄝ 商朝的祖先，传说是舜的臣．

㊀ qì 见 395 页。

禼(禼、**离) xiě ㄒㄧㄝ 用于人名。

卸 xiè ㄒㄧㄝ ❶把东西去掉或拿下来：～货．～车．大拆大～．❷解除：～责．～任．推～．

屑 xiè ㄒㄧㄝ 碎末：煤～．竹头木～．［琐屑］细小的事情．

［不屑］认为事物轻微而不肯做或不接受：他～～于做这件事．

榍 xiè ㄒㄧㄝ ［榍石］一种矿物，多呈褐色或绿色，有光泽，是提炼钛的原料。

械 xiè ㄒㄧㄝ ❶器物，家伙：机～．器～．❷武器：缴～．～斗．❸刑具．

亵(褻) xiè ㄒㄧㄝ ❶轻慢，亲近而不庄重：～渎．❷指贴身的衣服：～衣．❸淫秽：猥～．

谢 xiè ㄒㄧㄝ ❶表示感激（叠）：～～你！❷道歉或认错：～罪．❸辞去，拒绝：绝～参观．❹凋落，衰退：花～了．新陈代～．

塮 xiè ㄒㄧㄝ 〈方〉猪羊等家畜圈里积下的粪便．

榭 xiè ㄒㄧㄝ 台上的屋子：水~.

解 (三) xiè ㄒㄧㄝ ❶明白，懂得：~不开这个理。❷姓。❸解县，旧县名，在山西省。

（一）jiě 见238页。

（二）jiè 见239页。

薢 xiè ㄒㄧㄝ [薢茩] (—hòu) 菱。

獬 xiè ㄒㄧㄝ [獬豸] (—zhì) 传说中的异兽名。

邂 xiè ㄒㄧㄝ [邂逅] (—hòu) 没约会而遇到：~相遇.

廨 xiè ㄒㄧㄝ 古代通称官署。

澥 xiè ㄒㄧㄝ ❶糊状或胶状物由稠变稀：粥糊~了.❷加水使糊状物或胶状物变稀：粥太稠，加点儿水一~.❸[澥渤] (bó—)〈古〉渤海的别称。也指渤海。

懈 xiè ㄒㄧㄝ 松懈，不紧张（迭—怠）：始终不~.

蟹（*蠏） xiè ㄒㄧㄝ 螃蟹，节肢动物，种类很多，水陆两栖，全身有甲壳。前面的一对脚长（zhǎng）成钳状，叫螯。横着走。腹部分节，俗叫脐，雄的

尖脐，雌的团脐。

薤 xiè ㄒㄧㄝ 多年生草本植物，叶细长，开紫色小花。鳞茎和嫩叶可以吃。也叫"藠头 (jiàotou)"。

瀣 xiè ㄒㄧㄝ 见180页"沆"字条"沆瀣 (hàng—)"。

燮 xiè ㄒㄧㄝ 谐和，调和。

躞 xiè ㄒㄧㄝ 见101页"蹀"字条"蹀躞 (dié—)"。

XIN ㄒㄧㄣ

心 xīn ㄒㄧㄣ ❶心脏，人和高等动物体内推动血液循环的器官。（图见612页"脏"）[心腹] ⑩1.最要紧的：~~之患.2.亲信的人。[心胸] ⑩气量：~~宽大.❷习惯上也指思想器官和思想感情等：~思.~得.用~.~情.开~(快乐).伤~.谈~.全~全意.[心理]1.思想、感情、感觉等活动过程的总称。2.想法，思想情况：这是一般人的~~.[小心]留神，谨慎：~~火烛(谨慎防火).一路多加~~.❸中央，在中间的地位或部分：掌~.江~.圆~.[中心]1."心❸".2.主要部分：政治~~.文化

～.～～任务.～～环节.❹星宿名,二十八宿之一.也叫"商".

芯 ⊖ xīn ㄒㄧㄣ 去皮的灯心草;灯～.

⊜ xìn 见 544 页.

辛 xīn ㄒㄧㄣ ❶辣.❷劳苦,艰难:～勤.❸悲伤:～酸.❹天干的第八位,用做顺序的第八.

莘 ⊖ xīn ㄒㄧㄣ 古指细辛.一种草本植物,花暗紫色,根细,有辣味,可入药.[莘庄]地名,在上海.

⊜ shēn 见 443 页.

锌 xīn ㄒㄧㄣ 一种金属元素,符号 Zn,旧称"亚铅",蓝白色,质脆.可制锌版,涂在铁上可防生锈.氧化锌(俗称"锌白")是一种重要的白色颜料.

新 xīn ㄒㄧㄣ ❶跟"旧"相反.1.刚有的或刚经验到的:～办法.万象更～.～事物.2.没有用过的:～笔～房子.3.性质上改变得更好的,使变成新的:～社会.～文艺.粉刷一～.[自新]改掉以往的过错,使思想行为向好的方面发展.❷新近,刚才:这枝钢笔是我～买的.他是～来的.❸称结婚时的人

或物:～郎.～房.

薪 xīn ㄒㄧㄣ 柴火:杯水车～.[薪水][薪金]工资.

忻 xīn ㄒㄧㄣ ❶同"欣".❷[忻州]地名,在山西省.

昕 xīn ㄒㄧㄣ 太阳将要出来的时候.

欣 xīn ㄒㄧㄣ 快乐,喜欢:欢～鼓舞.～然前往.[欣赏]用喜爱的心情来领会其中的意味.[欣欣]1.高兴的样子:～～然有喜色.2.草木生机旺盛的样子:～～向荣.

䜣 xīn ㄒㄧㄣ 同"欣".

焮 xīn ㄒㄧㄣ xìn ㄒㄧㄣ(又)烧,灼.

歆 xīn ㄒㄧㄣ 喜爱,羡慕:～美.

馨 xīn ㄒㄧㄣ 散布很远的香气.

鑫 xīn ㄒㄧㄣ 财富兴盛.商店字号,人名常用的字.

镡 xín ㄒㄧㄣ ❶古代剑柄的顶端部分.❷古代兵器,似剑而小.

囟(****顖**) xìn ㄒㄧㄣ 囟门,囟脑门,又叫"顶门",婴儿头顶骨未合缝的地方.

芯 ⊖ xìn ㄒㄧㄣ ❶(一子)装在器物中心的捻子或消息儿，如蜡烛的捻子、爆竹的引线等。❷(一子)蛇的舌头。

⊖ xīn 见543页。

信 xìn ㄒㄧㄣ ❶诚实，不欺骗：～用.失～.❷信任，不怀疑，认为可靠：～赖.这话我不～.❷信仰，崇奉：～徒.❸(一儿)消息：报～.喜～儿.[信号]传达消息、命令、报告等的记号：放～枪.❹函件(遥书一)：给他写封～.❺随便，～步.～口开河(随便乱说).❻信石，砒霜.❼同"芯⊖".

〈古〉又同"伸"(shēn).

衅(釁) xìn ㄒㄧㄣ ❶古代用牲畜的血涂器物的缝隙：～钟.～鼓.❷缝隙，争端：挑～.寻～.

焮 xìn ㄒㄧㄣ (又)见543页xīn.

XING ㄒㄧㄥ

兴(興) ⊖ xīng ㄒㄧㄥ ❶举办，发动：～工.～利除弊.～修水利.❷起来：夙～夜寐(早起晚睡).闻风～起.❸旺盛(遥一盛)、

一旺).[兴奋]精神振作或激动.❹流行，盛行：时～.❺准许：不～胡闹.❻〈方〉或许：他～来，～不来.❼姓.

⊖ xìng 见546页。

星 xīng ㄒㄧㄥ ❶天空中发光的或反射光的天体，如太阳、地球、北斗星等。通常指夜间天空中闪烁发光的天体：人造地球卫～.～罗棋布.月明～稀.喻称有名的演员、运动员等：明～.球～.歌～.❷(一子、一儿)细碎或小的东西：～火燎原.火儿.唾沫～子.❸星宿名，二十八宿之一.

猩 xīng ㄒㄧㄥ 猩猩，猿类，形状略似人，毛赤褐色，前肢长，无尾。吃野果。产于苏门答腊等地。[猩红热]一种急性传染病，病原体是一种溶血性链球菌，症状是头痛、寒热、发红疹，口部周围苍白，舌如草莓。小儿容易感染。

惺 xīng ㄒㄧㄥ 醒悟。[惺惺]1.聪明，机警。2.聪明的人。[假惺惺]1.假充聪明。2.假装和善。

[惺忪][惺松]1.清醒。2.刚睡醒尚未清醒。

腥 xīng ㄒㄧㄥ ❶腥气，像鱼的气味：血～。～膻(shān)。❷鱼、肉一类的食品：他不吃～。

骍 xīng ㄒㄧㄥ 赤色的马或牛。

箵 xīng ㄒㄧㄥ 见307页"箐"字条"箐箵"(líng—)。

刑 xíng ㄒㄧㄥ ❶刑罚，对犯人各种处罚的总称：死～。徒～。缓～。❷特指对犯人的体罚，如拷打、折磨等：受～。动～。

邢 xíng ㄒㄧㄥ 姓。

形 xíng ㄒㄧㄥ ❶样子：三角～。地～。～式。～象。[形成]逐渐发展成为某种事物：爱护公物已～～一种风气。[形势]1.地理上指地势的高低，山、水的样子。2.事物发展的状况：国际～～。❷体，实体：～体。无～。～影不离。❸表现：喜怒不～于色。[形容]1.面容：～枯槁。2.对事物的样子、性质加以描述。[形容词]表示事物的特征、性质、状态的词，如大、小、好、坏、快、慢等。❹对照，比较：相～之下。相～见绌(chù)。

型 xíng ㄒㄧㄥ ❶铸造器物用的模子。❷样式：新～。小～汽车。

钘 xíng ㄒㄧㄥ 古代盛酒器。又用于人名。

硎 xíng ㄒㄧㄥ ❶磨刀石。❷磨制。

铏 xíng ㄒㄧㄥ 古代盛羹的器具。

行 ⊖ xíng ㄒㄧㄥ ❶走：日～千里。步～。⑪出外时用的：～装。～箧(qiè)。[一行]一组(指同行的人)。[行李](—li)出外时所带的包裹箱子等。[行头](—tou)演戏时穿戴的衣物。❷流通，传递：通～。销～。～全国。发～报刊、书籍。❸流动性的，临时性的：～灶。～商。～营。❹进行：另～通知。即～查处。❺实做，办：～礼。举～。实～。❻(旧读 xìng)足以表明品质的举止行动：言～。品～。德～。操～。罪～。❼可以：不学习不～。❽能干：你真～。❾将要：～将毕业。❿乐府和古诗的一种体裁。⓫姓。

⊜ háng 见180页。

饧(錫) xíng ㄒㄧㄥ ❶糖稀。❷糖块、面剂子等变软：糖～了。❸精神不

振,眼睛半睁半闭:眼睛发
~.

陉(陘) xíng ㄒㄧㄥˊ 山脉
中断的地方.

荥(滎) ㊀ xíng ㄒㄧㄥˊ
[荥阳]地名,在
河南省.

㊁ yíng 见586页.

省 ㊀ xǐng ㄒㄧㄥˇ ❶检查自
己:反~. ❷知觉:不~
人事. ❸省悟,觉悟:反~.猛
~前非. ❹看望,问候(父母、
尊长):~亲.

㊁ shěng 见446页.

醒 xǐng ㄒㄧㄥˇ ❶睡完或还
没睡着(zháo). ❷头脑
由迷糊而清楚(㊧一悟):清
~.惊~. [醒目][醒眼]鲜
明,清楚,引人注意的:这一
行字印得很~~. ❸酒醉之
后恢复常态:水果可以~酒.

擤(擤揩**)** xǐng ㄒㄧㄥˇ
捏住鼻子,用
气排出鼻涕:~鼻涕.

兴(興) ㊀ xìng ㄒㄧㄥˋ 兴
趣,对事物喜爱
的情绪:~高采烈. [高兴]愉
快,喜欢.

㊁ xīng 见544页.

杏 xìng ㄒㄧㄥˋ 杏树,落叶乔
木,春天开花,白色或淡

红色.果实叫杏儿或杏子,酸
甜,可吃.核中的仁叫杏仁,
甜的可吃,苦的供药用.

幸(⑤*倖**)** xìng ㄒㄧㄥˋ
❶意外地得
到成功或免去灾害:~免于
难(nàn). [幸亏][幸而]副
词,多亏:~~你来了. ❷幸
福. ❸高兴:庆~.欣~.❹希
望:~勿推却. ❺旧指宠爱:
宠~.得~. ❻〈古〉指封建帝
王到达某地:巡~.

悻 xìng ㄒㄧㄥˋ 怨恨,怒
(叠):~~而去.

婞 xìng ㄒㄧㄥˋ 倔强、固执.

性 xìng ㄒㄧㄥˋ ❶性质,人或
事物的本身所具有的能
力、作用等:碱~.弹(tán)
~.向日~.药~.斗争~.
[性命]生命. [个性][性格]
个人的思想、行动上的特点.
[性子](—zi)脾气:他的~
~很急. ❷男女或雌雄的特
质:~别.男~.女~.❸器
官. ❹在思想、感情等方面的
表现:党~.组织纪律~.

姓 xìng ㄒㄧㄥˋ 表明家族系
统的字:~名.

荇(⁑*莕**)** xìng ㄒㄧㄥˋ
荇菜,水生植

物,叶浮在水面上,夏天开花,黄色,根茎可吃。

XIONG ㄒㄩㄥ

凶(③-⑤ *兇) ㄒㄩㄥ xiōng
❶不幸的,与"吉"相对:～事(丧事).吉～.❷庄稼收成不好:～年.❸恶,暴(叠－恶,－暴):～狠.穷～极恶.❹关于杀伤的:～手.行～.❺厉害,过甚:你闹得太～了.雨来得很～.

匈 ㄒㄩㄥ xiōng 〈古〉同"胸"。
[匈奴]我国古代北方的民族。

讻(**詾) ㄒㄩㄥ xiōng 争辩。[讻讻]喧扰,纷扰。

汹(*洶) ㄒㄩㄥ xiōng 水向上翻腾。[汹汹]1.形容水声或争吵声.2.形容声势很大:来势～.[汹涌](－yǒng)水势很大,向上涌:波涛～～.

胸(*胷) ㄒㄩㄥ xiōng 胸膛,身体前面颈下腹上的部分.(图见486页"体")[胸襟]喻气量,抱负。

兄 ㄒㄩㄥ xiōng 哥哥:～嫂.敬辞:老～.仁～.某

某～.[兄弟]1.兄和弟的统称:～三人.⑨有亲密关系的:～～国家.2.(－di)弟弟。

芎 ㄒㄩㄥ xiōng [芎藭](－qióng)多年生草本植物,叶子像芹菜,秋天开花,白色,全草有香气,地下茎可入药.也叫"川芎"。

雄 ㄒㄩㄥ xióng ❶公的,阳性的,跟"雌"相对:～鸡.～蕊.❷强有力的:～师.～辩.❸宏伟,有气魄的:～心.～伟.❹强有力的人或国家:英～.两～不并立.战国七～.

熊 ㄒㄩㄥ xióng ❶哺乳动物,种类很多,体大,尾短,能直立行走,也能攀登树木.[熊猫]也叫"大熊猫"、"猫熊".哺乳动物,体肥胖,形状像熊而略小,尾短,眼周、耳、前后肢和肩部黑色,其余均为白色.毛密而有光泽,耐寒.喜食竹叶、竹笋.生活在我国西南地区,是我国特有的珍贵动物.❷〈方〉斥责:～了他一顿.❸〈方〉怯懦,没有能力:这人真～,一上场就败了下来。
[熊熊]形容火势旺盛。

诇 xiòng ㄒㄩㄥˋ 刺探.

夐 xiòng ㄒㄩㄥˋ 远,辽阔:～古.

XIU ㄒㄧㄨ

休 xiū ㄒㄧㄨ ❶歇息:～假.～养.❷停止:～业.～学.～会.争论不～.❸完结(多指失败或死亡).❸旧社会丈夫把妻子赶回母家,断绝夫妻关系:～书.～妻.❹副词,不要,别:～想.～要这样性急.❺吉庆,美善:～咎(吉凶).～戚(喜和忧)相关.

咻 [咻咻]1.形容喘气的声音.2.形容某些动物的叫声:小鸭～～地叫着.

庥 xiū ㄒㄧㄨ 庇荫,保护.

鸺 xiū ㄒㄧㄨ 见59页"鸱"字条"鸱鸺"(chī—).

貅 xiū ㄒㄧㄨ 见378页"貔"字条"貔貅"(pí—).

髤 (＊＊髹) xiū ㄒㄧㄨ 把漆涂在器物上.

修 (△＊脩) xiū ㄒㄧㄨ ❶使完美或恢复完美:～饰.～理.～辞.

车.❷建造:～铁道.～桥.❸著作,撰写:～书.～史.❹钻研学习,研究:～业.自～.❺长(cháng)茂林～竹.❻修正主义的简称.

脩 xiū ㄒㄧㄨ ❶干肉.[束脩]一束干肉.❷旧时指送给老师的薪金.❸同"修".

羞 xiū ㄒㄧㄨ ❶感到耻辱(逾一耻):～与为伍.难为情,害臊:害～.❷使难为情:你别～我.❸珍羞,美味的食物.

馐 xiū ㄒㄧㄨ 美味的食品,也作"羞":珍～.

朽 xiū ㄒㄧㄨ ❶腐烂,多指木头(逾腐一):～木.[不朽](精神,功业等)不磨灭:永垂～～.❷衰老:老～.

宿 ⊖ xiǔ ㄒㄧㄨ 夜:住了一～.谈了半～.
　　⊜ sù 见468页.
　　⊜ xiù 见549页.

滫 xiǔ ㄒㄧㄨ 泔水.

秀 xiù ㄒㄧㄨ ❶植物吐穗开花,多指庄稼:高粱～穗了.六月六看谷～.❷特别优异的(逾优一):～异.～挺.[秀才](一cai)封建时代科举初考合格的人.泛指书生

❸聪明,灵巧:内～.心～.❹美丽(龙一丽):山明水～.祖国的河山分外～丽.[秀气](一qi)1.清秀.2.(器物)灵巧轻便:这个东西做得很～.

绣(*繡) xiù ㄒㄧㄡˋ ❶用丝线等在绸、布上缀成花纹或文字:～花.～字.❷绣成的物品:湘～.苏～.

琇 xiù ㄒㄧㄡˋ 像玉的石头。

锈(*鏽) xiù ㄒㄧㄡˋ ❶金属表面所生的氧化物:铁～.铜～.这把刀子长(zhǎng)～了.❷生锈:门上的锁～住了.

岫 xiù ㄒㄧㄡˋ ❶山洞。❷山。

袖 xiù ㄒㄧㄡˋ ❶(一子、一儿)衣服套在胳膊上的部分.(图见574页"衣")[袖珍]小型的:～～字典.～～收录机.❷藏在袖子里:～着手.～手旁观.

臭 ⊖ xiù ㄒㄧㄡˋ ❶气味。❷同"嗅"。

⊜ chòu 见64页。

嗅 xiù ㄒㄧㄡˋ 闻,用鼻子辨别气味。

溴 xiù ㄒㄧㄡˋ 一种非金属元素,符号Br,赤褐色的液体,性质很毒,能侵蚀皮肤和黏膜。可制染料、照相底版、镇静剂等。

宿 ⊖ xiù ㄒㄧㄡˋ 我国古代的天文学家把天上某些星的集合体叫做宿:星～.二十八～.

⊖ sù 见468页。

⊜ xiǔ 见548页。

XU ㄒㄩ

圩 ⊖ xū ㄒㄩ 闽粤等地区称集市。古书里作"虚"。

⊜ wéi 见510页。

吁 ⊖ xū ㄒㄩ ❶叹息:长～短叹。❷文言叹词,表示惊疑:～,是何言欤!

⊜ yù 见599页。

盱 xū ㄒㄩ 睁开眼向上看。[盱眙](一yí)地名,在江苏省。

戌 xū ㄒㄩ ❶地支的第十一位。❷戌时,指晚上七点到九点。

盰 ⊖ xū ㄒㄩ 皮骨相离声。

⊜ huā 见194页。

须(❸❹鬚) xū ㄒㄩ ❶应当:这事～亲自动手.务～注意.必～努力.❷等待。❸

胡子（鬍一）。❹像胡须的东西：触～.花～.～根.
[须臾]（-yú）片刻，一会儿。

嬃 xū ㄒㄩ 古代楚国人对姐姐的称呼。

胥 xū ㄒㄩ ❶古代的小官：～吏.[钞胥]管誊写的小吏.㊧代人抄写的人。❷全，都：民～然矣.万事～备.

谞 xū ㄒㄩ ❶才智。❷谋划。

顼 xū ㄒㄩ 见 651 页"颛"字条"颛顼（zhuān—）。

虚 xū ㄒㄩ ❶空（叠空一）：弹不～发.座无～席.[虚心]不自满，不骄傲：～～使人进步，骄傲使人落后.❷不真实的，跟"实"相反：～名.～荣.～张声势.[虚词]意义比较抽象，有帮助造句作用的词（跟"实词"相对），如介词、连词等等。❸心里怯懦：做贼心～.❹衰弱：身体～弱.他身子太～了.❺徒然，白白地：～度年华.不～此行.❻指政治思想、方针、政策等方面的道理：务～.以～带实.❼星宿名，二十八宿之一。

墟 xū ㄒㄩ ❶有人住过而现在已经荒废的地方：废～.殷～.[墟里][墟落]村

落.❷〈方〉集市，同"圩（二）。

嘘 ㈠ xū ㄒㄩ ❶从嘴里慢慢地吐气，呵气。❷叹气：仰天而～.[嘘唏]（-xī）火或汽的热力熏炙：小心别～着手.把馒头放在锅里～一～.
㈡ shī 见 448 页。

歔 ㈠ xū ㄒㄩ [歔欷]（-xī）哭泣时抽噎。

欻 ㈠ xū ㄒㄩ 忽然：风雨～至.
㈡ chuā 见 66 页。

需 xū ㄒㄩ ❶需要，必得用：～款.按～分配.❷必用的财物：军～.

繻 xū ㄒㄩ ❶有彩色的缯。❷古代一种用帛制的通行证。

魖 xū ㄒㄩ 暗：黑～～。

徐 xú ㄒㄩˊ 缓，慢慢地（叠）：～步.清风～来.火车～～开动了。

许 xǔ ㄒㄩˇ ❶应允，认可（连允一、准一）：特～.～可.～为佳作.㊧承认其优点：赞～.称～.❷预先答应给与：我～给他一本书.以身～国.❸或者，可能：他也～来.❹处，地方：先生不知何～人也.❺表约略估计的词：少～（少量）.
年三十～（三十岁左右）. ❻
这样：如～. [许多] 1. 这样
多，这么多. 2. 很多. [许久]
1. 时间这么长. 2. 时间很长.

浒 ㊀ xǔ ㄒㄩˇ [浒墅关][浒
浦]地名，都在江苏省.
㊁ hǔ 见 193 页.

诩 xǔ ㄒㄩˇ 说大话，夸张：自
～.

栩 xǔ ㄒㄩˇ [栩栩]形容生
动的样子：～～如生.

姁 xǔ ㄒㄩˇ (叠)安乐，和悦.

湑 ㊀ xǔ ㄒㄩˇ ❶滤过的酒.
㊋清。❷茂盛.
㊁ xù 见 552 页.

糈 xǔ ㄒㄩˇ ❶粮食。❷古代
祭神用的精米.

醑 xǔ ㄒㄩˇ ❶美酒。❷醑剂
（挥发性药物的醇溶液）
的简称：樟脑～. 氯仿～.

旭 xù ㄒㄩˋ 光明，早晨太阳
才出来的样子. [旭日]
才出来的太阳.

序 xù ㄒㄩˋ ❶次第（遥次
—）：顺～. 工～. 前后有
～. ❷排列次第：～齿（按年
龄排次序）. ❸在正式内容之
前的：～文. ～曲. ～幕. 特指
序文：写一篇～. ❹庠序，古

代的学校.

叙(*敍、*敘) xù ㄒㄩˋ ❶述说
（遥一述）：～旧. ～家常. ❷记
述：～事. 记～. ❸同"序❶❷
❸".

溆 xù ㄒㄩˋ 水边. [溆浦]地
名，在湖南省.

洫 xù ㄒㄩˋ 田间的水道、沟
渠.

恤(*卹、*賉) xù ㄒㄩˋ
❶对别
人表同情，怜悯：体～. ❷救
济：～金. 抚～. ❸忧虑.

畜 ㊀ xù ㄒㄩˋ 饲养：～产. ～
牧业.
㊁ chù 见 66 页.

蓄 xù ㄒㄩˋ 积聚，储藏（遥储
—）：～财. ㊋ 1. 保存：～
电池. ～洪. 养精～锐. 2. 心
里存着：～意已久.

酗 xù ㄒㄩˋ 撒酒疯：～酒（没
有节制地喝酒）.

勖(*勗) xù ㄒㄩˋ 勉励
（遥一勉）.

绪 xù ㄒㄩˋ ❶丝的头. ㊻开
端：千头万～. [绪论]著
书或讲学开头叙述内容要点
的部分. ❷事业：续未竟之
～. ❸指心情、思想等：思～.
情～. ❹残余：～余.

续(續) xù ㄒㄩˋ ❶连接,接下去（叠继一）:~假(jià).华盖集~编.❷在原有的上面再加:把茶~上.炉子该~煤了.
[手续]办事的程序.

絮 xù ㄒㄩˋ ❶棉絮,棉花的纤维:被~.吐~.❷像棉絮的东西:柳~.芦~.❸在衣物里铺棉花:~被子.~袄.❹连续重复,惹人厌烦:~烦.[絮叨](—dao)说话啰唆.

湑 (一) xù ㄒㄩˋ 湑水河,水名,在陕西省.
(一) xǔ 见551页.

婿(*壻) xù ㄒㄩˋ ❶夫婿,丈夫.❷女婿,女儿的丈夫.

煦(**昫) xù ㄒㄩˋ 温暖:春风和~.

蓿 xu ·ㄒㄩ 见351页"苜"字条"苜蓿"(mù—).

XUAN ㄒㄩㄢ

轩 xuān ㄒㄩㄢ ❶古代的一种有围棚的车.[轩昂]1.高扬,高举.2.气度不凡:态度~~.[轩轾](—zhì)车子前高后低叫轩,前低后高叫轾.❷高低优劣:不分~.~.❷有窗的长廊或小室.

宣 xuān ㄒㄩㄢ ❶发表,公开说出:~誓.心照不~.[宣传]说明讲解,使大家行动起来:热情~~好人好事.❷疏通:~泄.❸指宣纸,安徽省宣城等地产的一种高级纸张,吸墨均匀,能长期存放:生~.虎皮~.

揎 xuān ㄒㄩㄢ 捋(luō)起袖子露出胳膊:~拳袖.

萱(*蕿) xuān ㄒㄩㄢ 萱草,多年生草本植物,叶细长,花红黄色.

喧(*誼) xuān ㄒㄩㄢ 大声说话,声音杂乱(叠一哗).

瑄 xuān ㄒㄩㄢ 古代祭天用的璧.

暄 xuān ㄒㄩㄢ ❶太阳的温暖.[寒暄]翰普通的客套,谈家常.❷松软,松散:土.馒头又大又~.

煊 xuān ㄒㄩㄢ 同"暄❶".

谖 xuān ㄒㄩㄢ ❶欺诈,欺骗.❷忘记.

儇 xuān ㄒㄩㄢ 轻薄而有点小聪明.

翾 xuān ㄒㄩㄢ　飞翔。

褼 xuān ㄒㄩㄢ　姓。

玄 xuān ㄒㄩㄢ　❶深奥不容易理解的：～理。～妙。❷虚伪，不真实，不可靠：那话太～了，不能信。[玄虚]1.不真实。2.欺骗的手段：故弄～～。❸黑色：～狐。～青（深黑色）。

疢 xuán ㄒㄩㄢ　[横疢]由于疳引起的腹股沟淋巴结肿胀、发炎的症状。

悬（懸）xuán ㄒㄩㄢ　❶挂，吊在空中：～灯结彩。喻没有着落，没有结束：～案。那件事还～着呢。[悬念]1.挂念。2.欣赏戏剧、电影或其他文艺作品时，对故事发展和人物命运的关切心情。❷凭空设想：～拟。～揣。❸距离远：～隔。～殊。❹〈方〉危险：真～！差点儿掉下去。

旋 ⊖ xuán ㄒㄩㄢ　❶旋转，转动：螺～。回～。❷回，归：～里。凯～。❸不久：～即离去。❹姓。
⊜ xuàn 见554页。

漩 xuán ㄒㄩㄢ　（一儿）水流旋转的圆窝。

璇（*璿）xuán ㄒㄩㄢ　美玉。[璇玑]（一jī）古代天文仪器。

选（選）xuǎn ㄒㄩㄢ　❶挑拣，择（逪挑一、一择）：～种（zhǒng）。[选举]多数人推举认为合适的人担任代表或负责人：～～代表。❷被选中了的人或物：人～。❸被选出来编在一起的作品：文～。诗～。

咺 xuǎn ㄒㄩㄢ　❶日光。❷光明。❸晒干。

烜 xuǎn ㄒㄩㄢ　❶火盛。❷光明。[烜赫]声威昭著。❸晒干。

癣 xuǎn ㄒㄩㄢ　感染霉菌而引起的皮肤病，有白癣、黄癣多种，患处常发痒。

券 ⊖ xuàn ㄒㄩㄢ　quàn ㄑㄩㄢˋ（又）拱券，门窗、桥梁等建筑成弧形的部分。
⊖ quàn 见417页。

泫 xuàn ㄒㄩㄢ　水珠下滴：～然流涕。

炫（❷**衒）xuàn ㄒㄩㄢ　❶光明照耀：～目。❷夸耀。[炫耀]1.照耀。2.夸耀。

眩 xuàn ㄒㄩㄢ　❶眼睛昏花看不清楚：头晕目～。❷

迷惑,迷乱:～于名利.

铉 xuàn ㄒㄩㄢ 横贯鼎耳以扛鼎的器具.

绚 xuàn ㄒㄩㄢ 有文彩的,色彩华丽:～烂.～丽.

旋(❸❹鏇) ㊁ xuàn ㄒㄩㄢ ❶旋转的:～风.❷临时(做):～吃～做.❸(一子)温酒的器具.❹用车床或刀子转(zhuàn)着圈地削:用车床～零件.[旋床]把金属或木料切削成圆形或球形的机器.也叫"车床".

㊀ xuán 见 553 页.

碹 xuàn ㄒㄩㄢ 同"碹".

渲 xuàn ㄒㄩㄢ 中国画的一种画法,把水墨淋在纸上再擦得浓淡适宜.[渲染]用水墨或淡的色彩涂抹画面.㊋夸大地形容.

楦(*楥) xuàn ㄒㄩㄢ ❶(一子、一头)做鞋用的模型.❷拿东西把物体中空的部分填满使物体鼓起来:用鞋楦子～鞋.把这个猫皮一起来.

碹 xuàn ㄒㄩㄢ ❶桥梁、涵洞等工程建筑的弧形部分.也作"券(xuàn)".❷用砖、石等筑成弧形.

XUE ㄒㄩㄝ

削 ㊀ xuē ㄒㄩㄝ 义同"削㊁",用于一些复合词:～除.～减.～弱.剥～.

㊁ xiāo 见 536 页.

靴(*鞾) xuē ㄒㄩㄝ (一子)有长筒的鞋:马～.皮～.雨～.

薛 xuē ㄒㄩㄝ 周代诸侯国名,在今山东省滕州.

穴 xué ㄒㄩㄝ ❶窟窿,洞:不入虎～,焉得虎子?～居野处.❷墓穴:坟地里有五个～.❸穴位,人体或某些动物体可以进行针灸的部位,多为神经末梢密集或较粗的神经纤维经过的地方,也叫"穴道":太阳～.

茓 xué ㄒㄩㄝ (一子)做囤用的狭而长的席,通常是用秫秸篾或芦苇编成的.也作"踅".

岧(嶨) xué ㄒㄩㄝ [岧口]地名,在浙江省文成.

学(學、**斈) xué ❶学习:活到老,～到老(生).1.在校学习的人.2.后辈学习的人.3.对前辈谦称自己.[学徒]在工厂或商里学习技能的人。❷模仿:他～赵体字,～得很像。❸学问,学到的知识:饱～.博～.多能.[学术]比较专门而有系统的学问.[学士]1.学位名.2.古代官名.❹分门别类的有系统的知识:哲～.物理～.语言～.❺学校:中～.大～.上～.

鸴(鷽) xué ㄒㄩㄝ 鸟名。小形鸣禽,体形似雀,头部黑色,背青灰色,胸腹赤色。吃昆虫、果实等。

踅 xué ㄒㄩㄝ ❶折回,旋转:～来～去.这群鸟飞向东去又～回来落在树上了.[踅摸](-mo)〈方〉寻找:到处～～旧书.❷同"茓".

噱 xué ㄒㄩㄝ 笑:发～.[噱头]〈方〉逗笑的话或举动.

　　㊀ jué 见258页.

雪 xuě ㄒㄩㄝ ❶冷天天空落下的白色结晶体,是空气中的水蒸气冷至零摄氏度以下凝结而成的:～花.冰天～地.❷洗去,除去:～耻.～恨.

鳕 xuě ㄒㄩㄝ 鳕鱼,鱼名。又叫"大头鱼",下颌有一条大须。鳕鱼的肝脏含有大量的维生素甲、丁,是制鱼肝油的重要原料。

血 ㊀ xuè ㄒㄩㄝ ❶血液,动物体内的一种红色液体(由红细胞、白细胞、血小板和血浆组成),周身循环,分配养分给各组织,同时把废物带到排泄器官内:～压.～泊(pō).出～.❷同一祖先的:～统.～族.❸比喻刚强热烈:～性.(读 xuè 时用于复音词及成语。如"贫血"、"呕心沥血"、"狗血喷头"等。)

　　㊁ xiě 见541页.

谑 xuè ㄒㄩㄝ 戏谑,开玩笑.

XUN ㄒㄩㄣ

勋(*勳) xūn ㄒㄩㄣ ❶特殊功劳(逾功一):～章.屡建奇～.❷勋章:授～.

埙(*壎) xūn ㄒㄩㄣ 古代用陶土烧制的一种吹奏乐器.

熏(*¹燻) ㊀ xūn ㄒㄩㄣ ❶气味或烟气接触物品:～豆腐.～肉.把墙～黑了.用茉莉花～茶叶.❷气味刺激人:臭气～人.❸暖和:～风.

　　㊁ xùn 见557页.

薰 xūn ㄒㄩㄣ ❶薰草,古书上说的一种香草。⑨花草的香气。❷同"熏❶❶"。

獯 xūn ㄒㄩㄣ [獯鬻](—yù)我国古代北方民族,战国后称匈奴。

曛 xūn ㄒㄩㄣ 日没(mò)时的余光:~黄(黄昏).

醺 xūn ㄒㄩㄣ 醉。[醺醺]醉的样子:喝得醉~~的.

窨 ⊖ xūn ㄒㄩㄣ 同"熏",用于窨茶叶。把茉莉花等放在茶叶中,使茶叶染上花的香味。
⊜ yìn 见 585 页。

旬 xún ㄒㄩㄣ ❶十天叫一旬,一个月有三旬,分称上旬、中旬、下旬。❷指十岁:三~上下年纪.年过六~.

郇 ⊖ xún ㄒㄩㄣ ❶周代诸侯国名,在今山西省临猗西南。❷姓。
⊜ huán 见 197 页。

询 xún ㄒㄩㄣ 问,征求意见(�墰—问):探~.查~.

荀 xún ㄒㄩㄣ 姓。

峋 xún ㄒㄩㄣ 见 305 页"嶙"字条"嶙峋"(lín—)。

洵 xún ㄒㄩㄣ 诚然,实在:~属可敬.

恂 xún ㄒㄩㄣ ❶信心,信实。❷恐惧。

珣 xún ㄒㄩㄣ 一种玉。

栒 xún ㄒㄩㄣ [栒邑]地名,在陕西省。今作"旬邑"。

寻(尋) xún ㄒㄩㄣ ❶找,搜求(�墰—找、一觅):~人.~求真理.[寻思](—si)想,考虑。[寻死]自杀或企图自杀。❷古代的长度单位,八尺为寻。[寻常]⑱平常,素常:这不是~~的事情.

荨(蕁) ⊖ xún ㄒㄩㄣ [荨麻疹]一种过敏性皮疹,俗叫"风疹疙瘩"。
⊜ qián 见 398 页。

浔(噚) xún ㄒㄩㄣ 也读作 yīngxún。英美制计量水深的单位,1 浔是 6 英尺,合 1.828 米。现写作"英寻"。

浔(潯) xún ㄒㄩㄣ ❶水边:江~.❷江西省九江市的别称。

鲟(鱘、**鱏) xún ㄒㄩㄣ 鲟鱼,鱼

名。身体呈纺锤形,背部和腹部有大片硬鳞,其余各部无鳞,肉可以吃。

纫 xún ㄒㄩㄣ 圆绦子。

巡(*廵) xún ㄒㄩㄣ ❶往来查看:~夜.~哨.[巡回]按一定路线到各处:~~医疗队.~~演出.❷量词,遍(用于给全座斟酒):酒过三~.

循 xún ㄒㄩㄣ 遵守,依照:~规蹈矩.~序渐进.有所遵~.[循环]周而复始地运动:血液~~.~~演出.

训 xùn ㄒㄩㄣ ❶教导,教诲:接受教~.~练.❷可以作为法则的话:遗~.不足为~.❸解释词的意义:~诂.

驯 xùn ㄒㄩㄣ 驯服,顺从,服从人的指使:~顺.~良.~马.~养野兽.

讯 xùn ㄒㄩㄣ ❶问.特指法庭中的审问:审~.❷消息,音信:通~.新华社~.

汛 xùn ㄒㄩㄣ 江河定期的涨水:防~.秋~.桃花~.

迅 xùn ㄒㄩㄣ 快(⊕－速):~跑.~猛.~雷不及掩耳.

徇(*狥) xùn ㄒㄩㄣ ❶依从,曲从:绝不~私舞弊.❷同"殉❶".

殉 xùn ㄒㄩㄣ ❶为达到某种目的而牺牲性命:~国(为国捐躯).~难(nàn).❷古代逼迫活人陪着死人埋葬,也指用偶人或器物随葬:~葬.

逊(遜) xùn ㄒㄩㄣ ❶退避,退让:~位(让出帝王的位子).❷谦让,恭顺:出言不~.❸不及,差:稍~一筹.

浚(*濬) ㊁ xùn ㄒㄩㄣ 浚县,在河南省。
㊀ jùn 见 259 页。

巽 xùn ㄒㄩㄣ 八卦之一,符号是☴.代表风。

噀(**潠) xùn ㄒㄩㄣ 喷水。

熏 ㊁ xùn ㄒㄩㄣ (方)(煤气)使人窒息中毒:炉子安上烟筒,就不至于~着了.
㊀ xūn 见 555 页。

蕈 xùn ㄒㄩㄣ 生长在树林里或草地上的某些高等菌类植物,形状略像伞,种类很多,有许多是可以吃的:松~.香~.

Y丨

YA 丨Y

丫（❶*椏、❶*桠） yā 丨Y
❶上端分枝的东西：～杈. 树～巴. ❷[丫头]（—tou）转1. 女孩子. 2. 旧社会供人役使的女孩子.

压（壓） ㊀ yā 丨Y ❶从上面加重力：～住.～碎.㋑搁置不动：积～资金. ❷用威力制服，镇服：镇～.～制. [压倒]转绝对超过：～～一切. ❸制止，控制：～咳嗽.～住气.～不住火. ❹逼近：～境. 太阳～树梢. ❺赌博时在某一门上下注.
㊁ yà 见 560 页.

呀 ㊀ yā 丨Y ❶叹词，表示惊疑：～，这怎么办！❷拟声词：门～的一声开了.
㊁ ·ya 见 560 页.

鸦（*鵶） yā 丨Y 乌鸦，鸟名. 种类很多，身体黑色，嘴大，翼长：～雀无声（喻寂静）.
[鸦片]（—piàn）俗叫"大烟". 由罂粟的果实提制出来的一种毒品，内含吗啡等，能镇痛安眠，医药上可作麻醉药. 久用成瘾，为害很大.

押 yā 丨Y ❶在文书契约上所签的名字或所画的符号：画～. 签～. ❷把财物交给人作担保：～金. ❸拘留：看～.～起来. ❹跟随看管：～车.～运货物.

鸭 yā 丨Y （—子）水鸟名. 通常指家鸭，嘴扁腿短，趾间有蹼，善游泳，不能高飞.

垭（埡） yā 丨Y yà 丨Y （又）〈方〉两山之间的狭窄地方：黄桷（jué）～（地名，在重庆市）.

哑（啞） ㊀ yā 丨Y 同"呀"（yā）. [哑哑]拟声词，乌鸦叫声或小儿学语声.
㊁ yǎ 见 559 页.

牙 yá 丨Ý ❶牙齿.❷（—子）像牙齿形状的东西：抽屉～子. ❸旧社会介绍买卖从中取利的人（龜—侩）：～行（háng）.

伢 yá 丨Ý 〈方〉（—儿、—子）小孩子.

芽 yá 丨Ý ❶（—儿）植物的幼体，可以发育成茎、叶或花的那一部分：豆～儿.

麦子发～儿了.～茶.[萌芽]⑩事情的开端.❷像芽的东西:肉～.银～(银矿苗).

岈 yá lㄚ 见 46 页"嵖"字条"嵖岈山"(chá一).

玡 yá lㄚ [琅玡](láng一)山名,在山东省.

铔 yá lㄚ 化学元素,镍的旧称.

蚜 yá lㄚ 蚜虫,俗叫"腻虫".能分泌一种甜液,所以又叫"蜜虫".绿色,也有棕色带紫红色的.生在豆类、棉花、菜类、稻、麦等的幼苗上,吸食嫩芽的汁液,害处很大.

崖(**崕、**厓) yá lㄚ (旧读 yái)高地或山石陡立的侧面:山～.悬～勒马(喻到了危险的地步赶紧回头).

涯 yá lㄚ 水边.⑪边际,极限:天～海角.一望无～.

睚 yá lㄚ 眼角.[睚眦](一zì)发怒瞪眼.⑪怨恨.

衙 yá lㄚ 衙门,旧时指官署:官～.

哑(啞) ㊀ yǎ lㄚ ❶由于生理缺陷或疾病而不能说话:聋～.～口无言(喻无话可说).[哑巴](一ba)1.同"哑❶".2.指不能说话的人.❷嗓子干涩发音困难或不清楚:嗓子喊～了.❸无声的:～剧.～铃(一种运动器械).❹(旧读 è)笑声:～然失笑(不由自主地笑出声来).

㊁ yā 见 558 页.

痖(瘂) yǎ lㄚ 同"哑"(yǎ).

雅 yǎ lㄚ ❶正规的,标准的:～声(指诗歌).～言.❷文雅,美好大方:～致.～观.❸敬辞:～鉴.～教(jiào).❹平素,素来:～善鼓琴.❺极,甚:～以为美.不欲为.❻交往:无一日之～.

轧(軋) ㊀ yà lㄚ ❶圆轴或轮子等压在东西上面转:把马路～平了.～棉花.～花机.❷排挤:倾～.❸姓.
㊁ zhá 见 617 页.
㊂ gá 见 143 页.

亚(亞) yà lㄚ ❶次,次一等的:～军.热带.❷(外)指亚洲,世界七大洲之一.

垭（埡） yà | Ｙ〈又〉见
558 页 yā。

挜（掗） yà | Ｙ〈方〉硬
把东西送给或卖
给别人。

娅（婭） yà | Ｙ 连襟。

氩（氬） yà | Ｙ 一种化
学元素，在通常
条件下为气体，符号 Ar 或
A，无色无臭，不易跟其他元
素化合。可用来放入电灯泡
或真空管中。

压（壓） ㊀ yà | Ｙ［压根
儿］根本，从来
（多用于否定句）：我～～～
没去过那个地方。
㊁ yā 见 558 页。

讶 yà | Ｙ 惊奇，奇怪：十
分惊～。

迓 yà | Ｙ 迎接（㊅迎－）：
～之于门。未曾迎～。

砑 yà | Ｙ 用卵形或弧形的
石块碾压或摩擦皮革、
布帛等使紧实而光亮。

揠 yà | Ｙ 拔：～苗助长
（zhǎng）（喻欲速成反
而做坏）。

猰（猰**）** yà | Ｙ ［猰
貐］（－yǔ）

古代传说中的一种凶兽名。

呀 ㊁ ya·| Ｙ 助词，"啊"
受前一字韵母 a,e,i,o,
ü 收音的影响而发生的变音：
大家快来～！你怎么不学一
学～? 这个瓜～，甜得很！
㊀ yā 见 558 页。

YAN | Ｙ

咽 ㊀ yān | Ｙ 咽头，食物
和气体的共同通道，位
于鼻腔、口腔和喉腔的后方，
通常混称咽喉。
㊁ yàn 见 565 页。
㊂ yè 见 573 页。

胭（*臙） yān | Ｙ ［胭
脂］（－zhi）一
种红色颜料，化妆用品。

烟（*煙、❺❻*菸） | Ｙ
❶（一儿）物质燃烧时所产生
的混有残余颗粒的气体：冒
～、～筒。［烟幕弹］能放出大
量烟雾的炸弹，供军事上做
掩护用。㊀用来掩盖真相或
本意的言论或行为。［烟火］
1. 道教指熟食：不食人间～
（现喻脱离现实）. 2. 在火
药中搀上锶、钡等金属盐类
制成的一种燃放的东西，燃
烧时发出灿烂的火花或成为
种种景物，供人观赏。❷（一

子)烟气中间杂有碳素的微细颗粒，这些颗粒附着在其他物体上凝结成的黑灰：松～.锅～子. ❸像烟的东西：过眼云～.～霞. ❹烟气刺激（眼睛）：一屋子烟，～眼睛. ❺烟草，一年生草本植物，叶大有茸毛，可以制香烟和农业上的杀虫剂等. ❻烟草制成品：香～.旱～.请勿吸～. ❼指鸦片：～土.

恹(懨,**壓) [恹恹] yān ㄧㄢ
有病的样子.

殷 ㊀ yān ㄧㄢ 黑红色：～红.朱～.
㊁ yīn 见583页.

焉 yān ㄧㄢ 〈古〉❶跟介词"于"加代词"是"相当：心不在～.罪莫大～. ❷乃，才：必知疾之所自起，～能攻之. ❸表示疑问，怎么，哪儿：～能如此？其子～往？ ❹助词：因以为号～.有厚望～.

鄢 yān ㄧㄢ [鄢陵]地名，在河南省.

嫣 yān ㄧㄢ 笑得好看.

阏 yān ㄧㄢ [阏氏](一zhī)汉代匈奴称君主的正妻.

崦 yān ㄧㄢ [崦嵫](一zī) 1.山名，在甘肃省. 2.古代指太阳落山的地方：日薄～～.

阉 yān ㄧㄢ ❶阉割，割去生殖腺：～鸡.～猪. ❷封建时代的宦官，太监.

淹(❶**湺,❶△**渰) yān ㄧㄢ ❶浸没(mò)：被水～了. ❷皮肤被汗液浸渍. ❸广：～博.
"渰"又 yǎn 见563页.

腌(*醃) ㊀ yān ㄧㄢ 用盐等浸渍食品：～肉.～咸菜.
㊁ā 见1页.

湮 ㊀ yān ㄧㄢ 埋没(逸没)：有的古迹已经～没了.
㊁ yīn 见583页.

燕 ㊀ yān ㄧㄢ ❶周代诸侯国名，在今河北省北部和辽宁省南部. ❷姓.
㊁ yàn 见566页.

延 yán ㄧㄢ ❶引长：～长.～年.蔓(màn)～. ❷展缓，推迟：～期.遇雨顺～.迟～. ❸引进，请：～师.～聘.～医.

埏 ㊀ yán ㄧㄢ ❶大地的边沿. ❷墓道.

蜒 ㊀ shān 见 435 页。

yán lㄧㄢˊ 见 592 页"蚰"字条"蚰蜒"(yóuyán)、505 页"蜿"字条"蜿蜒"(wān一)。

筵 yán lㄧㄢˊ ❶竹席。❷酒席：喜～。

闫 yán lㄧㄢˊ 姓。

芫 ㊀ yán lㄧㄢˊ [芫荽](—sui) 俗叫"香菜"，又叫"胡荽"(—suī)。一年生或二年生草本植物，花白色。果实球形，有香气，可以制药和香料。茎、叶也可以吃。

㊀ yuán 见 602 页。

严(嚴) yán lㄧㄢˊ ❶紧密，没有空隙：把罐子盖～了。房上的草都长(zhǎng)～了。❷认真，不放松：规矩～。～厉。～格。办。㊧指父亲：家～。[严肃]郑重，庄重：态度很～。❸厉害的，高度的：～冬。～寒。[严重]紧急，重大：事态～。～～的错误。

言 yán lㄧㄢˊ ❶话(㊧语一)：发～。格～。名～。谣～。有～在先。一～为定。一～以蔽之。❷说(㊧一语)：知无不～。❸汉语的字：五～诗。七～绝句。洋洋万～。

阽 yán lㄧㄢˊ (又) 见 98 页 diàn。

妍 yán lㄧㄢˊ 美丽：百花争～。

研 yán lㄧㄢˊ ❶细磨：～药。～墨。❷研究，深入地探求：钻～。～求。
〈古〉又同"砚"(yàn)。

岩(*巖、*嵒) yán lㄧㄢˊ ❶高峻的山崖。❷岩石，构成地壳的石头：水成～。火成～。

炎 yán lㄧㄢˊ ❶热(㊧一热)：～夏。～暑。～凉。❷炎症，身体的某部位发生红、肿、热、痛、痒的现象：发～。脑～。皮～。❸指炎帝，传说中的我国上古帝王：～黄子孙

沿 yán lㄧㄢˊ ❶顺着(道路、江河的边)：～路。～江。铁路～线。❷按照以往的规矩、式样等：～袭。积习相～。[沿革]事物发展和变化的历程。❸(一儿)边(㊧边一)：炕～儿。缸～儿。盆～儿。河～儿。井～儿。❹在衣服等物的边上再加一条边：～鞋口。～个边。

铅 ㊀ yán l马 [铅山]地名,在江西省。

㊁ qiān 见397页。

盐(鹽) yán l马 ❶食盐,又叫"咸盐"。化学成分是氯化钠,有海盐、池盐、井盐、岩盐等。❷盐类,化学上指酸类中的氢根被金属元素置换而成的化合物。

阎 yán l马 ❶里巷的门。❷姓。

颜 yán l马 ❶颜面,脸面:无～见人.喜笑～开。❷颜色,色彩:～料.五～六色.

檐(＊簷) (一儿)房顶伸出的边沿:房～儿.前～儿。❷(一儿)覆盖物的边沿或伸出部分:帽～儿.

奄 yǎn l马 ❶覆盖。❷忽然,突然:～忽。

[奄奄]气息微弱:～～一息(快断气).

(古)又同"阉"(yān)。

掩(＊＊揜) yǎn l马 ❶遮蔽,遮盖(逾一盖、遮一):～鼻.不～饰自己的错误.[掩护]1.用炮火等压住敌方火力,或利用自然条件的掩蔽,以便进行军事上的活动。2.采取某种方式暗中保护。❷关,合:把门一～上.一～一卷.❸门窗箱柜等关闭时夹住东西:关门～住手了。❹乘其不备(进行袭击):～杀.～取.

罨 yǎn l马 ❶覆盖,掩盖:冷～法.热～法(医疗方法)。❷捕鱼或捕鸟的网。

兖 yǎn l马 [兖州]地名,在山东省。

龚(龑) yǎn l马 用于人名。

俨(儼) yǎn l马 恭敬,庄严。㊣很像真的,活像:～如白昼.[俨然]1.庄严:望之～～.2.整齐:屋舍～～.3.很像真的:这孩子说起话来～是个大人.

衍 yǎn l马 ❶延长,展开:推～。❷多余的(指文字):～文(书籍中因缮写、刻版、排版错误而多出来的字句)。

弇 yǎn l马 覆盖,遮蔽。

渰 ㊀ yǎn l马 云兴起的样子。

㊁ yān 见561页"淹"。

剡 ㊀ yǎn l马〈古〉❶尖,锐利。❷削,刮。

㊂ shàn 见436页。

琰 yǎn ㄧㄢˇ 美玉。

突 yǎn ㄧㄢˇ [突㝋](—yí)门户。

厣(厴) yǎn ㄧㄢˇ 螺类介壳口圆片状的盖。蟹腹下面的薄壳也称"厣"。

魇(魘) yǎn ㄧㄢˇ 梦中觉得有什么东西压住不能动弹(tan)。

黡(黶) yǎn ㄧㄢˇ 黑色的痣。

郾 yǎn ㄧㄢˇ [郾城]地名，在河南省。

偃 yǎn ㄧㄢˇ ❶仰面倒下，放倒：～卧.～旗息鼓。❷停止：～武修文.

蝘 yǎn ㄧㄢˇ 古书上指蝉一类的昆虫。
[蝘蜓](—tíng)古书上指壁虎。

眼 yǎn ㄧㄢˇ ❶眼睛，视觉器官。[眼光]见识，对事物的看法：把～放远点。❷(一儿)孔洞，窟窿：炮～.耳朵～儿.针～儿.❸(一儿)关节，要点：节骨～儿.字～.❹戏曲中的节拍：一板三～.

眼睛

（图注）眉　睫毛　眼珠　眼睑　瞳孔

演 yǎn ㄧㄢˇ ❶把技艺当众表现出来：～剧.～奏.～唱.❷根据一件事理推广发挥：～说.～义.[演绎]由一般原理推断特殊事实.❸演习，依照一定程式练习：～武.～算习题.❹不断变化：～变.～进.～化.

縯 yǎn ㄧㄢˇ 延长。

甗 yǎn ㄧㄢˇ 古代蒸煮用的炊具，陶制或青铜制。

鼴(*鼹) yǎn ㄧㄢˇ [鼴鼠]，俗叫"地排子(pǎi)子"。一种哺乳动物，毛黑褐色，眼小，趾有钩爪，善掘土，生活在土中。

厌(厭) yàn ㄧㄢˋ ❶嫌恶，憎恶(叠—恶)：讨～.～弃.❷满足：贪得无～.

餍（饜） yàn |ㄢ 吃饱。
⑤满足。

眶 yàn |ㄢ [眶口]地名，
在浙江省富阳。

砚 yàn |ㄢ 砚台，写毛笔
字研墨用的文具。

咽（*嚥） yàn |ㄢ
使嘴里的食物
等通过咽喉到食道里去：细
嚼慢~. 狼吞虎~. [咽气]人
死时断气。
㊀ yān 见560页。
㊁ yè 见573页。

唁 yàn |ㄢ 吊丧，对遭遇
丧事的人表示慰问（働
吊一）：~电（吊丧的电报）。

彦 yàn |ㄢ 古指有才学、
德行的人。

谚 yàn |ㄢ 谚语，社会上
流传的固定语句，用简
单通俗的话反映出某种经验
和道理：农~. 古~.

艳（艳、**艶、*豔）
yàn |ㄢ ❶鲜艳，色彩鲜明：
~丽. ~阳天. ❷旧时指关于
爱情方面的：~情. ~史.
[艳羡]非常羡慕。

滟（灩、**灩） yàn
|ㄢ滟
滪堆](—yùduī)长江瞿塘

峡口的巨石，为便利长江航
运，1958年将它炸除。

晏 yàn |ㄢ ❶迟：~起.
同"宴❸"。

鷃（**鷃） yàn |ㄢ 鷃
雀(què)，古
书中说的小鸟。

宴（*讌） yàn |ㄢ ❶用酒
饭招待：~客.
❷聚会在一起吃酒饭：~会.
❸酒席：设~. ❹安乐：~安
鸩(zhèn)毒（贪图享受等于
喝毒酒自杀）。

堰 yàn |ㄢ 挡水的堤坝。

验（驗、*譣） yàn |ㄢ
❶检查，
察看：~血. ~收. ❷有效果：
屡试屡~.

雁（*鴈） yàn |ㄢ 大雁，
鸟名。多指鸿
雁，羽毛褐色，腹部白色，嘴
扁平，腿短，群居在水边，飞
时排列成行。是候鸟。

赝（*贋） yàn |ㄢ 假的，
伪造的：~品.

焰（*燄） yàn |ㄢ 火苗：
火~. [气焰]
气势：~~万丈.

焱 yàn |ㄢ 火焰。

酽（釅）yàn l弓 浓，味厚：这碗茶太～.

谳（讞）yàn l弓 审判定罪：定～.

燕（❶*鷰）㈠ yàn l弓 ❶（一子）鸟名。翅膀很长，尾巴像张开的剪刀，背部黑色，肚皮白色，常在人家屋内或屋檐下用泥做巢居住，捕食昆虫。是候鸟。❷古书里有时用作"宴"：～居.～好.～乐.
㈡ yān 见 561 页。

讌 yàn l弓 同"宴❶❷"。

YANG l尢

央 yāng l尢 ❶中心：大厅中～.❷恳求（叠一求）：只好～人去找.～告了半天，他还是不去.❸尽，完了：夜未～.

泱 yāng l尢 深广，弘大（叠）：河水～～.～～大国.

殃 yāng l尢 ❶祸害（叠灾一）：遭～.城门失火，～及池鱼（喻牵连受害）.❷损害：祸国～民.

鸯 yāng l尢 见 601 页"鸳"字条"鸳鸯"（yuān一）.

秧 yāng l尢 ❶（一儿）植物的幼苗：树～儿.茄子～.特指稻苗：插～.[秧歌]（一ge）我国民间歌舞的一种。❷某些植物的茎：瓜～.豆～.❸（一子）某些初生的小动物：鱼～子.猪～子.❹〈方〉栽植，畜养：～几棵树.他～了一池鱼.

鞅 ㈠ yāng l尢 古代用马拉车时套在马颈上的皮子。
㈡ yàng 见 568 页。

扬（揚，❷*颺，❶-❸*敭）yáng l尢 ❶高举，向上：～帆.～手.趾高气～（骄傲的样子）.[扬汤止沸（fèi）]比喻办法不彻底。[扬弃]事物在发展过程中，一面把积极因素提到更高阶段，一面把消极因素抛弃。[扬扬]得意的样子。❷在空中飘动：飘～.飞～.❸向上播撒：～场（cháng）.㉑1.传布（叠宣一）：～名.2.宣说：赞～.颂～.❹姓。
[扬长而去]大模大样地离去。

玚（瑒）yáng l尢 古时祭祀用的一种圭。

杨（楊）yáng l尢 杨树，落叶乔木，有白杨、大叶杨、小叶杨等多种，有的木材可做器物。

旸（暘） yáng 一尢 ❶太阳出来。❷晴天。

炀（煬） yáng 一尢 ❶熔化金属。❷火旺。

钖（鍚） yáng 一尢 古代马额上的一种装饰。

疡（瘍） yáng 一尢 ❶疮。❷溃烂：胃溃～。

羊 yáng 一尢 家畜名，有山羊、绵羊等。毛、皮、骨、角都可作工业上的原料，肉和乳供食用。

〈古〉又同"祥"(xiáng)。

佯 yáng 一尢 ❶假装：～攻。～作不知。古也作"阳"。❷[徜佯](cháng—)同"徜徉"。

垟 yáng 一尢 〈方〉田地，多用于地名：翁～.上家～(都在浙江省)。

徉 yáng 一尢 见52页"徜"字条"徜徉"(cháng—)。

洋 yáng 一尢 ❶比海更大的水域：海～.太平～.❷广大，多(叠)：～溢.～～大观.❸外国的：～为中用.❹现代化的：土～结合.❺洋钱，银元。

烊 ㊀ yáng 一尢 ❶熔化金属。㊐〈方〉溶化：糖～了.㊁ yàng 见568页。

蛘 yáng 一尢 〈方〉生在米里的一种小黑甲虫。

阳（陽） yáng 一尢 ❶明亮。❷跟"阴"相对。1.阳性，男性的：～性，男性的：❷太阳：～历.～光.3.带正电的：～电.～极.4.山的南面，水的北面(多用于地名)：衡～(地名，在湖南省衡山之南).洛～(地名，在河南省洛河之北).5.外露的，明显的：～沟.奉阴违.6.凸出的：～文图章.7.关于活人的(迷信)：～间.❸男性生殖器。❹〈古〉同"佯"。

仰 yǎng 一尢 ❶脸向上，跟"俯"相反：～起头来.～天大笑.人～马翻.❷敬慕：久～.信～.敬～.❸依赖(迻—赖)：～人鼻息(喻依赖人，看人的脸色行事).❹旧日公文用语，用于上行文中与"恳、祈、请"等连用，表示尊敬；下行文中，表命令，如"仰即遵照"(指示下属机关遵照公文内容办事)。

养（養） yǎng 一尢 ❶抚育，供给生活品(迻—育)：～家.抚～子女.❷

饲养(动物)，培植(花草)：～鸡.～鱼.～花.❸生育：～了个儿子.❹(非血亲)抚养的：～女.～父.❺使身心得到滋补和休息：～精神.精蓄锐.～病.休～.❻保护修补：～路.❻培养：他～成了劳动习惯.❼扶持，帮助：以农～牧，以牧促农.

氧 yǎng lǐ一种化学元素，在通常条件下为气体，符号O，无色、无味、无臭，比空气重。能帮助燃烧，是动植物呼吸所必需的气体。

痒(癢) yǎng lǐ皮肤或黏膜受刺激需要抓挠的一种感觉(叠)：蚊子咬得身上直～～.痛～相关.
[技痒]极想把自己的技能显出来。

漾 yǎng lǐ见201页"滉"字条"滉漾"(huàng－)。

怏 yàng lǐ不服气，不满意：～～不乐.～然不悦.

鞅 ㊀ yàng lǐ牛鞅，牛拉东西时架在脖子上的器具。
㊁ yāng 见566页。

样(樣) yàng lǐ❶(一子、一儿)形状：模～.这～.不像～儿.❷(一儿)量词，种类：两～儿菜.四～儿果品.～～都行.❸(一子、一儿)做标准的东西：～品.货～.～本.

恙 yàng lǐ病：偶染微～.安然无～(没受损伤或没发生意外)。

烊 ㊀ yàng lǐ[打烊]〈方〉商店晚上关门停止营业。
㊁ yáng 见567页。

羕 yàng lǐ形容水长(cháng)。

漾 yàng lǐ❶水面微微动荡.❷液体溢出来：～奶.酸水.汤太满都～出来了.

YAO　lㄠ

么 ㊀ yāo lㄠ同"幺".
㊁ me 见333页。
㊂ ma 见328页。

幺 yāo lㄠ❶〈方〉小，排行最末的：～叔.～妹.儿.❷数目"一"的另一个说法(用于电话号码等)。

吆(＊＊吆) yāo lㄠ[吆喝]喊叫，指叫卖东西、赶牲口、大声斥责人。

夭(❷＊殀) yāo lㄠ❶茂盛(叠)：桃之～～.❷未成年的人死去

~亡. ~折.

妖 yāo 一幺 ❶神话、传说中称有妖术而害人的东西：~魔鬼怪. ❷装束、神态不正派：~里~气. ❸媚,艳丽：~娆.

约 ㊀ yāo 一幺 用秤称：你~~有多重?
㊁ yuē 见604页.

要 ㊀ yāo 一幺 ❶求.[要求]提出具体事项,希望实现：~大家认真学习. ~入党. ❷强求,有所仗恃而强硬要求：~挟(xié). ❸〈古〉同"邀"、"腰". ❹姓.
㊁ yào 见570页.

腰 yāo 一幺 ❶胯上胁下的部分,在身体的中部.(图见486页"体")[腰子]肾脏. ❷裤、裙等围在腰上的部分：裤~. ❸事物的中段,中间：山~. ❹中间狭小像腰部的地势：土~. 海~.

邀 yāo 一幺 ❶约请：~他来谈谈. 特~代表. ❷取得,求得：~赏. ~准. ❸阻留：中途~截.

爻 yáo 一幺 (旧读 xiáo)组成八卦中每一个卦的长短横道,如"—""--".

肴 (*餚) yáo 一幺 (旧读 xiáo)做熟的鱼肉等：佳~. 酒~.

尧 (堯) yáo 一幺 传说中上古帝王名.

侥 (僥) ㊀ yáo 一幺 见232页"僬"字条"僬侥"(jiāo—).
㊁ jiǎo 见232页.

峣 (嶢) yáo 一幺 [岧峣](tiáo—)山高.

垚 yáo 一幺 高.多用于人名.

轺 yáo 一幺 轺车,古代的一种小马车.

姚 yáo 一幺 姓.

珧 yáo 一幺 江珧,又叫"玉珧".一种生活在海里的软体动物,壳三角形,肉柱叫江珧柱,干制后又称干贝,是珍贵的海味品.

铫 ㊀ yáo 一幺 ❶古代一种大锄. ❷姓.
㊁ diào 见100页.

陶 ㊀ yáo 一幺 [皋陶](gāo—)传说中上古人名.
㊁ táo 见482页.

窑 (*窰, *窯) yáo 一幺 ❶烧砖瓦、陶瓷等物的建筑物. ❷为采煤而凿的洞：煤~. ❸窑洞,在土坡上特为住人挖成的洞.

谣 yáo ㄧㄠ ❶歌谣,随口唱出、没有伴奏的韵语:民~.童~.❷谣言,凭空捏造的不可信的话:造~.辟~.

摇 yáo ㄧㄠ 摆动(邇一摆、一晃):~头.~船.[摇曳](-yè)摇摆动荡.[动摇]变动,不坚定:思想~~.

徭(**傜**) yáo ㄧㄠ 徭役,古时统治者强制人民承担的无偿劳动。

遥 yáo ㄧㄠ 远(叠)(邇一远):~望.路~知马力.~~相对.

瑶 yáo ㄧㄠ 美玉。喻美好:~函.[瑶族]我国少数民族,参看附表。

飘 yáo ㄧㄠ [飘飖]见381页"飘"字条"飘摇"(piāo一).

繇 ㊀yáo ㄧㄠ 同"徭".
㊁yóu 见593页.
㊂zhòu 见645页.

鳐 yáo ㄧㄠ 鱼名。身体扁平,略呈圆形或菱形,有的种类有一对能发电的器官,生活在海中。

杳 yǎo ㄧㄠ 无影无声:~无音信.音容已~.

咬(**齩、*鮫) yǎo ㄧㄠ ❶上下牙对住,压碎或夹住东西:~了一口馒头.❷钳子等夹住或螺丝齿轮等卡住:螺丝勤(yì)了,~不住扣.❸受责问或审讯时拉扯上不相关的人:不许乱~好人.❹狗叫:鸡叫狗~.❺读字音:这个字我~不准.

舀 yǎo ㄧㄠ 用瓢、勺等取东西(多指流质):~水.~汤.[舀子](-zi)舀取液体的器具。

窅 yǎo ㄧㄠ 眼睛眍进去.喻深远.

窈 yǎo ㄧㄠ ❶深远.❷昏暗.❸美好.[窈窕](-tiǎo)1.形容女子文静而美好.2.(宫室、山水)深远曲折.

疟(瘧) ㊀yào ㄧㄠ 疟子,疟(nüè)疾.
㊀nüè 见366页.

药(藥) yào ㄧㄠ ❶可以治病的东西.❷有一定作用的化学物品:火~.焊~.杀虫~.❸用药物处治:不可救~.❹毒死:~老鼠.

要 ㊀yào ㄧㄠ ❶索取,希望得到:我~这一本书.⑨作为己有,保留:这东西他还~

呢. [要强]好胜心强,不愿落后。❷重大,值得重视的:~事.~点. [要紧][紧要]急切重要。❸重大,值得重视的东西:纲~.提~. ❹应该,必须:~努力学习。❺将要,将:我们~去学习了. ❻要是,若,如果:明天~下雨,我就不去了.他~来了,你就交给他. ❼请求,叫:他~我给他买本书.

⊖ yāo 见 569 页。

钥(鑰) ⊖ yào l幺 同"钥⊖"。[钥匙] (－shi)开锁的东西.

⊜ yuè 见 605 页。

勒 yào l幺 靴筒,袜筒:高~靴子.

鹞 yào l幺 (－子)鹞鹰,一种凶猛的鸟,样子像鹰,比鹰小,背灰褐色,腹白色带赤褐色,捕食小鸟. [纸鹞]风筝.

曜 yào l幺 ❶照耀。❷日、月、星都称"曜",一个星期的七天用日、月、火、水、木、金、土七个星名排列,因此星期几也叫什么"曜日",如"日曜日"是星期日,"土曜日"是星期六.

耀(＊燿) yào l幺 ❶光线强烈地照射(働照－):~眼。❷显扬,显示

出来:~武扬威。❸光荣:荣~.

YE l世

耶 ⊖ yē l世 用于译音,如耶路撒冷.

⊜ yé 见 572 页。

倻 yē l世 [伽倻琴] (jiā－－)朝鲜族乐器名.

椰 yē l世 椰子树,常绿乔木,产在热带,树干(gàn)很高。果实叫椰子,中有汁,可做饮料。果肉可以吃,也可榨油,果皮纤维可结网。树干可做建筑材料.

[枣椰]也叫"海枣"。常绿乔木,果实叫"椰枣",味甜。产于伊拉克等地.

掖 ⊖ yē l世 把东西塞在衣袋或夹缝里:把钱~在兜里.把书~在书皮里.

⊜ yè 见 573 页。

喝 yē l世 中暑,伤暑.

噎 yē l世 食物堵住食道:吃得太快,~住了.因废食[喻因为偶然出毛病而停止正常的活动].

邪 ⊖ l世 ❶见 349 页"莫"字条"莫邪". ❷〈古〉同疑问词"耶".

⊖ xié 见 540 页。

锣（一）yé ㄧㄝ 见349页"镲"字条"镲锣（mò一）"。

爷（爺）yé ㄧㄝ ❶父亲：～娘。❷祖父（叠）：～～。奶奶。❸对长辈或年长男子的敬称：张大～(ye)。李～。❹旧时对官僚、财主等的称呼：老～。少～。❺迷信的人对神的称呼：土地～。财神～。

耶（一）yé ㄧㄝ〈古〉❶助词，表示疑问：是～非～？❷同"爷"。

（二）yē 见571页。

揶yé ㄧㄝ[揶揄]（一yú）耍笑，嘲弄。

也yě ㄧㄝ ❶副词。1. 表示同样、并行等意义：你去，我～去。～好，～不好。2. 跟"再""一点""连"等连用表示语气的加强（多用在否定句里）：再～不敢闹了。这话一点～不错。连一个人影～没找到。3.（跟前文"虽然""即使"连用）表示转折或让步：我虽然没仔细读过这本书，～略知内容梗概。即使天下雨，我～要出门。❷文言助词。1. 用在句末，表示判断的语气：环滁皆山～。2. 表示疑问或感叹：何

～? 何为不去～? 是何言～? 3. 用在句中，表示停顿：向～不怒而今～怒，何也?

冶yě ㄧㄝ ❶熔炼（金属）：～炼。～金。❷装饰、打扮得过分艳丽（含贬义）：～容妖～。

野（*埜）yě ㄧㄝ ❶郊外，村外：～营。～地。[野战军]适应广大区域机动作战的正规军。[分野]划分的范围，界限。❷指不当政的地位：朝～。下～。❸不讲情理，没有礼貌，蛮横：撒～。粗～。❹不驯顺，野蛮：狼子～心（狂妄狠毒的用心）。❺不受约束或难于约束：～性。这孩子心都玩～了。❻不是人所驯养或培植的（动物或植物）：～兽。～草。

业（業）yè ㄧㄝ ❶事业，事情，所从事的工作。1. 国民经济中的部门：农～。工～。渔～。交通事～。2. 职业，工作岗位：就～。3. 学业，学习的功课：毕～。❷从事某种工作：～农。～商。❸产业，财产：～主。❹已经（叠一已）：～经公布。❺梵语"羯磨"的义译，有造作之义。佛教指人的行为、言语、思念为业，分别

叫做身业、口业、意业，合称三业，有善恶之分，一般均指恶业。

邺(鄴) yè lㄝ 古地名，在今河南省安阳北。

叶(葉) ㊀ yè lㄝ ❶(一子、一儿)植物的营养器官之一，多呈片状、绿色，长在茎上：树～。菜～。❷像叶子的：铜～。铁～。❸同"页"。❹时期：20世纪中～。❺姓。

㊁ xié 见540页。

页(頁、＊＊葉) yè lㄝ ❶篇，张(指书、画、纸等)：活～。❷量词，我国旧指书本中的一张纸，现多指书本一张纸的一面。

曳(＊＊抴) yè lㄝ 拉，牵引：～光弹。弃甲～兵。

拽 ㊁ yè lㄝ 拖，拉。同"曳"。

㊀ zhuài 见650页。
㊂ zhuāi 见650页。

夜(＊宜) yè lㄝ 从天黑到天亮的一段时间，跟"日""昼"相对：日日～～。白天黑～。昼～不停。

掖 ㊀ yè lㄝ ❶用手扶着别人的胳膊。[奖掖]奖励，提拔。❷掖县，旧县名，今莱州，在山东省。

㊁ yē 见571页。

液 yè lㄝ 液体，能流动、有一定体积而没有一定形状的物质：血～。溶～。

腋 yè lㄝ ❶夹(gā)肢窝，上肢同肩膀相连处靠里凹入的部分。❷其他生物体上跟腋类似的部分：～芽。

咽 ㊂ yè lㄝ 呜咽，哽咽，悲哀得说不出话来。

㊀ yān 见560页。
㊁ yàn 见565页。

晔(曄) yè lㄝ 同"烨"。

烨(燁、＊爗) yè lㄝ 火光很盛的样子。

谒 yè lㄝ 拜见：～见。拜～。

馌 yè lㄝ 往田里送饭。

靥(靨) yè lㄝ 酒窝儿，嘴两旁的小圆窝儿：脸上露出笑～。

Yㄧ

一 yī lˉ ❶数目字，最小的正整数。❷纯，专：～心～意。[一定]1.特定的：～～的

政治路线. 2.相当的:取得～
～的成绩. 3.确定不变:～～
按期完成. ❸满,全:～屋子
人. ～冬. ～生. ❹相同:～样.
大小不一. ❺另外的:番茄
名西红柿. ❻放在重叠的动词
中间,表示稍微,轻微:看～
看. 听～听"呼应:1.
表示两事时间紧接:天～亮他
就起来. 2.表示每逢:～想起
祖国建设的突飞猛进,就觉着
自己的努力太不够了. ❽乃,
竟:～至于此. ❾〈古〉放在
"何"字前,表示程度深:～何
怒～何悲. ❿旧时乐谱记音符
号的一个,相当于简谱的低音
"7."

伊 yī丨 ❶彼,他,她. ❷文
言助词:下车～始.

咿(＊吚) yī丨 [咿呀]
(－yā)拟声
词,小孩子学话的声音,摇桨的
声音.[咿唔]拟声词,读书的声
音.

洢 yī丨 ❶洢水,水名,在湖
南省. ❷古水名,即今伊
河,在河南省.

衣 ⊖ yī丨 ❶衣服(fu).
[衣裳](－shang)衣
服. ❷披在或包在物体外面的
东西:炮～. 糖～炮弹. ❸姓
⊜ yì见579页.

上衣　　裤子

依 yī丨 ❶靠,仰赖(逾—
靠):相～为命. ～靠群
众. ❷按照(逾—照):～次前
进. ～样画葫芦. ❸顺从,答
应:不～不饶.
[依依]1.留恋,不忍分离:～～
不舍. 2.形容柔软的东西摇动
的样子:杨柳～～.

铱 yī丨 一种金属元素,符
号Ir,白色,熔点高,质硬
而脆. 合金可做坩埚、自来水笔
尖等.

医(醫、＊＊毉) yī丨
❶医生,
治病的人:中～. 西～. 军～.
❷医学,增进健康、预防和治疗
疾病的科学:中～. 西～. 学
～. ❸治病(逾—疗、-治):有
病早～. ～疗器械.

鹥 yī丨 古书上指鸥.

繄 yī丨 文言助词,惟:～我
独无.

祎(禕)　yī ｜ 美好。多用于人名。

猗　yī ｜〈古〉助词，用如"兮"：河水清且涟～.

椅　⊜ yī ｜ 又叫"山桐子"。落叶乔木，夏天开花，黄色，结小红果，木材可以制器物。
⊖ yǐ 见 578 页。

漪　yī ｜ 水波纹：清～.～澜.

揖　yī ｜ 拱手礼。

壹(**弌)　yī ｜ "一"字的大写。

噫　yī ｜ 文言叹词。[噫嘻](—xī)文言叹词，表示悲痛或叹息。

黟　yī ｜ 黟县，在安徽省。

匜　yī ｜〈古〉❶一种洗手用的器具。❷一种盛(chéng)酒的器具。

仪(儀)　yī ｜ ❶人的容貌、举止：～容.威～.～表.❷仪式：按程序进行的礼节：司～.❸礼物：贺～.谢～.❹仪器，供测量、绘图、实验等用的有一定准则的器具：浑天～.地动～.

圯　yí ｜ 桥。

夷　yí ｜ ❶我国古代称东部的民族。❷旧指外国或外国的。❸平.1.平安：化险为～.2.平坦。❹弄平：～为平地.❺〔消灭：～灭.

荑　⊖ yí ｜ 割去田地里的野草。
⊜ tí 见 485 页。

咦　yí ｜ 叹词，表示惊讶：～！这是怎么回事?

姨　yí ｜ ❶姨母，母亲的姊妹。❷(一子)妻的姊妹：大～子.小～子.

胰　yí ｜ 胰腺，人和动物的腺体之一，能分泌胰液，帮助消化，还分泌一种激素(胰岛素)，起调节糖类代谢作用。旧称"膵(cuì)脏"。[胰子]肥皂：香～～.药～～.

痍　yí ｜ 伤，创伤：疮～满目的旧中国一去不复返了("疮痍满目"喻到处是灾祸景象)。

沂　yí ｜ 沂河，源出山东省，至江苏省入海。

诒　yí ｜ 传给：～训.

饴　yí ｜ ❶糖浆，糖稀：甘之如～.❷某种糖果：高粱～.

怡 yí í 和悦,愉快:心旷神~.~然自得.

贻 yí í ❶赠给.❷遗留:~害.~笑大方.

眙 yí í 见549页"盱"字条"盱眙"(xū—).

迤(**迆) ㊀ yí í 见508页"逶"字条"逶迤"(wēi—).
㊀ yǐ 见577页.

椸(**簃) yí í 衣架.

宜 yí í ❶适合,适当(鱼适—):你做这样的工作很相~.❷应该,应当:不~操之过急.❸当然,无怪:~其无往而不利也!

庱 yí í 见564页"�"字条"�庱"(yǎn—).

移(*迻) yí í ❶挪动(鱼迁—):~植.愚公~山.转~阵地.[移录]抄录,过录.[移译]翻译.❷改变,变动:~风易俗.坚定不~.

簃 yí í 楼阁旁边的小屋.

宧 yí í 古代称屋子里的东北角.

颐 yí í ❶面颊,腮.❷休养,保养:~神.

蛇 ㊀ yí í 见508页"委"字条"委蛇"(wēi—).
㊀ shé 见440页.

遗 ㊀ yí í ❶丢失(鱼—失):~失钢笔一枝.❷漏掉(鱼—漏):~忘.❸丢失的东西,漏掉的部分:路不拾~.补~.❹余,留:不~余力.~憾.特指死人留下的:~嘱.~像.[遗传]生物体的构造和生理机能由上一代传给下一代.❺不自觉地排泄粪便或精液:~尿.~精.
㊀ wèi 见513页.

疑 yí í ❶不信,因不信而猜度(duó)(鱼—惑):可~.半信半~.~不能决.你不必~心.❷不能解决的,不能断定的:~问.~案.~义.存~(对怀疑的问题暂不做决定).

巇 yí í [九巇]山名,在湖南省.

彝(**彜) yí í ❶古代盛酒的器具.又古代宗庙常用的祭器的总称:~器.鼎~.❷常,常规,法度:~训.~宪.
[彝族]我国少数民族,参看附表.

乙 yǐ ㄧˇ ❶天干的第二位，用作顺序的第二。❷旧时乐谱记音符号的一个，相当于简谱的"7"。❸画乙字形的符号，作用有二：1. 古时没有标点符号，遇有大的段落用墨笔勾一个∠符号，形似乙字；2. 遇有颠倒、遗漏的文字用∠符号改正过来或把遗漏的字勾进去。

钇 yǐ ㄧˇ 一种金属元素，符号 Y，灰黑色粉末，有金属光泽。可制特种玻璃和合金。

已 yǐ ㄧˇ ❶止，罢了：学不可以~。如此而~。❷已经，已然，表过去：时间~过。❸后来，过了一会儿，不多时：~忽不见。❹太，过：其细~甚。❺〈古〉同"以❼"：~上。~下。自汉~后。

以 yǐ ㄧˇ ❶用，拿，把，将：~少胜多。晓之~利害。身作则。~理论为行动的指南。~劳动为光荣。心里想，认为：意~~未足。我~~应该这样做。❷依，顺，按照：众人~次就坐。~时启闭。❸因，因为：不~失败自馁，不~成功自满。❹在，于（指时日）：中华人民共和国~1949年10月1日宣告成立。❺目的在于：

遵守安全制度，~免发生危险。❻文言连词，跟"而"用法相同：其责己也重~周，其待人也轻~约。❼放在位置词前表明时间、地位、方向或数量的界限：水平~上。五岭~南，古称百粤。十天~后交货。三日~内完成任务。

苡 yǐ ㄧˇ 见581页"薏"字条"薏苡"(yì一)。

尾 ㊀ yǐ ㄧˇ（一儿）❶马尾(wěi)上的毛：马~罗。❷蟋蟀等尾部的针状物：三~儿（雌蟋蟀）。
㊁ wěi 见511页。

矣 yǐ ㄧˇ 文言助词。1. 直陈语气，与"了㊁❷"相当：艰难险阻，备尝之~。2. 感叹语气：大~哉。3. 命令语气：往~，毋多言！

苢 yǐ ㄧˇ 见137页"芣"字条"芣苢"(fú一)。

迤(****迆**) ㊀ yǐ ㄧˇ ❶地势斜着延长。❷延伸，向（专指方向地位）：天安门~东（向东一带）。
[迤逦](一lǐ)曲折连绵：沿着蜿蜒的山势~~而行。
㊁ yí 见576页。

酏 yǐ ㄧˇ 酏剂，含有糖和挥发油或另含有主要药物的酒精溶液的制剂。

蚁(蟻、**螘) yǐ 蚂蚁,昆虫名。多在地下做窝成群住着,种类很多。

舣(艤、**檥) yǐ 停船靠岸。

倚 yǐ ❶靠着:～门。❷仗恃:～势欺人。❸偏,歪:不偏不～.

椅 ⊖ yǐ (一子)有靠背的坐具。
⊜ yī 见 575 页。

旖 yǐ [旖旎](一nǐ)柔和美丽:风光～～.

踦 yǐ 抵住。

扆 yǐ 古代一种屏风。

乂 yì 治理,安定。

刈 yì 割(草或谷类):～除杂草.

艾 ⊖ yì 治理。[自怨自艾]本义是悔恨自己的错误,自己改正。现在只指悔恨。
⊜ ài 见 3 页。

弋 yì 用带着绳子的箭来射鸟:～凫与雁.

杙 yì 小木桩。

亿(億) yì 数目,一万万。旧时也指十万。

忆(憶) yì ❶回想,想念:回～.～苦思甜.～故人.❷记得:记～力.

义(義) yì ❶公正合宜的道理或举动(叠正一):见～勇为.～不容辞.⑪指合乎正义或公益的:～举.[义务]1.应尽的责任.2.不受报酬的:～～劳动.❷感情的联系:朋友的情～.❸意义,意思,人对事物认识到的内容:定～.字～.歧～.❹指认作亲属的:～父.～子.⑪人工制造的(人体的部分):～齿(镶上的牙).～肢(配上的上肢或下肢).

议(議) yì ❶表明意见的言论(叠一论):提～.建～.无异～.❷商议,讨论:会～.～定.

艺(藝) yì ❶才能,技能(叠技一):手～.～高人胆大.[艺术]1.用形象来反映现实但比现实更有典型性的社会意识形态,包括音乐、舞蹈、美术、雕塑、文学、曲艺、戏剧、电影等。2.指富有创造性的方式、方法：领导～～。❷限度：贪赃无～。

呓（囈、**讛）yì ㄧˋ 梦话：梦～。～语.

仡 ㊀ yì ㄧˋ ［仡仡］❶强壮勇敢。❷高大。
㊁ gē 见 150 页。

屹 yì ㄧˋ 山势高耸。喻坚定不可动摇：～立.～然不动.

亦 yì ㄧˋ 也（表示同样），也是：反之～然.～步～趋（喻自己没有主张，跟着别人走）.

弈 yì ㄧˋ ❶古代称围棋。❷下棋：对～。

奕 yì ㄧˋ ❶大。❷美丽。［奕奕］精神焕发的样子：神采～～.

衣 ㊀ yì ㄧˋ 穿：～布衣.解衣(yī)～我.
㊁ yī 见 574 页。

裔 yì ㄧˋ ❶后裔，后代子孙。❷边，边远的地方：四～.

异（*異）yì ㄧˋ ❶不同的：没有～议.～口同声.❷分开：离～.分居～爨(cuàn).❸另外的，别的：

～日.～地.❹特别的：～味.奇才～能.❺奇怪：惊～.深以为～.

抑 yì ㄧˋ ❶压，压制：～制.～扬.～强扶弱.［抑郁］忧闷。❷文言连词。1.表选择，还是：求之欤，～与之欤？2.表转折，只是。3.表递进，而且：非惟天时，～亦人谋也.

邑 yì ㄧˋ ❶都城，城市：通都大～。❷县。

挹 yì ㄧˋ ❶舀，把液体盛出来。［挹注］喻从有余的地方取出来，以补不足。❷拉。

浥 yì ㄧˋ 沾湿。

悒 yì ㄧˋ 愁闷，不安（叠）：～～不乐.

佚 yì ㄧˋ 同"逸❷❸"。

泆 yì ㄧˋ ❶放纵。❷同"溢"。

轶 yì ㄧˋ ❶超过：～群（比一般的强）.～材（突出的才干）。❷散失（史书没有记载的事）.

昳 ㊀ yì ㄧˋ ［昳丽］美丽；形貌～～.
㊁ dié 见 101 页。

役 yì ㄧˋ ❶战事：淮海战～。❷指需要出劳力的事:劳～。❸服兵役:现～.预备.❹使唤(④一使):奴～.❺旧日称被役使的人:杂～.

疫 yì ㄧˋ 瘟疫,流行性急性传染病的总称:～情.防～.鼠～.

毅 yì ㄧˋ 果决,志向坚定而不动摇:刚～.～力.～然决然.

译(譯) yì ㄧˋ 把一种语言文字依照原义改变成另一种语言文字:翻～.～文.

峄(嶧) yì ㄧˋ 峄县,旧县名,在山东省.1960年撤销,划归枣庄市.

怿(懌) yì ㄧˋ 欢喜.

驿(驛) yì ㄧˋ 旧日传递政府文书的人中途休息的地方:～站.

绎(繹) yì ㄧˋ 寻究,理出头绪:寻～.演～.

易 yì ㄧˋ ❶容易,不费力:通俗～懂.轻而～举.❷平和:平～近人.❸改变,移风～俗.❹交易,交换:以物～物.❺轻视.❻芟治草木:～其田畴.

埸 yì ㄧˋ ❶田界.❷边境:疆～.

蜴 yì ㄧˋ 见523页"蜥"字条"蜥蜴"(xī—).

佾 yì ㄧˋ 古时乐舞的行列.

诣 yì ㄧˋ 到.特指到尊长那里去:～前请教.[造诣]学问或技术所达到的程度:他对于医学～～很深.

狋 yì ㄧˋ [林狋]就是猞猁(shēlì).

羿 yì ㄧˋ 后羿,传说是夏代有穷国的君主,善于射箭.

翊 yì ㄧˋ 辅佐,帮助:～戴(辅佐拥戴).

翌 yì ㄧˋ 明天,明年:～日.～年.～晨.

翳 yì ㄧˋ ❶遮盖:树林荫～.❷(一子)眼角膜上所生障蔽视线的白膜.

翼 yì ㄧˋ ❶翅膀或像翅膀的东西:鸟～.蝉～.机～.❷左右两侧中的一侧:侧～.左～.右～.❸帮助,辅佐.❹星宿名,二十八宿之一.

益 yì ㄧˋ ❶增加,进～.延年～寿.❷利,有好处(④利一):～处.～虫.良师～友.❸更:日～壮大.多多～善.

噎 ㊀ yì ㄧˋ 咽喉.
㊁ ài 见 4 页.

溢 yì ㄧˋ ❶充满而流出来:河水四~. ❷美(喻过分夸奖). ㊂超出:~出此数. 〈古〉又同"镒".

缢 yì ㄧˋ 用绳子勒死:~杀. 自~.

镒 yì ㄧˋ 古代重量单位,合古代的二十两,一说是二十四两. 也作"溢".

鹢 yì ㄧˋ 同"鹝".

螠 yì ㄧˋ 无脊椎动物,雌雄异体,身体呈圆筒状,不分节,有少数刚毛,生活在海底泥沙中.

谊 yì ㄧˋ 交情:友~. 深情厚~.

勚 yì ㄧˋ ❶劳苦. ❷器物逐渐磨损,失去棱角、锋芒等:螺丝扣~了.

逸 yì ㄧˋ ❶跑,逃跑(邇亡~). ❷散失:~书(已经散失的古书). ❸安闲,安乐(邇安~):不能一劳永~. 劳~结合. ❹超过一般:~群绝伦.

意 yì ㄧˋ ❶意思,心思:来~. 词不达~. [意见]见解,对事物的看法. ❷心愿,愿望:中(zhòng)~. 任~. 好~. ❸料想:~外. 出其不~.

薏 yì ㄧˋ [薏苡](-yǐ)多年生草本植物,茎叶略似高粱,果实椭圆形,坚硬而光滑,种仁白色,叫薏仁米,可以吃,又可入药.

臆(**肊) yì ㄧˋ ❶胸:胸~(心里的话或想法). ❷主观的想法,缺乏客观证据的:~造. ~测. ~断.

镱 yì ㄧˋ 金属元素,符号 Yb. 是一种稀土金属,质软,白色. 用来制特种合金,也用作激光材料等.

癔 yì ㄧˋ [癔病]一种神经官能症,患者发病时喜怒无常,感觉过敏,严重时手足或全身痉挛,说明话可现似昏迷状态. 此病多由心理上剧烈的矛盾所引起. 也叫"歇斯底里".

肄 yì ㄧˋ 学习:~业(指没有毕业或尚未毕业).

蓺 yì ㄧˋ 种植:树~五谷. ~菊.

廙 yì ㄧˋ 恭敬.

瘗(瘞) yì ㄧˋ 掩埋,埋葬.

鹝 yì lˋ 古书中说的一种水鸟。

熠 yì lˋ 光耀，鲜明(叠)：光彩~~.

殪 yì lˋ ❶死。❷杀死。

懿 yì lˋ 美，好(多指德、行)：~行.~德.

劓 yì lˋ 古代的一种割掉鼻子的酷刑。

燚 yì lˋ 人名用字。

YIN l丂

因 yīn l丂 ❶原因，缘故，事物发生前已具备的条件：事出有~.外~.❷因为，由于：会议~故改期. 生活~而改善. [因为]连词，表示理由或缘故：~~今天下雨，我没有出门. ❸依，顺着，沿袭(通一袭)：~势利导. ~袭成规. ~陋就简. [因循]1.守旧，不改变. 2.拖沓(tà)，不振作，得过且过.

茵 yīn l丂 古代车子上的席、垫。[茵陈]辅(pū)的东西：~褥. 绿草如~.

洇 yīn l丂 液体接触纸张等向周围散开：这种纸写起来有些~.

姻(*婣) yīn l丂 姻亲，由婚姻关系而结成的亲戚。古代专指婿家。

骃 yīn l丂 浅黑带白色的杂毛马。

氤 yīn l丂 [氤氲](一yūn)烟云弥漫。

铟 yīn l丂 一种金属元素，符号 In，银白色晶体，能拉成细丝。可做低熔点的合金。

裀 yīn l丂 ❶夹衣服。❷垫子，褥子。

阴(陰、*隂) yīn l丂 ❶黑暗。❷云彩遮住太阳或月、星：~了. ❸跟"阳"相对. 1.阴性，女性的. 2.太阴，月亮：~历. 3.带负电的：~电. ~极. 4.水的南面，山的北面(多用于地名)：蒙~(地名，在山东省蒙山之北). 江~(地名，在江苏省长江之南). 5.暗，不露出来的：~沟. 6.凹下的：~文图章. 7.关于人死后的或鬼魂的(迷信)：~宅. ~间. ❹(一儿)光线被东西遮住所成的影：树~. 背~. ❺背面：碑~. ❻诡诈，不光明：~谋诡计. [阴险]险诈，狡诈. ❼生殖器。

音 yīn l丂 ❶声(通声一)：口~. 扩~器. ❷消息：佳~. ~信.

喑(*瘖) yīn l与 ❶哑，不能说话。❷缄默，不说话。

愔 yīn l与 [愔愔] 1.形容安静和悦。2.形容沉默寡言。

殷(❷*慇) ⊖ yīn l与 ❶深厚，丰盛：情意甚～．～切的期望．[殷实]富足，富裕：家道～．❷[殷勤]周到，尽心：做事很～～．～～招待．❸殷朝，商朝的后期，由盘庚起称殷（约公元前1324—约公元前1066年）。❹姓。

⊜ yān 见561页。

澱埋 ⊖ yīn l与 [澱溜](—liù)地名，在天津市蓟县。

堙(*陻) yīn l与 ❶堵塞。❷土山。

闉 yīn l与 ❶古代城门外的曲城。❷堵塞。

湮 ⊜ yīn l与 液体接触纸、布等向四外散开。后作"洇"。

⊜ yān 见561页。

禋 yīn l与 ❶古祭祀名，指祭天。❷泛指祭祀。

吟(*唫) yīn l与 ❶唱，声调抑扬地念：～诗．❷诗歌的一种：梁甫～．❸呻吟，叹息。

垠 yín l与 边，岸，界限：一望无～的麦田。

银 yín l与 ❶一种金属元素，符号 Ag，白色有光泽。质柔软，富延展性，是热和电的良导体，在空气中不易氧化。可以制货币、器皿、电器设备、感光材料等。❷(一子)旧时用银铸成块的一种货币。[银行]办理存款、放款、汇兑等业务的机构。❸像银的颜色：～白色．～燕(喻白色的飞机)．～河(天河)．

龈 ⊖ yín l与 牙龈，牙床子，牙根上的肉。

⊜ kěn 见268页。

狺 yín l与 [狺狺]狗叫的声音。

訚 yín l与 (叠)和颜悦色地进行辩论。

峃(**嵃) yín l与 见406页"嵚"字条"嵚峃"(qīn—)。

淫(❷*婬) yín l与 ❶过多，过甚：～威．～雨．❷在男女关系上态度或行为不正当的。❸放纵：骄奢～逸．❹迷惑，使惑乱：富贵不能～．

霪 yín l与 霪雨，连绵不断下得过量的雨。

寅 yín Iㄣ ❶地支的第三位.❷寅时,指夜里三点到五点.

夤 yín Iㄣ ❶深:～夜.❷恭敬.

[夤缘]攀缘上升.⑪拉拢关系,向上巴结.

断 yín Iㄣ ❶同"龈"(yín).❷(叠)争辩的样子.

鄞 yín Iㄣ 鄞县,在浙江省.

蟫 yín Iㄣ 古书上指衣鱼,一种咬衣服、书籍的小虫,也叫"蠹鱼".

嚚 yín Iㄣ ❶愚蠢而顽固.❷奸诈.

尹 yǐn Iㄣ 旧时官名:令～.府～.道～.

引 yǐn Iㄣ ❶领,招来(⑬一导):～路.～火.抛砖～玉.⑦古时文体名,跟"序"差不多.[引子](-zi)1.乐曲、戏剧开始的一段.2.中医称主药以外的副药:这剂药用姜做～～.❷拉,伸:～弓.～领(伸脖子).[引申]字、词由原义产生他义.❸用来做证据、凭借或理由:～书.～证.～以为荣.❹诱发,惹:一句俏皮话,～得大家哄堂大笑.❺退却:～退.～避.❻旧长度单位,一引等于十丈.❼古代柩车的绳索:发～(出殡).

吲 yǐn Iㄣ [吲哚](一duǒ)有机化合物,分子式 C_8H_7N,无色或淡黄色,片状结晶,溶于热水、醇、醚.供制香料和化学试剂.

蚓 yǐn Iㄣ 指蚯(qiū)蚓.见411页"蚯"字条"蚯蚓".

饮 ⊖ yǐn Iㄣ ❶喝:～水思源.❷可喝的东西:冷～.❸含忍:～恨.
⊜ yìn 见585页.

隐(隱) yǐn Iㄣ ❶藏匿,不显露(⑬一藏):～痛.～患.❷指隐秘的事:难言之～.

瘾(癮) yǐn Iㄣ 特别深的嗜好(shì-hào):烟～.看书看上～啦.

缥 yǐn Iㄣ 〈方〉衲(háng):～棉袄.中间一行.

印 yìn Iㄣ ❶图章,戳记.盖～.钢～.～信.把(bà)子(也比喻政权).❷(一子、一儿)痕迹:脚～儿.烙～.❸留下痕迹.特指把文字或图画等留在纸上或器物上:～书.翻～.排～.[印刷]把文字图画等制成版,加油墨印在纸上,可以连续印出很多的复制品。印刷术是我国古代四大发明之一。[印象]外界事物反映在头脑中所留下的形象。❹合:～证.心心相～.[印证]互相证明。

茚 yìn 丨ㄣ 有机化合物,分子式 $C_6H_4CH_2CH:CH$,无色液体,容易产生聚合反应。是制造合成树脂的原料。

鲖 yìn 丨ㄣ 鲖鱼,鱼名。身体细长,圆柱形,头小,前半身扁平,背上有吸盘,可以吸在大鱼或船底上。生活在海洋中,肉可以吃。

饮 〇 yìn 丨ㄣ 给牲畜水喝:～马.～牛.
〇 yǐn 见 584 页。

荫(蔭、❷❸*廕) yìn 丨ㄣ
❶不见日光,又凉又潮:这屋子很～.❷❸封建时代帝王给功臣的子孙读书或做官的特权。❸保佑,庇护。

胤 yìn 丨ㄣ 后代。

窨 〇 yìn 丨ㄣ 地窨子,地下室。
〇 xūn 见 556 页。

憖(憖) yìn 丨ㄣ〈古〉❶宁愿。❷损伤。❸[憖憖]谨慎的样子。

YING 丨ㄥ

应(應) 〇 yīng 丨ㄥ ❶该,当(通一当、一该):～有尽有.❷答应,应承(通一许、一允):我喊他喊不～.～他十天之内完工.❸姓。
〇 yìng 见 588 页。

英 yīng 丨ㄥ ❶花:落～.❷才能出众:～俊.又指才能出众的人:群～大会.[英明]有远见卓识。[英雄]1.为人民利益英勇斗争而有功绩的人。2.英武过人的人。❸指英国。

瑛 yīng 丨ㄥ ❶似玉的美石。❷玉的光彩。

莺(鶯、*鸎) yīng 丨ㄥ 鸟名。身体小,褐色,嘴短而尖,叫的声音清脆。吃昆虫,是益鸟。[黄莺]即黄鹂(lí)。

婴 yīng 丨ㄥ ❶婴儿,才生下来的小孩儿。❷触,缠绕:～疾(得病).

撄 yīng 丨ㄥ ❶接触,触犯:～其锋.～怒.❷扰乱,纠缠。

嚶 yīng lㄥ 拟声词,鸟叫的声音(叠).

缨 yīng lㄥ ❶(一子、一儿)用线、绳等做的装饰品:帽～子.红～枪.❷(一子、一儿)像缨的东西:萝卜～子.芥菜～儿.❸带子,绳子:长～.

瓔 yīng lㄥ 似玉的美石.[瓔珞](一luò)古代一种用珠玉穿成的戴在颈项上的装饰品.

樱 yīng lㄥ 樱花,落叶乔木,开鲜艳的淡红花.木材坚硬致密,可做器具.[樱桃]樱桃树,樱的变种,开淡红或白色的小花.果实也叫樱桃,成熟时为红色,可以吃.

鹦 yīng lㄥ [鹦鹉](一wǔ)鸟名,也叫"鹦哥".羽毛颜色美丽,嘴弯似鹰,舌圆而柔软,能模仿人说话的声音.产在热带、亚热带.

罂(*甖) yīng lㄥ 大腹小口的瓶子.[罂粟]二年生草本植物,花有红、紫、白等色.果实球形,未成熟时有白浆,是制鸦片的原料.

膺 yīng lㄥ ❶胸:义愤填～.❷承受,当:～选.荣

～劳动英雄称号.❸伐,打击:～惩.

鹰 yīng lㄥ 鸟名.嘴弯曲而锐,四趾有钩爪.性猛,食肉.种类很多,常见的有苍鹰、鸢鹰等.

迎 yíng lㄥˊ ❶迎接,接:欢～.[迎合]为了讨好,使自己的言行符合别人的心意.❷向着:～面.～头赶上.

茔(塋) yíng lㄥˊ 坟墓,坟地:～地.

荥(滎) ㊀yíng lㄥˊ [荥经]地名,在四川省.

㊁ xíng 见 546 页.

荧(熒) yíng lㄥˊ ❶微弱的光亮.[荧光]物理学上称某些物质受光或其他射线照射时所发出的可见光.❷眼光迷乱.[荧惑]迷惑.

莹(瑩) yíng lㄥˊ ❶光洁像玉的石头.❷光洁,透明:晶～.

萤(螢) yíng lㄥˊ 萤火虫,一种能发光的昆虫,黄褐色,尾部有发光器.

营(營) yíng lㄥˊ ❶军队驻扎的地方.

军～.安～.扎寨.露(lù)～.❷军队的编制单位,是连的上一级.❸筹划管理(龛经一):～业.～造防风林.❹谋求:～生.～救.[营养]1.生物由食物内吸取养料或通过光合作用制造养料供养身体.2.养分,养料:番茄、豆腐富于～～.

萦(縈) yíng 丨ㄥ 缠绕:～怀(挂心).琐事～身.

溁(濚) yíng 丨ㄥ [溁湾]地名,在湖南省长沙.

蓥(鎣) yíng 丨ㄥ [华蓥]山名,在四川省东南和重庆市交界处.

潆(瀯) yíng 丨ㄥ 清澈.

璎(瓔) yíng 丨ㄥ 人名用字.

濙(濴) yíng 丨ㄥ [濴洄]水流回旋.

盈 yíng 丨ㄥ ❶充满:恶贯满～.热泪～眶.❷多余(龛一余):～利.

楹 yíng 丨ㄥ ❶堂屋前部的柱子:～联.❷量词,旧时房屋一间叫一楹.

蝇(蠅) yíng 丨ㄥ (一子)苍蝇,产卵在

肮脏腐臭的东西上,幼虫叫蛆.能传染痢疾等疾病,害处很大.

嬴 yíng 丨ㄥ 姓.

瀛 yíng 丨ㄥ 大海:～寰(五洲四海).

籯(**籝) yíng 丨ㄥ ❶箱笼之类的器具.❷筷笼子.

赢 yíng 丨ㄥ ❶余利,赚钱(龛一余).❷胜:那个篮球队～了.～了三个球.❸[旧]因成功获得:～得全场欢呼喝(hè)彩.

郢 yǐng 丨ㄥ 郢都,楚国的都城,在今湖北省江陵北.

颍 yǐng 丨ㄥ 颍河,发源于河南省登封,流至安徽省注入淮河.

颖 yǐng 丨ㄥ ❶禾的末端.植物学上指某些禾本科植物小穗基部的苞片.❷东西末端的尖锐部分:短～羊毫笔.锥处囊中,～脱而出.❸才能出众:聪～.～悟.[新颖]新奇,与一般的不同:花样～～.

影 yǐng 丨ㄥ ❶(一子、一儿)物体挡住光线时所

形成的四周有光中间无光的形象。喻不真切的形象或印象:这件事在我脑子里没有一点～了。[影壁]门内或门外作为遮挡视线或装饰用的短墙。[影响]一件事物对其他事物所发生的作用。❷描摹:～宋本。❸形象:摄. 留.剪.[影印]用照相方法制版印刷。❹指电影:～评.

瘿 yǐng l∠ ❶生在脖子上的一种囊状的瘤子。多指甲状腺肿。❷虫瘿的简称,受害虫侵害组织发生变化而形成的瘤状物。

应(應) ⊜ yìng l∠ ❶回答或随声相和:～声虫.山鸣谷～.呼～.[反应]1.化学上指物质发生化学变化,产生性质和成分与原来不同的新物质。也叫"化学反应"。2.人及动植物有机体受到刺激而发生的活动和变化。3.回响,反响。❷应付,对待:～战.随机～变.～接不暇.[供应]供给。❸适合,配合(雀适一):～时.得心～手。❹接受,答应:～承.～征.～邀.有求必～.
⊖ yīng 见585页。

映 yìng l∠ 照射而显出:影子倒～在水里.放～电影.夕阳把湖水～得通红.[反映]反照。喻1.把客观事物的实质表现出来:文艺作品要～～现实生活。2.向上级转达:及时～～群众的意见。

硬 yìng l∠ ❶物体组织紧密,性质坚固,跟"软"相反:～煤.～木。❷刚强有力,欺软怕～。喻1.坚强,不屈服(雀强一):～汉子.态度强～。2.蛮横:～抢.生拉～拽。❸固执(多指不顾实际):～不承认.他干(gàn)不了～干(gàn)。❹能力强,质量好:～手.货。❺勉强:这苦日子,他～熬过来了。

媵 yìng l∠ 〈古〉❶陪送出嫁。❷随嫁的人。❸妾。

YO l∠

哟 ⊖ yō l∠ 同"唷"。
⊜ yo 见本页。

唷 yō l∠ 叹词,表示惊讶或疑问:～,这是怎么了?

哟 ⊜ yo・l∠ 助词。1.用在句末或句中停顿处:大家齐用力～!话剧～,京戏

～,他都很喜欢.2.歌词中作衬字:呼儿嗨～!

㊀ yō 见 588 页。

YONG ㄩㄥ

佣(傭) ㊀ yōng ㄩㄥ ❶被人雇用:～工.❷受雇用的人:女～.
㊁ yòng 见 590 页。

拥(擁) yōng ㄩㄥ ❶抱着:～被而眠.前呼后～.❸围着:～被而眠.前呼后～.❸拥护:一致～戴.❸军优属.[拥护]忠诚爱戴,竭力支持:～～改革开放.❹聚到一块儿:～挤.一～而入.❺持有:～有.～兵百万.

痈(癰) yōng ㄩㄥ 一种毒疮,多生在脖子上或背部,常表现为大片块状化脓性炎症,表面疮口很多,疼痛异常.

邕 yōng ㄩㄥ ❶邕江,水名,在广西.❷广西南宁的别称.

滽 yōng ㄩㄥ 滽水,水名,在江西省.

庸 yōng ㄩㄥ ❶平常,不高明的(叠平一):～言.～俗.❷用:无～细述.毋～讳言.❸岂,怎么:～可弃乎?

鄘 yōng ㄩㄥ 周代诸侯国名,在今河南省卫辉一带.

墉(**墉) yōng ㄩㄥ ❶城墙.❷高墙.

慵 yōng ㄩㄥ 困倦,懒.

镛 yōng ㄩㄥ 大钟,古时的一种乐器.

鳙 yōng ㄩㄥ 鳙鱼,鱼名.生活在淡水中,头很大.也叫"胖头鱼".

雍(*雝) yōng ㄩㄥ 和谐.
[雍容]文雅大方,从容不迫的样子.

壅 yōng ㄩㄥ ❶堵塞(sè)(叠一塞):水道～塞.❷把土或肥料培在植物根上.

臃 yōng ㄩㄥ [臃肿](一zhǒng)过于肥胖,以致动作不灵便.㊫1.衣服穿得太多.2.机构太庞大,妨碍工作.

饔 yōng ㄩㄥ ❶熟食.❷早饭.

喁 yóng ㄩㄥ 鱼口向上,露出水面.[喁喁]1.众人景仰归向.2.形容低声:～～私语.

颙 yóng ㄩㄥˊ ❶大头。⑤大。❷仰慕：～望。

永 yǒng ㄩㄥˇ ❶长：江之～矣。❷长久，久远（通久、一远）：～不掉队。～远牢记历史的教训。

咏(＊詠) yǒng ㄩㄥˇ ❶声调抑扬地念，唱（通歌一、吟一）。❷用诗词等来叙述：～梅.～雪.

泳 yǒng ㄩㄥˇ 在水里游动（通游一）：仰～.蛙～.

甬 yǒng ㄩㄥˇ 宁波市的别称。

[甬道]1.院落中用砖石砌成的路。也叫"甬路"。2.走廊，过道。

俑 yǒng ㄩㄥˇ 古时殉葬用的木制的或陶制的偶人。

勇 yǒng ㄩㄥˇ ❶有胆量，敢干(gàn)：～敢.英～.很有～气.奋～前进.⑤不畏避，不推委：～于承认错误.❷清朝称战争时期临时招募，不在平时编制之内的兵：散兵游～.

涌(＊湧) yǒng ㄩㄥˇ ❶水或云气冒出：～泉.泪如泉～.风起云

～.❷像水涌出一样：许多人从里面～出来.

愗(＊憑) yǒng ㄩㄥˇ 见465页"怂"字条"怂愗"(sǒng—).

蛹 yǒng ㄩㄥˇ 昆虫从幼虫过渡到成虫时的一种形态，在这个期间，不食不动，外皮变厚，身体缩短：蚕～.

踊(踴) yǒng ㄩㄥˇ 跳，跳跃。[踊跃]争先恐后：～～参军.～～发言.

鲬 yǒng ㄩㄥˇ 鱼名。身体长形，扁而平，黄褐色，有黑色斑点，无鳔。生活在海洋中。

用 yòng ㄩㄥˋ ❶使用，使人、物发挥其功能：～拖拉机耕田.不同的矛盾要～不同的方法来解决.公～电话.～笔写字.❷进饭食：～茶.～饭.❸费用，花费的钱财：家～.零～.❹物质使用的效果（通功一、效一）：有～之材.❺需要（多为否定）：不～说.还～你操心吗？❻因：～此.～特函达.

佣 ㊀ yòng ㄩㄥˋ 佣金，佣钱，买卖东西时给介绍人的钱。

㊀ yōng 见 589 页。

YOU 一又

优(優) yōu 一又 ❶美好的,跟"劣"相反:～等.品质～良.❷充足,宽裕:生活～裕.❸优待:拥军～属.❹古代指演剧的人(連俳一、一伶).

[优柔] 1.从容. 2.犹豫不决:～～寡断.

忧(憂) yōu 一又 ❶发愁(連一愁):杞人～天(喻过虑).❷使人忧愁的事:高枕无～.

攸 yōu 一又 所:责有～归.性命～关.

悠 yōu 一又 ❶长久(連一久);历史～久.[悠悠] 1.闲适,自由自在:白云～～.2.忧郁:～～我思.3.长久,遥远:～～岁月.❷闲适,闲散:～闲.～然.❸在空中摆动:站在秋千上来回～.❹稳住,控制:～着点劲.

呦 yōu 一又 叹词,表示惊异:～,你怎么也来了?～,碗怎么破了!

[呦呦] 鹿叫声:～～鹿鸣.

幽 yōu 一又 ❶形容地方很僻静,光线暗:～谷.～林.～室.㊀隐藏,不公开的:～居.～会.❷使人感觉沉静、安闲的:～香.～美.雅.❸幽禁,把人关起来不让跟外人接触.❹迷信的人指阴间:九～.❺古地区名,相当于今河北省北部和辽宁南部:～燕(yān).

[幽默] (外)有趣或可笑而意味深长:～～画.

麀 yōu 一又 古书上指母鹿.

耰 yōu 一又 ❶古代弄碎土块使田地平坦的农具.❷用耰使土覆盖种子.

尤(九**)** yóu 一又 ❶特异的,突出的:拔其～.❷尤其,更,格外:～其精炼.❸过失:勿效～(不要学着做坏事).❹怨恨,归咎:怨天～人.

犹(猶) yóu 一又 ❶同:虽死～生.战士的意志～如钢铁.❷还(hái):记忆～新.话～未了.

[犹豫] (一yù) 迟疑不决.

疣(胱**)** yóu 一又 一种皮肤病,俗叫"瘊子".病原体是一种病毒,症状是皮肤上出现黄褐色的小疙瘩,不痛也不痒.

[赘疣]喻多余而无用的东西。

莸(蕕) yóu lㄡ ❶古书上说的一种有臭味的草:薰~不同器(喻好人和坏人搞不到一起). ❷落叶小灌木,花蓝色,供观赏.

鱿 yóu lㄡ 鱿鱼,又叫"柔鱼",生活在海洋中的一种软体动物,头像乌贼,尾端呈菱形,体白色,有淡褐色斑点. 肉可吃.

由 yóu lㄡ ❶介词,自,从:~哪儿来? ~上到下. ⑰经过:必~之路. 观其所~. ❷原因(⍟原一):情~. 理~. [由于]由于,表示原因,后面要说出结果来:~全厂工人的努力,生产任务很快就完成了. ❸顺随,听从:~着性子. ~不得自己. ⑰归属:此事应~你办理. ❹介词,凭借:~此可知.

邮(郵) yóu lㄡ ❶邮递,由国家专设的机构传递信件:~信. ❷有关邮务的:~票. ~费. ~局.

油 yóu lㄡ ❶动植物体内所含的脂肪物质:猪~. 花生~. ❷各种碳氢化合物的混合物,一般不溶于水,容易燃烧:煤~. 汽~. ❸用油涂抹:用桐油一~就好了. ❹被油弄脏:衣服~了一大片. ❺狡猾(⍟一滑):~腔滑调. 这个人太~.

[油然] 1. 充盛地:天~~作云,沛然下雨. 2. (思想感情)自然而然地产生:敬慕之情~~而生.

柚 (一) yóu lㄡ [柚木]落叶乔木,叶大,对生,花白色或蓝色. 木材坚硬耐久,用来造船、车等.
(二) yòu 见 594 页.

铀 yóu lㄡ 一种放射性元素,符号 U,银白色,质地坚硬,能蜕变. 把铀熔合在钢中做成铀钢,非常坚硬,可以制造机器. 铀是产生原子能的重要元素.

蚰 yóu lㄡ [蚰蜒](一yan)像蜈蚣,比蜈蚣略小,体短而稍扁,足细长,触角长,多栖息阴湿处.

鲉 yóu lㄡ 鱼名. 体侧扁,头部有许多棘状突起,生活在海洋中.

莜 yóu lㄡ [莜麦]也作"油麦". 一年生草本植

物,花绿色,叶细长。茎叶可做牧草,种子可以吃。

游(❷❸❺*遊) yóu ㄧㄡ
❶人或动物在水里行动〔—泳〕:~水.~鱼可数.❷不固定:~资.~牧.~击战.〔游移〕主意不定.❸河流的一段:上~.下~.❹闲逛,从容地行走:~历.~玩.❺交游,交往.❻同"蝣"(yóu).

蝣 yóu ㄧㄡ 见138页"蜉"字条"蜉蝣"(fú—).

輶 yóu ㄧㄡ ❶古代一种轻便的车.❷轻.

猷 yóu ㄧㄡ 计谋,打算:鸿~(宏伟的计划).

蝤 ㊀ yóu ㄧㄡ 〔蝤蛑〕(—móu)又叫"梭子蟹".生活在海里的一种螃蟹,甲壳略呈梭形,肉味鲜美.

㊁ qiú 见412页.

繇 ㊀ yóu ㄧㄡ 古书里同"由❶❹".

㊁ yáo 见570页.

㊂ zhòu 见645页.

圝 yóu ㄧㄡ (—子)捕鸟时用来引诱同类鸟的鸟,也作"游":鸟~子.

友 yǒu ㄧㄡ ❶朋友:好~.战~.分清敌我~.㊄有友好关系的:~军.~邦.❷相好,互相亲爱:~爱.~好往来.

有 ㊀ yǒu ㄧㄡ ❶跟"无"相反.1.表所属:他~一本书.我没~时间.2.表存在:那里~十来个人.~困难.~办法.~意见.3.表示发生或出现:~病了.形势~了新的发展.4.表示估量或比较:水~一丈多深.他~他哥哥那么高了.5.表示大,多:~学问.~经验.〔有的是〕有很多,多得很.❷用在某些动词前面表示客气:~劳.~请.❸跟"某"相近:~一天晚上.~人不赞成.❹用在"人,时候,地方"前面,表示一部分:~人性子急,~人性子慢.❺古汉语词头:~夏.~周.

㊁ yòu 见594页.

铕 yǒu ㄧㄡ 一种金属元素,符号Eu.

酉 yǒu ㄧㄡ ❶地支的第十位.❷酉时,指下午五点到七点.

卣 yǒu ㄧㄡ 古代一种盛酒的器皿.

羑 yǒu ㄧㄡ 〔羑里〕古地名,在今河南省汤阴.

莠 yǒu lㄡ （一子）狗尾草，一年生草本植物，样子很像谷子。⑩品质坏的，不好的人：良~不齐.

牖 yǒu lㄡ 窗户。

黝 yǒu lㄡ 黑色：一张~黑的脸.

又 yòu lㄡ 副词。❶重复，连续，指相同的：他~立功了.今天~下雨了.❷表示加重语气，更进一层：他~不傻.你~不是不会.❸表示平列关系：~高~大.~多~快.~好~省.我~高兴，~着急.❹再加上，还有：十~五年.一~二分之一.❺表示某种范围之外另有补充：穿上了棉袄~加了一件皮背心.❻表示转折：刚还想说什么，可~把它忘了.

右 yòu lㄡ ❶跟"左"相对，面向南时靠西的一边：~手.~边.⑱西方（以面向南为准）：江~.山~.❷政治思想上属于保守的或反动的：~倾.❸古以右为上，品质等级高的称右：无出其~.❹崇尚，重视：~文.❺古通"佑"。

佑 yòu lㄡ 帮助。

祐 yòu lㄡ 保佑，迷信的人指神帮助。

幼 yòu lㄡ ❶年纪小，初出生的，跟"老"相反：~儿.~虫.~苗.[幼稚]年纪小的。⑩知识见解浅薄，缺乏经验的：思想~~.❷小孩儿：扶老携~.~有所养。

蚴 yòu lㄡ 绦虫、血吸虫等的幼体：毛~.尾~.

有 ㊁ yòu lㄡ 〈古〉同"又❹"。

㊀ yǒu 见 593 页。

侑 yòu lㄡ 在筵席旁助兴，劝人吃喝：~食.

囿 yòu lㄡ ❶养动物的园子：鹿~.❷局限，被限制：~于成见.

宥 yòu lㄡ ❶宽容，饶恕，原谅：~我.请原~.❷帮助。

狖 yòu lㄡ 古书上说的一种猴。

柚 ㊁ yòu lㄡ 常绿乔木，种类很多。果实叫柚子，也叫文旦，比橘子大，多汁，味酸甜。

㊀ yóu 见 592 页。

釉 yòu lㄡ （一子）以石英、长石、硼砂、黏土等为原料制成的东西，涂在瓷器、陶器外面,烧制后发出玻璃光泽,可增加陶瓷的机械强度和绝缘性能。

鼬 yòu ㄧㄡˋ [黄鼬]哺乳动物,俗叫"黄鼠狼"。毛黄褐色,遇见敌人能由肛门附近分泌臭气自卫,常捕食田鼠,毛可制狼毫笔。

诱 yòu ㄧㄡˋ (旧读 yǒu) ❶劝导,教导:循循善～. ❷引诱,使用手段引人:～敌.利～.

YU ㄩ

迂 yū ㄩ ❶曲折,绕远:～回前进。❷言行、见解陈旧不合时宜(迂—腐):～论.～见.

纡 yū ㄩ ❶弯曲,绕弯。❷〈古〉系,结:～金佩紫(指地位显贵)。

於 ㊀ yū ㄩ 姓。
㊁ yú 见596页。
㊂ wū 见517页。

淤 yū ㄩ ❶水里泥沙沉积:～了好些泥.❷河沟中沉积的泥沙:河～.沟～.❸同"瘀"。

瘀 yū ㄩ 血液凝滞:～血.

于 yú ㄩˊ ❶介词.1.在:写～北京.生～1949年.

2.对于,对:～人民有益.忠～祖国.勇～负责.3.给:勿委过～人.光荣归～党.取之于民,用之～民.4.自,由:出～自愿.取之～民,用之于民.5.向:问道～盲.6.在形容词后,表示比较,跟"过"的意思相同:霜叶红～二月花.人民的利益高～一切.7.在动词后,表示被动:见笑～大方.[于是]连词,表示两件事前后紧接:他听完报告,～～就回去了。❷姓。

盂 yú ㄩˊ 一种盛液体的器皿:痰～.漱口～.

竽 yú ㄩˊ 乐器名,像现在的笙。[滥竽充数]一个不会吹竽的人混在乐队里充数。⑩没有真本领,占着工作岗位。

与(與) ㊂ yú ㄩˊ 同"欤"。
㊀ yǔ 见597页。
㊁ yù 见599页。

玙(璵) yú ㄩˊ 玙璠(fán)美玉。也作"璠玙"。

欤(歟) yú ㄩˊ 文言助词。❶表示疑问:在齐～? 在鲁～? ❷表示感叹:论者之言,一似管窥虎～!

予 ㊀yú ㄩˊ 我。
㊁yǔ 见598页。

姁 yú ㄩˊ 见237页"婕"字条"婕妤"(jié—)。

余(①-③餘) yú ㄩˊ ❶剩下来的，多出来的（遙剩）：～粮.～兴(xìng).业～.不遗～力.❷十、百、千等整数或度量单位后面的零头：十～人.三百～斤.两丈～.❸后：兴奋之～，高歌一曲.❹我。

餘(餘) yú ㄩˊ 同"余❶❷❸".（"餘"简化为"余"，用"余"意义可能混淆时，用"餘"。如文言句"餘年无多".）

狳 yú ㄩˊ 见412页"犰"字条"犰狳"(qiú—)。

畬 ㊀yú ㄩˊ 开垦过两年的地。
㊁shē 见440页。

艅 yú ㄩˊ [艅艎](—huáng)古代一种大船。

臾 yú ㄩˊ [须臾]片刻，一会儿。

谀 yú ㄩˊ 谄媚，奉承：～辞.

萸 yú ㄩˊ 见646页"茱"字条"茱萸"(zhū—)。

腴 yú ㄩˊ ❶肥。❷胖：丰～.❸肥沃：土地膏～.

鱼(魚) yú ㄩˊ 脊椎动物的一类，生活在水中，通常体侧扁，有鳞和鳍，用鳃呼吸，体温随外界温度而变化，种类很多。大部分可供食用或制造鱼胶。

渔 yú ㄩˊ ❶捕鱼：～船.～业.❷谋取不应得的东西：～利.

於 ㊀yú ㄩˊ 同"于❶".
㊁yū 见595页。
㊂wū 见517页。

禺 yú ㄩˊ ❶古书上说的一种猴。❷见370页"番"字条"番禺"(pān—)。

隅 yú ㄩˊ ❶角落：城～.[隅反]喻因此知彼，能够类推。[向隅]对着屋子的一个角落，喻得不到机会而失望。❷靠边的地方：海～.

嵎 yú ㄩˊ ❶山弯曲的地方。❷同"隅"。

愚 yú ㄩˊ ❶傻，笨（遙—蠢）：～人.～昧无知.⑪使愚蠢。[愚民政策]反动统治者为了便于统治人民而实行的使人民处于无知和闭塞状态的政策。❷谦辞：～见.

❸愚弄,欺骗,为人所～.

髃 yú ㄩ 肩髃,针灸穴位名。

舁 yú ㄩ 〈古〉共同抬东西。

俞 ㊀ yú ㄩ ❶文言叹词,表示允许。❷姓。
㊁ shù 见458页。

揄 yú ㄩ 拉,引。[揄扬]称赞。

崳 yú ㄩ [昆崳]山名,在山东省东部。

逾(❶*踰) yú ㄩ ❶越过,超过:～期.❷更,越发:～甚.

渝 yú ㄩ ❶变(多指感情或态度):始终不～.❷重庆市的别称:成～铁路.

愉 yú ㄩ 喜欢,快乐(㊟一快):轻松～快.～悦.

瑜 yú ㄩ ❶美玉。❷玉石的光彩。⤳优点:瑕(xiá)不掩～.

榆 yú ㄩ 榆树,落叶乔木,三四月开小花。果实外面有膜质的翅,叫榆荚,也叫榆钱。木材坚固可以制器物。

觎 见217页"觊"字条"觊觎"(jì—)。

窬(❷*踰) yú ㄩ ❶门边小洞。❷从墙上爬过去:穿～之盗(穿墙和爬墙的贼).

蝓 yú ㄩ 见278页"蛞"字条"蛞蝓"(kuò—)。

娱 yú ㄩ 快乐或使人快乐(㊟一乐):文～活动.自～.

虞 yú ㄩ ❶预料:以备不～.❷忧虑:无～.❸欺骗:尔～我诈(互相欺骗).❹周代诸侯国名,在今山西省平陆东北。

雩 yú ㄩ 古代求雨的一种祭祀。

舆 yú ㄩ ❶车中装载东西的部分。❷车:舍～登舟.[肩舆]轿子。❸众人:～论.[舆情]群众的意见和态度:洞察～～.❹疆域:～图.

歟 yú ㄩ 同"渔❶"。

与(與) ㊀ yǔ ㄩˇ ❶介词,跟:～疾病作斗争.～虎谋皮.❷连词,和,批评～自我批评.父亲～母亲都来。❸给:赠～.交～本人.～人方便.❹交往:此人易～.相～.～国(相交好的国家).❺赞助:～人为善.

[与其]连词,常跟"宁"、"宁可"、"不如"、"不若"等连用,

表示比较：～～坐车，不如坐
船。

（二）yù 见 599 页。

（三）yú 见 595 页。

屿（嶼） yǔ ㄩˇ （旧读 xù）
小岛（逾岛－）

予 yǔ ㄩˇ 给与；授～奖
状。～以协助。～以处
分。

（二）yú 见 596 页。

伛（傴） yǔ ㄩˇ 驼背：～
人。～偻（lǚ）。

宇 yǔ ㄩˇ ❶屋檐，⑨房屋
庙～。[眉宇] ⑯仪表，风
度。❷上下四方，所有的空
间：～内。[宇宙] 1. 同"宇
❷"。2. 指所有的空间和时
间。

羽 yǔ ㄩˇ ❶羽毛，鸟的毛：
～翼。⑨翅膀：振～高飞。
❷古代五音"宫、商、角、徵
(zhǐ)、羽"之一。

雨 （一）yǔ ㄩˇ 空气中的水蒸
气上升到天空中遇冷凝
成云，再遇冷聚集成大水点
落下来就是雨。

（二）yù 见 599 页。

俣

禹 yǔ ㄩˇ 传说是夏朝的第
一个王，曾治平洪水。

瑀 yǔ ㄩˇ 像玉的石头。

语 （一）yǔ ㄩˇ ❶话（逾
言）：成～。～文。外国
～.❷谚语或古语：～云。❸
代替语言的动作或方式：手
～.旗～.❹说：不言不～.默
默～.

（二）yù 见 600 页。

圄 yǔ ㄩˇ 见 307 页"图"字
条[图圄]（líng－）。

敔 yǔ ㄩˇ 古代一种打击乐
器，击敔使演奏停止。

龉 yǔ ㄩˇ 见 252 页"龃"字
条"龃龉"（jǔ－）。

圉 yǔ ㄩˇ ❶养马的地方，也
指养马的人。❷[图圉]
（líng－）同"图圄"。

庾 yǔ ㄩˇ ❶露天的谷仓。
[大庾岭]山名，在江西、
广东两省交界的地方。❷姓。

瘐 yǔ ㄩˇ 瘐死，旧时称囚犯
因受刑、冻饿、生病而死
在监狱里。

貐（＊＊㺄） yǔ ㄩˇ 见 560
页"猰"字条
"猰貐"（yà－）。

窳 yǔ ㄩˇ 恶劣，坏：～劣。～
败（败坏）。

与(與) 〇 yù ㄩˋ 参与,参加:～会.～闻此事(参与并且得知此事的内情).

　　〇 yǔ 见 597 页.
　　〇 yú 见 595 页.

玉 yù ㄩˋ ❶矿物的一种,质细而坚硬,有光泽,略透明,可雕琢成簪环等装饰品.❷喻洁白或美丽:～颜.亭亭～立.❸敬辞:～言.～体.敬候～音.

钰 yù ㄩˋ 宝物.

驭 yù ㄩˋ ❶驾驭(车马):～车.～马.～手.❷统率,控制:～下无方.

芋 yù ㄩˋ 芋头,多年生草本植物,叶子略呈戟形,地下茎可以吃.

吁(籲) 〇 yù ㄩˋ 为某种要求而呼喊:请.大声呼～.

　　〇 xū 见 549 页.

聿 yù ㄩˋ〈古〉助词,用在一句话的开头.

谷 〇 yù ㄩˋ [吐谷浑](tǔ－hún) 我国古代西部民族名.

　　〇 gǔ 见 162 页.

峪 yù ㄩˋ 山谷.

浴 yù ㄩˋ 洗澡:～室.沐～.

欲(❶*慾) yù ㄩˋ ❶欲望,想得到某种东西或想达到某种目的的要求:食～.求知～.❷想要,希望:～盖弥彰(想要掩饰反而弄得更显明了).❸需要:胆～大而心～细.❹将要,在动词前,表示动作就要开始:摇摇～坠.山雨～来风满楼.

鹆 yù ㄩˋ 见 414 页"鸲"字条"鸲鹆"(qú－).

裕 yù ㄩˋ ❶丰富,宽绰:生活富～.家里很宽～.时间不充～.❷使富足:富国～民.

[裕固族]我国少数民族,参看附表.

饫 yù ㄩˋ 饱.

妪(嫗) yù ㄩˋ 年老的女人.

雨 〇 yù ㄩˋ 下(雨雪):～雪.

　　〇 yǔ 见 598 页.

郁(❶❷鬱) yù ㄩˋ ❶草木茂盛.❷忧愁,愁闷(邇忧－)(叠):～

～不乐.❸有文采(叠):文采
～～.❹形容香气:馥(fù)～.

育 yù ㄩˋ ❶生养(趣生
一):生儿～女.积极提
倡计划生～.❷养活:～婴.
～蚕.～林.❸教育:德～.智
～.体～.

堉 yù ㄩˋ〈古〉肥沃的土地.

淯 yù ㄩˋ 淯河,水名,在河
南省.也叫"白河".

昱 yù ㄩˋ ❶日光.❷光明.

煜 yù ㄩˋ 照耀.

狱(獄) yù ㄩˋ ❶监禁罪
犯的地方(趣监
一).❷官司,罪案:冤～.文
字～.

语 ㊀ yù ㄩˋ 告诉:不以～
人.
㊀ yǔ 见598页.

彧 yù ㄩˋ 有文采.

域 yù ㄩˋ ❶在一定疆界内
的地方:～外.泛指某
种范围:音～.

阈 yù ㄩˋ ❶门坎.❷界限:
视～.

棫 yù ㄩˋ 古书上说的一种
树

蜮(**魊) yù ㄩˋ 传说中
一种害人的
动物:鬼～(喻阴险的人).

预 yù ㄩˋ ❶预先,事前:～
备.～见.～防.～约.❷
加入到里面去(趣参一):我没
有参～这件事,不必干～.

蓣 yù ㄩˋ 见457页"薯"字条
"薯蓣"(shǔ一).

滪 yù ㄩˋ 见565页"滟"字
条"滟滪堆"(yàn一
duī).

豫 yù ㄩˋ ❶欢喜,快乐:面
有不～之色.❷同"预
❶".❸安闲,舒适:忧劳兴
国,逸～亡身.❹河南省的别
称.

谕 yù ㄩˋ ❶告诉,使人知
道(旧指上级对下级或
长辈对晚辈):面～.手～.上
～.❷〈古〉同"喻".

喻 yù ㄩˋ ❶比方(趣比
一):我给你打个比～.
❷明白,了解:不言而～.家
～户晓.❸说明,使人了解:
～之以理.

愈(❸*癒、❸*瘉) yù
ㄩˋ
❶更,越:～来～好.～甚.❷
贤,好:孰～(哪个好)? ❸病
好了(趣痊一):病～.

尉 ㊀ yù ㄩˋ ❶[尉迟]复姓。❷[尉犁]地名，在新疆维吾尔自治区。

㊁ wèi 见 513 页。

蔚 ㊀ yù ㄩˋ 蔚县，在河北省。

㊁ wèi 见 513 页。

熨 ㊀ yù ㄩˋ [熨帖][熨贴](-tiē) 1. 妥帖舒服。2.〈方〉(事情)完全办妥。

㊁ yùn 见 608 页。

遇 yù ㄩˋ ❶相逢，会面，碰到：～雨.百年不～.不期而～.❷机会：际～.佳～.❸对待，款待：可善～之.待～颇丰.

寓(*庽) yù ㄩˋ ❶居住：～所.暂～友人家.❷住的地方：张～.公～.❸寄托，含蓄在内：～言.～意深刻.[寓目]过眼，看。

御(❹禦) yù ㄩˋ ❶驾驶(车马)：～车.～者(赶车的人).❷称与皇帝有关的：～用.❸封建社会指上级对下级的管理，使用：～下.❹抵挡：防～.～敌.～寒.

裔 yù ㄩˋ 裔云，象征祥瑞的彩云。

潏 yù ㄩˋ 水涌出。

遹 yù ㄩˋ 遵循。多用于人名。

燏 yù ㄩˋ 火光。多用于人名。

鹬 yù ㄩˋ 鸟名。羽毛茶褐色，嘴、腿都很长，趾间无蹼，常在水边或田野中捕吃小鱼、小虫和贝类。[鹬蚌相争，渔翁得利]喻两败俱伤，便宜了第三者。

誉(譽) yù ㄩˋ ❶名誉，名声：荣～.特指好的名声：～满中外.❷称赞(逡称一)：～不绝口.

毓 yù ㄩˋ 同"育"，多用于人名。

燠 yù ㄩˋ 暖，热：～热(闷热).寒～失时.

鬻 yù ㄩˋ 卖：～文为生.卖官～爵.

YUAN ㄩㄢ

鸢 yuān ㄩㄢ 鸟名，即老鹰。身体褐色，常捕食蛇、鼠、蜥蜴等。[纸鸢]风筝。

眢 yuān ㄩㄢ 眼睛枯陷。㊉干枯：～井.

鸳 yuān ㄩㄢ [鸳鸯](-yāng)水鸟名。羽毛颜

色美丽，形状像凫(fú)，但比凫小，雌雄常在一起。文学上用来比喻夫妻。

鹓 yuān ㄩㄢ [鹓鸰](—chú) 古代传说中的一种像凤凰的鸟。

箢 yuān ㄩㄢ 箢箕，用竹篾等编成的盛东西的器具。

冤(*寃) yuān ㄩㄢ ❶冤枉，屈枉：鸣~.伸~. ❷仇恨(叠—仇)：~家.~孽. ❸欺骗：不许人~. ❹上当，不合算：白跑一趟，真~.

渊(淵) yuān ㄩㄢ 深水，潭：鱼跃于~.[渊博](学识深而广).

蜎 yuān ㄩㄢ 古书上指孑孓.

元 yuán ㄩㄢ ❶开始，第一(叠—始)：~旦.~月.年.[元素]在化学上，具有相同核电荷数的同一类原子的总称。现在已知的元素有109种。[元音]发音的时候，从肺里出来的气使声带颤动，在口腔的通路上不受阻碍而发出的声音，也叫"母音"。拼音字母 a, o, u 等都是元音。❷为首的：~首.~帅.~勋. ❸构成一个整体的：单~.

件. ❹朝代名(公元 1279—1368 年)。公元 1206 年，蒙古孛儿只斤·铁木真称成吉思汗。1271 年，国号改为元。1279 年灭南宋。❺同"圆❹".

芫 (一) yuán ㄩㄢ 芫花，落叶灌木，开紫色小花，有毒，花蕾可入药。
(二) yán 见 562 页。

园(園) yuán ㄩㄢ ❶(—子、—儿)种植菜蔬花果的地方。[园地]1. 菜园、花园、果园等的统称。2. 比喻活动的范围：艺术~. ❷(一儿)供人游玩或娱乐的地方：公~.动物~.

沅 yuán ㄩㄢ 沅江，发源于贵州省，东北流经湖南省注入洞庭湖。

鼋(鼋) yuán ㄩㄢ 即鳖。

员 (一) yuán ㄩㄢ ❶指工作或学习的人：学~.演~. ❷指团体组织中的成员：党~.团~.会~. ❸量词，用于武将：一~大将. ❹周围：幅~(指疆域).
(二) yún 见 607 页。
(三) yùn 见 608 页。

圆 yuán ㄩㄢ ❶圆形，从它的中心点到周边任何一点的距离都相等。❷像球的形状：滚～.滴溜儿～。❸完备,周全:结果很～满.❹使之周全(多指掩饰矛盾):自～其说.～谎.❹我国的本位货币单位。也作"元"。

垣 yuán ㄩㄢ ❶墙,矮墙:断瓦颓～。❷城:省～(省城).

爰 yuán ㄩㄢ ❶于是:～书其事以告.❷何处,哪里:～其适归?

援 yuán ㄩㄢ ❶引,牵(鱼一引)。❷帮助,救助(鱼一助):孤立无～.支～前线.❸引用:～例.

湲 yuán ㄩㄢ [潺湲](chán一)水流的样子。

媛 ⊖yuán ㄩㄢ [婵媛]1.(姿态)美好.2.牵连,相连
⊖yuàn 见 604 页。

袁 yuán ㄩㄢ 姓。

猿(*猨) yuán ㄩㄢ 猴一类的动物,颊下没有囊,没有尾巴,猩猩、大猩猩、长臂猿都是。

辕 yuán ㄩㄢ ❶车辕子,车前驾牲畜的部分。❷辕门,旧时称军营的门。❸旧时军政大官的衙门。

原 yuán ㄩㄢ ❶最初的,开始的(鱼一始):～稿.没有经过加工的:～油.～煤.[原子]构成元素的最小粒子。❷原来,本来:这话～不错.～打算去请他,放还～处.❸谅解,宽容(鱼一谅):情有可～.不可～谅的错误.❹宽广平坦的地方:～野.平～.高～.大草～.❺同"塬"。

塬 yuán ㄩㄢ 我国西北部黄土高原地区因流水冲刷而形成的高地,四边陡,顶上平。

源 yuán ㄩㄢ ❶水流所从出的地方:泉～.河～.[源源]继续不断:～～而来.❷事物的根由,来路:来～.货～.肥～.

嫄 yuán ㄩㄢ 用于人名。

螈 yuán ㄩㄢ 见 423 页"蝾"字条"蝾螈"(róng一)。

羱 yuán ㄩㄢ 羱羊,似羊而大,生活在高山地带,吃草本植物。

缘 yuán ㄩㄢ ❶因由,原因(鱼一故、一由):无～无故.没有～由。❷过去宿命论

者指人与人的遇合或结成关系的原因：姻～.有～相见.❸沿，顺着：～流而上.～木求鱼（喻必然得不到）.❹边（連边一）.❺因为：～何至此?

橼 yuán ㄩㄢˊ 见253页"枸"字条"枸橼"（jǔ一）.

圜 ㊀ yuán ㄩㄢˊ 同"圆".
㊁ huán 见198页.

远（遠） yuǎn ㄩㄢˇ ❶跟"近"相反.1.距离长：路～.住得～.2.时间长（連永一、长一）：作长～打算.❷不亲密，不接近：～亲.敬而～之.❸（差别）大：差得～.❹深远：言近旨～.

苑 yuàn ㄩㄢˋ ❶养禽兽植林木的地方，旧时多指帝王的花园.❷（学术、文艺）荟萃之处：文～.艺～奇葩.

怨 yuàn ㄩㄢˋ ❶仇恨（連一恨）.❷不满意，责备：毫无～言.任劳任～.这事不能～他.[怨不得]怪不得.

院 yuàn ㄩㄢˋ ❶（一子、一儿）围墙里房屋四周的空地.❷某些机关和公共场所的名称：法～.医～.戏～.❸专指学院：高等～校.

垸 yuàn ㄩㄢˋ 〈方〉（一子）湖南省、湖北省在江湖

地带挡水用的堤圩（wéi）.

掾 yuàn ㄩㄢˋ 古代官署属员的通称.

媛 ㊀ yuàn ㄩㄢˋ 美女.
㊁ yuán 见603页.

瑗 yuàn ㄩㄢˋ 大孔的璧.

愿（❶-❸願） yuàn ㄩㄢˋ ❶乐意；甘心情：自觉自～.❷希望（連一望）：生平之～.如～以偿.❸迷信的人对神佛许下的酬谢：许～.还～.❹恭谨.

YUE ㄩㄝ

曰 yuē ㄩㄝ ❶说：荀子～.其谁～不然？❷叫做：名之～农民学校.

约 ㊀ yuē ㄩㄝ ❶拘束，限制（連一束）.❷共同议定的要遵守的条款：条～.立～.爱国公～.❸预先说定：预～.和他～好了.～请；～他来.特[～记者].❺算术上指用公因数去除分子和分母使分数简化：5/10 可以～成1/2.❻俭省：节～.❼简单：由博返～.❽大约，大概，不十分确定的：～计.～数.大～有五十人.
㊁ yāo 见569页.

矱 yuē ㄩㄝ 尺度,标准。

彠(彟) yuē ㄩㄝ 尺度。

哕(噦) yuě ㄩㄝ 呕吐:刚吃完药,都～出来了.[干哕](gānyue)要吐而吐不出东西来。

月 yuè ㄩㄝ ❶月亮,地球的卫星,本身不发光,它的光是反射太阳的光。[月食][月蚀]地球在日、月中间成一条直线,遮住太阳照到月亮上的光。❷计时单位,一年分十二个月。[月子](-zi)指妇女生产后一个月以内的时间:坐～.❸形状像月亮的,圆的:～饼.～琴.❹按月出现或完成的:～经.～刊.～票.～报表。[月氏](-zhī)我国古代西部民族名。

刖(刖**)** yuè ㄩㄝ 古代的一种酷刑,把脚砍掉。

玥 yuè ㄩㄝ 古代传说中的一种神珠。

钥(鑰) ㊀ yuè ㄩㄝ 锁。[钥匙][锁钥] ⑪1.重要关键。2.边防要地:北门～～.

㊁ yào 见 571 页。

乐(樂) ㊀ yuè ㄩㄝ ❶音乐:奏～.[乐清]地名,在浙江省.❷姓。

㊁ lè 见 287 页。

栎(櫟) ㊀ yuè ㄩㄝ [栎阳]地名,在陕西省临潼。

㊁ lì 见 296 页。

岳(❶*嶽**)** yuè ㄩㄝ ❶高大的山。[五岳]我国五岳名山,即东岳泰山,西岳华山,南岳衡山,北岳恒山,中岳嵩山。❷称妻的父母或妻的叔伯:父.叔～.

说 ㊂ yuè ㄩㄝ 古代同"悦"字。

㊀ shuō 见 462 页。

㊁ shuì 见 461 页。

阅 yuè ㄩㄝ ❶看,察看(途一览):～报.传～.检～.军队.❷经历,经过:～历.～世.

悦 yuè ㄩㄝ ❶高兴,愉快(途喜一):和颜～色.心～诚服。❷使愉快:～耳.赏心～目.

钺(❶*戉**)** yuè ㄩㄝ 古代兵器名,像

斧,比斧大些。

越 yuè ㄩㄝ ❶度过,超出.
1.度过阻碍:爬山～岭.
2.不按照一般的次序,超出
范围:～级.～权.～俎(zǔ)
代庖(páo)(喻越职做别人应
做的事).❷扬起,昂扬:声音
清～.❸副词,越…越…,表
示程度加深:～快～好.～跑
～有劲儿.我们的队伍一战
～强.天气～来～暖和.[越
发]副词,更加:今年的收成
～～好了.❹抢夺:杀人～
货.❺周代诸侯国名,在今浙
江省东部,后扩展到浙江省
北部、江苏全省、安徽省南部
及山东省南部。后来用做浙
江省东部的别称:～剧.

樾 yuè ㄩㄝ 树阴凉儿.

跃(躍) yuè ㄩㄝ 跳(鱼
跳－):飞～.龙
腾虎～(喻生气勃勃、威武雄
壮的姿态).～～欲试.[跃
进]1.跳着前进.2.极快地
前进:向前～～.

粤 yuè ㄩㄝ 广东省的别称.
[两粤]指广东省和广西
壮族自治区.

鸑(鸑) yuè ㄩㄝ [鸑鷟]
(－zhuó)古书
上指一种水鸟.

龠 yuè ㄩㄝ ❶古代管乐器
名.❷古代容量单位,两
龠是一合(gě).

瀹 yuè ㄩㄝ ❶煮:～茗(烹
茶).❷疏导(河道):～
济漯.

籥 yuè ㄩㄝ 同"龠❶".

籆(＊＊籰) yuè ㄩㄝ〈方〉
(－子)绕丝、
纱等的工具.

YUN ㄩㄣ

晕 ㈠ yūn ㄩㄣ 昏迷:头～.
�© 头脑不清.
㈡ yùn 见 608 页.

氲 yūn ㄩㄣ 见 582 页"氤"
字条"氤氲"(yīn－).

赟 yūn ㄩㄣ 美好.多用于
人名.

云(❸雲) yún ㄩㄣ ❶
说:诗～.人～
亦～.❷文言助词,句首句中
句末都用:～谁之思? 岁～暮
矣.盖记时也～.❸水蒸气上
升遇冷凝聚成微小的水点成

团地在空中飘浮叫"云":～集(喻许多人或事物聚集在一起).

芸(❷蕓) yún ㄩㄣ ❶芸香,多年生草本植物,花黄色,花、叶、茎有特殊气味,可入药。❷[芸薹](－tái)又叫"油菜"。二年生草本植物,花黄色,种子可榨油.

沄(❷澐) yún ㄩㄣ ❶[沄沄]形容水流动。❷大波浪.

纭 yún ㄩㄣ 数多而乱。[纷纭](fēn－)(言论、事情等)多而杂乱:众说～～.

耘 yún ㄩㄣ 除草:～田.春耕夏～.

匀 yún ㄩㄣ ❶平均,使平均(鐀均－):颜色涂得不～.这两份儿多少不均,～一～吧。❷从中抽出一部分给别人或做他用:把你买的纸～给我一些.先～出两间房来给新来的同志.

昀 yún ㄩㄣ 日光。多用于人名.

畇 yún ㄩㄣ 田地平坦整齐的样子(叠).

筠 ㊀ yún ㄩㄣ ❶竹皮。❷竹子.
㊁ jūn 见259页.

鋆 yún ㄩㄣ (在人名中也读jūn)金子.

员 ㊀ yún ㄩㄣ 古人名用字.
㊁ yuán 见602页.
㊂ yùn 见608页.

郧 yún ㄩㄣ 郧县,地名,在湖北省.

涢 yún ㄩㄣ 涢水,水名,在湖北省.

筼 yún ㄩㄣ [筼筜](－dāng)生长在水边的大竹子.

允 yǔn ㄩㄣ ❶答应,认可(鐀一许):没得到～许.不～。❷公平得当(dàng):公～.

狁 yǔn ㄩㄣ 见531页"猃"字条"猃狁"(xiǎn－).

陨 yǔn ㄩㄣ 坠落:～石.

殒 yǔn ㄩㄣ 死亡:～命.

孕 yùn ㄩㄣ 胎,怀胎:有～.～妇.

运(運) yùn ㄩㄣ ❶旋转,循序移动:日月～行.[运动] 1. 物理学上指物体的位置连续不断地变化的现象. 2. 哲学上指物质的存在形式和根本属性. 3. 各种锻炼身体的活动, 如体操、游泳等. 4. 政治、文化、生产等方面开展的有组织的群众性活动: 五四～～. 增产节约～～. 5.(－dong)为求达到某种目的而钻营奔走.❷搬送(通－输): ～货. 客～. 陆～.❸运用, 灵活使用: ～思.～筹.❹指人的遭遇. 特指迷信的人所说的命中注定的遭遇: 幸～. 走好～.

酝(醖) yùn ㄩㄣ 酿酒, 也指酒: 佳～(好酒).[酝酿](－niàng)造酒材料加工后的发酵过程.⦿事前考虑或磋商使条件成熟: 表决前要进行～～.

员 ⊜ yùn ㄩㄣ 姓.
⊖ yuán 见 602 页.
⊜ yún 见 607 页.

郓 yùn ㄩㄣ [郓城]地名, 在山东省.

恽 yùn ㄩㄣ 姓.

晕 ⊖ yùn ㄩㄣ ❶日光或月光通过云层时因折射作用而在太阳或月亮周围形成的光圈: 日～. 月～而风.❷头发昏: 一坐船就～.
⊜ yūn 见 606 页.

愠 yùn ㄩㄣ 怒, 怨恨: 面有～色.

缊 yùn ㄩㄣ 新旧混合的丝绵: ～袍.

韫(韞) yùn ㄩㄣ 藏, 收藏: ～椟而藏诸(收在柜子里藏起来吗)? 石～玉而山辉.

蕴 yùn ㄩㄣ 包含, 储藏(通－藏): 我国石油～藏量很大.

韵(*韻) yùn ㄩㄣ ❶语音名词. 1. 韵母, 字音中声母、声调以外部分, 包括介音在内, 如"堂"(táng)的韵母是 ang, "皇"(huáng)的韵母是 uang. 2. 字音中声母、介音、声调以外的部分, 如"堂皇"(tánghuáng)都是 ang 韵. 又如 an、ian、uan、üan 是四个韵母, 同是 an 韵: ～文. 押～. 叶(xié)～.❷有节奏的声音: 琴～悠扬.❸风致, 情趣: 风～.

熨 ⊖ yùn ㄩㄣ 用烙铁、熨斗把衣布等烫平.[熨斗

（一dǒu）加热后用来烫平衣服的金属器具。

㊀ yù 见 601 页。

Z ㄗ

ZA ㄗㄚ

扎（*紮、紮）㊁ zā ㄗㄚ ❶捆，缠束：～辫子.～腿.❷把儿，捆儿：一～线.

㊀ zhā 见 616 页。

㊂ zhá 见 617 页。

匝（*帀）zā ㄗㄚ ❶周：绕树三～.❷满，环绕：柳阴～地.

咂 zā ㄗㄚ ❶舌尖与腭接触发声：～嘴.❷吸，呷：～一口酒.❸仔细辨别：～滋味.

拶 ㊀ zā ㄗㄚ 逼迫.

㊁ zǎn 见 611 页。

杂（雜、*襍）zá ㄗㄚ ❶多种多样的，不单纯的：～色.～事.～技表演.人多手～.[杂志]把许多文章集在一起印行的期刊.❷搀杂，混合：夹～.❸正项或正式以外的：～费.

牌儿军.

砸 zá ㄗㄚ ❶打，捣：～钉子.～地基.❷打坏，打破：碗～了.～碎铁锁链.㊉失败：这件事搞～了.

咋（**喳）㊀ zǎ ㄗㄚ〈方〉怎，怎么：～好.～办.

㊀ zé 见 615 页。

㊁ zhā 见 617 页。

臜 za・ㄗㄚ [腌臜]（ā一）不干净.

ZAI ㄗㄞ

灾（*災、*烖）zāi ㄗㄞ ❶水、火、荒旱等所造成的祸害：战胜～害.旱～.❷个人的不幸遭遇：飞～.招～惹祸.

甾 zāi ㄗㄞ 有机化合物的一类，广泛存在于动植物体内.胆固醇和许多种激素都属于甾类化合物.在医药上应用很广.

哉 zāi ㄗㄞ 文言助词.1.表疑问或反问：有何难～？岂有他～？2.表感叹：呜呼哀～！诚～斯言！

栽 zāi ㄗㄞ ❶种植：～菜.～树.㊉安上，插上：～牙.刷.～绒.～赃.❷（一子）秧

子,可以移植的植物幼苗:桃
～.树～子.❸跌倒:跟头.
～了一跤.

仔 ⊜ zǎi ㄗㄞ 〈方〉同
"崽".

⊖ zǐ 见 658 页.
⊜ zī 见 656 页.

载 ⊖ zǎi ㄗㄞ ❶年:一年半
～.❷记在书报上(逐记
一):历史记～.登～.刊～.
转～.

⊜ zài 见本页.

宰 zǎi ㄗㄞ ❶杀牲畜(逐一
杀、屠一):～猪.～鸡.喻
向买东西或接受服务的人索
取高价:挨～.～人.❷主管,
主持:主～.～制.❸古代官
名:太～.[宰相]古代掌管国
家大事的最高的官.

崽 zǎi ㄗㄞ ❶〈方〉小孩子.
❷(一子、一儿)幼小的
动物.

再 zài ㄗㄞ 副词.❶表示
又一次(有时专指第二
次):一而～,～而三.～版表
示.～版.[再三]副词,不止
一次地,一次又一次地:～～
考虑.❷表示事情或行为重
复,继续,多指未然(与"又"
不同):明天～来.雨不会～

下了.❸连接两个动词,表示
先后的关系:吃完饭～去学
习.把材料整理好了～动笔
写.❹更,更加:～好没有了.
～大一点就好了.❺表示另
外有所补充:～则.盘里放着
葡萄、鸭梨,～就是苹果.

在 zài ㄗㄞ ❶存在:革命
者青春常～.人～阵地
～.❷存在于某地点:书～桌
子上呢.我今天晚上～家.⑨
留在,处在:～职.❸在于,关
系于某方面,指出着重点:事
～人为.学习进步,主要～自
己努力.[在乎]1.同"在❸".
2.(一hu)关心注意:满不～
～.❹副词,正在,表示动作
的进行:会议～进行.我～看
报.❺介词,表示事情的时
间、地点、情形、范围等:～晚
上读书.～礼堂开会.～这种
条件之下.❻"在"和"所"连
用,表示强调:～所不辞.～
所不惜.～所难免.

载 ⊖ zài ㄗㄞ ❶用交通工
具装:装～.～货.～重
汽车.满～而归.❷充满:怨
声～道.风雨～途.❸乃,于
是(古文里常用来表示同时
做两个动作):～歌～舞.❹
姓.

㈡ zǎi 见 610 页。

ZAN ㄗㄢ

糌 zān ㄗㄢ [糌粑](-ba)青稞麦炒熟后磨成的面,是藏族的主食。

簪 zān ㄗㄢ ❶(一子、一儿)用来绾(wǎn)住头发的一种首饰,古时也用它把帽子别在头发上。❷插、戴:~花.

咱(*喒、*偺) zán ㄗㄢ 代词。❶我:~不懂他的话.❷咱们:~穷人都翻身了.[咱们]"我"的多数,跟"我们"不同,包括听话的人在内;同志,你别客气,~~军民是一家嘛!

拶 ㈠ zǎn ㄗㄢ 压紧。[拶子]旧时夹手指的刑具。[拶指]旧时用拶子夹手指的酷刑。

㈡ zā 见 609 页。

昝 zǎn ㄗㄢ 姓。

噆 zǎn ㄗㄢ ❶叼,衔。❷咬。

攒(**儹) ㈠ zǎn ㄗㄢ 积聚,积蓄(逾积一):~粪.~钱.

㈡ cuán 见 76 页。

趱 zǎn ㄗㄢ ❶赶,快走:~路.紧~了一程。❷催促,催逼:~马向前.

暂(*蹔) zàn ㄗㄢ 暂时,短时间:~行条例.~停.此事~不处理.

錾 zàn ㄗㄢ ❶(一子)凿石头的小凿子。❷在金石上雕刻:~花.~字.

赞(*賛、❷❸*讚) zàn ㄗㄢ ❶帮助:~助.[赞成]1.表示同意:大家都~~他的意见.2.助人成功。❷夸奖,称扬(逾一许、一扬、称一):~不绝口.❸旧时文体的一种:像~.小~.

瓒 zàn ㄗㄢ 古代祭祀时用的一种像勺的玉器。

ZANG ㄗㄤ

赃(臟、**臟) zāng ㄗㄤ 赃物,贪污受贿或偷盗所得的财物:追~.退~.

脏(髒) ㈠ zāng ㄗㄤ 不干净:衣服~了.把~东西清除出去.

㈡ zàng 见 612 页。

牂　zāng ㄗㄤ 母羊。

臧　zāng ㄗㄤ 善,好。[臧否](-pǐ)褒贬,评论,说好说坏:～～人物.

駔　zǎng ㄗㄤ 好马,壮马。[駔侩](-kuài)马侩,进行牲畜交易的中间人,也泛指牙商。

脏(臟)　㊀ zàng ㄗㄤ 身体内部器官的总称:内～.五～六腑.
㊁ zāng 见 611 页。

奘　㊀ zàng ㄗㄤ ❶壮大,多用于人名。玄奘,唐代一个和尚的名字。❷〈方〉说话粗鲁,态度生硬。
㊁ zhuǎng 见 652 页。

葬　zàng ㄗㄤ 掩埋死人,泛指处理死者遗体:埋～.火～.[葬送]⑩断送,毁灭:～～前程.～～幸福.

藏　㊀ zàng ㄗㄤ ❶储放东西的地方:宝～.❷佛教,道教经典的总称:大～经.道～.[三藏]佛教经典

人体内脏

"经"、"律"、"论"三部分。唐玄奘（zàng）号三藏法师。❸西藏自治区的简称。[藏族]我国少数民族，参看附表。

㈠ cáng 见 43 页。

ZAO ㄗㄠ

遭 zāo ㄗㄠ ❶遇见，碰到（働一遇）：～灾。～难。～殃。❷（一儿）量词。1.圈儿，周：用绳子多绕两～。我去转了一～. 2.回，次：一～生，两～熟。

糟 zāo ㄗㄠ ❶做酒剩下的渣子。[糟粕]（働无价值的东西）取其精华，去其～。❷用酒或酒糟腌制食品：～鱼。～豆腐。❸腐烂，朽烂：木头～了.布～了。❹坏：事情～了.[糟蹋][糟踏]（-ta）作践，不爱惜：不许～～粮食。

凿（鑿）záo ㄗㄠ ❶（一子）挖槽或穿孔用的工具：取其精华，去其～。❷穿孔，挖掘：～一个眼。～井。[穿凿]对于讲不通的道理，牵强附会，以求其通。❸〈古〉器物上的孔，是容纳枘（ruì）的。❹明确，真实（叠）（働确一）：证据确～.言之～～.

早 zǎo ㄗㄠ ❶太阳出来的时候（働一晨）：一大～就开会去了.～饭.～操.❷时间靠前，在一定时间以前：～起。～睡身体好.那是很～的事了.我～就预备好了.开车还～着呢。

枣（棗）zǎo ㄗㄠ 枣树，落叶亚乔木，枝有刺，开小黄花，果实叫枣子或枣儿，椭圆形，熟时红色，可以吃。[黑枣]黑枣树，落叶乔木，跟柿树同属一科，果实叫黑枣儿，可以吃。

蚤 zǎo ㄗㄠ ❶虼蚤（gè-zao），跳蚤，昆虫名，赤褐色，善跳跃，寄生在人畜的身体上，吸血液，能传染鼠疫等疾病。❷〈古〉同"早"。

澡 zǎo ㄗㄠ 洗澡，沐浴，洗全身：～盆.～堂。

璪 zǎo ㄗㄠ ❶古代刻在玉上或画在衣裳上的水藻花纹。❷古代垂在冕上穿玉的五彩丝绦。

藻 zǎo ㄗㄠ ❶隐花植物的一大类，没有真正的根、茎、叶的分化，有叶绿素，可以自己制造养料。种类很多，海水和淡水里都有。❷华丽的文辞：～饰.辞～。[藻井]

我国民族形式的建筑物天花板上一方一方的彩画.

皂（*皁） zào ㄗㄠ ❶黑色：～鞋.不分～白（喻不问是非）. ❷差役：～隶. ❸[皂角][皂荚]落叶乔木，枝上有刺，结的长荚叫"皂角"或"皂荚"，可供洗衣去污用.[肥皂]胰子，用碱和油脂等制成的洗濯用品.

唣（*唕） zào ㄗㄠ [罗唣]吵闹.

灶（竈） zào ㄗㄠ 用砖土等垒成的生火做饭的设备.

造 zào ㄗㄠ ❶制作，做（迭制一）：～船.～林.～句.⑤睡编～谣.捏～.❷成就：～诣(yì).❸培养：深～.❹到，去：～访.登峰～极.❺相对两方面的人，法院里指诉讼的两方：两～.甲～.乙～.❻稻子等作物从播种到收割一次叫一造：一年两～.[造次]仓卒，匆促：～～之间.⑤卤莽，草率：不敢～～.

慥 zào ㄗㄠ （叠）忠厚诚实的样子.

簉 zào ㄗㄠ 副，附属的.

噪（❷*譟） zào ㄗㄠ ❶许多鸟或虫子乱叫：鹊～.蝉～.⑤声音杂乱：～音.❷许多人大声吵嚷：聒～.鼓～而进.❸（名声）广为传扬：名～一时.

燥 zào ㄗㄠ 干（迭干一）：～热.天气干～.

躁 zào ㄗㄠ 急躁，性急：急～冷静：性情暴～.戒骄戒～.

ZE ㄗㄜ

则 zé ㄗㄜ ❶模范：以身作～. ❷规则，制度，规程：办事细～.[法则]事物之间内在的必然的联系.也叫"规律".[四则]算术里指加、减、乘、除四种方法.❸效法：～先烈之言行.❹连词.1.表示因果关系，就，便：兼听～明，偏信～暗.2.表示转折，却：今～不然.3.表示两件事在时间上前后相承：预备铃一响，～学生陆续走进教室.❺表示肯定判断的词，乃是：此～余之罪也.❻用在一、二、三…等数字后，列举原因或理由：一～房子太小，二～参加的人太多，以致室内拥挤不堪.❼跟"做"义相近，宋、元、明小说戏剧里常用：～甚（做什么）.不～声.❽量词，指成文的条数：试题三～.新闻两～.随笔一～.

责 zé ㄗㄜ ❶责任,分(fèn)内应做的事:我们要对人民负～.尽～.爱护公物,人人有～. ❷要求:求全～备.～己严于～人.[责成]要求某人负责办好:这个问题已～～专人研究解决. ❸指摘过失,责备:～罚.斥～. ❹责问,质问,诘(jié)问. ❺旧指为惩罚而打:鞭～.杖～.
〈古〉又同"债"(zhài).

喷 zé ㄗㄜ 争辩:～有烦言话).[喷喷] 1.形容咂嘴或说话声:～～称美.人言～～. 2.鸟鸣声.

帻 zé ㄗㄜ 古代的一种头巾.

箦 zé ㄗㄜ 床席.

赜 zé ㄗㄜ 深奥:探～索隐.

咋 ㊀ zé ㄗㄜ ❶大声呼叫. ❷咬,啃.[咋舌]形容因惊讶、害怕而说不出话来.
㊁ zǎ 见609页.
㊂ zhā 见617页.

迮 zé ㄗㄜ ❶〈古〉狭窄:～狭. ❷姓.

笮 ㊀ zé ㄗㄜ 姓.
㊁ zuó 见665页.

舴 zé ㄗㄜ [舴艋](-měng)小船.

择(擇) ㊀ zé ㄗㄜ 挑拣,挑选(龟选一):不～手段.～善而从.～友.
㊁ zhái 见619页.

泽(澤) zé ㄗㄜ ❶水积聚的地方:大～.水乡～国. ❷光泽,金属或其他物体发出的光亮:色～鲜明. ❸湿:润～. ❹恩惠:恩～.

仄 zè ㄗㄜ ❶倾斜.[仄声]古汉语中上声、去声、入声的总称. ❷狭窄:狭窄不安:歉～. ❸心里不安:歉～.

昃 zè ㄗㄜ 太阳偏西.

侧(側) ㊀ zè ㄗㄜ 同"仄".[侧声]同"仄声".
㊁ cè 见44页.
㊂ zhāi 见619页.

ZEI ㄗㄟ

贼 zéi ㄗㄟ ❶偷东西的人,盗匪.⑨严重危害人民和国家的坏人:奸～.卖国～. ❷伤害. ❸邪的,不正派的:～眼.～头～脑. ❹〈方〉狡猾:老鼠真～. ❺〈方〉很,非常:～冷.～亮.

鲗 zéi ㄗㄟˊ 乌鲗，乌贼，又叫"墨鱼"或"墨斗鱼"。软体动物，有墨囊，遇危险放出墨汁逃走，生活在海中。肉可吃。墨汁叫鲗墨，可制颜料。

ZEN ㄗㄣ

怎 zěn ㄗㄣˇ 如何？～样？～办？[怎么]（－me）代词，询问性质、状态、方式、原因等：你～～也知道了？这是～～回事？"难"字～～写？

谮 zèn ㄗㄣˋ 说坏话诬陷别人。

ZENG ㄗㄥ

曾 ⊖ zēng ㄗㄥ ❶重（chóng），用来指与自己中间隔着两代的亲属：～祖.～孙. ❷〈古〉同"增"。❸姓。
⊜ céng 见 45 页。

增 zēng ㄗㄥ 加多，添（逾－加）：为国～光.～产节约.[增殖]繁殖：～～耕牛.⊜大量地增添：～～财富.

憎 zēng ㄗㄥ 厌恶（wù），嫌，跟"爱"相反（逾－恶）：爱～分明.

缯 ⊖ zēng ㄗㄥ 古代丝织品的总称。
⊜ zèng 见本页。

罾 zēng ㄗㄥ 一种用竹竿或木棍做支架的方形鱼网。

矰 zēng ㄗㄥ 古代射鸟用的一种拴着丝绳的箭。

综 ⊖ zèng ㄗㄥˋ 织布机上使经线交错着上下分开以便梭子通过的装置。
⊖ zōng 见 660 页。

锃 zèng ㄗㄥˋ 器物等经过擦磨或整理后闪光耀眼：～亮.～光.

缯 ⊜ zèng ㄗㄥˋ〈方〉捆，扎：把那根裂了的棍子～起来.
⊖ zēng 见本页。

赠 zèng ㄗㄥˋ 把东西无代价地送给别人：～品.～阅.

甑 zèng ㄗㄥˋ（旧读 jìng）❶古代蒸饭的一种瓦器。现在称蒸饭用的木制桶状物。❷蒸馏或使物体分解用的器皿：曲颈～.

ZHA ㄓㄚ

扎（❶❷*剳、*❷*紥、❷*紮） ⊖ zhā ㄓㄚ ❶刺：～针.～花(刺绣). ❷驻扎：～营. ❸钻：～猛子(游泳时头朝下钻入水中).

[扎煞] (—sha) 同"挓挲".

⊜ zhá 见本页.

⊜ zā 见 609 页.

"㧗"又 zhá 见本页"札".

吒 ⊖ zhā ㄓㄚ 用于神话中的人名,如金吒、木吒.

⊜ zhà 见 619 页"咤".

挓 zhā ㄓㄚ [挓挲] (—sha) 张开:~~着手.

咋 ⊖ zhā ㄓㄚ [咋呼] (—hu) 〈方〉1. 吆喝. 2. 炫耀.

⊜ zé 见 615 页.

⊜ ză 见 609 页.

喳 zhā ㄓㄚ [喳喳] [嘈喳] (zhāo—) 形容声音杂乱细碎.

查 (*查) ⊜ zhā ㄓㄚ ❶姓. ❷同"楂".

⊖ chá 见 46 页.

揸 (**摣、**戲) zhā ㄓㄚ ❶用手指撮东西. ❷把手指伸张开.

喳 ⊜ zhā ㄓㄚ [喳喳] 拟声词:唧唧~~. 喜鹊~~叫.

⊖ chā 见 46 页.

渣 zhā ㄓㄚ (—子、—儿) 提出精华或汁液后剩下的东西(匯—滓):豆腐~. 匬碎屑:点心~儿.

楂 (**樝) ⊖ zhā ㄓㄚ [山楂] 落叶乔木,开白花. 果实也叫山楂,红色有白点,味酸,可以吃,也可入药. 也作"山查".

⊖ chá 见 47 页.

奓 zhā ㄓㄚ 奓山,地名,在湖北省汉阳.

⊜ zhà 见 619 页.

齇 (**皻) zhā ㄓㄚ 鼻子上长的红色小疮,就是酒糟鼻上的红瘢.

扎 ⊜ zhá ㄓㄚˊ [扎挣] (—zheng) 〈方〉勉强支持.

⊖ zhā 见 616 页.

⊜ zā 见 609 页.

札 (❶❸ *劄) zhá ㄓㄚˊ ❶古代写字用的木片. [札记] 读书时摘记的要点和心得. ❷信件(匯信一、书一):手~. 来~. ❸(—子) 旧时的一种公文.

"劄"又 zhā 见 616 页"扎".

轧 ⊜ zhá ㄓㄚˊ 义同"轧 ⊖",用于轧辊、轧钢、轧钢机等. [轧钢] 把钢坯压成一定形状的钢材. [轧辊] (—gǔn) 轧钢机中最主要的、直接完成轧制工作的部件.

⊖ yà 见 559 页.

㊂ gá 见 143 页。

闸(△*牐) zhá ㄓㄚˊ ❶拦住水流的建筑物，可以随时开关：～口．河里有一道～．❷把水截住．❸使机械减速或停止运行的设备：电～．自行车～．

炸(**煤) ㊁ zhá ㄓㄚˊ 把食物放在煮沸的油或水里弄熟：～糕．～鱼．把菠菜～一～．
　㊀ zhà 见本页。

铡 zhá ㄓㄚˊ ❶铡刀，一种切草或切其他东西的器具．❷用铡刀切：～草．

喋 ㊁ zhá ㄓㄚˊ 见 433 页"唼"字条"唼喋(shà—)"。
　㊀ dié 见 101 页。

牐 zhá ㄓㄚˊ ❶古时防守城门的用具．❷同"闸"。

拃 zhǎ ㄓㄚˇ ❶张开大拇指和中指量长度：❷张开大拇指和中指两端的距离：两～宽．

苲 zhǎ ㄓㄚˇ 苲草，指金鱼藻等水生植物．

砟 zhǎ ㄓㄚˇ （一子）某些坚硬成块的东西：煤～子．炉灰～子．

鲊 zhǎ ㄓㄚˇ 一种用盐和红曲(调味食品的材料)腌(yān)的鱼．

眨 zhǎ ㄓㄚˇ （一巴）眼睛很快地一闭一开：眼睛直～巴．一～眼(时间极短)就看不见了．

鲝 zhǎ ㄓㄚˇ ❶同"鲊"．❷[鲝草滩]地名，在四川省．

乍 zhà ㄓㄚˋ ❶忽然：～冷～热．❷刚刚：新来乍到．❸张开：～翅．

诈 zhà ㄓㄚˋ ❶假装：～死．❷使手段诓(kuāng)骗(诓欺一)：～财．你不必拿话～我．[诈语]骗人的话．

柞 ㊀ zhà ㄓㄚˋ [柞水]地名，在陕西省．
　㊁ zuò 见 665 页。

炸 ㊀ zhà ㄓㄚˋ ❶突然破裂(逢爆一)：～了．玻璃杯～了．❷用炸药、炸弹爆破：～碉堡．❸发怒：他一听就～了．❹因受惊而四处逃散：～市．～窝．
　㊁ zhá 见本页。

痄 zhà ㄓㄚˋ [痄腮](-sai)一种传染病，又叫"流行性腮腺炎"．耳朵下面肿胀疼痛，病原体是一种滤过性病毒。

蚱 zhà ㄓㄚˋ [蚱蜢](-měng) 一种有害的昆虫,身体绿色或褐色,触角短,吃稻叶等,不能远飞。

榨(❷*搾) zhà ㄓㄚˋ ❶压出物体里液汁的器具:油~.酒~. ❷用力压出:~油.压~.

栅(*柵) ㊀ zhà ㄓㄚˋ 栅栏,用竹、木、铁条等做成的阻拦物:篱笆~.铁~栏.
㊁ shān 见 434 页。

奓 ㊀ zhà ㄓㄚˋ 张开:头发~着.这件衣服下面太~了.
㊁ zhā 见 617 页。

礃 zhà ㄓㄚˋ [大水礃]地名,在甘肃省。

咤(△*吒) zhà ㄓㄚˋ 生气时对人大声嚷。
"吒"又 zhā 见 617 页。

蚝 zhà ㄓㄚˋ 〈方〉海蜇。

溠 zhà ㄓㄚˋ 溠水,水名,在湖北省。

蜡(**䄍) ㊁ zhà ㄓㄚˋ 古代年终的一种祭祀名。

㊀ là 见 280 页。

霅 zhà ㄓㄚˋ 霅溪,水名,在浙江省。

ZHAI ㄓㄞ

侧 ㊀ zhāi ㄓㄞ [侧棱](-leng) 向一边倾斜:~~着身子睡觉.[侧歪](-wai) 倾斜:车在山坡上~~着走.
㊁ cè 见 44 页。
㊂ zè 见 615 页。

斋(齋) zhāi ㄓㄞ ❶书房或校舍:书~.第一~.❷迷信的人祭祀前整洁身心:~戒.㊂佛教、道教等教徒吃的素食:吃~. ❸舍饭给僧人:~僧。

摘 zhāi ㄓㄞ ❶采下,拿下:~瓜.~梨.~帽子.❷选取:~要.~记.[指摘]指出缺点.❸借:东~西借.

宅 zhái ㄓㄞˊ 住所。

择(擇) ㊀ zhái ㄓㄞˊ 同"择㊀",用于口语:~菜.~席(换个地方就睡不安稳).
㊁ zé 见 615 页。

翟 ㊁ zhái ㄓㄞˊ 姓。
㊀ dí 见 94 页。

窄 zhǎi ㄓㄞˇ ❶狭,不宽,宽度小,跟"宽"相反(连狭、狭一）:路太~.地方太狭~.⑤气量小,心胸不开阔:他的心眼儿太~.❷生活不宽裕:以前的日子很~,现在可好了.

釳 zhǎi ㄓㄞˇ（一儿）器物残缺损坏的痕迹,水果伤损的痕迹:碗上有块~儿.苹果没~儿.

债 zhài ㄓㄞˋ 欠别人的钱财:还~.公~.

寨(*砦) zhài ㄓㄞˋ ❶防守用的栅栏.[鹿寨]军事上常用的一种障碍物,古代多用削尖的竹木,现多用铁蒺藜等做成.❷旧时军营:安营扎~.❸村子:村村~~.

撽 zhài ㄓㄞˋ〈方〉缝纫方法,把衣服上附加的物件缝上:~纽扣儿.~花边.

瘵 zhài ㄓㄞˋ 病,多指痨病.

ZHAN ㄓㄢ

占（㊀ zhān ㄓㄢ 迷信的人用铜钱或牙牌等判断吉凶:~卦.~课.
㊁ zhàn 见 621 页.

沾（❶*霑） zhān ㄓㄢ ❶浸湿:泪流~襟.汗出~背.❷因接触而附

着（zhuó）上:~水.⑤1.染上:~了坏习气.2.凭借某种关系而得到好处:~光.❸稍微碰上或接触上:~边儿.脚不~地.
[沾沾自喜]形容自己觉得很好而得意的样子.

毡(氊、*氈) zhān ㄓㄢ（一子）用兽毛砑成的片状物,可做防寒用品和工业上的垫衬材料:炕~.~靴.油毛~.

粘 ㊀ zhān ㄓㄢ ❶黏的东西互相连结或附着在别的东西上:几块糖都~在一起了.这种糖~牙.❷用胶或糨糊等把一种东西胶合在另一种东西上:~贴标语.
㊁ nián 见 360 页.

旃 zhān ㄓㄢ〈古〉❶助词,等于"之焉"两字连用的意义:勉~.❷同"毡".

詹 zhān ㄓㄢ 姓.

谵 zhān ㄓㄢ 多说话.特指病中说胡话.

瞻 zhān ㄓㄢ 往上或往前看:~仰.高~远瞩.

邅 zhān ㄓㄢ ❶难走.❷转变方向:~彼南道兮.

鹯 zhān ㄓㄢ 古书中说的一种猛禽,似鹞（yào）

鹰。

鳣 zhān ㄓㄢ 古书上指鳇(huáng)鱼。

〈古〉又同"鳝"(shàn)。

斩 zhǎn ㄓㄢ 砍断:～首.～草除根.～钉截铁.

崭 zhǎn ㄓㄢ ❶高峻,突出:～露头角。❷非常,极:～新(簇新).

䩄 zhǎn ㄓㄢ〈方〉眼皮开合,眨眼。

飐 zhǎn ㄓㄢ 风吹物体使颤动。

盏(盞) zhǎn ㄓㄢ ❶小杯子:酒～.茶～.❷量词,用于灯:一～灯.

展 zhǎn ㄓㄢ ❶张开,舒张开:～翅.～望未来.开激烈斗争.[展览]把物品陈列起来让人参观。❷施展:一筹莫～.❸放宽:～缓.～期.～限.

搌 zhǎn ㄓㄢ 轻轻地擦抹:～布.用药棉花～一～.

辗(輾) zhǎn ㄓㄢ [辗转](一zhuǎn)翻来覆去地来回转动:～～反侧.⑩经过曲折,间接:～～传说.也作"展转"。

黵 zhǎn ㄓㄢ 弄脏,染上污点:墨水把纸～了.这种

布颜色暗,禁(jīn)～(脏了不容易看出来).

占(*佔) ㈠ zhàn ㄓㄢ ❶据有,用强力取得(逾—据):～领.攻～敌军据点.❷处于某种地位或情势:～上风.～优势.优等生～多数.

㈡ zhān 见 620 页。

战(戰) zhàn ㄓㄢ ❶战争,通常指打仗(逾—斗):宣～.～时.百～百胜.[战争]就是打仗,它是政治的继续,是民族和民族、国家和国家、阶级和阶级、政治集团和政治集团之间相互斗争的最高形式。[战略]1.指导战争全局的计划和策略。2.比喻决定全局的策略。[战术]进行战斗的原则和方法。⑩解决局部问题的方法。[战役]战争的一个段落。为实现一定的战略目的,在一定的方向上和一定的时间内进行的一系列战斗的总和:淮海～～.❷发抖:～栗(害怕发抖).打冷～.寒～.

站 zhàn ㄓㄢ ❶立:～岗.中国人民～起来了.❷停:不怕慢,就怕～.❸为乘客上下或货物装卸而设的停留的地方:车～.起点～.❹

分支办事处:工作～.保健～.

栈(棧) zhàn ㄓㄢ ❶储存货物或供旅客住宿的房屋:货～.客～.❷养牲畜的竹木棚或栅栏:马～.

[栈道]古代在悬崖峭壁上用木材架起来修成的道路.

绽 zhàn ㄓㄢ 裂开:破～.鞋开～了.

湛 zhàn ㄓㄢ ❶深:精～的演技.❷清澈:清～.

颤 ⊖ zhàn ㄓㄢ 同"战❷".
⊜ chàn 见50页.

蘸 zhàn ㄓㄢ 在汁液或粉末里沾一下就拿出来:～墨水.～酱.

ZHANG ㄓㄤ

张(張) zhāng ㄓㄤ ❶展开,打开:～嘴.～弓搭箭.纲举目～.～牙舞爪.⑤1.扩大,夸大:虚～声势.～大其词.2.放纵,无拘束:乖～.嚣～(xiāo).[张皇]1.扩大.2.慌忙失措.[张罗](-luo)各方面照料,四处想办法:～～事.[开张]开始营业.❷铺排陈设:～灯结彩.

❸看,望:东～西望.❹量词:一～弓.两～纸.❺星宿名,二十八宿之一.

章 zhāng ㄓㄤ ❶诗歌文词的段落:乐(yuè)～.篇～结构.第一～.❷奏章.❸章程,法规:简～.党～.规～制度.⑤1.条理:杂乱无～.2.条目:约法三～.❹戳记:图～.盖～.❺佩带在身上的标志:徽～.袖～.

鄣 zhāng ㄓㄤ 周朝国名,在今山东省东平东.

獐(*麞) zhāng ㄓㄤ (一子)又叫"牙獐".是一种小型的鹿,头上无角,雄的犬齿发达,形成獐牙,露出嘴外.皮可制革.

彰 zhāng ㄓㄤ ❶明显,显著:欲盖弥～.相得益～.❷表彰:～善瘅(dàn)恶.

漳 zhāng ㄓㄤ 漳河,发源于山西省,流至河北省入卫河.

嫜 zhāng ㄓㄤ [姑嫜]古时女子称丈夫的母亲和父亲.

璋 zhāng ㄓㄤ 一种玉器,形状像半个圭.

樟 zhāng ㄓㄤ 樟树,常绿乔木.木质坚固细致,有香气,做成箱柜,可以防蠹虫。[樟脑]把樟树的根、茎、枝、叶蒸馏制成的白色结晶体，可做防腐驱虫药，又可用来制造炸药等。

蟑 zhāng 业大 [蟑螂](一láng) 一种有害的昆虫，黑褐色，有光泽，常在夜里偷吃食物，能发臭气。也叫"蜚蠊"(fěilián)。

长(長) 〇 zhǎng 业丸 ❶生，发育：～疮。庄稼～得很旺。❷增加：～见识。在实践中增～才干。❸排行中第一的：～兄。[长子]1. 排行第一的儿子。2. 地名，在山西省。❹辈分高或年纪大的：师～者。～辈。敬辞：学～。❺主持人，机关、团体等单位的负责人：部～。校～。

〇 cháng 见 51 页。

涨(漲) 〇 zhǎng 业丸 ❶水量增加，水面高起来：水～船高。河里～水了。❷价格提高：～钱。～价。

〇 zhàng 见 624 页。

仉 zhǎng 业丸 姓。

掌 zhǎng 业丸 ❶巴掌，手心，握拳时指尖触着的

一面：鼓～。❼脚的底面：脚～子。熊～。❷用巴掌打：～嘴。❸把握，主持，主管：～印。～舵。～管档案。～权。[掌故]关于古代人物、典章、制度的故事。[掌握]把握，拿稳：～～政策。～～原则。❹(一儿)鞋底前后打的补钉：钉两块～儿。❺马蹄铁，钉在马、驴、骡子等蹄子底下的铁：马～。❻同"礃"。

礃 zhǎng 业丸 [礃子]煤矿里掘进和采煤的工作面。也作"掌子"。

丈 zhàng 业丸 ❶长度单位，10 尺。❷测量长度面积：～量。～地。❸对成年或老年男子的尊称：老～。[丈夫]1. 成年男子的通称。2. (一fu) 妇女的配偶，跟"妻子"相对。[丈人]1. 旧称老年男子。2. (—ren) 称妻子的父亲。

仗 zhàng 业丸 ❶兵器：仪～。⑱战争；胜～。败～。[打仗]交战，发生战事。❷凭借，依靠(建倚一、一恃)：～着大家的力量。～势欺人。❸拿着(兵器)：～剑。

杖 zhàng 业丸 ❶拐杖，扶着走路的棍子：手～。❷

泛指棍棒;擀面～.

帐(帳) zhàng ㄓㄤˋ ❶(一子)用布或其他材料做成的帷幕(多指张在床上的):蚊～.圆顶～子.❷同"账".

账(賬) zhàng ㄓㄤˋ ❶关于银钱财物出入的记载:记～.流水～.❷指记载银钱财物出入的本子或单子:一本～.一篇～.❸债务:欠～.不认～(喻不承认自己做的事).

胀(脹) zhàng ㄓㄤˋ ❶膨胀,体积变大:热～冷缩.❷身体内壁受到压迫而产生不舒服的感觉:肚子～.肿～.

涨(漲) ㊀ zhàng ㄓㄤˋ ❶体积增大:豆子泡～了.❷弥漫:烟尘～天.❸多出来:～出十块钱.❹头部充血:头昏脑～.他气得红了脸.
㊁ zhǎng 见 623 页.

障 zhàng ㄓㄤˋ ❶阻隔.[障碍]阻挡进行的事物:扫除～～.❷用做遮蔽、防卫的东西:风～.屏～.

嶂 zhàng ㄓㄤˋ 形势高险像屏障的山峰:层峦叠～.

幛 zhàng ㄓㄤˋ (一子)上面题有词句的整幅绸布,用做庆贺或吊唁的礼物.

瘴 zhàng ㄓㄤˋ 瘴气,热带山林中的湿热空气.

ZHAO ㄓㄠ

钊 zhāo ㄓㄠ 勉励.多用于人名.

招 zhāo ㄓㄠ ❶打手势叫人来:用手一～他就来了.[招待]应接宾客.[招呼](一hu) 1.召唤:有人～你. 2.照料,扶助:～～老人.用公开的方式使人来:～集～生.兵买马.⑨1.惹起:～事.～笑.别～他. 2.引来:～蚂蚁.❸承认自己的罪状:不打自～.❹同"着㊂❶":花～儿.

昭 zhāo ㄓㄠ ❶明显,显著:罪恶～彰.～然若揭.❷表明,显示:以～信守.[昭昭] 1.光明,明亮. 2.明辨事理:使人～～.

啁 ㊀ zhāo ㄓㄠ [啁哳](一zhā)形容声音杂乱细碎.
㊁ zhōu 见 644 页.

着 ㊂ zhāo ㄓㄠ ❶(一儿)下棋时下一子或走一步叫一着.⑩计策,办法:你出个高~儿.我没~儿了.❷〈方〉放,搁进去:~点儿盐.❸〈方〉用于应答,表示同意:~,你说得真对.
㊀ zhuó 见 655 页。
㊁ zháo 见本页。
㊃ zhe 见 628 页。

朝 ㊀ zhāo ㄓㄠ 早晨:只争~夕.~思暮想.㊆日,天:今~.[朝气]⑩向上发展的气概:~~蓬勃.
㊁ cháo 见 53 页。

嘲 ㊀ zhāo ㄓㄠ [嘲哳](-zhā)同"啁哳".
㊀ cháo 见 53 页。

着 ㊀ zháo ㄓㄠ ❶接触,挨上:上不~天,下不~地.❷感受,受到:~慌.~凉.~急.❸燃烧,也指灯发光:~火.火~了.天黑了,路灯都~了.❹入睡,睡着:躺下就~了.❺用在动词后表示达到目的或有结果:猜~了.打~了.
㊀ zhuó 见 655 页。
㊁ zhāo 见 624 页。
㊃ zhe 见 628 页。

爪 ㊀ zhǎo ㄓㄠ ❶指甲或趾甲:手~.❷鸟兽的脚指:鹰~.[爪牙]⑩党羽,狗腿子.
㊁ zhuǎ 见 650 页。

找 zhǎo ㄓㄠ ❶寻求,想要得到或见到:~东西.~事做.丢了不好~.~人.~经理.❷退回,补还:~钱.~零.

沼 zhǎo ㄓㄠ 池子(逾池—).[沼气]植物在地下或水底受霉菌分解而产生的气体,可以燃烧.多产生于池沼,也产生于煤矿井、石油井中.主要成分是甲烷.[沼泽]因湖泊淤浅等而形成的水草茂密的泥泞地带.

召 ㊀ zhào ㄓㄠ ❶呼唤,招呼:号~.~见.~唤.~集.~开会议.❷傣族姓.
㊁ shào 见 440 页。

诏 zhào ㄓㄠ ❶告诉.❷皇帝所发的命令.

照(❶*炤) zhào ㄓㄠ ❶光线射在物体上:拿灯~一~.阳光普~.❷对着镜子或其他反光的东西看自己或其他人物的影像:~镜子.❸照相,摄影:天安门前~张相.❹画像或相片:小~.❺照管,看顾:请你~应一下.[照料]关心,料理:病人需要~.❻按着,依着(逾依-、-按):~例.~样.依~他的意思.❼凭证：护～．牌～．❸知晓(晓知一)：心～不宣．❾通告，通知：知～．关～．[照会]外交上用以表明立场、达成协议或通知事项的公文．❿对着，向着：～敌人开枪．～着这个方向走．⓫比照，对比：对～．

兆 zhào ㄓㄠˋ ❶古代占验吉凶时灼龟甲所成的裂纹(迷信)．❷预兆：征～．佳～．❸预示：瑞雪～丰年．❹数目：1.百万．2.古代指万亿。

赵(趙) zhào ㄓㄠˋ 战国国名，在今河北省南部和山西省中部、北部一带。

笊 zhào ㄓㄠˋ [笊篱](—li)用竹篾、柳条、铅丝等编成的一种用具，可以在汤水里捞东西。

棹(*櫂) zhào ㄓㄠˋ 划船的一种工具，形状和桨差不多．〈喻〉1.船．2.〈方〉划(船)。

罩 zhào ㄓㄠˋ ❶(—子、—儿)覆盖物体的东西：口～．灯～子．❷扣盖，覆盖：把菜～起来．❸穿在其他衣服外面的单衣：外～．～衣．袍～儿．❹养鸡用的竹笼子．❺捕鱼用的竹器，圆筒形，无顶无底，下略大，上略小。

肇(肇)** zhào ㄓㄠˋ ❶开始：～端．❷发生：～祸(闯祸)．～事．

曌 zhào ㄓㄠˋ 同"照"。唐朝女皇帝武则天为自己名字造的字。

ZHE ㄓㄜ

折 〔三〕zhé ㄓㄜˊ 翻转，倒腾：～跟头．用两个碗把开水～一～就凉了．
〔一〕zhé 见本页．
〔二〕shé 见440页．

蜇 〔二〕zhē ㄓㄜ ❶有毒腺的虫子刺人或牲畜：被蝎子～了．❷某些东西刺激皮肤或器官使感觉不适：切洋葱～眼睛．
〔一〕zhé 见627页．

遮 zhē ㄓㄜ 掩盖，掩蔽，挡：～丑．～人耳目．乌云～不住太阳的光辉．～挡不住．

螫 〔二〕zhē ㄓㄜ 同"蜇❶"，用于口语。
〔一〕shì 见454页。

折(❹-❻△摺) 〔一〕zhé ㄓㄜˊ ❶断，弄断：禁止攀～花木．❷幼年死亡:天～.[折磨](一mó)使在肉体或精神上受痛苦;解放前劳动人民受尽了～.❷损失:损兵～将.❸弯转,屈曲:～腰.转～点.❹返转,回转:走到半路又一回来了.[折中][折衷]对不同意见采取调和态度.❹叠(逼一叠):～衣服.～尺.❺(一子一儿)用纸折叠起来的本子:存～.❻杂剧一本分四折,一折相当于现代戏曲的一场.❼心服:～服.心～.❽折扣,按成数减少:打～扣.九～.❾抵作,对换,以此代彼:～账.～变(变卖).

㈡shé 见 440 页.

㈢zhē 见 626 页.

哲(＊喆) zhé ㄓㄜˊ ❶有智慧:～人.[哲学]社会意识形态之一,它研究自然界、社会和思维的普遍规律,是关于自然知识和社会知识的概括和总结,是关于世界观的理论.❷聪明智慧的人:先～.

注:"喆"多用于人名.

晢(＊＊晣) zhé ㄓㄜˊ 明亮.

蜇 ㈠zhé ㄓㄜˊ 海蜇,在海里生活的一种腔肠动物,形状像张开的伞,可供食用.

㈡zhē 见 626 页.

箬 zhé ㄓㄜˊ 〈方〉(一子)一种粗的竹席.

辄(＊輒) zhé ㄓㄜˊ 总是,每至此,～觉心旷神怡.所言～听.

蛰(蟄) zhé ㄓㄜˊ 动物冬眠,藏起来不食不动:～伏.入～.～虫.

謺(讋) zhé ㄓㄜˊ〈古〉恐惧.

谪(＊讁) zhé ㄓㄜˊ ❶谴责,责罚.❷封建时代特指贬官.

摺 zhé ㄓㄜˊ 同"折㈠❹—❻".

磔 zhé ㄓㄜˊ ❶分裂肢体,古代的一种酷刑.❷汉字的笔画,即捺(nà).

辙 zhé ㄓㄜˊ 车辙,车轮轧的痕迹.㈐1.(一儿)车行的一定路线:抢(qiāng)～儿.顺～儿.2.歌词、戏曲、杂曲所押的韵:合～.十三～.3.〈方〉办法:没～了.

者 zhě ㄓㄜˇ ❶代词,多指人:有好(hào)事～船载以入.❷相当于"的㈢❶❸",使形容词、动词成为指人或事物的名词：学～.读～.作～.❸助词，表示语气停顿：陈胜～，阳城人也.云～，水气蒸腾而成.❹这，此（多用在古诗词中）：～回.～番.～边走.❺用在"二、三、数"等数词后，指上文所说的几件事：二～必居其一.三～缺一不可.

锗 zhě ㄓㄜˇ 一种金属元素，符号Ge，灰白色结晶，质脆，有光泽。是重要的半导体材料，主要用来制造半导体晶体管。

赭 zhě ㄓㄜˇ 红褐色：～石（矿物名，可做颜料）.

褶（＊＊襵） zhě ㄓㄜˇ（一子，一儿）❶衣服折叠而形成的印痕：百～裙.❷泛指折皱的部分：衣服上净是～子.这张纸有好多～子.

这（這）㊀ zhè ㄓㄜˋ ❶代词，此，指比较近的时间、地方或事物，跟"那"相反：～里.～些.～个.～是英汉词典.[这么]（—me）代词，如此：～～办就好了.❷这时候，指说话的同时：我～就走.

㊁ zhèi 见629页.

柘 zhè ㄓㄜˋ 柘树，落叶灌木或小乔木，叶子卵形或椭圆形，前端有浅裂，可以喂蚕。木可以提取黄色染料，为柘黄。

浙（＊淛） zhè ㄓㄜˋ ❶浙江，古水名，又叫"浙江"、"之江"、"曲江"，即今钱塘江，是浙江省第一大河流。❷指浙江省。

蔗 zhè ㄓㄜˋ 甘蔗，多年生草本植物。茎有节，含甜汁很多，可以吃，也可熬糖。

嗻 zhè ㄓㄜˋ 答应的声音，表示"是"的意思。

鹧 zhè ㄓㄜˋ ［鹧鸪］（—gū）鸟名，背部和腹部黑白两色相杂，头顶棕色，脚黄色。吃谷粒、昆虫、蚯蚓等。

䗪 zhè ㄓㄜˋ 䗪虫，即土鳖。体扁，棕黑色，雄的有翅，雌的无翅。雌的制干后可入药。

着 ㊃ zhe ·ㄓㄜ ❶助词，用在动词后。1. 表示动作正进行：走～.等～.开～会呢.2. 表示存在的方式：桌上放～一本书.墙上挂～一幅画.❷表示程度深，常跟"呢"（ne）连用：好～呢.这小孩儿精～呢!❸助词，用在动词或表示程度的形容词后表示祈使：你听～.步子大～点儿. ❹助词，加在某些动词后，使变成介词：顺～.照～.沿～.朝～.

㊀ zhuó 见 655 页。

㊁ zháo 见 625 页。

㊂ zhāo 见 624 页。

ZHEI ㄓㄟ

这(這) ㊀ zhèi ㄓㄟ "这一"的合音，但指数量时不限于一：～个.～些.～年.～三年.

㊀ zhè 见 628 页。

ZHEN ㄓㄣ

贞 zhēn ㄓㄣ (旧读 zhēng) ❶坚定，有节操：忠～.坚～不屈. ❷旧礼教中束缚、残害女子的一种道德观念，指女子不改嫁等：～女. ❸占，卜，问卦：～卜(迷信).

侦 zhēn ㄓㄣ (旧读 zhēng) 探听，暗中察看：～探.～查案件.～察机.

帧 zhēn ㄓㄣ (旧读 zhèng) 量词,幅(用于字画、照片等)：一～彩画.[装帧]书画等物的装潢设计.

浈 zhēn ㄓㄣ (旧读 zhēng) 浈水，水名，在广东省.

桢 zhēn ㄓㄣ (旧读 zhēng) ❶坚硬的木头。❷古代打土墙时所立的木柱。[桢干](－gàn)⑩能胜重任的人才.

祯 zhēn ㄓㄣ (旧读 zhēng) 吉祥.

针(*鍼) zhēn ㄓㄣ ❶缝织衣物引线用的一种细长的工具。[针对]对准：～～着工作中的缺点，提出改进的办法。❷细长像针形的东西：～松～.指南～.钟表上有时～分～和秒～.[指南针]我国古代发明的一种利用磁石制成的指示方向的仪器。❸用针扎治病：～灸.[针刺麻醉]用针刺入人体的某些穴位，使人的某些部位暂时失去知觉，可以代替麻醉剂。❹西医注射用的器具：～头. ❺针剂：打～.防疫～.

珍(*珎) zhēn ㄓㄣ ❶宝贝，宝贵的东西：奇～异宝. ❷贵重的，宝贵的：～禽异兽. ❸重视，看重：世人～之.～惜.～视.

胗 zhēn ㄓㄣ 鸟类的胃：鸡～肝儿.

真 zhēn ㄓㄣ ❶真实，跟客观事物相符合，跟"假"

相反:～相大白.千～万确.传～.[真理]正确反映客观世界发展规律的思想.[天真]1.心地单纯,性格很直率.2.头脑简单,容易被假象迷惑:这种想法太～～.❷确实,的确:～好.～高兴.❸清楚,显明:字太小,看不～.听得很～.❹真书(楷书):～草隶篆.❺本性,本原:返朴归～.

砧(*碪) zhēn ㄓㄣ 捶、砸或切东西的时候,垫在底下的器具:铁～.～板.[砧木]嫁接植物时把接穗接在另一个植物体上,这个植物体叫砧木.

蓁 zhēn ㄓㄣ ❶(叠)草木茂盛:其叶～～.❷同"榛❷":深～密棘丛.

獉 zhēn ㄓㄣ 同"榛❸":～狉(pī)(指草木丛杂,野兽出没).

溱 ㊀ zhēn ㄓㄣ 溱头河,水名,在河南省.
㊁ qín 见 407 页.

榛 zhēn ㄓㄣ ❶落叶灌木或小乔木,花黄褐色.果实叫榛子,果皮很坚硬,果仁可以吃.❷泛指丛生的荆棘:～莽.❸草木丛杂(叠):草木～～.

臻 zhēn ㄓㄣ 到,达到:日～完善.

斟 zhēn ㄓㄣ 往杯子里倒(酒或茶):～酒.～茶.给我～上碗水.[斟酌](一zhuó)❶度(duó)量,考虑:请你～～办理.

椹 ㊀ zhēn ㄓㄣ 同"砧".
㊁ shèn 见 444 页.

甄 zhēn ㄓㄣ 审查:～别.～拔人才.

箴 zhēn ㄓㄣ ❶同"针❶".❷劝告,劝戒:～言.❸一种文体,以告诫规劝为主.

诊 zhēn ㄓㄣ 医生为断定病症而察看病人身体内部外部的情况:～断.～脉.门～.出～.

轸 zhěn ㄓㄣ ❶古代车后的横木.❷悲痛:～悼.怀(痛念).～恤(怜悯).❸星宿名,二十八宿之一.

畛 zhěn ㄓㄣ ❶田间的小路.❹界限:不分～域.

疹 zhěn ㄓㄣ 病人皮肤上起的小疙瘩,通常是红色,小的像针尖,大的像豆粒,多由皮肤表层发炎浸润而起:湿～.[疹子](一zi)麻疹.

袗 zhěn ㄓㄣ ❶单衣.❷(衣服)华美.

枕 zhěn ㄓㄣˇ ❶枕头,躺着时垫在头下的东西。[枕木]铁路路基上承受铁轨的横木。❷躺着的时候把头放在枕头或器物上:～着枕头.～戈待旦.

缜 zhěn ㄓㄣˇ 周密,细致:(~密):～密的思考.

稹 zhěn ㄓㄣˇ 同"缜".

鬒(**䰐**) zhěn ㄓㄣˇ 头发浓密而黑:～发.

圳(**甽**) zhèn ㄓㄣˋ〈方〉田边水沟。多用于地名,如深圳、圳口,都在广东省。

阵 zhèn ㄓㄣˋ ❶军队作战时布置的局势:～线.严～以待.一字长蛇～.⑨战场:～亡.[阵营]两军交战对立的阵势.⑩利益和斗争目标相同的集团:革命～～.❷量词,表示事情或动作经过的段落:刮了一～风.⑯(～子)一段时间:这一～子工作正忙.

纼 zhèn ㄓㄣˋ 〈方〉拴牛、马等的绳索。

鸩(❷❸△*酖) zhèn ㄓㄣˋ ❶传说中的一种毒鸟,把它的羽毛泡在酒里,喝了可以毒死人。❷用鸩的羽毛泡成的毒酒:饮～止渴(喻满足一时需要,不顾后果)。❸用毒酒害人。"酖"又 dān 见84页。

振 zhèn ㄓㄣˋ ❶摇动,挥动:～笔直书.～铃.臂高呼.❷奋起,兴起:～兴.～作.精神一～.～救.～乏绝.❹振动:共～.谐～.

赈 zhèn ㄓㄣˋ 赈济,救济:～灾.以工代～.也作"振".

震 zhèn ㄓㄣˋ ❶迅速或剧烈地颤动:地～.～耳.❷惊恐或情绪过分激动:～惊.～怒.❸八卦之一,符号是☳,代表雷。

朕 zhèn ㄓㄣˋ ❶我,我的,由秦始皇时起专用作皇帝自称。❷预兆。

瑱 zhèn ㄓㄣˋ 古时戴在耳垂上的玉。

镇 zhèn ㄓㄣˋ ❶压:～尺.❷镇压:～反(镇压反革命)。❸安定:～静.～定.把饮料等同冰或冷水放在一起使凉:冰～汽水.❺行政区划单位,一般由县一级领导:城～居民.乡～企业.❻较大的集市。❼时常:十年～相随.

ZHENG ㄓㄥ

丁 ㈠ zhēng ㄓㄥ [丁丁]形容伐木、弹琴等声音。
㈡ dīng 见 102 页。

正 ㈠ zhēng ㄓㄥ 正月,夏历一年的第一个月:新~.
㈡ zhèng 见 633 页。

征(❸-❻△徵) zhēng ㄓㄥ ❶远行:~帆(远行的船).踏上~途.❷用武力制裁:出~.~讨.[征服]用力制服:~~自然.❸由国家召集或收用(yòng)~入伍.~税.❹寻求,希望得到(逾—求):~稿.~求群众意见.❺证明,证验:有实物可~.❻现象,迹象:特~.~兆.
"徵"又 zhǐ 见 638 页。

怔 zhēng ㄓㄥ [怔忡](—chōng)中医所称的一种虚弱病,患者感到心脏跳动得很厉害。[怔忪](—zhōng)惊惧。

钲 ㈠ zhēng ㄓㄥ 古代的一种打击乐器,用铜做成,在行军时敲打。
㈡ zhèng 见 634 页。

症(癥) ㈠ zhēng ㄓㄥ [症结]腹内结块的病。⑩事情难解决的关键所在。
㈡ zhèng 见 634 页。

争 zhēng ㄓㄥ ❶力求获得,互不相让:~夺.~先恐后.❷争执:意气之~.~论.❸〈方〉差,欠,如何:~不.~知.~奈(多用在古诗词曲中):怎么。

挣 ㈠ zhēng ㄓㄥ [挣扎](—zhá)尽力支撑或摆脱:垂死~~.
㈡ zhèng 见 634 页。

峥 zhēng ㄓㄥ [峥嵘](—róng)1. 高峻,突出:山势~~. 2. 不平常:~~岁月.

狰 zhēng ㄓㄥ [狰狞](—níng)样子凶恶:面目~~.

睁 zhēng ㄓㄥ 张开眼睛。

铮 zhēng ㄓㄥ 拟声词,多指金属相击的声音(叠)。

筝 zhēng ㄓㄥ 古代弦乐器。[风筝](—zheng)玩具的一种,用竹篾做架,糊上纸,牵线放在空中,可以飞得很高。装上弓弦或哨子,迎着风能发声。

烝 zhēng ㄓㄥ ❶众多。❷美。❸同"蒸"。

蒸 zhēng ㄓㄥ ❶热气上升：～发．～气．[蒸蒸]像气一样向上升：～～日上．❷利用水蒸气的热力使食物变熟、变热：～馒头．

拯 zhěng ㄓㄥ 援救，救助（叠一救）：～救被压迫的人民．

整 zhěng ㄓㄥ ❶整齐，有秩序，不乱：～洁．仪容不～．❷不残缺，完全的，跟"零"相反（叠完一）：完～无缺．一套的书．忙了一～天．[整数]算术上指不带分数、小数的数或不是分数、小数的数。一般指没有零头的数目．❸整理，整顿：～装待发．～风．⑤修理，搞，弄：桌子坏了～一～．～旧如新．❹使吃苦头：不要随便～人．

正 ㊀ zhèng ㄓㄥ ❶不偏，不斜：～午．～中．～南～北．⑤1.合于法则、规矩的：～派．～楷．2.图形的各个边和各个角都相等的：～方形．[正经]（－jing）1.端庄，正派：～～人话．2.正当：～～事．❷副词，恰：你来得～好．时钟～打十二下．❸副词，表示动作在进行中：现在～开着会．我～出

门，他来了．❹改去偏差或错误（叠改一）：～误．给他～音．❺纯，不杂（指色、味）：～黄．～色．～味．❻表示相对的两面的积极的一面．1.跟"反"相对：～面．～比．2.跟"负"相对：～电．～角．～极．～数．～册．3.跟"副"相对：～本．～册．❼姓．

㊁ zhēng 见 632 页．

证（證） zhèng ㄓㄥ ❶用人物、事实来表明或断定：～明．～几何题．❷凭据，帮助断定事理或情况的东西：～据．工作～．

政 zhèng ㄓㄥ ❶政治：～党．～纲．参～．[政治]阶级、政党、社会集团、个人在国家生活和国际关系方面的活动。是经济的集中表现．[政府]国家权力机关的执行机关，即国家行政机关．[政体]国家政权的构成形式。我国的政体是人民代表大会制．[政权]1.指国家权力，即统治阶级实行阶级统治的权力．2.指政权机关，即国家机关。是行使国家权力，管理国家事务的机关。包括国家权力机关、国家行政机关、审判机关、检察机关和军队等．[政策]国家、政党为了达到

一定的目的,根据自己的政治路线,结合当前情况和历史条件制定的一切实际行动的准则。❷国家某一部门主管的业务:财～.民～.邮～.❸指集体的事务:家～.校～.

钲 ⊜zhèng ㄓㄥˋ 化学元素,镄(fèi)的旧称。
⊖zhēng 见 632 页。

症(**證) ⊖zhèng ㄓㄥˋ 病:～候.霍乱～.急～.不治之～.对～下药。
⊖zhēng 见 632 页。

郑(鄭) zhèng ㄓㄥˋ 周代诸侯国名,在今河南省新郑一带。
[郑重](－zhòng)审慎,严肃:～～其事.

诤 zhèng ㄓㄥˋ 谏,照直说出人的过错,叫人改正:谏～.～言.[诤友]能直言规劝的朋友。

挣 ⊖zhèng ㄓㄥˋ ❶用力支撑或摆脱:～脱.～开.[挣揣](－chuài)挣扎.[挣命]为保全性命而挣扎.❷出力量而取得报酬:～钱.
⊖zhēng 见 632 页。

踜 zhèng ㄓㄥˋ [踜踜](－chuài)同"挣揣"(多见

于元曲)。

ZHI ㄓ

之 zhī ㄓ ❶用法跟"的"(de)相当(例子中加括号的表示有时候可省略不用)。1.表示形容性,在形容词、数量词或名词后:百万～师.三分～一.光荣～家.百万年(～)前.三天(～)后.淮水～南. 2.表示领有、连属等关系,在名词或代词后:人民～勤劳.余～生活.❷代词,代替人或事物,限于作宾语:爱～重～.取～不尽.偶一为～.❸代词,虚指:久而久～.❹助词,置于主谓结构之间,使其变成偏正结构:大道～行也,天下为公.❺古时当作"这个"用:～子归.❻往,到:由京～沪.尔将何～?

芝 zhī ㄓ ❶灵芝,长在枯树上的一种蕈,菌盖赤褐色,有光泽,可入药。古代以为瑞草。❷古书上指白芷:～兰.

支 zhī ㄓ ❶撑持,支持:把帐篷～起来.㊀受得住:乐不可～.[支援]支持,援助:～～灾区.互相～～.❷领款或付款:他已经～了工资.把工资～给他.❸用话敷衍,使人离开:把他们都～出去.[支配]指挥,调度:人员由你~~.❹分支的,附属于总体的:~流.~店.[支离]1.残缺不完整:~~破碎.2.散乱不集中:言语~~.❺量词。1.用于队伍、歌曲或杆形的东西等:一~军队.一~曲子.一~笔.2.各种纤维纺成的纱(如棉纱)粗细程度的计算单位,纱愈细,支数愈多,质量愈好.❻地支,历法中用的"子、丑、寅、卯、辰、巳、午、未、申、酉、戌、亥"十二个字.[支吾]用话搪塞、应付,说话含混躲闪:~~其词.一味~~.

吱 ㊀ zhī ㄓ 拟声词(叠):车轮~~地响.
㊁ zī 见656页.

枝 zhī ㄓ ❶(一子、一儿)由植物的主干上分出来的茎条:树~.柳~.节外生~(喻多生事端).[枝节]喻1.由一事件引起的其他问题:这事又有了~~了.2.细碎的,不重要的:~~问题.❷量词,用于带枝子的花朵:一~杏花.❸量词(多用于杆形的):一~铅笔.

肢 zhī ㄓ 手、脚、胳膊、腿的统称:四~.断~再植.

氏 ㊀ zhī ㄓ 见561页"阏"字条"阏氏"(yān一)、605页"月"字条"月氏"(yuè一).
㊀ shì 见450页.

汦 zhī ㄓ 汦河,水名,在河北省.

胝 zhī ㄓ 见381页"胼"字条"胼胝"(pián一).

祗 zhī ㄓ 恭敬:~仰.~候光临.

只(隻) ㊀ zhī ㄓ ❶量词:一~鸡.两~手.❷单独的,极少的:~身(一个人).片纸~字.[只眼]喻特别见解:独具~~.
㊁ zhǐ 见637页.

织(織) zhī ㄓ 用丝、麻、棉纱、毛线等编成布或衣物等:~布.~毛衣.~席.

卮(*巵) zhī ㄓ 古代盛(chéng)酒的器皿.

栀(*梔) zhī ㄓ 栀子树,常绿灌木,夏季开花,白色,很香.果实叫栀子,可入药,又可作黄色染料.

汁 zhī ㄓ 含有某种物质的液体:墨~.橘~.

知 zhī ㄓ ❶知道,晓得,明了:～无不言.人贵有自～之明.[知觉]随着感觉而产生的反映客观物体或现象的心理过程. ❷使知道:通～.～照. ❸知识,学识,学问:求～.无～. ❹主管:～县(主管县里的事务,旧时指县长).～府. ❺彼此相了解而情谊深厚的人:新～. ❻〈古〉又同"智"(zhì).

椥 zhī ㄓ [槟椥](bīn—)越南地名.

蜘 zhī ㄓ [蜘蛛](—zhū)见646页"蛛".

脂 zhī ㄓ ❶动物体内或油料植物种子内的油质(叠—肪、—膏). ❷胭脂:～粉.

稙 zhī ㄓ 庄稼种得较早或熟得较早:～谷子.白玉米～(熟得早).

执(執) zhī ㄓ ❶拿着,掌握:～笔.～政. ⑨固执,坚持(意见):～意要去.～迷不悟.[争执]争论中各执己见,不肯相让. ❷行,施行:～法.～礼甚恭.[执行]依据规定的原则、办法办事. ❸凭单:回～.收～.[执照]由机关发给的正式凭证. ❹捕捉,逮捕.

絷(縶) zhí ㄓ ❶拴,捆. ❷拘捕,拘禁. ❸马缰绳.

直 zhí ㄓ ❶不弯曲:～线.～立. ⑱1.公正合理:是非曲～.理～气壮.2.径直,一直:～通北京.～达客车.[直接]事物的关系不必要经过第三者而发生,跟"间接"相反. ❷使直,把弯曲的伸开:～起腰来. ❸爽快,坦率(叠—爽):～言.心口快. ❹一个劲儿地,连续不断:～哭.逗得大家～笑. ❺竖,跟"横"相反. ❻汉字自上往下写的笔形(丨).

值 zhí ㄓ ❶价格,价钱:两物之～相等. ❷物和价相当:～一百元. ⑨值得,有意义或有价值:不～一提. ❸数学上指依照数学式演算所得结果. ❹遇到:相～. ⑨当,轮到:～日.～班.

埴 zhí ㄓ 黏土.

植 zhí ㄓ ❶栽种(叠种—):～树.种～五谷.[植物]谷类、花草、树木等的统称. ❷戳住,立住:～其杖于门侧.

殖 (一)zhí ㄓ 生息,孳生(叠生—):繁～.[殖民地]被帝国主义国家剥夺了政治、经济的独立权力，并受它控制和掠夺的国家或地区。

侄(*姪) zhí ㄓ 弟兄的儿子，同辈亲友的儿子。

职(職) zhí ㄓ ❶职务，分(fèn)内应做的事：尽～.❷职位，执行事务所处的一定的地位：调(diào)～.兼～.[职员]机关、企业、学校、团体里担任行政或业务工作的人员，也省称"职"：～工.❸旧日公文用语，下属对上司的自称：～奉命前往.❹由于：～是之故.～此.❺掌管。

跖(*蹠) zhí ㄓ ❶脚面上接近脚趾的部分：～骨.❷脚掌。

摭 zhí ㄓ 摘取，拾取：～拾.

踯(躑) zhí ㄓ [踯躅](—zhú)徘徊不进：～～街头。

蹢 ㊀ zhí ㄓ [蹢躅](—zhú)同"踯躅"。
㊁ dí 见 94 页。

止 zhǐ ㄓ ❶停住不动(⍲停一)：～步.血流不

学无～境.❷拦阻，使停住：制～.～血.～痛.❸截止：报名日期自 6 月 20 日起至 7 月 1 日～.❹仅，只：不～一回.

址(*阯) zhǐ ㄓ 地址，地基，地点：旧～.住～.

芷 zhǐ ㄓ 白芷，多年生草本植物，夏天开花，白色。根可入药。

沚 zhǐ ㄓ 水中的小块陆地。

祉 zhǐ ㄓ 福。

趾 zhǐ ㄓ ❶脚：～高气扬(得意忘形的样子).❷脚指头：～骨.鸭的脚～中间有蹼.

只(祇、△*衹) ㊀ zhǐ ㄓ ❶副词，表示限于某个范围：～知其一，不知其二.～有依靠群众才能把事情办好.❷惟一，仅有：家里～我一个人.[只是]1.但是：我很想看戏，～～没时间.2.就是：人家问他，他～～不说.3.仅仅是：对抗～～矛盾斗争的一种形式.
㊁ zhī 见 635 页。
"祇"又 qí 见 391 页。

枳 zhǐ 业 落叶灌木或小乔木，通称"枸橘"。小枝多硬刺，叶为三小叶的复叶，果实球形，果实及叶可入药。[枳壳]中药上指枳、香橼等成熟的果实。[枳实]中药上指枳、香橼等幼小的果实。

轵 zhǐ 业 古代指车轴的末端。

咫 zhǐ 业 古代指八寸。[咫尺]⑩距离很近：远在天边，近在～～。

疻 zhǐ 业 殴伤。

旨(❶**❸㫖) zhǐ 业 ❶意义，目的（燈意一）：要～。～趣（目的和意义）。主～明确。执行党和人民的意～。❷封建时代称帝王的命令。❸美味：～酒。

指 zhǐ 业 ❶手指头。又"脚趾"也写作"脚指"：食～。首屈一～。屈～可数。一个手指头的宽度叫一指：下了四～雨。❷用尖端对着：用手一～。时针～着十二点。❸点明，告知：～导。～出他的错误。[指示]上级对下级做有关原则和方法的说明。❺仰仗，倚靠：不应～着别人生活。单～着一个人是不能把事情做好的。❻直立起来：令人发(fà)～。❼向，意思上针对：直～武夷山下。他是～你说的。

酯 zhǐ 业 有机化合物的一类，通式 R—COO—R′。脂肪的主要成分就是几种高级的酯。

抵 zhǐ 业 侧手击。[抵掌]击掌（表示高兴）：～～而谈。（"抵"与"抵"(dǐ)形音义都不同。）

纸(*帋) zhǐ 业 ❶纸张，多用植物纤维制成。造纸是我国四大发明之一，起源很早，东汉时蔡伦曾加以改进。❷量词：一～公文。

黹 zhǐ 业 缝纫、刺绣等针线活：针～。

徵 ㊀ zhǐ 业 古代五音"宫、商、角、徵、羽"之一。
㊁ zhēng 见 632 页"征"。

至 zhǐ 业 ❶到：由南～北。～今未忘。[至于] 1. 表示可能达到某种程度：他还不～～不知道。2. 介词，表示另提一事：～～个人得失，他根本不考虑。[以至]一直到：自城市～～农村，爱国卫生运动普遍展开. ❷极,最:～诚.～少.

屋 zhì ㄓ 见644页"盩"字条"盩屋"(zhōu—).

郅 zhì ㄓ 最,极.

桎 zhì ㄓ 古代拘束犯人两脚的刑具.[桎梏](—gù)脚镣和手铐,喻束缚人或事物的东西.

轾 zhì ㄓ 见552页"轩"字条"轩轾"(xuān—).

致(❹緻) zhì ㄓ ❶给与,送给:～函.～敬.⑨(力量、意志等)集中于某个方面:～力于学业.专心～志.[致命]可使丧失生命:～伤.[致意]向人表示问候的意思.❷招引,使达到:～病.～富.学以～用.[以致]连词,因而:由于没注意克服小缺点,～犯了严重错误.❸意态,情况:兴～.景～.别～.风～.[大致]大概,大体情形:～～已结束.～～不差.[一致]一样,没有分歧:行动～～.全体～～通过.❹细密,精细(働细—):他做事很细～.这东西做得

真精～.

铚 zhì ㄓ ❶古代一种短的镰刀.❷割禾穗.❸古地名,在今安徽省宿州西南.

窒 zhì ㄓ 阻塞不通:～息(呼吸被阻停止).

蛭 zhì ㄓ ❶水蛭,环节动物,能吸人畜的血,古时医学上用来吸血治病.❷肝蛭,肝脏里的一种寄生虫,通常由螺蛳和鱼等传到人体内.

膣 zhì ㄓ 阴道,女性生殖器的一部分.

志(❷❸❹*誌) zhì ㄓ ❶意向,要有所作为的决心:立～.～同道合.有～者事竟成.[意志]为了达到既定目的而自觉地努力的心理过程.❷记在心里:永～不忘.⑨表示不忘:喜.～哀.❸记载的文字:杂～.地理～.❹记号:标～.❺〈方〉称轻重,量长短多少:用秤～～.拿碗～.

梽 zhì ㄓ [梽木山]地名,在湖南省邵阳.

痣 zhì ㄓ 皮肤上生的斑痕,有青、红、褐等色,也有突起的.

豸 zhì ㄓ 古书上指没有脚的虫子。[虫豸]旧时对虫子的通称。

忮 zhì ㄓ 害,嫉妒。

识(識) ⊖ zhì ㄓ ❶记住:博闻强~.❷标志,记号:款~.

⊖ shí 见 449 页。

帜(幟) zhì ㄓ 旗子(遙旗—):独树一~.胜利的旗.

帙(*袠) zhì ㄓ ❶包书的布套子。❷量词,用于装套的线装书。

秩 zhì ㄓ ❶秩序,有条理,不混乱的情况:社会~序良好.❷十年:七~寿辰.❸旧时指俸禄,也指官的品级:厚~.

制(❹製) zhì ㄓ ❶规定,订立:~定计划.❷限定,约束,管束:~止.~裁.限~.❸制度,法度,法则:民主集中~.全日~学校.[制服]依照规定样式做成的衣服.❹造,作(遙—造):猪皮~革.~版.~图表.

质(質) zhì ㄓ ❶本体,本性:物~.流~.铁~.问题的实~.[质量]1.产品或工作的优劣程度:提高~~.2.物理学上指物体所含物质的量。[质子]原子核内带有正电的粒子,如氢原子核。[本质]与"现象"相对,指事物的内在联系,是这一事物和其他事物相区别的根本属性。它是由事物内部矛盾所规定的。❷朴实(遙—朴)。❸依据事实来问明或辨别是非:~问.~疑.~之高明。❹抵押,抵押品。

锧(鑕) zhì ㄓ ❶〈古〉砧板。❷铡刀座。[斧锧]斩人的刑具。

踬(躓) zhì ㄓ 被东西绊倒:颠~.⑪事情不顺利。

炙 zhì ㄓ ❶烤。[亲炙]直接受到某人的教诲或传授。❷烤熟的肉:脍(kuài)~人口(喻诗文等受人欢迎)。

治 zhì ㄓ ❶管理,处理(遙—理)~国。~丧(sāng).自~.[统治]1.凭借政权来控制、管理国家或地区。2.占绝对优势,支配别的事物。❷整理,治理:~山.~水.~淮工程.❸惩办(遙惩一):～罪.处(chǔ)～.❹医疗:～病.不～之症.❺消灭农作物的病虫害:～蝗.～蚜虫.❺从事研究:～学.❻社会治理有序,与"乱"相对:～世.天下大～.[治安]社会的秩序.❼旧称地方政府所在地:省～.县～.

栉(櫛) zhì ㄓ ❶梳子和篦子的总称:～比(像梳子齿那样挨着).❷梳头:～风沐雨(喻辛苦勤劳).

峙 ㊀ zhì ㄓ 直立,耸立:两峰相～.
㊁ shì 见452页.

庤 zhì ㄓ 储备.

畤 zhì ㄓ 古时祭天、地、五帝的固定处所.

痔 zhì ㄓ 痔疮,一种肛管疾病.因直肠静脉曲张、瘀血而形成.

陟 zhì ㄓ 登高,上升:～山.

㠭 zhì ㄓ 排定:评～高低.

贽(贄) zhì ㄓ 古时初次拜见人时所送的礼物:～见.～敬.

挚(摯) zhì ㄓ 亲密,诚恳(働真一):～友.

鸷(鷙) zhì ㄓ 鸷鸟,凶猛的鸟,如鹰、雕等。⑩凶猛:勇～.

掷(擲) zhì ㄓ 扔,投,抛:～铁饼.～手榴弹.

智 zhì ㄓ 聪明,智慧,见识:不经一事,不长(zhǎng)一～.[智慧]对事物能迅速、灵活、正确地理解和解决的能力.

滞(滯) zhì ㄓ 凝积,积留,不流通:停～.～销(销路不畅).沾～(拘泥).

彘 zhì ㄓ〈古〉猪.

置(*寘) zhì ㄓ ❶放,搁,摆:～于桌上.～之不理.～若罔闻.❷设立,设备:装～电话.❸购买:～了一些家具.～了一身衣裳.

雉 zhì ㄓ ❶鸟名,通称"野鸡"。雄的羽毛很美,尾长。雌的淡黄褐色,尾较短。善走,不能久飞。肉可以吃,羽毛可做装饰品。❷古代城墙长三丈高一丈叫一雉。

稚(*穉) zhì ㄓ 幼小：～子.～气.

滍 zhì ㄓ [滍阳]地名，在河南省宝丰南.

蹱(**躓) zhì ㄓ ❶遇到障碍.❷跌倒：跋前～后(比喻进退两难).

瘈 ㊀ zhì ㄓ 疯狂(特指狗).

㊁ chì 见 61 页.

觯(觶) zhì ㄓ 古时饮酒用的器皿.

ZHONG ㄓㄨㄥ

中 ㊀ zhōng ㄓㄨㄥ ❶和四方、上下或两端距离同等的地位：～央.～心.路～.[中央]1.中心的地方.2.政党、国家等的最高领导机构：党～～.[中人]为双方介绍买卖、调解纠纷等并做见证的人.[人中]人的上唇正中凹下的地方.❷在一定的范围内，里面：空～.房～.水～.❸性质、等级在两端之间：～等.～学.～号不偏不倚：～庸.适～.[中子]构成原子核的一种不带电荷的微粒.❹表示动作正在进行：在研究～.在印刷～.❺指中国：

古今～外.～文.❻适于,合于：～看.～听.[中用]有用,有能力.❼〈方〉成,行,好：～不～?～.

㊁ zhòng 见 643 页.

忠 zhōng ㄓㄨㄥ 赤诚无私,诚心尽力：～于人民.～于祖国.

盅 zhōng ㄓㄨㄥ 没有把儿的小杯子：酒～.茶～.

钟(❶-❸鐘、❹❺鍾) zhōng ㄓㄨㄥ ❶金属制成的响器,中空,敲时发声：警～.❷计时的器具：座～.闹～.❸指钟点,时间：两点～.三个～头.❹杯子.❺集中,专一：～情.

衷 zhōng ㄓㄨㄥ 内心：由～之言.苦～.～心拥护.

松 ㊀ zhōng ㄓㄨㄥ [怔忪](zhēng—)惊惧.

㊁ sōng 见 465 页.

终 zhōng ㄓㄨㄥ ❶末了(liǎo),完了：～点.年～.⑱人死：临～.❷到底,总归：～将成功.～必奏效.❸从开始到末了：～日.～年.～生.～身.

螽 zhōng ㄓㄨㄥ 螽斯,一种害虫,身体绿色或褐色,善跳跃,吃农作物.雄的前翅有发声器,颤动翅膀能发声。

肿(腫) zhǒng ㄓㄨㄥˇ 皮肉浮胀:他的手冻~了.

种(種) ㊀ zhǒng ㄓㄨㄥˇ ❶(一子、一儿)植物果实中能长(zhǎng)成新植物的部分:选~.撒~.泛指生物传代的东西:配~.优良品~.[有种]有胆量或有骨气.❷指人种:黄~.白~.~族.❸量词,表示种类,用于人和任何事物:两~面料.各~东西.
㊁ zhǒng 见本页.
㊂ chóng 见62页.

冢(*塚) zhǒng ㄓㄨㄥˇ坟墓:衣冠~.

踵 zhǒng ㄓㄨㄥˇ ❶脚后跟:继~而至.摩肩接~.❷走到:~门相告.~谢.❸追随,继续:~至.

中 ㊀ zhòng ㄓㄨㄥˋ ❶正对上,恰好合上:~的(dì).~肯.~要害.❷感受,受到:~毒.~暑.弹(dàn).
㊁ zhōng 见642页.

仲 zhòng ㄓㄨㄥˋ ❶兄弟排行常用伯、仲、叔、季为次序,仲是老二:~兄.❷在当中的:~冬(冬季第二月).~裁(居间调停,裁判).

种(種) ㊀ zhòng ㄓㄨㄥˋ种植,把种子或幼苗等埋在泥土里使生长:~庄稼.~瓜得瓜,~豆得豆.
㊁ zhǒng 见本页.
㊂ chóng 见62页.

众(衆) zhòng ㄓㄨㄥˋ ❶许多:~人.~志成城(喻团结力量大).寡不敌~.❷许多人:从群~中来,到群~中去.大~.观~.

重 ㊀ zhòng ㄓㄨㄥˋ ❶分量较大,跟"轻"相反:铁很~.举~.~于泰山.[重工业]主要制造生产资料的工业,如冶金、电力、机械制造等工业.[重力]物理学上称地球对物体的吸引力.也叫"地心吸引力".[重心]1.物体重量的集中作用点,不论物体的位置如何改变,物体的各部都围绕着这一点保持平衡.2.事物的主要部分.❷程度深:色~.病~.伤~.❸价格高:~价收买.❹数量多:眉毛~.工作很~.❺重要,要紧:~镇.军事~地.任.❻认为重要:~视.~男轻女是错误的.⑥敬重,尊重,尊敬:人皆~之.⑦言行不轻率:慎~.

〇 chóng 见 62 页.

ZHOU ㄓㄡ

舟 zhōu ㄓㄡ 船:轻~.一叶扁(piān)~.

侜 (**譸) zhōu ㄓㄡ 欺诳.[侜张]作伪,欺骗:~~为幻.

辀 zhōu ㄓㄡ 车辕.

鸼 zhōu ㄓㄡ [鹘鸼](gǔ一)古书上说的一种鸟,羽毛青黑色,尾巴短.

州 zhōu ㄓㄡ ❶旧时的一种行政区划.多用于地名,如杭州,柳州.❷一种民族自治行政区划单位.

洲 zhōu ㄓㄡ ❶水中的陆地:沙~.❷大陆:亚~.地球上有七大~.

诌 (謅) zhōu ㄓㄡ 随口编:胡~.瞎~.

周 (❶-❺週) zhōu ㄓㄡ ❶圈子:圆~.环绕地球一~.学校四~都种着树.❷环绕,绕一圈:~而复始.[周旋]1.打交道.2.交际,应酬:与客人~~.❸时期的一轮.特指

一个星期.❹普遍,全面:众所~知.~身.❺完备,计划很~密.❻给,接济:~济.~急.❼朝代名.1.姬发(武王)所建立(约公元前1066—公元前256年).2.北周,宇文觉代西魏称帝,国号周,建都长安(公元557—581年).3.五代之一,郭威所建立(公元951—960年).

啁 〇 zhōu ㄓㄡ [啁啾](一jiū)拟声词,鸟叫的声音.

〇 zhāo 见 624 页.

赒 zhōu ㄓㄡ 同"周❻":~济.

粥 zhōu ㄓㄡ 用米、面等煮成的比较稠的半流质食品.

〈古〉又同"鬻"(yù).

盩 zhōu ㄓㄡ [盩厔](一zhì)地名,在陕西省.今作"周至".

妯 zhóu ㄓㄡ [妯娌](—li)兄和弟的妻子的合称:她们俩(liǎ)是~~.

轴 〇 zhóu ㄓㄡ ❶穿在轮子中间的圆柱形物件.(图见322页"轮")❷(一儿)像车轴的:~儿线.❸把平面或立体分成对称部分的直线.

㈡ zhòu 见本页。

肘 zhǒu ㄓㄡˇ 上臂与前臂相接处向外凸起的部分。（图见486页"体"）[肘子]指作食品的猪腿上半部。

帚（*箒） zhǒu ㄓㄡˇ 扫除尘土、垃圾的用具。

纣 zhòu ㄓㄡˋ ❶牲口的后鞧（qiū）：～棍（系在驴马等尾下的横木）。❷古人名，殷朝末代君主。

荮 zhòu ㄓㄡˋ ❶用草包裹。❷量词，碗碟等用草绳束为一捆叫一荮。

酎 zhòu ㄓㄡˋ 醇酒。

伷（儔） zhòu ㄓㄡˋ 乖巧，伶俐，漂亮（元曲中常用）。

㑇（㑇） zhòu ㄓㄡˋ 〈方〉性情固执，不易劝说。

绉（縐） zhòu ㄓㄡˋ 一种有皱纹的丝织品。

皱（皺） zhòu ㄓㄡˋ ❶脸上起的褶纹。⇩物体上的褶纹：～纹。❷使生褶纹：～眉头。

咒（*呪） zhòu ㄓㄡˋ ❶某些宗教或巫术中的密语：～语。❷说希望人不顺利的话：～骂。

宙 zhòu ㄓㄡˋ 古往今来，指所有的时间。

轴 ㈠ zhòu ㄓㄡˋ ［（大）轴子］一次戏曲演出的节目中排在最末的一出戏：压～～（倒数第二出戏）。
㈡ zhóu 见644页。

胄 zhòu ㄓㄡˋ ❶盔，古代作战时戴的帽子。❷古代指帝王或贵族的后代。

咮 zhòu ㄓㄡˋ 鸟嘴。

昼（書） zhòu ㄓㄡˋ 白天：～夜不停。

甃 zhòu ㄓㄡˋ ❶井壁。❷用砖砌。

籀（繇） ㈢ zhòu ㄓㄡˋ 古时占卜的文辞。
㈠ yóu 见593页。
㈡ yáo 见570页。

骤（驟） zhòu ㄓㄡˋ ❶快跑（迭驰一）。❷急，疾速，突然：暴风～雨.天气～然冷起来了.

籀 zhòu ㄓㄡˋ ❶籀文，古代的一种字体，即大篆，相传是周宣王时太史籀所造。

❷阅读:～绎.～读.

碡 zhou ·业メ 见311页"碌"字条"碌碡"(liù—)。

ZHU 业メ

朱(❷硃) zhū 业メ ❶大红色.❷朱砂,矿物名.化学成分是硫化汞,颜色鲜红,是提炼水银的重要原料,又可做颜料或药材.也叫"丹砂"或"辰砂"。

邾 zhū 业メ 周代诸侯国名,后改称"邹"。

侏 zhū 业メ 矮小.[侏儒]身量特别矮小的人。

诛 zhū 业メ ❶把罪人杀死:～戮.伏～.罪不容～.❷责罚:口～笔伐.

茱 zhū 业メ [茱萸](—yú)植物名.1.山茱萸,落叶小乔木,开小黄花.果实椭圆形,红色,味酸,可入药.2.吴茱萸,落叶乔木,开黄绿色小花.果实红色,可入药.3.食茱萸,落叶乔木,开淡绿色花.果实味苦,可入药.

洙 zhū 业メ 洙水,泗水的支流,在山东省。

珠 zhū 业メ ❶(一子)珍珠,就是真珠,淡水里的三角帆蚌和海水里的马氏珍珠贝等因沙粒侵入壳内,受到刺激而分泌真珠质,逐层包起来形成的圆粒,有光泽,可入药,又可做装饰品:～宝.夜明～.❷(一儿)像珠子的东西:眼～儿.水～儿.[珠算]用算盘计算的方法。

株 zhū 业メ ❶露出地面的树根:守～待兔(比喻妄想不劳而得,也比喻拘泥不知变通).[株连]指一人犯罪牵连到许多人。❷棵儿,植物体:植～.病～.[株距]种树或种庄稼时,同一行中相邻的两棵植株之间的距离.❸量词,用于植物:一～桃树.

铢 zhū 业メ 古代重量单位,二十四铢等于旧制一两:锱～.～积寸累(lěi)(喻一点一滴地积累)。

蛛 zhū 业メ 蜘蛛,节肢动物,俗叫"蛛蛛".有足四对,腹部下方有丝腺开口,能分泌黏液,织网粘捕昆虫作食料,种类很多:～网.～丝马迹(喻线索)。

诸 zhū 业メ ❶众,许多:～位.～子百家.❷"之于"或"之乎"二字的合音:付～实施.藏～名山.公～社会.有～?

猪(*豬) zhū 业メ 一种家畜,体肥多肉,肉可吃,皮和鬃是工业原料,粪是很好的肥料。

槠 zhū ㄓㄨ 常绿乔木,初夏开花,黄绿色。木材坚硬,可做器具。

潴(****瀦**) zhū ㄓㄨ ❶积聚。❷水停聚的地方。

橥(****櫫**) zhū ㄓㄨ 拴牲口的小木桩。

术 ㊀ zhú ㄓㄨ 植物名。1.白术,多年生草本植物,秋天开紫花。根状茎有香气,可入药。2.苍术,多年生草本植物,秋天开白花,根状茎有香气,可入药。

㊁ shù 见458页。

竹 zhú ㄓㄨ (一子)常绿多年生植物,茎节明显,节间多空,质地坚硬,可做器物,又可做建筑材料:茂林修~.~苞松茂.

竺 zhú ㄓㄨ 姓。

[天竺]印度的古称。

逐 zhú ㄓㄨ ❶追赶:~鹿.~臭之夫.❷赶走,强迫离开(遙驱一):~客令.追亡~北.追~残敌.❸依照先后次序,一一挨着:~日.~步

进行.~字讲解.~渐提高.

瘃 zhú ㄓㄨ 古书上指冻疮。

烛(**燭**) zhú ㄓㄨ ❶蜡烛,用线绳或苇子做中心,周围包上蜡油,点着取亮的东西。[烛光]物理学上指发光强度单位。也省称"烛"。通常说电灯泡的烛数,实际上是指瓦特数,如60烛的灯泡就是60瓦特的灯泡。❷照亮,照见:火光~天.㊉明察:洞~其奸.

蠋 zhú ㄓㄨ 蝴蝶、蛾子等的幼虫。

躅 zhú ㄓㄨ ❶足迹。❷见637页"踯"字条"踯躅"(zhí一)。

舳 zhú ㄓㄨ [舳舻](一lú)船尾和船头,也指首尾相接的船只:~~千里.

主 zhǔ ㄓㄨ ❶主人.1.权力或财物的所有者:人民是国家的~人.物~.2.接待客人的人,跟"宾、客"相对:宾~.东道~.3.事件中的当事人:事~.失~.[主观]1.属于自我意识方面的,跟"客观"相反:人类意识属于~,物质世界属于客观.2.不依据客观事物,单凭自己的

偏见的:他的意见太～～了.
3.属于自身方面的:～～努力.[主权]一个国家的独立自主的权力.❷旧社会占有奴隶或雇佣仆役的人:奴隶～.～仆.❸主张,决定:～见.婚姻自～.[主席]1.开会时主持会议的人.2.某些国家、国家机关、党派、团体等的领导人.[主义]1.人们对于自然界、社会以及学术、文艺等问题所持的有系统的理论与主张:马克思～.达尔文～～.现实～.2.思想作风:革命乐观～～.[主张]对事物的意见或认为应当如何处理:我们～～组织专门小组来研究这个问题.心里有～～.❹最重要的,最基本的:～力.以预防为～,治疗为辅.[主顾]商店所买货的人.❺主持,负主要责任:～办.～讲.❻预示:早霞～雨,晚霞～晴.❼对事情的定见:六神无～.心里没～.

拄 zhǔ ㄓㄨˇ 用手扶着杖或棍支持身体的平衡:～拐棍.

渚 zhǔ ㄓㄨˇ 水中间的小块陆地.

煮(*煑) zhǔ ㄓㄨˇ 把东西放在水里

用火把水烧开:～面.～饭.病人的碗筷餐后要～一下.

褚 ㊀ zhǔ ㄓㄨˇ ❶在衣服里铺丝绵.❷囊,口袋.
㊁ chǔ 见66页.

属(屬) ㊀ zhǔ ㄓㄨˇ ❶连缀:～文.前后相～.❷(意念)集中在一点:～意.～望.
㊁ shǔ 见457页.

嘱(囑) zhǔ ㄓㄨˇ 托付:以事相～.遗～.[嘱咐]告诫:母亲～～他好好学习.

瞩(矚) zhǔ ㄓㄨˇ 注视:～目.～望.高瞻远～.

麈 zhǔ ㄓㄨˇ 古书上指鹿一类的动物,尾巴可以当做拂尘.

伫(*佇、*竚) zhù ㄓㄨˋ 长时间站着:～候.

苎(△苧) zhù ㄓㄨˋ 苎麻,多年生草本植物,茎皮含纤维质很多,劈成细丝,可以做绳子,又可织夏布.
"苧"又níng 见363页.

纻(紵) zhù ㄓㄨˋ ❶同"苎".❷苎麻织

成的布。

贮（貯）zhù ㄓㄨˋ 储存（逶－存，－藏）.

助 zhù ㄓㄨˋ 帮（逶帮－），协助：互～.～理.请你多帮～我.[助词]不能独立使用，只能依附在别的词、词组或句子上表示一定语法意义的词，如"的"、"了"、"吗"等。

住 zhù ㄓㄨˋ ❶长期居留或暂时歇息：～了一夜.他家在这里～了好几代.我家～在城外.❷停，止，歇下：～手.雨～了.❸用做动词的补语.1.表示稳当或牢固：站～.把～方向盘.2.表示停顿或静止：把他问～了.3.表示力量够得上（跟"得"或"不"连用）：禁得～.支持不～.

注（❸－❺*註）zhù ㄓㄨˋ ❶灌进去：～入.～射.大雨如～.❷集中在一点：～视.～意.引人～目.精神贯～.❸用文字来解释词句：下边～了两行小注.～解一篇文章.❹解释词、句所用的文字：加～.附～.❺记载，登记：～册.～销.❻赌博时所押的财物：下～.孤～一掷（喻拿出所有的

力量希望最后侥幸成功）.

驻 zhù ㄓㄨˋ ❶（车马等）停止：～足.❷停留在一个地方：～军.～外使节.

柱 zhù ㄓㄨˋ ❶（－子）支撑屋顶的构件，多用木，石等制成.❷像柱子的东西：水～.花～.水银～.

炷 zhù ㄓㄨˋ ❶灯心.❷烧香.❸量词，用于线香：一～香.

砫 zhù ㄓㄨˋ [石砫]地名，在重庆市.今作"石柱".

疰 zhù ㄓㄨˋ [疰夏]1.中医指夏季长期发烧的病，患者多为小儿，多由排汗机能发生障碍引起.2.〈方〉苦夏.

蛀 zhù ㄓㄨˋ ❶蛀虫，咬木器或衣物的小虫.❷虫子咬坏：这块木头被虫～了.

杼 zhù ㄓㄨˋ 织布机上的筘（kòu）.古代也指梭.

祝 zhù ㄓㄨˋ ❶削，断绝：～发为僧.❷衷心地表示对人对事的美好愿望：～身体健康.

著 ㊀ zhù ㄓㄨˋ ❶显明，显出（逶显－，昭－）：卓～.～名.颇～成效.❷写文章，写书：～书立说.❸著作，

写出来的文章或书:名~.大
~.鲁迅先生的~作.
[土著]1.世代居住在一定的
地方.2.世居本地的人.
㊁ zhuó 见655页.

翥 zhù ㄓㄨˋ 鸟向上飞:龙
翔凤~.

箸(*筯) zhù ㄓㄨˋ 筷
子.

铸(鑄) zhù ㄓㄨˋ 把金属
熔化后倒在模子
里制成器物:~一口铁锅.~
成大错(喻造成大错误).[铸
铁]生铁,又叫"铣(xiǎn)
铁",是由铁矿砂最初炼出来
的铁.含碳量在1.7%以上,
质脆,易熔化,多用来铸造器
物.

筑(❶築) zhù ㄓㄨˋ ❶建
造,修盖(鱼建
建—):~路.~堤.建~楼
房.❷古代弦乐器,像琴,有
十三根弦.❸(旧读zhú)贵
州省贵阳的别称.

ZHUA　ㄓㄨㄚ

抓 zhuā ㄓㄨㄚ ❶用指或爪
挠(náo):~耳挠腮.❷
用手或爪拿取:老鹰~小鸡.
~一把米.㊉1.捉拿:~贼.
2.把握住,不放过:~工夫.

~紧时间.❸加强领导,特别
重视:~农业.~工作.~重
点.❹惹人或引人注意:这个
演员一出场就~住了观众.

挝(撾) ㊀ zhuā ㄓㄨㄚ
打,敲打.
㊁ wō 见516页.

髽 zhuā ㄓㄨㄚ [髽髻](—
ji)[髽鬏](—jiu)女孩
子梳在头两旁的发结.

爪 ㊀ zhuǎ ㄓㄨㄚˇ ❶(—子、
—儿)禽兽的脚(多指有
尖甲的):鸡~子.狗~儿.❷
(—儿)像爪的东西:这个锅
有三个~儿.
㊁ zhǎo 见625页.

ZHUAI　ㄓㄨㄞ

拽 ㊀ zhuāi ㄓㄨㄞ ❶用力
扔:~了吧,没用了.把
球~过来.❷〈方〉胳膊有毛
病,动转不灵.
㊁ zhuài 见本页.
㊂ yè 见573页.

跩 zhuǎi ㄓㄨㄞˇ 走路像鸭子
似的摇摆:走路一~一
~的.

拽(**捙) ㊀ zhuài ㄓㄨㄞˋ
拉,拖,牵引:
~不动.把门~上.生拉硬
~.

㈡ zhuāi 见 650 页.
㈢ yè 见 573 页.

ZHUAN 业ㄨㄢ

专(專、*耑) zhuān 业ㄨㄢ ❶单纯,独一,集中在一件事上:～心.～卖.～修科.[专家]学术技能有专长的人. ❷独自掌握或享有:～权.～政. ❸姓.

"耑"又 duān 见 110 页"端".

胒(膪) zhuān 业ㄨㄢ〈方〉鸟类的胃,肫:鸡～.

砖(磚、*塼) zhuān 业ㄨㄢ ❶用土坯烧成的建筑材料. ❷像砖的东西:茶～.冰～(一种冷食).煤～.

颛 zhuān 业ㄨㄢ ❶愚昧. ❷同"专".

[颛顼](一xū)传说中上古帝王名.

转(轉) ㈠ zhuǎn 业ㄨㄢˇ ❶旋动,改换方向或情势:～身.运～.向左～.～眼之间.情况好～. ❷不直接地,中间再经过别人或别的方:～送.～达.

㈡ zhuàn 见本页.

传(傳) ㈡ zhuàn 业ㄨㄢˋ ❶旧时一般指解说儒家经书的文字. ❷记载.特指记载某人一生事迹的文字:小～.别～.外～. ❸叙述历史故事的作品:《儿女英雄～》.《水浒～》.

㈠ chuán 见 67 页.

转(轉) ㈡ zhuàn 业ㄨㄢˋ ❶旋转,绕着圈儿动,围绕着中心运动:轮子～得很快. ❷绕着某物移动,打转:～圈子.～来～去. ❸量词,绕几圈儿叫绕几转.

㈠ zhuǎn 见本页.

啭(囀) zhuàn 业ㄨㄢˋ 鸟婉转地叫:莺啼鸟～.

赚(賺) ㈠ zhuàn 业ㄨㄢˋ ❶做买卖得利:～钱. ❷做买卖得的利:～儿.～头. ❸占便宜:这回去香山真～,又吃又得玩.

㈡ zuàn 见 663 页.

撰(*譔) zhuàn 业ㄨㄢˋ 写文章,著书:～文.～稿.

馔 zhuàn 业ㄨㄢˋ 饮食,吃喝:盛～.设～招待.

篆 zhuàn 业ㄨㄢˋ ❶篆字,古代的一种字体,有大篆、

小篆.❷书写篆字:～额.❸
印章;摄～(暂代某官).

ZHUANG 业乂尢

妆(妝、*粧) zhuāng 业乂尢 ❶
修饰,打扮.特指妇女的装
饰.❷演员的衣装服饰:卸
～.❸出嫁女子的陪送衣物:
送～.嫁～.

庄(莊) zhuāng 业乂尢 ❶
村落,田舍(働村
一).❷商店的一种名称:布
～.饭～.茶～.❸封建社会
里君主、贵族等所占有的成
片土地:皇～.～园.❹庄家,
打牌时每一局的主持人.❺
严肃,端庄(働一严、一重):
～严的五星红旗.

桩(樁) zhuāng 业乂尢 ❶
(一子)一头插入
地里的木棍或石柱:打～.牲
口～子.桥～.❷量词,指事
件:一～事.

装(裝) zhuāng 业乂尢 ❶
穿着的衣物
(働服一):军～.春～.特指演
员演出时的打扮:上～.卸
～.[行装]出行时带的衣物.
❷打扮,用服饰使人改变原
来的外貌(働一扮).[装饰]
1.同"装❷".2.事物的修饰

点缀.[化装]改变装束.❸故
意做作,假作:～听不见.～
模作样.❹安置,安放,通常
指放到器物里面去:～电灯.
～车.～箱.❺把零件或部件
安在一起构成整体:～配.
了一架机器.[装备]生产上
或军事上必需的东西:工业
～～.军事～～.❻对书籍、
字画加以修整或修整成的式
样:～订.精～.线～书.

奘 ㊀ zhuǎng 业乂尢 粗大:
这棵树很～.
㊁ zàng 见 612 页.

壮(壯) zhuàng 业乂尢 ❶
健壮,有力(働
强一):～士.年轻力～.庄稼
长得很～.[壮年]习惯指人
三四十岁的时期.❷雄伟,有
气魄:～观.～志凌云.❸增
加勇气或力量:～一～胆子.
[壮族]我国少数民族,参看附
表.

状(狀) zhuàng 业乂尢 ❶
形态(働形、
一态):狼的形～像狗.❷事
情表现出来的情形(働一
况):病～.生活～况.❸陈述
或描摹:写情～物.风景奇
丽,殆不可～.❹叙述事件的

文字:行~(指死者传略).诉~.❺襄奖、委任等的凭证:奖~.

僮 ⊖ zhuàng ㄓㄨㄤˋ 我国少数民族壮族的"壮"字旧作"僮"。

⊜ tóng 见494页。

撞 zhuàng ㄓㄨㄤˋ ❶击打:~钟.❷碰:别让汽车~了.⑨无意中遇到:让我~了.❸莽撞地行动,闯:横冲直~.

幢 ⊖ zhuàng ㄓㄨㄤˋ 〈方〉量词,用于房子:一~楼.

⊜ chuáng 见68页。

戆 ⊖ zhuàng ㄓㄨㄤˋ 刚直:性情~直.

⊜ gàng 见149页。

ZHUI ㄓㄨㄟ

隹 zhuī ㄓㄨㄟ 短尾巴的鸟。

骓 zhuī ㄓㄨㄟ 青白杂色的马。

椎 ⊖ zhuī ㄓㄨㄟ 椎骨,脊椎骨,构成高等动物背部中央骨柱的短骨:颈~.胸~.

⊜ chuí 见69页。

锥 zhuī ㄓㄨㄟ ❶(一子)一头尖锐,可以扎窟窿的工具:针~.无立~之地(喻赤贫).❷像锥子的东西:改~.❸用锥子形的工具钻:用锥子~个眼儿.

追 zhuī ㄓㄨㄟ ❶赶,紧跟着(逾一逐):~随.~击故人.急起直~.他走得太快,我~不上他.❷追溯过去,补做过去的事:~念.~悼.~认.~加预算.~肥.❸竭力探求,寻求:~问.~根.这件事不必再~了.~求真理.

坠(隊) zhuì ㄓㄨㄟ ❶落,掉下:~马.摇摇欲~.❷往下沉:船锚往下~.❸(一儿)系在器物上垂着的东西:扇~.表~.[坠子]1.耳朵上的一种装饰品.也叫"耳坠子"、"耳坠儿".2.流行于河南、山东的一种曲艺.

缀 zhuì ㄓㄨㄟ ❶缝:把这个扣子~上.补~.❷连结:~字成文.❸装饰:点~.

醊 zhuì ㄓㄨㄟ 祭奠.

惴 zhuì ㄓㄨㄟ 又忧愁,又恐惧:~~不安.

缒 zhuì ㄓㄨㄟ 用绳子拴住人、物从上向下送:工人们从楼顶上把空桶～下来.

腿 zhuì ㄓㄨㄟˋ　脚肿。

赘 zhuì ㄓㄨㄟˋ ❶多余的,多而无用的:～述.～疣. ❷入赘,招赘:～婿.

ZHUN ㄓㄨㄣ

屯 ㊀ zhūn ㄓㄨㄣ　困难。[屯邅]（—zhān）同"迍邅"。
㊁ tún 见 500 页。

迍 zhūn ㄓㄨㄣ [迍邅]（—zhān）❶迟迟不前。❷处在困难中,十分不得志。

肫 zhūn ㄓㄨㄣ ❶〈方〉鸟类的胃:鸡～.鸭～. ❷恳切,真挚(叠):～～.～笃.

窀 zhūn ㄓㄨㄣ [窀穸]（—xī）墓穴。

谆 zhūn ㄓㄨㄣ 恳切。[谆谆]恳切,不厌倦地:～～告诫.～～教导.

衠 zhūn ㄓㄨㄣ 〈方〉纯粹,纯。

准(❷—❿準) zhǔn ㄓㄨㄣ ❶允许,许可:批～.不～他来. ❷依照,依据:～此办理. ❸定平直的东西:水～.～绳. ❹标准,法则,可以作为依据的:～则.

以此为～. ❺同"埻",箭靶上的中心. ❻正确(�—确):瞄～. ❼一定,确实:我～来.～能完成任务. ❽鼻子:隆～(高鼻子). ❾(—儿)把握:心里没～儿. ❿和某类事物差不多的:～平原.

埻 zhǔn ㄓㄨㄣ 箭靶上的中心。

ZHUO ㄓㄨㄛ

拙 zhuō ㄓㄨㄛ 笨,不灵巧(�—笨):～嘴笨舌.手～.弄巧成～.勤能补～.谦词:～作.～见.

捉 zhuō ㄓㄨㄛ ❶抓,逮:老鼠.～蝗虫.捕风捉影.[捉弄]玩弄,戏弄:～刀.～笔.

桌(*槕) zhuō ㄓㄨㄛ ❶(—子,—儿)一种日用家具,上面可以放东西:书～.饭～.八仙～. ❷量词:一～酒席.这些人可以坐三～.

倬 zhuō ㄓㄨㄛ ❶显著。❷大。

焯 ㊀ zhuō ㄓㄨㄛ 显明,明白。
㊁ chāo 见 53 页。

梲 zhuō ㄓㄨㄛ 梁上的短柱。

涿 zhuō 业ㄨㄛ 涿州,在河北省。

镯 zhuō 业ㄨㄛ 〈方〉①锄钩,刨地的镯(gǎo)。②用小镯刨:～高粱.～玉米.

灼 zhuó 业ㄨㄛ ①烧,炙伤.心如火～.②明白,透彻:真知～见.

酌 zhuó 业ㄨㄛ ①斟酒:自～自饮.⑨酒饭:便～.②度量,考虑(逾—量):～办.～情处理.

茁 zhuó 业ㄨㄛ 植物才生长出来的样子.[茁壮]1.壮盛:庄稼长得～～.2.壮健:牛羊～～.

卓 zhuó 业ㄨㄛ ①高而直:～立.②高明,高超,杰出,不平凡:～见.～越的成绩.[卓绝]超过寻常,没有能比的:坚苦～～.

斫(**斲) zhuó 业ㄨㄛ 砍削:～伐树木.～轮老手(喻经验多的人).[斫丧](—sàng)摧残,伤害,特指因沉溺酒色以致伤害身体。

浊(濁) zhuó 业ㄨㄛ ①水不清,不干净,跟"清"相反(逾浑—).②混乱:～世(旧时用以形容混乱的时代).③(声音)低沉粗重:～音.～声.～气.④浊音,发音时声带颤动的音。

镯(**鋜) zhuó 业ㄨㄛ [镯子](—子)套在腕子上的环形装饰品。

浞 zhuó 业ㄨㄛ 淋,使湿:让雨～了.

诼 zhuó 业ㄨㄛ 造谣毁谤。

啄 zhuó 业ㄨㄛ 鸟类用嘴叩击并夹住东西:鸡～米.～木鸟.

琢 ㊀ zhuó 业ㄨㄛ 雕刻玉石,使成器物:精雕细～.[琢磨]1.雕刻和打磨(玉石).2.加工使精美(指文章等).

㊁ zuó 见665页。

椓 zhuó 业ㄨㄛ ①击.②古代宫刑,割去男性的生殖器。

著 ㊀ zhuó 业ㄨㄛ 附着,穿着.后作"着"(zhuó).

㊁ zhù 见649页。

着 ㊀ zhuó 业ㄨㄛ ①穿(衣):～衣.②接触,挨上:附～.～陆.不～边际.③使接触别的事物,使附着在别的物体上:～眼.～手.～色.不～痕迹.④着落:寻找无.[着落](—luò)下落,

来源:遗失的东西有了~~了.这笔费用还没有~~.❺派遣:~人前来办理.❻公文用语,表示命令的语气:~即施行.

㊁ zháo 见625页.

㊂ zhāo 见624页.

㉃ zhe 见628页.

禚 zhuó ㄓㄨㄛ 姓.

鷟 zhuó ㄓㄨㄛ [鸑鷟](yuè—)古书上指一种水鸟.

缴 ㊀ zhuó ㄓㄨㄛ 系在箭上的绳.

㊁ jiǎo 见233页.

擢 zhuó ㄓㄨㄛ ❶拔:~发(fà)难数(喻罪恶多得像头发那样数不清).❷提拔:~用.

濯 zhuó ㄓㄨㄛ 洗:~足.

ZI ㄗ

仔 ㊂ zī ㄗ [仔肩]所担负的职务,责任.

㊀ zǐ 见658页.

㊁ zǎi 见610页"崽".

孖 ㊀ zī ㄗ 双生子.

㊁ mā 见326页.

孜 zī ㄗ [孜孜]勤勉,不懈怠:~~不倦.

吱 ㊀ zī ㄗ 同"嗞".

㊁ zhī 见635页.

呲 zī ㄗ 同"齜".

赀(貲) zī ㄗ ❶计量(多用于否定):所费不~.不可~计.❷同"资❶".

觜 ㊀ zī ㄗ 觜宿,二十八宿之一.

㊁ zuǐ 见663页.

訾 ㊀ zī ㄗ 姓.

㊁ zǐ 见658页.

齜 zī ㄗ 张开嘴露出牙:~牙咧嘴.

髭 zī ㄗ 嘴上边的胡子:~须皆白.

咨 zī ㄗ ❶跟别人商议,询问(逑一询):有所~询.❷咨文,旧时用于同级机关的一种公文.

姿 zī ㄗ ❶容貌:~容.❷形态,样子(逑一态、一势):雄~.跳舞的~势.

资(❶△*貲) zī ㄗ ❶财物,钱财:~源.投~.㊁钱,费用:工车~.[资金]1.国民经济中物资的货币表现.2.经营工商业的本钱.[资料]1.生产、生活中必需的东西.2.用做依据的材料:统计~~.[工资]作为劳动报酬按期付给劳动者的货币或实物。❷供给：～助．以～参考．❸智慧能力：～质(指智慧的高低)．天～聪明．❹资历,指出身、经历：论～排辈．[资格]从事某种活动应有的条件。

谘 zī ㄗ 同"咨❶"。

粢 zī ㄗ 古代供祭祀用的谷类。

趑 zī ㄗ [趑趄](—jū) ❶行走困难。❷犹豫不前：～～不前．

兹(**茲) zī ㄗ ❶这,这个：～日．理易明．❷现在：～订于明日开全体职工大会．❸〈古〉年：今～．来～.

㊁ cí 见72页。

嗞 zī ㄗ (—儿)拟声词(叠)：老鼠～的一声跑了．小鸟～～地叫．

嵫 zī ㄗ 见561页"崦"字条"崦嵫"(yān—)。

孳 zī ㄗ 滋生,繁殖：～生得很快。

[孳孳]同"孜孜"。

滋 zī ㄗ ❶生出,长：～芽．～事．～蔓．❷益,增益,加多：～甚．[滋润]润泽,湿润,使不干枯．[滋味]味道．

[滋养]补益身体。❸喷射：水管往外～水．

镃 zī ㄗ 镃基,古代的锄头。

菑 zī ㄗ ❶已经开垦了一年的田地。❷除草。❸茂盛的草：～榛秽草．

〈古〉又同"灾"(zāi)。

淄 zī ㄗ 淄水(水名,在山东省)。

缁 zī ㄗ 黑色：～衣．

辎 zī ㄗ 辎车,有帷子的车。[辎重](—zhòng)行军时携带的器械、粮草、材料等。

锱 zī ㄗ 古代重量单位,六铢等于一锱,四锱等于一两。[锱铢](—zhū)❶琐碎的事或极少的钱：～～必较．

鲻 zī ㄗ 鲻鱼,鱼名。背部黑绿色,腹部白色,嘴宽而短。有的生活在海水和河水交界处,肉味美。

鼒 zī ㄗ 上端收敛而口小的鼎。

子 zǐ ㄗ ❶古代指儿女,现在专指儿子。[子弟]后辈人,年轻人。❷对人的称呼。1.一般的人：男～．女～．2.旧称某种行(háng)业的人：士～．舟～．3.古代指著书立说,代表一个流派的人:荀～.诸～.百家. 4.古代图书四部(经、史、子、集)分类法中的第三类:～部.～书. 5.古代对对方的敬称,和现代汉语中代词"你"用法一样:～试为之.以～之矛,攻～之盾. 6.古代称老师:～墨子.[子虚] (转)虚无的,不实在的:事属～～. ❸(一儿)植物的种子:菜～.莲～.桐～.瓜儿.结～. ❹(一儿)动物的卵:鱼～.鸡～.蚕～.下～儿. ❺幼小的:～鸡.～姜. ❻派生的,附属的:～金.～公司.[子音]见140页"辅"字条"辅音". ❼地支的第一位. ❽子时,指夜里十一点到一点.[子夜]深夜. ❾我国古代五等爵位的第四等. ❿(zi)名词后缀. 1.加在名词性词素后:孩～.珠～.桌～.椅～. 2.加在形容词或动词性词素后:胖～.拐～.瞎～.乱～.垫～. ⓫(zi)个别量词后缀:一档～事.打了两下～门.

仔 ㊀ zǐ ㇇ 幼小的(多指家畜、家禽):～鸡.～猪.[仔密]衣物等质地紧密:袜子织得十分～～.[仔细] 1.周密,细致:～～研究.

考虑. 2.俭省:日子过得～～. 3.当心,注意:路很滑,～～点儿.
㊁ zǎi 见610页.
㊂ zī 见656页.

籽 zǐ ㇇ 培土.

秄 zǐ ㇇ 同"子❸".

姊 zǐ ㇇ 姐姐.[姊妹] 1.姐姐和妹妹:她们一共～三个. 2.同辈女朋友间亲热的称呼.

秭 zǐ ㇇ ❶古时数目名,等于一万亿. ❷[秭归]地名,在湖北省.

第 zǐ ㇇ 竹子编的床席:床～.

茈 ㊀ zǐ ㇇ 茈草,即紫草,多年生草本植物.叶椭圆形或长卵形,开白色小花,根皮紫色.根可入药,又可作紫色染料.
㊀ cí 见71页.

紫 zǐ ㇇ 蓝、红合成的颜色.

訾 ㊀ zǐ ㇇ 说别人的坏话,诋毁:不苟～议.
㊁ zī 见656页.

梓 zǐ ㇇ ❶梓树,落叶乔木,开浅黄色花,木材可供建筑及制造器物用。[梓里][桑梓]故乡。❷雕版,把木头刻成印书的版:付~.~行。

滓 zǐ ㄗ 渣子,沉淀物。

自 zì ㄗ ❶自己,己身,本人:~给~足.独立~主.~力更生.~动.[自个儿][自各儿](-gěr)〈方〉自己.[自然]1.一切天然存在的东西:大~~.~~景物.2.不勉强:~~而然.功到~~成.他笑得很~~.3.当然,没有疑问:学习不认真,~~就要落后.[自在](-zai)满意,舒服:要勇挑重担,不图个人~~.逍遥~~.[自由]1.人们在法律规定的范围内,随意安排自己活动的权利.2.哲学上指人们在实践中认识了客观规律,并能有意识地运用它来改造世界.3.不受拘束和限制:~~活动.~~发言.❷从,由(堕一从):~古到今.~天津到北京.❸自然,当然:~当努力.~不待言.~属无碍.公道~在人心.久别重逢,~有许多话要讲。

字 zì ㄗ ❶文字,用来记录语言的符号:汉~.~眼儿.~体.常用~.[字母]表语音的符号:拼音~.拉丁~.[字典]注明文字的音义,列举词语说明用法的工具书.❷字音:咬~清楚.正腔圆.❸字体:篆~.柳~.❹书法作品:~画.❺根据人名中的字义另取的别名叫"字",也叫"表字",现在多称"号":岳飞~鹏举.❻字据,合同,契约:立~为凭.❼旧时称女子许嫁。

牸 zì ㄗ 雌性的牲畜:~牛。

恣 zì ㄗ ❶放纵,无拘束:~意.~情.❷〈方〉舒服:你看,你睡得多~。

眦(*皆) zì ㄗ 上下眼睑的接合处,靠近鼻子的叫内眦,靠近两鬓的叫外眦。

胔 zì ㄗ ❶带腐肉的尸骨.❷腐烂的肉。

渍 zì ㄗ ❶浸,沤:~麻.❷地面的积水:~水.防洪排~.❸油、泥等积在上面难以除去:烟袋里~了很多油子.手表的轮子~住了。

戴 zì ㄗˋ 切成的大块肉。

ZONG ㄗㄨㄥ

枞（樅）⊖ zōng ㄗㄨㄥ
[枞阳]地名,在安徽省。

⊜ cōng 见73页。

宗 zōng ㄗㄨㄥ ❶旧指宗庙,祖庙。[祖宗]先人。❷家族,同一家族的:同~.~兄.[宗法]封建社会以家族为中心,按血统远近区别亲疏的制度:破除~~观念。❸宗旨:开~明义第一章.万变不离其~.❹宗派,派别:禅(chán)~.北~山水画.[宗旨]主要的意旨,目的:尊奉,向往:~仰.❺量词,件,批:一~事.大~货物.❻西藏地区旧行政区划单位,大致相当于县。

综 ⊖ zōng ㄗㄨㄥ 总合:错~(纵横交错).[综合]1.把各个独立而互相关联的事物或现象进行分析归纳整理。2.不同种类、不同性质的事物组合在一起:~~利用.~~大学.

⊜ zèng 见616页。

棕（*椶）zōng ㄗㄨㄥ 指棕榈(lú)树或

棕毛。[棕榈]常绿乔木,叶鞘上的毛叫棕毛,可以打绳、制刷子等。叶子可以做扇子。木材可以制器物。

腙 zōng ㄗㄨㄥ 有机化合物的一类,通式
$$R \atop R' \Big\rangle C=N-NH_2$$
是羰基与肼缩合而成的化合物。

踪（*蹤）zōng ㄗㄨㄥ 人或动物走过留下的脚印(魚一迹):~影.追~.失~.

鬃（*騌、*騣）zōng ㄗㄨㄥ 马、猪等兽类颈上的长毛,可制刷、帚等。

总（總、**緫）zǒng ㄗㄨㄥˇ ❶聚合,聚集在一起:~在一起算.~共三万.~起来说.[总结]把一段工作过程中的经验教训分析、研究,归纳出结论:要认真~~经验.❷概括全部的,主要的,为首的:~纲.~司令.❸副词,经常,一直:为什么~是来晚?~不肯听.❹副词,一定,无论如何:这件事~是要办的.明天他~该回来了.

傯（*偬）zǒng ㄗㄨㄥˇ 见270页"倥"字

条"倥偬"(kǒng—)。

纵(縱) zòng ㄗㄨㄥˋ ❶放:~虎归山. ❷放任,不加拘束:~目四望.~情歌唱. ❸身体猛然向前或向上:~身一跳.一~身就过去了. ❹连词,即使:~有千山万水,也拦不住不畏艰险的勘探队员. ❺(旧读zōng)竖,直,南北的方向,跟"横"相反:~线.排成一队.~横合十里.~剖面. ❻〈方〉起皱纹:这张纸都~了,怎么用来写字? 衣服压一~了.

疭(瘲) zòng ㄗㄨㄥˋ 见61页"瘈"字条"瘈疭"(chì—)。

粽(＊糉) zòng ㄗㄨㄥˋ 粽子,用箬叶或苇叶裹糯米做成的多角形的食品。也叫"角黍"。

豵 zòng ㄗㄨㄥˋ 〈方〉公猪。

ZOU ㄗㄡ

邹(鄒) zōu ㄗㄡ 周代诸侯国名,在今山东省邹县东南。

驺(騶) zōu ㄗㄡ 驺从,封建时代贵族官僚出门时所带的骑马的侍从。

诹 zōu ㄗㄡ 在一起商量事情:~吉(商订好日子).咨~(询问政事).

陬 zōu ㄗㄡ 隅,角落。

緅 zōu ㄗㄡ 青赤色。

鲰(鯫) zōu ㄗㄡ 小鱼.[鲰生]古代称小子,小人。

郰(＊＊郰) zōu ㄗㄡ ❶古地名,在今山东省曲阜东南. ❷古国名,即"邹"。

走 zǒu ㄗㄡˇ ❶走路,步行:~得快.小孩子会~路了. ⑤1.往来:~亲戚. 2.移动,挪动:~棋.钟不~了. 3.往来运送:~信.~货. ❷离去:他刚~.我明天要~了. ❸通过,由:咱们~这个门出去吧. ❹经过:这笔钱不~账了. ❺透漏出,越过范围:~漏消息.~气.说话~了嘴. ❻失去原样:衣服~样子了.茶叶~味了. ❼古代指跑(跑奔一):~马看花.[走狗]善跑的猎狗.喻受人豢养而帮助作恶的人。

奏 zòu ㄗㄡˋ ❶作乐,依照曲调吹弹乐器:~乐.提琴独~.~伴. ❷封建时代臣子对皇帝进言或上书:上~.

❸呈现,做出:～效.～功.

揍 zòu ㄗㄡ ❶打人. ❷〈方〉打碎:小心别把玻璃～了.

ZU ㄗㄨ

租 zū ㄗㄨ ❶出代价暂用别人的东西:～房.～家具.[租界]帝国主义者强迫被侵略国家在通商都市以"租借"名义划给他们直接统治的地区.[租借地]一国以租借名义在他国暂时取得使用、管理权的地区.租借地的所有权仍属于原来国家,租借期满交还.❷出租:～给人.～出去.[出租]收取一定的代价,让别人暂时使用房地器物等❸出租所收取的钱或实物:房～.收～.❹田赋:～税.

蒩(**葅) zū ㄗㄨ ❶酸菜.❷多水草的沼泽地带.[菹草]多年生水草,可做饲料.❸切碎(肉、菜).

足 zú ㄗㄨ ❶脚:～迹.画蛇添～.⑤器物下部的支撑部分:鼎～.❷满,充分,够量(働充一～):～数.心满意～.丰衣～食.⑤1.尽情地,尽量地:～玩了一天.2.完

全:他～可以担任翻译工作.两天～能完成任务.❸值得:微不～道.

卒 ⊖ zú ㄗㄨ ❶古时指兵小～.士～.❷旧称差役:走～.狱～.❸死亡:生～年月.❹完毕,终了:～业.⑤究竟,终于:～胜敌军.
⊜ cù 见75页.

崒(**崪) zú ㄗㄨ 险峻.

族 zú ㄗㄨ ❶民族:汉～.回～.各～人民.❷聚居而有血统关系的人群的统称:宗～.家～.❸事物有共同属性的一大类:水～.芳香～.❹灭族,封建时代的一种残酷刑法,一人有罪把全家或包括母家,妻家的人都杀死.

镞(**鏃) zú ㄗㄨ 同"镞",箭头,特指石制的箭头.

镞 zú ㄗㄨ 箭镞,箭头.

诅 zǔ ㄗㄨ ❶迷信的人求神加祸于别人.[诅咒]咒骂,说希望别人不顺利的话.❷盟誓.

阻 zǔ ㄗㄨ 拦挡(働一挡):～止.通行无～.山川险～.

组 zǔ ㄗㄨ ❶结合,构成:～成一队.改～.[组织]1.

有目的、有系统、有秩序地结合起来:~~群众. 2.按照一定的政治目的、任务和系统建立起来的集体:党团~~. 3.有机体中由形状、性质和作用相同的若干细胞结合而成的单位:神经~~.~~疗法. ❷由若干人员结合成的单位:学习小~. ❸合成一体的(文学艺术作品):~诗.~画.

祖 zǔ ㄗㄨ ❶古代祭祀时放祭品的器物. ❷切肉或菜时垫在下面的砧(zhēn)板:刀~.

祖 zǔ ㄗㄨ ❶父亲的上一辈:~父. ⑪先代:~宗.始~.[祖国]对自己国家的亲切称呼. ❷对跟祖父同辈的人的称呼:外~父.外~母.伯~. ❸某种事业或流派的开创者:鼻~.不祧之~.开山~师.

ZUAN ㄗㄨㄢ

钻(鑽) ㊀ zuān ㄗㄨㄢ ❶用锥状的物体在另一物体上转动穿孔:~个眼儿.地质~探.⑪进入:~山洞.~到水里.空(kòng)子.[钻营]指攀附权势取得个人好处. ❷钻研,仔

细深入研究:~书本.他肯~,学得快.
㊁ zuàn 见本页.

躜 zuān ㄗㄨㄢ 向上或向前冲.

缵 zuǎn ㄗㄨㄢ 继承.

纂 zuǎn ㄗㄨㄢ ❶编纂,搜集材料编书. ❷(一儿)妇女梳在头后边的发髻.

钻(鑽) ㊀ zuàn ㄗㄨㄢ ❶穿孔洞的用具:~床.电~.风~. ❷[钻石]金刚石,硬度很高.也省称"钻":十七~的手表. ❸同"钻㊀❶".
㊁ zuān 见本页.

赚 ㊀ zuàn ㄗㄨㄢ 诳骗:~人.
㊁ zhuàn 见651页.

攥 zuàn ㄗㄨㄢ 用手握住:手里~着一把斧子.

ZUI ㄗㄨㄟ

咀 ㊀ zuǐ ㄗㄨㄟ "嘴"俗作"咀".
㊁ jǔ 见252页.

觜 ㊀ zuǐ ㄗㄨㄟ 同"嘴".
㊁ zī 见656页.

嘴 zuǐ ㄗㄨㄟ ❶口,人和动物吃东西、发声音的器

官.❷(—子,—儿)形状或作用像嘴的东西:山~.壶~儿.❸指说话:别多~.贫~薄舌.

最 zuì ㄗㄨㄟˋ ❶副词,极,无比的:~大.~好.~要紧.❷上(大)殿:殿~(指小功绩和大功绩).❸居首位的,没有比得上的:中华之~.世界之~.以此为~.

蕞 zuì ㄗㄨㄟˋ 小的样子:~尔小国.

晬 zuì ㄗㄨㄟˋ 婴儿周岁.

醉 zuì ㄗㄨㄟˋ ❶喝酒过多,神志不清:他喝~了.❷沉迷,过分地爱好:~心文学.❸用酒泡制(食品):~蟹.~虾.~枣.

罪(*辠) zuì ㄗㄨㄟˋ ❶犯法的行为:犯~.⑪过失:不应该归~于人.❷刑罚:判~.死~.❸苦难,痛苦:受~.❹把罪过加到某人身上:~已.

檇 zuì ㄗㄨㄟˋ [檇李](—lǐ)1.一种李子,果皮鲜红,浆多味甜.2.古地名,在今浙江省嘉兴一带.

ZUN ㄗㄨㄣ

尊 zūn ㄗㄨㄣ ❶地位或辈分高:~卑.~亲.~长(zhǎng).旧时敬辞:~府.~驾.[令尊]对对方父亲的尊称.❷敬重:~师爱徒.❸量词:一~佛像.一~大炮.❹同"樽".

遵 zūn ㄗㄨㄣ 依照,按照:~守纪律.~循着有中国特色的社会主义道路前进.

樽(*罇) zūn ㄗㄨㄣ 古代的盛酒器具.

鳟 zūn ㄗㄨㄣ 鳟鱼,体银白色,背略带黑色,肉可以吃.

撙 zǔn ㄗㄨㄣˇ 撙节,从全部财物里节省下一部分.

ZUO ㄗㄨㄛ

作 (一) zuō ㄗㄨㄛ 作坊(fang),旧时手工业制造或加工的地方:油漆~.洗衣~.

(二) zuò 见 665 页.

嘬 (一) zuō ㄗㄨㄛ 聚缩嘴唇吸取:小孩~奶.

(二) chuài 见 67 页.

昨 zuó ㄗㄨㄛˊ ❶昨天,今天的前一天:～夜. ❷泛指过去:觉今是而～非.

笮(**筰) ㊀ zuó ㄗㄨㄛˊ 用竹子做成的索.[笮桥]用竹索编成的桥.

㊁ zé 见615页.

捽 zuó ㄗㄨㄛˊ 〈方〉揪:～他的头发.

琢 ㊀ zuó ㄗㄨㄛˊ [琢磨](—mo)反复思索,考虑:这个问题我～了很久.你～～一下,是不是这个理儿.

㊁ zhuó 见655页.

左 zuǒ ㄗㄨㄛˇ ❶面向南时靠东的一边,跟"右"相对:～手.⊗东方(以面向南为准):山～.江～.[左右]1.上下:三十岁～～.2.横竖,反正:～～是要去的,你还是早点去吧.3.身边跟从的人.4.支配,操纵:～～局势.❷政治思想上属于较激进的或进步的:～派.～翼.❸斜,偏,差错:～脾气.越说越～.你想～了.～道旁门.❹相反:彼此意见相～.

佐 zuǒ ㄗㄨㄛˇ (旧读 zuò) ❶辅佐,帮助:～理.❷辅助别人的人:僚～.[佐证]证据.也作"左证".

撮 ㊀ zuǒ ㄗㄨㄛˇ (一子、一儿)量词,用于成丛的毛发:剪下一～子头发.

㊁ cuō 见78页.

作 ㊀ zuò ㄗㄨㄛˋ ❶起,兴起;振～精神.锣鼓大～.日出而～.一鼓～气.[作用]功能,使事物发生变化的力量:起～.带头～.❷劳作,制造:深耕细～.操～.❸写作:～文.～画.～曲.吟诗～赋.❹作品,指文学,艺术方面的创作:佳～.杰～.❺进行某种活动:～乱.～报告.向不良倾向～斗争.[作风]人们在工作和行动中表现出来的态度和风格.

㊁ zuō 见664页.

阼 zuò ㄗㄨㄛˋ 大堂前东面的台阶.

峏 zuò ㄗㄨㄛˋ [岞山]地名,在山东省昌邑.

怍 zuò ㄗㄨㄛˋ 惭愧 (㊧愧—).

柞 ㊀ zuò ㄗㄨㄛˋ 柞树,见296页"栎"(lì);～蚕.～丝(柞蚕吐的丝).

㊁ zhà 见618页.

胙 zuò ㄗㄨㄛˋ 古代祭祀时供的肉.

祚 zuò ㄗㄨㄛˋ ❶福。❷皇帝的地位：卒践帝～．

酢 ㊀ zuò ㄗㄨㄛˋ 客人用酒回敬主人。
㊁ cù 见 75 页。

坐 zuò ㄗㄨㄛˋ ❶臀部放在椅子等物体上以支持身体：席地而～．～在凳子上．㊼1. 乘，搭：～车．～船．2. 坐落：房屋～北朝南．❷物体向后施压力：房子往后～了．这枪～力很小．❸把锅、壶等放在炉火上：～锅．～水．❹因：～此解职．❺旧指定罪：连～．反～．❻植物结实：～果．～瓜．㊼形成(疾病)：打那以后就～下了病．❼自然而然：孤蓬自振，惊沙～飞．❽同"座❶"。

唑 zuò ㄗㄨㄛˋ 见 429 页"噻"字条"噻唑"(sāi—)。

座 zuò ㄗㄨㄛˋ ❶(一儿)坐位：入～．～无虚席．[座右铭]写出来放在坐位旁边的格言。泛指警戒、激励自己的话。敬辞，旧时称高级长官：军～．处～．❷(一儿)托着器物的东西：钟～儿．❸星座：天琴～．❹量词：一～山．三～楼。

做 zuò ㄗㄨㄛˋ ❶干，进行工作或活动：～活．～工．～买卖．❷写作：～诗．～文章．❸制造：～制服．甘蔗能～糖．❹当，为(wéi)：～父母的．～革命事业接班人．❺装，扮：～样子．～好～歹．[做作]故意装出某种表情或神态．❻举行：～生日．❼用为：芦苇可以～造纸原料．

附　录

汉语拼音方案

一　字母表

字母	A a	B b	C c	D d	E e	F f	G g
名称	ㄚ	ㄅㄝ	ㄘㄝ	ㄉㄝ	ㄜ	ㄝㄈ	ㄍㄝ

H h	I i	J j	K k	L l	M m	N n
ㄏㄚ	ㄧ	ㄐㄧㄝ	ㄎㄝ	ㄝㄌ	ㄝㄇ	ㄋㄝ

O o	P p	Q q	R r	S s	T t
ㄛ	ㄆㄝ	ㄑㄧㄡ	ㄚㄦ	ㄝㄙ	ㄊㄝ

U u	V v	W w	X x	Y y	Z z
ㄨ	ㄞㄝ	ㄨㄚ	ㄒㄧ	ㄧㄚ	ㄗㄝ

v 只用来拼写外来语、少数民族语言和方言。
字母的手写体依照拉丁字母的一般书写习惯。

二　声母表

b	p	m	f	d	t	n	l
ㄅ玻	ㄆ坡	ㄇ摸	ㄈ佛	ㄉ得	ㄊ特	ㄋ讷	ㄌ勒

g	k	h		j	q	x
ㄍ哥	ㄎ科	ㄏ喝		ㄐ基	ㄑ欺	ㄒ希

zh	ch	sh	r	z	c	s
ㄓ知	ㄔ蚩	ㄕ诗	ㄖ日	ㄗ资	ㄘ雌	ㄙ思

在给汉字注音的时候，为了使拼式简短，zh ch sh
可以省作 ẑ ĉ ŝ 。

三　韵母表

	i ㄧ　　衣	u ㄨ　　乌	ü ㄩ　　迂
a ㄚ　　啊	ia ㄧㄚ　呀	ua ㄨㄚ　蛙	
o ㄛ　　喔		uo ㄨㄛ　窝	
e ㄜ　　鹅	ie ㄧㄝ　耶		üe ㄩㄝ　约
ai ㄞ　　哀		uai ㄨㄞ　歪	
ei ㄟ　　欸		uei ㄨㄟ　威	
ao ㄠ　　熬	iao ㄧㄠ　腰		
ou ㄡ　　欧	iou ㄧㄡ　忧		
an ㄢ　　安	ian ㄧㄢ　烟	uan ㄨㄢ　弯	üan ㄩㄢ　冤
en ㄣ　　恩	in ㄧㄣ　因	uen ㄨㄣ　温	ün ㄩㄣ　晕
ang ㄤ　　昂	iang ㄧㄤ　央	uang ㄨㄤ　汪	
eng ㄥ　亨的韵母	ing ㄧㄥ　英	ueng ㄨㄥ　翁	
ong （ㄨㄥ）轰的韵母	iong ㄩㄥ　雍		

(1)"知、蚩、诗、日、资、雌、思"等字的韵母用 i。

(2)韵母儿写成 er，用做韵尾的时候写成 r。

(3)韵母ㄝ单用的时候写成 ê。

(4) i 行的韵母，前面没有声母的时候，写成 yi（衣），ya（呀），ye（耶），yao（腰），you（忧），yan（烟），yin（因），yang（央），ying（英），yong（雍）。

  u 行的韵母，前面没有声母的时候，写成 wu（乌），wa（蛙），wo（窝），wai（歪），wei（威），wan（弯），wen（温），wang（汪），weng（翁）。

  ü 行的韵母，前面没有声母的时候，写成 yu（迂），yue（约），yuan（冤），yun（晕），ü 上两点省略。

  ü 行的韵母跟声母 j，q，x 拼的时候，写成 ju（居），qu（区），xu（虚），ü 上两点也省略；但是跟声母 l，n 拼的时候，仍然写成 lü（吕），nü（女）。

(5) iou，uei，uen 前面加声母的时候，写成 iu，ui，un。例如 niu（牛），gui（归），lun（论）。

(6) 在给汉字注音的时候，为了使拼式简短，ng 可以省作 ŋ。

四　声调符号

阴平	阳平	上声	去声
ˉ	ˊ	ˇ	ˋ

声调符号标在音节的主要母音上，轻声不标。例如：

妈 mā	麻 má	马 mǎ	骂 mà	吗 ma
（阴平）	（阳平）	（上声）	（去声）	（轻声）

五　隔音符号

a，o，e 开头的音节连接在其他音节后面的时候，如果音节的界限发生混淆，用隔音符号(')隔开，例如：pi'ao（皮袄）。

常用标点符号用法简表[*]

一　基本定义

句子：前后都有停顿，并带有一定的句调，表示相对完整意义的语言单位。

陈述句：用来说明事实的句子。

祈使句：用来要求听话人做某件事情的句子。

疑问句：用来提出问题的句子。

感叹句：用来抒发某种强烈感情的句子。

复句、分句：意思上有密切联系的小句子组织在一起构成一个大句子。这样的大句子叫复句，复句中的每个小句子叫分句。

词语：词和短语（词组）。词，即最小的能独立运用的语言单位。短语，即由两个或两个以上的词按一定的语法规则组成的表达一定意义的语言单位，也叫词组。

二　用法简表

名称	符号	用法说明	举　例
句号①	。	1.用于陈述句的末尾。	北京是中华人民共和国的首都。
		2.用于语气舒缓的祈使句末尾。	请您稍等一下。
问号	？	1.用于疑问句的末尾。	他叫什么名字？

---

　[*]　本表参考了中华人民共和国国家标准《标点符号用法》。

名称	符号	用法说明	举　　例
问号	？	2. 用于反问句的末尾。	难道你还不了解我吗？
叹号	！	1. 用于感叹句的末尾。	为祖国的繁荣昌盛而奋斗！
		2. 用于语气强烈的祈使句末尾。	停止射击！
		3. 用于语气强烈的反问句末尾。	我哪里比得上他呀！
逗号	，	1. 句子内部主语与谓语之间如需停顿，用逗号。	我们看得见的星星，绝大多数是恒星。
		2. 句子内部动词与宾语之间如需停顿，用逗号。	应该看到，科学需要一个人贡献出毕生的精力。
		3. 句子内部状语后边如需停顿，用逗号。	对于这个城市，他并不陌生。
		4. 复句内各分句之间的停顿，除了有时要用分号外，都要用逗号。	据说苏州园林有一百多处，我到过的不过十多处。

名称	符号	用法说明	举例
顿号	、	用于句子内部并列词语之间的停顿。	正方形是四边相等、四角均为直角的四边形。
分号②	；	1. 用于复句内部并列分句之间的停顿。	语言，人们用来抒情达意；文字，人们用来记言记事。
		2. 用于分行列举的各项之间。	中华人民共和国的行政区域划分如下： （一）全国分为省、自治区、直辖市； （二）省、自治区分为自治州、县、自治县、市； （三）县、自治县分为乡、民族乡、镇。
冒号	：	1. 用于称呼语后边，表示提起下文。	同志们，朋友们：现在开会了……
		2. 用于"说、想、是、证明、宣布、指出、透露、例如、如下"等词语后边，表示提起下文。	他十分惊讶地说："啊，原来是你！"

名称	符号	用法说明	举 例
冒号	：	3.用于总说性话语的后边,表示引起下文的分说。	北京紫禁城有四座城门:午门、神武门、东华门和西华门。
		4.用于需要解释的词语后边,表示引出解释或说明。	外文图书展销会 日期:10月20日至11月10日 时间:上午8时至下午4时 地点:北京朝阳区工体东路16号 主办单位:中国图书进出口总公司
		5.用于总括性话语的前边,以总结上文。	张华考上了北京大学;李萍进了中等技术学校;我在百货公司当售货员;我们都有光明的前途。
引号③	" " ' '	1.用于行文中直接引用的部分。	"满招损,谦受益"这句格言,流传到今天至少有两千年了。
		2.用于需要着重论述的对象。	古人对于写文章有个基本要求,叫做"有物有序"。"有物"就是要有内容,"有序"就是要有条理。

名称	符号	用法说明	举　例
引号③	" " ' '	3.用于具有特殊含义的词语。	这样的"聪明人"还是少一点好。
		4.引号里面还要用引号时，外面一层用双引号，里面一层用单引号。	他站起来问："老师，'有条不紊'的'紊'是什么意思？"
括号④	( )	用于行文中注释性的部分。注释句子中某些词语的，括注紧贴在被注释词语之后；注释整个句子的，括注放在句末标点之后。	(1)中国猿人（全名为"中国猿人北京种"，或简称"北京人"）在我国的发现，是对古人类学的一个重大页献。(2)写研究性文章跟文学创作不同，不能摊开稿纸搞"即兴"。（其实文学创作也要有素养才能有"即兴"。）
破折号	——	1.用于行文中解释说明的部分。	迈进金黄色的大门，穿过宽阔的风门厅和衣帽厅，就到了大会堂建筑的枢纽部分——中央大厅。

名称	符号	用 法 说 明	举 例
破折号	——	2.用于话题突然转变。	"今天好热啊！——你什么时候去上海?"张强对刚刚进门的小王说。
		3.用于声音延长的拟声词后面。	"呜——"火车开动了。
		4.用于事项列举分承的各项之前。	根据研究对象的不同,环境物理学分为以下五个分支学科: ——环境声学; ——环境光学; ——环境热学; ——环境电磁学; ——环境空气动力学。
省略号⑤	……	1.用于引文的省略。	她轻轻地哼起了《摇篮曲》:"月儿明,风儿静,树叶儿遮窗棂啊……"
		2.用于列举的省略。	在广州的花市上,牡丹、吊钟、水仙、梅花、菊花、山茶、墨兰……春秋冬三季的鲜花都挤在一起啦!

名称	符号	用法说明	举　例
省略号⑤	……	3.用于话语中间，表示说话断断续续。	"我……对不起……大家，我……没有……完成……任务。"
着重号	.	用于要求读者特别注意的字、词、句的下面。	事业是干出来的，不是吹出来的。
连接号⑥	—	1.两个相关的名词构成一个意义单位，中间用连接号。	我国秦岭—淮河以北地区属于温带季风气候区，夏季高温多雨，冬季寒冷干燥。
		2.相关的时间、地点或数目之间用连接号，表示起止。	鲁迅（1881—1936）原名周树人，字豫才，浙江绍兴人。
		3.相关的字母、阿拉伯数字等之间，用连接号，表示产品型号。	在太平洋地区，除了已建成投入使用的HAW—4 和 TPC—3海底光缆之外，又有TPC—4海底光缆投入运营。
		4.几个相关的项目表示递进式发展，中间用连接号。	人类的发展可以分为古猿—猿人—古人—新人这四个阶段。

名称	符号	用法说明	举　例
间隔号	·	1.用于外国人和某些少数民族人名内各部分的分界。	烈奥纳多·达·芬奇爱新觉罗·努尔哈赤
		2.用于书名与篇(章、卷)名之间的分界。	《中国大百科全书·物理学》《三国志·蜀志·诸葛亮传》
书名号	《　》〈　〉	用于书名、篇名、报纸名、刊物名等。	(1)《红楼梦》的作者是曹雪芹。(2)课文里有一篇鲁迅的《从百草园到三味书屋》。(3)他的文章在《人民日报》上发表了。(4)桌上放着一本《中国语文》。(5)《〈中国工人〉发刊词》发表于1940年2月7日。
专名号⑦	——	用于人名、地名、朝代名等专名下面。	<u>司马相如</u>者，<u>汉</u><u>蜀郡</u><u>成都</u>人也，字长卿。

附注：① 句号还有一种形式，即一个小圆点"．"，一般在科技文献中使用。

　　　　② 非并列关系(如转折关系、因果关系等)的多重复句，第

一层的前后两部分之间,也用分号。

③ 直行文稿引号改用双引号"﹃﹄"和单引号"﹁﹂"。

④ 此外还有方括号"[]"、六角括号"〔〕"和方头括号"【】"。

⑤ 如果是整段文章或诗行的省略,可以使用十二个小圆点来表示。

⑥ 连接号另外还有三种形式,即长横"——"(占两个字的位置)、半字线"-"(占半个字的位置)和浪纹"~"(占一个字的位置)。

⑦ 专名号只用在古籍或某些文史著作里面。为了跟专名号配合,这类著作里的书名号可以用浪线"﹏﹏"。

我国历史朝代公元对照简表

夏		约前 21 世纪—约前 16 世纪
商		约前 16 世纪—约前 1066
周	西周	约前 1066—前 771
	东周 　春秋时代 　战国时代①	前 770—前 256 前 770—前 476 前 475—前 221
秦		前 221—前 206
汉	西汉②	前 206—公元 23
	东汉	25—220
三　国	魏	220—265
	蜀	221—263
	吴	222—280
西 晋		265—316
东 晋 十六国	东晋	317—420
	十六国③	304—439

		宋	420—479
南北朝	南朝	齐	479—502
		梁	502—557
		陈	557—589
	北朝	北魏	386—534
		东魏	534—550
		北齐	550—577
		西魏	535—557
		北周	557—581
隋			581—618
唐			618—907
五代十国	后梁		907—923
	后唐		923—936
	后晋		936—946
	后汉		947—950
	后周		951—960
	十国④		902—979

宋	北宋	960—1127
	南宋	1127—1279
辽		907—1125
西夏		1038—1227
金		1115—1234
元		1279—1368
明		1368—1644
清		1644—1911
中华民国		1912—1949

附注：① 这时期，主要有秦、魏、韩、赵、楚、燕、齐等国。

② 包括王莽建立的"新"王朝（公元 8 年—23 年）。王莽时期，爆发大规模的农民起义，建立了农民政权。公元 23 年，新莽王朝灭亡。公元 25 年，东汉王朝建立。

③ 这时期，在我国北方，先后存在过一些封建政权，其中有：汉（前赵）、成（成汉）、前凉、后赵（魏）、前燕、前秦、后燕、后秦、西秦、后凉、南凉、北凉、南燕、西凉、北燕、夏等国，历史上叫做"十六国"。

④ 这时期，除后梁、后唐、后晋、后汉、后周外，还先后存在过一些封建政权，其中有：吴、前蜀、吴越、楚、闽、南汉、荆南（南平）、后蜀、南唐、北汉等国，历史上叫做"十国"。

我国少数民族简表

我国是统一的多民族的社会主义国家，除汉族外，有五十多个少数民族，约占全国总人口的百分之八左右。

民 族 名 称	主 要 分 布 地 区
蒙 古 族	内蒙古、辽宁、新疆、黑龙江、吉林、青海、河北、河南等地。
回 族	宁夏、甘肃、河南、新疆、青海、云南、河北、山东、安徽、辽宁、北京、内蒙古、天津、黑龙江、陕西、吉林、江苏、贵州等地。
藏 族	西藏及四川、青海、甘肃、云南等地。
维 吾 尔 族	新疆。
苗 族	贵州、云南、湖南、重庆、广西、湖北等地。
彝〔yí〕族	云南、四川、贵州等地。
壮 族	广西及云南、广东、贵州、湖南等地。
布 依 族	贵州。
朝 鲜 族	吉林、黑龙江、辽宁等地。
满 族	辽宁及黑龙江、吉林、河北、内蒙古、北京等地。
侗〔dòng〕族	贵州、湖南、广西等地。
瑶 族	广西、湖南、云南、广东、贵州等地。

民 族 名 称	主 要 分 布 地 区
白　　　族	云南。
土　家　族	湖北、湖南、重庆等地。
哈　尼　族	云南。
哈萨克族	新疆。
傣〔dǎi〕族	云南。
黎　　　族	海南。
傈僳〔lìsù〕族	云南。
佤〔wǎ〕族	云南。
畲〔shē〕族	福建、浙江等地。
高　山　族	台湾及福建。
拉祜〔hù〕族	云南。
水　　　族	贵州。
东　乡　族	甘肃。
纳　西　族	云南。
景　颇　族	云南。
柯尔克孜族	新疆。
土　　　族	青海。

民 族 名 称	主 要 分 布 地 区
达斡〔wò〕尔族	内蒙古、黑龙江等地。
仫佬〔mùlǎo〕族	广西。
羌〔qiāng〕　族	四川。
布　朗　族	云南。
撒　拉　族	青海、甘肃等地。
毛　南　族	广西。
仡佬〔gēlǎo〕族	贵州。
锡　伯　族	辽宁、新疆、黑龙江等地。
阿　昌　族	云南。
塔　吉　克族	新疆。
普　米　族	云南。
怒　　　族	云南。
乌孜别克族	新疆。
俄　罗　斯族	新疆。
鄂　温　克族	内蒙古和黑龙江。
德　昂　族	云南。
保　安　族	甘肃。

民 族 名 称	主 要 分 布 地 区
裕　固　族	甘肃。
京　　　族	广西。
塔 塔 尔 族	新疆。
独　龙　族	云南。
鄂 伦 春 族	内蒙古和黑龙江。
赫　哲　族	黑龙江。
门　巴　族	西藏。
珞　巴　族	西藏。
基　诺　族	云南。

我国各省、直辖市、自治区及省会（或首府）名称表

（按汉语拼音字母顺序排列）

省、市、自治区名	简称	省会（或首府）名	省、市、自治区名	简称	省会（或首府）名
安徽	皖	合肥	宁夏	宁	银川
北京	京		青海	青	西宁
重庆	渝		山东	鲁	济南
福建	闽	福州	山西	晋	太原
甘肃	甘	兰州	陕西	陕	西安
广东	粤	广州	上海	沪	
广西	桂	南宁	四川	川	成都
贵州	黔	贵阳	台湾	台	台北
海南	琼	海口	天津	津	
河北	冀	石家庄	西藏	藏	拉萨
河南	豫	郑州	新疆	新	乌鲁木齐
黑龙江	黑	哈尔滨	云南	滇	昆明
湖北	鄂	武汉	浙江	浙	杭州
湖南	湘	长沙			
吉林	吉	长春	香港	港	
江苏	苏	南京	（特别行政区）		
江西	赣	南昌	澳门	澳	
辽宁	辽	沈阳	（1999年12月		
内蒙古	蒙	呼和浩特	回归）		

世界各国和地区面积、人口、首都(或首府)一览表[*]

国家或地区	面积 (平方公里)	人口 (单位:千人)	首都或首府
亚 洲			
中华人民共和国	约9600000	1239292	北京
蒙古国	1566500	2310	乌兰巴托
朝鲜民主主义人民共和国	122762	20960	平壤
大韩民国	99237	44850	汉城
日本国	377800	125270	东京
老挝人民民主共和国	236800	4605	万象
越南社会主义共和国	329556	72600	河内
柬埔寨王国	181035	10400	金边
缅甸联邦	676581	43920	仰光
泰王国	513115	60400	曼谷
马来西亚	329758	20103	吉隆坡
新加坡共和国	641	3100	新加坡
文莱达鲁萨兰国	5765	285	斯里巴加湾市
菲律宾共和国	299700	70267	马尼拉
印度尼西亚共和国	1904443	196000	雅加达

[*] 本资料据 1996/97《世界知识年鉴》(世界知识出版社 1997 年 9 月第二次印刷)整理。

东帝汶	14874	748	帝力
尼泊尔王国	147181	18491	加德满都
锡金	7100	406	甘托克
不丹王国	46000	700	廷布
孟加拉人民共和国	143998	120000	达卡
印度共和国	2974700	938000	新德里
斯里兰卡民主社会主义共和国	65610	17890	科伦坡
马尔代夫共和国	298	238	马累
巴基斯坦伊斯兰共和国	796095	128010	伊斯兰堡
阿富汗伊斯兰国	652300	17690	喀布尔
伊朗伊斯兰共和国	1645000	66727	德黑兰
科威特国	17818	1580	科威特城
沙特阿拉伯王国	2240000	17400	利雅得
巴林国	706.5	568	麦纳麦
卡塔尔国	11437	593	多哈
阿拉伯联合酋长国	83600	2230	阿布扎比
阿曼苏丹国	312000	2018	马斯喀特
也门共和国	531869	15800	萨那
伊拉克共和国	438217	19000	巴格达
阿拉伯叙利亚共和国	185180	13844	大马士革
黎巴嫩共和国	10452	3500	贝鲁特
约旦哈希姆王国	91390	4139	安曼
巴勒斯坦国	11500	5750①	耶路撒冷
以色列国	14900	5460	特拉维夫
塞浦路斯共和国	9251	735	尼科西亚
土耳其共和国	780000	61100	安卡拉

乌兹别克斯坦共和国	447400	23000	塔什干
哈萨克斯坦共和国	2717300	17000	阿拉木图(新都 阿斯塔纳)
吉尔吉斯共和国	198500	4547	比什凯克
塔吉克斯坦共和国	143100	5880	杜尚别
亚美尼亚共和国	29800	3763	埃里温
土库曼斯坦	488100	4560	阿什哈巴德
阿塞拜疆共和国	86600	7500	巴库
格鲁吉亚	69700	5407	第比利斯

欧　　洲

冰岛共和国	103000	267	雷克雅未克
法罗群岛(丹)	1399	48	曹斯哈恩
丹麦王国	43094	5200	哥本哈根
挪威王国②	386958	4348	奥斯陆
瑞典王国	449964	8800	斯德哥尔摩
芬兰共和国	338145	5098	赫尔辛基
俄罗斯联邦	17075400	148200	莫斯科
乌克兰	603700	51300	基辅
白俄罗斯共和国	207600	10313	明斯克
摩尔多瓦共和国	33700	4354	基希讷乌
立陶宛共和国	65200	3713	维尔纽斯
爱沙尼亚共和国	45200	1492	塔林
拉脱维亚共和国	64600	2504	里加
波兰共和国	312683	38620	华沙
捷克共和国	78864	10336	布拉格
匈牙利共和国	93031	10245	布达佩斯

德意志联邦共和国	357000	81340	柏林③
奥地利共和国	83858	8039	维也纳
列支敦士登公国	160	31	瓦杜兹
瑞士联邦	41284	7038	伯尔尼
荷兰王国	41526	15423	阿姆斯特丹
比利时王国	30528	10162	布鲁塞尔
卢森堡大公国	2586	407	卢森堡
大不列颠及北爱尔兰 联合王国	242000	58395	伦敦
直布罗陀(英)	5.8	30	
爱尔兰	70282	3570	都柏林
法兰西共和国	551602	58000	巴黎
摩纳哥公国	1.95	30	摩纳哥城
安道尔公国	468	59	安道尔城
西班牙	505925	39140	马德里
葡萄牙共和国	92072	9900	里斯本
意大利共和国	301277	58138	罗马
梵蒂冈城国	0.44	约1	梵蒂冈城
圣马力诺共和国	60.6	24	圣马力诺
马耳他共和国	316	370	瓦莱塔
克罗地亚共和国	56538	4780	萨格勒布
斯洛伐克共和国	49000	5358	布拉迪斯拉发
斯洛文尼亚共和国	20256	1990	卢布尔雅那
波斯尼亚和黑塞哥维 那共和国,简称波黑	51129	4365	萨拉热窝
马其顿共和国	25713	2079	斯科普里
南斯拉夫联盟共和国	102173	10482	贝尔格莱德

罗马尼亚	237500	22650	布加勒斯特
保加利亚共和国	110994	8430	索非亚
阿尔巴尼亚共和国	28748	3300	地拉那
希腊共和国	131957	10350	雅典

非　洲

阿拉伯埃及共和国	1002000	60283	开罗
大阿拉伯利比亚人民社会主义民众国	1759540	4405	的黎波里
突尼斯共和国	164150	8785	突尼斯
阿尔及利亚民主人民共和国	2381741	27800	阿尔及尔
摩洛哥王国	459000	26070	拉巴特
西撒哈拉	266000	160	阿尤恩
毛里塔尼亚伊斯兰共和国	1030000	2400	努瓦克肖特
塞内加尔共和国	196722	7900	达喀尔
冈比亚共和国	10380	1020	班珠尔
马里共和国	1241238	10440	巴马科
布基纳法索	274200	10046	瓦加杜古
佛得角共和国	4033	390	普拉亚
几内亚比绍共和国	36125	1140	比绍
几内亚共和国	245857	7400	科纳克里
塞拉利昂共和国	72326	4500	弗里敦
利比里亚共和国	111370	2580④	蒙罗维亚
科特迪瓦共和国	322463	14200	亚穆苏克罗⑤
加纳共和国	239460	16940	阿克拉

多哥共和国	56600	4010	洛美
贝宁共和国	112622	5400	波多诺伏
尼日尔共和国	1267627	8700	尼亚美
尼日利亚联邦共和国	923768	100000	阿布贾
喀麦隆共和国	475422	13000	雅温得
赤道几内亚共和国	28051	436	马拉博
乍得共和国	1284000	6288	恩贾梅纳
中非共和国	622984	3300	班吉
苏丹共和国	2505813	29130	喀土穆
埃塞俄比亚联邦民主共和国	1103600	54900	亚的斯亚贝巴
吉布提共和国	23200	520	吉布提市
索马里共和国	637657	9000	摩加迪沙
肯尼亚共和国	582646	25400	内罗毕
乌干达共和国	241038	19300	坎帕拉
坦桑尼亚联合共和国	945087	28100	达累斯萨拉姆
卢旺达共和国	26338	7550	基加利
布隆迪共和国	27834	5800	布琼布拉
扎伊尔共和国	2344885	45570	金沙萨
刚果共和国	342000	2679	布拉柴维尔
加蓬共和国	267667	1015	利伯维尔
圣多美和普林西比民主共和国	996	125	圣多美
安哥拉共和国	1246700	11500	罗安达
赞比亚共和国	752614	9370	卢萨卡
马拉维共和国	118484	9800	利隆圭
莫桑比克共和国	799380	17400	马普托

科摩罗伊斯兰联邦共和国	2235	500	莫罗尼
马达加斯加共和国	627000	13126	塔那那利佛
塞舌尔共和国	455	75	维多利亚
毛里求斯共和国	2040	1118	路易港
留尼汪岛（法）	2512	632	圣但尼
津巴布韦共和国	390759	11270	哈拉雷
博茨瓦纳共和国	581730	1420	哈博罗内
纳米比亚共和国	824269	1660	温得和克
南非共和国	1221037	43595	比勒陀利亚⑧
斯威士兰王国	17363	890	姆巴巴纳
莱索托王国	30344	2030	马塞卢
圣赫勒拿岛和阿森松岛等（英）	412	6	詹姆斯敦、乔治敦等
厄立特里亚国	125000	3500	阿斯马拉

大 洋 洲

澳大利亚联邦	7682300	18050	堪培拉
新西兰	270534	3643	惠灵顿
巴布亚新几内亚独立国	461893	4100	莫尔斯比港
所罗门群岛	29785	367	霍尼亚拉
瓦努阿图共和国	12190	168	维拉港
新喀里多尼亚（法）	19103	179	努美阿
斐济共和国	18333	784	苏瓦
基里巴斯共和国	810.5	78	塔拉瓦
瑙鲁共和国	24	11	亚伦区⑦
密克罗尼西亚联邦	700.8	110	帕利基尔

马绍尔群岛共和国	180	54	马朱罗
北马里亚纳群岛自由联邦（美）	457	53	塞班岛
关岛（美）	549	140	阿加尼亚
图瓦卢	26	10	富纳富提
瓦利斯群岛和富图纳群岛（法）	274	14	马塔乌图
西萨摩亚独立国	2934	164	阿皮亚
美属萨摩亚	197	51	帕果帕果
纽埃（新）	258	2	阿洛菲
诺福克岛	34.6	2	金斯敦
帕劳共和国	458	16	科罗尔
托克劳（新）	12.2	1.6	法考福
库克群岛（新）	240	20	阿瓦鲁阿
汤加王国	699	98	努库阿洛法
法属波利尼西亚	4167	213	帕皮提
皮特开恩群岛（英）	4.5	约0.1	亚当斯敦

北 美 洲

格陵兰（丹）	2175600	55	戈特霍布，又称努克
加拿大	9970610	29730	渥太华
圣皮埃尔和密克隆群岛（法）	242	6	圣皮埃尔市
美利坚合众国	9372614	263000	华盛顿哥伦比亚特区
百慕大群岛（英）	53.3	60	哈密尔顿
墨西哥合众国	1967183	91120	墨西哥城

危地马拉共和国	108889	10320	危地马拉城
伯利兹	22963	211	贝尔莫潘
萨尔瓦多共和国	21393	5670	圣萨尔瓦多
洪都拉斯共和国	112492	5340	特古西加尔巴
尼加拉瓜共和国	121428	4310	马那瓜
哥斯达黎加共和国	51100	3191	圣何塞
巴拿马共和国	75517	2514	巴拿马城
巴哈马国	13939	265	拿骚
特克斯和凯科斯群岛(英)	430	19	科伯恩城
古巴共和国	110860	10963	哈瓦那
开曼群岛(英)	259	31	乔治敦
牙买加	10991	2510	金斯敦
海地共和国	27750	6900	太子港
多米尼加共和国	48464	7500	圣多明各
波多黎各自由邦(美)	8959	3690	圣胡安
美属维尔京群岛	354	102	夏洛特·阿马里
英属维尔京群岛	153	18	罗德城
圣基茨和尼维斯联邦	267	40	巴斯特尔
安圭拉(英)	96	10	瓦利
安提瓜和巴布达	441.6	72	圣约翰
蒙特塞拉特(英)	102	12	普利茅斯
瓜德罗普(法)	1780	387	巴斯特尔
多米尼克国	751	74	罗索
马提尼克(法)	1100	360	法兰西堡
圣卢西亚	616	141	卡斯特里
圣文森特和格林纳丁斯	389	140	金斯敦

巴巴多斯	431	265	布里奇顿
格林纳达	344	100	圣乔治
特立尼达和多巴哥共和国	5128	1300	西班牙港
荷属安的列斯	800	189	威廉斯塔德
阿鲁巴(荷)	193	78	奥拉涅斯塔德

南 美 洲

哥伦比亚共和国	1141748	37100	圣菲波哥大
委内瑞拉共和国	916700	21844	加拉加斯
圭亚那合作共和国	214969	760	乔治敦
苏里南共和国	163265⑧	386	帕拉马里博
法属圭亚那	91000	115	卡宴
厄瓜多尔共和国	281341	11500	基多
秘鲁共和国	1285216	23550	利马
巴西联邦共和国	8547403	151520	巴西利亚
玻利维亚共和国	1098581	7410	苏克雷
智利共和国	756626	14030	圣地亚哥
阿根廷共和国	2776889	34180	布宜诺斯艾利斯
巴拉圭共和国	406752	4830	亚松森
乌拉圭东岸共和国	176215	3200	蒙得维的亚
马尔维纳斯群岛(英)⑨	约12173	2	斯坦利港

附注:① 依 1993 年数据,包括流落在其他阿拉伯国家的巴勒斯
坦人。
② 包括斯瓦巴德群岛、扬马延岛等属地。

③ 现联邦政府所在地是波恩市。

④ 据该国 1995/96 年度经济季评,约 15 万人在内战中丧生,80 余万人逃亡邻国。

⑤ 政治首都亚穆苏克罗,经济首都阿比让。

⑥ 比勒陀利亚为行政首都,开普敦为立法首都,布隆方丹为司法首都。

⑦ 不设首都,行政管理中心在亚伦区。

⑧ 包括同圭亚那有争议的 17000 平方公里。

⑨ 英国称福克兰群岛。

计量单位简表

一 法定计量单位表

长 度

名　称	微米	毫米	厘米	分米	米	十米	百米	千米 （公里）
等数		1000 微米	10 毫米	10 厘米	10 分米	10 米	100 米	1000 米

面 积

名称	平方毫米	平方厘米	平方米	平方千米 （平方公里）
等数		100 平方毫米	10000 平方厘米	1000000 平方米

体 积

名称	立方毫米	立方厘米	立方分米	立方米
等数		1000 立方毫米	1000 立方厘米	1000 立方分米

容积（容量）

名　称	毫升	厘升	分升	升	十升	百升	千升
等数		10 毫升	10 厘升	10 分升	10 升	100 升	1000 升

质量（重量）

名　称	毫克	厘克	分克	克	十克	百克	千克 （公斤）	吨
等数		10 毫克	10 厘克	10 分克	10 克	100 克	1000 克	1000 千克（公斤）

二 市制计量单位表

长 度

名 称	毫	厘	分	寸	尺 (市尺)	丈	里 (市里)
等 数		10毫	10厘	10分	10寸	10尺	150丈

面 积

名 称	平方毫	平方厘	平方分	平方寸	平方尺	平方丈	平方里
等数		100 平方毫	100 平方厘	100 平方分	100 平方寸	100 平方尺	22500 平方丈

地 积

名 称	毫	厘	分	亩	顷
等 数		10毫	10厘	10分	100亩

质量(重量)

名称	丝	毫	厘	分	钱	两	斤	担
等数		10丝	10毫	10厘	10分	10钱	10两	100斤

容积(容量)

名称	撮	勺	合	升	斗	石
等数		10撮	10勺	10合	10升	10斗

三　计量单位比较表

长度比较表

1 千米(公里)＝2 市里＝0.621 英里＝0.540 海里 1 米　　　＝3 市尺＝3.281 英尺 1 海里＝1.852 千米(公里)＝3.704 市里＝1.150 英里
1 市里＝0.5 千米(公里)＝0.311 英里＝0.270 海里 1 市尺＝0.333 米　　　　＝1.094 英尺
1 英里＝1.609 千米(公里)＝3.219 市里＝0.869 海里 1 英尺＝12 英寸＝0.305 米＝0.914 市尺

面积比较表

1 平方千米(平方公里)＝100 公顷＝4 平方市里＝0.386 平方英里 1 平方米＝1 平米＝9 平方市尺＝10.764 平方英尺
1 市顷＝100 市亩＝6.6667 公顷 1 市亩＝60 平方丈＝6.6667 公亩
1 公顷＝10000 平方米＝100 公亩＝15 市亩 1 公亩＝100 平方米＝0.15 市亩

质量(重量)比较表

1 千克(公斤)＝2 市斤＝2.205 英磅
1 市斤　　＝0.5 千克(公斤)＝1.102 英磅
1 英磅＝16 盎司＝0.454 千克(公斤)＝0.907 市斤

容积(容量)比较表

1 升(公制)＝1 公升＝1 立升＝1 市升＝0.220 加仑(英制) 1 毫升＝1 西西＝0.001 升(公制)
1 加仑(英制)＝4.546 升＝4.546 市升

节 气 表

(按公元月日计算)

春季	**立 春** 2月3—5日交节	**雨 水** 2月18—20日交节	**惊 蛰** 3月5—7日交节
	春 分 3月20—22日交节	**清 明** 4月4—6日交节	**谷 雨** 4月19—21日交节
夏季	**立 夏** 5月5—7日交节	**小 满** 5月20—22日交节	**芒 种** 6月5—7日交节
	夏 至 6月21—22日交节	**小 暑** 7月6—8日交节	**大 暑** 7月22—24日交节
秋季	**立 秋** 8月7—9日交节	**处 暑** 8月22—24日交节	**白 露** 9月7—9日交节
	秋 分 9月22—24日交节	**寒 露** 10月8—9日交节	**霜 降** 10月23—24日交节
冬季	**立 冬** 11月7—8日交节	**小 雪** 11月22—23日交节	**大 雪** 12月6—8日交节
	冬 至 12月21—23日交节	**小 寒** 1月5—7日交节	**大 寒** 1月20—21日交节

二十四节气歌

春雨惊春清谷天，　　夏满芒夏暑相连，
秋处露秋寒霜降，　　冬雪雪冬小大寒。
每月两节不变更，　　最多相差一两天，
上半年来六、廿一，　　下半年是八、廿三。

XĪNHUÁ ZÌDIĂN

新 华 字 典

〔1998 年修订本〕

——汉语拼音字母音序排列——

（附部首检字表）

商 务 印 书 馆 出 版

（北京王府井大街 36 号 邮政编码 100710）

商 务 印 书 馆 发 行

（北京王府井大街 36 号 邮政编码 100710）

北京第二新华印刷厂印刷

ISBN 7-100-02601-6/H·668

1957 年 6 月新 1 版	开本 787×1092　1/64
1993 年 7 月第 8 版	字数 640 千
1998 年 5 月第 9 版	印张 12½
1998 年 12 月北京第 138 次印刷	印数 500 000 册

定价：11 .00 元

元 素

族 周期	I_A								

| 族\周期 | **I_A** | | | | | | | | **VII_B** | **VII** |

族 \ 周期	**I_A**	**II_A**	**III_B**	**IV_B**	**V_B**	**VI_B**	**VII_B**		**VII**
1	1 H 氢 1.00794(7)								
2	3 Li 锂 6.941(2)	4 Be 铍 9.012182(3)							
3	11 Na 钠 22.989768(6)	12 Mg 镁 24.3050(6)							
4	19 K 钾 39.0983	20 Ca 钙 40.078(4)	21 Sc 钪 44.955910(9)	22 Ti 钛 47.88(3)	23 V 钒 50.9415	24 Cr 铬 51.9961(6)	25 Mn 锰 54.93805(1)	26 Fe 铁 55.847(3)	27 钴 58.9332
5	37 Rb 铷 85.4678(3)	38 Sr 锶 87.62(1)	39 Y 钇 88.90585(2)	40 Zr 锆 91.224(2)	41 Nb 铌 92.90638(2)	42 Mo 钼 95.94(1)	43 Tc 锝 (97.907)	44 Ru 钌 101.07(2)	45 铑 102.9
6	55 Cs 铯 132.90543(5)	56 Ba 钡 137.327(7)	57—71 La-Lu 镧系	72 Hf 铪 178.49(2)	73 Ta 钽 180.9479	74 W 钨 183.85(3)	75 Re 铼 186.207	76 Os 锇 190.2	77 192.2
7	87 Fr 钫 (223)	88 Ra 镭 226.0254	89—103 Ac-Lr 锕系	104 Rf 𬬻* (261)	105 Db 𬭊* (262)	106 Sg 𬭳* (263)	107 Bh 𬭛* (262)	108 Hs 𬭶* (265)	109 镁 (266)

原子序数 → 19 K ← 元素符号
钾 ← 元素名称
注*的是人造
原子量 → 39.0983

镧系	57 La 镧 138.9055(2)	58 Ce 铈 140.15(4)	59 Pr 镨 140.90765(3)	60 Nd 钕 144.24(3)	61 Pm 钷* (147)	62 Sm 钐
锕系	89 Ac 锕 227.0278	90 Th 钍 232.0381	91 Pa 镤 231.0359	92 U 铀 238.0289	93 Np 镎 237.0482	94 Pu 钚 (239.244)

注：1. 原子量录自 1985 年国际原子量表，以 ¹²C＝12 为基准。原子量的末
2. 括弧内数据是天然放射性元素较重要的同位素的质量数或人造元素
3. 105—109 号元素中文名称分别读作 dù (𬬻)、xǐ (𬭊)、bō (𬭳)、hēi (𬭛